Friendly B&B Accommodation of Verifie...

Accueil et Sé... Qualité assurée

Freundliche B&B Unterkünfte Geprüfte Qualität

BED & BREAKFAST (France)

Regional Map - *Carte des Régions*
Gebietskarte

1 - PARIS - ILE DE FRANCE	Page 26	10 - LANGUEDOC-ROUSSILLON Page 140
2 - ALSACE LORRAINE FRANCHE-COMTÉ	Page 36	11 - MIDI-PYRÉNÉES Page 156
3 - AQUITAINE	Page 41	12 - NORD PICARDIE Page 170
4 - AUVERGNE LIMOUSIN	Page 62	13 - NORMANDIE Page 177
5 - BOURGOGNE PUISAYE	Page 72	14 - PAYS-DE-LOIRE Page 198
6 - BRETAGNE	Page 81	15 - POITOU-CHARENTES Page 218
7 - CENTRE VAL-DE-LOIRE VALLÉE-DU-LOIR	Page 110	16 - PROVENCE-ALPES-CÔTE D'AZUR Page 226
8 - CHAMPAGNE-ARDENNE	Page 130	17 - RHÔNE-ALPES Page 248
9 - CORSICA / CORSE	Page 136	

Contents - Table des Matières - Übersicht : Page - Seite 275

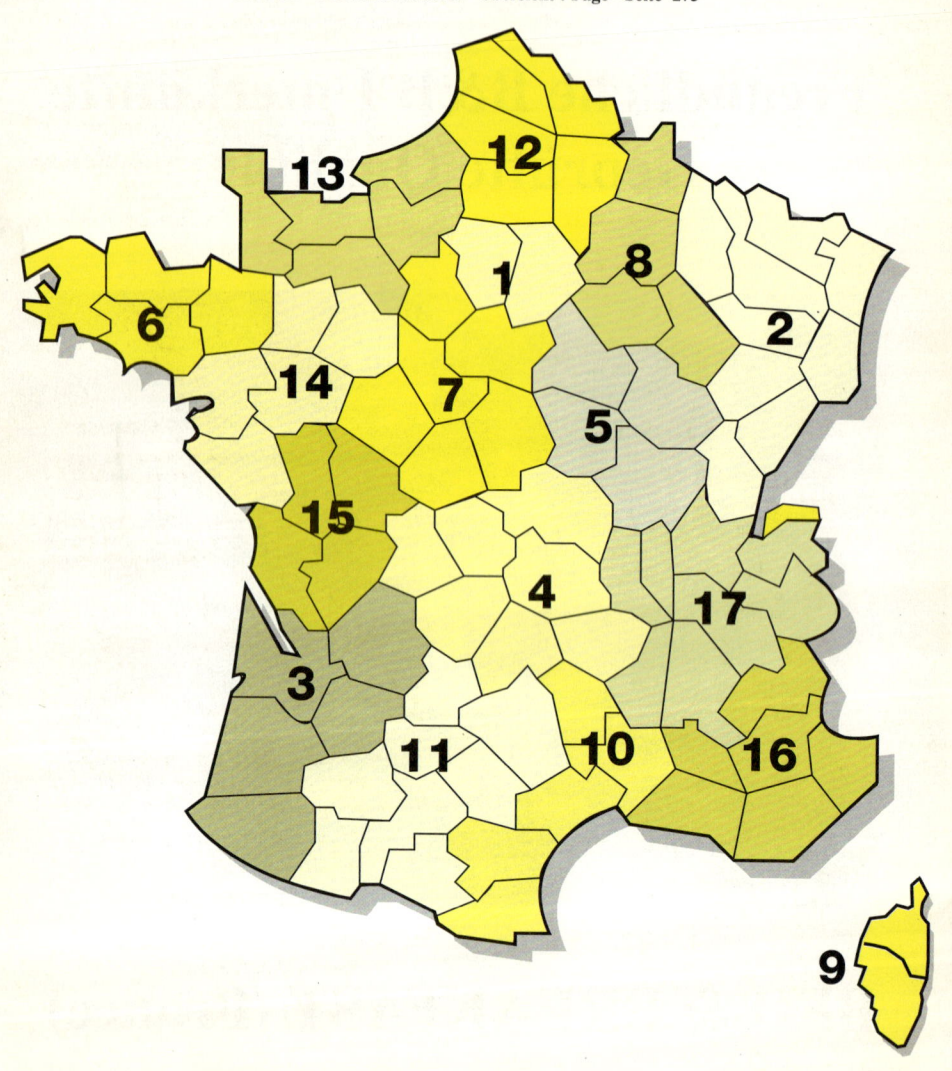

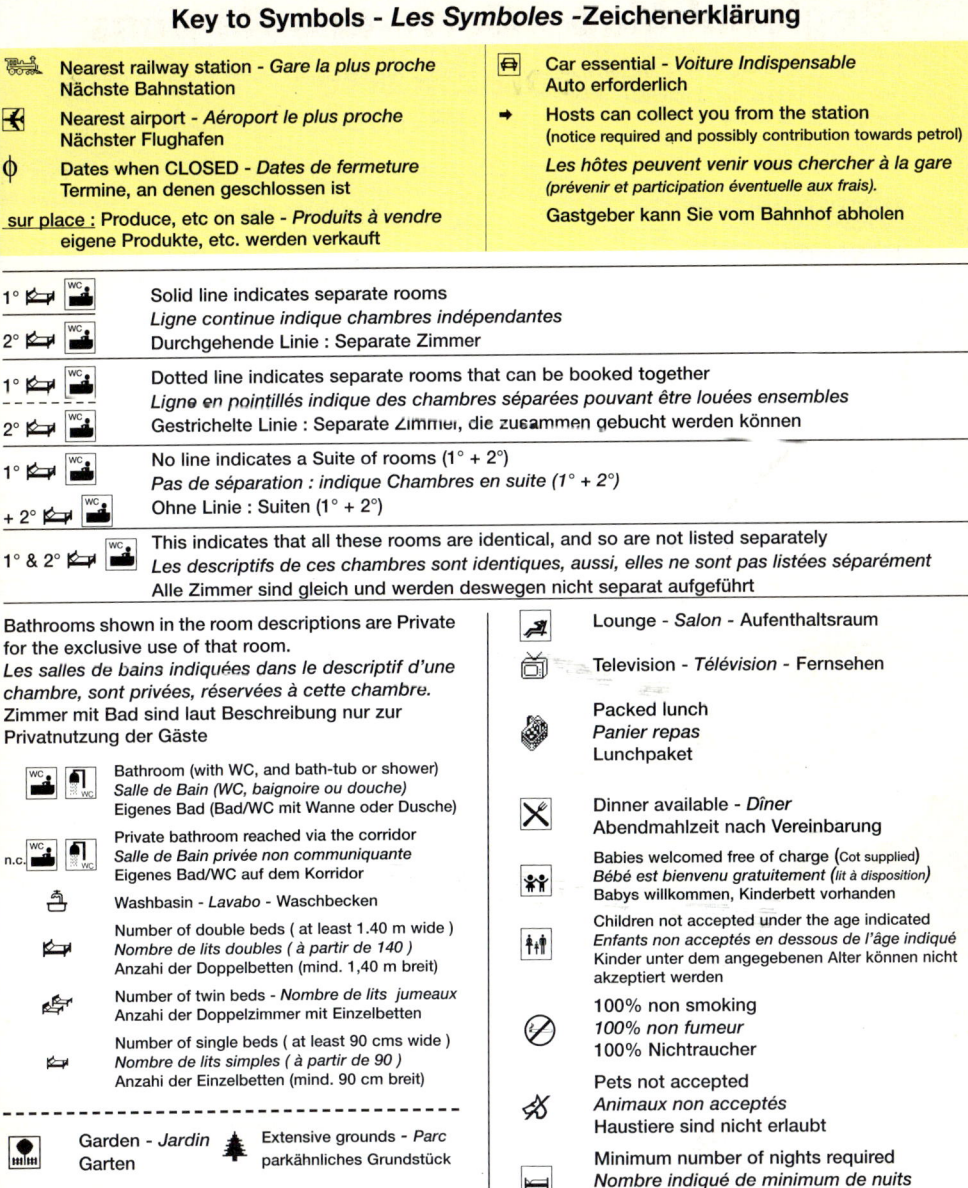

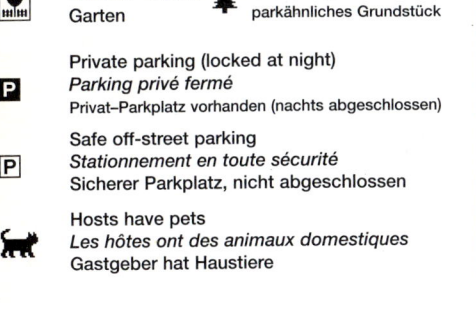

Key to Symbols - *Les Symboles* -Zeichenerklärung

🚉	Nearest railway station - *Gare la plus proche* Nächste Bahnstation	🚗	Car essential - *Voiture Indispensable* Auto erforderlich
✈	Nearest airport - *Aéroport le plus proche* Nächster Flughafen	➡	Hosts can collect you from the station (notice required and possibly contribution towards petrol) *Les hôtes peuvent venir vous chercher à la gare* *(prévenir et participation éventuelle aux frais).* Gastgeber kann Sie vom Bahnhof abholen
⌀	Dates when CLOSED - *Dates de fermeture* Termine, an denen geschlossen ist		
sur place :	Produce, etc on sale - *Produits à vendre* eigene Produkte, etc. werden verkauft		

1° 🛏 / **2°** 🛏 — Solid line indicates separate rooms
Ligne continue indique chambres indépendantes
Durchgehende Linie : Separate Zimmer

1° 🛏 / **2°** 🛏 — Dotted line indicates separate rooms that can be booked together
Ligne en pointillés indique des chambres séparées pouvant être louées ensembles
Gestrichelte Linie : Separate Zimmer, die zusammen gebucht werden können

1° 🛏 / **+ 2°** 🛏 — No line indicates a Suite of rooms (1° + 2°)
Pas de séparation : indique Chambres en suite (1° + 2°)
Ohne Linie : Suiten (1° + 2°)

1° & 2° 🛏 — This indicates that all these rooms are identical, and so are not listed separately
Les descriptifs de ces chambres sont identiques, aussi, elles ne sont pas listées séparément
Alle Zimmer sind gleich und werden deswegen nicht separat aufgeführt

---

Bathrooms shown in the room descriptions are Private for the exclusive use of that room.
Les salles de bains indiquées dans le descriptif d'une chambre, sont privées, réservées à cette chambre.
Zimmer mit Bad sind laut Beschreibung nur zur Privatnutzung der Gäste

🛁	Bathroom (with WC, and bath-tub or shower) *Salle de Bain (WC, baignoire ou douche)* Eigenes Bad (Bad/WC mit Wanne oder Dusche)	🛋	Lounge - *Salon* - Aufenthaltsraum
n.c.	Private bathroom reached via the corridor *Salle de Bain privée non communiquante* Eigenes Bad/WC auf dem Korridor	📺	Television - *Télévision* - Fernsehen
🚰	Washbasin - *Lavabo* - Waschbecken	🧺	Packed lunch *Panier repas* Lunchpaket
🛏	Number of double beds (at least 1.40 m wide) *Nombre de lits doubles (à partir de 140)* Anzahl der Doppelbetten (mind. 1,40 m breit)	🍴	Dinner available - *Dîner* Abendmahlzeit nach Vereinbarung
🛏	Number of twin beds - *Nombre de lits jumeaux* Anzahl der Doppelzimmer mit Einzelbetten	👶	Babies welcomed free of charge (Cot supplied) *Bébé est bienvenu gratuitement (lit à disposition)* Babys willkommen, Kinderbett vorhanden
🛏	Number of single beds (at least 90 cms wide) *Nombre de lits simples (à partir de 90)* Anzahl der Einzelbetten (mind. 90 cm breit)	👨‍👦	Children not accepted under the age indicated *Enfants non acceptés en dessous de l'âge indiqué* Kinder unter dem angegebenen Alter können nicht akzeptiert werden

---

⊙	Garden - *Jardin* Garten	🌲	Extensive grounds - *Parc* parkähnliches Grundstück
		🚭	100% non smoking *100% non fumeur* 100% Nichtraucher
		🚫	Pets not accepted *Animaux non acceptés* Haustiere sind nicht erlaubt
P	Private parking (locked at night) *Parking privé fermé* Privat–Parkplatz vorhanden (nachts abgeschlossen)	🛏	Minimum number of nights required *Nombre indiqué de minimum de nuits* Mindestanzahl der Übernachtungen
P	Safe off-street parking *Stationnement en toute sécurité* Sicherer Parkplatz, nicht abgeschlossen	☎	Telephone - *Téléphone* - Telefon Fax - *Télécopie* -Fax
🐈	Hosts have pets *Les hôtes ont des animaux domestiques* Gastgeber hat Haustiere	🍳	Kitchen facilities available *Cuisine à disposition* Kücheneinrichtung vorhanden
		Apart- ment	Apartment (with kitchen) *Appartement (avec cuisine)* Appartement (mit Küche)

- 3 -

Key to Symbols - *Les Symboles* - Zeichenerklärung

Suitable for persons with restricted mobility
Accès pour personnes à mobilité réduite
Geelgnet für Behinderte

HS : High Season - *Haute Saison* - Hochsaison

BS : Low Season - *Basse Saison* - Nebensaison

Swimming pool on the premises
Les hôtes disposent d'une piscine
Swimmingpool vorhanden

Solarium on the premises
Les hôtes disposent d'un solarium
Solarium im Haus

Tennis court on the premises
Les hôtes disposent d'un tennis
Tennisplatz auf dem Grundstück

Hosts organise riding
Randonnées équestres chez vos hôtes
Gastgeber organisiert Reitpferde

Hunting nearby
Chasse
Jagdmöglichkeiten vorhanden

Fishing nearby
Pêche
Angelmöglichkeiten in der Nähe

Wild mushroom picking in season
Cueillette des champignons
Pilze sammeln (in der Saison)

Interesting flora
Découverte de la Flore
Interessante Flora

Birdwatching nearby
Observation d'Oiseaux migrateurs
Vogelbeobachtung in der Nähe

Golf course nearby
Terrain de *Golf*
Golfplatz in der Nähe

Ideal for walking hiking
Randonnées pédestres
Ideal für Wanderungen

Mountain bikes available
Vélo, VTT
Mountain Bikes stehen zur Verfügung

Watersports (sea or lake)
Sports nautiques (Mer ou lac)
Wassersport möglich (Meer o. See)

River watersports (canoë, kayak...)
Sports d'eau vive
Boot fahren auf dem Fluß (Kanu etc.)

Wintersports
Sports de neige
Wintersport

Gliding
Vol à Voile
Segelsport

Foreign languages - *Langues Parlées par les hôtes* - Folgende Sprachen werden gesprochen

GB English	**E** Español	**P** Portugês	**PL** Polski
D Deutsch	**NL** Nederlands	**R** русский	
I Italiano	**J** Japanese	**H** Magyar	

Photo : 22.11 - page 88

- 4 -

'Le Bed & Breakfast est arrivé'

Although Britain invented Bed & Breakfast, the French do it pretty well too. Relatively new, it is still full of that youthful enthusiasm which makes B & B so appealing.

Bed & Breakfast (France) is a true Anglo-French partnership, which we hope will bring you the best of both worlds.

Bed & Breakfast, or rather **'Le Bed & Breakfast'**, is the most commonly used term for this accommodation and is now used widely throughout France and worldwide.

We classify our hosts by suns ('soleils'). This represents the 'Soleil de France', not only the warm and gentle climate, but also the warmth of the welcome that you will receive from our hosts.

In this guide, you will not find a single 'hôtel plastique' such as are springing up all over France. Our hosts are all individuals and not part of standardised chains. If Madame decides to give you an extra glass of wine, or a tin of paté for your journey, it will be from the kindness of her heart and not added by computer to your bill before you leave.

We have been impressed by the generous, warm-hearted nature of the welcome that our hosts give, and sunshine radiates from their homes.

Quality Assured

All our hosts are members of l'Association BAB (France) (The French Bed & Breakfast Association) to which they pay a small membership fee. They have to conform to strict standards of quality and welcome, and have all been inspected.

As well as a description of the host, we use three indicators to assist you in your choice :

- The TYPE of home is indicated by a symbol ;
- The INDEX OF VALUE FOR MONEY gives an instant guide to enable you to select the places most suited to your budget ;
- The CLASSIFICATION BY 'SOLEILS' (SUNS) takes into account the general standard of the accommodation, its quality and also the warmth of the welcome.

We are not rigid bureaucrats, so when we fall in love with a place, what the French call 'un coup de cœur', that may well earn it an extra sun. If we found a particular room especially charming and we had a 'coup de coeur' for that room, it is indicated by a little heart symbol against its room listing : ♡

Some of our inspectors are French and some are British. They give a professional opinion. However, we would also welcome your views and opinions after your stay as 'Le Feedback' (see form at end of guide) from our guests is even more important in helping us further improve our service. In future editions we shall acknowledge your assistance by publishing the names of all our readers who assist us in this way.

Liberty, Choice and Variety

France is a country of such variety that we want to leave you as much **liberty** to experience this in the way that suits you best.

Our guide aims to be a good, reliable list. It includes a wide **variety** of hosts from simple peasant farms, right up to some of the grandest châteaux.

Some are small and intimate with only one room, others are larger with many rooms, lots of activities and suitable for groups of friends or young people. They are in towns and cities including Paris, in the country, in the mountains or by the sea.

You have the **choice** of booking direct, booking through us or not even booking at all (although we do not advise this at busy periods).

Whatever suits your fancy, our aim is that you have an enjoyable stay under the 'Soleil de France'.

A Unique Service

Bed & Breakfast (France) is an associate company of Bed & Breakfast (GB), which was set up in 1982 by John Ette, a former Marketing Director of the British Tourist Authority (BTA) in France. We are specialists in B & B and are now using our expertise to bring you this service for France.

The experience gained from our network in Britain means that, as the official representative of l'Association BAB France (the French Bed & Breakfast Association), we can offer you a superb product, which is genuinely French, and provide a first class service, whether you decide to book directly or through our Reservations Office.

Our Hosts

Our hosts are members of the French Bed & Breakfast Association and offer excellent accommodation and a warm welcome for one or several nights. Many have rooms with private bathroom or, if comfort is not the main consideration, you will also find more basic places at budget prices. We encourage our hosts to emphasise their own local produce and regional specialities and local wines. Many sell their own produce, but you will also find crafts and paintings, etc. on sale.

The French Breakfast

Our rates include bed and French breakfast, unless indicated otherwise. It consists of bread (usually a baguette) and sometimes there will also be brioches, croissants or crêpes (pancakes). Mainly coffee is served but often tea, and hot chocolate is also available. Butter, jam (often home-made) and sometimes fruit juice is also served. Some hosts also offer a cooked breakfast. Your hostess will usually serve your breakfast in the dining room and this is a good opportunity to obtain advice about your plans for the day. A few hosts will give you the option of preparing your own breakfast if you wish, and many places do now also make a kitchen available to you if you prefer to prepare your own meals.

The Dinner

Many hosts offer dinner and, if they do, we advise you to take advantage of this. It is the ideal time to relax informally with your hosts and to enjoy their good home cooking or, in many cases, gastronomic meals. However, you are not obliged to take dinner, even in places where there is a dining room or restaurant. Please be sure to advise your hosts if you require dinner on your first night and your approximate time of arrival. For hosts that do not provide dinner, they can always give you the address of their favourite restaurants nearby. Prices quoted usually do not include drinks.

The Bedrooms

The facilities of each room are indicated so you know exactly what you are getting. This will enable you to reserve a particular room of your choice (often they are given delightful names). If, for example, you wish to get to know your hosts really well, then choose places which have very few rooms so you will be the only people there.

The Interests of our Hosts

This is where our hosts win every time. Their tips and suggestions ('tuyaux' as the French say) will be invaluable to the enjoyment of your stay. Do not hesitate to ask their advice, which is based on years of experience, rather than a guide book.

Many hosts have special interests and local contacts that can open many doors. They may take you hunting or fishing, introduce you to their local golf club, offer to take you mushroom hunting or hill walking. In the country, many will be able to help you buy wine, foie gras, etc. direct from the producers. For each host we indicate the activities in which they specialise and they will be delighted to help you make the necessary arrangements, as they would for a friend.

If you avoid the peak season, they will have more time to devote to you.

Accueil Paysan

We have an agreement with this wonderful association which consists of working farms that offer a real 'farmhouse welcome'. At these places, you will live 'en famille' and experience farm life at close quarters. Above all, you will have the opportunity to taste or purchase their own farm produce.

In the guide, they are marked :

A.P.

How to use this Guide

Each host is in a Region and the map of France shows you the position of each Region.
Within each regional map, the 'départements' (counties) are marked with their number, as well as the main towns, well known places and the main roads. This will help you to find these places on your own road map. The 'host number' of each host is in two parts. The first two digits are the number of the 'département' and the last two are the number of the host in that 'département'. These are marked on the map. e.g. host 1 in 'département' number 22 has a host number of 22.1.

When you make your booking, do not forget to give the complete number, otherwise we shall not know where you wish to stay.

The Prices

Perhaps you are on your honeymoon or doing a motoring tour of châteaux. You may be on a family holiday in Brittany or a group of young people hiking across Corsica. In each case, your budget will probably be different.
In order to match our hosts to your budget, we have worked out an 'Index of Value for Money' which relates the cost PER PERSON to the number of persons occupying the room.
After the description of each room, the two prices shown are the costs of THE ROOM in French Francs per night, including breakfast :
2 Pers = the price of the room
based on 2 persons sharing the room
Maxi = the price of the room
based on the maximum capacity of the room
(excluding extra beds).
Each price is followed by the index (Eco, A, B, C, Luxe) showing the price category PER PERSON
You will find places as low as 50 FF PER PERSON per night, right up to a maximum of 1,325.00 FF PER PERSON per night.

Photo : 29.22 - page 98

'Le Bed & Breakfast' est arrivé

Les Anglais ont inventé le B&B, mais les Français l'ont 'copié' avec beaucoup de succès. Bien que ce soit relativement récent en France, nos hôtes sont pleins d'enthousiasme et proposent un accueil très sympathique.

Bed & Breakfast (France) est une vraie entente Anglo-Française, alliant le meilleur des deux pays. Nous utilisons le mot Bed & Breakfast, ou plutôt **'Le Bed & Breakfast'**, parce que c'est le terme le plus universel pour ce genre d'hébergement. Il est connu dans le monde entier, tout comme en France.

Nos hôtes sont classés par 'Soleils'. Cela représente 'le Soleil de France', non seulement du point de vue climat, mais aussi de la chaleur de l'accueil que nous avons trouvé chez nos hôtes.

Dans notre guide, vous ne trouvez pas un seul des 'hôtels plastiques' qui se développent un peu partout en France. Tous nos hôtes sont indépendants, ces B&B sont gérés par les propriétaires, et ne font pas parti des chaînes standardisées. Si Madame vous propose un apéritif, ou une boîte de pâté pour le voyage, ce sera un cadeau d'amitié et ne sera pas ajouté à votre facture par un ordinateur, avant votre départ...

La générosité de l'accueil, la chaleur et la sincérité de nos hôtes nous ont beaucoup impressionnés. Vous trouverez beaucoup de soleil dans ces maisons.

Une Garantie de Qualité

Tous nos hôtes sont membres de l'Association Française BAB France et paient une cotisation annuelle. Ils répondent à tous nos critères de qualité et d'accueil : tous ont été inspectés.

Nous vous fournissons un descriptif de chacun de nos hôtes, mais nous utilisons aussi trois indicateurs pour vous aider dans votre choix :
- le **STYLE** de la maison est indiqué par un symbole ;
- l'**INDICE DE VALEUR** vous permet de choisir instantanément les hôtes qui correspondent à votre budget ;
- la **CLASSIFICATION PAR SOLEIL** a été jugée en fonction du confort, du logement et de la chaleur de l'accueil.

Nous ne sommes pas des bureaucrates sans émotion et si nous avons un coup de cœur pour un hôte, nous n'avons pas peur de lui donner un 'soleil' de plus. Si nous avons eu un coup de cœur pour une chambre particulière, nous avons indiqué cette chambre avec le symbole d'un petit cœur : ♡

Nos inspecteurs sont Français et Britanniques, ils donnent un avis professionnel. Cependant, nous sommes très concernés par vos commentaires et souhaitons recevoir un 'feedback' comme disent les anglais. Retournez-nous le formulaire situé à la fin de ce guide, avec vos remarques, cela nous aidera beaucoup pour améliorer notre service. Dans les éditions futures, nous publierons les noms de nos lecteurs qui nous ont apporté leur aide, en signe de reconnaissance.

Liberté, Choix et Variété

La France est un pays d'une telle variété que nous voulons vous laisser le maximum de **liberté** pour profiter de cette belle contrée à votre façon. Notre but est que ce guide soit une très bonne liste d'adresses sur lesquelles vous puissiez compter. La **variété** de nos B&B est importante : cela va de la simple ferme rurale, jusqu'aux plus beaux châteaux du pays. Certains sont petits, avec une seule chambre, vous y aurez plus d'intimité avec vos hôtes. D'autres sont plus grands avec plus de chambres, beaucoup d'activités et conviendront mieux, par exemple, aux petits groupes de jeunes ou d'amis.

Vous les trouvez dans les villes et les cités, y compris Paris, ou

Un Service Unique

Bed & Breakfast (France) est une compagnie associée de Bed & Breakfast (GB) créée en 1982 par John Ette, ancien Directeur de Marketing de l'Office Britannique de Tourisme en France.

Nous sommes des spécialistes du Bed & Breakfast et nous mettons notre expérience à votre disposition en vous proposant ce service pour la France. Notre expérience du réseau de Grande-Bretagne signifie qu'en tant que représentant officiel de l'Association BAB France, nous sommes bien placés pour vous fournir un service exceptionnel, sans concurrence, avec la possibilité de réserver directement chez vos hôtes ou par l'intermédiaire de notre Centrale de Réservation.

Comment lire le Guide

Chaque hôte est situé dans une région. La Carte générale de France vous indique la position de chaque région ; Chaque carte de région présente les départements avec leur numéro, les grandes villes, celles qui sont connues, les axes routiers importants afin de vous aider à vous retrouver sur votre carte routière habituelle. Le Numéro-Code de chaque hôte comprend deux parties : la première est le numéro du département et la deuxième celui de l'hôte dans ce département (vous le retrouvez sur chaque carte, à l'intérieur d'une pastille). Exemple : l'hôte N° 1 dans le département N° 22 est : 22.1. Précisez bien les deux parties du Numéro-Code, si vous vous adressez à la Centrale de Réservation : il est indispensable pour savoir où vous désirez séjourner.

à la campagne, dans les montagnes et au bord de la mer.
Vous avez le **choix** de réserver directement, appeler notre Centrale de Réservation, ou ne pas réserver du tout, (nous vous déconseillons cette troisième option dans les périodes de pointe et en hiver).
Quelle que soit la façon dont vous organiserez votre voyage, nous sommes sûrs que vous passerez un agréable séjour chez nos hôtes 'Sous le Soleil de France'.

Nos Hôtes

Ils sont tous membres de l'Association Française BAB France et vous recevront pour une ou plusieurs nuits.
Vous goûterez aux produits du terroir, aux vins de la région. Quand les hôtes vendent leurs productions, nous vous indiquons ce que vous pouvez trouver : «sur place». Vous pouvez aussi trouver chez eux, de l'artisanat local. Peut-être choisirez-vous de profiter tout simplement du confort de votre chambre : beaucoup de nos hôtes mettent à votre disposition une salle de bains privée avec WC privé.
Si vous aimez que l'on s'occupe particulièrement de vous, vous irez plutôt rencontrer nos hôtes en dehors des périodes de grands exodes : ils seront encore plus disponibles pour répondre à vos attentes.

Le Petit Déjeuner Français

Il se compose de pain (en principe baguette) très souvent de brioches ou croissants ou crêpes, beurre et confitures, boissons chaudes et parfois jus de fruit. Certains préparent des petits déjeuners à l'anglaise.
L'hôtesse vous sert en principe, dans la salle commune. Nous vous précisons les hôtes qui vous permettent de confectionner par vous-même vos petits déjeuners et ceux qui n'en proposent pas ; ceux qui mettent une cuisine à votre disposition : ils sont de plus en plus nombreux.

Le Dîner

Vous pouvez dîner chez beaucoup de nos hôtes : c'est un moment privilégié pour les échanges et l'occasion de goûter à la cuisine familiale française ou de faire un repas gastronomique. Le dîner n'est jamais obligatoire, même dans les fermes auberges ou les B&B qui disposent de restaurants.
Par contre, il est impératif de réserver votre repas afin de permettre à votre hôtesse de s'organiser.
De toute façon, tous vous indiquerons des adresses de restaurants proches.
Les prix indiqués peuvent ne pas comprendre la boisson.

Les Chambres

Nous vous décrivons chaque chambre, son confort et le sanitaire à votre disposition : finies les surprises désagréables ! Vous pouvez réserver une chambre précise (elles portent souvent un nom). Nous vous signalons le nombre total de chambres et appartements
Si vous préférez les contacts en tête à tête avec vos hôtes, choisissez ceux qui ne proposent qu'une chambre.

L'Intérêt de nos Hôtes

Nos hôtes bien renseignés, sont de très bon conseil ! Ils seront aux petits soins avec vous et ravis de vous aider dans vos choix : n'hésitez pas à demander quelles sont les activités ou les visites à faire impérativement. C'est un avantage important de la formule B&B, vous êtes reçus de façon très amicale et profitez de leurs connaissances personnelles. Certains se sont spécialisés dans les monuments histo

riques et vous font visiter châteaux et abbayes ; d'autres vous amènent chasser à courre, cueillent avec vous des champignons, vous organisent des soirées typiques ou vous apprennent à confectionner un foie gras.
Pour chaque hôte, nous vous précisons les activités caractéristiques de la région ou celles proposées par eux (pour le ski en hiver, la majorité de nos hôtes se chargent de retenir vos skis et vos forfaits).

Accueil paysan

Nous avons été séduits par cette association regroupant certaines fermes en activité et qui tient à préserver la formule 'authenticité de l'accueil à la ferme'. Vous vivrez en famille la vie de la ferme, vous partagerez très souvent les sanitaires avec vos hôtes qui vous proposent un confort adapté à l'habitat local. Ils vous feront connaître leur métier, leur environnement et vous garantissent la qualité fermière des produits qu'ils vous offrent. Nous vous les présentons avec leurs caractéristiques particulières. Vous les reconnaitrez grâce au symbole : **A.P.**

Les Prix

Vous partez en lune de miel dans un circuit découverte des châteaux, vous marchez en famille dans la Bretagne profonde ou en groupe de jeunes sur le 'Tra mare e monti' : Le tarif sera différent. Pour mieux vous repérer, nous avons mis au point un indice de valeur qui vous permet très rapidement, de choisir un hôte et une chambre en fonction du prix par personne que vous souhaitez mettre.
Dans le descriptif de chaque chambre, nous vous indiquons deux prix en Francs Français de LA CHAMBRE, par nuit, petit déjeuner compris :
2 Pers = Le prix de la chambre occupée par 2 personnes partageant la chambre,
Maxi = Le prix pour le maximum de personnes que peut accueillir la chambre (hors lits supplémentaires d'appoint).
Après chacun des deux prix, nous vous donnons son indice de valeur (Eco, A, B, C, Luxe) PAR PERSONNE (Pour connaître les différentes catégories de l'Indice de valeur, voir page 14).
Notre tarif le plus bas : 50/nuit/pers. Notre tarif le plus élevé : 1 325 F/nuit/pers.

Typical Breton furniture - Meubles Bretons
Photos : 22.10 - page 87

'Le Bed & Breakfast' ist da

Obwohl Bed & Breakfast eine Erfindung der Briten ist, verstehen sich die Franzosen auch sehr gut darauf. Da die Einrichtung in Frankreich noch ziemlich neu ist, herrscht hier noch die Begeisterung, die Bed & Breakfast so attraktiv macht. Bed & Breakfast, oder besser 'Le Bed & Breakfast', ist die populärste Art von Unterkünften und sowohl in Frankreich als auch weltweit sehr verbreitet. Wir klassifizieren unsere Gastgeber mittels Sonnen ('Soleils'). Dies stellt die 'Soleil de France' dar, jedoch nicht nur das warme und milde Klima, sondern auch die Wärme und Herzlichkeit der Gastgeber. In diesem Reisekatalog finden Sie nicht ein einziges 'hotel plastique' wie sie überall in Frankreich emporschießen. Unsere Gastgeber sind Privatpersonen und keiner Hotelkette angeschlossen. Wenn die Hausfrau Ihnen zusätzlich ein Glas Wein serviert oder Ihnen eine Büchse Paté auf die Reise mitgibt, dann tut sie dies aus Gastfreundschaft, und Sie brauchen nicht zu befürchten, daß Extrakosten auf der Rechnung erscheinen. Wir waren von der großzügigen und herzlichen Gastfreundschaft, die uns die Gastgeber entgegenbrachten, sehr beeindruckt und können sagen, daß der Sonnenschein aus ihren Häusern strahlt.

Wir bürgen für Qualität

Unsere Gastgeber gehören alle der l'Association BAB (France), der französischen Bed & Breakfast Assoziation an und bezahlen eine kleine Mitgliedsgebühr. Sie sind angehalten, einen bestimmten Standard in der Qualität der Unterkunft sowie der Gastfreundlichkeit einzuhalten, und alle Ihre Häuser wurden von uns inspiziert. Neben der Beschreibung des Gastgebers benutzen wir drei Indikatoren, um Ihnen bei der Auswahl behilflich zu sein:
– Der TYP des Hauses ist mit einem Symbol bezeichnet;
– Der PREISINDEX gibt Ihnen einen schnellen Überblick über die Preise, die für Ihr Budget in Frage kommen;
– Die KLASSIFIZIERUNG DURCH 'SOLEILS' (SONNEN) weist auf den allgemeinen Komfort und die Qualität der Unterkunft hin sowie auf die Herzlichkeit des Gastgebers. Wir sind keine engstirnigen Bürokraten, und manchmal geschieht es, daß wir uns richtig in ein Haus verlieben, – wir Franzosen nennen das 'un coup de cœur' – , dann vergeben wir eine zusätzliche Sonne. Wenn wir ein Zimmer besonders hübsch fanden, haben wir es bei der Zimmerangabe mit einem kleinen Herzsymbol gekennzeichnet. ♡
Unsere Inspektorengruppe setzt sich aus Briten und Franzosen zusammen, die über viel Erfahrung verfügen und sehr kompetent sind. Trotzdem würden wir gern Ihre Meinung über Ihren Aufenthalt hören und bitten Sie um ein Feedback (siehe Formular am Ende des Katalogs), da wir unseren Service verbessern möchten. In zukünftigen Ausgaben werden alle Personen, die uns hierin unterstützen, namentlich anerkennend erwähnt.

Frei, unabhängig und eine Vielzahl an Angeboten

Frankreich ist ein Land mit so großer Vielfalt, daß Sie es am besten auf Ihre ganz persönliche Art entdecken und erfahren sollten. Unser Reisekatalog soll Sie dabei begleiten. Er enthält ein breites Angebot an Unterkünften, angefangen bei einfachen Bauernhöfen bis hin zu großartigen Schlössern. Manche sind klein und gemütlich und bestehen aus nur einem Zimmer; andere sind größer, haben mehrere Zimmer, und der Gastgeber bietet viele Aktivitäten an, so daß sie für Gruppen oder junge Leute sehr geeignet sind. Sie befinden sich in kleineren und größeren Städten incl. Paris, auf dem Lande, in den Bergen oder am

Ein einmaliger Service

Bed & Breakfast (France) ist eine Schwestergesellschaft der Bed & Breakfast (GB), die 1982 von John Ette, dem früheren Marketing Direktor des British Tourist Board (BTA) in Frankreich, gegründet wurde. Wir sind B & B Spezialisten und möchten Ihnen unsere Fachkenntnisse und unseren Service für Frankreich zur Verfügung stellen.
Die Erfahrungen, die wir durch unsere Verbindung mit Großbritannien gewannen, bedeutet, daß wir als offizielle Vertretung der l'Association BAB France (die französische Bed & Breakfast Assoziation) Ihnen ein großartiges Produkt mit erstklassigem Service anbieten können, das ganz und gar französisch ist, gleich, ob Sie direkt oder über unser deutsches Reservierungsbüro Bed & Breakfast Travel Service buchen.

Meer. Sie können direkt oder über uns buchen oder über-haupt nicht (was zu den Hauptreisezeiten nicht empfehlenswert ist).

Was auch immer Sie unternehmen wollen, wir wünschen Ihnen einen angenehmen Aufenthalt unter der 'Soleil de France'.

Unsere Gastgeber

Unsere Gastgeber sind Mitglied der französischen Bed & Breakfast Assoziation und bieten Ihnen ausgezeichnete Unterkünfte für mehrere Nächte. Viele Zimmer verfügen über ein eigenes Bad. Wenn Komfort nicht Ihre erste Priorität ist, haben wir auch viele einfachere Unterkünfte für das kleine Budget zur Verfügung. Wir ermutigen unsere Gastgeber, ihre lokalen und regionalen Spezialitäten sowie Weine den Gästen anzubieten. Manche von ihnen verkaufen auch ihre eigenen Produkte; Kunsthandwerk und Bilder werden ebenfalls angeboten.

Das französische Frühstück

Unsere Preise schließen Übernachtung und französisches Frühstück ein, sofern nichts anderes angegeben ist. Es besteht gewöhnlich aus Baguette; Brioches, Croissants oder Pancakes werden aber auch angeboten. Meistens wird Kaffee serviert; Tee oder Schokolade können jedoch auch bestellt werden. Dazu gibt es Butter, Marmelade (oftmals selbstgemachte) und manchmal Obstsaft. Einige Gastgeber offerieren auch ein warmes Frühstück. Das Frühstück serviert Ihnen in der Regel die Dame des Hauses persönlich im Eßzimmer, was zugleich eine passende Gelegenheit ist, sie nach guten Tips für die weitere Gestaltung des Tages zu fragen. Einige Gastgeber geben Ihnen die Möglichkeit, Ihr Frühstück selbst zuzubereiten; in einigen Häusern stellt man Ihnen auch gern die Küche zur Verfügung, damit Sie Ihre eigenen Mahlzeiten zubereiten können.

Das Abendessen

Viele Gastgeber bieten Abendessen an, und wenn wir Ihnen einen Rat geben dürfen, nehmen Sie dieses Angebot wahr. Es ist eine gute Gelegenheit, mit Ihrem Gastgeber in entspannter Atmosphäre zusammen zu sein und seine gute Hausmannskost oder oft sogar Feinschmecker-Mahlzeiten zu genießen. Sie sind jedoch nicht verpflichtet, das Abendessen im Haus einzunehmen, auch wenn ein Eßzimmer oder Restaurant vorhanden ist. Sollten Sie eine Abendmahlzeit bei Ihrer Ankunft wünschen, so informieren Sie Ihren Gastgeber bitte im voraus, und geben Sie bitte auch die ungefähre Ankunftszeit bekannt. Falls Ihr Gastgeber keine Abendmahlzeit anbietet, wird er Ihnen gern ein gutes Restaurant in der Nähe empfehlen. Getränke sind in der Regel im Preis nicht enthalten.

Die Zimmer

Die Ausstattung jedes Zimmers ist angegeben, so daß Sie genau wissen, was Sie bekommen und sich ein Zimmer Ihrer Wahl aussuchen können (oftmals mit eigenem schönen Namen). Wenn Sie Ihren Gastgeber näher kennenlernen möchten, dann suchen Sie sich am besten ein Haus mit nur wenigen Zimmern aus, so daß Sie dann die einzigen Gäste sind.

Interessen und Aktivitäten unserer Gastgeber

Die Tips und Vorschläge ('tuyaux' wie die Franzosen sagen) unserer Gastgeber werden Ihren Aufenthalt ganz sicher bereichern. Zögern Sie nicht, sie um Rat zu fragen, denn ihre jahrelangen Erfahrungen sind besser als jeder Reisekatalog. Viele von ihnen haben spezielle Interessen und Kontakte im Ort, die Ihnen viele Türen öffnen können. Sie nehmen Sie vielleicht mit auf die Jagd oder zum Angeln, führen Sie im lokalen Golfclub ein, laden Sie zum Pilze sammeln oder zum Wandern ein. Auf dem Lande ist man Ihnen gern behilflich Wein, foie gras, etc. direkt beim Hersteller zu kaufen. Die Aktivitäten der Gastgeber sind jeweils angegeben und sie freuen sich, Ihnen bei Arrrangements behilflich sein zu können.
Wenn Sie die Hochsaison meiden, wird man Ihnen mehr Zeit widmen.

Accueil Paysan

Wir haben mit dieser Bauernververeinigung ein Abkommen. Auf ihren Bauernhöfen leben Sie 'en famille' und können das Leben auf dem Bauernhof live erfahren. Außerdem haben Sie Gelegenheit, ihre Erzeugnisse zu kosten oder zu kaufen.
Im Reisekatalog tragen sie den Vermerk:

A.P.

Wie liest man diesen Reisekatalog

Im Katalog ist eine Karte von Frankreich abgebildet, die in Regionen eingeteilt ist.
Auf den Gebietskarten sind die 'departments', die größeren Städte, Sehenswürdigkeiten und Hauptverkehrsstraßen mit Nummern versehen. Dies erleichtert Ihnen die Suche nach den Orten auf Ihrer eigenen Straßenkarte.
Die 'Gastgeber–Nummer' setzt sich aus zwei Nummern zusammen. Die ersten beiden Zahlen sind die Nummer des 'departments'; die ein oder zwei letzten Zahlen sind die Nummer des Gastgebers in diesem 'department'. Diese Nummern stehen auch auf der Karte, z.B. Gastgeber 1 in 'department' Nummer 22 hat die Gastgebernummer 22.1.
Vergessen Sie nicht, bei Buchungen die vollständige Nummer anzugeben, sonst wissen wir nicht, wo Sie wohnen möchten.

Preise

Angenommen, Sie sind auf der Hochzeitsreise oder machen eine Autotour, um Schlösser zu besichtigen. Oder Sie machen Familienurlaub in der Bretagne . Oder eine Gruppe junger Leute macht eine Wanderung durch Korsika. Die Kosten für diese Reisen werden in jedem Fall unterschiedlich sein.
Um Ihrem Budget entsprechend die Unterkünfte zu wählen, haben wir einen Preis–Leistungs–Index für Sie ausgearbeitet, der sich auf die Zahl der Personen pro Zimmer bezieht. Gemäß der Zimmerbeschreibung werden zwei Preise angeführt: das ZIMMER in franz. Franc pro Nacht einschl. Frühstück:

| 2 Pers. | = | Zimmerpreis basiert auf zwei Personen |
| Maxi | = | Zimmerpreis basiert auf maximaler Auslastung des Zimmer (ohne Zusatzbetten) |

Jeder Preis PRO PERSON folgt dem Index (Eco, A, B, C und Luxe).
Die Preisskala reicht von 50 FF PRO PERSON pro Nacht bis 1325 FF PRO PERSON pro Nacht.

A charming riverside house - Une charmante demeure en bord de rivière

Classification by 'Soleils' (Suns)
Classification par 'Soleils'
Klassifizierung durch 'Soleils' (Sonnen)

☀	Basic with a warm welcome *Simple avec un bon accueil.* Einfache Ausstattung, freundliche Atmosphäre
☀ ☀	Good standard of comfort, some rooms may have private bathrooms or attractive and popular location *Bon confort : les chambres peuvent avoir sanitaire et WC privé ou Environnement touristique interressant.* Guter Standard, einige Zimmer haben Bad oder befinden sich an einem interessanten touristischen Ort
☀ ☀ ☀	High standard of comfort, all rooms with private bathroom, or a house of particular charm and character. *Très bon confort : Toutes les chambres ont leur sanitaire privé, ou la maison a du charme et du caractère.* Hoher Standard, alle Zimmer verfügen über Bad, oder es ist ein Haus mit besonderem Charme und Charakter
☀ ☀ ☀ ☀	Luxury, Charm and an Outstanding location : 'la crème de la crème'... *Le Luxe, le Charme, l'Environnement exceptionnel...* Luxuriöses, schönes und außergewöhnliches Haus: 'la crème de la crème'

Type of Home
Style de la maison
Haustyp

🏰	Château or Manor House *Château ou Manoir* Schloß oder Herrenhaus
🏠	Residence of outstanding character *Demeure de Caractère* Herrschaftliches charaktervolles Haus
🏡	Working farm *Ferme en Activité* Bauernhof
🏠	Private home *Maison privée* Privathaus
🏢	Flat / Apartment *Appartement* Appartement

Index of Value for Money
Indice de Valeur
Preis–Leistungs–Index

Price / person / night *Prix / personne / nuit* Preis/Person/Nacht	Index category *Indice de valeur* Index–Kategorie
50 FF → 120 FF	Eco
121 FF → 150 FF	A
151 FF → 200 FF	B
201 FF → 300 FF	C
301 FF → 1 325 FF	Luxe

How to Book

There are two options, choose whichever suits you best.

EITHER

→ **Direct with your host.**

Either telephone or mail the special card enclosed in this guide. Some hosts also have faxes and this is indicated. Your host will reply advising you on their procedure for confirming a booking.

Sending deposits

Some hosts may ask you to send them a deposit in French francs to hold rooms for you. We have arranged with Eurochange to issue cheques in French francs for our clients, at very competitive rates. Please contact Eurochange on 0171 931 8007 for this service, and all your currency requirements. Quote ref : 'BBF' to ensure you get the best deal. (See advertisement on page 25).

TO PHONE HOSTS IN FRANCE :

From Outside :
Dial 00 33 + the number of your host

From France (except Paris)
Dial the number of your host

From Paris to another part of France
Dial 16 + the number of your host

From any part of France to Paris
Dial 16 1 + the number of your host

It is cheaper to phone after 6pm. Do not forget to take account of time differences.

Very important

From October 18th, the telephone number of hosts in France will have 10 digits instead of the usual 8. In each region we indicate the two extra digits to add in front, of the existing number. Within France, it will no longer be necessary to dial 16 for Paris.

OR

→ **Use our Central Reservations Office**

We can make your bookings for you and save you time and language problems and the complications of sending payment to France. There is, however, a booking fee for this service.

I) **Decide on the dates of your stay and the number of persons in your party**
and complete the form on page 21.

II) **Select your hosts.**
Please give us a first and second choice and quote the host numbers. In the unlikely event that all your choices are full, we will always come up with the nearest available to your requirements. There may also be hosts that have joined us since this guide went to press, but with this number of hosts, you will never be far from your first choice.

TIP : Your trip will be more enjoyable and less tiring if you stay more than one night at each host, which will also give you the opportunity to get to know them better.

III) **Send the Reservation Form to our office.**
- **Paris** : If you are booking for Paris, the booking fee is included in our prices and, at this stage, you only need to send £30 deposit.
- **Outside Paris** : If you are booking for outside Paris, the booking fee should be enclosed, which is as follows :
- £20 for the first stop, **regardless of the number of nights and the number of persons in your party.**
- £10 for all other stops, **regardless of the number of nights and the number of persons in your party.**
(e.g. if you stay one night at one host and then three nights at another host, the total booking fee would be £30).

The booking form indicates the various ways to pay.

IV) We will send you the Provisional Reservation.

As soon as we have received your booking form and the booking fee (or deposit), we will make the reservation for you and send you the Provisional Reservation. This will give brief details of the hosts that have been booked and the balance to pay and the date when we should receive it.

V) You confirm your booking.

In order to confirm your booking, you should send the balance to us no later than the date indicated. If you wish to make changes to the booking, i.e. a different host, different dates, or a change to the number of persons in your party, then there is an alteration fee of £10 per stop which must be paid before the changes are made.

VI) We send you our Confirmation Voucher.

Once we have received the full balance of your payment, we will send you a Confirmation Voucher, which will give the full details of your hosts and directions how to find them. If you are leaving home several weeks before your arrival in France, we can send your Confirmation Voucher to another address if you request it.

It is not possible to make changes once the Confirmation Voucher has been issued. After this point, a booking has to be cancelled and rebooked again and cancellation fees apply. Booking fees and deposits are non refundable. A booking is only confirmed and guaranteed when the final balance has been received before the payment-date given. Although we do our best to rush through last minute reservations, we cannot guarantee bookings if the final payment arrives too late.

The B&B's experts :
in Britain
Bed & Breakfast (GB)
in France
Bed & Brekfast (France)

NO TIME TO SEND IN THE RESERVATION FORM ?
Then you can book by telephone or fax using a credit card.

→ **If calling from Britain :**
Tel : 01491 578803 - Fax : 01491 410806

→ **If calling from outside Britain :**
International code + 44 +
Tel : 1491 578803 - Fax : 1491 410806

Our service is quick and efficient. You authorise us to charge the booking fee or deposit to your Visa or Mastercard and we will tell you when you should call us back to obtain details of your reservation. If you are happy with what we have booked, we will ask you to authorise us to charge the balance to your credit card and your booking will be confirmed. We shall give you full directions on how to find each host.

Our Reservations Office is open Mondays to Fridays from 9.30am to 6pm UK time. Outside of these hours, you may leave your reservation request on our answering machine or send a fax. Be sure to give us full details of your requirements, including the number of a VISA or MASTERCARD and its expiry date.

At certain times of the year, if you need an answer in less than 48 hours, you will have to use our **EXPRESS SERVICE**, for which there is a surcharge of £25. You will be advised if this surcharge is applicable when you book.

Cancellation Conditions

These only apply to confirmed bookings made via the Central Reservations Office of Bed & Breakfast (France). We must be informed either in writing or by fax.
The following Cancellation Conditions apply. :
→ If received 15 days or more before the first night on your Reservation Voucher :
FULL REFUND less Booking Fee or Deposit plus an Administration Charge of £20.
→ If received between 15 and 4 days before the first night on the Reservation Voucher :
REFUND of 5% of the total cost of your stay, less Booking Fee or Deposit.
→ Bookings cancelled less than 4 days before the first night on your Reservation Voucher : NO REFUND.

Comment Réserver

Vous disposez de deux possibilités, choisissez celle qui vous convient le mieux.

SOIT

→ **Vous contactez directement votre hôte**

Téléphonez ou envoyez la carte-lettre expliquant votre demande, à son adresse. Certains disposent d'un fax. L'hôte, par retour de courrier, vous précisera s'il a des disponibilités et la démarche à suivre pour confirmer votre réservation.

POUR APPELER VOS HÔTES EN FRANCE :

De l'Extérieur à la France :
Composez 00 33 + le numéro de l'hôte

De France (sauf Paris)
Composez le numéro de l'hôte.

De Paris vers la Province
Composez 16 + le numéro de l'hôte

De la Province vers Paris
Composez 16 1 + le numéro de l'hôte

Le numéro est à 8 chiffres. Appelez après 18 heures pour bénéficier de tarifs réduits. Pensez au décalage horaire...

ATTENTION :

A partir du 18 Octobre, le téléphone des hôtes Français a 10 chiffres. Dans chaque région, nous vous précisons quels sont les 2 chiffres supplémentaires à rajouter devant le numéro actuel. Pour Paris, vous n'aurez plus besoin de composer le 16.

Les spécialistes du B&B :
Pour la Grande-Bretagne
Bed & Breakfast (GB)
Pour la France
Bed & Brekfast (France)

SOIT

→ **Vous Contactez la Centrale Réservation**

Nous pouvons nous occuper de vos réservations et vous n'avez pas le souci du moyen de paiement. Nous prenons des frais de dossier pour ce service.

I) Fixez les dates de votre séjour ainsi que le nombre de personnes
et remplissez le formulaire page 21.

II) Sélectionnez vos hôtes
Précisez votre premier et votre deuxième choix, grâce au Numéro-Code de chaque hôte. S'il arrivait que vos choix ne soient plus disponibles, nous vous proposerions un accueil aussi proche que possible. Depuis la publication de ce guide, d'autres hôtes se sont joints à nous. De toute façon, vous ne serez jamais trop éloigné de votre premier choix.
UN CONSEIL : Votre séjour sera plus agréable et moins fatiguant si vous restez plusieurs nuits chez le même hôte. Cela vous permettra aussi de mieux le connaître.

III) Envoyez le Formulaire de Réservation à la Centrale.
- Paris : Si vous réservez pour Paris, Les frais de dossier sont compris dans nos prix et à ce stade de la réservation, vous nous envoyez simplement 300FF d'arrhes.
- Hors Paris : Si vous réservez hors Paris, joignez absolument les frais de dossier qui sont les suivants :
- 200FF pour la première étape, *quelque soit le nombre de nuits et de personnes.*
- 100FF pour chaque étape supplémentaire, *quelque soit le nombre de nuits et de personnes.*
(Ex: 200FF si vous passez 1 ou plusieurs nuits chez 1 seul hôte, 300FF si vous passez 1 ou plusieurs nuits chez 1 hôte et 1 ou plusieurs nuits chez 1 autre hôte, 400FF pour 3 hôtes différents ...).

Le formulaire de réservation précise les différents moyens de paiement.

IV) Nous vous envoyons une Option de Réservation

Dès que nous recevons votre demande et les frais de dossiers (ou les arrhes pour Paris), nous effectuons votre réservation et vous envoyons une Option de Réservation qui confirme votre prise d'option. Ce dernier vous donne des indications sur les hôtes qui vous accueilleront, le Solde à régler et la date limite de paiement.

V) Vous confirmez votre réservation

Vous nous confirmez votre réservation, en nous versant le Solde à Régler avant la date limite, indiquée, accompagné de la feuille de confirmation. Si vous souhaitez des modifications, joignez à la demande de modifications : 100FF pour chaque changement (changement d'un hôte, d'une date, du nombre de personnes...).

VI) Nous vous envoyons votre Bon de Confirmation

Lorsque nous recevons votre règlement, nous vous envoyons votre Bon de Confirmation, avec tous les détails, l'itinéraire exact à suivre pour arriver chez chacun de vos hôtes . Nous pouvons envoyer ce Bon à une autre adresse si vous deviez partir de chez vous plusieurs semaines avant votre arrivée en France.

Il n'est pas possible de faire des changements, après réception du Bon de Confirmation : Vous devez alors annuler votre réservation et effectuer une nouvelle demande. Les frais de dossiers et les arrhes ne sont pas remboursables. Une réservation est confirmée et garantie lorsque le règlement total est reçu, avant la date limite de confirmation. Bien que nous fassions de notre mieux pour satisfaire les demandes de dernière minute, nous ne pouvons garantir les réservations si le règlement arrive en retard.

Quand vous réservez en direct auprès de vos hôtes : n'oubliez pas de mentionner votre Guide Bed & Breakfast (France)

**A COURT DE TEMPS ?
VOUS N'AIMEZ PAS ECRIRE ?**
vous pouvez réserver par téléphone ou fax avec votre carte de crédit.

→ **Vous appelez de Grande-Bretagne :**
Tel : 01491 578803 - Fax : 01491 410806

→ **Vous appelez d'un autre pays :**
Code de l'International + 44 +
Tel : 1491 578803 - Fax : 1491 410806

Notre service est rapide et efficace. Vous nous autorisez à débiter les frais de dossiers de votre carte Visa ou Mastercard. Nous vous précisons à quel moment vous devez nous rappeler : si vous êtes d'accord avec cette réservation, vous nous autorisez à débiter le solde de votre facture sur votre carte de crédit. Nous vous précisons les directions à suivre pour arriver chez chacun de vos hôtes.

Nos bureaux sont ouverts du Lundi au Vendredi de 9h30 à 18h, heure Anglaise. En dehors de ces heures, envoyez nous un fax ou laissez sur notre répondeur., tous les détails de votre demande, le nom de votre carte (VISA ou MASTERCARD), son numéro, sa date de validité.

A certains moments de l'année, si vous avez besoin d'une réponse en moins de 48heures, vous pouvez faire appel à notre SERVICE EXPRESS, moyennant un supplément de 250FF. Lors de votre appel, nous vous prévenons si ce supplément doit être appliqué.

Conditions d'Annulation

Si vous annulez par écrit ou fax, votre réservation réglée à la Centrale de Réservation de Bed & Breakfast (France), les conditions d'annulation sont les suivantes :

→ reçue plus de 15 jours avant la première nuit du Bon de Réservation : remboursement du séjour, sauf frais de dossier (ou arrhes) et frais administratifs de 200FF.

→ reçue entre 15 et 4 jours avant la première nuit du Bon de Réservation : remboursement de 5% du séjour, sauf frais de dossier (ou arrhes).

→ reçue moins de 4 jours avant la première nuit du Bon de Réservation : pas de remboursement.

Wie bucht man

Wählen Sie zwischen zwei Möglichkeiten

ENTWEDER

→ **Direkt beim Gastgeber**

Per Telefon, oder schicken Sie die Buchungskarte am Ende des Katalogs ab. Manche Gastgeber besitzen Faxgeräte, was angegeben ist. Ihr Gastgeber informiert Sie dann über die Abwicklung der Buchungsbestätigung.

Anzahlung:

Einige Gastgeber werden Sie bitten, eine Anzahlung in franz. Franc zu leisten, um Ihre Zimmer freizuhalten

---

Um die Gastgeber nach Frankreich anzurufen:

Von außerhalb Frankreichs :
Vorwahl: 0033 + Vorwahl Ihres Gastgebers
Innerhalb Frankreichs (außer Paris) :
Wählen Sie die Nummer des Gastgebers
Von Paris nach anderen Regionen Frankreichs :
Vorwahl: 16 + die Nummer Ihres Gastgebers

Sehr wichtig :

Ab 18. Oktober werden die Telefonnummern der Gastgeber 10 Nummern haben. Bei den Regionen haben wir die zwei zusätzlichen Zahlen vor die jetzigen gestellt. Innerhalb Frankreichs ist es dann nicht mehr erforderlich, die Vorwahl 16 für Paris zu wählen.

Die B&B Experten
(Großbritannien & Frankreich)
Travel Service Helga Hayes

ODER

→ **Buchen Sie über unser Reservierungsbüro**

Wir können für Sie buchen und Ihnen Zeit-und Sprachprobleme sowie die Geldüberweisungen nach Frankreich ersparen. Für diesen Service erheben wir eine Buchungsgebühr.

I) Geben Sie Ihre Reisedaten und die Anzahl der Personen an und füllen Sie das Formular auf Seite 23 aus.

II) Wählen Sie Ihre Unterkünfte
Geben Sie bitte eine erste und zweite Wahl an und die entsprechende Kenn-Nummer der Unterkunft. Im Fall, daß alle gewünschten Häuser ausgebucht sind, werden wir immer bemüht sein, die nächstbeste Unterkunft, die Ihren Wünschen entspricht, zu buchen. Da nach Herausgabe dieses Katalogs weitere Unterkünfte dazu kommen, werden Sie bei der großen Anzahl von Häusern nie weit weg vom Haus Ihrer ersten Wahl entfernt sein.
TIP : Ihre Reise gestaltet sich erfreulicher und weniger ermüdend, wenn Sie länger als eine Nacht bleiben, und Sie haben Gelegenheit, Ihren Gastgeber besser kennenzulernen.

III) Schicken Sie das Buchungsformular an unser Reservierungsbüro.
- **Paris** : Für Paris ist eine Buchungsgebühr im Preis enthalten, und Sie brauchen nur eine Anzahlung von DM 90,- zu leisten.

Die Buchungsgebühren setzen sich wie folgt zusammen :
- DM 60,- für die erste Buchung, **unabhängig von der Anzahl der Nächte und Personen in Ihrer Gruppe.**
- DM 30,- für jede weitere Buchung, **unabhängig von der Anzahl der Nächte und Personen in Ihrer Gruppe.**
(z.B. wenn Sie eine Nacht in einer Unterkunft und drei Nächte in einer anderen buchen, wären DM 90,- Buchungsgebühr fällig).
Das Buchungsformular zeigt die verschiedenen Zahlungsweisen an.

IV) Wir schicken Ihren die Provisorische Buchung zu.
Sobald wir das Buchungsformular und die Buchungsgebühr oder Anzahlung von Ihnen erhalten haben, senden wir Ihnen die Provisorische Reservierung zu. Sie enthälten kurze Angaben über die gebuchten Unterkünfte sowie über die Höhe des Restbetrages und das Datum, bis wann dieser Restbetrag bei uns eingegangen sein muß.

V) Bestätigen Sie die Buchung
Damit wir Ihre Buchung bestätigen können, senden Sie uns bitte den Restbetrag zum angegebenen Datum. Falls Sie die Buchung ändern möchten, z.B. eine andere Personenzahl wünschen, berechnen wir eine Änderungsgebühr von DM 25,- pro Nacht, die vor der Änderung entrichtet werden muß.

VI) Wir schicken Ihnen die Buchungsbestätigung
Sobald wir den Restbetrag von Ihnen erhalten, senden wir Ihnen die Buchungsbestätigung, die ausführliche Angaben über Ihre Unterkunft und wie Sie Ihren Gastgeber finden, enthält. Falls Sie Ihren Heimatort mehrere Wochen vor Ihrer Ankunft in Frankreich verlassen, schicken wir auf Wunsch die Buchungsbestätigung an eine andere Adresse.

Die Buchungsbestätigung kann nachträglich nicht geändert werden. Es muß eine Stornierung erfolgen, die gebührenpflichtig ist und eine neue Buchung muß vorgenommen werden. Buchungsgebühren oder Anzahlungen werden nicht erstattet. Die Buchung ist erst gültig, wenn Sie den vollen Reisebetrag vor dern angegebenen Datum überwiesen haben. Wir tun unser Bestes, um auch kurzfristige Buchungen zu tätigen, können jedoch keine Reservierung garantieren, wenn die Restzahlung zu spät erfolgt.

Wenn Sie direkt buchen, so weisen Sie bitte auf den Bed & Breakfast (France) Reisekatalog hin.

Keine Zeit, das Buchungsformular einzusenden ?

Dann buchen Sie doch per Telefon oder Fax.

Tel. : 06198 502126
Fax : 06198 502127

Unser Service ist schnell und effizient.
Das Reservierungsbüro ist geöffnet von Montag bis Freitag von 9.00 Uhr bis 18.00 Uhr. Außerhalb der Bürozeiten sprechen Sie bitte Ihre Reservierungswünsche auf den telefonischen Anrufbeantworter, oder schicken Sie ein Fax. Vergessen Sie nicht, genaue Einzelheiten anzugeben.
Möchten Sie eine Reservierung innerhalb von 48 Stunden bestätigt haben, so nehmen Sie bitte unseren EXPRESS SERVICE in Anspruch, für den wir allerdings einen Zuschlag von DM 75,– erheben. Sie werden bei Buchung darauf hingewiesen.

Stornierungsbedingungen

Stornierungsbedingungen kommen nur zur Anwendung, wenn Sie die Buchung über Bed & Breakfast Travel Service vorgenommen haben. Wir bitten Sie, uns schriftlich oder per Fax zu informieren.
Stornierungsbedingungen gelten:
→ Wenn die Stornierung mindestens 15 Tage vor der ersten Nacht der provisorischen Buchung erfolgt:
VOLLE RÜCKVERGÜTUNG, abzüglich Buchungsgebühr oder Anzahlung zuzüglich einer Verwaltungsgebühr von DM 50,–.
→ Wenn die Stornierung spätestens 4 Tage vor der ersten Nacht der provisorischen Buchung erfolgt:
RÜCKVERGÜTUNG von 5 % der Gesamtkosten Ihres Aufenthaltes abzüglich der Buchungsgebühr oder Anzahlung.
→ Buchungen, die bis 4 Tage vor der ersten Nacht Ihrer provisorischen Buchung erfolgen:
KEINE RÜCKVERGÜTUNG.

Reservation Form - *Formulaire de Réservation (Part 1)*

Number of Persons - *Nombre de personnes* : ....

ADULTS - *ADULTES*

Mr / Mrs / Ms M. / Mme / Mlle	First Name *Prénom*	Surname *Nom*

CHILDREN - *ENFANTS*

Age on Arrival *Age à l'arrivée*	First Name *Prénom*	Surname *Nom*

Send this Form with your payment to :
Envoyez ce formulaire avec votre règlement à
**Bed & Breakfast (France)
PO Box 66
Henley-on-Thames,
OXON RG9 1XS
Great Britain**

Fax :
(from Britain) :
01491 410806
(from outside Britain) :
(à partir d'un autre pays):
+ 44 1491 410806

Reservations (bed and breakfast - *chambre et petit - déjeuner***)**

Stop N° *N° Etape*	Date of Arrival *Date arrivée*	Date of departure *Date départ*	No of Nights *Nb de Nuits*	1st Choice *1° choix*	2nd Choice *2° choix*	Dinner *Dîner*

Express dates as : Day/Month/Year - Date of Arrival = the date of the first night - Date of Departure = the date of the morning on which you leave your hosts. Normal arrival time is between 5pm and 7 pm unless you have made alternative arrangements with your host. Please give the Host Numbers of your first and second choices. Dinner : Put a tick in this column if you would like dinner on your first evening. (Check first whether your host actually offers dinner.) You will pay your host directly for dinner.

Dates sous forme : jour/mois/année - Date d'arrivée = date de la 1° nuit - Date de départ = date du matin où vous quittez votre hôte. Votre arrivée se situe entre 17H et 20H, votre réservation n'est plus valable après 20H, sauf indication particulière de votre part. Pour vos 1° et 2° choix : indiquez les Numéros-Codes des hôtes. Dîner : mettez une croix si vous dînez le premier soir (attention de bien vérifier si votre hôte propose le dîner). Le règlement du dîner s'effectue directement chez votre hôte.

Address - *Adresse* : ....

.... Town - *Ville* :...

Post Code - Code Postal : .... Country - *Pays* :...............................

☎ : .... 🖷 : ....

Occupation - *Profession* : ....

How are you travelling round France ? - *Moyen de transport en France* :..................

- 21 -

Reservation Form - *Formulaire de Réservation (Part 2)*

Booking Fee to Pay* - *Vos Frais de dossier à nous régler**

1st Stop - *1° Etape* £20 (200FF)

Number of Additional Stops - *Nb d'Etapes supplémentaires* = ... x £10 (100FF) = ...

Total Booking Fee to Pay - *Total des Frais de dossier à payer* :   = ...*
OR
DEPOSIT (PARIS ONLY) - *ARRHES (PARIS SEULEMENT)* :   £30 (300FF)   = ...*

Recommended Forms of payment - *Moyens de paiement recommandés*

For British Clients :

☐ Cheque made payable to :
« Bed & Breakfast (France) »

If you are outside Britain :
Vous êtes en dehors de Grande Bretagne

☐ Cheque in French Francs on a French Bank
Chèque en Francs Français sur une banque Française
made out to - *à l'ordre de* : « Bed & Breakfast (France) »

☐ Travellers cheques in sterling or French Francs
Chèques de Voyages en sterling ou Francs Français,
signed twice - *signés 2 fois.*

☐ Euro-cheques en sterling ou FF   (maximum £700)
Euro-chèques en sterling ou FF   (maximum £700)
                                  (per each cheque - *par chèque*)

☐ VISA or ☐ MASTERCARD   ☐ VISA or ☐ MASTERCARD

I authorise you to debit £....................... (non refundable)
Je vous autorise à débiter £................... (non-remboursables)
All credit card transactions will be debited by us in £ Sterling (Pounds) - *Transaction débitée par nos soins en £ Sterling.*

Card No :
N° de Carte : | | | | | | | | | | | | | | | | |

Expiry Date - *Date de Validité* : ..../...........

Other forms of payment - *Autre moyen de paiement*   : ....
Please add a £20 (200 FF) supplement for all other forms of payment
Merci de rajouter £20 (200 FF) pour tout autre moyen de paiement.

TOTAL TO PAY NOW - *TOTAL A REGLER MAINTENANT*   :   £ ....
                                                     OR (*OU*) : FF ....

I enclose my payment. I have read, understood and accept the Conditions of Reservation of Bed & Breakfast (France) for myself and all the members of my party. *Je joins mon paiement J'ai lu, compris et accepté les Conditions de Réservation pour moi-même et tous les membres de mon groupe.*

Date ....   Signature ....

* You pay only Booking Fee OR Deposit, not both. *Vous réglez des frais de dossier OU des arrhes (pas les deux).*

Buchungsformular (Teil 1)

Anzahl der Personen : ....

ERWACHSENE

Herr/Frau	Vorname	Name

KINDER

Alter bei Ankunft	Vorname	Name

Senden Sie das Buchungsformular mit der Anzahlung an:

Bed & Breakfast Travel Service Helga Hayes Kurfürstenstr. 5 A 65817 Eppstein

Reservierungen (Übernachtung/Frühstück)

Nacht Nr.	Ankunfts- datum	Abreise- datum	Anzahl der Nächte	1. Wahl	2. Wahl	Abend- essen

Bitte schreiben Sie das Datum wie folgt: Tag/Monat/Jahr – Ankunftsdatum = Datum der ersten Nacht – Abreisedatum = Datum, an dem Sie den Gastgeber verlassen. Ankunftszeit sollte zwischen 17.00 Uhr und 19.00 Uhr sein, falls mit dem Gastgeber nichts anderes vereinbart wurde. Bitte geben Sie die Nummer Ihrer Unterkunft mit 1. und 2. Wahl an. Abendessen: Kreuzen Sie bitte diese Spalte an, wenn Sie am ersten Abend eine Mahlzeit wünschen. (Prüfen Sie nach, ob Ihr Gastgeber tatsächlich Abendessen anbietet). Die Abendmahlzeit wird direkt an den Gastgeber bezahlt.

Adresse : ....

.... Wohnort : ....

PLZ : .... Land : ....

✆ : .... 🖷 : ....

Beruf : ....

Welches Verkehrsmittel benutzen Sie bei Ihrer Reise durch Frankreich? :

....

Buchungsformular (Teil 2)

Buchungsgebühr*

1 Nacht		**DM 60,-**
Anzahl weiterer Nächte	= .... x **DM 30,-** =	....
Buchungsgebühr	Total : =	.....................*

ODER

ANZAHLUNG (NUR PARIS) :   **DM 30,-** = ...*

Empfohlene Zahlungsmittel

☐   Scheck an:
     Bed & Breakfast
     Travel Service Helga Hayes

oder

☐   Überweisung an:
     Bed & Breakfast
     Travel Service Helga Hayes
     Bank: Taunus-Sparkasse, Konto-Nr. 63000280,   BLZ 512 500 00

TOTALSUMME : DM ....

Ich füge meinen Scheck oder Kopie der Überweisung bei. Ich habe die Buchungsbedingungen von Bed & Breakfast (France) gelesen und akzeptiere sie für mich und alle Mitreisenden.

Datum ....   Unterschrift ....

* Sie bezahlen nur die Buchungsgebühr ODER die Anzahlung, nicht beides.

corporate foreign exchange plc

B & B FRANCE

HAS MADE ARRANGEMENTS

WITH

CORPORATE FOREIGN EXCHANGE

FOR CLIENTS WHO BOOK DIRECTLY WITH THEIR HOST TO SUPPLY A CHEQUE IN FRENCH FRANCS

YOUR CHEQUE WILL BE SENT TO YOUR HOME AND WILL COST THE STERLING EQUIVALENT PLUS A LOW COMMISSION FEE OF £4.00

PLEASE TELEPHONE
0171 931 8007

PAYMENT BY: MASTERCARD/VISA

Quote Ref : BBF

PARIS - ILE DE FRANCE

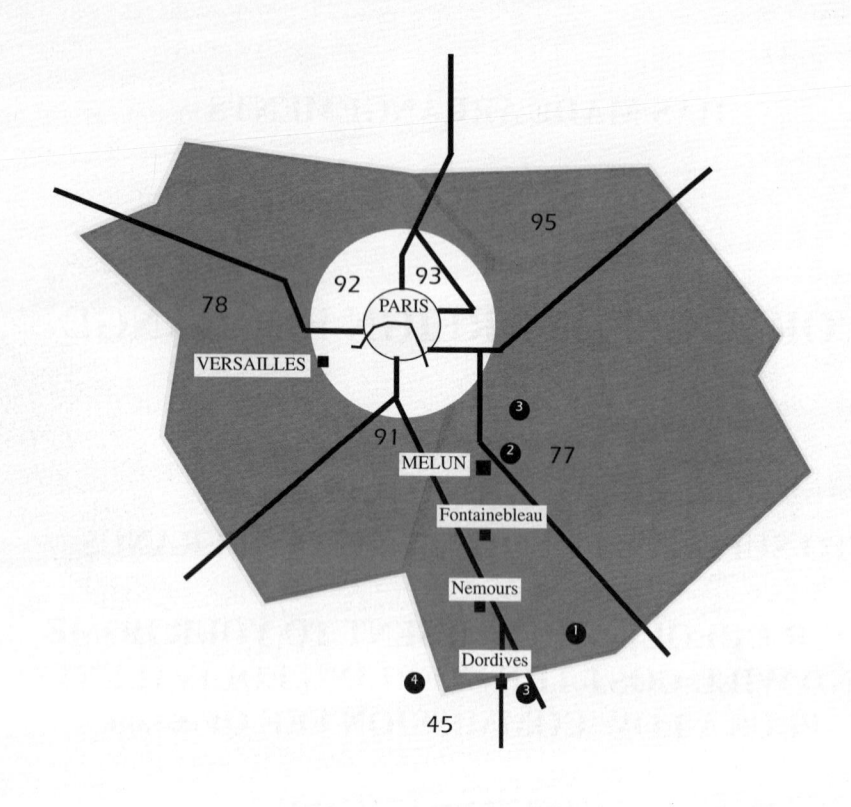

PARIS-ILE DE FRANCE

Paris... at every step, a different facet of the city appears : the grandeur of the wide avenues, the romance of the banks of the Seine, the elegant buildings, the wealth of works of art. The "tubes" of the Pompidou Centre contrast with the elegant Hotel de Ville, the glass Pyramid sits cheekily in the courtyard of the Louvre; La Grande Arche lauds it over the Arc de Triomphe. Stroll through the backstreets of the Latin Quarter, play the tourist in the Place du Tertre, browse in the "flea markets" or experience Parisian queue culture, as you line up to enter the trendy restaurants...

However, do not overlook the real life of Paris, the street markets, the small boutiques, and each 'quartier' with its own special personality, where real Parisians will be delighted to open their doors to you.

Photo : 75.9 - page 31

Paris... Ville de lumière. Paris la folle, Paris la belle, Paris l'intellectuelle. Faites deux pas et son visage change : perpectives des grandes avenues, romantisme des quais de Seine, élégance des bâtiments, richesse des œuvres d'art. Les 'tuyaux' de Beaubourg côtoient l'élégant hôtel de Ville, la Pyramide de verre nargue le majestueux Louvre, la Grande Arche de la Défense 'snobe' l'Arc de Triomphe... Vous flânerez dans les petites rues du quartier latin, jouerez les touristes place du Tertre, 'chinerez' aux 'puces', ferez la queue pour pénétrer dans les restaurants 'branchés'.... Mais vous serez en fait surpris de voir que Paris vit, qu'elle a ses marchés, ses petites boutiques, ses quartiers qui ont chacun leur âme et que de vrais Parisiens seront heureux de vous ouvrir leur porte.

PARIS-ILE DE FRANCE

Paris

Like all capital cities, Paris is more expensive than other towns. All hosts in Paris have to be booked through the Central Reservations Office and we can offer you a range of apartments for 2/4 persons, either with or without breakfast, private homes with shared or private bathrooms and very centrally located small hotels. Paris has an excellent public transport system and, even in the suburbs, some places are only 10 minutes from the city centre, using the RER (Express Metro Service).

Turn to page 15 and use our Central Reservations Office.

**More hosts will have joined since going to press,
so contact our Central Reservations Office and they will be sure to find something to suit your requirements.**

Comme toute métropole, Paris est plus chère que les autres villes de France. Appelez la Centrale de Réservation, elle vous proposera différents hébergements : appartements 2/4 personnes, à la nuit, avec ou sans petit déjeuner ; chambres chez l'habitant avec sanitaire privé ou partageant celui des hôtes ; petits hôtels dans le centre. Paris est très bien desservi en moyens de transport : certains hôtes de banlieue ne sont qu'à 10mn du Centre, grâce au RER (réseau de métro rapide).

Reportez-vous à la page 17 du guide : «Vous contactez la Centrale de Réservation»

***D'autres hôtes nous rejoignent tout au long de l'année,
n'hésitez pas à appeler la Centrale de Réservation :
elle a sûrement une solution adaptée à vos besoins, à vous proposer***

Wie alle Hauptstädte, so ist auch Paris teurer als andere Städte. Alle Buchungen für Paris müssen reserviert werden. Wir können Ihnen eine Anzahl von Appartements für 2/4 Personen mit oder ohne Frühstück, Privathäuser mit Bad oder Badbenutzung und sehr zentralgelegene, kleine Hotels anbieten. Paris besitzt ein ausgezeichnetes öffentliches Verkehrsnetz, so daß Sie die City auch von manchen Vororten in nur 10 Minuten erreichen können, wenn Sie den RER (Express Metro Service) benutzen.

Schlagen Sie Seite 19 auf und wenden Sie sich an unser Reservierungsbüro.

Seit Druckschluß für diese Ausgabe des Reisekatalogs sind weitere Unterkünfte dazu gekommen. Fragen Sie nach bei unserem Reservierungsbüro.

PARIS-ILE DE FRANCE

Paris

Roissy Charles de Gaulle
RER B
RER C
A1
RER D
RER A
A3
A13
RER C
A4
A6
Aéroport d'Orly

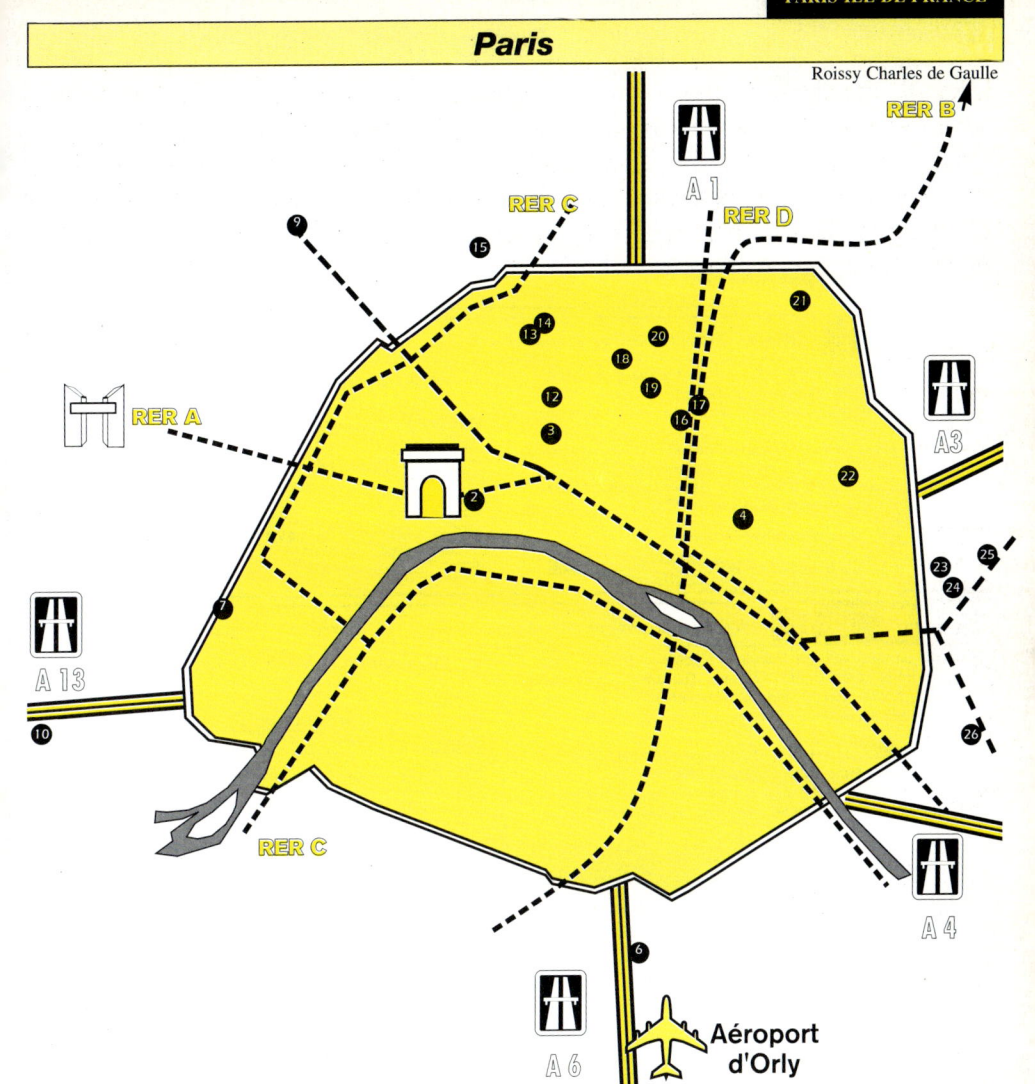

To book for Paris,
send the Reservation Form with your deposit of £30 to :
Bed & Breakfast (France), PO Box 66, Henley-on-Thames, Oxon RG9 1XS, Great Britain
Fax : (from Britain) 01491 410806 - (from outside Britain) + 44 1491 410806
Phone number : (from Britain) 01491 578803 - (from outside Britain) + 44 1491 578803

Pour réserver sur Paris,
envoyez le Formulaire de Réservation avec vos arrhes de 300FF à :
Bed & Breakfast (France), PO Box 66, Henley-on-Thames, Oxon RG9 1XS, Great Britain
Fax : + 44 1491 410806 - Téléphone : + 44 1491 578803

Für Buchungen in Paris
Senden Sie bitte das Buchungsformular mit der Anzahlung von DM 90,– an :
Bed & Breakfast Travel Service Helga Hayes, Kurfürstenstr. 5 A, 65817 Eppstein
Tel. : 06198 502126 - Fax : 06198 502127

PARIS-ILE DE FRANCE

Paris

75.2 ☀️☀️ 🏢 Hôtel Near to - *Près de* : Champs Elysées. Center / *Centre* : **PARIS 8°**

This hotel is pleasant and comfortable. It as 36 rooms and is situated on a corner on the Champs Elysées. The rooms are of a good standard and very charming, all with private bathrooms, mini-bar, television, telephone, and security box.

Hôtel agréable et confortable de 36 chambres, à l'angle de la célèbre avenue des Champs Elysées. Les chambres sont très coquettes avec sanitaires privés, bar, télévision, téléphone et coffre-fort. Très pratique pour visiter Paris.

➢ Underground - *Métro* : Franklin Roosevelt

Price in FF - *Prix en FF* : 1 pers. ↓	2 pers. ↓	3 pers. ↓
Single	500 Luxe	
Double		550 C
Twin		550 C
Triple			715 C

75.3 ☀️ 🏢 Near to - *Près de* : «Grands Magasins». Center / *Centre* : **PARIS 9°**

An ideal place in a quiet cul-de-sac in the theatre district between the Place Clichy and the large department stores. Chez Marie-Carmen the rooms are basic and clean. Warm Spanish hospitality.

On ne peut rêver mieux : impasse calme, aux immeubles luxueux, dans le quartier des théâtres entre la place Clichy et les grands magasins. C'est très simple, très propre chez Marie-Carmen où vous trouverez en prime, la gentillesse espagnole.

🐈 📺 🚽 shared with the hosts - *commun avec les hôtes*

📞 : 15/07 → 15/09 & 25/12 → 2/01   E

➢ Underground - *Métro* : Liège

Capacity - *Capacité* : 5 pers.

Price in FF - *Prix en FF* : 1 pers. ↓	2 pers. ↓	3 pers. ↓
🛏 170 B	290 A	
🛏🛏 170 B	290 A	435 A
🛋		

75.4 ☀️☀️ 🏢 Hôtel Near to - *Près de* : République. Center-East / *Centre-Est* : **PARIS 11°**

A smiling, professional yet friendly welcome in this recently renovated hotel in the centre of Paris. The area is less well known but is well placed and very convenient. Near to the fashionable Marais quarter. 28 rooms with private facilities, TV etc...

Accueil professionnel, souriant et agréable dans cet hôtel tout neuf, au centre de Paris, dans un quartier méconnu mais si bien situé et si pratique ! Proche du très branché quartier du Marais. 28 chambres très confortables, sanitaires privés, télévision...

➢ Underground - *Métro* : Oberkampf

Price in FF - *Prix en FF* : 1 pers. ↓	2 pers. ↓
Single	530 Luxe	
Double		630 Luxe
Twin		630 Luxe

75.4

- 30 -

PARIS-ILE DE FRANCE

Paris

75.6 — Near to - *Près de* : Orly.   South / *Sud* : **PARIS-RUNGIS**

Charming house in a quiet area, near to Orly (but without aircraft noise). A charming bedroom and a secluded garden. Easy access to central Paris. La Vallée aux Loups and Sceaux Park with its French-style gardens are only 10 min. away.

Charmante maison dans un quartier très calme, près d'Orly sans le bruit des avions. La chambre est agréable, le jardin sans vis à vis. Accès très simlple pour Paris. A 10 mln : La vallée aux Loups, le parc de Sceaux et ses jardins à la française.

> Near to - *Près de* : Autoroute A6
Capacity - *Capacité* : 2/3 pers.

Price in FF - *Prix en FF* : 1 pers. ↓   2 pers. ↓   3 pers. ↓
                                   170 B   260 A   390 Eco
(child - *enfant*)

GB E

75.7 — Near to - *Près du* Bois de Boulogne   West / *Ouest* : **PARIS-BOULOGNE**

This imposing Thirties residence overlooks the Bois de Boulogne, and has a view of the Eiffel Tower from its terrace. Your hostess organises classes in French, cooking and drawing as well as visits to Paris, museums and the Loire Valley Châteaux, candle-lit dinners...

Cette imposante demeure des années 30 domine le bois avec vue sur la Tour Eiffel de la terrasse... Votre hôtesse organise des cours de Français, cuisine, dessin, des visites de Paris, des musées, des châteaux de la Loire...Vous dînerez aux chandelles

shared - *commun* (5 & 6° & 7°)

7 Bedrooms - *chambres*

> Underground - *Métro* : Porte d'Auteuil
Near to - *Près de* : Roland Garros.
Capacity - *Capacité* : 16 pers.

Price in FF - *Prix en FF* : 1 pers. ↓   2 pers. ↓   4 pers. ↓
1°   600 C   1200 C
2°   600 C   1200 C
+ 3°
4°   300 C   600 C
5° & 6° & 7°   200 B   390 B

GB I E

75.9 — Near to - *Près de* : La Défense.   West / *Ouest* : **PARIS-COLOMBES**

This imposing house offers style and serenity, in a quiet area with easy access. Your hosts will meet you at Charles de Gaulle airport. You are 10min. from Paris by train (frequent service every 7 min.) An excellent address.

Beaucoup de classe et de sérénité dans cette demeure de maître. Quartier calme, très facile d'accès. Vos hôtes viennent vous chercher à Roissy et le cœur de Paris n'est qu'à 10mn (trains toutes les 7mn !). Une très bonne adresse.

> Railway station - *Gare* : Colombes
Near to - *Près de* : Autoroute A86
Capacity - *Capacité* : 7 pers.

Price in FF - *Prix en FF* : 1 pers. ↓   2 pers. ↓   4 pers. ↓
1°   n.c.   220 C   390 B   750 B
2°   (child - *enfant*)
3°   (child - *enfant*)
4°   220 C   390 B

75.10 — Near to - *Près de* : St Germain en Laye. West / *Ouest* : **PARIS-LE VESINET**

A quiet, substantial detached house. This classy, listed suburb is only 10 min. from the Champs Elysées by the RER (which also goes directly to Disneyland). Hosts will pick up from airport. You will enjoy this West-Parisian ambiance where the countryside merges with the city culture.

Villa très calme et cossue, dans un quartier résidentiel classé, à 10mn des Champs Elysées ! Le RER est direct pour Disneyland. Vos hôtes peuvent vous prendre à l'aéroport. Vous aimerez cet Ouest Parisien, où s'harmonisent nature et patrimoine culturel.

> RER A : Le Vésinet
Near to - *Près de* : Autoroute A13
Capacity - *Capacité* : 4 pers.

Price in FF - *Prix en FF* : 2 pers. ↓   4 pers. ↓
Apartment   (2)   600 C   1000 C

GB

**To book for Paris,
send the Reservation Form with your deposit of £30 to :
Bed & Breakfast (France), PO Box 66, Henley-on-Thames, Oxon RG9 1XS,
Great Britain
Fax : (from Britain) 01491 410806 - (from outside Britain) + 44 1491 410806
Phone number : (from Britain) 01491 578803 - (from outside Britain) + 44 1491 578803**

PARIS-ILE DE FRANCE

Paris

75.12 — Hôtel - Near to - Près de : Place Clichy .   North-West / Nord-Ouest : **PARIS 17°**

René, Jacqueline and Philippe welcome you warmly to their comfortable 32 room hotel in a convenient location. Garage, private facilities, TV, telephones, bar. Reductions out-of-season and at the last minute

René, Jacqueline et Philippe vous accueillent de façon très sympathique dans leur hôtel de 32 chambres, confortable et très bien situé. Garages, Sanitaires privés, télévision, téléphone, bar. Réductions en basse saison et en dernière minute.

➢ Underground - Métro : Rome
Near to - Près de : Montmartre.

Price in FF - Prix en FF : 1 pers. ↓	2 pers. ↓	3 pers. ↓
Single	520 Luxe	
Double		520 C
Twin		520 C
Triple		705 C

75.13 — Near to - Près de : Montmartre.   North-West / Nord-Ouest : **PARIS 17°**

An apartment with a beautiful little garden in the centre of Paris. Soufiane is a very friendly, lively young doctor. Near to Montmartre and the fantastic flea-market of St Ouen, the kingdom of dealers in bric-a-brac and antiques.

Un petit jardin avec glycine, en plein cœur de Paris... L'appartement de Soufiane, jeune médecin dynamique, est très agréable : à deux pas de Montmartre et aussi des fantastiques 'puces' de St Ouen, royaume des brocanteurs et antiquaires.

➢ Underground - Métro : Guy Moquet
Near to - Près de : 'Puces St Ouen'.

Capacity - Capacité : 5 pers.

Price in FF - Prix en FF : 1 pers. ↓	2 pers. ↓	3 pers. ↓
	220 C	390 B
	390 B	600 B

shared — commun   GB E

75.14 — Near to - Près de : Montmartre.   North-West / Nord-Ouest : **PARIS 17°**

Danièle and Franck welcome you to their flat in this well-to-do building, typical of Paris, opposite the métro. Montmartre is nearby. Be sure to visit the famous cemetery where many famous artists and writers rest.

C'est Danièle et Franck qui vous accueillent dans un immeuble bourgeois très typique de Paris et face au Métro. A Montmartre tout proche, visitez absolument le vieux cimetière qui a si bien su préserver son âme et où reposent artistes, écrivains...

➢ Underground - Métro : Guy Moquet
Near to - Près de : 'Puces St Ouen'.

shared with the hosts - commun avec les hôtes

Capacity - Capacité : 2 pers.

Price in FF - Prix en FF : 1 pers. ↓	2 pers. ↓
170 C	300 A

GB D

75.15 — Near to - Près de : Place Clichy   North-West / Nord-Ouest : **PARIS-CLICHY**

Leila is learning English, all the better to communicate her 'joie de vivre'. You will enjoy chatting to her husband, and they both have that warmth of welcome, so typical of people from the South. The street is quiet and pleasant and near the métro. The room is self-contained, and very comfortable.

Leila apprend l'Anglais et vous communique sa joie de vivre ! Elle a le sens de l'accueil des gens du Sud et vous prendrez aussi plaisir à discuter avec son époux. La rue est agréable et calme, près du Métro. Chambre indépendante très confortable.

➢ Underground - Métro : Mairie de Clichy
Near to - Près de : Montmartre.

Capacity - Capacité : 2 pers.

Price in FF - Prix en FF : 1 pers. ↓	2 pers. ↓
300 C	600 C

75.16 — Hôtel - Near to - Près de : Gare du Nord   North / Nord : **PARIS 10°**

A recently renovated hotel, conveniently situated opposite the Gare du Nord (Eurostar) and several métro and RER lines (direct to Charles de Gaulle airport). Good rooms with private facilities and TV. Breakfast served in the room.

Hôtel entièrement rénové et très pratique, face à la gare du Nord (Eurostar), desservi par plusieurs lignes de Métro + RER (direct de Roissy). Chambres très correctes avec sanitaires privés et télévision. Prenez votre petit déjeuner dans la chambre.

➢ Underground - Métro : Gare du Nord.

Price in FF - Prix en FF : 1 pers. ↓	2 pers. ↓	3 pers. ↓
Single	400 Luxe	
Double		445 C
Twin		480 C
Triple		620 C

Für Buchungen in Paris
Senden Sie bitte das Buchungsformular mit der Anzahlung von DM 90,– an :
Bed & Breakfast Travel Service Helga Hayes, Kurfürstenstr. 5 A, 65817 Eppstein
Tel. : 06198 502126 - Fax : 06198 502127

PARIS-ILE DE FRANCE

Paris

75.17 — Hôtel - Near to - Près de : Gare du Nord
North / Nord : PARIS 18°

Smiling welcome in this modern hotel, conveniently situated behind the Gare du Nord (Eurostar), served by several métro lines and the RER (direct to Charles de Gaulle airport). Spotless rooms with private facilities. Pleasant lounge in the basement.

Accueil souriant dans cet hôtel moderne, très pratique, derrière la gare du Nord (Eurostar), desservi par plusieurs lignes de Métro + RER (direct de Roissy). Chambres impeccables avec sanitaires privés. Salle agréable en sous-sol.

➢ Underground - *Métro* : Chapelle-Gare du Nord.
Near to - *Près de* : Sacré Cœur.

Price in FF - *Prix en FF* :

	1 pers. ↓	2 pers. ↓	3 pers. ↓	4 pers. ↓
Single	435 Luxe			
Double		470 C		
Twin		470 C		
Triple/Quadruple			605 C	705 B

75.18 — Near to - Près de : Place du Tertre
North / Nord : PARIS 18°

You may have dreamt of the Place du Tertre, of a clear view over Paris and of an open fire. Voilà ! Geneviève's place offers all this. She is relaxed, loves arts and culture, museums and animals. The flat reflects her character and has a soul.

Vous rêviez de la place du Tertre, de la vue dégagée sur tout Paris, d'une cheminée ? Geneviève vous le propose. Elle est décontractée, aime les arts, la culture, les musées et les animaux. Son appartement est à son image et a une âme.

GB

➢ Underground - *Métro* : Abbesses
Near to - *Près de* : Sacré Cœur.

shared with the hosts - *commun avec les hôtes*

Capacity - *Capacité* : 2 pers.

Price in FF - *Prix en FF* : 1 pers. ↓ 2 pers. ↓
     220 C   390 B

75.19 — Hôtel - Near to - Près de : Sacré Cœur
North / Nord : PARIS 18°

You will receive a warm welcome in this basic hotel in this multi-racial quarter with many shops. It is well served by 2 métro lines, and is near the Sacré Cœur and Pigalle. Rooms with private facilities.

Dans ce fameux quartier cosmopolite animé et commerçant, vous serez très bien accueilli dans cet hôtel simple et propre, desservi par 2 lignes de Métro. A côté du Sacré Cœur et près de Pigalle. Les chambres proposées sont avec sanitaires privés.

➢ Underground - *Métro* : Barbès-Rochechouart
Near to - *Près de* : Pigalle.

Price in FF - *Prix en FF* : 1 pers. ↓ 2 pers. ↓ 3 pers. ↓

Single	360 Luxe		
Double		360 B	
Twin		420 C	
Triple			475 B

75.20 — Hôtel - Near to - Près de : 'Puces Clignancourt'
North / Nord : PARIS 18°

Basic hotel with 26 rooms with private facilities. Convenient for 2 métro lines. Take advantage of the nearby flea-market at Clignancourt to browse amongst the bric-a-brac and antique stalls. Multi-racial area with lot of small shops.

Hôtel très simple et propre de 26 chambres avec sanitaires privés. 2 lignes de Métro très pratiques. Profitez de la proximité des 'puces' de Clignancourt pour chiner chez les brocanteurs et les antiquaires. Quartier cosmopolite et commerçant.

➢ Underground - *Métro* : Château Rouge
Nearby - *Près de* : Sacré Cœur.

Price in FF - *Prix en FF* : 1 pers. ↓ 2 pers. ↓ 3 pers. ↓

Single	260 C		
Double		286 A	
Twin		325 B	
Triple			440 A

75.21 — Near to - Près du Parc de la Villette
North-East / Nord-Est : PARIS 19°

You will be charmed by Anne, Jean-Pierre and their lovely little daughter Alice. Their split-level apartment, with a terrace, is in the famous Canal de l'Ourcq quarter, symbol of the romantic Paris of the Thirties. 2 min. walk from La Villette Science Park. An excellent address.

Vous serez charmés par Anne, Jean-Pierre et leur délicieuse petite Alice. Ils habitent un duplex coquet avec terrasse, dans le quartier mythique du Canal de l'Ourcq, symbole romantique du Paris des années 30, à 2mn à pied du Parc de la Villette.

GB E

➢ Underground - *Métro* : Corentin - Cariou
Near to - *Près de* : Canaux de Paris.

Capacity - *Capacité* : 2 pers.

Price in FF - *Prix en FF* : 1 pers. ↓ 2 pers. ↓
     n.c.   220 C   390 B

**Pour réserver sur Paris,
envoyez le Formulaire de Réservation avec vos arrhes de 300FF à :
Bed & Breakfast (France), PO Box 66, Henley-on-Thames, Oxon RG9 1XS, Great Britain
Fax : + 44 1491 410806 - Téléphone : + 44 1491 578803**

PARIS-ILE DE FRANCE

Paris

75.22   - Near to - *Près de* : Ménilmontant   North-East / *Nord-Est* : **PARIS 20°**

Maurice Chevalier sang about this quarter of Ménilmontant, which you can now discover, thanks to Nicole. Her flat on the 5th floor (no lift) is a haven of peace. She has collected souvenirs of her travels, books... so ask her to talk about cinema or to take you to visit the museums.

Maurice Chevalier a chanté Ménilmontant, découvrez le grâce à Nicole qui accumule, dans son havre de paix (5° sans ascenseur), souvenirs de voyages, livres qu'elle aime... Demandez lui de vous amener dans les musées, de vous parler de cinéma.

GB | I

➢ Underground - *Métro* : Pyrénées

shared with the hosts - *commun avec les hôtes*

Capacity - *Capacité* : 2 pers.

Price in FF - *Prix en FF* : 1 pers. ↓	2 pers. ↓
170 B	260 A

75.23   - Near to - *Près de* : Nation   East / *Est* : **PARIS-MONTREUIL**

A very quiet, small apartment block opposite the métro, in a shopping district. This place is ideal for 2 couples as there is a comfortable folding sofa-bed in the lounge. Bernadette has her office in the apartment and her own rooms next door, so you can be completely self-contained.

Petit immeuble très calme, face au Métro, dans un quartier commerçant et cosmopolite. Idéal pour 2 couples (canapé confortable dans le salon). Bernadette a son bureau dans cet appartement et loge à côté pour votre liberté de mouvement.

➢ Underground - *Métro* : Croix de Chavaux

Capacity - *Capacité* : 2/4 pers.

Price in FF - *Prix en FF* : 2 pers. ↓	(4 pers. ↓)
600 C	(900 C)

75.24   - Near to - *Près de* : Bois de Vincennes.   East / *Est* : **PARIS-MONTREUIL**

A warm, easy-going sort of person, you will love Bérénice with her plants, birds, cat and dog. This small, simple house is full of charm from a bygone era. Berenice loves animals, watercolours, Japanese culture and just talking...

Bohème et chaleureuse... Vous adorerez Bérénice, ses plantes, ses oiseaux, son chat et son chien. Une petite maison, simple, pleine de charme et hors du temps. Bérénice aime les animaux, l'aquarelle, la culture japonaise, les discussions...

GB | D | I

Capacity - *Capacité* : 4 pers.

➢ RER A : Vincennes

& WC shared with the hosts - *commun avec les hôtes* (2° & 3°)

Price in FF - *Prix en FF* : 1 pers. ↓	2 pers. ↓	4 pers. ↓
1° 220 C	390 B	
2° 170 B	300 A	500 A
3° 2 (15/04 → 15/09)		

75.25   Near to-*Près de* : Disneyland. East / *Est* : **PARIS-NEUILLY PLAISANCE**

In Neuilly-Plaisance, a quiet area only 10 min. from the Centre of Paris. Serge and Hélène are young and friendly. They can pick you up at the station or airport and will be pleased to show you Paris and surroundings. An excellent address.

Quartier calme, à 10mn du centre de Paris ! Serge et Hélène sont jeunes, très agréables et disponibles. Ils peuvent vous prendre et vous ramener à l'aéroport ou la gare, vous faire découvrir Paris et ses environs. Une très bonne adresse.

GB

➢ RER A : Neuilly - Plaisance
Near to - *Près de* : Autoroutes A86 et A4

Capacity - *Capacité* : 4 pers.

Price in FF - *Prix en FF* : 1 pers. ↓	2 pers. ↓	4 pers. ↓
2 220 C	390 B	690 A

75.26   Near to-*Près de* : Disneyland.   East / *Est* : **PARIS-CHAMPIGNY**

Midway between Disneyland and Paris, with an unobstructed view of the Eiffel Tower. This very likeable young couple will help you plan your trips and will ensure that you have an unforgettable stay in Paris. In the summer you can enjoy the garden and the swimming pool.

A mi-chemin entre Disneyland et Paris. Vue imprenable sur la Tour Eiffel. L'été, vous profiterez du jardin et de la piscine. Ce jeune couple très sympathique vous aidera à organiser vos visites et fera en sorte que votre séjour à Paris soit inoubliable.

shared-*commun*

GB | D | E | R | H

➢ RER A : Champigny
Near to - *Près de* : Autoroutes A86 et A4

Capacity - *Capacité* : 7 pers.

Price in FF - *Prix en FF* : 1 pers. ↓	2 pers. ↓
Mansarde 130 A	
2°	260 A
3° 2	260 A
4° 170 B	260 A

PARIS-ILE DE FRANCE

Département N° 77 : Seine et Marne

77.1
25Km South-East of / Au Sud-Est de **FONTAINEBLEAU**

Michèle CRAPARD
«Golf de la Forteresse» - 77940 Thoury-Ferrottes

80 Km — 60 96 95 10 / 60 96 97 00 — 60 96 01 41

The domaine comprises an 18 hole golf course and gastronomic restaurant. In the private part, in a 12th century fortified farm building, Michèle offers 2 quiet rooms full of beautiful furniture. Warm, comfortable, and refined atmosphere.

Michèle vous propose dans la partie privée du Domaine, ancienne ferme fortifiée du XII ème, 2 chambres calmes, décorées de beaux meubles. L'ambiance est chaleureuse, confortable et raffinée. Golf de 18 trous et restaurant gastronomique.
sur place : Golf equipment - articles de golf

(100/180F)

10Km 10Km 25Km 20Km GB

➢ **Thoury-Ferrottes** :
In Fontainebleau, take the N6 towards Sens, for 20Km. Turn right on to the D219 towards Thoury-Ferrottes for 7Km. Follow the signs. The golf course is on the left.
A Fontainebleau, prendre la N6 vers Sens pendant 20Km. Tourner à droite sur la D219 vers Thoury-Ferrottes, sur 7Km. Suivre les panneaux. Le golf est sur la gauche.

2 Bedrooms - chambres / Extra Bed - Lit Sup. : 90 F
Reduction 6 nights - nuits (1/09 → 31/05)

Price in FF - Prix en FF : 2 pers ↓   maxi ↓

Jaune			230 Eco	
Bleue			230 Eco	320 Eco

77.2
10Km North-East of / Au Nord-Est de **MELUN**

Philippe & Jeanne MAUBAN
«Ferme de Vert St Père» - 77390 Crisenoy

40 Km — 64 38 83 51 — 64 38 83 52

A farmhouse, restored with great taste, with beautiful old furniture and a large, pleasant garden. Ideal location for Disneyland and the forest of Fontainebleau. Paris is less than 1 hour away (Autoroute A5 and RER nearby).

Ferme aménagée avec beaucoup de classe et de goût. Les meubles anciens sont très beaux, le jardin grand et agréable. Situation idéale pour Disneyland et la forêt de Fontainebleau. Paris est à moins d'1 heure (Autoroute A5 et RER proches).
sur place : competition horses - chevaux de concours hippique

(boxes) GB E

10Km 18Km 18Km 18Km 18Km

➢ **Crisenoy** :
In Melun, take the N105 then the N36 towards Meaux. Just after the roundabout of St Germain-Laxis (Exit off the A5), turn right on to the 2nd road towards Crisenoy (do not take the first one). In Crisenoy, straight on towards the 'Tennis' and the 'Stade'. The farm is just after Crisenoy.
A Melun, prendre la N105 puis la N36 vers Meaux. Après le rond-point de St Germain-Laxis (sortie de l'A5), prendre la 2° route à droite vers Crisenoy (ne pas prendre la 1°). Traverser Crisenoy tout droit vers le Tennis et le Stade. La ferme est juste après Crisenoy.

1 Bedroom - chambre + 1 Apartment - appartement
Extra Bed - Lit Sup. : 85 F / Reduction 4 nights - nuits
Price in FF - Prix en FF : 2 pers ↓   maxi ↓

1°			n.c.	WC	230 Eco 320 Eco
2°	Apart				230 Eco

77.3
23 Km North-East of / Au Nord-Est de **MELUN**

Michelle CONSTANCIS
«Le Blé en Epis» - 21, rue de la Croix de Retal
77220 Liverdy en Brie

40 Km — 64 25 82 10 — 64 25 58 21

In the flatlands of Brie, only 45 minutes from Paris. Michelle invites you to recharge your batteries in this oasis of quiet, green pastures close to the forest. She organises anti-stress classes and offers healthy, gastronomic fare.

A 45 mn de Paris, dans les plaines de la Brie, Michelle vous propose de venir vous ressourcer dans un écrin de verdure et de calme, tout près des forêts. Sur place : stages 'détente' pour éliminer le stress, menus diététiques et gastronomiques..
sur place : cookery courses - cours de cuisine

(90/120F) GB

10Km

2 (Studio)   Ø : 1/08 → 15/08 & 2/04 → 10/04

➢ **Liverdy en Brie** :
In Melun, take the N105 then the N36 towards Meaux. Turn left on to the D32 towards Liverdy en Brie..
A Melun, prendre la N105 puis la N36 vers Meaux. Tourner à gauche sur la D32 vers Liverdy en Brie.

4 Bedrooms - chambre + 1 Studio / Extra Bed - Lit Sup. : 60F
Reduction 3 nights - nuits
WC shared - commun (Vendanges & Colombes & Turquoise)
Price in FF - Prix en FF : 2 pers ↓   maxi ↓

Saumon				280 A
Vendanges				260 A
Colombes 2				260 A
Turquoise		n.c. (baby - bébé)		(1 pers) 180 B
Apart				320 B 390 A

Near - Près de NEMOURS (77) See also - Voir aussi :
45.4 - Michel & Francine HYAIS - Echilleuses - Page 129

- 35 -

ALSACE - LORRAINE - FRANCHE COMTÉ

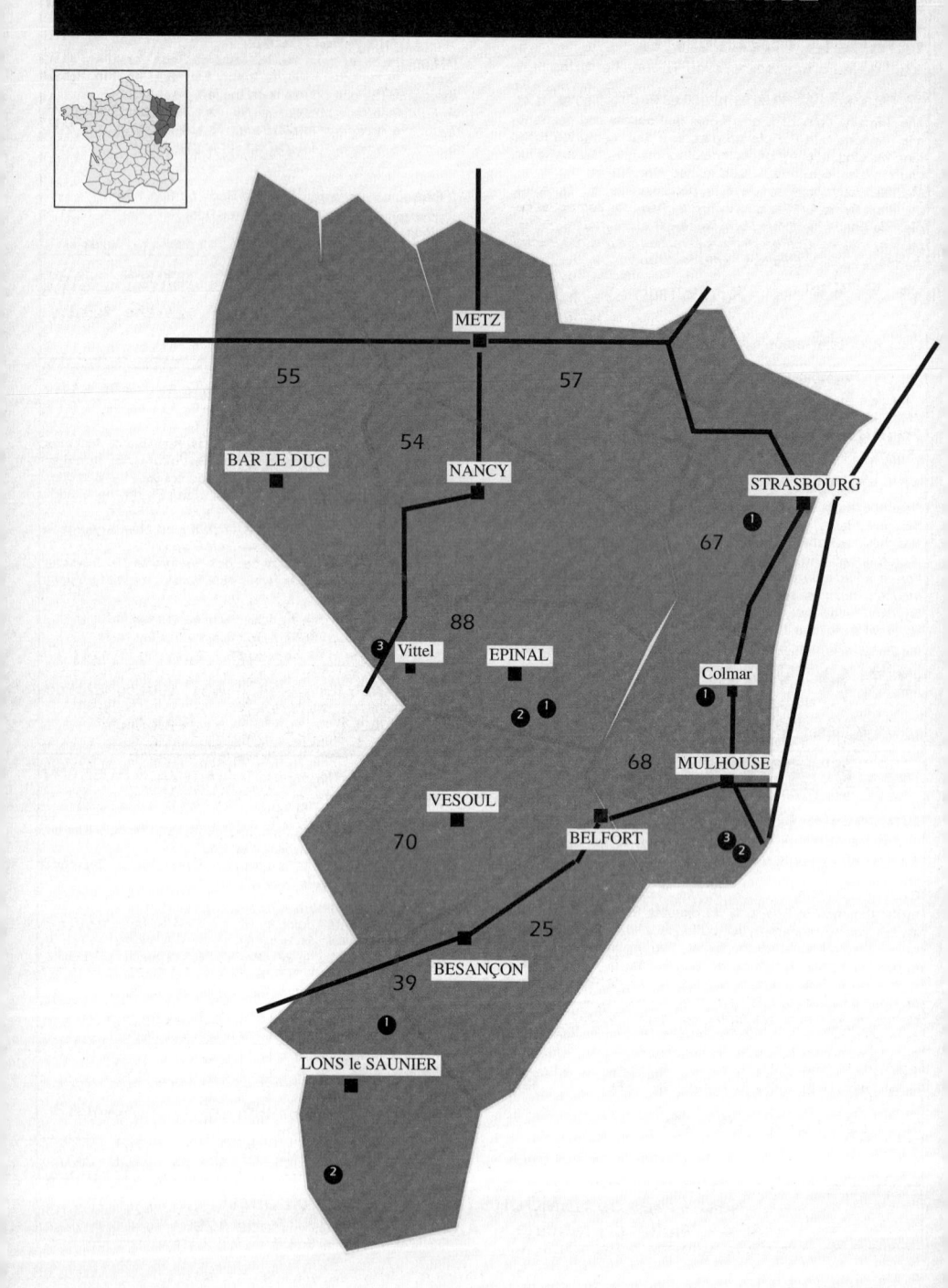

ALSACE-LORRAINE-FRANCHE COMTÉ

Alsace... a very attractive wine-growing region, which you should not miss. In the magnificent Rhine valley, Strasbourg is a European city par excellence, full of character and history. Further south, Colmar, probably the oldest town in Alsace, is well worth a stop. Here you will be near the Vosges mountains and their spa towns. Be sure not to miss the famous Schlumpf Motor Museum at Mulhouse, which houses the largest collection of Bugattis in the world. Further south again, there is the Sundgau region with its lakes full of carp, which attract many migrant birds. In the Jura, make sure you go to Arbois and try the delicious 'vin de paille' and the famous dish 'poulet au vin jaune'. Wonderful !

Photo : 39.2 - page 40

Photo Pierre Pichon

Alsace... région viticole tellement attrayante, à découvrir absolument. Magnifique vallée du Rhin. Strasbourg, ville Européenne par excellence, a conservé toute son âme de ville chargée d'histoire. Plus au Sud, arrêtez-vous dans la région de Colmar, probablement la plus ancienne ville d'Alsace. Vous serez tout près des Vosges et de ses stations thermales. Descendez à Mulhouse visiter son musée automobile avec la plus grosse concentration de Bugatti du monde ! Si vous appréciez les oiseaux migrateurs et la pêche : plus au Sud, la région du Sundgau est le pays des étangs et des carpes. N'oubliez pas dans le Jura, d'aller goûter à Arbois le délicieux vin de paille et faites vous servir un 'poulet au vin jaune' : royal !

ALSACE-LORRAINE-FRANCHE COMTÉ

Département 67 : Bas - Rhin

67.1

25 Km - South-West of / *Au Sud-Ouest de* **STRASBOURG**

Daniel & Pascale MEYER

➢ **Rosheim** :
In Strasbourg, take the A35 towards Colmar - Mulhouse then the A352 towards Rosheim, St Dié, Epinal.
A Strasbourg, prendre la A35 vers Colmar et Mulhouse puis la A352 vers Rosheim, St Dié, Epinal.

«Le Relais de Rosheim» - 34, rue des Vosges - 67560 Rosheim

20 Km — 88 50 23 07 — 89 95 99 65

20 mins from Strasbourg, this large house is situated at the foot of a vineyard. They have studio type rooms with a kitchenette. There is also a sauna, a solarium, a jacuzzi and a gym for those that like that sort of thing. Economic daily and weekly rates.
Studio-hôtel avec studios et appartements. Grande maison située au pied du vignoble, à 20mn de Strasbourg. Sauna, solarium, bain à jets, salle de gymnastique... Locations à la nuit et à la semaine. Situation idéale pour visiter Strasbourg et l'Alsace.

10 Apartments - *appartements*
Price in FF - *Prix en FF* : 2 pers ↓   maxi ↓

2°	Apartment	200 Eco
3°	Apartment	270 A 270 Eco
4° & 5° & 6° & 7°	Apartment	350 B 350 Eco
8° & 9° & 10° & 11°	Apartment	200 Eco

P — no breakfast - *pas de petit-déjeuner* — Φ : 20/10 → 10/11 & 20/12 → 5/01 — GB D

Département 68 : Haut - Rhin

68.1

8 Km - East of / *A l'Est de* **COLMAR**

Christian & Angèle AMREIN

➢ **Katzenthal** :
In Colmar take the N415 towards St Dié, 'le Col du Bonhomme'. Katzenthal is on the left of the road.
A Colmar, prendre la N415 vers St Dié, le col du Bonhomme. Katzenthal est sur la gauche de la route.

«Les Framboises» - 128, rue des Trois Epis - 68230 Katzenthal

50 Km — 89 27 48 85 — 89 27 35 18

Situated in a small village in the heart of the Alsace wine growing area. Quiet, and 2 mins. from the forest, it also has an interesting restaurant in the cellar, decorated with antique puppets. An opportunity to try the specialities of Alsace. Very warm welcome.
Accueil très sympathique dans cette maison calme, à 2mn de la forêt, dans un petit village au cœur du vignoble Alsacien. Le restaurant dans un caveau, décoré de marionnettes anciennes, propose des spécialités régionales à prix raisonnables.

4 Bedrooms - *chambres* / Extra Bed - *Lit Sup.* : 50 F

Price in FF - *Prix en FF* : 2 pers ↓   maxi ↓

(4) — 250 A 300 Eco

P (50/120F) GB D

68.2

45 Km - South of / *Au Sud de* **MULHOUSE**

Antoine THOMAS

➢ **Huttingue** :
In Mulhouse, take the D432 towards Altkirch and Hirsingue where you take the D9B towards Waldighofen, Werentzhouse, Oltingue. There, you turn right on to the D21 towards Ferrette.
A Mulhouse, prendre la D432 vers Altkirch et Hirsingue où vous prendrez la D9B vers Waldighofen, Werentzhouse, Oltingue. Là, prendre vers Ferrette à droite, par la D21.

«Le Moulin de Huttingue» - Oltingue - 68480 Ferrette

20 Km — 89 40 72 91 — 89 07 31 01

This ancient water-mill on the banks of the Ill, is in the heart of the Alsacien countryside. The rooms are comfortable and tastefully decorated. Do not miss the delicious dinners served with great charm in the rustic dining room. 4Km from Switzerland.
Cet ancien moulin est situé au bord de l'Ill, au cœur de la campagne Alsacienne. Dans la salle à manger rustique, vous pourrez déguster de délicieux dîners servis avec beaucoup de gentillesse. Chambres confortables, raffinées. A 4Km de la Suisse.

1 Apartment -*appartement* + 3 Bedrooms -*chambres*
Price in FF - *Prix en FF* : 2 pers ↓   maxi ↓

Suite	450 C 450 A
1°	280 A
2°	300 A
3°	300 A

P (100/200F) Φ : 01/01 → 28/02 GB D

From October 18th, the telephone number of hosts in the North-East France will begin with 03.
Dial : + 33 3 before your host's telephone number (from France : dial 03 before your host's telephone number).

*A partir du 18 Octobre, le numéro de téléphone de vos hôtes du Nord-Est de la France débutera par 03.
Composez : International + 33 3 suivi du N° de votre hôte (de France : 03 devant le N°).*

ALSACE-LORRAINE-FRANCHE COMTÉ

Département 68 : Haut - Rhin

68.3

38 Km - South of / Au Sud de MULHOUSE

Jean-Louis & Monique PROBST
2, route de Ferrette - 68480 Werentzhouse

89 40 43 60   89 08 22 18

A really welcome awaits you in this typical old farmhouse near the Swiss border, in the heart of the Sundgau region, between the Rhine and the Vosges. Horses, goats and above all... their delicious Pinot Gris wine from Alsace which Jean-Louis will be so pleased to let you try.

Un accueil vraiment chaleureux dans cette ferme ancienne, typique, à la frontière Suisse, au cœur du Sundgau, entre Rhin et Vosges. Chevaux, chèvres... mais aussi... un délicieux Pinot gris, vin d'Alsace que Jean-Louis vous fera découvrir avec tant de plaisir !

sur place : Wine from Alsace - Vin d'Alsace

(50/100F)   GB D

10Km

> **Werentzhouse :**
In Mulhouse, take the D432 towards Altkirch and Hirsingue where you turn left on to the D9B towards Waldighofen, Werentzhouse. The farm is near the church.

A Mulhouse, prendre la D432 vers Altkirch et Hirsingue où vous prendrez à gauche la D9B vers Waldighofen, Werentzhouse. La ferme est près de l'église.

Price in FF - Prix en FF :	2 pers ↓	maxi ↓
1°		200 Eco	332 Eco
2°		200 Eco	
+ Mezzanine (groups - groupes)			
3°		200 Eco	270 Eco

10Km   12Km

Département 88 : Vosges

88.1 A.P.

30 Km - South-East of / Au Sud-Est d' EPINAL

Dominique & Brigitte BARAD
« La Ferme aux Moineaux » - 2570, rue de la Croisette
88200 Dommartin lès Remiremont

29 61 00 30

(Alt. 650m) Nearby : Remiremont and Epinal.
Farmhouse Activities :
Observe mountain agriculture on a small, traditional farm.

Other Activities :
Hiking, mountain biking, downhill and cross-country skiing and visits to many lakes.
Produce :
Yoghourt and vegetables.

2 Rooms (with shower and toilet) for 2 and 4 persons. Kitchen and living room available. (160FF for two). Inn 2Km away.

> **Dommartin lès Remiremont :**
In Epinal, take the N57 towards Remiremont. Dommartin is on the D23, to the East of Remiremont (towards Mulhouse).
A Epinal, prendre la N57 vers Remiremont. Dommartin est sur la D23 à l'Est de Remiremont (direction Mulhouse).

(Alt. 650m) Alentours : Remiremont et Epinal.
Activité à la ferme :
Approche de l'agriculture de montagne sur une petite ferme restée traditionnelle.
Autres activités :
Parcours balisés pédestres, VTT, ski de fond et de piste, randonnées équestres (trans-vosgienne), nombreux étangs.
Sur place :
Yaourts, jardin.

2 chambres (2 et 4 pers : 160FF/ 2 pers.) avec douche, WC, cuisine et séjour à disposition - Auberge à 2 Km.

88.2 A.P.

35 Km - South of / Au Sud d' EPINAL

Claude & Annie CORNU
Route des Ruaux - 88370 Plombières les Bains

29 66 08 13

In the Vosges mountains (Alt. 550m). Nearby : Remiremont, Epinal, a spa town.
Farm Activities :
Discover the daily life of the farm.
Other Activities :
Hiking, mountain biking, riding, fishing, excursions and visits to the spa.
Produce :
Poultry, eggs and terrines.

3 Rooms for 2 and 4 persons - Farmhouse dinners.
Families, riders and hikers welcome.

> **Plombières les Bains :**
In Epinal, take the D434 towards Plombières.
A Epinal, prendre la D434 en direction de Plombières.

En montagne Vosgienne, (Alt. 550m) Alentours : Remiremont et Epinal. Station thermale.
Activité à la ferme :
Découverte de la vie à la ferme.
Autres activités :
Randonnées et VTT sur sentiers balisés, équitation, pêche, visite historique de la station thermale.
Sur place :
Volailles, œufs, terrines.

3 chambres (2 et 4 pers + 1 chambre d'étape). Table paysanne.
Accueil familles, cavaliers + chevaux, randonneurs.

ALSACE-LORRAINE-FRANCHE COMTÉ

Département 88 : Vosges

88.3

10 Km - West of / A l'Ouest de VITTEL

Michèle BOUDOT
«Château de Vaudoncourt» - 3, rue Barbazan
88140 Vaudoncourt
30 Km   29 09 11 03   29 09 16 62

Situated on a 6 hectare estate, this manor house has been restored with great taste. Stylish decoration and a beautiful fireplace in the large panelled lounge. Only 5Km from the Dijon–Nancy autoroute and near to the famous spas of Vittel and Contrexéville.

Dans un parc de 6ha, ce manoir a été restauré avec beaucoup de goût. Décoration recherchée, belle cheminée dans la grande salle aux bois sculptés. A 5Km de l'Autoroute Dijon-Nancy et proche des célèbres stations thermales Vittel et Contrexéville.

3Km 5Km 12Km   GB

➢ **Vaudoncourt :**
On the A31, Exit Contrexéville-Vittel. Take the N164 towards Neufchâteau for about 1Km. Turn left on to the D12 towards Vaudoncourt.
Sur l'A31, Sortie Contrexéville-Vittel. Prendre la N164 vers Neufchâteau sur 1Km puis à gauche la D12 vers Vaudoncourt.
2 Suites + 1 Bedroom-*chambre* / Reduction groups - *groupes*

		Price in FF - *Prix en FF* :	2 pers ↓	maxi ↓
Marie		WC	340 B	510 A
+ Amélie	(baby – bébé)	WC	(340 B)	
Camille			340 B	
Cécile 1			340 B	430 A
+ Cécile 2				

Département 39 : Jura

39.1 A.P.

40 Km - North-East of / Au Nord-Est de LONS LE SAUNIER

Maurice & Marie-Jo ETIEVANT
«La Ferme des Nouvelles» -36 bis, les Nouvelles-39600 Arbois
➔ 3 Km   84 66 21 53

In the Revermont, amongst the vineyards and at the foot of the first Jurassic plateau.
Farm Activities :
Milking, haymaking, harvesting, gardening, fruit picking, wine harvest. Guided tours of the farm.
Other Activities :
Hiking (GR59), mountain bikes, trout fishing, swimming, tennis, caving, museums, hang gliding, visiting the Chalain lake 25Km away, downhill and cross-country skiing.
Produce :
Poultry, cheese, eggs, milk, vegetables, fruit, charcuterie, wine.

2 Bedrooms - *chambres* / camping

➢ **Arbois :**
In Lons le Saunier, take the N83 towards Arbois.
A Lons le Saunier, prendre la N83 vers Arbois.

Dans le Revermont au cœur du vignoble et au pied du 1er plateau jurassien.
Activité à la ferme :
Traite, foins, moissons, jardinage, cueillette, vigne, découverte de la nature. Visite guidée de la ferme.
Autres activités :
Randonnées péd. (GR59), VTT, pêche (truite de rivière), piscine, tennis, grottes, musées, deltaplane, lac de Chalain à 25Km, ski de fond et de piste (1h).
Sur place :
Volailles, fromage, œufs, lait, légumes, fruits de saisons, charcuterie, vin.

Farmhouse dinners, teas - *Table paysanne, goûter à la ferme*

39.2

47 Km - South-West of / Au Sud-Ouest de LONS LE SAUNIER

Harry L. BELIN
«Château Andelot» - rue de l'Eglise - 39320 Andelot-Morval
100 Km   84 85 41 49   84 85 46 74

'Once upon a time...' the fairy tale history of this château begins in the 12th century. The warm, stylish welcome, the magnificent trees, the terrace overlooking the Jura mountains, dinners in the wonderful vaulted dining room... will leave you spellbound.
'Il était une fois...' C'est ainsi que pourrait commencer l'histoire sur ce château du XIIe. Accueil chaleureux, raffinement, arbres magnifiques, terrasse surplombant les monts du Jura, dîner dans la très belle salle voûtée...Voudrez-vous en repartir ?

(175 F)   15/11 → 15/04
10Km 20Km 30Km   GB
35Km 45Km 45Km 50Km

1 Suite + 1 Apartment-*appartement* + 5 Bedrooms-*chambres*
Extra Bed - *Lit Sup.* : 100 F

➢ **Andelot-Morval :**
In Lons le Saunier, take the N83 towards Bourg en Bresse. 10Km after Cuiseaux, turn left on to the D3. Continue for 12Km. The chateau is just before Andelot.
A Lons le Saunier prendre la N83 vers Bourg en Bresse. 10Km après Cuiseaux, prendre à gauche la D3 sur 12Km. Le Château est juste avant Andelot.

		Price in FF - *Prix en FF* :	2 pers ↓
1°		WC	600 C
2°	n.c.	WC	550 C
Suite Dupont ♥		WC	800 Luxe
4°			600 C
5°		WC	450 C
6°		WC	450 C
7° Apart ♥		WC	1200 Luxe

Photo : 24.8 - page 47

AQUITAINE

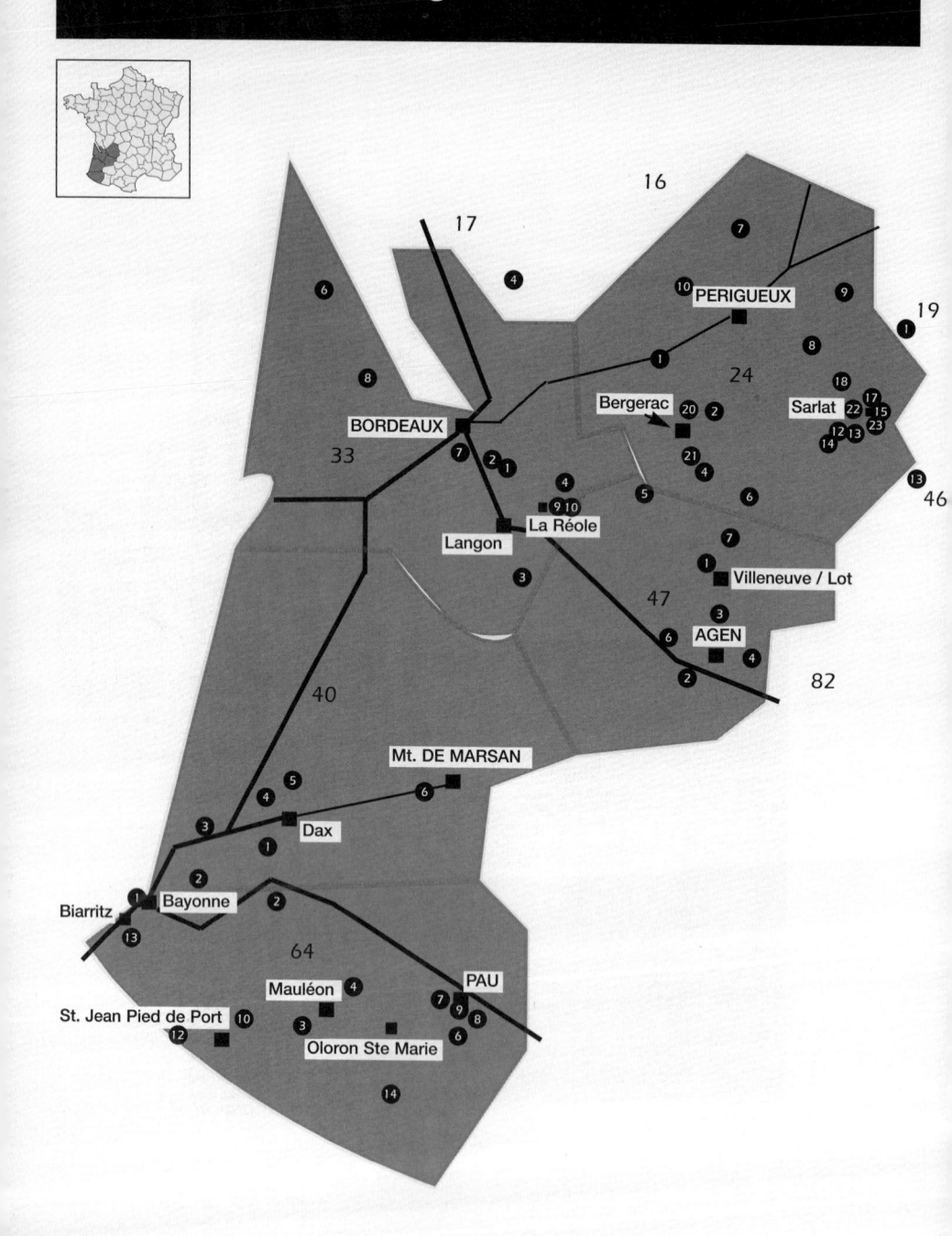

AQUITAINE

Aquitaine... Here the English feel particularly at home, perhaps because of historic links with Eleanor of Aquitaine, or the wonderful claret produced in the Bordeaux region. Famous for its culinary delicacies, such as foie gras, cèpes and truffles, it is also rich in medieval villages 'les Bastides', churches, châteaux and the famous Lascaux caves. You will be enthralled by the tranquil vineyards of Bordeaux, by the Atlantic beaches, by the pines forest of Les Landes, by the famous 'Périgord Noir', and... the kindred spirit...Armagnac. From Biarritz to Bordeaux, from Sarlat to Arcachon, there is so much to see and wonderful B&Bs to make sure you obtain the maximum enjoyment from these enchanting places.

Photo : 33.9 - page 52

Aquitaine... les Anglais s'y sentent un peu chez eux dit-on... Est-ce l'histoire d'Aliénor d'Aquitaine, le soleil ou les fabuleux crus du Bordelais qui les attirent ? C'est certes un Terroir d'Exception, mais la région regorge d'autres richesses : Culinaires bien sûr, avec les foies gras, les cèpes, les truffes... Historiques avec ses villages médiévaux appelés 'Bastides', ses églises, ses châteaux, la célèbre grotte de Lascaux. Vous serez conquis par le calme des vignobles Bordelais, par les plages de l'Océan, par la forêt landaise de pins, par le Périgord noir et ... par l'Armagnac... De Biarritz à Bordeaux, de Sarlat à Arcachon, le pays dispose de suffisamment de trésors et de bonnes chambres d'hôtes pour vous donner envie de profiter au maximum de ces endroits magiques...

AQUITAINE

Département 24 : Dordogne

24.6

50 km - South-East of / Au Sud-Est de **BERGERAC**

➢ **Capdrot** :

François & Jeanine LEGAUT
«Le Bouyssou» - Capdrot - 24540 Monpazier

🚂 50 km   🚲 50 km   ☎ 53 22 60 72

A charming house with a dovecote on the edge of a wood and pine forest. You will enjoy the calm and relaxing atmosphere and, above all, Jeanine's delicious cooking. There are plenty of old houses, old villages and châteaux to visit nearby.
Charmante maison avec pigeonnier, au bord d'un bois et d'une pinède de 10ha. Vous y trouverez calme, repos et les petits plats de Jeanine sont excellents (cèpes de la pinède...). Tout près : visitez absolument les bastides et les châteaux.

In Bergerac, take the D660 towards Beaumont and Cahors. Capdrot is 4km after Monpazier. Follow the signs.
A Bergerac, prendre la D660 vers Beaumont et Cahors. Capdrot est après Monpazier, à 4km. Suivre les panneaux.

2 Bedrooms - chambres / Extra Bed - Lit Sup. : 80 F

			Price in FF - Prix en FF : 2 pers ↓
1°	🛏	WC	250 A
2°	🛏	WC 🛁	250 A

🅿 🌲 🐱 🐕 📺 ✖ (50F) 👫   🚶 🚴 🎣 ⛱ 20km 〰

24.4

20 km - South-East of / Au Sud-Est de **BERGERAC**

➢ **La Genèbre** :

Gérard & Françoise BOILLIN
La Genèbre - 24560 Faux

🚗   🚲 15 km   ☎ 53 24 30 21

In the heart of the Périgord, in a tranquil hamlet, this charming house, full of character, is a haven of peace. Either just relax or visit the châteaux, medieval towns, vineyards and wine cellars of the area.
Au cœur du Périgord, dans un hameau à l'écart du bruit et de l'agitation, cette charmante maison de caractère vous permet, soit de vous reposer, soit de visiter les innombrables châteaux, bastides, villes médiévales, vignobles, caves...

🅿 🌲 🐕 👫 🚶 🚴   **GB**

4km 🎣   20km 〰   20km 💧   ⏾ : 20/12 → 5/01

In Bergerac, take the N21 towards the airport. Just before the airport, turn left on to the D19. In Faux, by the church, turn towards la Genèbre.
A Bergerac, prendre la N 21 vers l'aéroport. Juste avant l'aéroport, prendre la D19 sur la gauche. Dans Faux, à l'église, prenez la direction de la Genèbre.

1 Suite + 1 Apartment - appartement

		Price in FF - Prix en FF : 2 pers ↓		maxi ↓
Suite +	🛏 🛏	n.c. WC	250 A	400 Eco
Apartment 2°	🛏 n.c. WC 📺		250 A	350 Eco

HS (1/07 → 31/08) : 1900FF per week - semaine
self-catering - location

24.2

10 km - North-East of / Au Nord-Est de **BERGERAC**

➢ **Lamonzie-Montastruc** :

Joséphine MORAL
«les Mazeaux» - 24520 Lamonzie-Montastruc

🚂 10 km   🚲 13 km   ☎ 53 23 41 83

In the heart of a secret valley, you will discover this Périgord house, surrounded by its own beautiful grounds. There is a terrace with barbecue and an oven "à la plancha". This is a relaxing place, near many châteaux.
Au cœur d'un vallon secret, vous découvrirez cette maison périgourdine entourée d'un parc et de terrasses avec barbecue, four à la "plancha". Idéal pour le repos, elle est également fort bien située pour les visites de châteaux, grottes...

🅿 🌲 🐱 🐕 📺 👫   **GB D NL E**

2km 🎣   10km 〰   ⏾ : 1/01 → 28/02
2 WC shared - communs

In Bergerac, take the N21 towards Périgueux. After 8km turn right on to the D21E. Follow the signs.
A Bergerac, prendre la N 21 vers Périgueux et à 8km, la D21E à droite. Suivre les panneaux.

6 Bedrooms - chambres / Extra Bed - Lit Sup. : 70 F

			Price in FF - Prix en FF : 2 pers ↓	maxi ↓
1° & 2°	🛏	🛁	200 Eco	
3°	🛏	🛁	200 Eco	
6°	2🛏		150 Eco	
4°	🛏	🛁	200 Eco	270 Eco
5°	🛏		170 Eco	

Near - Près de BERGERAC, See also - Voir aussi :
47.5 - Jean Louis MAILLET - Loubès-Bernac - Page 55

- 44 -

AQUITAINE

Département 24 : Dordogne

24.20 ☀☀☀☀ 🏠

Christian BLEU
«Le Cèdre de Floyrac» - 24140 Queyssac

🚂 8km ✈ 14km ☎ 53 61 78 17

10 km - North of / Au Nord de BERGERAC

➢ **Queyssac** :
In Bergerac, take the N21 towards Périgueux for 5km. In Lembras, turn left for 3km. To the crossroad with a mill, turn left then turn right on to the first road. Follow the signs.
A Bergerac, prendre la N21 vers Périgueux sur 5km. A Lembras, prendre à gauche sur 3km. Au croisement du moulin à gauche puis la 1° à droite. Suivre les panneaux.

This wonderful 18th century country house, is in an outstanding position. Ancient trees, comfort, refinement and the quiet pleasures of life are to be found here. Regine and Christian simply invite you to use their horses, billiard room and mountain bikes... as you would at home.
Cette merveilleuse gentilhommière du XVIIIème bénéficie d'un cadre exceptionnel. Arbres centenaires, confort, raffinement, tranquillité et plaisir... Chevaux du domaine, billard, VTT... Régine et Christian vous les proposent en toute simplicité.

◊ : 1/01 → 28/02 / Extra Bed - Lit Sup. : 150 F

	Price in FF - Prix en FF : 2 pers ↓	maxi ↓
Chalet	450 C	
Océane & Chartreuse	750 Luxe	
Cyclades	750 Luxe	
Le Cottage	750 Luxe	1200 C
	Reduction 7 nights - *nuits*	
Les Baux de Provence	750 Luxe	1200 C

4 Bedrooms - *chambres* :   HS (1/07 → 31/08) : 3
2 Apartments - *appartements* :   HS (1/07 → 31/08) : 7

24.21 ☀☀☀ 🏠

Elisabeth CRAPART ROZIN
«La Borie» - Métairie Neuve - St Néxans - 24520 Monleydier

🚂 10km ✈ 3km ☎ 53 57 29 28

10 km - South-East of / Au Sud-Est de BERGERAC

➢ **St Néxans** :
In Bergerac, take the N21 towards Agen, for 4km. Turn left on to the D14E towards St Néxans. Follows the signs. The house is near the church.
A Bergerac, prendre la N21 vers Agen pendant 4km, prendre à gauche la D14E vers St Néxans. Suivre les panneaux. La maison est près de l'église.

This old, stone, wine-grower's house has been recently restored. For a small extra charge, you can use the swimming pool and the kitchen normally reserved for the owners. There are many medieval villages, châteaux and bastides to visit nearby.
Ancienne ferme de vigne en pierre avec des bricous assez joliement restaurée. Vous pourrez, moyennant une participation, profiter de la piscine ou d'un coin cuisine réservé aux hôtes. Nombreux Villages médiévaux, châteaux et Bastides... sur place : Fruit and vegetables - *Légumes & fruits*

shared - *commun* (Verte & Rose)

	Price in FF - Prix en FF : 2 pers ↓	maxi ↓
Verte	240 Eco	310 Eco
Rose	210 Eco	
Bleue	270 A	
Grange	412 C	452 Eco
	(BS)	

3 Bedrooms - *chambres* + 1 Apartment - *appartement*
(HS : self-catering apartment - *en location*)

24.1 ☀☀☀☀ 🏠

Georges DAMBIER
«le Chaufourg en Périgord» - 24400 Sourzac

✈ 35 km ☎ 53 81 01 56 53 82 94 87

25 km - North of / Au Nord de BERGERAC

➢ **Sourzac** :
In Bergerac, take the D709 towards Mussidan. In Mussidan, turn right on to the N89 towards Périgueux for 3km.
A Bergerac, prendre la D709 vers Mussidan. Là, prendre à droite la N 89 vers Périgueux sur 3km.

Georges Dambier is only too delighted to welcome you to his childhood home, an elegant building, dating from the 17th century which overlooks the river L'Isle. You are welcome to make yourself at home and enjoy the heated swimming pool.
Georges Dambier est heureux d'accueillir ses hôtes dans la maison de son enfance : élégante demeure du 17° dominant la rivière l'Isle entre prés, parc et jardin. Salons, billards, piano, barques, piscine chauffée...

(240/350F)

30km

	Price in FF - *Prix en FF* : 2 pers ↓
Agathe & Marie	1490 Luxe
Georges	940 Luxe
	370 Luxe
Amanda & Jeanne	1010 & 1240 Luxe
Nicolas & Guillaume	1040 & 940 Luxe
Françoise & Adrienne	820 & 770 Luxe

10 Bedrooms - *chambres* / Extra Bed - Lit Sup. : 220 F

- 45 -

AQUITAINE

Département 24 : Dordogne

24.10

Alain & Dany GAULOT
Caboce - 24350 Montagrier

🚂 25 km   🛬 30 km   ☎ 53 90 77 54

In the heart of the country, this is, above all, a place to relax. You can go sightseeing to Brantôme and Bourdeille, or relax in the grounds and go swimming in the river at the bottom of the garden, or try the canoe.

En pleine nature, vous bénéficierez de son calme reposant. Vous pourrez aller visiter Brantôme, Bourdeille..., faire du cheval, de la varappe et surtout vous profiterez de la rivière au pied de la maison pour vous baigner ou essayer le kayak.

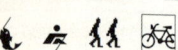

(65F)

25 km - North-West of / Au Nord-Ouest de PERIGUEUX

➤ **Caboce** :
2km after Périgueux, on the D939 towards Angoulême, turn left towards Mensignac and Tocane St Apre (D710). There, turn right towards Montagrier for 1,5km. Turn left and after 2km, turn right towards Caboce. Continue for 800m.

2km après Périgueux, sur la D939 vers Angoulême, tourner à gauche vers Mensignac et Tocane St Apre. Là, prendre à droite vers Montagrier pour 1,5km. Tourner à gauche. 2km après, tourner à droite vers Caboce. C'est à 800m.

4 Bedrooms - *chambres* / Extra Bed - *Lit Sup.* : 50F

	Price in FF - Prix en FF :	2 pers ↓	maxi ↓
Jaune & Bleue	🛏	190 Eco	
Rose	🛏 2 🛏	190 Eco	260 Eco
Verte	🛏 🛏	190 Eco	230 Eco

24.7

Michel & Claude DUSEAU
«Château de la Borie» - 24530 Champagnac de Belair

🚂 50 km   🛬 30 km   ☎ 53 54 22 39   53 08 53 78

An ancient 13th century fortress, restored and furnished with period furniture. Spend your day visiting the "caves" and the Abbey of Brantôme and, on summer evenings, dine under the stars in the inner courtyard of the château.

Cette ancienne forteresse du XIIIème, restaurée et meublée d'époque, vous plonge dans un cadre authentique. En été, vous pourrez dîner dans la cour intérieure du château après avoir visité les troglodytes, l'abbaye de Brantôme, les grottes...

18km   (120/180F)   Φ : 1/12 → 1/04

1 Suite + 4 Bedrooms - *chambres*
Extra Bed - *Lit Sup.* : 50F / 100F

30 km - North of / Au Nord de PÉRIGUEUX

➤ **Champagnac de Belair** :
In Périgueux, take the D939 towards Angoulême. In Brantôme, take the 'rue de chez Kavailles' (VC3) by the Total petrol station, for 3,5km.

A Périgueux, prendre la D939 vers Angoulême. A Brantôme, prendre la rue de 'chez Kavailles' à la station Total (VC3) pendant 3,5km.

	Price in FF - Prix en FF :	2 pers ↓	maxi ↓
Jaune	🛏 🛏	420 C	500 B
Verte	🛏	470 C	
2° Verte	🛏	320 B	
Bleue + Rose	🛏 🛏	390 B	690 A
Grise	🛏	370 B	

24.9

Marie-France ROUACH
Rue Bertran de Born - 24390 Hautefort

🛬 45 km   ☎ 53 50 40 61

Situated in Hautefort, this 17th century manor house is a family home, full of old-world charm. It has beautiful views and a delightful flower garden. A very warm welcome.

Raffinement et délicatesse caractérisent ce manoir du XVIIème, maison de famille remplie du charme d'antan. Situé dans Hautefort, il jouit d'un panorama exceptionnel et d'un jardin merveilleusement fleuri. Accueil très agréable.

Φ : 1/10 → 1/05

5km

1 Apartment - *appartement* + **2 Bedrooms** - *chambres*

2 🛏 / WC shared - *communs* (1° & 2°)

50 km - North-East of / Au Nord-Est de PÉRIGUEUX

➤ **Hautefort** :
In Périgueux, take the N89 towards Brive. In La Bachellerie turn left on to the D704 towards St Agnan, Limoges. Hautefort is on the right, before St Agnan. In the village, the house is between the post-office and the church.

A Périgueux, prendre la N89 vers Brive. A La Bachellerie, tourner à gauche vers St Agnan et Limoges. Hautefort est à droite avant St Agnan. Dans le village, la maison est entre la Poste et l'Eglise.

	Price in FF - Prix en FF :	2 pers ↓	maxi ↓
Jaune	🛏	400 B	
Rose	🛏	(1 pers) 300 C	
Apartment	🛏 🛏 🛏	450 C	600 A

no breakfast - *pas de petit-déjeuner*

You want to travel in Britain ?   **Use Bed & Breakfast (GB) !**

AQUITAINE

Département 24 : Dordogne

24.8

30 km - South-East of / Au Sud-Est de **PÉRIGUEUX**

Francine ALCHAMOLAC
«Relais de Chevigny» - la Trémouille - 24210 Bars

45 km — 53 05 26 21

This ancient 18th century coaching inn has now been restored with great taste. It is the ideal base for canoeing or fishing trips, or for visiting Lascaux, Rouffignac, Les Ezies and Sarlat. We advise you to book.
Cet ancien Relais de Poste du XVIIIème, restauré avec goût, est une base idéale pour le départ de vos expéditions à Lascaux, Rouffignac, Les Ezies, Sarlat ou pour faire de l'équitation de la randonnée, du canoë-kayak, aller à la pêche... Réservez !

10km

Φ : 20/12 → 5/01

➤ **Trémouille** :
In Périgueux, take the N89 towards Brive. In Thénon turn right on to the D67 towards Auriac, for 2,5km. Turn right towards Le Basty and La Borie. On the road where Bars is indicated to the right, turn left towards La Trémouille (5,3km from Thénon).
A Périgueux, prendre la N89 vers Brive. A Thénon, prendre à droite la D67 vers Auriac, pendant 2,5km. Tournez à droite vers Le Basty et La Borie. Sur la route où Bars est indiqué à droite, tournez à gauche vers La Trémouille (5,3km de Thénon).

4 Bedrooms - chambres

Price in FF - Prix en FF :	2 pers ↓	maxi ↓
Pélerin	n.c.	300 A
Chouette & Scarabée		300 A 400 A
Chevallier 2	n.c.	300 A 475 Eco

24.14

30 km - West of / A l'Ouest de **SARLAT**

Keith & Cathy PARKER
Castang - 24220 le Coux et Bigaroque

8 km   70 km   53 31 66 03   53 28 91 59

Ideal for quiet, relaxing stays in a warm and friendly atmosphere. You will enjoy the regional cooking. Nearby, there is tennis, golf and a river, and plenty of châteaux and caves to visit within 20 mins. drive.
Idéal pour des séjours au calme, ambiance chaleureuse et familiale Anglaise. Cette petite pension de famille est le rendez-vous des Anglais qui viennent goûter la cuisine régionale, visiter châteaux, grottes, marchés. A proximité, tennis, rivière...

GB

3km   5km   5km

Φ : 15/01 → 31/03 & 15/11 → 20/12

➤ **Castang** :
In Sarlat, take the D57 towards Vézac. After this village, turn right on to the D703 towards Beynac, St Vincent de Cosse. In Le Coux, near the 'mairie, turn left towards Castang.
A Sarlat, prendre la D57 vers Vézac. Après ce village, prendre à droite la D703 vers Beynac, St Vincent de Cosse. Au Coux, à la mairie, prendre à gauche vers Castang.

9 Bedrooms-chambres / HS(1/06→30/09) : 7   - BS : 3

Half board only - 1/2 Pension seulement   : 315 FF / pers.

1° & 2° & 3°		
4° & 6° & 7° & 8°		
5°		
9°	3	

24.18

15 km - North-West of / Au Nord-Ouest de **SARLAT**

Brigitte GUILLE
«La Ferme de Combal» - Le Combal - 24620 Tamniès

45 km   53 29 64 17

A quiet and pleasant place in the country, ideal for families. Children will get on well with those of Brigitte and will be able to get to know the many animals on this farm, while you enjoy the farm produce.
A la campagne, dans ce cadre calme et agréable, vos enfants joueront avec ceux de Brigitte et découvriront les nombreux animaux de l'élevage. Vous dégusterez les produits de la ferme et visiterez également les trésors du Périgord.
sur place : Farm produce - Foie gras, Confits, Pâtés

(110/135F)   GB E

Φ : 22/12 → 2/01

4km   5km   15km   8km   25km

➤ **Le Combal** :
In Sarlat, take the D704 towards Brive for 5km. Turn left towards 'Etang de Tamniès' from where you follow the signs.
A Sarlat, prendre la D704 vers Brive sur 5km. Tourner à gauche vers 'Etang de Tamniès' et à partir de là, suivre les panneaux.

4 Bedrooms - chambres / Extra Bed - Lit Sup. : 75 F.

Price in FF - Prix en FF :	2 pers ↓	maxi ↓
1°		230 Eco 305 Eco
2° 2		230 Eco 380 Eco
3° 2		230 Eco 380 Eco
4°		230 Eco

You want to travel in France ?   Use Bed & Breakfast (France) !

- 47 -

AQUITAINE

Département 24 : Dordogne

24.12

25 km - West of / *A l'Ouest de* **SARLAT**

Phillippe & Armelle CONSTANT
«Château de Cazenac» - 24220 Le Coux

➔ 5 km   45 km   53 31 69 31   53 28 91 43

This young, friendly couple welcome you to their 16th century château built on a ridge. There is a magnificent view of the Dordogne valley from its terrace. It has been restored in perfect taste and the food is superb. Ideal for New Year's Eve parties.
Ce jeune couple très accueillant, vous ouvre son château, restauré avec un goût parfait. Construit sur 16° sur une crête, de la terrasse vue magnifique sur la Dordogne. Table excellente, cours de cuisine (pays de la truffe), séjours à thèmes, Réveillon.

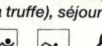

P 🌲 🐱 ⚑ 👥 🏊 🎾 🍴 (180/250F)

👥 3km   5km   ✉   GB I

➢ **Le Coux** :
In Sarlat, take the D57 towards Vézac. After this village, turn right on to the D703 towards Beynac, St Vincent de Cosse. In Le Coux, take the D51 towards Limeuil and as you leave the village, take the 2° small road on your right.
A Sarlat, prendre la D57 vers Vézac. Après ce village, prendre à droite la D703 vers Beynac, St Vincent de Cosse, Le Coux. Dans le village, prendre la D51 vers Limeuil et à la sortie, prendre la 2° petite route à droite.

4 Bedrooms - *chambres* / Extra Bed - *Lit Sup.* : 200F
HS (1/07 ➔ 31/08) : 7 🛏

Price in FF - *Prix en FF* :	2 pers ↓		
Jaune & Rose	🛏	📺	800 Luxe
Bleue & Verte	🛏	📺	800 Luxe

24.13

12 km - South-West of / *Au Sud-Ouest de* **SARLAT**

Alain LASSIGNARDIE
«Ferme Auberge d'Enveaux» - Port d'Enveaux
24220 St Vincent de Cosse.

🚗   ☏ 53 29 52 15

A charming "farmhouse-inn" on the edge of the "beaches" of the Dordogne river. Here you can swim, canoe or fish or visit Sarlat and its surroundings. Your hosts make their own "foie gras" and "confits", an opportunity not to be missed.
Au bord des plages de la Dordogne, vous pourrez vous baigner, faire du canoë, pêcher ou visiter Sarlat et ses environs. Cette charmante ferme-auberge vous propose aussi de déguster ses "produits maison" : foie gras, confits...

P 🏡 🐱 ⚑ 🍴 (60/155F)

🎣 🏃 ⚡ 15km ✉

➢ **Port d'Enveaux** :
In Sarlat, take the D57 towards Vézac. After this village, turn right on to the D703 towards Beynac. 4km after Beynac, turn left and continue for 1km (Follow the signs).
A Sarlat, prendre la D57 vers Vézac. Après le village, prendre à droite la D703 vers Beynac, sur 4km. Tourner à gauche et faire 1km (suivre les panneaux).

6 Bedrooms - *chambres* / Extra Bed - *Lit Sup.* : 52 F

	Price in FF - *Prix en FF* :	2 pers ↓	maxi ↓
A	🛏	249 A	
B	🛏	249 A	
C	🛏 🛏	309 B	331 Eco
D & E	🛏	229 Eco	
F	2 🛏	349 B	393 Eco

24.22

8 km - West of / *A l'Ouest de* **SARLAT**

Michaël & Susan FUDGE
«Lassagne» - St André d'Allas - 24200 Sarlat

🚗   ✈ 50 km   ☏ 53 30 31 85

Susan and Michaël are British, and welcome you to their charming house overlooking the countryside, near to the well known medieval town of Sarlat. Here you are in the heart of Le Périgord Noir, with its markets, gastronomy (foie gras, wine etc.).
Susan et Michaël sont Anglo-saxons et vous accueillent dans leur charmante maison avec vue sur la campagne tout près de Sarlat, cité médiévale bien connue, au cœur du Périgord Noir. Découvrez les marchés, la gastronomie (foie gras, vins...).

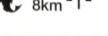

P 🏡 🐱 🚫 5 👥 🏊 🌀 20/12 ➔ 5/01 🍄

🦌 2km 5km 🚲 8km 8km 🍀   GB I

🏃 8km 8km ⚡ 15km ✉

🚿 shared - *commun (1° & 2°)*

➢ **St André d'Allas** :
In Sarlat, take the D57 towards Bergerac. 500m after the railway viaduct, turn right on to the D25 towards St André d'Allas for 7km. In La Boyne, turn left towards St André for 700m. The house is on the left, before the church.
A Sarlat, prendre la D57 vers Bergerac. 500m après le pont de chemin de fer, prendre à droite la D25 vers St André d'Allas sur 7km. A La Boyne, prendre à gauche vers St André, la maison est à gauche à 700m, avant l'église.

2 Bedrooms - *chambres*
1 Apartment - *appartement* HS (1/07 ➔ 31/08) : 7 🛏

	Price in FF - *Prix en FF* :	2 pers ↓	maxi ↓
1°	🛏	200 Eco	
2°	🛏	200 Eco	
Apartment	♥ 🛏	2 WC	400 B	800 A
	🛏 4 🛏		Reduction (1/09 ➔ 30/06)

- 48 -

AQUITAINE

Département 24 : Dordogne

24.23 — SARLAT

Danielle BARILLEAU
La Gendonie - Vignera - 24200 Sarlat

1km   50km   53 59 30 65

Pleasant house in verdant surroundings. The small individual loggias allow you to relax in complete peace, calm and privacy, yet you are only 5 minutes on foot from the centre of the beautiful town of Sarlat. This region is rich in places of interest.
Cette agréable maison est entourée de verdure. Des petites terrasses indépendantes vous permettent de vous reposer dans le calme et le silence à 5 mn à pied du centre ville. La belle ville de Sarlat est au cœur d'une région riche en activités.

8km   8km

10km   Ø : 1/10 → 1/05   GB

BS (1/05 → 1/07) : 4   / Extra Bed - Lit Sup. : 65 F

> **Sarlat** :
In Sarlat, go in the direction of Domme. Opposite the Casino supermarket, turn right towards Le Bugue. After 100m, turn left in to the first small road towards Vignera. The house is the second on your left.
Dans Sarlat prendre la direction Domme. En face du supermarché Casino, prendre à droite direction Le Bugue - A 100m, prendre la 1° petite route à gauche, direction Vignera - C'est la 2ème maison à gauche.

4 Bedrooms - chambres (+ 1 Apartment - appartement)
Price in FF - Prix en FF : 2 pers ↓

Marron		WC	240 Eco
Verte		WC	240 Eco
Jaune		n.c.	240 Eco
Lambris		WC	200 Eco

24.17 — 2 km - North of / Au Nord de SARLAT

Jean GRANSARD
«La Colline de Péchauriol» - 24200 Sarlat

50 km   53 59 35 20

Although near to the centre of Sarlat, this charming house is very quiet. The rooms lead on to a covered terrace, overlooking a beautiful flower garden. Your hostess is sweet and charming and will advise on excursions. Not to be missed.
Au calme, mais tout près du centre de Sarlat, cette jolie maison propose des chambres avec une terrasse couverte donnant sur un jardin fleuri. Votre hôtesse est douce et charmante. A visiter châteaux, grottes, gouffres... Une bonne adresse.

Ø : 1/11 → 31/03

> **Sarlat** :
In Sarlat, take the D704 towards Brive. Just before the garage, turn right.
A Sarlat, prendre la D704 vers Brive. Juste avant le garage, prendre à droite.

3 Bedrooms - chambres (+ 1 Apartment - appartement 4pers.)
Extra Bed - Lit Sup. : 65 F

Price in FF - Prix en FF : 2 pers ↓   maxi ↓

(3)			WC	240 Eco 305 Eco

6km   10km   10km   6km

24.15 — SARLAT

Françoise HERPIN-FORGET
«Le Verseau» - Route des Pechs - 24200 Sarlat

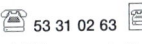

1km   50 km   53 31 02 63   53 31 02 63

A house in the Périgord style, hidden away in its own grounds amongst superb trees. From here, you can see all the valley of Sarlat. There is the whole of the Dordogne to visit, full of wonderful châteaux and medieval villages.
Maison de style périgourdin, nichée dans un parc aux arbres superbes et dominant la vallée de Sarlat. Pour vous distraire : les promenades en calèches, la Dordogne, l'équitation ou les visites de châteaux, lieux préhistoriques, villages médiévaux..

10km   10km   10km   6km

6 Bedrooms - chambres
Extra Bed - Lit Sup. : 40/60 F

shared - commun (2° & 3°)

> **Sarlat** :
From the centre of Sarlat, go to the railway station. Turn left towards 'Les Pechs' and continue for 1km 200. The house is on the right.
Du centre ville de Sarlat, aller vers la gare. Tourner à gauche vers 'Les Pechs' et faire 1km 200. La maison est sur la droite.

Price in FF - Prix en FF : 2 pers ↓   maxi ↓

1		WC	210 Eco	
2			160 Eco	220 Eco
3			(1pers) 120 Eco	
4		WC	200 Eco	260 Eco
4b			200 Eco	
5	2	WC	200 Eco	320 Eco

Near - Près de SARLAT, See also - Voir aussi :

19.1	- Marie-Pierre PRAUDEL	«La Farandole»	Cublac	Page 67
46.13	- Peter KERKHOFF	«Les Maurelles»	Milhac	Page 165

- 49 -

AQUITAINE

Département 33 : Gironde

33.2

25 km - South-East of / Au Sud-Est de **BORDEAUX**

25 km   56 72 30 84

➢ **Capian** :

You will have the opportunity to learn more about the Russian aristocracy if you stay with Tatiana, who is warm and easy going. Her château is situated in a quiet and peaceful vineyard. The neighbouring 'caves' which offer wine tastings, are not to be missed.

La propriété est située dans un vignoble paisible et calme. Vous découvrirez l'aristocratie russe, bohème et chaleureuse. Vous pourrez également déguster les vins dans les caves voisines, avec votre hôtesse ou lézarder au soleil...

Your hosts request that you phone in advance.
Vos hôtes souhaitent que vous préveniez de votre arrivée.

	Price in FF - Prix en FF : 2 pers ↓	maxi ↓
Château	350 B	700 Eco
	/ 4	
Zaloutche	350 B	500 Eco
	/ 2	

GB NL

2 Apartments - *appartements*

33.6

55 km - North of / Au Nord de **BORDEAUX**

Michèle TARDAT
«Cantemerle» - 7, rue des Châtaigniers - Bourdin
33180 Vertheuil-Médoc

60 km   56 41 96 24

➢ **Bourdin** :

A beautiful house in the Spanish Moorish style, in the heart of the Médoc vineyards. Here you will find peace and quiet and an outstanding decor (your hosts are artists). Nearby are the famous Médoc wine-châteaux, beaches and the wine-museum.

Belle maison de style Hispano-Mauresque, au cœur des vignobles du Médoc : Vous y trouverez le calme, une décoration recherchée (vos hôtes sont des artistes...). A proximité : les célèbres crus châteaux du Médoc, les plages, le musée du vin... sur place : Wine - *Vin*

In Bordeaux, take Exit 7 on the A630 then the D1 towards Lesparre/Soulac. In Castelnau, take the N215 in the same direction, for 25km. Turn right on to the D205 towards Cissac and take the D104 towards Vertheuil where you turn left by the church, towards Bourdin. The property is on your left as you leave the hamlet.

A Bordeaux, sur la A630 : sortie N°7. Prendre la D1 vers Lesparre/Soulac. A Castelnau, suivre la même direction, par la N215, sur 25km. Tourner à droite sur la D205, vers Cissac et prendre la D104 vers Vertheuil où vous tournez à gauche à l'église en direction de Bourdin. La propriété est sur votre gauche, à la sortie du hameau.

2 Bedrooms - *chambres* / Extra Bed - *Lit Sup.* : 50F

	Price in FF - Prix en FF : 2 pers ↓
Tour	n.c. 290 A
Bleue	n.c. 260 A

(90F)   1km   35km   GB E

Reduction 7 nights - *nuits* & BS (1/11 → 28/02)

33.7

14 km - South of / Au Sud de **BORDEAUX**

Yolande BONNET
«Gravelande» - 7, chemin du Bergey - 33850 Léognan

20 km   56 64 72 04

➢ **Léognan** :

Only 20 min. from the centre of Bordeaux, this house is surrounded by impressive grounds in the heart of the famous Pessac-Léognan vineyards. You will find it very difficult to tear yourself away from Yolande's wonderful, warm hospitality, so allow plenty of time.

A 20 mn du centre de Bordeaux, cette maison de Maître est bien plantée dans son parc au cœur des fameux vignobles de Pessac-Léognan. Il vous sera surement difficile de la quitter, la chaleur et la qualité de l'accueil de Yolande en sont la cause.

In Bordeaux, take the A62 towards Langoin-Agen then take the Exit La Brède. In La Brède, take the D109 towards Léognan. There, on the square, take the D214 towards Pestas. Take the 4th lane on the right, 1st gate on the left.

A Bordeaux, prendre l'A62 vers Langoin-Agen. Sortie La Brède. Dans La Brède, prendre la D109 vers Léognan. Sur la place de Léognan prendre la D214 vers Pestas. C'est le 4ème chemin à droite et le 1er portail à gauche.

2 Bedrooms - *chambres* / Extra Bed - *Lit Sup.* : 100F

2

	Price in FF - Prix en FF : 2 pers ↓
1°	WC 300 A
2°	WC 300 A

10km   50km   GB

Near - Près de BORDEAUX, See also - *Voir aussi* :
17.4 - Pouillac - Page 221

From October 18th, the telephone numbers of hosts in Aquitaine, will begin with 05.
Dial : + 33 5 before your host's telephone number (from France : dial 05 before your host's telephone number).
A partir du 18 Octobre, le numéro de téléphone de vos hôtes d'Aquitaine, débutera par 05.
Composez : International + 33 5 suivi du N° de votre hôte (de France : 05 devant le N°).

AQUITAINE

Département 33 : Gironde

33.8

25 km - North-West of / *Au Nord-Ouest de* **BORDEAUX**

Alain GENESTINE

«Domaine Les Sapins» -Bouqueyran- 33480 Moulis en Médoc

30km — 56 58 18 26 — 56 58 28 45

Nathalie will welcome you to this impressive house, amongst the vines. Monique will tempt you with her regional specialities, and Alain will tell you all you ever wanted to know about claret. Bird sanctuaries, wine cellars and châteaux to visit nearby. C'est Nathalie qui vous accueille dans cette grande demeure entourée d'un beau parc, au cœur des vignes. Monique, elle, vous fait déguster les spécialités régionales. Alain vous expliquera le vin. Visites de sites ornithologiques, caves, châteaux... sur place : Wine - *Vin*

(100F)

1km 20km 25km

15km 25km 60km GB A

1 Suite + 5 Bedrooms - *chambres* / Extra Bed - *Lit Sup.* : 100F
Reduction 3 nights - *nuits & BS* (15/09 → 15/03)

> **Moulis en Médoc** :
To Bordeaux, on the A630 take Exit 7 and the D1 towards Lesparre/Soulac. In Castelnau, take the N125 in the same direction, for 3km. In Bouqueyran, you turn left (large sign).
A Bordeaux, sur la A630 : sortie N°7. Prendre la D1 vers Lesparre/Soulac. A Castelnau, suivre la même direction, par la N215, sur 3km. Tourner à gauche dans Bouqueyran (grand panneau).

Price in FF - *Prix en FF* :	2 pers ↓	maxi ↓
Hortensia	280 A	490 Eco
+ Albarose		
Marguerite	280 A	
Menuet	280 A	
Country Rose	280 A	350 Eco
Charleston 2	280 A	420 Eco
Chinatown	200 Eco	

33.1

20 km - South-East of / *Au Sud-Est de* **BORDEAUX**

Gérard PELTIER

«Château Sentout» - Tabanac - 33550 Langoiran

45 km — 56 21 85 77 — 56 78 70 95

This magnificent 17th century château, surrounded by a 15 hectare estate, overlooks the Garonne valley. From here you can visit the châteaux of Montesquieu, Montaigne and Mauriac or the world famous vineyards of Saint Emilion.
Ce magnifique château du 17° dans un parc de 15ha, domine la vallée de la Garonne. Vous pouvez écouter de la musique dans la petite chapelle, visiter les châteaux de Montesquieu, Toulouse-Lautrec, les vignobles de St Emilion...

2km

2 Bedrooms - *chambres* + 5 Apartments - *appartements*
Reduction BS / HS (1/07 → 31/08) : 7   GB A

> **Tabanac** :
In Bordeaux, take the D10 towards Cadillac and in Baurech, follow the signs. *A Bordeaux, prendre la D10 vers Cadillac et à Baurech suivre les panneaux.*

Eugène		350 B	
Evêque		350 B	
la Remise	Apartment 7 WC	1170 Luxe	1350 C
le Fournil	Apartment 7 WC	1050 Luxe	1210 C
la Roseraie & la Tuilerie	Apartment 7 WC	1050 Luxe	1120 C
Pigeonnier	Apartment 7 WC	960 Luxe	1040 C

- 51 -

AQUITAINE

Département 33 : Gironde

33.3 ☀☀☀☀

25 km - South-East of / Au Sud-Est de **LANGON**

J-Claude & M-José GONDELLON
«Les Monges» - 33690 Marions

70 km   56 65 00 80   56 65 00 99

Marie-José has restored these two houses, typical of les Landes, with loving care. The interior decoration is really outstanding, with antique furniture, paintings and other objects of real quality. She has thought of everything.

Vaut absolument le détour ! 2 maisons landaises typiques, amoureusement restaurées par Marie-José. Décoration intérieure réellement exceptionnelle : meubles, objets d'art et tableaux sont de qualité. Tout a été pensé pour votre bien-être.

20km   20km   GB E I

2 Apartments - *appartements* / Extra Bed - *Lit Sup.* : 100/150 F
HS (1/06 → 30/09): self-catering houses - *maisons en location Reduction BS*

> **Marions** :

In Langon, go in the direction of Mont de Marsan (D932). In Bazas, go in the direction of Grignols-Casteljaloux (D655). After Lavazan, turn right towards Marions. At the crossroads, go towards «Les Monges» for 1,5 km. The houses are on the right.

A Langon, prendre la direction Mont de Marsan (D932) et à Bazas celle de Grignols-Casteljaloux (D655). Après Lavazan, tourner à droite vers Marions. A l'intersection suivre «Les Monges» sur 1,5km. Les maisons sont sur la droite.

Price in FF - *Prix en FF* : 2 pers ↓

Maison 1	Apartment			300 A
♥		WC		300 A
		n.c. WC		300 A
Maison 2	Apartment	WC		300 A
♥		WC		300 A
		WC		300 A

33.4 ☀☀☀

20 km - North-East of / Au Nord-Est de **LA RÉOLE**

Michel & Nicole DUBOIS
«Manoir de James» - Route de Ste Colombe
St Ferme - 33580 Monségur

→ 40 km   80 km   56 61 69 75   56 61 89 78

You will be captivated by the charms of your hostess and her beautiful manor house, hidden away in its own grounds amongst hundred year old trees. Be sure not to miss "Les Cinésites" all through the summer.

Dans un parc, niché au cœur d'un bouquet d'arbres centenaires, la douceur et le charme de ce manoir du XVIII° et de son hôtesse vous séduiront. A visiter : Château de Duras, abbaye du XIème... et ne pas rater les 'Cinésites' tout au long de l'été.

20km   GB

Φ : 15/12 → 15/01

> **St Ferme** :

On the A62, take the exit 'La Réole'. Go towards La Réole. In La Réole, go in the direction of Monségur (D668) and in Monségur towards St Ferme (D16). In St Ferme take the D127 towards Ste Colombe for 2km.

Sur l'A62, sortie 'La Réole'. A La Réole, prendre la direction de Monségur (D668) et à Monségur la direction de St Ferme (D16). A St Ferme suivre Ste Colombe (D127) sur 2km.

3 Bedrooms - *chambres* / Extra Bed - *Lit Sup.* : 70F
Reduction 3 nights - *nuits*

Price in FF - *Prix en FF* : 2 pers ↓   maxi ↓

Sauveterre			WC 310 B	380 A
Duras & Monségur			WC 310 B	

33.9 ☀☀ 🏠

5 km - East of / A L'Est de **LA RÉOLE**

Jeanne ESTÈVE

→ 5 km   80 km   56 61 09 17

This large house in the countryside overlooks the Garonne valley and undulating scenery. Relax here after visiting Les Bastides de Guyenne or wine-tasting expeditions to Bordeaux, Entre-Deux-Mers and Sauternes.

Cette grande maison entourée de verdure domine la vallée de la Garonne et la campagne vallonnée. Vous aimerez vous reposer après vos visites des Bastides de Guyenne ou vos dégustations de Bordeaux, Entre-Deux Mers et Sauternes...

Φ : 15/10 → 30/05   GB E

> **Montagoudin** :

Your hosts request that you phone in advance.
Vos hôtes souhaitent que vous préveniez de votre arrivée.

1 Suite / Reduction 7 nights - *nuits*

Price in FF - *Prix en FF* : 2 pers ↓   maxi ↓

Chambre Sud			WC 250 A	400 Eco
+ Chambre Est	2		(200 Eco)	

5km   20km   23km   40km

Whenever possible, please try to phone your hosts in advance

Téléphonez avant d'arriver chez vos hôtes !

- 52 -

AQUITAINE

Département 33 : Gironde

33.10

7 km - East of / *A l'Est de* **LA RÉOLE**

Odette BAREILLE
«Domaine les Massiots» - 33190 Lamothe-Landerron

1km 80km 56 61 71 76 56 61 71 76

This house, full of character, dating from the Napoleon III period, is in the heart of the Entre–Deux–Mers wine region. The setting is quite outstanding. After visiting the châteaux and the cellars, you will enjoy the cool of the evening beside the floodlit swimming pool.

Au cœur de l'Entre-deux-mers, cette demeure de caractère d'époque Napoléon III, vous offre un cadre exceptionnel. Après la visite des châteaux et des caves, l'éclairage nocture de la piscine vous donnera envie de profiter de la fraîcheur du parc.

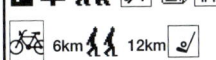

6km 12km

5 Bedrooms - *chambres*
1 Apartment - *appartement* (HS : self-catering - en location)
Reduction 7 nights - *nuits* & BS (1/10 ➔ 31/05)

> **Lamothe-Landerron** :
On the A62, take the exit 'La Réole'. In La Réole take the N113 towards Marmande. At Les Massiots, there is a sign to the Domaine on the leftt.
Sur l'A62, sortie 'La Réole'. A La Réole, prendre la N113 vers Marmande. Aux Massiots, panneau du domaine sur la gauche.

Extra Bed - *Lit Sup.* : 70F

	Price in FF - *Prix en FF* :	2 pers ↓	maxi ↓
L'Olivier (Apartment)		360 B	460 B
	(+)		
			(260 A)
George Sand	2	265 A	365 Eco
Colette		260 A	
Ninon de l'Enclos & Mistinguett	2	240 Eco	
Mata Hari		250 A	

Département 40 : Landes

40.4

10 km - North-West of / *Au Nord-Ouest de* **DAX**

Christine DAGOUASSAT
«Villa la Mamounia» - 40990 Herm

60km 58 91 50 30

A very pleasant, modern house in a picturesque village in les Landes. It has a spacious, south-facing terrace and a shaded garden. Walk or collect mushrooms in the forest or, if you are more energetic, there is tennis and horse-riding.

Dans un village landais pittoresque, cette maison moderne est très agréable : grande terrasse plein sud et jardin ombragé. Aux portes de la forêt, vous pouvez vous promener, cueillir des champignons, faire du tennis au village ou du cheval.

Ø : 15/09 ➔ 30/04

8km 5km GB

> **Herm** :
In Dax, take the D947 towards Candale / Herm. In the village, the house (with arcades) is near the 'Hôtel de la Poste', before the Post Office.
A Dax, prendre la D947 vers Castets et tourner à gauche sur la D401 vers Candale / Herm. Dans le village, la maison (avec arcades) est près de l'Hôtel de la Poste, avant la Poste.

2 Bedrooms - *chambres* / Extra Bed - *Lit Sup.* : 80F

2 / WC shared - *commun*

	Price in FF - *Prix en FF* :	2 pers ↓
Bleue		220 Eco
Verte		220 Eco

40.3

15/01   27 km - West of / *A l'Ouest de* **DAX**

Huguette DEMAY
Orix - 40230 Tosse

30km   58 43 07 31

A warm, hearty welcome awaits in this restored old house, in a calm location near to the beach. Its covered terrace is very pleasant in the summer. Nearby there are forests, several beaches, and two golf course. The Basque country and Spain are within easy reach.

Accueil sympathique et bon enfant dans cette maison ancienne rénovée, très agréable et calme. A proximité des plages, la terrasse couverte est très appréciée en été. Forêt sur place, plages de l'océan, 2 golfs ou le pays basque et l'Espagne.

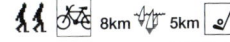

GB E

8km 5km   Ø : 15/12 ➔

> **Orix** :
In Dax, take the N123 and N10 towards Bayonne. In St Vincent de Tyrosse, turn right towards Tosse (D112). Opposite the 'Hôtel du Commerce', turn right over the water tower road and carry on towards the chestnut grove. The house is in this triangle.
A Dax, prendre la N123 puis la N10 vers Bayonne. A St Vincent de Tyrosse, prendre à droite vers Tosse (D112). Face à l'hôtel du Commerce, prendre à droite la route du château d'eau que vous dépassez en direction de la châtaigneraie. La maison est dans le triangle.

1 Suite / 2

	Price in FF - *Prix en FF* :	2 pers ↓	maxi ↓
	n.c.	280 A	480 B
+			

AQUITAINE

Département 40 : Landes

40.5
20 km - North of / Au Nord de **DAX**

Marie-Thérèse SEGUIN
«Rouncaou» - 40260 Taller

25 km   60 km   58 89 43 18

This farm, typical of the Landes, dates from before the French Revolution. Off the beaten track in the middle of the forest, this is really back to nature, with animals coming right up to the house. Do not miss the "découverte" days.

Cette ferme landaise date d'avant la révolution. Isolée au milieu de la forêt : c'est la nature à l'état pur, les animaux viennent jusqu'à la maison. A ne pas manquer : Les journées "découverte". Leur auberge est à 1km.

20km   5km

➢ **Taller** :
In Dax, take the D947 towards Castets. In the centre of Castets, turn right on to the D42 towards Taller. In Taller, turn left on to the D140 towards Lesperon and follow the signs.

A Dax, prendre la D947 vers Castets. Dans le centre de Castets, tourner à droite vers Taller sur la D42. A Taller, prendre à gauche la D140 vers Lesperon et suivre les panneaux.

4 Bedrooms - chambres / Extra Bed - Lit Sup. : 60F

Price in FF - Prix en FF : 2 pers ↓   maxi ↓

Maison 1			175 Eco	
Rose			210 Eco	280 Eco
Mezzanine	2		240 Eco	400 Eco
Maison 2		n.c.	175 Eco	

40.1
15 km - South-West of / Au Sud-Ouest de **DAX**

Hubert de LATAILLADE
«Château de Monbet» - 40300 St Lon les Mines

15km   40km   58 57 80 68   58 57 89 29

Charming 17th century home surrounded by extensive grounds on a listed site. The rooms are spacious and carefully appointed. Within 50km there are music festivals, 12 golf courses, and the surfing Atlantic coast.

Charmante demeure du 17ème, entourée d'un parc, dans un site classé. Les chambres sont grandes et aménagées avec soin. Les loisirs : Festival de musique, Circuit des abbayes, Pays basque ou Le surf à l'océan et 12 golfs à moins de 50km.

GB
30km   30km

➢ **St Lon les Mines** :
In Dax, take the D6 towards St Lon les Mines. Turn right just before St Lon and continue for 1km.

A Dax prendre la D6 vers St Lon les Mines et juste avant St Lon prendre à droite sur 1km.

4 Bedrooms - chambres / Extra Bed - Lit Sup. : 100F
Reduction BS (1/09 ➔ 30/06)

Price in FF - Prix en FF : 2 pers ↓

Palombes			600 C
Cygnes			600 C
Bécasse & Sarcelles		n.c.	300 A

40.6
8 km - South-West of / Au Sud-Ouest de **MONT DE MARSAN**

Louis & Marguerite LAJUS
«Larroque» - 40090 St Perdon

130 km   58 75 88 38

Impressive 18th century house where the owners have kept the atmosphere and comfort of days gone by. A wonderful welcome. There is a tennis court 500m away and a swimming pool and riding nearby. Half an hour from the sea.

Maison de maître du XVIII°, où vos hôtes ont su préserver l'atmosphère et l'aménagement d'autrefois. L'accueil est parfait. Vous trouverez un tennis à 500m, piscine et cheval à proximité, l'océan à moins d'une heure et également des musées...

GB
70km   12km   Φ : 20/12 ➔ 2/01

➢ **St Perdon** :
In Mont de Marsan, take the N124 towards Dax / Bayonne. Turn left on to the D3 towards St Perdon / Mugron. As you enter the village, the property is on your right.

A Mont de Marsan, prendre la N124 vers Dax / Bayonne. Tourner à gauche sur la D3 vers St Perdon / Mugron. La propriété est à l'entrée du village à droite.

1 Suite + 1 Bedroom - chambre / Extra Bed - Lit Sup. : 50F

Price in FF - Prix en FF : 2 pers ↓   maxi ↓

Bleue			240 Eco	340 Eco
+				
Amis	3		220 Eco	300 Eco

Your hosts request that you do not smoke in the bedrooms.
Vos hôtes vous demandent de ne pas fumer dans les chambres.

When you book directly, be sure to mention Bed & Breakfast (France)
Quand vous réservez en direct, n'oubliez pas de mentionner Bed & Breakfast (France)

AQUITAINE

Département 40 : Landes

40.2 ☀☀☀ 🏠
17 km - North-East of / Au Nord-Est de BAYONNE(64)

Prosper & Luce IRIART
«Le Barbé» - Place de l'Eglise - 40390 Biaudos

🚗 ✈ 25 km ☎ 59 56 73 37   📠 59 56 75 84

This ancient 16th century farm has been completely restored. It is conveniently placed on the way from England to Spain and Portugal. A place to relax, but there is also golf, fishing, white-water rafting, and the Atlantic coast nearby.
Cette ancienne ferme du 16ème, entièrement restaurée, est située au cœur d'un petit village sur l'axe Angleterre, Espagne, Portugal. Vous y trouverez le calme et pas très loin, golf, pêche, raft, l'Océan, le Pays basque, les Bastides...

> Biaudos :
In Bayonne, take the N117 towards Pau for 17km. Biaudos is on your right. Go to the centre of the village and the church.
A Bayonne; prendre la N117 vers Pau, sur 17km. Biaudos est sur votre droite. Aller au centre du village et à l'église.

4 Bedrooms - *chambres* / **Extra Bed** - *Lit Sup.* : 60 F
Reduction BS (16/09→1/06)

Price in FF - *Prix en FF* :	2 pers ↓
Lavande & Camélia	200 Eco
Irlande & Enfants	200 Eco

P 🌲 🐈 🛌 📺 👨‍👩‍👧 🚫🚬 🏊
6km 10km 20km 20km 🚭 : 11/11→28/02

Département 47 : Lot & Garonne

47.5 ☀☀☀ 🏠
25 km - South-West of / Au Sud-Ouest de BERGERAC(24)

Jean-Louis MAILLET
Gendron - 47120 Loubès-Bernac

🚗 ✈ 25 km   ☎ 53 94 77 33

Restored wine-grower's house in the Duras country and near its vineyards. Jean Louis will be delighted to introduce you to the art of wine making and your children will enjoy the animals on the farm.
Ferme viticole restaurée au centre du pays de Duras, à proximité des vignobles et des sites historiques. Jean Louis vous initiera à la culture de la vigne, vos enfants iront découvrir les animaux de la ferme. Chambres dans une maison indépendante.

> Loubès-Bernac :
In Bergerac, take the D933 towards Marmande for 12km. Turn right towards Sigoulès, Bézage, Thénac, and Loubès-Bernac.
A Bergerac, prendre la D933 vers Marmande sur 12km. Prendre à droite vers Sigoulès, Bézage, Thénac, Loubès-Bernac.

1 Suite + 2 Bedrooms - *chambres*
Reduction 2 nights - *nuits*

Price in FF - *Prix en FF* :	2 pers ↓	maxi ↓
1°	180 Eco	
2°	n.c. 180 Eco	
Mezzanine	n.c. 180 Eco	450 Eco

P 🌲 🐈 🛌 📺 👨‍👩‍👧 🏊
6km 6km 🚭
HS (1/07 → 31/08) : 7 🛏

47.2 ☀☀☀ 🏠
10 km - South-West of / Au Sud-Ouest d'AGEN

Claude & Christiane DOUBESKY
«Domaine de Pouzergues» - 47310 Moncaut

🚗 ✈ 130km   ☎ 53 97 53 97   📠 53 97 15 25

An 18th century manor house in a beautiful flower garden. Here the rooms have great style and the whole atmosphere is refined and discreet. You can either laze the days away by the heated swimming-pool or visit nearby châteaux.
Dans ce manoir fin 18ème, niché dans un parc fleuri de 5ha avec arbres centenaires, vous trouverez des chambres de style et un cadre raffiné préservant l'intimité de chacun. Loisirs: les Bastides et châteaux ou ... la piscine chauffée !

> Moncaut :
In Agen, go towards 'Le Passage' and take the D656 towards Nérac. The property is on the right, after Pléchac, at the corner of the road to Ste Colombe.
A Agen, prendre la direction de 'Le Passage' où vous prendrez la D656 vers Nérac. La propriété est sur la droite, après Pléchac, à l'angle de la route de Ste Colombe.

1 Suite + 4 Bedrooms - *chambres*

Price in FF - *Prix en FF* :	2 pers ↓	maxi ↓
Les Oiseaux & Baldaquin	432 C	
Primevère	432 C	630 B
+ 2		
Jaune	432 C	
Pigeonnier	432 C	

P 🌲 🐈 🛌 📺 🚫🚬 👨‍👩‍👧 🏊
🚶 8km 3km 20km 🚭

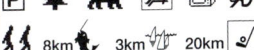

Extra Bed - *Lit Sup.* : 100F

- 55 -

AQUITAINE

Département 47 : Lot & Garonne

47.4 ☀☀☀

25 km - East of / A l'Est d' **AGEN**

M. VALENTIN
Hameau de Fouyssac - 47270 St Maurin

20km 53 95 33 40 53 95 30 82

Comfortable rooms in this private hamlet, made up of restored stone houses from the 18th century, all on an 18 hectare estate out in the wilds. This is an ideal place for a family holiday, with many picturesque villages and places of interest nearby.
Des chambres confortables dans ce hameau privé du XVIII° constitué de maisons de pierre restaurées sur un domaine de 18ha en pleine garrigue. Idéal pour les séjours en famille, de nombreux monuments et villages pittoresques à proximité.

3 Apartments - *appartements*
HS (1/07 → 31/08) : self-catering apartments-*appartements en location*
Reduction BS

> **Fouyssac :**
In Agen take the N113 towards Montauban. In Lafox, turn left on to the D16 towards St Pierre de Clairac, Tayrac and St Maurin. Go to the right of the statue of the Virgin, and pass in front of the washing place.
A Agen, prendre la N113 vers Montauban. A lafox, prendre à gauche la D16 vers St Pierre de Clairac, Tayrac et St Maurin. Prendre à droite de la Vierge, passer devant le lavoir.

Price in FF - *Prix en FF* : 2 pers ↓   maxi ↓

Les Lauriers	n.c. / 3		220 Eco 280 Eco
Les Cèdres	2 WC		220 Eco 400 Eco
	/ 3 /		
Les Buis	2 WC		260 A 380 Eco

47.6 ☀☀

22 km - West of / A l'Ouest d' **AGEN**

Maria VAN STRAATEN
«Le Marchon» - 47130 Bazens

→ 4km 22km 53 87 22 26 53 87 22 26

Here two couples welcome you, around the fire. Your hosts try to cater for everybody's individual tastes. As well as traditional cooking and excellent wine, both organic and vegetarian dishes can also be provided. This region is rich in caves and châteaux. Henri is a sculptor.
2 couples vous reçoivent au Marchon, auprès de la cheminée. Les particularités de chacun sont respectées. La nourriture est biologique, possibilité de cuisine végétarienne et bon vin ! Région riche en grottes, châteaux... Henri est sculpteur.

(65/75F)
Φ : 1/11 → 1/04   GB F NL
Reduction BS (1/09 → 30/06)
shared - *commun* (4° & 6°) / Half-Board - *1/2Pension* : 175FF/p.

> **Bazens :**
In Agen take the N113 towards Bordeaux, for 20km. Turn right towards Bazens (D118) and D231 towards Galapian until you reach to the sign.
A Agen, prendre la N113 vers Bordeaux, sur 20km. Prendre à droite vers Bazens (D118) puis la D231 vers Galapian jusqu'au panneau.

5 Bedrooms - *chambres* / Extra Bed - *Lit Sup.* : 65 F

Price in FF - *Prix en FF* : 2 pers ↓   maxi ↓

1°			270 A
2°	2		270 A 400 Eco
3°			270 A
4°			230 Eco
6°			230 Eco 285 Eco

47.1 ☀☀☀☀ 🏰

7 km - North of / *Au Nord de* **VILLENEUVE / LOT**

Marc DISERENS
«Domaine de Clavié» - Soubirous - 47300 Villeneuve / Lot

40km 53 41 74 30 53 41 77 50

An elegant 17th century manor in the centre of a 30 hectare estate, which produces the famous Agen prunes. There are beautiful gardens in the French style and vast salons with open fireplaces. Plenty of vineyards nearby.
Elégant manoir du XVII ème, au centre d'un domaine de 30ha produisant des pruneaux d'Agen. Pour la détente : Jardins à la française et vastes salons avec cheminée. Il est aussi le point de départ de vos visites pour les vignobles, les bastides...

(145F)
3km Φ : 3/01 → 28/02   GB I F
Extra Bed - *Lit Sup.* : 100F / Reduction BS (16/09 → 14/05)

> **Soubirous :**
In Villeneuve /Lot take the N21 towards Bergerac/Périgueux for 7km. 500m after Soubirous, turn left towards Casseneuil and right on to a small road. Follow the signs.
A Villeneuve/Lot prendre la N21 vers Bergerac/Périgueux sur 7km. Tourner à gauche vers Casseneuil et prendre tout de suite la petite route à droite. Suivre les panneaux.

4 Bedrooms - *chambres* + 1 Apartment - *appartement*

Price in FF - *Prix en FF* : 2 pers ↓   maxi ↓

Lavande			600 C
Tilleul			700 Luxe
Pruniers & Cyprès			800 Luxe
Petite Maison			1000 C

AQUITAINE

Département 47 : Lot & Garonne

47.7

Claude ROCCA
«Manoir du Soubeyrac» - Le Laussou - 47150 Monflanquin

35km 53 36 51 34 53 36 35 20

You are in the heart of the Bastides country, on a 50 hectare estate overlooking the Périgord. Claude will go to great lenghts to make sure you enjoy a comfortable stay, and his cooking is very refined.

Vous êtes au cœur des Bastides, sur le passage des oies sauvages, dans un domaine de 50ha dominant le Périgord pourpre. Beaucoup d'efforts pour satisfaire votre plaisir et votre confort durant votre séjour. La cuisine de Claude est raffinée.

P 15 (130F)
15km 4km 20km GB

2
Extra Bed - *Lit Sup.* : 50 F

24 km - North of / *Au Nord de* **VILLENEUVE / LOT**

➢ **Le Laoussou** :
In Villeneuve /Lot, take the D676 towards Monflanquin for 17km then the D272 towards Monpazier for 2km. Turn left towards Envals and follow the signs for 'Soubeyrac'.
A Villeneuve/Lot prendre la D676 vers Monflanquin sur 17km puis la D272 vers Monpazier sur 2km. Prendre à gauche vers Envals et suivre les panneaux 'Soubeyrac'.

1 Suite + 4 Bedrooms - *chambres* + 1 Apartment - *appartement*
Price in FF - *Prix en FF* : 2 pers ↓   maxi ↓

Directoire & Bleue & Louis XV				
				450 C
Framboise				530 C
Napoléon			2	780 B
+ Apartment	7	3		self-catering - *en location*
	2 / 3			

47.3

Jean & Monique de LANEUVILLE
Lieu-dit 'Péchon' - 47340 St Antoine de Ficalba

8 km 20km 53 41 71 59

Jean de Laneuville will be delighted to talk geneology, heraldic art and French history. His comfortable house, complete with tower, overlooks a spacious garden with a terrace. There are lakes and caves nearby. Daughter Evelyne is a sculptress.
Jean de Laneuville sera ravi de parler avec vous de généalogie, d'art héraldique, d'histoire et éventuellement de vous initier. Cette confortable maison avec sa tour, ouvre sur le parc et la terrasse. Tout près : lac, grottes. La fille Evelyne est sculpteur.

P (75/90F) GB D

φ : 1/11 → 28/02

11 km - South of / *Au Sud de* **VILLENEUVE / LOT**

➢ **Péchon** :
In Villeneuve /Lot, take the N21 towards Agen. In St Antoine de Ficalba, turn left towards Penne d'Agenais, just before the Post Office and the 'Mairie'. Continue for 1km and turn right.
A Villeneuve/Lot prendre la N21 vers Agen. A St Antoine de Ficalba, prendre à gauche vers Penne d'Agenais, juste avant la Poste et la Mairie. Faire 1km et tourner à droite.

1 Bedroom - *chambre*
Price in FF - *Prix en FF* : 2 pers ↓
220 Eco

15km 18km

Département 64 : Pyrénées Atlantiques

64.1

BAYONNE

Marie-Rose HIRIART
8, Avenue du 8 Mai 1945 - 64100 Bayonne

3km 7km 59 42 31 64

This charming house is furnished in excellent taste and, although in the town of Bayonne, is quiet and cool. Marie-Rose will take you mountain-walking and you are also a few minutes from the beach and numerous golf courses.
Charmante maison meublée avec goût, située dans Bayonne mais au calme et dans la verdure. A quelques minutes de la plage, Marie-Rose peut vous accompagner en montagne si vous le souhaitez. Vous trouverez aussi de nombreux golfs.

➢ **Bayonne** :
On the A63 take the Exit 5 towards Bayonne. Go towards the Hospital. The pink house is on a little square.
Sur la A63, prendre la Sortie 5 vers Bayonne. Prendre la direction de l'hôpital. La maison rose est sur une petite place.

2 Bedrooms - *chambres*
shared - *commun*
Price in FF - *Prix en FF* : 2 pers ↓   maxi ↓
1° 300 A 600 A
2°

P GB E
15km 4km 7km

Near - *Près de* BAYONNE, See also - *Voir aussi* :
40.2 - Prosper & Luce IRIART - Biaudos - Page 55

AQUITAINE

Département 64 : Pyrénées Atlantiques

64.2
30 km - East of / A l'Est de **BAYONNE**

Bernard & Elisabeth DARRACQ
«Ferme Lamothe» - 64520 Came

40km — 59 56 02 73 — 59 56 40 02

Near to the autoroute exit, this typical old farm is always full of flowers and is very comfortable. At the gateway to the Basque country, the Béarn and Les Landes ; here you are half an hour from the beach and 45mins. from the mountains !

Près d'une sortie d'Autoroute, cette ancienne ferme typique merveilleusement fleurie, est très confortable. Au portes du Pays basque, du Béarn et des Landes, vous n'êtes qu'à 1/2 heure des plages et 3/4 d'heure de la montagne !

(80F) 40km 17km

Extra Bed - *Lit Sup.* : 30/95 F
Half-Board - *1/2 Pension* : 190F/pers.

➢ **Came** :
In Bayonne take the A64, Exit 'Bidache' (Came is 3km from Bidache on the D936) or go directly on the D936 towards Oloron.
A Bayonne, prendre la A64, Sortie 'Bidache (Came est à 3km de Bidache sur la D936) ou directement la D936 vers Oloron.

1 Suite + 4 Bedrooms - *chambres*

				2 pers ↓	maxi ↓
Landes	2			220 Eco	410 Eco
3 Vallées				220 Eco	370 Eco
+					
			WC	150 Eco	
Pays-Basque				220 Eco	
Béarn				220 Eco	

64.13
6 km - South of / Au Sud de **BIARRITZ**

Pierre & Bernadette MENDIONDO
«Villa Arrosen-Artean» - Chemin d'Ithurraldia - 64210 Ahetze

8km — 59 41 93 03

Pierre and Bernadette live 5 min. from the sea, with an uninterrupted view over the valley and the village. In the small local restaurants you can try 'piperade' or 'poulet basquaise'. Basque pelota, traditional dances and surfing are worth seeing.

Vue imprenable sur la vallée et le village, calme assuré, Pierre et Bernadette habitent à 5Mn de la plage. Dans les petits restaurants voisins vous pourrez goûter la piperade ou le poulet basquaise. Pelote basque, danses folkloriques, surf...

Sur place : Eggs, Vegetables - *œufs, légumes*

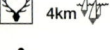

4km
2km 3km 5km 7km 30km

shared - *commun* (Rose & Marine) / 2 WC shared - *communs*
Reduction BS (1/09 ➔ 30/06)

➢ **Ahetze** :
On the A63, take Exit Biarritz. Take the N10 towards Bidart for 2km. At the set of traffic lights by 'Monsieur Bricolage', turn left towards Ahetze for 4km. At the church, go towards St Peel and Nivelle for 300m. Turn right on to the 'chemin d'Ithurraldia' then left in to the 2nd lane. The house is at the end.
Sur l'A63, sortie Biarritz. Prendre la N10 vers Bidart sur 2km. Au feu, au niveau de 'Monsieur Bricolage', tourner à gauche vers Ahetze sur 4km. Là, devant l'église prendre la direction St Pee/Nivelle sur 300m. Prendre à droite le chemin d'Ithurraldia puis le 2° chemin à gauche, la maison et au bout.

1 Suite + 3 Bedrooms - *chambres* / Extra Bed - *Lit Sup.* : 50 F

				2 pers ↓	
Rose				250 A	350 Eco
Marine				(250 A)	
Jaune	2			250 A	
Bleue & Verte				250 A	

64.4
21 km - North-East of / Au Nord-Est de **MAULÉON**

Juliette SARROUILHE
«Maison Brouca» - 64190 Bugnein

40 km — 59 66 51 99

A large farm, quietly located on a hill in the middle of green pastures, facing the Pyrenees. An area famous for its torrents, where you can fish salmon or white-water raft. Oloron, Orthez, and Salies are well worth a visit.

Grande ferme tranquille, sur une colline au milieu des pâturages, face aux Pyrénées. Pour vous détendre : La pêche au saumon, le raft, piscine et tennis à 7km ou visite des vieilles cités le long des gaves : Oloron, Orthez, Salies...

(60F) GB

7km 7km Φ : 15/11 ➔ 1/03

➢ **Bugnein** :
In Mauléon, go in to the direction of Orthez (D23-D2-D947). The farm is on your right, 3,5km after Bugnein. Follow the signs.
A Mauléon prendre la direction d'Orthez (D23-D2-D947). La ferme est à droite à 3,5km après Bugnein. Suivre les panneaux.

1 Apartment - *appartement* + 3 Bedrooms - *chambres*
Extra Bed - *Lit Sup.* : 40 F

				2 pers ↓	maxi ↓
1°		n.c.		200 Eco	
2°		n.c.		200 Eco	320 Eco
3°					
Apartment		n.c.		200 Eco	320 Eco

- 58 -

AQUITAINE

Département 64 : Pyrénées Atlantiques

64.3

12 km - South-West of / *Au Sud-Ouest de* **MAULÉON**

Françoise ANSO
«Le Garaïbie» - 64110 Ordiarp

12km   70km   59 28 18 85   59 28 36 20

Not really a B&B but a small, typical Basque hotel in the heart of the forest. You name it, they organise it, from bird watching, mushroom hunting to pigeon shooting. Duck is a local speciality here.

Accueil très agréable dans ce confortable petit hôtel basque typique, isolé dans la forêt des Arbailles. Sont organisés du week-end à thème pour découvrir : oiseaux, champignons, randonnée, chasse, VTT, mais aussi : cuisine (confits, foies gras..).

(65/150F)   GB   E

> **Ordiarp** :
In Mauléon, take the D918 towards St Jean Pied de Port. In Ordiarp follow the signs to 'Garaïbie'.
A Mauléon, prendre la D918 vers St Jean Pied de Port. Dans Ordiarp suivre les panneaux 'Garaïbie'.

◊ : 11/11 → 1/06

17 Bedrooms - *chambres* / Extra Bed - *Lit Sup.* : 50 F
Reduction BS (26/08 → 13/07)

		Price in FF - *Prix en FF* :	2 pers ↓	maxi ↓
(13)			220 Eco	
(4)			220 Eco	270 Eco

64.14

30 km - South of / *Au Sud de* **OLORON Ste MARIE**

Michel BONNEMAZOU
«Auberge Cavalière» - 64490 Accous

60 km   59 34 72 30   59 34 51 97

An inn, 30 min. from Spain and close to the N134. They organise riding, walking, rafting, off-road driving. In the National Park the Bear Enclosure is 5km away. In the evening there is garbure soup, cassoulet and chicken stew to look forward to.

L'Auberge est à une 1/2h de l'Espagne, pas très loin de la N134. Activités organisées : équestres, pédestres, rafting, 4x4... Dans le parc national, vous pourrez visiter le Clos aux Ours à 5km. Dans tous les cas le soir : garbure, cassoulet, poule au pot...

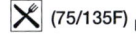

(75/135F)   GB   E
5km   40km   30km

> **Accous** :
In Oloron Ste Marie take the N134 towards Spain by 'Le Col du Somport'. The Auberge is on the right, 5km after Bedous.
A Oloron Ste Marie, prendre la N134 vers l'Espagne par le Col du Somport. L'auberge est à droite 5km après Bedous.

7 Bedrooms - *chambres* / Extra Bed - *Lit Sup.* : 55 F
Reduction BS (4/01 → 1/04) & groups - *groupes*

		Price in FF - *Prix en FF* :	2 pers ↓	maxi ↓
1° & 2°			285 A	365 A
3° & 4° & 9°			285 A	
5°		n.c.	285 A	365 A
10°	3		285 A	525 Eco

64.8

13 km - South-East of / *Au Sud-Est de* **PAU**

Véronique FOURNIER-NEDELEC
«Crabères» - 44, Rue du Pic du Midi - 64510 Angaïs

23km   59 53 28 42

Charming house with a view of the Pyrenees. Meals are either taken on the terrace or round the fire. You are welcome to try the piano. Birds, deer, and doves abound in the forest. Ideal for walks as far as Lourdes.

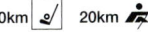

Maison douillette avec vue sur la chaîne des Pyrénées. Les repas se prennent dans la véranda ou près du coin cheminée. Un piano est à la disposition des hôtes. Dans la forêt : oiseaux, chevreuils, 'palombières', randonnées jusqu'à Lourdes.

(52/68F)   GB   E
20km   20km

> **Angaïs** :
In Pau, take the D937 towards Lourdes. Turn left on to the D212 towards Angaïs and after the village, continue in the direction of Bénéjacq.
A Pau, prendre la D937 vers Lourdes. Prendre à gauche la D212 vers Angaïs et après le village, continuer sur la route de Bénéjacq.

1 Bedroom - *chambre* (+ 1 room d'appoint - *chambre d'appoint*)

◊ : 01/08 → 15/08 & 25/12 → 02/01

Reduction 5 nights - *nuits*

		Price in FF - *Prix en FF* :	2 pers ↓	maxi ↓
Amis		WC	120 Eco	156 Eco

While you are in the Basque Country be sure to watch a game of 'pelote basque' (pelota) typical of this area... you may even take it up yourself !

Pendant votre séjour au Pays Basque, assistez à un match de pelote basque, le sport national ! et pourquoi ne pas essayer vous aussi ?

AQUITAINE

Département 64 : Pyrénées Atlantiques

64.6
20 km - South of / *Au Sud de* **PAU**

Béatrice de MONTEVERDE
«Centre de Remise en Forme Loutarès»
Haut de Bosdarros - 64800 Nay

🚂 8km ✈ 30 km ☎ 59 71 20 60 59 71 26 67

This old farm, typical of the Béarn, dates from the 18th century. It is facing the Pyrenees on a 30 hectare estate. You are surrounded by animals and nature. The ideal place to recharge your batteries.
Cette ancienne ferme béarnaise du XVIII°, face aux Pyrénées est entourée d'un parc de 30ha. A l'intérieur : la cheminée ; à l'extérieur : la nature et les animaux et pour vous ressourcer complètement, un centre de remise en forme : Le bien-être !

(80/120F)

15km   30km   GB   E

➢ **Haut de Bosdarros** :
In Pau take the D37 towards Mazères-Lezons, Arros-Nay where you turn right towards Lys and Haut de Bosdarros. Turn left in the village, before the church.
A Pau, prendre la D37 vers Mazères-Lezons, Arros-Nay où vous prenez à droite vers Lys et Haut de Bosdarros. Dans le village, tournez à gauche avant l'église.

6 Bedrooms - *chambres* / Extra Bed - *Lit Sup.* : 70 F

2 🛏	Price in FF - *Prix en FF* : 2 pers ↓
Rose & Jonquille & Liseron & Muguet & Violette	295 A
Coquelicot	295 A

64.7
5 km - West of / *A l'Ouest de* **PAU**

Anne-Marie MARQUE
«Miragou» - Chemin de Halet - 64110 Laroin

🚂 6km ✈ 10km ☎ 59 83 01 19

A Béarn farm, in a small village at the foot of the slopes of Jurançon. A small river runs along by the garden. For families, Anne-Marie's children are very friendly. Suggested visits are Pau, the vineyards and the Beekeeping Museum.
Ferme béarnaise dans un petit village, au pied des côteaux du Jurançon. Jardin bordé d'une petite rivière, restaurant à 200m, vos enfants adoreront jouer avec ceux d'Anne-Marie. A voir : Pau, vignobles, musée des abeilles, la pelote basque...
sur place : Jurançon wine, jam - *Vin de Jurançon, confiture*

1km   GB   E

➢ **Laroin** :
In Pau, take the D2 towards Mourenx/Jurançon. In Laroin, after the bridge over the river, turn left on to the D502 towards 'la Cité des Abeilles'/St Faust. The house is on the left after the greenhouses.
A Pau, prendre la D2 vers Mourenx/Jurançon. Dans Laroin, après le pont de la rivière, tourner à gauche vers 'la Cité des Abeilles' / Faust. La maison est à gauche après les serres.

3 Bedrooms - *chambres* / Extra Bed - *Lit Sup.* : 70 F
Reduction : BS (1/10 → 31/05) & 7 nights - *nuits*

Price in FF - *Prix en FF* : 2 pers ↓
Béarnaise & La Vigne	230 Eco
La Mer	230 Eco

64.9
PAU

Françoise ROUSSET
Vincent SEGER
73, Avenue Copernic - 64000 Pau

🚂 5km ✈ 7km ☎ 59 84 36 85

Not far from the centre of Pau, this farm will never be forgotten by your children. There are masses of games and activities for them here. You are close to the mountains and Vincent is a guide. Woven products and food are on sale.
Tout près du centre de Pau, cette ferme à la campagne, laissera un souvenir inoubliable à vos enfants : jeux, poney, ping-pong, mur d'escalade, animaux. La montagne est proche : Vincent est guide de Haute Montagne.
Sur place : Woven products, home-made jam, honey
Tissage, Confitures maison, Miel

(70 F)

5km   40km   GB   E

➢ **Pau** :
From the A64, take the Exit for Pau. On the first round-about, go in the direction of Tarbes-Lourdes for 1km. At the first set of traffic lights, turn right on to the 'Avenue des Lilas' then left on to the 'Avenue de Copernic'.
A la sortie Pau de l'A64, prendre la direction Tarbes-Lourdes au 1° rond-point, sur 1km. Au 1° feu, prendre à droite l'avenue des Lilas puis à gauche l'avenue Copernic.

3 Bedrooms - *chambres* / Extra Bed - *Lit Sup.* : 30 F

shared - *commun*

Price in FF - *Prix en FF* : 2 pers ↓
Bleue & Beige	170 Eco
Rose	170 Eco

Vous voulez visiter la Grande Bretagne ?
Bed & Breakfast (GB) !

You want to visit France ?
Bed & Breakfast (France) !

AQUITAINE

Département 64 : Pyrénées Atlantiques

64.12
11 km - West of / A l'Ouest de **St JEAN PIED DE PORT**

Claudine DORRÉ
«Maison Inda» - Quartier Occos
64430 St Etienne de Baïgorry

60 km   59 37 43 16

This Basque working farm is the ideal place to experience rural life in the mountains. It is an exceptionally beautiful spot. In the summer, there are many Basque festivals, good white-water rafting and canoeing. Spain is very close.
Ferme basque en activité, idéale pour découvrir la vie rurale en montagne. Site d'une exceptionnelle beauté. En été vous ne manquerez pas les fêtes et animations basques. Autres activités: Grottes, rafting, canoë, villages basques, Espagne...

10km   GB E

> **St Etienne de Baïgorry** :
In St Jean Pied de Port go towards Bayonne and turn left on to the D15 towards St Etienne de Baïgorry The house is on the D15.
A St Jean Pied de Port, prendre la direction de Bayonne et tourner à gauche sur la D15 vers St Etienne de Baïgorry. La maison est sur la D15.

3 Bedrooms - *chambres* / Extra Bed - *Lit Sup.* : 100 F

WC shared - *communs*

Half-Board - *1/2 Pension* : 160F/pers.

Price in FF - *Prix en FF* :   2 pers ↓

(3)   170 Eco

64.10
12 km - North-East of / Au Nord-Est de **St JEAN PIED DE PORT**

Marie-Jeanne BACHOC
«Maison Etchemendigaraya» - 64780 Suhescun

45 km   59 37 60 83

This farm, with lots of character, dates from the 17th century and is in the heart of the Basque country. A warm farmhouse welcome awaits you. Try the local produce or the restaurants or watch "pelote Basque" in St. Jean Pied de Port.
Ferme de caractère datant du XVII°, au cœur du pays basque. Vue imprenable sur la vallée. L'accueil y est chaleureux et simple. Vous pourrez déguster les produits de la ferme ou découvrir restaurants et pelote basque à St Jean Pied de Port.
Sur place :   Farm produce - *Produits de la Ferme*

(80 F)

> **Suhescun** :
In St Jean Pied de Port go towards St Palais and turn left on to the D22 towards Lopeinea and Suhescun. In the village, go in the direction of the 'Camping'.
A St Jean Pied de Port, prendre la direction de St Palais et tourner à gauche sur la D22 vers Lopeinea et Suhescun où vous suivez la direction du camping.

5 Bedrooms - *chambres* / Extra Bed - *Lit Sup.* : 50 F

Price in FF - *Prix en FF* :   2 pers ↓   maxi ↓

1° & Sous-Pente 2° & Sous-Pente 3°
                                            160 Eco

4°   3   n.c.   160 Eco   400 Eco

Sous-Pente 5°   3   160 Eco   320 Eco

In the Basque country, in the French part of Navarre, the town of St Jean Pied de Port is on the road to the Roncevaux Pass. It was here that Charlemagne's nephew Roland was killed in the rearguard action immortalised in the poem 'la Chanson de Roland'.

Située au Pays Basque, dans la partie française de la Navarre, la ville de St Jean Pied de Port est sur la route du Col de Roncevaux. C'est là que mourut Roland, le plus célèbre 'pair' de Charlemagne, immortalisé par la 'Chanson de Roland'.

AUVERGNE - LIMOUSIN

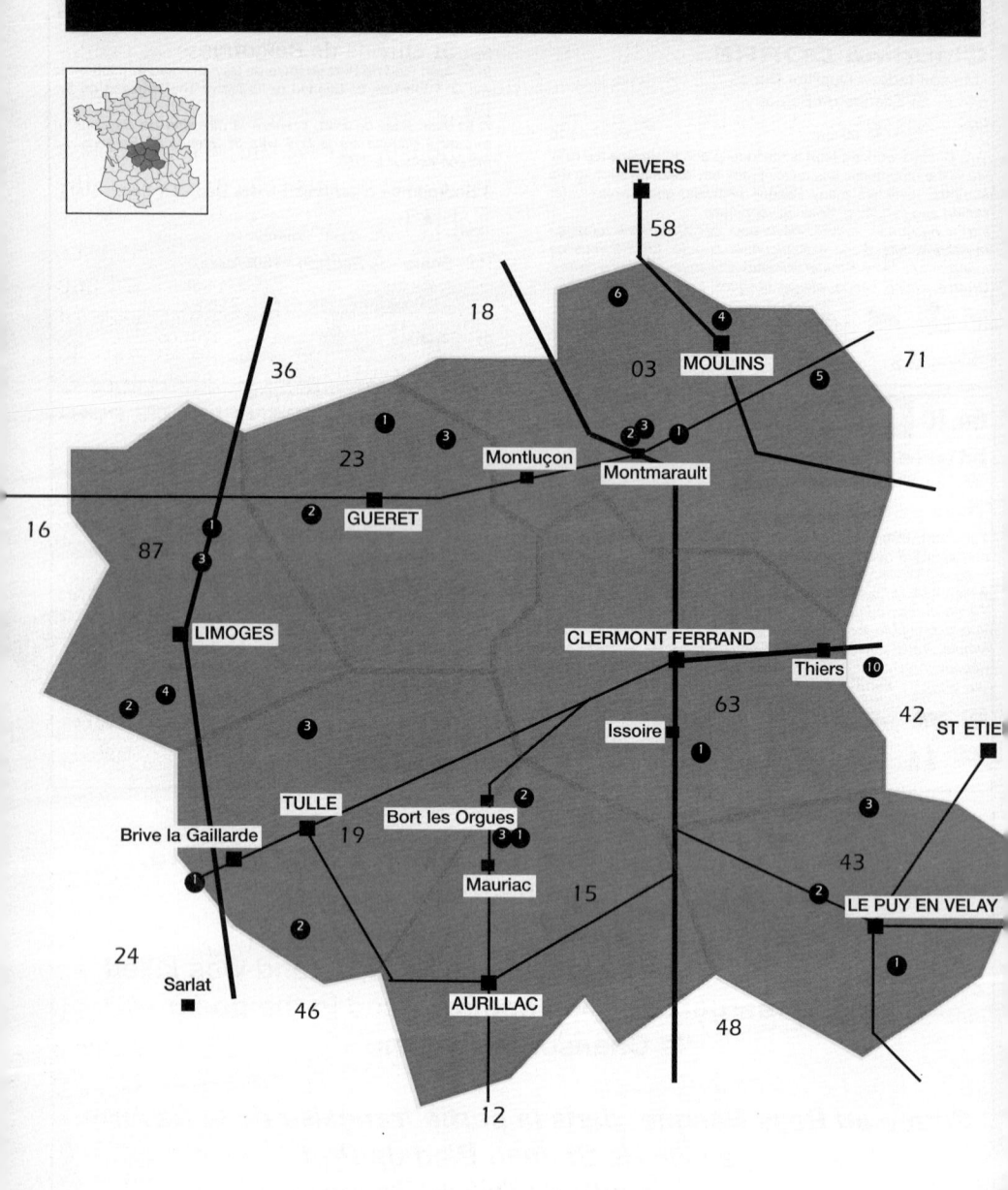

AUVERGNE-LIMOUSIN

Auvergne Limousin... regions which are less well known but so rewarding for those that get to know them. The fiery volcanoes are now extinct, but are reborn in verdant mountains and lakes, a pastoral countryside with thermal springs, much appreciated by the Romans. Discover le Berry, in the footsteps of Georges Sand and Chopin. She loved to visit the megalithic remains of the "Pierres Jaumâtres" near to Boussac. Le Limousin is known for its cattle, but it is also an area where stone is king, famous for its dry stone houses. There is porcelain from Limoges, tapestries from Aubusson, the Chaise Dieu music festival and the Witches of Berry. Here you will find beauty, the unusual, good food and a traditional way of life. Welcome to "la France profonde".

Photo : 23.1 - page 68

Auvergne Limousin, régions trop méconnues et pourtant si attachantes ! Le feu des volcans s'est éteint pour donner naissance aux lacs et monts verdoyants, à une vocation pastorale, aux sources thermales déjà appréciées à l'époque des Romains. Vous partirez dans le Berry, sur les traces de Georges Sand et Chopin. Elle aimait beaucoup aller près de Boussac, voir les vestiges mégalithiques de 'Pierres Jaumâtres'. Le Limousin, réputé pour sa race bovine, est aussi le royaume de la Pierre et des maisons paysannes en pierres sèches. De la porcelaine de Limoges à la tapisserie d'Aubusson, du festival de musique de La Chaise Dieu aux Sorciers du Berry : vous trouvez la beauté et l'insolite, la bonne chair et le respect des traditions. Vous entrez en France profonde.

- 63 -

AUVERGNE-LIMOUSIN

Département 03 : Allier

03.1

10 km - North-East of / *Au Nord-Est de* **MONTMARAULT**

Michaël JUMONVILLE
«Château de Longeville» - 03240 Deux-Chaises

➜ 35km   80km   70 47 32 91

A 19th century château in the heart of the Bourbonnais, where the Roman influence is always present. Michael Jumonville, an American, recreates unforgettable evenings in the beautiful period surroundings of his home. Candle–lit dinners, music ... fantastic.
Château XIX°, situé au cœur du Bourbonnais, où l'Art Roman est très présent. Mr Jumonville est américain et vous fait vivre des soirées inoubliables dans un cadre meublé d'époque. Dîner aux chandelles, soirée musicale... Vous aimerez.

(150/200F)   GB

20km 35km

➢ **Deux-Chaises** :
On the A71, take the Exit 'Montmarault' and the N145 towards Moulins.
Sur l'Autoroute A71, prendre la sortie 'Montmarault' et la N145 vers Moulins.

1 Suite + 3 Bedrooms - *chambres*
Reduction 5 nights - *nuits*

	Price in FF - *Prix en FF* :	2 pers ↓	maxi ↓
Buckingham & Louis XV		370 B	
Emile Guillaumin		250 A	
George Sand		300 A	400 Eco
+	2		

03.2

1,5 km - North of / *Au Nord de* **MONTMARAULT**

Eric du BOULET de la BOISSIÈRE
Concize - 03390 Montmarault

80km   70 07 60 22

This impressive 19th century house is near the A71 and the town. In the same family for generations, in the peace and quiet of the countryside. Built around a courtyard, it is furnished with antiques. The rich cultural heritage of this area is all around.
Près de la A71 et de la ville, cette Maison de Maître du XIX°, dans la famille depuis des générations, vous offre le calme, en pleine campagne. Organisée autour d'une cour intérieure elle est meublée d'ancien. Autour : patrimoine culturel important.

ϕ : 1/11 → 1/04

5km 10km 10km   GB

➢ **Concize** :
On the A71, take the Exit 'Montmarault' and the D68 towards Villefranche d'Allier for 1km.
Sur l'Autoroute A71, prendre la sortie 'Montmarault' et la D68 vers Villefrance d'Allier sur 1km.

3 Bedrooms - *chambres* / Extra Bed - *Lit Sup.* : 20 F
Reduction 3 nights - *nuits*

	Price in FF - *Prix en FF* :	2 pers ↓	maxi ↓
Bleue	2 (120)	200 Eco	
Jaune		220 Eco	260 Eco
Verte		250 A	300 Eco

03.3

5 km - North of / *Au Nord de* **MONTMARAULT**

Francis & Gillian DEGNAN
«La Charvière» - St Priest en Murat - 03390 Montmarault

➜ 30km   70km   70 07 38 24

Gillian and Francis, an English couple, will welcome you with great warmth and kindness, and you will be introduced to their pedigree pets. Their attention to detail and your well being gives a really cosy feeling to their farmhouse. Excellent walks nearby.
Gillian et Francis sont anglais et vous accueillent avec beaucoup de gentillesse et de chaleur. Ils vous présentent leurs animaux de race, veillent à votre bien-être dans leur ferme à la décoration très 'cosy'. Autour : promenades, musées, églises...

(80F)   GB D

5km 5km 10km 20km

Reduction BS (1/09 → 30/06) & groups - *groupes*

➢ **St Priest en Murat** :
On the A71, take the Exit 'Montmarault' and the D68 towards Chappes for 5km. Follow the signs on your right.
Sur l'Autoroute A71, prendre la sortie 'Montmarault' et la D68 vers Chappes sur 5km. Suivre les panneaux sur la droite.

2 Bedrooms - *chambres* + 2 Apartments - *appartements*
Reduction 7 nights - *nuits* / Extra Bed - *Lit Sup.* : 50 F

	Price in FF - *Prix en FF* :	2 pers ↓	maxi ↓
1°	2	200 Eco	300 Eco
2°		200 Eco	250 Eco
Gite 1	Apartment	200 Eco	535 Eco
Gite 2	Apartment	200 Eco	350 Eco

From October 18th, the telephone numbers of hosts in départements 03, 15, 43, 63, will begin with 04, and in départements 19, 23, 87, with 05. Dial : + 33 4 (or 5) before your host's telephone number.
From France : dial 04 (or 05) before your host's telephone number.
A partir du 18 Octobre, le N° de téléphone des hôtes des départements 03, 15, 43, 63, débutera par 04 et le N° de téléphone des hôtes des départements 19, 23, 87, par 05.
Composez : International + 33 4 (ou 5) suivi du N° de votre hôte. De France : 04 (ou 05) devant le N°.

AUVERGNE-LIMOUSIN

Département 03 : Allier

03.4

Joseph DURYE
«Château du Riau» - 03460 Villeneuve sur Allier

12km 100km 70 43 34 47 70 43 30 74

This 15th century château, a listed historic monument, formerly belonged to the daughter of Louis XI. The rooms are spacious, quiet and pleasantly furnished. Enjoy a candlelit dinner with Madame the Baroness. The gardens are in English style.

Classé monument historique, ce château du XV°, appartenait à la fille de Louis XI. Chambres calmes, vastes et agréablement meublées ; Dîners aux chandelles avec Mme la Baronne ; Parc à l'anglaise près de la remarquable Grange aux Dixmes.

(150/250F) GB

2km 3 km 6km
30km 12km 20km 30km 15km

12km - North of / Au Nord de MOULINS

➢ **Villeneuve / Allier :**
In Moulins, take the N7 towards Nevers. After 'La Vigne-Mouton', turn right on to the D133 towards the château.
A Moulins, prendre la N7 vers Nevers. Après 'La Vigne-Mouton', prendre à droite la D133 vers le château.

1 Suite + 2 Bedrooms - *chambres*
Reduction 3 nights - *nuits* / Extra Bed - *Lit Sup.* : 100F

Price in FF - Prix en FF :	2 pers ↓	maxi ↓
Verte			600 C
Empire	2		600 C
Jaune	(130)	WC	600 C	1200 C
+ Rouge		

03.5

Denis & Jeanne GODRON
«Les Emondons» - 03290 St Pourçain sur Besbre

12 km 45 km 70 34 57 76

5km from the N79, this farm is the ideal place to break your journey, but make sure you allow several nights here because you will be enthralled by the family atmosphere and its peaceful location. Your children will love to play with the ponies.

A 5km de la N79, cette ferme est une halte sur votre parcours. Cependant prévoyez d'y rester quelques jours car vous serez séduits par l'ambiance familiale, le calme, le cadre (bois, étangs...). Vos enfants seront ravis d'approcher les poneys.

(70F)

5km
GB D NL E
15km 45km 30km 35km 45km

30 km - South-East of / Au Sud-Est de MOULINS

➢ **St Pourçain / Besbre :**
In Moulins, take the N79 towards Dompierre/Besbre. Turn right on to the D55 towards Le Donjon for 1,5km. Turn right and follow the signs.
A Moulins prendre la N79 vers Dompierre/Besbre. Prendre à droite la D55 direction Le Donjon et à 1,5km encore à droite et suivre les panneaux.

4 Bedrooms - *chambres*
Reduction 7 nights - *nuits* / Extra Bed - *Lit Sup.* : 50 F
WC shared - *commun*

Price in FF - Prix en FF :	2 pers ↓	maxi ↓
Rose & Jaune		210 Eco
Verte	2	210 Eco
Bleue	3	210 Eco	250 Eco

03.6

Georges & Claire RAUCAZ
«Manoir le Plaix» - Route de Le Veurdre (D234)
03320 Pouzy-Mésangy

35km 100km 70 66 24 06 70 66 25 82

Claire's welcome and cooking are well known. This area, with its rich cultural past, stays close to the land, and is not yet too busy with tourists. This fortified farmhouse from the 16th century breathes peace and quiet, yet it is only 25km from the Magny-Cours motor-racing circuit.

L'accueil et la cuisine de Claire sont réputés ! Cette région au passé culturel riche, restée proche de la nature, n'est pas encore envahie par le tourisme ! Cette ferme, 'Maison Forte' du XVI° respire la sérénité. A 25km de Magny-Cours. Coin cuisine possible.

(80/100F) GB

20km 25km 25km

35km - South-West of / Au Sud-Ouest de NEVERS(58)

➢ **Pouzy-Mésangy :**
In Moulins, go towards Cosne d'Allier and cross the river. Just after the bridge, turn right on to the D13 towards Montilly, Couzon, Pouzy-Mésangy where you go towards Le Veudre.
A Moulins, suivre Cosne d'Allier et traverser l'Allier. Juste après le pont, prendre à droite la D13 vers Montilly, Couzon, Pouzy-Mésangy où vous prenez la D234 vers Le Veudre.

5 Bedrooms - *chambres*
Reduction 8 nights - *nuits* / Extra Bed - *Lit Sup.* : 100 F

Price in FF - Prix en FF :	2 pers ↓	maxi ↓
Rez de Chaussée-1°			200 Eco	200 Eco
1° Etage-2°			220 Eco
1° Etage-3°			250 A	350 Eco
2° Etage-4°			250 A
2° Etage-5°			250 A	350 Eco

Near - Près de MONTLUÇON (03), See also - Voir aussi : 23.3 - Françoise GROS - Boussac - Page 68

AUVERGNE-LIMOUSIN

Département 15 : Cantal

15.2

12 km - East of / *A L'Est de* **BORT LES ORGUES(19)**

Jean GÉRARD
Mérigot - 15270 Champs / Tarentaise

➜ 12 km   80 km   71 78 71 36

A large farm in the heart of the country, completely peaceful with a superb view of the Puy de Sancy. Family atmosphere and delicious regional cooking washed down with the local wine. An interesting architectural heritage, themed walks.
Grande ferme en plein nature, dans un calme immense avec une vue superbe sur le Puy de Sancy. Ambiance familiale et cuisine régionale appétissante, arrosée d'un vin de pays. Patrimoine architectural intéressant, randonnées à thèmes...

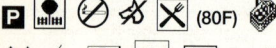

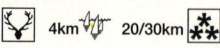

(80F)   GB

4km   20/30km

Reduction 3 nights-*nuits* & BS(1/10➔31/05) & groups-*groupes*

➢ **Mérigot** :
In Bort les Orgues, take the D679 towards Champs / Tarentaise where you turn left on to the D22 for 5km towards Marchal Besse then follow the signs to 'Camping de l'Etang'.
A Bort les Orgues, prendre à gauche la D679 jusqu'à Champs sur Tarentaine. Là, prendre à gauche la D22 sur 5km vers Marchal Besse puis suivre les panneaux 'Camping de l'Etang'.

5 Bedrooms - *chambres* / Extra Bed - *Lit Sup.* : 85 F
WC shared - *commun* (œillet & campanule)

Price in FF - *Prix en FF* :   2 pers ↓   maxi ↓

Digitale & Bruyère & Gentiane				
	🛏		230 Eco	315 Eco
Oeillet	🛏		200 Eco	
Campanule	🛏 🛏		200 Eco	280 Eco

15.3

20 km - North-East of / *Au Nord-Est de* **MAURIAC**

Jean-Michel & Annie BESSON
«Château de Bassignac» - 15240 Bassignac

75km   71 40 82 82   71 40 82 82

Michel is an artist, Annie a wonderful cook. Together they will introduce you to "la vie de château" in an elegant, family atmosphere. On the edge of the national park "des Volcans", this is a verdant, wooded area, where the meadows are full of wild flowers.
Jean-Michel est peintre, Annie adore cuisiner. Découvrez la vie de château dans une ambiance familiale et raffinée. Située à la limite du parc des Volcans la région est verte, boisée et les fleurs recouvrent les champs du printemps jusqu'à l'été...

(250F)   GB

8km   10km   10km

Reduction 3 nights - *nuits* / Extra Bed - *Lit Sup.* : 100 F

➢ **Bassignac** :
In Mauriac, take the D922 towards Bort les Orgues. 4km before Ydes, turn right on to the D422 and follow the signs 'Ferme-Auberge'.
A Mauriac, prendre la D922 vers Bort les Orgues. 4km avant Ydes, prendre à droite la D422 et suivre les panneaux 'Ferme-Auberge'.

1 Suite + 3 Bedrooms - *chambres*

Price in FF - *Prix en FF* :   2 pers ↓   maxi ↓

Verte (Tour arrière)	🛏	WC	450 C	
Jaune	🛏	WC	450 C	650 C
+ Rouge	🛏 🛏			
Rose	♥	WC	550 C	
Pêche	🛏	WC	380 B	

15.1 A.P.

20 km - North-East of / *Au Nord-Est de* **MAURIAC**

Georges & Marie-Claude PARROT
«Ferme des Chevadières» - 15240 Sauvat

71 40 67 59

(Alt. 650m) Nearby : Bort-les-Orgues, Ydes, Valley du Puy, Mary du Falgoux.
Farmhouse Activities :
Looking after the animals, hay making and watching the farm activities.
Other Activities :
Paragliding, mountain biking, hiking, tennis, swimming, sailing, climbing, skiing, fishing.
Produce :
Vegetables, mushrooms, saucissons, pâtés, ducks, jam, wild fruit, eggs, rabbits, herbal tea.

Rustic Rooms - Farmhouse dinners.

➢ **Sauvat** :
In Mauriac, take the D922 towards Bort les Orgues. In Bassignac, turn right towards Sauvat.
A Mauriac, prendre la D922 vers Bort les Orgues. A Bassignac, prendre à droite vers Sauvat.

(Alt. 650m) Alentours : Près de Bort-les-Orgues, Ydes, Vallée du Puy Mary du Falgoux
Activité à la ferme :
Soins aux animaux, fenaison, découverte de la campagne, visite de l'exploitation.
Autres activités :
Parapente, VTT, randonnées pédestres, tennis, piscine, sports nautiques, escalade, ski de fond, pêche.
Sur place :
Légumes, champignons, saucissons, pâtés, canards, confitures, fruits sauvages, œufs, lapins, tisanes.

Chambres paysannes - Table paysanne.

Do you have a young baby ? Check that your host accepts young children.
Vous avez un bébé ? Vérifiez bien que vos hôtes reçoivent les jeunes enfants.

AUVERGNE-LIMOUSIN

Département 19 : Corrèze

19.1
Marie-Pierre PRAUDEL
«La Farandole» - 19520 Cublac

→ 3 km   20 km   55 85 19 79

There is a friendly, family atmosphere at this "farmhouse-inn" in the middle of the countryside. Very comfortable with a very pleasant swimming pool. Visit Sarlat, the Lasceaux Caves, Collonges la Rouge, Padirac and Rocamadour.
Ambiance familiale et sympathique dans cette ferme-auberge située en pleine campagne. Très bon confort et piscine agréable. Visites de Sarlat, des Grottes de Lascaux, de Collonges la Rouge, de Padirac, de Rocamadour...
sur place : Farm produce - confits, foies gras, rillettes...

(65F...)

20km   20km

20km   25km   : 2/01 → 30/03   GB

40 km - North of / Au Nord de SARLAT (24)

> **Cublac :**
In Sarlat, take the D704 then turn right on to the N89 towards Brive. In Terrasson, turn left at the first set of traffic lights, in the direction of Cublac. Follow signs.
A Sarlat prendre la D704 puis la N89 vers Brive. Dans Terrasson, 1° feu à gauche vers Cublac. Suivre les Panneaux.

6 Bedrooms - *chambres* (+ 1 apartment - *appartement*)

& 2 WC shared - *communs* (1° & 2° & 3° & 4°)

Extra Bed - *Lit Sup.* : 50 F

				Price in FF - *Prix en FF* :	2 pers ↓	maxi ↓
1° & 2°					150 Eco	200 Eco
3° & 4°					150 Eco	
5°					200 Eco	250 Eco
6°	2				200 Eco	300 Eco

19.2
Joe & Jill WEBB
«Château d'Arnac» - 19120 Beaulieu/Dordogne

→ 50km   50km   55 91 54 13   55 91 52 62

A superb setting for this impressive Arnac family château, which was rebuilt in 18th century. The English owners have restored all the rooms in cosy, English style with open fires. You will appreciate the peace and quiet as well as the swimming pool.
Cadre superbe pour cet imposant château de la famille d'Arnac reconstruit au XVIII°. Toutes les chambres sont restaurées dans un style Anglais très 'cosy' et ont une cheminée qui fonctionne. Vous apprécierez le calme et la piscine de la propriété.

(100F)

8km   35km   GB

32 km - South of / Au Sud de TULLE

> **Beaulieu/Dordogne :**
In Tulle, take the D940 towards Figeac. 5km before Beaulieu, you turn left.
A Tulle, prendre la D940 vers Figeac. 5km avant Beaulieu, prendre à gauche.

1 Suite + 3 Bedrooms - *chambres*
Extra Bed - *Lit Sup.* : 90F
Reduction BS (2/01 → 30//06 & 1/09 → 20/12)

			Price in FF - *Prix en FF* :	2 pers ↓	maxi ↓
1° & 2° & 3°				486 C	
4°	♡			486 C	672 B
+	2				

19.3
Jean & Marisa RAOUL
6, Place de la Mairie - 19260 Treignac

→ 25km   60km   55 98 01 24   55 98 87 08

Marisa will serve you afternoon tea in the heart of this beautiful French village. Her 16th century house has been wonderfully restored in the very beautiful Renaissance style. Only 5 minutes from the route of the Grande Randonnée. Music festival.
Marisa vous prépare des goûters anglais, au cœur d'un beau village de France, dans sa maison du XVI° merveilleusement restaurée dans un très beau style Renaissance. A 5 mn du sentier de Grande Randonnée. Festival de musique ancienne.
sur place :   Watercolours - dried flowers
              Aquarelles, fleurs séchées

GB I J

40 km - North of / Au Nord de TULLE

> **Treignac :**
In Tulle, take the D940 towards Limoges. At Montargis, stay on the D940 towards Treignac. The house is opposite the 'Mairie'.
A Tulle, prendre la D940 vers Limoges. A Montargis, rester sur la D940 vers Treignac. La maison est en face de la Mairie.

3 Bedrooms - *chambres*
Extra Bed - *Lit Sup.* : 50F / Reduction long stay - *séjour* & BS

			Price in FF - *Prix en FF* :	2 pers ↓
Bleue & Jaune & Petite				280 A

4km   15km   15km

Near - *Près de* TULLE See also - *Voir aussi* :
46.12 - Jean & Marie-José de la BARRIÈRE - «Le Relais du Seuil de la Dordogne» - Prudhomat - Page 165

- 67 -

AUVERGNE-LIMOUSIN

Département 23 : Creuse

23.1

30 km - North-East of / *Au Nord-Est de* GUERET

Ignace & Simone DEBOUTTE
«Château de Moisse» - 23270 Bétête

40 km — 55 80 84 25 / 55 80 84 25

You are in the centre of France. Here there is an outstanding view over the "Bocages" countryside of la Creuse, and 25 hectares of magnificent trees. Simone and Ignace have their own league table of local restaurants, where you can try the wonderful Limousin meat.

Vous êtes au centre de la France. Vue exceptionnelle sur le paysage de bocage de la Creuse, parc de 25ha aux arbres magnifiques... Simone et Ignace ont établi un palmarès des restaurants du voisinage où déguster la viande du Limousin.

GB D NL

16km   ∅ : 1/10 → 31/05

Reduction 5 nights - *nuits* / Extra Bed - *Lit Sup.* : 100 F

➢ **Bétête** :
In Guéret, take the D940 towards La Châtre. After Genouillac, turn right on to the D15 towards Bétête, for 3,5km..
A Guéret, prendre la D940 vers La Châtre. Après Genouillac, prendre à droite la D15 vers Bétête, sur 3,5km.

1 Suite + 4 Bedrooms - *chambres*

	Price in FF - *Prix en FF* :	2 pers ↓	maxi ↓
Rouge	n.c. WC	400 B	
Héritier	WC	350 B	450 A
Comtesse +	3	400 B	700 A
Marquise		400 B	
Marie des Neiges	2	400 B	

23.2

20 km - West of / *A l'Ouest de* GUERET

Michel & Martine LIMOUSIN
«Ferme de Montenon» - Montenon - 23240 Le Grand Bourg

25km   45km   55 81 30 00

This farm is perched on the top of a hill, and you will enjoy the peace and quiet in a space free from pollution. The flora and fauna are very rich and there are birds, deer, and fish in abundance. Excellent music festivals and an Impressionist school of painting.

La ferme est perchée au sommet de la colline. Vous découvrirez le calme dans un univers non pollué. Faune et flore très riches : nombreux oiseaux, chevreuils, rivières poissonneuses... Festivals de musique, école de peinture impressionniste... sur place : Regional produce - produits du terroir

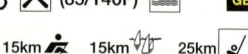

(85/140F)   GB

15km 15km 25km

5 Bedrooms - *chambres*

Reduction 4 nights - *nuits*

➢ **Montenon** :
In Guéret, take the D914 towards Le Grand Bourg-Benevent, then the D4 towards Le Grand Bourg-La Brionne. Near the bridge of the river 'La Gartempe', turn left on to the D96 for 2,5km. The farm is on a hill.
A Guéret, prendre la D914 vers Le Grand Bourg-Benevent puis la D4 vers Le Grand Bourg-La Brionne. Près du pont de la rivière 'La Gartempe', tourner à gauche sur la D96, sur 2,5km. La ferme est sur une colline.

	Price in FF - *Prix en FF* :	2 pers ↓	maxi ↓
Anzème + Mezzanine	2	250 A	490 Eco
Aubusson		250 A	
Boussac		250 A	335 Eco
St Pardoux		250 A	335 Eco
Crozant + Mezzanine	2	250 A	490 Eco

23.3

34 km - East of / *A l'Est de* MONTLUÇON(03)

Françoise GROS
3, Rue des Loges - 23600 Boussac

30km 15km   55 65 80 09 / 55 65 80 09

The famous tapestry "La Dame de la Licorne" used to belong to the château de Boussac in the time of George Sand. Françoise is a painter and she welcomes you into her 18th century home, in the town yet quietly situated. Superb view from the gardens.

'La Dame de la Licorne' était propriété du château de Boussac à l'époque de George Sand. Françoise - artiste peintre - vous accueille dans sa demeure du 18°, en ville mais au calme. Fraîcheur du jardin, vue superbe sur la vallée et le château... sur place : Regional produce, crafts, paintings Produits du terroir, artisanat, peintures

1km

2km 10km 30km 20km 10km   GB

➢ **Boussac** :
In Montluçon, take the D916 towards Boussac. The street is behind the 'Mairie'.
A Montluçon prendre la D916 vers Boussac. C'est la rue derrière la Mairie.

1 Apartment - *appartement* + **1 Suite** + **1 Bedroom** - *chambre*
Extra Bed - *Lit Sup.* : 30/50F / Reduction 7 nights - *nuits*

	Price in FF - *Prix en FF* :	2 pers ↓	maxi ↓
Mauve + Muguet	2	230 Eco	400 Eco
Aubépine		230 Eco	280 Eco
Pivoines		260 A	310 Eco

AUVERGNE-LIMOUSIN

Département 43 : Haute-Loire

43.1 ☀️ ☀️ ☀️

30 km - South-East of / Au Sud-Est de PUY EN VELAY

Paul & Nadège COFFY
«Les Bastides du Mézenc» - 43550 St Front

🚗 30km 🛏 40 km ☎ 71 59 51 57 📠 71 59 51 57

➤ **St Front :**
In Puy en Velay, take the D15 towards Valence. In Pandraux, turn right on the D28 then the D36 towards Laussonne. 7km after Laussonne, turn left on to the D500 towards Fay / Lignon and follow the signs.

Au Puy en Velay, prendre la D15 vers Valence. Aux Pandraux, prendre à droite la D28 puis la D36 vers Laussonne. 7km après Laussonne, prendre à gauche la D500 vers Fay / Lignon. Suivre le fléchage.

What a superb location! This wilderness is ideal for hiking or horse-riding along the crests of the Cévennes mountains. In winter, Paul will take you out in the dog sleigh ... and on your return, a roaring fire.

L'environnement est absolument superbe ! Nature sauvage, randonnées pédestres et équestres sur les crêtes des Cévennes ou, en hiver, la conduite d'attelage de chiens de traîneau avec le propriétaire ... et ... un bon feu à votre retour...

sur place : Dried mushrooms, honey, jam
Champignons secs, miel, confiture

P 🏠 🛷 8 👫 🍴 (150F) 🏇 🦌
🍀 ☂ ❄ 2km 🚴 6km 🥾 25km ♞

Half-Board only - *1/2 Pension seulement* 🇬🇧 🇪🇸
Reduction BS (1/10 → 23//12) & 6 nights - *nuits*   Φ : 24/12

2 Suites + 2 Bedrooms - *chambres*
HS (1/07 → 31/08) : 3 🛏

	Price in FF - *Prix en FF* : 2 pers ↓		maxi ↓
Le Devez & Les Dents du Diable		🚿🚽	380 B
Mezenc	🛏	🚿🚽	380 B	570 B
+	🛏			
Aiglet	🛏	🚿🚽	380 B	650 B
+	🛏			

43.2 ☀️ ☀️ 🏠

30 km - North-West of / Au Nord-Ouest de PUY EN VELAY

Eric & Elisabeth BONNEVIALLE
«Centre Equestre de Jax» - Chastenuel - 43230 Jax

🏠 🛏 10 km ☎ 71 74 25 57 📠 71 74 21 41

➤ **Chastenuel :**
In Le Puy, take the N102 for 30km towards Clermont-Ferrand. 2km after Fix-St Geneys, turn right and follow the signs for 2km through the woods.

Au Puy, prendre la N102 vers Clermont-Ferrand sur 30km. 2km après Fix-St Geneys, tourner à droite et suivre les panneaux sur 2km dans les bois.

This friendly young couple welcome you in the heart of the Auvergne. At the foot of the extinct volcanoes, between the wooded mountain sides and the green valleys, you will savour the warmth of this restored old farmhouse, where life goes on at its own pace.

Ce jeune couple sympathique vous accueille au cœur de l'Auvergne. Au pied des volcans, entre les massifs boisés et les prairies verdoyantes, vous retrouvez la chaleur d'une ancienne ferme restaurée où l'on vit au pas des chevaux et des ballades.

P 🏠 🐈 🐴 📺 🍴 (70F) 🍰 🇬🇧 🇩🇪
🚶 ☂ ❄ 10km 🚴 15km 🥾 15km 🏊

3 Bedrooms - *chambres*
(+ gite for groups - *gîte de groupe* : 28 persons)

	Price in FF - *Prix en FF* : 2 pers ↓		maxi ↓
Violette	🛏	🚿🚽	230 Eco	
Rose	🛏 🛏	🚿🚽	230 Eco	260 Eco
Verte	🛏	🛏	🚿🚽	230 Eco	260 Eco

43.3 ☀️ ☀️ ☀️ 🏠

60 km - South-East of / Au Sud-Est de St ETIENNE(42)

François & Eliane CHAMPEL
Paulagnac - 43500 Craponne sur Arzon

🏠 🛏 50 km ☎ 71 03 26 37 📠 71 03 26 37

➤ **Paulagnac :**
On the A72 St Etienne-Clermont, take the Exit 'Andrézieux' and the D498 towards St Bonnet le Château. 2km after Pontempeyrat, turn right and follow the signs for 500m.

Sur la A72 St Etienne/Clermont, prendre la Sortie Andrézieux et la D498 vers St Bonnet le Château. 2km après Pontempeyrat, prendre à droite et suivre les panneaux sur 500m.

This charming home is a wealth of good taste. The lighting in the lounge shows off to perfection the old beams, the fireplace, the paintings and the flowers. The rooms are very comfortable, and decorated with loving care. Be sure to ask about the treasure chest.

Beaucoup de raffinement dans cette demeure de charme : une salle de séjour où les éclairages mettent en valeur poutres, cheminée, tableaux et fleurs. Chambres très confortables à la décoration soignée. Demandez ce qu'est la malle aux trésors...

P 🌲 🛷 🐈 📺 🚭 ♨ 👫 2 🛏 🇬🇧
🚶 🦌 ☂ 🍀 2km 🥾 4km 🚴

5 Bedrooms - *chambres*
Reduction 3 nights - *nuits* / Extra Bed - *Lit Sup.* : 60 F

	Price in FF - *Prix en FF* : 2 pers ↓
Pivoine & Bleuet	🛏	n.c. 🚿🚽	280 A
Rose	🛏	n.c. 🚿🚽	280 A
Genêt	🛏	🚿🚽	280 A
Lys	🛏	🚿🚽	280 A

AUVERGNE-LIMOUSIN

Département 63 : Puy de Dome

63.1

6 km - South-East of / *Au Sud-Est d'* **ISSOIRE**

➢ **St Rémy de Chargnat** :

On the A75, take the Exit N°13 for Issoire then take the D999 towards St Germain l'Herm. The house is on the right, as you leave St Rémy.

Sur l'A75, sortie N° 13 Issoire. Prendre la D999 vers St Germain l'Herm. La maison est sur la droite à la sortie de St Rémy.

Henriette MARCHAND

«Château de Pasredon» - 63500 St Rémy de Chargnat

➜ 8km   40km   73 71 00 67

Henriette will give you a warm welcome. She knows this area like the back of her hand and will help you organise your visits so that you do not miss the volcanoes, Roman churches and châteaux unique to this region. Nearby there is a gastronomic restaurant that should not be missed.

Henriette vous réserve un accueil très chaleureux. Elle connait très bien sa région et saura vous aider à organiser vos circuits, intégrer les spécialités, volcans, églises romanes, châteaux... Tout à côté, un restaurant gastronomique qui vaut le détour.

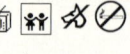

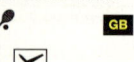

GB

5km   5km   6km   6km

35km   35km   40km   1/11 ➜ 1/04

1 Suite + 4 Bedrooms   - *chambres* / Reduction 3 nights - *nuits*

	Price in FF - *Prix en FF* :	2 pers ↓	maxi ↓
Reine Margot		440 C	
Jaune	2	400 B	
Bleue + Verte	2	365 B	575 A
Dômes	2	540 C	
Comtesse		365 B	

Near - *Près de* THIERS(63), See also - *Voir aussi* : 42.10 - Marie Verschueren - Noiretable - Page 269

Photo : 43.1 - page 69

Département 87 : Vienne

87.1

35 km - North of / *Au Nord de* **LIMOGES**

➢ **St Pardoux** :

In Limoges, take the N20 towards Argenton/Creuse, Chateauroux... In Razès, turn left on to the D44 towards St Pardoux, Chateauponsac. Turn left on to the D27 towards St Symphorien and follow the signs 'Vauguenige' on the right.

A Limoges, prendre la N20 vers Argenton/Creuse, Chateauroux... A Razès, tourner à gauche sur la D44 vers St Pardoux, Chateauponsac puis prendre à gauche sur la D27 vers St Symphorien. Suivre à droite les panneaux 'Vauguenige'.

Alain & Marick CLAUDE

«Château de Vauguenige» - 87250 St Pardoux

➜ 38km   38 km   55 76 58 55

A beautiful, isolated château in its own grounds amidst the forests. Great care goes into ensuring that your stay is enjoyable. Here you can relax, enjoy the healthy gastronomic cuisine, and partake of the wide range of activities available.

Belle demeure très calme, isolée, au sein d'un parc et environnée de forêts. Tout a été pensé pour vous offrir un maximum de convivialité.... Vous pourrez vous y reposer, apprécier la cuisine diététique gourmande, profiter des nombreuses activités sur place...

(80/120F)

15/10 ➜ 6/04

GB D I E

10km   4km

5 Bedrooms - *chambres*

Reduction groups - *groupes* / Extra Bed - *Lit Sup.* : 105 F

	Price in FF - *Prix en FF* :	2 pers ↓	maxi ↓
1°		390 B	
2° & 4° & 5°		390 B	495 B
3°		390 B	

- 70 -

AUVERGNE-LIMOUSIN

Département 87 : Vienne

87.2

John & Vanessa HIGHAM
«Les Ourgeaux» - Pageas - 87230 Chalus

30km 30km 55 78 50 97 55 78 54 76

Vanessa and John are musicians. They have adopted this area and the French cuisine. They will welcome you with warmth and kindness and you will be unable to resist their enthusiasm. Beautifully restored, their farmhouse in the woods is calm and peaceful.

Vanessa & John sont musiciens. Ils adorent leur région et la cuisine française. Ils vous accueillent avec chaleur et sympathie, savent aussi vous faire partager leurs passions ! Joliment restaurée, leur ferme est très calme, dans les bois et la verdure.

(130/150F)

1km 2km 18km

30km 30km Ø : 1/01 → 31/01 GB

30 km - South-West of / Au Sud-Ouest de LIMOGES

➤ **Pageas :**
In Limoges, take the N21 towards Périgueux. In Chalus turn right on to the D901 towards Rochechouart for 2,5km. Turn right and continue for 700m.
A Limoges, prendre la N21 vers Périgueux. A Chalus, prendre à droite la D901 vers Rochechouart sur 2,5km. Tourner à droite et faire 700m.

2 Apartments - appartements + 3 Bedrooms - chambres
Reduction BS (1/10 → 1/06) / Extra Bed - Lit Sup. : 130 F

Price in FF - Prix en FF : 2 pers ↓

Limoges				410 C
Périgueux				360 B
Chêne				360 B
Pigeonnier & PoolHouse Apart ment				550 C

87.3

Erick & Isabelle RAYNAUD
Fanay - 87240 St Sylvestre

20km 25km 55 71 08 37

Erick, Isabelle and their two daughters have a comfortable house at medium altitude. From here, you can take the tour of the High Peaks, and the lakes are at their best in their superb autumn colours. Do not miss Isabelle's specialities for dinner.

Erick, Isabelle et leurs deux filles ont une confortable maison, en moyenne montagne. Vous pouvez faire le circuit des grands monts, des lacs, en profitant des superbes couleurs de l'automne. Goûtez aux spécialités culinaires d'Isabelle !

(60/100F)

5km 10km 20km

5km 30km GB

20 km - North of / Au Nord de LIMOGES

➤ **St Sylvestre :**
In Limoges, take the N20 towards Argenton/Creuse, Chateauroux... Take Exit 25 or 26 and follow the signs 'chambre d'hôte' (do not go to St Sylvestre).
A Limoges, prendre la N20 vers Argenton/Creuse, Chateauroux... Sortie 25 ou 26 et suivre les pancartes chambre d'hôtes (ne pas aller à St Sylvestre).

2 Bedrooms - chambres / Extra Bed - Lit Sup. : 70 F

Price in FF - Prix en FF : 2 pers ↓

Louison				200 Eco
Camille				200 Eco

87.4

Marcel & Ginette FEVRIER
«Les Roches Grises» - Le Ronlard - 87230 Les Cars

30km 30km 55 36 90 40

This restored, old farmhouse is hidden on the hillside. Marcel and Ginette welcome you to share their simple country fare: chickens and ducks from the farm, savoury pies, grills and home-made tarts. Routes are marked out in the forest for good riders.

Cette vieille ferme restaurée se cache à flanc de colline. Marcel et Ginette vous feront partager leur table en toute simplicité et convivialité : poulets et canards fermiers, tourtières, grillades, tartes maison. Circuits balisés en forêt pour les bons cavaliers.

(70F)

7km 15km

30 km - South-West of / Au Sud-Ouest de LIMOGES

➤ **Le Ronlard :**
In Limoges, take the N21 towards Périgueux. In Aixe/Vienne, turn left on to the D20 towards Les Cars where you turn left on to the D15 towards Néxon. Then you turn left towards Les Ribières and follow the signs.
A Limoges, prendre la N21 vers Périgueux. A Aixe/Vienne, prendre à gauche la D20 vers Les Cars où vous tournez à gauche sur la D15 vers Néxon, puis à gauche vers Les Ribières et vous suivez les panneaux.

3 Bedrooms - chambres / Extra Bed - Lit Sup. : 40 F

shared - commun (Bleue & Jaune)

Price in FF - Prix en FF : 2 pers ↓   maxi ↓

Bleue			180 Eco	
Jaune	3		180 Eco	240 Eco
Mauve			210 Eco	

- 71 -

BOURGOGNE - PUISAYE

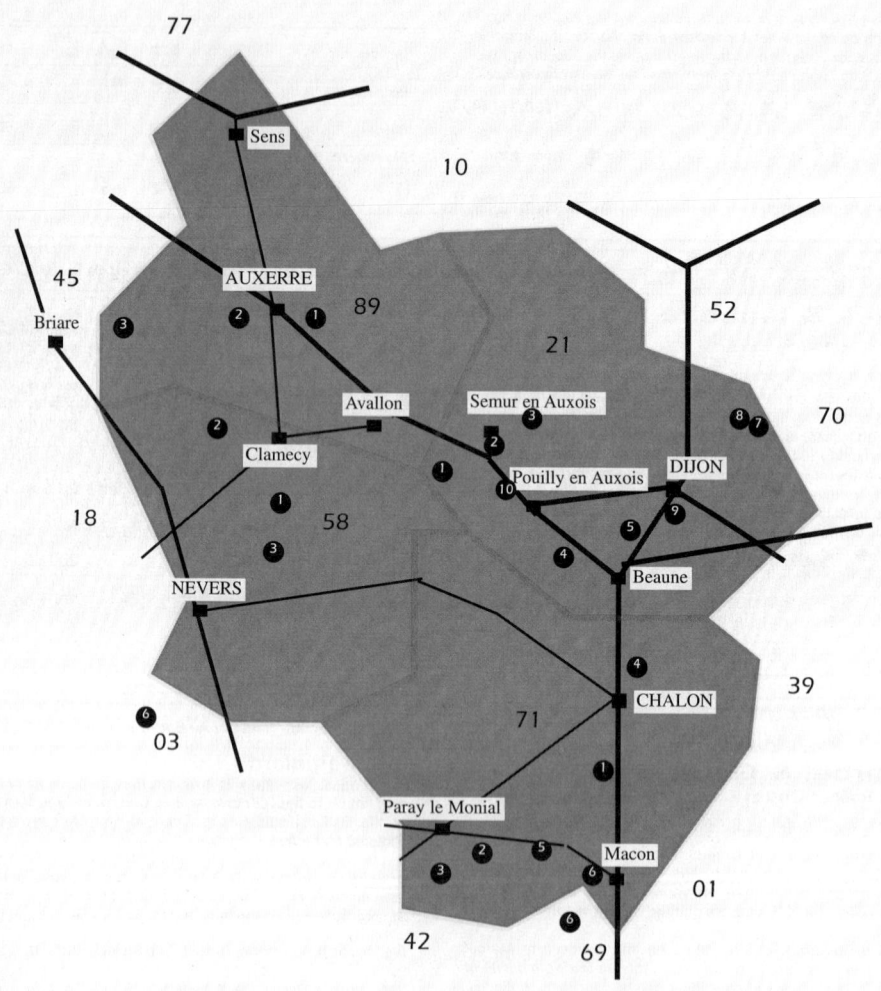

BOURGOGNE - PUISAYE

Bourgogne... this name is revered by wine connoisseurs the world over and has inspired a long culinary tradition in this region. Many internationally famous chefs come from this area, from places like Saulieu and Vézelay. There are also majestic châteaux, wonderful towns and the forest of the Morvan ; Vézelay, the inspired town on a hill, lazy cruising on the Canal de Bourgogne, and the battlefield of Alésia, scene of Caesar's great victory over Vercingetorix.

Between Yonne and Loire, 'La Puisaye' 'dark and twinkling with lakes': the land of Colette and the potters. Traditionally a stopover on the way south, but why not allow some extra time for our hosts to help you really discover the gastronomy of this region.

Photo : 21.10- page 76

Bourgogne... un nom qui réveille les palais des amateurs de Grands Vins. La Bourgogne a bien sûr, une ancienne tradition culinaire, implantée dans l'ensemble de la région et reconnue internationalement grâce à ses ambassadeurs, les Grands Maîtres de Cuisine (Saulieu, Vézelay...). La Bourgogne, ce sont les Châteaux majestueux, les Villes admirables, le Morvan: 'grande forêt au charme grave'; Vézelay : 'la colline inspirée' ; les paysages du Canal de Bourgogne : 'la civilisation lente'; Alésia : 'la 1ère bataille de France'... Entre Yonne et Loire, découvrez La Puisaye 'sombre et illuminée d'étangs': pays de Colette et des potiers. Halte traditionnelle sur la route du Sud, la Bourgogne mérite toute votre attention et nos hôtes seront vos meilleurs guides.

- 73 -

BOURGOGNE - PUISAYE

Département 21 : Côte d'Or

21.1

Francis & Françoise JACQUES
«Château de St Andeux» - 21530 St Andeux

☎ 80 64 71 54   📠 80 64 71 54

Experience the pleasures of the Burgundy lifestyle in this converted 16th century chapel. The rooms are large and beautifully restored, overlooking the grounds. In the heart of the countryside, near the national park of the Morvan.
Art et Plaisir de vivre en Bourgogne, dans cet ancien prêche du XVIème, les chambres sont grandes, très bien restaurées avec vue sur le parc. En pleine nature, vous profiterez des lacs et du parc du Morvan ou vous préférerez visiter Vezelay, Fontenay...
sur place : Wine - *Vin*

(150/250F)

20 km - South-East of / *Au Sud-Est d'* **AVALLON(89)**

➢ **St Andeux** :
On the A6, take the Exit 'Avallon-Sud' and go on to the N6 towards Sauliéu. In Rouvray, turn right on to the D4 towards St Andeux.
Sur l'A6, prendre la sortie 'Avallon-Sud' et aller sur la N6 vers Sauliéu. A Rouvray, tourner à droite sur la D4, vers St Andeux.

4 Bedrooms - *chambres*

	Price in FF - *Prix en FF* :	2 pers ↓
Colette & Marie-Noëlle		500 C
Mme de Sévigné		650 Luxe
Mme de Jaucourt		650 Luxe

21.4

Patrick & Françoise ROCHET
«Château d'Ecutigny» - 21360 Ecutigny

➔ 25km 🚲 60 km   ☎ 80 20 19 14   📠 80 20 19 15

This château, parts dating from the 12th century is situated close to the wine slopes and is listed as an historic monument. It has been beautifully restored by the owners who, after a welcoming drink, will be delighted to show you round.
Ce château XIIème / XVIIème situé à proximité de la côte des vins, est classé monument historique. Les propriétaires qui l'ont restauré avec goût, vous offrent un pot de bienvenue dans un lieu surprenant et vous proposent de visiter le château.
sur place : Wine - *Vin*

(230F) 25km   **GB** **E**

1 Suite + 5 Bedrooms - *chambres* / Extra Bed - *Lit Sup.* : 100F

20 km - North-West of / *Au Nord-Ouest de* **BEAUNE**

➢ **Ecutigny** :
In Beaune, take the D970 towards Bligny / Ouche then turn left on to the D33 towards Ecutigny.
A Beaune, prendre la D970 vers Bligny/Ouche puis tourner à gauche sur la D33 vers Ecutigny.

	Price in FF - *Prix en FF* :	2 pers ↓	maxi ↓
au Parquet		650 Luxe	750 C
Jaune	n.c.	500 C	600 C
Suite +		500 C	1100 C
au Baldaquin		700 Luxe	
du Fouré		700 Luxe	800 C
de la Tour		500 C	

21.5

Christiane de LOISY
«Domaine Comtesse Michel de Loisy»
28, rue Général de Gaulle - 21700 Nuits St Georges

1km   20 km   ☎ 80 61 02 72   📠 80 61 36 14

The Countess de Loisy, Master of Wine, welcomes you to her wonderful home with comfortable rooms, furnished with antiques. The splendid salon and the dining room on the ground floor, open on to indoor gardens.
Dans l'un des temples du Bourgogne, la Comtesse de Loisy, œnologue et guide interprète, vous reçoit dans son hôtel particulier. Chambres confortables, meublées en ancien. Splendides salon et salle à manger s'ouvrant sur deux jardins intérieurs.

(270F) **GB** **I**

16km   φ : 1/11 → 15/04

13 km - North-East of / *Au Nord-Est de* **BEAUNE**

➢ **Nuits St Georges** :
In Beaune, take the A31 towards Dijon. Take Exit 'Nuits St Georges'. Follow the signs to Beaune : the street starts at the second set of traffic lights.
A Beaune, prendre la A31 vers Dijon et la sortie 'Nuits St georges'. Suivre la direction Beaune : la rue débute au 2° feu.

4 Bedrooms - *chambres* / Extra Bed - *Lit Sup.* : 100F

	Price in FF - *Prix en FF* :	2 pers ↓
Madame	n.c.	650 Luxe
Monsieur	n.c.	550 C
Bleue-Enfants		450 C
Boudoir		550 C

Interested in B&B in Britain ? Ask for our free mini-guide with a good selection of hundreds of small, quaint and cosy places to stay in the British Isles.

BOURGOGNE - PUISAYE

Département 21 : Côte d'Or

21.7 ☀☀☀☀

40 km - North-East of / *Au Nord-Est de* **DIJON**

Bertrand BERGEROT

➢ **St Seine / Vingeanne** :

«Château des Rosières» - St Seine / Vingeanne
21610 Fontaine-Française

🚗 40 km ☎ 80 75 82 53 / 80 75 96 24

On the A31 Dijon-Chaumont take the Exit 'Til-Chatel'. Go towards Lux. After Lux, turn left towards Bourberain and Fontaine Française. Continue towards Gray for 5km. St Seine/Vingeanne is on your right.
Sur l'A31 Dijon-Chaumont, sortir à 'Til-Chatel'. Prendre la direction de Lux. Après Lux prendre à gauche vers Bourberain, Fontaine Française. Continuer sur Gray pendant 5km. St Seine/Vigeanne est sur votre droite.

On the edge of Burgundy, Champagne and Franche-Comté, this fortress dominates the Vigeanne valley at the heart of an area steeped in history. This is also excellent country for walkers, cyclists, and horse riding.
Château Fort aux confins de la Bourgogne, de la Champagne et de la Franche-Comté. Cette forteresse domine la vallée de la Vigeanne au cœur d'un pays chargé d'histoire. Accueil des randonneurs pédestres, équestres ou cyclistes.

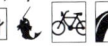

1 Apartment - *appartement* + **2 Bedrooms** - *chambres*

Price in FF - *Prix en FF* : 2 pers ↓   maxi ↓

Chambre du Puit		n.c.	250 A
Etage			400 B
Studio			600 C 740 B

Extra Bed - *Lit Sup.* : 50F

GB D

21.8 ☀☀☀

40 km - North-East of / *Au Nord-Est de* **DIJON**

Patrick BERGER

➢ **Fontaine-Française** :

«Le Vieux Moulin» - 21610 Fontaine-Française

🚆 37 km 🚗 40 km ☎ 80 75 82 16

On the A31 Dijon-Chaumont take the Exit 'Til-Chatel'. Go towards Lux. After Lux, turn left towards Bourberain and Fontaine Française. Follow the signs in the village.
Sur l'A31 Dijon-Chaumont, sortir à 'Til-Chatel'. Prendre la direction de Lux. Après Lux prendre à gauche vers Bourberain, Fontaine Française. Suivre les panneaux dans le village.

Patrick's passions are art, history and archaeology. His home is a beautiful 17th century watermill, completely restored right down to the waterwheel and its associated machinery. You will have some great evenings here. Hikers are welcome.
Patrick est passionné d'art, d'histoire et d'archéologie, aussi vous passerez de merveilleuses soirées dans son moulin du 17° entièrement restauré avec roue et machinerie. Visites : églises romanes, abbayes, châteaux... Accueil des randonneurs.
sur place : Home-made Jam - *Confiture maison*

(85F)

2 Apartments - *appartements* + **3 Bedrooms** - *chambres*

Price in FF - *Prix en FF* : 2 pers ↓   maxi ↓

Jardin	♿	2 🛏	🚻	250 A 400 Eco
Nénuphar		2 🛏	🚻	250 A 400 Eco
Château				250 A 400 A
Etang		n.c.		250 A 400 A
Piscine				250 A 400 Eco

Extra Bed - *Lit Sup.* : 50 F
Reduction 7 nights - *nuits* & groups - *groupes*

GB D

21.9 ☀☀☀

17 km - South of / *Au Sud de* **DIJON**

Bernard & Nicole MARET

➢ **Noiron-sous-Gevrey** :

«les Tilleuls» - 7, route de Dijon - 21910 Noiron-sous-Gevrey

🚗 12 km ☎ 80 36 64 17 / 80 36 92 16

In Dijon, take the D996 towards Longvic, Seurre. The stone house is in the village. If you are coming from the A31 Dijon-Beaune, take the Exit 'Nuits St Georges', go towards Citeaux, then turn left on to the D996 towards Dijon.
A Dijon, prendre la D996 vers Longvic, Seurre. La maison en pierre, est dans le village. Si vous venez de l'A31 Dijon-Beaune, prendre la sortie 'Nuits St Geoges', aller à Citeaux et tourner à gauche sur la D996 vers Dijon.

Nicole whole-heartedly welcomes you to her home in this wine growing region. There are delightful bedrooms, as well as a billiard room and a library. You can also enjoy her painting and sculpture in its pure and simple form.
Au milieu de la côte des vins, Nicole vous ouvre sa maison et son cœur. Elle vous propose ses chambres douillettes, un billard, une bibliothèque... Vous pourrez aussi profiter de ses peintures et sculptures en toute simplicité.

10km 2km

2 Bedrooms - *chambres* / Extra Bed - *Lit Sup.* : 100F

Price in FF - *Prix en FF* : 2 pers ↓

Véronique			300 A
Marie-Christine			300 A

You have a small baby and no bed ? *Vous avez un bébé et pas de lit ?*
Choose a host that has the symbol - *Choisissez un hôte avec le symbole* :

BOURGOGNE - PUISAYE

Département 21 : Côte d'Or

21.10 ☀☀☀☀ 🏰

10 km - North-West of / Au Nord-Ouest de POUILLY EN AUXOIS

Jean-Yves SEVESTRE
«Château de Blancey» - Blancey - 21320 Pouilly en Auxois

🚂 55 km ☎ 80 64 66 80 📠 80 64 66 80

Jean-Yves has restored this château with great taste, parts of which date from the 15th century. The Renaissance staircase, the "salle de garde" and the main door are listed. Savour the quiet of the countryside and the delicious meals.

Jean-Yves a rénové ce château du XV° et XVII ° avec beaucoup de goût (mobilier d'époque). L'escalier Renaissance, la salle de garde et le portail sont classés. Calme de la campagne, délicieux repas servis dans la salle de garde près d'un bon feu...

🅿 🌲 🐕 📺 ⚔ 🛏 🍴 (150/230F) 🔔 GB

🚶 🚴 5km 🚣 20km 🐎 20km ⛷ 50km 🏊

2 Suites + 1 Bedroom - *chambre* / Reduction 7 nights - *nuits*
Extra Bed - *Lit Sup.* : 125 F

> **Blancey** :
Near to the Exit of the A6, at Pouilly en Auxois. Cross Pouilly towards Saulieu. After 5km, in Chailly, turn right towards Blancey (5km).
Près de la sortie de l'A6 : Pouilly en Auxois. Traverser Pouilly en direction de Saulieu. À 5km, à Chailly : prendre à droite vers Blancey (5km).

	Price in FF - Prix en FF - 2 pers ↓			maxi ↓
Verte	🛏 🛋 📺 🛁		800 Luxe	1300 C
+ Terli Kowski	🛏 🚽 📺			
+ Suite Terli Kowski	🛏	📺		
Gustavienne	🛏 🚽 🛋 🛁		500 C	950 C
+ Tour	🛏			
Chemin de Ronde	🛏 🚽		450 C	

21.3 ☀☀☀ 🏠

17 km - East of / A l'Est de SEMUR EN AUXOIS

Judith LEMOINE
«Couvent des Castafours» - 21150 Flavigny / Ozerain

🚂 ✈ 70 km ☎ 80 96 24 92

Chez Judith, English and cook extraordinaire, you go down to the bedrooms. They are in a 17th century convent, in the centre of a medieval village, which has been restored in such an original way that a stay here is unforgettable. The view of L'Auxois and the Valley of Alésia is also superb.

Chez Judith, Anglaise et cuisinière, vous descendez dans votre chambre, c'est surprenant mais cela vaut le déplacement : Elles sont aménagées dans un ancien couvent du XVII°, au cœur d'un village médiéval. Vue superbe sur l'Auxois et la vallée d'Alésia.

🅿 🏠 🐈 🐕 📺 ✂ 👶 🍴 (95F) 🔔 GB

> **Flavigny / Ozerain** :
On the A6, take the Exit 'Bierre les Semur' towards Semur. Take the D9 towards Pouillenay and Flavigny Go to the church and you can see the house below in the courtyard.
Sur l'A6, prendre la sortie 'Bierre les Semur' vers Semur. Prendre la D9 vers Pouillenay et Flavigny. Aller à l'église. Là, vous verrez la maison en bas dans la cour.

2 Bedrooms - *chambres* / Extra Bed - *Lit Sup.* : 50 F

	Price in FF - Prix en FF - 2 pers ↓		
Beige	🛏	n.c. 🚽	250 A
Rose	🛏	🚽	240 Eco

21.2 ☀☀☀ 🏰

2 km - South of / Au Sud de SEMUR EN AUXOIS

Marc-Francis BACH
«Château de Flée» - 21140 Semur en Auxois

🚂 25km(TGV) ✈ 8km ☎ 80 97 17 07 📠 80 97 34 32

Marc-Francis' greatest wish is that his château will be the focus of your escapades in this area. He will be delighted to show you his region from his own private plane or from a hot-air balloon. There is also riding, tennis and golf.

Marc-Francis souhaite que son château soit l'écrin de vos rencontres passionnelles. Il vous propose de découvrir sa région dans son avion ou en mongolfière, vous fournit des vélos, un cheval ou bien vous organise vos loisirs... Hélisurface.
sur place : Local produce, honey, foie gras, wine, cheese ...
produits régionaux, miel, foie gras, vin, fromage ...

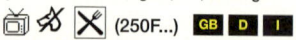

🅿 🌲 🐈 🐕 ⚔ 🍴 (250F...) GB D I

> **Semur en Auxois** :
On the A6, take the Exit 'Bierre les Semur' and follow the signs for 2km.
Sur l'A6, prendre la sortie 'Bierre les Semur' et suivre les panneaux sur 2km.

2 Bedrooms - *chambres*

Price in FF - Prix en FF - 2 pers ↓
Marquis de Ste Maure & Marquis de Boulois

🛏 🚽 🛋 📺 850 Luxe

🎾 🏊 🐎 🚶 ⛷ 🚴 35km 🚣

From October 18th, the telephone numbers of hosts in Burgundy, will begin with 03.
Dial : + 33 3 before your host's telephone number.
From France : dial 03 before your host's telephone number.
*A partir du 18 Octobre, le N° de téléphone des hôtes de Bourgogne, débutera par 03.
Composez : International + 33 3 suivi du N° de votre hôte. De France : 03 devant le N°.*

BOURGOGNE - PUISAYE

Département 58 : Nièvre

58.1

22,5 km - South of / *Au Sud de* **CLAMECY**

9km 50km 86 29 01 26 / 86 29 02 08

➤ **Brinon / Beuvron** :
Your hosts request that you phone in advance.
Vos hôtes souhaitent que vous les préveniez de votre arrivée.

In this very beautiful 16th-17th century château, enjoy the peaceful grounds and take your meals under the pergola or organise a barbecue. Sailing, riding, mountain-biking or walking is possible on over 60km of trails enabling you visit the famous places of interest in this area.

Dans ce très beau château du XVIè et XVIIè, profitez du calme du parc, prenez vos repas sous les tonnelles ou organisez des barbecues. Equitation, VTT, voile, randonnées sur les 60km de sentiers permettant de visiter les sites célèbres de la région.

1 Suite + 2 Bedrooms - *chambres*
+ 2 Self-catering apartments - *appartements en location*

Price in FF - *Prix en FF* : 2 pers ↓   maxi ↓

Suite				270 A	300 Eco
1°				270 A	300 Eco
Baldaquin				270 A	
280	Apartment			2260 F per week - *la semaine* Reduction BS(1/09 → 30/06)	
			(child - *enfant*)		
281	Apartment			2260 F per week - *la semaine* Reduction BS(1/09 → 30/06)	

5km 8km 12km 50km

Free Extra Bed - *Lit Sup. gratuit*
BS : 2 (apartments - *appartements*)

58.2

25 km - West of / *A l'Ouest de* **CLAMECY**

Noëlle WEISSBERG
«La Maison des Adirondacks» - Place St Sulpice
58410 Entrains / Nohain

25 km   86 29 23 23 / 1 47 20 21 59

➤ **Entrains/Nohain** :
In Clamecy (45km South of the Exit 'Auxerre-Sud' of the A6 or 45km West of the Exit 'Avallon'), go towards Moulot then Entrains/Nohain (D957). The house is near to the church.
A Clamecy (45km au Sud de la sortie 'Auxerre-Sud' de l'A6 ou 45km à l'Ouest de la sortie 'Avallon'), prendre la direction de Moulot puis Entrains (D957). La maison est près de l'Eglise.

On the edge of La Puisaye, between Sancerre and Vézelay, you will find this successfully restored 14th century Huguenot chapel. A high level of comfort and orginal decor is to be found here and Noëlle gives you a warm welcome, American style.

A la limite de La Puisaye, entre Sancerre et Vézelay, ancien prêche huguenot du XVI° admirablement restauré, de très bon confort et à la décoration originale. Noëlle vous y accueille avec beaucoup de gentillesse, dans une ambiance nord-américaine.
sur place : Americain products - *Produits américains*

1 Suite + 5 Bedrooms - *chambres*
Extra Bed - *Lit Sup.* : 120F
Reduction BS & long stays - *séjours & groups - groupes*

Price in FF - *Prix en FF* : 2 pers ↓   maxi ↓

Verte & Beige				420 C	540 C
Bleue				360 B	
Twin				360 B	
Etudiant				(1 pers.) 250 C	

(95F)   GB I

10km φ : 1/11 → 31/03
10km 20km 25km

58.3

25 km - North-East of / *Au Nord-Est de* **NEVERS**

Marie-France POIRIER O'LEARY
«Energie et Création» - Les Beauvais - 58330 St Saulge

35 km   86 58 29 98 / 86 58 29 97

➤ **St Saulge** :
In Nevers, take the D978 towards Autun-Dijon, for 10km. Turn left on to the D958 towards St Saulge. Follow the signs.
A Nevers, prendre la D978 vers Autun - Dijon sur 10km. Tourner à gauche sur la D958 vers St Saulge. Suivre les panneaux.

Marie-France is a writer. She opens her spacious country house to you, overlooking woodland gardens. She spares no effort to ensure you feel good and relax, running yoga and relaxation courses. Only 40km from the Magny-Cours motor-racing circuit
Marie-France est écrivain. Elle vous ouvre sa grande demeure de campagne donnant sur un parc boisé et fleuri : Tout a été pensé pour votre bien-être et votre détente, cours de yoga et relaxation. A 40km du circuit de Formule 1 de Magny-Cours.
sur place : Books and CD's - *Livres et CD*

4 Bedrooms - *chambres*

Price in FF - *Prix en FF* : 2 pers ↓

Verte			600 C
Bleue		WC	600 C
Pêche	2 n.c.		500 C
Jaune		WC	600 C

(100F)   GB

5km 12km φ : 1/01 → 31/01

Near - *Près de* **NEVERS**, See also - *Voir aussi* - 03.6 - Georges & Claire **RAUCAZ** - Pouzy Mésangy - Page 65

- 77 -

Département 71 : Saône & Loire

71.4
13 km - North-East of / *Au Nord-Est de* **CHALON / SAÔNE**

Jacqueline DEVILLARD
«Le Village» - rue Chariot - 71590 Gergy

135 km — 85 91 74 10

This is an ensemble of detached houses, with masses of character. They are situated in grounds which slope down gently to the River Saône. Either enjoy the peace and quiet of this place (swimming pool and barbecue) or visit the nearby Burgundy vineyards.

Vous aimerez cet ensemble de maisons de caractère, indépendantes, au cœur d'un parc descendant en pente douce jusqu'à la Saône. Vous profiterez de la quiétude de ces lieux (piscine et barbecue) ou irez déguster les nombreux crus bourguignons.

Φ : 1/10 → 1/05

13 km

➢ **Gergy** :
On the A6, take the Exit 'Chalon-Sud' in the direction of Chalon-Centre. Do not cross the river Saône. Take the D5 towards Crissey, Sassenay. On entering Gergy bear right at the top of the hill (by the cross). Sign to 'Le Village'. The house is on your left.

Sur l'A6, sortir à 'Chalon-Sud' et prendre la direction Chalon-Centre. Ne pas traverser la Saône. Prendre la D5 vers Crissey, Sassenay. A l'entrée de Gergy, au sommet de la montée, suivre à droite (au calvaire) la direction 'Le Village'. La maison est à gauche.

1 Suite / Reduction 4 nights - *nuits*

Price in FF - *Prix en FF* :	2 pers ↓	maxi ↓
Verte	300 A	550 A
+ Rose	300 A	

71.1
17 km - South of / *Au Sud de* **CHALON / SAÔNE**

Nadine FUMAL
«le Four à Pain» - la Ruée - 71240 Laives

85 44 78 63

Delightful rooms in this 18th century farmhouse, where the bread oven and the large fireplace are regularly used. Nearby, there is swimming, fishing or boat trips and lots of wine cellars to be visited.

Jolies chambres dans un ancien bâtiment de ferme du XVIII°. Le four à pain et la cheminée fonctionnent. A proximité : baignade, pêche, bateau, randonnée, concerts, visites (caves, abbayes, châteaux...).

2km, 2km

2 BS (1/10 → 15/04)

➢ **Laives** :
On the A6, take the Exit 'Chalon-Sud' then take the N6 towards Sennecey le Grand where you turn right on to the D18 towards Flaives. In the village, after the road to Buxy, you continue straight on and the house is on the left after the garage.

Sur l'A6, prendre la sortie 'Chalon-Sud' et la N6 vers Sennecey le Grand où vous tournez à droite sur la D18 vers Laives. Dans le village, après la route de Buxy, continuez encore tout droit, la maison est sur la gauche après le garage.

3 Bedrooms - *chambres* / Extra Bed - Lit Sup. : 50F

Price in FF - *Prix en FF* :	2 pers ↓
Campagne	250 A
Jardin (130)	200 Eco
Grange	250 A

71.5
25 km - West of / *A l'Ouest de* **MACON**

Florence de WITTE
«Château de Montvaillant» - 71520 Clermain

85 50 43 26

A 19th century château with antique furniture and a superb collection of period posters, where Florence gives you a genuinely warm welcome. Relax in the peace and quiet of this place or enjoy the many activies or excursions to vineyards, Cluny, Taizé, etc.

Château du XIX° (meubles d'époque et superbe collection d'affiches du XIX°). Florence vous accueille avec gentillesse, spontanéité et propose, outre le calme de sa demeure, des activités sportives ou culturelles (Circuits des vins, Cluny, Taizé...).

Φ : 1/09 → 1/07 GB

7km 12km 12km 30km

➢ **Clermain** :
In Macon, take the N79 towards Paray le Monial, for 25km. In Clermain, follow the signs Montvaillant.

A Macon, prendre la N79 vers Paray le Monial, sur 25km. A Clermain, suivre les panneaux Montvaillant.

2 Suites + 2 Bedrooms - *chambres*
Extra Bed - Lit Sup. : 50F / Reduction 6 nights - *nuits*

Price in FF - *Prix en FF* :	2 pers ↓	maxi ↓
de la Marquise	330 B	
Odilon +	330 B	560 B
de Lamartine +	320 B	440 A
Cour d'honneur	330 B	

Near - *Près de* MACON, See also - *Voir aussi* :
69.6 - Florence BROZZIO & Robert LUX - Jullié - Page 271

BOURGOGNE - PUISAYE

Département 71 : Saône & Loire

71.6 ☀☀☀ 🏠   10 km - West of / A l'Ouest de **MACON**

Daniel & Colette GUYOT
«Domaine d'Entre les Roches» - 71960 Vergisson
(TGV) 5km   85 35 84 55   85 35 87 15

This house, with its typical balcony and stone staircase, is on a winegrowers estate. It is situated between the famous 'roches Maconnaises': Vergisson and Solutré, in the heart of the Pouilly Fuissé wine region. Lamartine Trail nearby for literary buffs.
Située sur le domaine viticole, cette maison avec sa galerie typique et son escalier en pierres, est entre les célèbres roches maconnaises : Vergisson et Solutré au cœur du vignoble de Pouilly Fuissé. Vous pourrez découvrir le circuit Lamartine.
sur place : Their own wine - Vins de la propriété

P   5km   10km   10km

Extra Bed - Lit Sup. : 80 F   GB

2 Bedrooms - chambres + 2 Apartments - appartements

> **Vergisson** :
On the A6, take the Exit 'Macon-Sud'. Turn left towards Crèches/Saône then turn right in the direction of TGV - Prissé. By the restaurant 'La Patte d'Oie' turn left and continue towards Davayé then Vergisson where you follow the signs.
Sur l'A6 Sortir à 'Macon-Sud'. Prendre à Gauche vers Crèches/Saône, puis à droite direction TGV - Prissé. Au restaurant 'La Patte d'Oie', tourner à gauche et continuer vers Davayé puis Vergisson. A Vergisson, suivre les panneaux.

	Price in FF - Prix en FF :	2 pers ↓	maxi ↓
Studio 1 (Apartment)		250 A	
Studio 2 (Apartment)	2	250 A	410 Eco
Saumon		250 A	
Grande Chambre		250 A	330 Eco

71.2 ☀☀☀ 🏠   25 km - South-East of / Au Sud-Est de **PARAY LE MONIAL**

Jean-François MONCORGER
Le Bourg - 71120 Ozolles
                                85 88 35 00

This old Charolais house, with a beautiful fireplace, is in the heart of the countryside and by the river. Well placed for visiting the Roman churches, but also close to Cluny and the vineyards. Charming and very friendly hostess.
Vieille maison Charolaise avec une cheminée, en plein cœur d'un pays de bocage et en bordure de rivière. Sur le circuit des églises romanes, dans un pays très vert et boisé, vous êtes tout près de Cluny et des vignobles. Hotesse charmante et très sympathique.
sur place : Wine - Vin

P   (85F)   10km   GB

> **Ozolles** :
In Paray le Monial, take the N79 towards Macon. In Charolles, take the D25 then the D168 towards Vaudebarrier, and Ozolles. In the village, after the sign 'Ozolles', the house is the first on the right after the bridge.
A Paray le Monial, prendre la N79 vers Macon. A Charolles, prendre la D25 puis la D168 vers Vaudebarrier et Ozolles. Dans le village, après le panneau, la maison est la 1° à droite après le pont.

2 Bedrooms - chambres / Extra Bed - Lit Sup. : 50 F

	Price in FF - Prix en FF :	2 pers ↓
		200 Eco
		200 Eco

71.3 ☀☀ 🏠   23 km - South of / Au Sud de **PARAY LE MONIAL**

Daniel CHEVALLIER
«Le Cèdre Bleu» - Reffy - Baugy - 71110 Marcigny
                                85 25 39 68

An old farm, beautifully restored, with a verandah and an open fire, offers calm and relaxation. You are in the Charolais beef country and you will have the opportunity to taste these delicious steaks and other products of the region.
En pleine campagne, cette ancienne ferme restaurée avec une véranda et une cheminée, vous offre calme et repos. Au cœur du Charolais, vous dégusterez cette merveilleuse viande et les produits régionaux, au cours de vos visites.

P   3km

> **Reffy** :
In Paray le Monial, take the D352B then, for 13km, the D982 towards Roanne. Turn right towards Reffy then turn left towards Baugy. The house is on the right, 1km from the D982.
A Paray le Monial, prendre la D352B puis, sur 13km, la D982 vers Roanne. Tourner à droite vers Reffy puis à gauche vers Baugy. La maison est sur votre droite, à 1km de la D982.

2 Bedrooms - chambres / Extra Bed - Lit Sup. : 50 F

	Price in FF - Prix en FF :	2 pers ↓	maxi ↓
		250 A	
2		250 A	350 Eco

Paray le Monial : famous place of pilgrimage - *haut-lieu de pèlerinage*

**Always contact your hosts in advance, thereby avoiding disappointment
in case they are fully booked or away for a few days...**
N'arrivez pas chez votre hôte sans prévenir : il peut être complet ou absent...

BOURGOGNE - PUISAYE

Département 89 : Yonne

89.1
18 km - East of / A l'Est d' **AUXERRE**

Christian & Nicole ADINE
«Domaine de la Conciergerie» - 12, rue Restif de la Bretonne
Courgis - 89800 Chablis

86 41 40 38   86 41 45 75

Father to son, they have been producing Chablis here, and not only will you taste it, but you can also visit the cellars, and if you come at the right time, help with the "vendanges". Then try the organised guided walks, or mountain biking through the vineyards.

Producteurs de Chablis de père en fils... Ils vous proposent de déguster leur vin mais aussi de visiter caves, chais et de vivre les vendanges en saison. Outre l'intérêt gastronomique et culturel, randonnées accompagnées ou VTT dans les vignes.
sur place : Their own Chablis wine - Chablis de la propriété

GB D

➢ **Courgis** :
On the A6, take the Exit 'Auxerre-Sud', then the D965 towards Chablis. In Chablis, take the D91 then the D62 towards Courgis. On the main street of Courgis (rue Nicolas Droin), turn right in to the 6th street after the phone box and the bus stop.
A la Sortie 'Auxerre-Sud' de l'A6, prendre la D965 vers Chablis où vous prenez la D91 puis la D62 vers Courgis. Dans la rue principale de Courgis (rue Nicolas Droin), vous prenez la 6° à droite après la cabine téléphonique et l'abri-bus.

3 Bedrooms - *chambres* / Extra Bed - *Lit Sup.* : 60 F
2 WC shared - *communs*

	Price in FF - *Prix en FF* :	2 pers ↓
Sous-pente 1° & 2°		195 Eco
Sous-pente 3°	2	195 Eco

6km   6km   6km

89.2
13 km - East of / A l'Est d' **AUXERRE**

Pierre & Michèle WILLOCQ
«Les Tourterelles» - 8, Allée du Bois - Chazelles - 89240 Lindry

➔ 13km   150km   86 47 12 82

A quiet place to relax in la Puisaye. This old farmhouse has been beautifully restored, showing off to good effect its old beams and stonework. Michèle will always have something delicious cooking when you return from your visit to Auxerre, St Fargeau, Escolives.

Etape au calme en Puisaye, dans cette ancienne ferme rénovée laissant apparaître pierres et poutres d'époque. Michèle vous mijote les produits du terroir après vos visites à Auxerre, St Fargeau, Escolives, de la vallée de la Cure, chez les potiers...

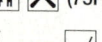

(75F)   GB

2km   2km   3km   20km   35km

➢ **Chazelles** :
On the A6, take the Exit 'Auxerre-Sud', then go towards Auxerre, to take the D965 towards St Fargeau. In Pourrain, turn right on to the D48. Between Vergeot and Chazelles, take the small lane on the right.
A la Sortie 'Auxerre-Sud' de l'A6, aller à Auxerre pour prendre la D965 vers St Fargeau. A Pourrain, tourner à droite sur la D48. Entre Vergeot et Chazelles, petit chemin à droite.

4 Bedrooms - *chambres* / Extra Bed - *Lit Sup.* : 60 F
Reduction 5 nights - *nuits*

	Price in FF - *Prix en FF* :	2 pers ↓
1°		220 Eco
2° & 3°		220 Eco
4	2	220 Eco

89.3
14 km - North-East of / Au Nord-Est de **BRIARE(45)**

Mireille LEMAISTRE
Les Gonneaux - 89220 Rogny les 7 Ecluses

120km   86 74 51 89   86 74 56 34

Chez Mireille, you will be enthralled by the peace and quiet of the countryside and flowers wherever you look. Fishing, walks beside the lakes, the "Tour de la Puisaye" on foot, 7 locks, castles, the famous Gien chinaworks ... the list is endless.
Chez Mireille, vous serez enchantés par le calme, la nature, les fleurs au détour de chaque regard. Pêche, promenade près des nombreux étangs, 'Tour de la Puisaye' en randonnée, visite des 7 Ecluses, des châteaux, de la célèbre faïencerie de Gien...

(85F)   GB

2km   25km   20km

➢ **Les Gonneaux** :
In Briare, take the D47 towards Bléneau. In Breteau, turn left on to the C4 then left after the 'Etang de la Grand Rue'.
A Briare, prendre la D47 vers Bléneau. A Breteau, prendre à gauche le C4 et encore à gauche après l'étang de la Grand Rue.

1 Apartment - *appartement*
Extra Bed - *Lit Sup.* : 80 F

	Price in FF - *Prix en FF* :	2 pers ↓	maxi ↓
Apartment	2	200 Eco	520 Eco
	2		

Near - Près d'AVALLON (89), See also - Voir aussi :
21.1 - Francis & Françoise JACQUES - «Château de St Andeux» - St Andeux - Page 74

BRETAGNE

Photo : 29.1 - page 93

Photo : 35.1 - page 101

Photo : 29.14 - page 97

Photo : 22.4 - page 86

- 81 -

BRETAGNE

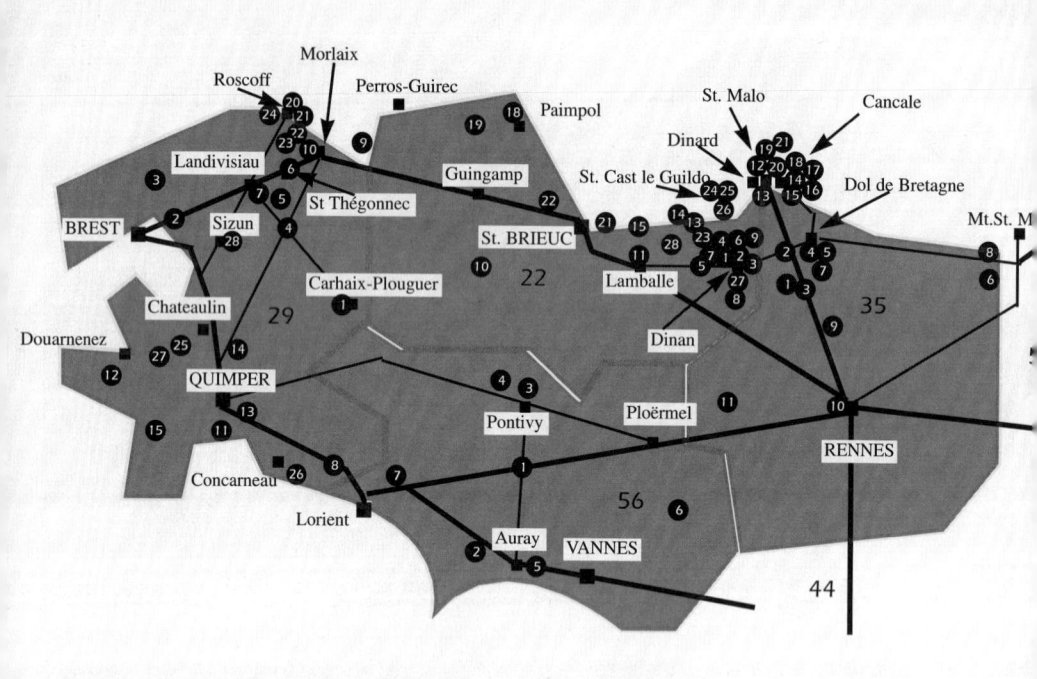

BRETAGNE

Brittany...religion and legends ... This is Asterix and Obélix country. You are in the land of the Celts with its international Celtic festival at Lorient, its language, its traditions, and its rose-granite coast and granite houses. There are wide, and beautiful beaches, islands where cars are banned, les Monts d'Arrée, wild open spaces and the forest of Brocéliande. There are ancient stone circles, the famous Parish Enclosures, abbeys, and holy fountains abound. There are fishing ports, ports from which the great navigators set sail and the 'Route du Rhum' race. Local specialities are seafood, crêpes and cider. It is the ideal place for a summer holiday or for weekend breaks. Brittany is an area that grows on you and you will be warmly welcomed and feel at home wherever you go.

Photo : 29.26 - page 94

Bretagne... religion et imaginaire...
Le village d'Astérix et d'Obélix existe bien en Bretagne... Nous sommes en Pays Celte, avec son Festival Inter-Celtique de Lorient, sa Langue et ses Coutumes...
Côtes de Granit, granit rose et les maisons de granit.. Plages grandes et belles, îles sans voitures, Monts d'Arrée, lande sauvage et la forêt de Brocéliande...
Dolmens, menhirs, Enclos Paroissiaux, abbayes, et les Fontaines Sacrées...
Ports de pêche, ports de départ des grands navigateurs et la 'Route du Rhum'... Fruits de Mer, crêpes et cidre...
Tout un programme pour vos vacances et vos week-end ...
La Bretagne est une région attachante, vous y serez reçus avec beaucoup de gentillesse.

BRETAGNE

Département 22 : Côtes d'Armor

22.27
7 km - South of / Au Sud de **DINAN**

Bernard & Deborah KERKHOF
«La Tarais» - Calorguen - 22100 Dinan

20 km — 96 83 50 59

In the quiet little hamlet close to Dinan, you are ideally placed for excursions to Les Côtes d'Armor. All year round there is a warm welcome from this Anglo-Dutch couple in their gaily decorated old farmhouse.

Dans ce petit hameau tranquille tout proche de Dinan, vous avez une base idéale pour rayonner dans les Côtes d'Armor. Ce jeune couple Anglo-hollandais vous reçoit très gentiment, toute l'année, dans une ancienne ferme gaie et fleurie.

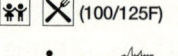

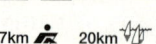

(100/125F) GB D NL

7km 20km 20km

➢ **Calorguen** :
In Dinan, take the D12 towards Léhon then Calorguen. Just before Calorguen, turn left and follow the signs 'La Tarais'.
A Dinan prendre la D12 vers Léhon puis Calorguen. Juste avant Calorguen, prendre à gauche et suivre les panneaux 'La Tarais'.

4 Bedrooms - chambres / Extra Bed - Lit Sup. : 75F
Reduction BS (12/11 ➔ 31/03) & 7 nights - nuits

			Price in FF - Prix en FF : 2 pers ↓
1°		WC	250 A
2° & 3° & 4°		WC	250 A

22.1
DINAN

800m 12 km 96 39 10 09

A charming hostess living in an old, ivy-covered, grey stone house. Genuine antique furniture. Parking in the barn. Dinan is a beautiful, fortified town, well worth a visit or a long stay, at any time of the year.

Votre hotesse est absolument charmante. Elle habite une grande maison de maître, meublée avec goût. Dinan est une cité attachante, fortifiée, à visiter absolument.

8 15km ⌀ : 1/12 → 1/04 GB D

➢ **Dinan** :
Your hostess request that you phone in advance
Votre hôtesse souhaite que vous la préveniez de votre arrivée

1 room classified - chambre classée

shared - commun

		Price in FF - Prix en FF : 2 pers ↓
		300 A

22.2
DINAN

Sylvie RONSSERAY
«Le logis du Jerzual» - 25, rue du Petit Fort - 22100 Dinan

1km 12km 96 85 46 54 96 39 46 94

A real gem. An interesting and very welcoming couple who work for the Ministry of Historic Monuments. The house is near the port, in the centre of the old fortified town. There is a large, interesting terraced garden.

Une découverte ! Couple très intéressant et très accueillant, qui travaille pour les monuments historiques. A proximité du port de plaisance et en plein cœur de la vieille ville sauvegardée.

5000m^2 de jardins en terrasse.

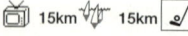

15km 15km GB D

➢ **Dinan** :
From the port of Dinan, the street is opposite the old bridge. It is a pedestrian street where cars are only allowed to drop off luggage.
Sur le port de Dinan, la rue est face au vieux pont. La rue est interdite aux voitures, sauf pour déposer les bagages.

4 Bedrooms - chambres / Extra Bed - Lit Sup. : 50/100F
Price in FF - Prix en FF : 2 pers ↓   maxi ↓

Baldaquin			350 B	
Nusbeck			320 B	420 A
Rouge		WC	300 A	400 A
Bleue		WC	260 A	

Near - Près de DINAN, See also - Voir aussi :

35.2 - Marie-Paule LEAUSTIC «Ti Ar Gwezig» Miniac Morvan	Page 100
35.1 - François & Catherine GROSSET St Pierre de Plesguen	Page 101
35.3 - Danièle RAUX St Pierre de Plesguen	Page 101

From October 18th, the telephone number of hosts in Brittany, will begin with 02.
Dial : + 33 2 before your host's telephone number
(from France : dial 02 before your host's telephone number).
A partir du 18 Octobre, le numéro de téléphone de vos hôtes Bretons, débutera par 02.
Composez : + 33 2 suivi du N° de votre hôte (de France : composez le 02 suivi du N°).

BRETAGNE

Département 22 : Côtes d'Armor

22.5   ☀️ ☀️

Pierre & Yvonne JOUFFE
«Le Chesnay Chel» - 22980 la Landec

✈ 20 km   ☎ 96 27 65 89

An old stone farm with lots of character near a lake. Quiet and rural but handy for Dinan. Beautifully decorated with hanging flower baskets. There is a riding centre nearby. A great place to relax, and less than half an hour from the Mont St Michel and St Malo.

Sur l'axe Dinan → St Brieuc, ferme de caractère en pierre, près d'un lac. Vous avez le calme et la campagne, tout en étant très proche de Dinan. La maison est très fleurie, avec goût. Centre équestre à 4km. A moins d'1/2h du Mont St Michel et St Malo.

(80F)   GB

5km   15km

10 km - West of / A l'Ouest de DINAN

➤ **La Landec :**
In Dinan take the N176 towards St Brieuc. At the crossroads, do not follow the sign 'La Landec', but take the opposite direction, and follow the signs to the farm, for 1km.
A Dinan, prendre la N176 vers St Brieuc. Au croisement de la route de La Landec, ne pas aller vers La Landec, mais dans la direction opposée. Il y a un panneau indiquant la ferme à 1km.

3 Bedrooms - chambres / Extra Bed - Lit Sup. : 50F

	Price in FF - Prix en FF :	2 pers ↓	maxi ↓
1° & 2°	🛏 🛏	190 Eco	250 Eco
3°	🛏	190 Eco	

22.6   ☀️ ☀️

Simone MOUSSON
«Le Van-Nogues» - 22690 Pleudihen / Rance

🚂 13km   ✈ 20 km   ☎ 96 83 22 94

A quiet farm. You can visit the farmyard and watch the cows being milked. Well placed to visit St Malo, Mont St Michel and Cap Frehel and the Brittany coast. Good value dinners.

Ferme au calme. Vous pouvez visiter l'exploitation agricole : vaches laitières. Vous êtes très proche de plusieurs sites touristiques importants : St Malo, Mont St Michel, Cap Frehel. Bonne table d'hôte.

(70F)   GB D

5km   15km

3 Bedrooms - chambres / Extra Bed - Lit Sup. : 75 F
WC shared - commun (2° & 3°)

10 km - North-East of / Au Nord-Est de DINAN

➤ **Pleudihen / Rance :**
Go in to the centre of Dinan. Go through the centre and follow the signs Rennes-Caen and continue straight on for 6km. Turn left on to the D29 towards Pleudihen. By the church, cross the small car park to a small lane marked Val Hervelin. Follow these signs until the sign 'Le Van Nogues'.

Aller au centre de Dinan, le traverser et suivre les panneaux Rennes-Caen. Aller tout droit sur 6km. Tourner à gauche sur la D29 vers Pleudihen. A côté de l'église, traverser le petit parking pour prendre le petit chemin marqué Val Hervelin. Suivre ces panneaux jusqu'aux panneaux 'Le Van-Nogues'.

	Price in FF - Prix en FF :	2 pers ↓	
1°	🛏	n.c.	200 Eco
2°	🛏		250 A
3°	🛏	n.c.	200 Eco

22.9   ☀️

Jean POMMERET
«La Gravelle» - 22690 Pleudihen / Rance

🚂 10 km   ✈ 20 km   ☎ 96 83 20 82

Stone farmhouse in a pretty hamlet. You will receive an excellent, warm welcome from Madame and be well looked after. Ideal for an overnight stop or a longer stay, to discover this part of Brittany.

Ferme en pierre, dans un joli hameau. L'accueil est excellent. Madame Pommeret est généreuse, vous serez très bien traité. Vous pouvez rester une seule nuit, ou bien plusieurs jours et découvrir cette région de la Bretagne.

5km   15km

4 Bedrooms - chambres / Extra Bed - Lit Sup. : 40 F
shared - commun (2° & 3°)

10 km - North-East of / Au Nord-Est de DINAN

➤ **Pleudihen / Rance :**
Go in to the centre of Dinan. Go through the centre and follow the signs Rennes-Caen and continue straight on for 6km. Turn left on to the D29 towards Pleudihen. Pass the church and the cemetery. Turn right at the cross-roads then follow the signs 'Gîte d'Armor'.

Aller au centre de Dinan, le traverser et suivre les panneaux Rennes-Caen. Aller tout droit sur 6km. Tourner à gauche sur la D29 vers Pleudihen. Passer l'église et le cimetière. Au croisement prendre à droite et suivre les panneaux 'Gîte d'Armor'.

	Price in FF - Prix en FF :	2 pers ↓	maxi ↓
1°	🛏	190 Eco	
2°	🛏 WC	190 Eco	
3°	🛏 WC	190 Eco	
4°	🛏 2 🛏	190 Eco	260 Eco

DINAN : One of the most attractive towns in western France
Une des plus belles villes de l'Ouest de la France.

BRETAGNE

Département 22 : Côtes d'Armor

22.4

10 km - North of / Au Nord de **DINAN**

John ROBINSON
«La Renardais» - le Repos - 22490 Plouer / Rance

🚆 10km ✈ 13 km ☎ 96 86 89 81

A beautifully modernised, old, stone farmhouse. This charming home is run by a lovely English couple who have found the best of both worlds. Their hobbies are watercolours and sports. English TV available. Well placed for visiting le Mont St Michel, St Malo and Dinard.

Ce couple Anglais a su prendre le meilleur dans les deux univers Franco-Anglais... La maison est vraiment charmante : confort anglais avec un bon sanitaire français. Leurs passions : aquarelles et sports. Position idéale pour le Mont St Michel, St Malo et Dinard.

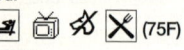

(75F) ⌀ : 1/02 → 28/02

15km 15km GB D

➤ **Plouer / Rance :**
On the N176 towards Dol de Bretagne, take the Exit 'Plouer'. At the T-junction turn right on to the D12 and continue for 2,5km. The house is on the right.

Sur la N176 vers Dol de Bretagne, prendre la sortie 'Plouer'. A l'intersection (en 'T'), tourner à droite sur la D12 sur 2,5km. La maison est sur votre droite.

5 Bedrooms - chambres / **Extra Bed** - Lit Sup. : **50F**

shared - commun (2° & 3°)

Price in FF - Prix en FF :	2 pers ↓	maxi ↓
1°		270 A	350 Eco
2°		250 A	
3°		250 A	
4° & 5°		270 A	

22.8

10 km - South of / Au Sud de **DINAN**

Marie-France PIEL-MOUSQUEY
«Le Presbytère» - 22630 St André des Eaux

✈ 25 km ☎ 96 27 48 18

You will find an artistic atmosphere in this 18th century vicarage in the valley of the Rance. It has an old-fashioned, scented herb garden. Your hosts are a painter and a sculptor and their work is on sale.

Atmosphère de maison d'artistes (peintre et sculpteur) dans cet ancien presbytère du XVIII° situé dans la vallée de la Rance. Vous pouvez acheter leurs œuvres. Le jardin rustique de plantes médicinales et aromatiques est intéressant.

sur place : Home-made honey - Miel fait maison

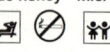

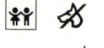

GB

⌀ : 1/11 → 1/04

➤ **St André des Eaux :**
In Dinan, take the D12 towards Léhon then Calorguen and St André des Eaux. The house is in the street opposite the church.

A Dinan prendre la D12 vers Léhon puis Calorguen et St André des Eaux. La maison se trouve dans la rue face à l'église.

2 Bedrooms - chambres / **Extra Bed** - Lit Sup. : **70 F**

Price in FF - Prix en FF :	2 pers ↓	maxi ↓
		250 A	320 Eco
		250 A	

22.7

1 km - North of / Au Nord de **DINAN**

François BRUGALAY
«Les Alleux» - Taden - 22100 Dinan

🚆 1 km ✈ 15 km ☎ 96 39 43 75

Stone farmhouse, quite close to a main road. Although not quiet, a good stop-over along the N176.

Ferme en pierre, tout près de la voie express. Pas très calme bien sûr, mais pratique lorsqu'on emprunte la N 176 : idéal pour une halte.

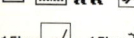

GB

15km 15km

shared - commun (2° & 3°)

➤ **Taden :**
From Dinan, follow the sign Ploubalay. Just before you go under the main road, take the small road on the right and follow the signs (If you are on the main road, leave as you enter Dinan and as soon as you have gone under the main road, the small road is on the left).

De Dinan, suivre la direction Ploubalay et juste avant de passer sous la voie express, prendre la petite route à droite et suivre les panneaux (Si vous venez de la voie express, quittez la à l'entrée de Dinan et immédiatement après être passé sous la voie express, la petite route est à gauche).

3 Bedrooms - chambres / **Extra Bed** - Lit Sup. : **50 F**

Price in FF - Prix en FF :	2 pers ↓	maxi ↓
1°		WC	200 Eco	250 Eco
2° & 3°			200 Eco	

A special interest or hobby ?
Choose a host with similar interests...

Un intérêt particulier ou un hobby ?
Choisissez un hôte qui a le même...

- 86 -

BRETAGNE

Département 22 : Côtes d'Armor

22.3

12 km - North-East of / Au Nord-Est de **DINAN**

Françoise CHENU
«Les Gîtes du Val Hervelin» -22690 Pleudihen / Rance

15km — 96 83 35 61 — 96 83 38 43

Breton village with granite houses, in a small valley near Dinan. Your hosts, in this carefully modernised old stone building, are passionately in love with their region. Convenient for Dol de Bretagne, Rennes and St Malo. Restaurant nearby.

Village breton aux maisons de granit. Vous rencontrerez des passionnés de leur région dans cette ancienne ferme rénovée en bordure de lac et calme. Pratique pour Dinan, Dol de Bretagne, Rennes et St Malo (à 18km). Restaurant proche.

4km / 5km GB

Reduction : BS (1/09 → 1/07)

➢ **Val Hervelin** :
Go to the centre of Dinan, go through the centre and follow the signs to Rennes-Caen. On the viaduct go straight on towards Caen. After La Ganterie, follow the signs 'Gîtes d'Armor' for 2km.
Aller au centre de Dinan, le traverser et suivre les panneaux Rennes-Caen. Sur le viaduc aller tout droit vers Caen. Après La Ganterie, suivre les panneaux 'Gîtes d'Armor' sur 2km.

6 Bedrooms - chambres

Price in FF - Prix en FF :	2 pers ↓	maxi ↓
L'étang & 5°	250 A	
Hortensias & 6°	250 A	
Familiale (2)	250 A	370 Eco
4°	250 A	350 Eco

22.10

25 km - South of / Au Sud de **GUINGAMP**

Pierre & Marie-Claire LEBRETON
«Gars an Cloarec» - Kerpert - 22480 St Nicolas du Pelem

40 km — 96 24 32 16 — 96 24 34 22

A typical stone farmhouse with a team of show-jumping horses in the paddock. The interesting breakfast room recreates a typical Breton living room, including an "enclosed bed". Excellent value for money.

Cette ferme typique restaurée, vous présente un lit clos, une salle reconstituée comme à l'origine, où vous prendrez de délicieux petits déjeuners. Vous pourrez aussi découvrir un élevage de chevaux bretons sélectionnés pour les concours. Très bon rapport qualité/Prix.

GB

➢ **Kerpert** :
In Guinguamp, take the D767 towards Corlay. After La Clarté, turn right on to the D26 towards St Gilles Pligeaux then Kerpert. As you exit the village, it is the first road on your left, on the bends.
A Guingamp, prendre la D767 vers Corlay. Après La Clarté, tourner à droite, tourner à droite sur la D26 vers St Gilles Pligeaux puis Kerpert. A la sortie du village, première route à gauche dans les virages.

3 Bedrooms - chambres / Extra Bed - Lit Sup. : 60 F

Price in FF - Prix en FF :	2 pers ↓
	170 Eco
	170 Eco
	170 Eco

22.12

25 km - North of / Au Nord de **LAMBALLE**

Aline DUTEMPLE
«Les Bruyères» - 22430 Erquy

25 km — 45 km — 96 72 31 59 — 96 72 04 68

A spacious, modern house with a high level of comfort. Quiet. Ideal for families with children. Can accommodate small groups. Many activities, and a warm welcome for hikers. Magnificent, wild coastline.

Dans cet établissement spacieux calme et moderne, vous bénéficierez d'un maximum de confort, idéal pour des familles avec enfants. Peut recevoir des petits groupes, nombreuses activités, accueil de randonneurs. Magnifique côte sauvage !

1,5km / 5km GB

2 Suites + 4 Bedrooms - chambres / Extra Bed - Lit Sup. : 50F

Reduction BS(1/09 → 30/06)

➢ **Erquy** :
In Lamballe, take the D791 towards Pleneuf Val André. Turn right on to the D17A towards Erquy. Go in to the centre of Erquy and follow the signs 'Les Hopitaux' for 1,3km, then the signs 'Les Bruyères'.
A Lamballe, prendre la D791 vers Pleneuf Val André. Tourner à droite sur la D17A vers Erquy. Du centre d'Erquy, suivre les panneaux 'les Hôpitaux' puis 'Les Bruyères' pendant 1,3km.

Price in FF - Prix en FF :	2 pers ↓	maxi ↓
Grès Roses	280 A	360 Eco
Mouettes +	280 A	360 Eco
Bruyères	310 B	
Réginéa	280 A	
Pins + (2)	280 A	450 Eco
Tamaris	280 A	360 Eco

BRETAGNE

Département 22 : Côtes d'Armor

22.14

25 km - North of / *Au Nord de* **LAMBALLE**

Maria LEBRETON
«Les Landes» - 22430 Erquy

40 km   96 72 14 93   96 42 53 25

This large restored farm is in a secluded location near to Cap Fréhel and the sandy beaches. The bedroom is in typical Breton style. You can enjoy the countryside and in the evening chat to your hosts in their cosy lounge.

Cette grande ferme rénovée, au calme, tout près du Cap Fréhel et des plages de sable fin, vous offre une chambre classique. Vous pourrez profiter de la campagne et le soir de la salle de séjour avec les hôtes.

➢ **Erquy** :
In Lamballe, take the D791 towards Pleneuf Val André. Turn right on to the D17A then the D34 towards Fréhel. After 1,5km, turn right.
A Lamballe, prendre la D791 vers Pleneuf Val André. Tourner à droite sur la D17A puis la D34 vers Fréhel, sur 1,5km. Tourner à droite.

1 Bedroom - *chambre* (+ 2 Studios) / Extra Bed - *Lit Sup.* : 60F
Reduction long stays - *séjours & BS(1/10 → 31/05)*

Price in FF - *Prix en FF* :   2 pers ↓

n.c.		220 Eco

3km   5km

22.28

15 km - North-East of / *Au Nord-Est de* **LAMBALLE**

**Xavier & Yvonne
de la VILLEHELLEUC**
«Château de la Villehelleuc» - 22790 Hénanbihen

→ 15 km   30 km   96 31 56 85

The history of this château, in the same family since the Vikings, is most interesting. It was rebuilt in 1840 when the family returned from exile in Jersey during the French Revolution. It has not been fundamentally altered and is still very original. Private fishing.

Histoire très intéressante de ce château appartenant à la famille depuis les Vikings. Il a été reconstruit en 1840 après le retour de la famille, en exil à Jersey pendant la révolution française. Il n'a pas été rénové et a gardé son authenticité. Pêche privée.

sur place : Honey - *Miel*

(80F)   GB

12km   15km   15km

➢ **Hénanbihen** :
In Lamballe, take the D768 towards Plancoët. In St Gueltas, turn left on to the D13 towards Hénanbihen.
A Lamballe, prendre la D768 vers Plancoët. A St Gueltas, tourner à gauche sur la D13, vers Hénanbihen.

2 Suites / Extra Bed - *Lit Sup.* : 70F
Reduction BS(15/09 → 1/06) & 7 nights - *nuits*

Price in FF - *Prix en FF* :   2 pers ↓   maxi ↓

Rose			WC	380 B	400 Eco
+ Aldonc	2			(250 A)	
Fleurie	2	n.c.	WC	280 A	460 Eco
+ Matelas		2		(320 B)	

22.11

LAMBALLE

Yannick & Annick le TENO
14, rue Notre Dame- 22400 Lamballe

500 m   30 km   96 31 00 41

18th century town-house, furnished with genuine antiques. Your charming hosts will be delighted to talk about painting and antiques and explain the history of this house where a famous French painter spent his childhood. Outstanding value for money and well worth a detour.

Le cadre, les hôtes, l'ambiance, vous laisseront un souvenir inoubliable. Située en ville, cette belle demeure du XVIII° au mobilier ancien, maison natale du peintre Méheut, est à 10mn de la plage. Prix sans concurrence, vaut absolument le détour.

GB

15km   15km

➢ **Lamballe** :
Go in to the centre of Lamballe. The street is close to the Place du Marché.
Aller au centre ville. La rue est près de la Place du Marché.

5 Bedrooms - *chambres* / Extra Bed - *Lit Sup.* : 60 F

Price in FF - *Prix en FF* :   2 pers ↓   maxi ↓

Nicolas & Isabelle				
			210 Eco	270 Eco
Armelle	♥		WC	180 Eco
Bleu		WC	n.c.	180 Eco
Rouge			WC	195 Eco

Φ : 15/12 → 31/01

Brittany has so much to offer... wild and fertile countryside, towns and villages soaked in history, a respect for tradition and an unrivalled cultural heritage...
Stop here and let your heart take over.

BRETAGNE

Département 22 : Côtes d'Armor

22.15

15 km - North of / *Au Nord de* **LAMBALLE**

Agnès LEVEQUE
7, rue Maréchal Foch - 22370 Pleneuf Val André

🚂 12 km ✈ 25 km ☎ 96 72 96 19

A warm welcome at this house is in the centre of the town with two garages. The garden, with its palm tree is a haven of peace. Handy for the beaches and also very easy to find if you are arriving late at night.

Cette maison située en centre ville avec deux garages, a un palmier à l'entrée du jardin. Pratique pour trouver la nuit, cette demeure est également calme et chaleureuse. Elle est à proximité des plages et des sentiers de randonnée.

& WC shared - *commun* (1° & 2° & 3°)

> **Pleneuf Val André :**
> In Lamballe, take the D791 towards Pleneuf Val André. Go in to the centre of Pleneuf. The house has a palm tree in the garden and is opposite the bank Crédit Agricole.
>
> *A Lamballe, prendre la D791 vers Pleneuf Val André. Aller au centre. La maison (avec un palmier dans le jardin) est face au Crédit Agricole.*

4 Bedrooms - *chambres* / Extra Bed - *Lit Sup.* : 70F

Price in FF - *Prix en FF* :	2 pers ↓	maxi ↓
1°		200 Eco
+ 2°		200 Eco
3° WC		(1 pers) 100 Eco
4°		200 Eco

22.13

20 km - North-East of / *Au Nord-Est de* **LAMBALLE**

Anne de KERAUTEM
«Les Cognets» - Sables d'or les Pins - Plurien - 22240 Frehel

🚂 20 km ✈ 30 km ☎ 96 72 47 00

Very warm welcome. Attractive, well modernised farm, surrounded by woods but only 800m from a beautiful sandy beach. There is a games room. Ponies available on the farm, or you can walk to Cap Frehel. Close to a golf course.

Hôtesse accueillante. Du jardin de cette calme ferme restaurée, vous voyez la mer à 800m. Vous pourrez monter des poneys, aller à pied jusqu'au Cap Fehel ou suivre des cours d'Anglais. Tout près d'un golf.

sur place : cider - *cidre*

GB E

1 Suite + 6 Bedrooms - *chambres*
Reduction BS(1/09 → 30/06)

> **Sables d'Or les Pins :**
> In Lamballe, take the D791 towards Pleneuf Val André. Turn right on to the D17A then the D34 towards Sables d'Or. Opposite the 'Hôtel Manoir de la Salle', take the road on your left, for 800m.
>
> *A Lamballe, prendre la D791 vers Pleneuf Val André. Tourner à droite sur la D17A puis la D34 vers Sables d'Or. En face de l'hôtel Manoir de la Salle, prendre la route à gauche, sur 800m.*

Price in FF - *Prix en FF* :	2 pers ↓	maxi ↓
1°	2 n.c.	350 Eco
2° (♿)	n.c.	300 A
3° & 4°	n.c.	400 Eco
5°		600 Eco
+ 6° 4 WC		
7°		250 A
8°	2 WC	350 Eco

22.18

4 km - North of / *Au Nord de* **PAIMPOL**

Yves BONNICHON
3, Gardenn ar Gosquer - Kervodin - 22620 Ploubazlanec

🚂 5 km ✈ 35 km ☎ 96 55 70 54

This house is situated on the edge of a beautiful beach. It is an old restored farm and offers comfort in the typical Breton style. Near to the ferry for the Ile de Bréhat. Yves also owns a large restaurant in the village.

Située au bord d'une charmante baie avec plage, cette ancienne ferme restaurée vous offre un bon confort dans une maison typique, tout près de l'embarcadère pour l'île de Bréhat. Yves a un restaurant à votre disposition dans le village.

GB D E

5 km 5 km

> **Ploubazlanec :**
> In Paimpol, take the D789 towards 'La Pointe de l'Arcouest'. After Ploubazlanec, at the Kervodin fork, go to the left.
>
> *A Paimpol prendre la D789 vers 'La Pointe de l'Arcouest'. Après Ploubazlanec, à la fourche de Kervodin, prendre à gauche.*

3 Bedrooms - *chambres* / Extra Bed - *Lit Sup.* : 100F
Reduction BS (1/09 → 30/06)

Price in FF - *Prix en FF* :	2 pers ↓	maxi ↓
1°	WC	280 A
2°	WC	280 A
3°	WC	280 A 350 Eco

- 89 -

BRETAGNE

Département 22 : Côtes d'Armor

22.19

Jacques KERAMOAL
«Crec'h Choupot» - 22220 Trédarzec

20 km   96 92 40 49

This modern, comfortable house, decorated in Laura Ashley style, is situated 2km from the sea, in a beautiful garden standing back from the main road. Double glazing ensures a good night's sleep. Ideal for visiting the Pink Granite Coast.
Cette maison moderne confortable, style "Laura Ashley" est située à 2km de la mer en retrait de la route. Vous pourrez goûter au calme grace à son double vitrage et profiter de son jardin original. Idéal pour visiter la côte de granit rose.

2km   : 30/09 → 15/04   GB

18 km - East of / A l'Est de **PERROS-GUIRREC**

➢ **Trédarzec** :
South of Perros-Guirec, take the D6 then the D786 towards Paimpol. The house is on this road, after Tréguier.
Au Sud de Perros-Guirec, prendre la D6 puis la D786 vers Paimpol. La maison est sur cette route, après Tréguier.

3 Bedrooms - chambres / Extra Bed - Lit Sup. : 70F
Price in FF - Prix en FF : 2 pers ↓

Rustique	n.c.		220 Eco
Blanche	n.c.		220 Eco
Bleue	n.c.		220 Eco

22.21

Joëlle du FOU de KERDANIEL
«Château de Bonabry» - 22120 Hillion

→ 12 km   12 km   96 32 21 06

Family château on an estate with its own direct access to the beach. The rooms are beautifully decorated to the highest standards but with all modern comforts. Your stay with the Viscount and his wife will be an unforgettable experience.
Demeure familiale dans un parc de 25 Ha, avec accès direct à la plage. La décoration luxueuse des chambres, leur confort moderne, l'accueil du vicomte et de la vicomtesse vous laisseront un merveilleux souvenir.

(150F)   : 1/10 → 1/06   GB

4 km   (Experienced riders only - cavaliers confirmés)

12 km - East of / A l'Est de **St BRIEUC**

➢ **Hillion** :
In St Brieuc, take the N12 towards Rennes and the 'Hillion-Yffiniac' exit. Go towards Hillion where you take the D34 towards Morieux.
A St Brieuc, prendre la N12 vers Rennes et sortir à 'Hillion-Yffiniac'. Aller à Hillion et prendre la D34 vers Morieux.

2 Bedrooms - chambres / Extra Bed - Lit Sup. : 100F
Price in FF - Prix en FF : 2 pers ↓   maxi ↓

Baldaquin	♡			600 C	700 C
				500 C	

22.22

Marie-Thérèse CARPIER
«Les Vergers» - 22590 Trégomeur

→ 15 km   5 km   96 79 02 54

A large, modern, country house, quietly situated and with a very warm welcome. Ask for the room with the electric bed if you have back problems. 10 mins from the beaches and there is a crêperie 200m from the house.
Grande maison moderne à la campagne, avec un lit électrique spécial pour le mal de dos. Cadre reposant, accueil chaleureux, salle de jeux dans un cellier. A 10 mm des plages et de St Brieuc. Il y a une crêperie à 200m de la maison.

6 km   5 km

15 km - North-West of / Au Nord-Ouest de **St BRIEUC**

➢ **Trégomeur** :
In St Brieuc, take the N12 towards Brest and the Exit 'Lanvallon' near to the airfield. Take the D6 towards Lanvallon and the 2nd turn to Trégomeur. Follow the signs.
A St Brieuc, prendre la N12 vers Brest et sortir à Lanvallon, près du terrain d'aviation. Prendre la D6 vers Lanvallon et la 2° sortie 'Trégomeur'. Suivre les panneaux.

4 Bedrooms - chambres / Extra Bed - Lit Sup. : 25F

2   shared - communs

Price in FF - Prix en FF : 2 pers ↓

(4)   180 Eco

Die B&B Experten
(Großbritannien & Frankreich)
Travel Service Helga Hayes
Kurfürstenstr. 5 A, 65817 Eppstein
Tel. : 06198 502126 - Fax : 06198 502127

BRETAGNE

Département 22 : Côtes d'Armor

22.24 — ST CAST LE GUILDO

Marguerite RAGOT
«Villa Grisélidis» - Rue des Hauts de Plume - 22380 St Cast

20 km — 96 41 95 22

A pleasant stone house on a hill overlooking the sea, near the footpath to the sandy beach, which is only 5 mins away. Attractively furnished. Convenient for the town centre. English satellite TV available.

Très agréable maison de caractère en pierre, très bien aménagée, située sur une colline dominant la mer. 5mn à pied pour la plage, le centre-ville avec plusieurs restaurants et les locations de vélos, bateaux et planches à voile. Chaines de TV Anglaises.

WC shared - *commun* / Reduction BS (1/09 → 15/06) /HS → 3 :

➢ **St Cast** :
In St Cast, near to the church, take the street 'Rioust des Villes Audrain', then 'Tourneuf', then 'de la Fosserolle' where you turn right in to the 'chemin des Hauts de Plume'.
A St Cast. Aller près de l'église et prendre la rue 'Rioust des Villes Audrain', puis 'Tourneuf', puis 'de la Fosserolle' où vous prenez à droite le chemin des Hauts de Plume.

2 Bedrooms - *chambres* / Extra Bed - *Lit Sup.* : 30F

Price in FF - *Prix en FF* : 2 pers ↓

Verte			285 A
Rose			245 A

22.25 — ST CAST LE GUILDO

Berthe LAMBALLAIS
La Noë - 22380 St Cast le Guildo

20 km — 96 41 92 66

Chez Berthe, you will always find a comfortable bed and an excellent breakfast. Her house is 1.5km from the town and 5 minutes from the beach. A good base for visiting Dinan, the 'Cap Fréhel' and the 'Fort la Latte'.

Vous trouverez chez Berthe un bon lit et un bon petit déjeuner. Sa maison est située à 1,5km du bourg et 5mn de la plage. Vous pourrez visiter Dinan, St Malo, le Cap Fréhel, Fort la Latte ou faire du tennis, de la voile, de l'équitation...

⌀ : 1/10 → 30/04

➢ **St Cast** :
La Noë is on the south side of St Cast. Follow the signs to camping site 'Galinée'.
La Noë est au Sud de St Cast. Suivez les panneaux du camping 'Galinée'.

3 Bedrooms - *chambres* / Extra Bed - *Lit Sup.* : 30F
Reduction BS (1/09 → 31/05)

Price in FF - *Prix en FF* : 2 pers ↓

1°		n.c.	190 Eco
2° & 3°			190 Eco

22.26 — 5 km - South of / *Au Sud de* ST CAST LE GUILDO

Jean-Yves MERDRIGNAC
«Le logis du Gallais» - Rue du Bois es Lucas
Ste Brigitte - Le Gallais - 22380 St Cast le Guildo

30 km — 20 km — 96 41 04 90

Modern farmhouse, built in traditional style, only 800m from the beach. Your hosts are a young couple with four children. At busy times, the family lives in a mobile home next to the house. They have two ponies and horses and can provide stabling.

Vous serez accueillis dans cette ferme moderne typique, à 800 de la mer, par un jeune couple et ses 4 enfants. Ils logent tout près de la maison et vous proposent 2 poneys et des chevaux (ils peuvent également héberger les vôtres).

(75F) ⌀ : 1/09 → 15/04

➢ **Le Gallais** :
In St Cast go towards Matignon then Dinard. 2km after the village 'L'Hopital' turn left on to the 'Rue de Ste Brigitte' and continue towards the 'Rue Bois es Lucas'.
A St Cast aller vers Matignon puis Dinard. 2km après le village de 'L'Hôpital', tourner à gauche dans la rue de Ste Brigitte qui mène rue du Bois es Lucas.

4 Bedrooms - *chambres* / Extra Bed - *Lit Sup.* : 70F

shared - *commun* (1°& 2°& 3°)

Price in FF - *Prix en FF* : 2 pers ↓   maxi ↓

1°			180 Eco	
2°			180 Eco	
3°	2		180 Eco	320 Eco
4°			210 Eco	

La Bretagne est si riche...
nature sauvage et généreuse, villes et villages anciens imprégnés d'Histoire,
traditions respectées, patrimoine culturel incomparable...
Arrêtez-vous et découvrez la avec émotion...

BRETAGNE

Département 22 : Côtes d'Armor

22.23
20 km - South-West of / Au Sud-Ouest de **DINARD(35)**

Yvonnick LE MIRE
«Château de la Villerobert» - 22130 St Lormel

18 km   96 84 12 88

Monsieur and Madame Le Mire will receive you like old friends in their 17th century château, quietly situated in its own grounds. It is furnished with antiques and only 5km away from the sea. Ideal base for "the Emerald Coast".
Au calme, au milieu d'un parc, M. & Mme Le Mire vous recoivent dans leur chateau du 17-18ème comme des amis. Vous y trouverez un mobilier d'époque et pourrez profiter de la mer qui est à 5km.. Endroit rêvé pour visiter la côte d'Emeraude.

5km   GB

3 Bedrooms - *chambres* / Extra Bed - *Lit Sup.* : 50F
30 F per Animal - *par animal*

> **St Lormel** :
In Dinard, go towards Ploubalay, Plancoët. After Créhen, turn right towards St Lormel. Cross St Lormel then 50m after the sign, as you exit the village, the château is on the left.
A Dinard aller vers Ploubalay, Plancoët. Après Créhen, prendre à droite la direction St Lormel que vous traversez. A la sortie, après le panneau, le château est à 50m à gauche.

			Price in FF - *Prix en FF* :	2 pers ↓	maxi ↓
Bleue			WC	400 B	470 B
Rose		n.c.	WC	400 B	
Jaune				400 B	470 B

Département 29 : Finistère

29.8
20 km - North-West of / Au Nord-Ouest de **LORIENT(56)**

Michèle LESCOAT
«La maison d'Hippolyte» - 2, quai Surcouf - 29300 Quimperlé

2 km   18 km   98 39 09 11

This was the home of Hippolyte, the 'World's greatest salmon fisherman'. In season, you can fish from the gounds of this charming riverside house in the heart of the old city. Hippolyte's fishing rods are on display. Well worth a detour.
Un B & B qui vaut un détour. Rendez-vous des peintres et des pêcheurs, au cœur de la vieille ville. Charmante demeure avec terrasse donnant sur la rivière, à 100m de l'échelle à saumon. Hippolyte était 'le plus grand des pêcheurs de saumon' !
sur place : watercolours, paintings - *aquarelles, peintures*

12km   15km   GB

> **Quimperlé** :
In Lorient, take the N165 towards Quimper. Take the Exit Quimperlé. The house is on the bank of the river Laïta, 50m from the tourist office.
A Lorient, prendre la N165 vers Quimper, sortir à Quimperlé. La maison est sur le quai de la Laïta, à 50m de l'office de tourisme.

4 Bedrooms - *chambres* / Extra Bed - *Lit Sup.* : 70F
WC shared - *commun* (1° & 4°)

			Price in FF - *Prix en FF* :	2 pers ↓
1°				250 A
2°	♡		WC	250 A
3°			WC	250 A
4°				250 A

29.2
4 km - North-East of / Au Nord-Est de **BREST**

Michelle MORVAN
«La Chataigneraie» - Keraveloc - 29490 Guipavas

4 km   2 km   98 41 52 68

Charming and spacious old house, which has been completely restored inside. In wooded grounds, a few minutes from Brest. From the terrace, you can see the harbour. Direct access to the municipal botanic garden.
Charmante maison spacieuse aux vieilles pierres, entièrement rénovée à l'intérieur. Située dans un parc boisé à quelques minutes de Brest, de la terrasse vous découvrez la rade et le port de plaisance. Accès direct au jardin botanique (34ha).

(60/80F)

2km   10km   GB   D   E

4 Bedrooms - *chambres* / Extra Bed - *Lit Sup.* : 50F
Reduction BS(15/09 → 15/06) & long stays - *séjours*

> **Keraveloc** :
In Brest, take the N12 towards Rennes-Paris. Take Exit 'ZAC de Kergaradec (on the right). Turn left on to the D205 towards Guipavas and immediately right to take the 'Bd de Coataudon'. At the traffic lights, turn left on to the VC4 (Rue de la Fraternité) and continue for 800m (follow the signs).
A Brest, aller sur la N12 vers Rennes- Paris. Sortir à la 'ZAC de Kergaradec' (sur la droite). Tourner à gauche sur la D205 vers Guipavas et tout de suite à droite pour prendre le Bd de Coataudon. Au feu, prendre à gauche le VC4 (rue de la Fraternité) et faire 800m (suivre les panneaux).

			Price in FF - *Prix en FF* :	2 pers ↓	maxi ↓
	WC			250 A	
		WC		250 A	
		WC		(1 pers)	180 B
	n.c.			220 Eco	

BRETAGNE

Département 29 : Finistère

29.3 ☀☀☀ 🏠   22 km - North of / Au Nord de **BREST**

Jo & Dona UGUEN
1, Route de Kerbrat - 29260 Kernilis

→ 🚌 22 km   ✈ 22 km   ☎ 98 25 54 02

This is the Aber country, where land and sea merge : Aber Wrac'h, Aber Benoît which conceal manor houses. The rooms have their own separate entrance, in a modern house with all comforts. You can rent mountain bikes and there is a restaurant 4km away.

Pays des abers, où mer et terre se mêlent : l'aber Wrac'h, l'aber Benoît où se cachent des manoirs... Les chambres avec entrée indépendante, sont dans une maison moderne avec tout le confort. Location de VTT sur place, Auberge à 4km.

[P] [🏠] [🐱] [🏃] [📺] [👨‍👩‍👧] [🍽] 7km 〰

Reduction BS(1/09 → 30/06)

➤ **Kernilis** :
In Brest, take the D788 towards St Pol de Léon. In Plabennec, turn left on to the D59 towards Plouvien then go towards Kernilis (on the D28). Near to the church in Kernilis, take the road for Kerbrat and follow the signs for 200m.

A Brest, prendre la D788 vers St Pol de Léon. A Plabennec, tourner à gauche sur la D59 vers Plouvien. et prendre la direction de Kernilis (sur la D28). Près de l'église de Kernilis, prendre la route de Kerbrat et suivre les panneaux sur 200m.

3 Bedrooms - *chambres* / Extra Bed - *Lit Sup.* : 50F

Price in FF - *Prix en FF* :	2 pers ↓	maxi ↓
🛏	220 Eco	
🛏	220 Eco	
🛏🛏	220 Eco	280 Eco

29.1 ☀☀☀☀ 🏰   **CARHAIX-PLOUGUER**

Peter & Clarissa NOVAK
«Le Manoir de Prevasy» - 29270 Carhaix Plouguer

→ 🚌 3 km   ✈ 50 km   ☎ 98 93 24 36

16th century manor house with old chapel and walled courtyard. Lovingly restored by an English couple, Peter and Clarissa, they can suggest how to best enjoy the activities in the area, and also organise mushroom hunting.

Beaucoup de charme dans ce manoir du 16°, rénové avec amour par ce couple Anglais, Peter et Clarissa. Ils vous proposent différents types d'activités : peinture, promenade dans le parc national, vélo le long du canal, cueillette de champignons.

[P] [🌲] [🐱] [🏃] [📺] [👨‍👩‍👧] [🍴] (75/100F)
[🚶] [🍽] [🚲]   [GB] [E]

➤ **Carhaix Plouguer** :
Take the N164 : Quimper - St Malo. Take the street (towards the south), between the DistriCenter and 'l'Hôtel des Impôts'. Follow the signs for 1.5km.

Aller sur la N164 Quimper - St Malo. Prendre la rue (vers le Sud) entre le DistriCenter et l'Hôtel des Impôts. Suivre les panneaux sur 1,5km.

4 Bedrooms - *chambres* / Extra Bed - *Lit Sup.* : 50F

Price in FF - *Prix en FF* :	2 pers ↓	maxi ↓
🛏 🚿🛁 📺	280 A	
🛏 🚿🛁	280 A	
🛏 🚿	250 A	
🛏🛏 2 🚿	280 A	380 Eco

29.25 ☀☀☀ 🏠   10 km - South-West of / Au Sud-Ouest de **CHATEAULIN**

Madeleine & Jean-Louis GOUÉROU
«Manoir de Tréouret» - 29150 Cast

🚗   ✈ 28 km   ☎ 98 73 54 38

Imposing Breton stone country house, with a farmyard next door. Pleasant garden. Very comfortable, furnished with antiques (some date the 17th century). Nearby : the Crozon peninsular, Locronan, Châteaulin.

A côté d'une ferme en activité, belle maison Bretonne imposante avec un hall de pierre impressionnant. Très confortable, jardin agréable, meubles anciens (certains datent du XVIIème). A voir : la presqu'île de Crozon, Locronan, Châteaulin...

[P] [🏠] [🐱] [🏃] [🚫] 2km 🚶 7km 〰
7km 🚲 7km 🎣 15km 🏇 20km ☘

➤ **Cast** :
In Châteaulin, take the D7 towards Douarnenez. In Cast, near to the church, turn left towards Quéménéven station (behind the 'mairie' and the Post Office). Continue for 2,5km and follow the signs (there is a cross opposite the manor house).

A Châteaulin, prendre la D7 vers Douarnenez. Dans Cast, près de l'église, tourner à gauche vers la gare de Quéménéven (derrière la Mairie et la Poste). Continuer sur 2,5km et suivre les panneaux (Calvaire en face du Manoir).

1 Apartment - *appartement* + 1 Suite

Price in FF - *Prix en FF* :	2 pers ↓	maxi ↓
Apartment 🚿 🏃 📺 / 🛏	260 A	330 Eco
Suite 🛏 🚿 📺 / 🛏	250 A	

**You do not speak French and your hosts do not speak English ?
Don't worry, a smile will always see you through.**

BRETAGNE

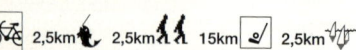

Département 29 : Finistère

29.26
6 km - South-East of / *Au Sud-Est de* **CONCARNEAU**

Pierre PRIZIAC
Kergourlaouen - 29910 Trégunc

➤ **Kergourlaouen** :
In Concarneau, take the D783 towards Trégunc. Go towards Névez then towards the 'Pointe de Trévignon' for 1km. Turn right on to the first road (sign posted) then continue for 500m.
A Concarneau, prendre la D783 vers Trégunc. Aller à Névez et suivre la direction de la Pointe de Trévignon sur 1km. Prendre la 1° route à droite (panneau) puis continuer sur 500m.

12 km 25 km 98 06 79 01

Like a mini-motel in the fields, with 2 large new rooms on the ground floor. You will enjoy Pierre's company, and the delicious 'crêpes' he serves for breakfast in the billiard room. There is also a gastronomic, reasonably priced restaurant nearby.
Vous aimerez la compagnie de Pierre et ses délicieuses crêpes du petit déjeuner servi dans la salle de billard. Petit motel dans les champs, avec 2 grandes chambres neuves au rez de chaussée. Restaurant gastronomique proche à prix raisonnable.
sur place : Local Breton produce - *produits bretons*

4 Bedrooms - *chambres*

	Price in FF - *Prix en FF* : 2 pers ↓	maxi ↓
Crème & Rose		
	210 Eco	300 Eco
Etage Rose & Bleue		
	210 Eco	300 Eco

GB

2,5km 2,5km 15km 2,5km

29.12
10 km - South-West of / *Au Sud-Ouest de* **DOUARNENEZ**

Anne OLIER
Kerantum - Mahalon - 29790 Pont Croix

➤ **Mahalon** :
In Douarnenez, take the D765 towards Pont Croix. In Confort Meilars, turn <u>left</u> on to the first road and follow the signs for 2,5km.
A Douarnenez, prendre la D765 vers Pont Croix. A Confort Meilars, tourner <u>à gauche</u> sur la 1° route et suivre les panneaux sur 2,5km.

18 km 98 74 51 93

A typical stone farm with all modern comforts. They have 3 spacious and comfortable rooms with separate entrances. Close to Pont-Croix, a town of great character and La Pointe du Raz. There is an excellent, reasonably priced restaurant nearby.
3 chambres spacieuses et très confortables avec entrée indépendante. Cette ferme typique en pierre, a tout le confort moderne. Près de Pont-croix, cité de caractère, et de la Pointe du Raz. Très bon restaurant proche à prix raisonnable.
sur place : Eggs, milk, vegetables - *œufs, lait, légumes*

3 Bedrooms - *chambres* / Extra Bed - *Lit Sup.* : 50F

	Price in FF - *Prix en FF* : 2 pers ↓	maxi ↓
	250 A	320 Eco
	250 A	
	250 A	

10km 10km

29.27
12 km - East of / *A l'Est de* **DOUARNENEZ**

Marguerite Marie JAIN
«Rodou-Glas» - 29180 Locronan

➤ **Locronan** :
In Douarnenez, take the D7 towards Locronan. On the ring road go towards Crozon then take the first road on the left. Continue for 500m.
A Douarnenez, prendre la D7 vers Locronan. Sur la rocade, prendre la direction de Crozon et la 1° route à gauche. C'est à 500m.

20 km 98 91 70 15 / 98 73 52 41

Dairy farm with a pleasant, large veranda. Near to Locronan, a medieval village where the great Breton traditions are very much alive. Famous for the 'Tromenie' procession which takes place every six years.
Ferme laitière avec une grande véranda très agréable. A deux pas de Locronan, village médiéval dans lequel les grandes traditions bretonnes restent très vivaces, réputé pour sa 'Troménie' : grande procession qui a lieu tous les 6 ans.

4 Bedrooms - *chambres* / Extra Bed - *Lit Sup.* : 60F

	Price in FF - *Prix en FF* : 2 pers ↓
1° & 2°	250 A
3° & 4°	250 A

Ø : 15/10 → 15/04   GB

1km 5km 8km 12km

**To book direct with your host:
either telephone or mail the special card enclosed in this guide.
Be sure to mention Bed & Breakfast (France)**

BRETAGNE

Département 29 : Finistère

29.7

Claude GASCHET
Pen Ar Yed - 29400 Lampaul-Guimiliau

➤ 2 km   ✈ 30 km   ☎ 98 68 61 05

Modern, comfortable house run by very friendly hosts. Plentiful breakfast and a barbecue available. Ideal place for visiting the Parish Enclosures (Lampaul-Guimiliau, Guimiliau), Les Monts d'Arrée or for walking in the regional park or on the GR380.

Ce couple très agréable, vous reçoit dans une maison moderne confortable. Barbecue à disposition et petits déjeuners copieux. Visite des Enclos (Lampaul-Guimiliau, Guimiliau), des Monts d'Arrée. Marche dans le Parc Régional et sur le GR380.

(70F)   GB D

Φ : 1/10 → 31/10

2 km - South-East of / Au Sud-Est de LANDIVISIAU

➤ **Lampaul-Guimiliau :**
In Landivisiau, take the D11 towards Lampaul-Guimiliau and turn right just after the railway bridge. Follow the signs for 800m
A Landivisiau, prendre la D11 vers Lampaul-Guimiliau et tourner à droite, juste après le pont de chemin de fer. Suivre les panneaux sur 800m.

1 Suite + 1 Bedroom - chambre / Extra Bed - Lit Sup. : 50F

Price in FF - Prix en FF : 2 pers ↓   maxi ↓

1°   200 Eco   360 Eco
+ 2°   200 Eco

29.4

Marie-Thérèse SOLLIEC
Kreisker en Botmeur - 29690 Botmeur

➤ 27km   ✈ 45km   ☎ 98 99 63 02   98 99 63 02

Very attractive, rustic 18th century house. Quietly situated in the heart of the Monts d'Arrée in the 'Parc d'Amorique'. Very charming hostess. Visit the Eco-Museum, the Parish Enclosures (Commana is very near), Roc'h Trévézel, and Huelgoat rich in legends.

Hôtesse douce et agréable dans cette maison paysanne du XVIII°, calme, au cœur des Monts d'Arrée dans le parc d'Armorique. Visite de l'écomusée, des enclos paroissiaux (Commana est tout proche), Roc'h Trévézel, Huelgoat peuplé de légendes...

GB

25 km - South-West of / Au Sud-Ouest de MORLAIX

➤ **Kriesker en Botmeur :**
In Morlaix, take the D785 towards Quimper. At the crossroads with the D42, in 'La Croix Cassée', go towards the 'mairie' Go through the village and turn right on to the first lane. The house is on your right (signposted).
A Morlaix, prendre la D785 vers Quimper. Au croisement avec la D42, à 'La Croix Cassée', aller à la mairie, traverser le bourg et tourner sur le premier chemin à droite. La maison est à droite (panneau).

1 Bedroom - chambre (+ 2 Apartments - appartements)
Extra Bed - Lit Sup. : 60F
Price in FF - Prix en FF : 2 pers ↓

230 Eco

2km   5km

29.9

Comte & Comtesse Hubert de GERMINY
«Villa Germiny» - 11, rue de Keraël - 29241 Locquirec

🏠   ✈ 20 km   ☎ 98 67 47 11

Beautiful detached house, tastefully decorated and furnished with antiques. The pleasant garden has a sea view and a sandy beach and fishing port are nearby. The ambiance is international, relaxed and friendly. Your host is a former diplomat and the Countess is American.

Raffinement... ce mot résume à lui seul, la qualité de votre séjour. Le Comte est diplomate, la Comtesse Américaine. Ils vous reçoivent en toute amitié et simplicité, dans leur maison décorée avec goût. Vue sur la mer, plage de sable blanc, petit port de pêche...

(100/150F)

2 Suites + 3 Bedrooms - chambres   GB D E I

20 km - North-East of / Au Nord-Est de MORLAIX

➤ **Locquirec :**
In Morlaix, take the D786 towards Lannion. In Lanmeur, turn left on to the D64 towards Locquirec. The street runs alongside the sea. Follow the signs. The house is up above the white, sandy beach.
A Morlaix, prendre la D786 vers Lannion. A Lanmeur, tourner à gauche sur la D64 vers Locquirec. La rue longe la mer. Suivre les panneaux. La maison est au dessus de la plage de sable blanc.

Price in FF - Prix en FF : 2 pers ↓

1° & 2°   n.c.   350 B
3°   350 B
4°   500 C
5°   700 Luxe

Pour réserver en direct auprès de votre hôte :
Téléphonez ou utilisez la carte-lettre incluse dans cette brochure.
N'oubliez pas de mentionner Bed & Breakfast (France).

BRETAGNE

Département 29 : Finistère

29.10

Christian & Marie-Noëlle ABIVEN-GUEGUEN
«Kérélisa» - 29600 St Martin des Champs

🚂 3 km ✈ 50 km ☎ 98 88 27 18

This large, 19th century house, full of charm and character, has a delightful garden and is close to Morlaix. 10km from the famous Parish Enclosures and 20km from Roscoff. Completely restored and furnished with antiques.

Cette charmante maison de maître du XIXème est située dans un grand jardin fleuri, tout près de Morlaix. A 10km des Enclos paroissiaux et 20km de Roscoff, elle est entièrement rénovée et meublée de meubles anciens.

10km / 10km   **GB**

3 km - North-West of / *Au Nord-Ouest de* **MORLAIX**

➢ **St Martin des Champs** :
On the motorway Brest-St Brieuc, take Roscoff exit and follow the signs to Roscoff. On the roundabouts, follow the signs St Sève and then the signs 'chambres d'hôtes'.
Sur la voie express Brest-St Brieuc, sortir vers Roscoff. Suivre Roscoff. Au rond-point prendre la direction St Sève et au rond-point suivant suivre 'chambres d'hôtes'.

6 Bedrooms - *chambres* / Extra Bed - *Lit Sup.* : 50F

Price in FF - *Prix en FF* : 2 pers ↓			
1°	🛏	WC	210 Eco
2°	🛏	WC	210 Eco
3°, 4° & 5°	🛏	WC	210 Eco
6°	🛏	WC	210 Eco

29.11

Annie QUILFEN
«Kerjaouen» - 23, Route de Kerouter-29950 Clohars-Fouesnant

🚂 13 km ✈ 14 km ☎ 98 57 01 86

Two comfortable rooms in a large, modern house. Access to the kitchen and microwave if required. 2km from Bénodet, a charming fishing port with many restaurants.

Deux chambres confortables dans une grande maison moderne avec possiblité d'utiliser la cuisine avec un four micro-ondes. Située à 2km de Bénodet, charmant port de pêche avec de nombreux restaurants.

sur place : Honey, mead, cider – *Miel, Hydromel, Cidre*

2km / 2km

20 km - South of / *Au Sud de* **QUIMPER**

➢ **Clohars-Fouesnant** :
In Quimper, take the D34 towards Bénodet. Turn right towards Gouesnac'h (at Bénéteau boats) then left in to the 'Route de Kerouter' and twice left.
A Quimper, prendre la D34 vers Bénodet. Prendre à droite vers Gouesnac'h (aux bateaux Bénéteau), puis à gauche la route de kerouter et à gauche deux fois.

2 Bedrooms - *chambres* / Extra Bed - *Lit Sup.* : 60F
Reduction BS(1/09 → 14/07)

Price in FF - *Prix en FF* : 2 pers ↓			
🛏	WC		300 A
🛏	WC		300 A

29.13

Odile le GALL
«La Vallée du Jet» - Kervren - 29140 St Yvi

🚂 10 km ✈ 20 km ☎ 98 94 70 34

In this small complex of renovated farm buildings, Odile offers 6 well furnished rooms. A quiet place with an uninterrupted view where you can relax in the beautiful grounds.

Vous prendrez vos petits déjeuners dans une véranda qui domine la vallée. Vue magnifique. Six chambres très bien aménagées, dans une longère rénovée de la ferme. Vous trouverez le calme dans le parc paysagé et une vue imprenable.

10km / 10km   **GB**

10 km - South-East of / *Au Sud-Est de* **QUIMPER**

➢ **St Yvi** :
In Quimper, take the D765 towards St Yvi. As you enter St Yvi, turn left and follow the signs for 1,5km.
A Quimper, prendre la D765 vers St Yvi. A l'entrée de St Yvi, tourner à gauche et suivre le fléchage sur 1,5km.

6 Bedrooms - *chambres* / Extra Bed - *Lit Sup.* : 60F

2 🛏

Price in FF - *Prix en FF* : 2 pers ↓			
(3)	🛏	WC	230 Eco
(1)	🛏	WC	TV	230 Eco
(1)	🛏	WC		230 Eco
(1)	🛏	WC	TV	230 Eco

After your stay in Brittany, why not go across and visit the British Isles ? Ask for our free mini-guide with a good selection of hundreds of small, quaint and cosy places to stay in the British Isles.

BRETAGNE
Département 29 : Finistère

29.14

18 km - North-East of / Au Nord-Est de QUIMPER

Hervé & Anna QUELVEN
«Quénéac'h Podou» - 29510 Briec de l'Odet

25 km — 98 59 16 31

Charming house surrounded by a beautiful flower garden. The bedrooms are on the first floor. Leisure park and restaurants nearby. Near to the Baie of Douarnenez, the Crozon peninsular, Locronan, Châteaulin and the Monts d'Arrée. There is so much to fill each day.

Charmante maison très fleurie, véranda agréable et 2 chambres à l'étage. Auberges proches. Parc de loisirs à 12km, Baie de Douarnenez, Pointe du Raz, presqu'île de Crozon, Locronan, Châteaulin, Monts d'Arrée...Vos journées seront bien remplies !

5km 18km

> **Briec :**
In Quimper, take the N165 towards Brest. Take the Briec exit and the D61. Stay on the D61 with Briec on your left at the roundabout. Turn right on to the D50 then follow the signs. 5km from the roundabout.
A Quimper, prendre la N165 vers Brest et sortir à Briec, sur la D61. Continuer sur la D61 (Briec sur votre gauche au rond-point). Prendre à droite la D50 et suivre les panneaux. 5km à partir du rond-point.

2 Bedrooms - *chambres* / Extra Bed - *Lit Sup.* : 50F
Reduction BS(16/09 → 19/06) / 2

Price in FF - *Prix en FF* : 2 pers ↓

🛏	WC	230 Eco
🛏	n.c.	230 Eco

29.15

18 km - South-West of / Au Sud-Ouest de QUIMPER

Marcelle Tirilly
Kergaviny - 29720 Plonéour Lanvern

18 km — 8 km — 98 87 61 97 — 98 82 63 75

A warm welcome awaits in this large, comfortable Breton house, dating from the 19th century. You will love the large fire-place, the pleasant rustic furniture and the restful atmosphere.

Vous serez accueillis dans cette grande et confortable maison bretonne du XIXème par une hôtesse sympathique qui vous guidera pour vos visites dans la région. La grande cheminée, les meubles rustiques agréables et le calme vous séduiront.

(70F) GB

> **Plonéour Lanvern :**
In Quimper, take the D785 towards Pont l'Abbé, then the D156 towards Plonéour-Lanvern for 7km. Turn right by the corner shop. Then follow the signs for 2,5km.
A Quimper, prendre la D785 vers Pont l'Abbé puis la D156 vers Plonéour-Lanvern sur 7km. Tourner à droite à l'angle du petit commerce et suivre les paneaux sur 2,5km.

3 Bedrooms - *chambres* / Extra Bed - *Lit Sup.* : 50F
Price in FF - *Prix en FF* : 2 pers ↓

(3) 🛏	WC	220 Eco

2km — 8km — 8km

Photo : 29.10 - page 96

BRETAGNE

Département 29 : Finistère

29.21
10 km - South-East of / *Au Sud-Est de* **ROSCOFF**

Marie-Claude le LOUETTE
«Le Castel An Dour» - 29660 Carantec

✈ 50 km ☎ 98 67 03 01

Four bedrooms are available in this modern house, which is typical of the area. It is near the beach, the sports centre and there are many interesting walks. Your hostess is an English teacher.
Quatre chambres dans une maison moderne typique de la région. A proximité de la plage, du centre de sport, vous pourrez également aller vous promener sur les sentiers balisés ou visiter les nombreux sites touristiques de la région.

(75F)   GB

2,5km 2,5km

4 Bedrooms - *chambres* / Extra Bed - *Lit Sup.* : 50F
Reduction BS (1/10 → 1/05)

➢ **Carantec** :
In Roscoff, go towards Morlaix. Turn left on to the D173 towards Carantec. Go towards the water tower and close to the schools and the sports centre. First house on the left.
A Roscoff, prendre la direction de Morlaix et tourner à gauche sur la D173 vers Carantec. Prendre la direction du château d'eau. A côté des écoles et du centre sportif, 1° maison à gauche.

shared - *commun* (2°& 3°)

	Price in FF - *Prix en FF* :	2 pers ↓		maxi ↓
1°			200 Eco	
2°		WC	200 Eco	
3°			200 Eco	
4°	2	n.c.	200 Eco	350 Eco

29.22
10 km - South-East of / *Au Sud-Est de* **ROSCOFF**

Jean & Simone TANGUY
Kermen - 29660 Carantec

➔ 12 km ➔ Ferry 10 km ☎ 98 67 00 41

A modernised, working farm, run by a friendly couple who serve local produce around their cosy fireside. They grow their own artichokes and real butter and cream are on sale. There is use of a kitchen on request. 20km from the Parish Enclosures.
Dans cette ferme rénovée, c'est un couple accueillant qui vous propose auprès d'une bonne cheminée, les produits de la ferme, principalement du beurre naturel. A votre disposition : la cuisine d'été et les vélos. Enclos Paroissiaux à 20 km.
sur place : Farm produce - *Produits de la ferme*

(75F)

2,5km 2,5km   GB

➢ **Kermen** :
In Roscoff, take the D58 towards Morlaix. At the junction with the VC1, follow the signs.
A Roscoff, prendre la D58 vers Morlaix. Au croisement avec le VC1, suivre les panneaux.

4 Bedrooms - *chambres* / Extra Bed - *Lit Sup.* : 70F

	Price in FF - *Prix en FF* :	2 pers ↓	maxi ↓
1°	WC		200 Eco
2°			200 Eco
3°		(1 pers)	100 Eco
4°	WC		200 Eco

29.23
13 km - South-East of / *Au Sud-Est de* **ROSCOFF**

Allain & Sylvie CAZUC
Lopréden - 29420 Plouénan

➔ 8 km ✈ 45 km ☎ 98 69 50 62 ☎ 98 69 50 02

Spacious rooms with a separate entrance in an old stone house next to the main house. This friendly couple have three children between the ages of six and ten. A kitchenette is available. An ideal base for visiting this friendly area.
Couple sympathique avec 3 enfants de 6 à 10 ans. Les chambres spacieuses avec entrée indépendante, sont dans une ancienne longère en pierre, voisine de la maison. Coin repas à disposition. Base idéale pour visiter cette attachante région.
sur place : Farm produce - *produits de la ferme*

GB D

8km 8km

3 Bedrooms - *chambres* / Extra Bed - *Lit Sup.* : 50F

	Price in FF - *Prix en FF* :	2 pers ↓
Classique & Rétro	WC	200 Eco
Romantique	WC	200 Eco

As you pass through Roscoff, be sure to make time to see the most important earthbarrow on mainland Europe and its megalithic granite burial chambers at the Bay of Morlaix.
Voyageur qui passez par Roscoff, prenez le temps d'aller voir le plus important 'Tumulus' d'Europe et ses sépultures mégalithiques en granit, dans la baie de Morlaix

- 98 -

BRETAGNE

Département 29 : Finistère

29.20 ROSCOFF

Jeanine PERON
4, rue Laënnec - 29680 Roscoff

☎ 98 69 73 42 / 98 61 20 11

This is a typical Breton village house. You are near to the heliomarine centre, where they offer treatment for every ache and pain you can think of. Your host will pick you up at the ferry terminal, whatever time you arrive.

Votre hôtesse vient vous chercher au ferry à toute heure. Maison de village Breton typique. A proximité du centre héliomarin spécialisé dans les reins. Idéal pour les cures de thalassothérapie : bains de mer dans piscine chauffée...
sur place : Crab, *crabe*

(75/100F) GB

> **Roscoff** :
In Roscoff, go south, on the Morlaix road. (300m from the railway station)
A Roscoff, aller au Sud de la ville, sur la route de Morlaix. (A 300m de la gare).

2 Bedrooms - *chambres* / Extra Bed - *Lit Sup.* : 70F

Price in FF - *Prix en FF* :	2 pers ↓
🛏 🚿 WC 🛁	180 Eco
🛏 🛁(WC) 🛁 🏊	220 Eco

29.24 5 km - West of / *A l'Ouest de* ROSCOFF

Marie-Pierre RIVOALLON
«Centre Bon Vent» - 87, rue de la Forêt - 29250 Santec

60 km ☎ 98 29 70 65 / 98 29 74 98

This is a large comfortable house, only 5 mins. drive from the port at Roscoff. It is near both the country and the beach. There is a barbecue and lots of activities and excursions available in the area.

A 5 mn de la gare maritime de Roscoff, grande maison confortable et calme, à proximité d'un bois et de la plage. A disposition, salon de jardin avec barbecue. Pour vous distraire : char à voile, kayak, plongée, excursions en mer, Iles de Siek et Batz...

(75/100F) 1,5km GB

3 Bedrooms - *chambres* / Extra Bed - *Lit Sup.* : 70F
Reduction BS(1/09 → 30/06)

> **Santec** :
In Roscoff, take the D58 towards Morlaix. Do not take the road towards Santec. At the roundabout, take the turn to Dossen. Continue for 1,5km, then turn left.
A Roscoff, prendre la D58 vers Morlaix. Ne pas prendre la route de Santec. Au rond-point prendre la direction de Dossen. Faire 1,5km et tournez à gauche.

shared - *commun* (1° & 2°)

	Price in FF - *Prix en FF* :	2 pers ↓	maxi ↓
1°	🛏 WC 📺		200 Eco
2°	🛏 WC		200 Eco
3°	🛏 n.c. 🛁 📺		200 Eco

29.28 5 km - West of / *A l'Ouest de* SIZUN

Famille SOUBIGOU
«Mescouez» - Le Tréhou - 29450 Sizun

🚗 12km 🚴 20km ☎ 98 68 83 39 / 98 68 86 79

This dynamic family, full of enthusiasm have restored their 19th century house with loving care. If you enjoy exploring Brittany on foot Elizabeth will put you right. The parish of Sizun is delightful.

Beaucoup d'enthousiasme et de dynamisme dans cette famille qui a rénové sa maison du XIXème avec soin et amour. Si vous voulez marcher pour découvrir la Bretagne profonde, Elisabeth s'occupe de vous ! Magnifique enclos paroissial de Sizun.

GB E

3km 3km 5km 6km 6km
11km 11km 14km

> **Le Tréhou** :
In Sizun take the D764 towards Landerneau for 4km. Turn left and follow the signs 'chambre d'hôtes'.
A Sizun, prendre la D764 vers Landerneau sur 4km. Tourner à gauche et suivre les panneaux 'chambres d'hôtes'.

1 Suite + 3 Bedrooms - *chambres* / Extra Bed - *Lit Sup.* : 100F

	Price in FF - *Prix en FF* :	2 pers ↓
Rose	🛏 🚿(WC)	230 Eco
Jaune & Saumon	🛏 🚿(WC)	230 Eco
Bleue	🛏 🚿(WC)	230 Eco
+ Blanche	🛏 WC	230 Eco

The Parish Enclosures trail - *Le circuit des Enclos Paroissiaux* :

Bodilis, St Servais, La Roche Maurice, La Martyre, Ploudiry, Locmelar, Sizun, Commana, Plouneour-Menez, Loc-Eguiner-St Thegonnec, Pleyber-Christ, St Thégonnec, Guimiliau, Lampaul-Guimiliau, Landivisiau

BRETAGNE

Département 29 : Finistère

29.5 ☀☀☀
8 km - South of / *Au Sud de* **ST THÉGONNEC**

Jean & Annie MARTIN
➢ Loc Eguiner St Thégonnec :
«Ty Dreux» - 29410 Loc-Eguiner-St-Thégonnec
40 km 98 78 08 21

In St Thégonnec, go towards Loc-Eguiner-St-Thégonnec (D118 then the D18). In the village, continue on to the D111 towards Plonéour-Ménez.
De St Thégonnec, aller à Loc-Eguiner-St-Thégonnec (D118 puis D18). Dans le village, continuer sur la D111 vers Plonéour-Ménez.

Well worth a detour. This farm is furnished in authentic style in an old 18th century weaving village. Your hosts are proud of their Breton traditions and language. There is a beautiful collection of family heirlooms. Numerous paris Enclosures and restaurants nearby.
Cette ferme vaut vraiment le détour. Meublée d'époque, elles est située dans un ancien village de tisserands de 1740. Amoureux des traditions Bretonnes et de leur langue, Jean et Annie vous feront découvrir les nombreux Enclos Paroissiaux de leur région. Restaurants proches.
sur place : Farm produce - *Produits de la ferme*

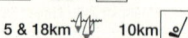

2 Bedrooms - *chambres* (+ 2 Apartments - *appartements*)
Extra Bed - *Lit Sup.* : 70F

Price in FF - *Prix en FF* :	2 pers ↓	maxi ↓
🛏 🛏 WC 📺	250 A	320 Eco
🛏 WC 📺	250 A	

5 & 18km   10km

29.6 ☀☀☀
ST THÉGONNEC

Catherine CAROFF
➢ St Thégonnec :
«Ar Prospital Coz» - 18, rue Lividic - 29410 St Thégonnec
40 km 98 79 45 62 98 79 48 47

In St Thégonnec, go towards the Parish Enclosure. Just before the 'Mairie' turn left. The street starts at the next crossroads.
A St Thégonnec, aller vers l'Enclos Paroissial et tourner à gauche juste avant la Mairie. La rue débute au croisement suivant.

Catherine welcomes you to this old vicarage in this area famous for its Parish Enclosures and near to the 'Monts d'Arrée'. Each bedroom has its own character and is spacious and comfortable. Wonderful breakfast. Cycles can be hired.
Catherine vous accueille dans un ancien presbytère au pays des Enclos Paroissiaux et des Monts d'Arrée. Les chambres sont personnalisées, spacieuses et confortables, les petits déjeuners délicieux. A côté d'une auberge gastronomique.

Price in FF - *Prix en FF* :	2 pers ↓	maxi ↓
🛏 WC	260 A	
🛏 WC	240 Eco	
🛏 WC	240 Eco	
🛏 WC	260 Eco	
🛏 WC	220 Eco	270 Eco
🛏 WC	240 Eco	

12km   10km

6 Bedrooms - *chambres* / Extra Bed - *Lit Sup.* : 50F

Département 35 : Ille et Vilaine

35.2 ☀☀☀
10 km - North-East of / *Au Nord-Est de* **DINAN (22)**

Marie-Paule LEAUSTIC
➢ Miniac Morvan :
«Ti Ar Gwezig» - Rue des Ajoncs d'Or - 35540 Miniac Morvan
2 km 25 km 99 58 55 08

Go in to the centre of Dinan, and through the centre and follow the signs to Rennes-Caen. On the viaduct go straight on towards Caen. After 13km, turn left on to the D73 towards Miniac-Morvan. Near to the church, go towards Pleudihen for 300m then turn right and follow the signs for 300m. The house is on the left (private lane).
Aller au centre de Dinan, le traverser et suivre les panneaux Rennes-Caen. Sur le viaduc aller tout droit vers Caen. Après 13km, tourner à gauche sur la D73 vers Miniac-Morvan. Près de l'Eglise, suivre Pleudihen sur 300m et tourner à droite en suivant les panneaux sur 300m. Maison à gauche (chemin privé).

Modern house in its own grounds. A pleasant spot not far from the main St Malo/Rennes road. Tennis, golf and riding are available nearby. Marie-Paule is very keen on ancestor-tracing. Maison récente dans un petit parc. L'environnement est agréable. Pas très loin de l'axe St Malo / Rennes, vous pouvez jouer au tennis, faire du cheval ou jouer au golf. Marie-Paule s'intéresse à la généalogie.

3km   15km

	Price in FF - *Prix en FF* : 2 pers ↓	
Ti Coad	🛏 WC	200 Eco
Amzerzo	🛏 n.c. WC 🛁	160 Eco
Karantez ar mor	🛏 🛁	160 Eco

3 Bedrooms - *chambres*
Extra Bed - *Lit Sup.* : 70F

- 100 -

BRETAGNE

Département 35 : Ille et Vilaine

35.1

10 km - South-East of / Au Sud-Est de DINAN(22)

François & Catherine GROSSET
Le Pont Ricoul - 35720 St Pierre de Plesguen

35 km — 99 73 92 65 / 99 73 94 17

A romantic lovers' retreat, in an old bakery, beside a lake and surrounded by woods and flowers. Calm and secluded. Your hosts can organise a gourmet, candlelit dinner, complete with champagne if required.

Pour les amoureux ! Chambres aménagées dans un ancien fournil de pierre, au pied d'un étang dans un parc boisé et fleuri. Calme et intimité... Soirée romantique au coin du feu, avec dîner et champagne.

(198F) GB
8km — 20km — ⌀ : 25/12 → 2/01

> **St Pierre de Plesguen** :
In Dinan, take the D794 towards Combourg then turn left towards St Solen et St Pierre de Plesguen. Opposite the church, go in the direction of Lanhélin for 2km. Turn right and follow the signs 'Le Pont Ricoul'.
A Dinan, prendre la D794 vers Combourg puis tourner à gauche vers St Solen et St Pierre de Plesguen. Face à l'église, prendre la direction de Lanhélin sur 2km. Tourner à droite et suivre les panneaux 'Le Pont Ricoul'.

1 Apartment - *appartement* / Extra Bed - Lit Sup. : 60F

Price in FF - *Prix en FF* : 2 pers ↓ | maxi ↓

Apartment 2 🛏 🚽 🛁 230 Eco | 350 Eco

35.3

10 km - South-East of / Au Sud-Est de DINAN(22)

Danièle RAUX
Le Bois Mandé - 35720 St Pierre de Plesguen

30 km — 99 73 89 79

Beautiful stone house with private wood and lake. You can go fishing or take the boat out. Peace and quiet guaranteed. Start the day with breakfast served in the pleasant conservatory.

Belle maison de pierre avec forêt et étang. Vous pouvez aller à la pêche, vous promener en barque. Calme et tranquillité assurés. Vous prenez vos petits déjeuners dans une véranda agréable.

(80F) GB
8km — 20km

> **St Pierre de Plesguen** :
In Dinan, take the D794 towards Combourg the turn left towards St Solen et St Pierre de Plesguen.Opposite the church, go in the direction of Lanhélin for 4km.
A Dinan, prendre la D794 vers Combourg puis tourner à gauche vers St Solen et St Pierre de Plesguen. Face à l'église, prendre la direction de Lanhélin sur 4km.

2 Bedrooms - *chambres* / Extra Bed - Lit Sup. : 50F

Price in FF - *Prix en FF* : 2 pers ↓ | maxi ↓

🛏 🚽 🛁 220 Eco | 270 Eco
🛏 🚽 🛁 220 Eco | 270 Eco

35.18

6 km - North-East of / Au Nord-Est de CANCALE

Famille LOISEL
«Les Oyats» - La Gaudichais - 35260 Cancale

15 km — 20 km — 99 89 73 61

A friendly young couple in an old, restored farm house. Children will love it, as it is only 500m from the sea and a fine, sandy beach and ... above all, people travel for miles to enjoy a 'Plateau de Fruits de mer', such is the gastronomic reputation of this area.

Jeune couple sympathique dans une ancienne ferme rénovée. Les enfants y sont heureux. A 500m de la mer, près d'une plage de sable fin et surtout... on fait des km pour venir manger des plateaux de fruits de mer sur ce site gastronomique....

GB D

> **La Gaudichais** :
In Cancale, take the D201 towards St Malo. The house is 2km after 'La Pointe de Grouin'.
A Cancale, prendre la D201 vers St Malo. La maison est à 2km après la Pointe de Grouin.

4 Bedrooms - *chambres* / Extra Bed - Lit Sup. : 50F

Price in FF - *Prix en FF* : 2 pers ↓ | maxi ↓

Rouge (Rez de Chaussée) & Rose & Bleue & Verte

🛏 🚽 250 A | 350 Eco

🚶 🎣 3km 🚴 25km

If you would like dinner on your first night, please advise your hosts in advance. If they do not provide dinner, ask them to recommend the best local restaurants.

Si vous souhaitez dîner chez vos hôtes le premier soir, merci de les prévenir. S'ils ne proposent pas de dîner, demandez leur de vous recommander les meilleurs restaurants proches.

You have a small baby and no bed ? Check the symbol

BRETAGNE

Département 35 : Ille et Vilaine

35.14 — CANCALE

Pierre HUBERT
34, Avenue Pasteur - 35260 Cancale

14 km | 30 km | 99 89 73 27

Charming hosts in this very attractive, modern house, which has been beautifully furnished. There are many activities nearby as well as the famous oyster beds at Cancale, museums and tennis.

Charmante hôtesse, maison moderne très agréable et très bien aménagée. A proximité : tennis et nombreux musées sur l'art et les traditions cancalaises. Cancale est un charmant port de pêche, réputé pour ses bancs de production d'huitres.

GB D

BS (11/11 → 28/02) : 4 / HS : 2

> **Cancale :**
In Cancale, the street is in the south of the town, parallel to the sea front, going towards Rennes.
A Cancale, l'avenue est au Sud de la ville, parallèle au front de mer, en allant vers Rennes.

3 Bedrooms - chambres / Extra Bed - Lit Sup. : 30/50F

shared - commun (2° & 3°)

Price in FF - Prix en FF : 2 pers ↓

1°			280 A
Baldaquin			230 Eco
3°			230 Eco

35.15 — CANCALE

Alfreda KERLEAU
«Hôtel le Beaulieu» - 25, rue des Français Libres
35260 Cancale

30 km | 99 89 67 14 | 99 89 88 80

Typical little seaside hotel on the outskirts of Cancale. Do not miss the seafood as the owner is an oyster producer and will take you out in his boat on request. Large, private car park. Nearby there is mini-golf, tennis, sailing and diving.

Petit hôtel tout confort, typique du bord de mer, aux abords de Cancale. A proximité : mini-golf, tennis, voile, plongée. Le propriétaire est producteur d'huîtres et vous emmène si vous le souhaitez en promenade en mer. Dégustation de fruits de mer.
sur place : Oysters - Huitres

15/11 → 28/02 GB

Reduction BS (15/09 → 15/06)

> **Cancale :**
In the centre of Cancale, follow road to Pontorson then take the fork to Terrelabouët. The hotel is on the right.
Au centre de Cancale, suivre la direction Pontorson puis à la patte d'oie prendre Terrelabouët. L'hôtel est sur la droite.

20 Bedrooms - chambres / Extra Bed - Lit Sup. : 60F

Price in FF - Prix en FF : 2 pers ↓   maxi ↓

		260 A
		260 A
		280 A
		320 B
2		550 Eco

35.16 — CANCALE

Marie-Thérèse GAUTIER
27, rue Carnot - 35260 Cancale

14 km | 30 km | 99 89 70 15

Marie-Therèse is a typical, friendly, seaside landlady and her house is comfortable. It is in a typical little street, just behind the port. The ideal place for enjoying the wonderful seafood restaurants in the town. Public car parking 150m away.

Marie-Thérèse est très sympathique, sa maison est confortable, dans une petite rue typique juste derrière le port. Vous apprécierez les restaurants de coquillages. Parking public à 150m.

> **Cancale :**
In Cancale, go to the harbourside. The street is the first on the right, a very narrow road, 150m from the sea front.
A Cancale, aller sur le port. La rue est la 1° à droite, rue très étroite à 150m du front de mer.

5 Bedrooms - chambres / shared - commun (1 & 2 & 3)

Price in FF - Prix en FF : 2 pers ↓   maxi ↓

1°		210 Eco	
2°		210 Eco	265 Eco
3°	2	210 Eco	320 Eco
4° & 5°		230 Eco	

Après votre séjour en Bretagne,
pourquoi ne pas traverser et visiter la Grande Bretagne ?
Demander notre mini-guide gratuit :
vous choisirez parmi des centaines de B & B agréables et originaux.

BRETAGNE

Département 35 : Ille et Vilaine

35.17 — CANCALE

Mme SIMON-DELILE
22, quai Dugay-Trouin - 35260 Cancale

🚗 30 km ☎ 99 89 63 32 / 99 89 67 72

If you enjoy seafood, this is the place. In this old fisherman's house, you will take your breakfast overlooking the sea. In the evening, try their restaurant 200m away, where they serve their own locally produced seafood.

Dans cette vieille maison traditionnelle de pêcheurs, vous prendrez vos petits déjeuners face à la mer. Les chambres, avec vue sur la mer, sont situées à 200m du restaurant du propriétaire. Dégustation d'huîtres et de spécialités de la mer.
sur place : Oysters - Huîtres

Ø : 10/11 → 15/02

➢ **Cancale** :
In Cancale, on the sea front - A Cancale, sur le front de mer.

1 Suite + 2 Bedrooms - chambres
Reduction BS (11/09 → 30/06)
shared - commun (1° Etage)

	Price in FF - Prix en FF :	2 pers	maxi
1° Etage-1	🛏 🛁	220 Eco	380 Eco
1° Etage-2	🛏 🛁	(220 Eco)	
2° Etage	🛏 🚽	220 Eco	360 Eco
+	2🛏 🛁	(220 Eco)	

35.13 — 10 km - West of / A l'Ouest de **DINARD**

Helen MARTIN
«The Laurel Tree» - 41, Bd de la Houle - St Briac/Mer
35800 Dinard

🚗 10 km ☎ 99 88 01 93

This Franco-British couple, with two young children, have combined English charm and Breton style in this 300 year old renovated cottage. Do not buy your wine without consulting Monsieur Martin, as he is an expert.

Jeune couple Franco-Britannique avec 2 jeunes enfants. N'achetez pas votre vin sans avoir rencontré M. Martin, il est œnologue ! La maison est une longère bretonne de 300 ans, où s'harmonisent charme Anglais et style Breton.

(80/100F)   GB D

➢ **St Briac / Mer** :
In St Briac, take the coast road D786 towards St Briac. At the crossroads by the golf-course, turn left on to the 'Bd de la Houle' towards the centre of St Briac. The house is on your right.
A Dinard, prendre la route côtière D786 vers St Briac. A l'embranchement du golf, tourner à gauche sur le Bd de la Houle en direction du centre. La maison sera sur votre droite.

3 Bedrooms - chambres / Extra Bed - Lit Sup. : 60F
Reduction BS(1/09 → 30/06)

	Price in FF - Prix en FF :	2 pers	maxi
1°	🛏 🚽	250 A	
2°	2🛏 (children - enfants) 🚽	275 A	425 Eco
3°	2🛏 2🛏 🚽	310 B	580 Eco

35.4 — 1 km - South-West of / Au Sud-Ouest de **DOL DE BRETAGNE**

Marie-Annick BOURDAIS
«Beauregard» - 35120 Baguer-Morvan

🚶 2 km 🚗 20 km ☎ 99 48 03 04

This 17th century stone farmhouse is behind a ruined 15th century monastery. Their speciality is delicious "crèpes", served around a cosy fire. A very warm welcome in this house full of character.

Dans ce manoir, derrière un ancien monastère du 15ème, l'accueil est très agréable. Vous dégusterez de délicux repas de crèpes auprès d'une belle cheminée. Vous pourrez visiter facilement, le Mont St Michel, St Malo, Dinan, Dinard, Cancale...

9km 3km   (45/75F)   GB

➢ **Baguer-Morvan** :
In Dol de Bretagne take the D119 towards Baguer-Morvan, for 1km. The house is on the left after 100m.
A Dol de Bretagne, prendre la D119 vers Baguer-Morvan sur 1km. La maison est sur la gauche à 100m.

3 Bedrooms - chambres / Extra Bed - Lit Sup. : 40/50F
Reduction BS (1/09 → 30/06)

	Price in FF - Prix en FF :	2 pers	maxi
1°	🛏 🚽 🛁	220 Eco	
2°	🛏 🚽 🛁	220 Eco	
3°	🛏 🛏 🚽	220 Eco	270 Eco

Near - Près de DINARD, See also - Voir aussi :
22.23 - Yvonnick le MIRE - «Château de la Villerobert» - St Lormel - Page 92

BRETAGNE

Département 35 : Ille et Vilaine

35.5 ☀️ ☀️ ☀️ 🏠

3 km - South-East of / *Au Sud-Est de* **DOL DE BRETAGNE**

Jean-Luc FOLIGNÉ
«Ferme de la Haute Lande» - 35120 Dol de Bretagne

🚉 3 km   🚗 25 km   ☎️ 99 48 07 02

This very friendly young couple will welcome you to their beautiful 17th century farmhouse. It has a very attractive period staircase (not too easy to climb) and the exposed beams accentuate the authentic charm of this home.
Jean-Luc et son épouse, jeune couple très accueillant, vous recevront dans cette belle ferme du XVIIème. Un remarquable escalier d'époque (un peu difficile à monter) et de belles poutres ajoutent au charme typique de cette demeure.

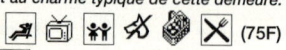

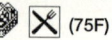

P 🌲 🐱 🛷 📺 👨‍👩‍👧 ✈️ 🎣 🍴 (75F)

9km 〰️   3km ✏️   GB

➢ **Dol de Bretagne** :
In Dol de Bretagne take the D795 towards Combourg then the D4 towards Epiniac. Follow the signs «Ferme de la Haute Lande».
A Dol de Bretagne, prendre la D795 vers Combourg puis la D4 vers Epiniac. Suivre les panneaux de la Ferme.

4 Bedrooms - *chambres* / Extra Bed - *Lit Sup.* : 40F

Price in FF - *Prix en FF* : 2 pers ↓

Bleue & Verte & Rose	🛏	🚿	📞	240 Eco
Rouge	🛏	🚿	📞	240 Eco

35.7 ☀️ 🏠

10 km - South of / *Au Sud de* **DOL DE BRETAGNE**

Kenneth-J. & Bernadette ANDREWS
«La Higourdais» -Parc de la Higourdais-35120 Epiniac

➡️🚉 10 km   🚗 50 km   ☎️ 99 80 01 46

This Franco-British couple have created a really cosy atmosphere in this rustic and restful house. In these beautiful surroundings, you will enjoy their friendly welcome and share their family life. They have a nine year old child.
Couple Franco-Britannique qui a su créer une atmosphère 'cosy'. Accueil très chaleureux, environnement 'friendly'. Dans cette maison rustique et reposante, au cœur d'un parc naturel protégé, vous partagerez la vie familiale. Enfant de 9 ans.

P 🐱 👨‍👩‍👧 🎱 🍴 (50/70F)   GB
(Vegetarian dinner - *Dîner végétarien*)

15km 〰️   10km ✏️

6 Bedrooms - *chambres* / Extra Bed - *Lit Sup.* : 50F

2 🚻 shared - *commun* (1° → 5°)

➢ **Epiniac** :
In Dol de Bretagne take the D795 towards Combourg then the D4 towards Epiniac. Near to the church, go towards Cuguen for 4km. Turn left and follow the signs «La Higourdais».
A Dol de Bretagne, prendre la D795 vers Combourg puis la D4 vers Epiniac. Près de l'église, prendre la direction de Cuguen sur 4km. Suivre à gauche les panneaux de «La Higourdais».

Price in FF - *Prix en FF* : 2 pers ↓   maxi ↓

Senteurs du jardin	🛏	🛏		200 Eco	250 Eco
Lake view	🛏			200 Eco	
Petit Nid	🛏			180 Eco	
Blue Moon	🛏 2 🛏 WC 🚿			200 Eco	300 Eco
Cristal room	🛏 2 🛏	🚿		200 Eco	300 Eco
Tudor room	🛏 🛏 n.c. 🚻			200 Eco	250 Eco

35.9 ☀️ ☀️ ☀️ 🏰

38 km - North-West of / *Au Nord-Ouest de* **RENNES**

Marie-Pierre DESAIZE
«Château de Léauville» - 35360 Landujan

🚗 🚗 40 km   ☎️ 99 07 21 14 📠 99 07 21 80

One of our favourite places. A charming little 16th century moated château. Its romantic garden has a swimming pool with a loggia. Marie-Pierre is an artist and her beautiful work is on sale.
Délicieux petit château du XVIème, entouré de douves. Plein de caractère et de charme, vous apprécierez le calme de son jardin romantique et sa piscine avec loggia. Peut-être ramènerez-vous une des peintures de Marie-Pierre (peintures et pastels).
sur place : Paintings - *peintures*

P 🌲 🐱 🛷 📺 👨‍👩‍👧 🏊 🍴 (185 F)   GB

φ : 15/11 ➔ 15/03

60 F per Animal / Reduction BS (26/08 ➔ 11/07)

➢ **Landujan** :
In Rennes, take the N12 towards St Brieuc/Brest for 30km. Take the Exit Landujan-Bécherel (D62). The château is just after Landujan.
A Rennes, prendre la N12 vers St Brieuc/Brest sur 30km. Prendre la sortie Landujan-Bécherel (D62). Le château est à la sortie de Landujan.

8 Bedrooms - *chambres* / Extra Bed - *Lit Sup.* : 156 F

Price in FF - *Prix en FF* : 2 pers ↓   maxi ↓

Angélique	2 🛏	🚿 WC	📞	832 Luxe 944 Luxe
Rose & Emelise	2 🛏	WC	📞	832 Luxe 944 Luxe
Baldaquins & Azur	🛏	WC	📞	832 Luxe 944 Luxe
Grand Duc	🛏	WC	📞	632 Luxe
Corail	🛏	WC	📞	732 Luxe
Petite	🛏	WC		326 Luxe

BRETAGNE

Département 35 : Ille et Vilaine

35.10 ☀☀☀ 🏠
5 km - West of / A l'Ouest de **RENNES**

Michel & Catherine THOUANEL
«Le Rouvray» - 35132 Vézin le Coquet

🚂 5 km 🚲 6 km ☎ 99 64 56 38 / 99 64 56 38

Your accommodation is next to the farm, where this young couple have renovated the old stables into a kind of B&B motel. There are five very comfortable rooms and your hosts are always on hand.

A deux pas de leur ferme, le jeune couple de Catherine et Michel vous propose, dans une étable rénovée et organisée en petit motel : 5 chambres vraiment très confortables. Ils se mettent à votre entière disposition. Parcours sportif à 200 m.

🅿 🌲 🏊 👨‍👩‍👧 🚭

Reduction 8 nights - *nuits*

> **Vézin le Coquet** :
In Rennes, go in the direction of St Brieuc/Brest then take the D125 towards Vézin le Coquet. In the centre of Vézin, go towards Le Rheu, then follow the signs.
A Rennes, aller en direction de St Brieuc/Brest puis prendre la D125 vers Vézin le Coquet. Dans le centre de Vézin, aller vers Le Rheu puis suivre le fléchage.

5 Bedrooms - *chambres* / Extra Bed - *Lit Sup.* : 60 F

		Price in FF - *Prix en FF* : 2 pers ↓	maxi ↓
Bas Verte	🛏 🚿 📺	210 Eco	
Bas Saumon	🛏 🛏 🚿 📺	210 Eco	310 Eco
Etage Verte & Bleue	🛏 🚿	210 Eco	
Etage Rose	🛏 🛏 🚿	210 Eco	310 Eco

35.11 ☀ 🏠
30 km - West of / A l'Ouest de **RENNES**

Mairie de St Maugan
Marie CARRET
«Le Presbytère» - 35750 St Maugan

🚲 30 km ☎ 99 09 99 67

This place is ideal for large families or young people on a limited budget. The five rooms in this old presbytery opposite a lake offer good, basic comfort. Excellent value for money. Good restaurant nearby. Near to the Brocéliande forest.

Tout près de la forêt de Brocéliande, 5 chambres aménagées dans un ancien presbytère face à l'étang. Le confort est satisfaisant, le prix plus qu'attrayant. Idéal pour des familles ou des jeunes au budget limité. Restaurant dans le bourg.

🅿 👨‍👩‍👧 🚭 🎣 📡

2 🚿 & 4 WC shared - *communs*

> **St Maugan** :
In Rennes, take the N12 towards St Brieuc/Brest then the Exit Montauban. In Montauban, take the D71 towards Boisgervilly, St Maugan. In St Maugan, the house is on this road, on the left.
A Rennes, prendre la N12 vers St Brieuc/Brest puis prendre la sortie Montauban. A Montauban, prendre la D71 vers Boisgervilly, St Maugan. A St Maugan, la maison est sur cette route, à gauche.

5 Bedrooms - *chambres* / Reduction 3 nights - *nuits*

		Price in FF - *Prix en FF* : 2 pers ↓	maxi ↓
(4)	🛏 🛏 🛁	125 Eco	165 Eco
(1)	🛏 2🛏 🛁	125 Eco	200 Eco

35.12 ☀☀☀ 🏠
3 km - West of / A l'Ouest de **ST MALO**

Maryline BASLÉ
«Les Croix Gibouins» - Paramé - 35400 St Malo 2402

🚂 6 km 🚲 10 km ☎ 99 81 12 41 / 99 82 11 97

A charming, modernised 16th century "gentilhommière", with exposed beams and superb period fireplaces. There is the use of a kitchen, if required, and a very substantial breakfast is served. There is a thalassothérapie centre (sea-spa) nearby.

Superbe cité corsaire et lieu de départ de la 'route du Rhum'. Charmante gentilhommière du 16e, poutres d'origine dans toutes les pièces, superbe cheminée d'époque. Possibilité d'amener son repas. A proximité : centre de thalassothérapie.

🅿 🐈 🏊 🛋 📺 👨‍👩‍👧 **GB**

⛵ 🚶 🚴 15km 🏊 30km 📷

1 Suite + 2 Bedrooms - *chambres* / Extra Bed - *Lit Sup.* : 55 F
Reduction BS (1/10 → 30/04)

> **Paramé** :
In St Malo, go towards Paramé and Cancale. At the roundabout where you stop following signs to Cancale, take the D155 towards Pontorson for 2,5km. The house is on the left.
A St Malo, aller vers Paramé-Cancale. Au rond point où vous quittez la direction de Cancale, prendre la D155 vers Pontorson sur 2,5km. La maison est à gauche.

🚿 shared - *commun* (hosts - *hôtes*)

		Price in FF - *Prix en FF* : 2 pers ↓	maxi ↓
1°	🛏 2🛏 🚿 WC 🛁		400 Eco
2°	🛏 WC	300 A	
3°	🛏 🚿	250 A	
+ 4°	🛏	250 A	

Be sure to send us your comments
Use 'le feed-back' form (page 285-286)

Pensez à nous renvoyer votre avis
sur le feed-back (voir page 285-286)

- 105 -

BRETAGNE

Département 35 : Ille et Vilaine

35.19 — ST MALO

Patrick & Michèle MICHEL
«La Flaudais» - 19, Avenue Patton - 35400 St Malo
→ 3 km   8 km   99 81 86 71

Very friendly young couple in this large 17th century detached house. The bedrooms are in the old stables which have been restored with great taste, leaving the old beams exposed. Patrick is a flower grower, and the scent from his blooms pervades the garden.
Jeune couple très sympathique dans cette grande maison de maître du XVII°. Les chambres sont dans l'ancienne écurie rénovée avec un goût certain. Les vieilles poutres ont été conservées. Patrick cultive des fleurs qui embaument le jardin.
sur place : cut flowers - fleurs coupées

> **St Malo** :
In St Malo, go towards Rennes. At the large roundabout which joins the N137 towards Rennes with the D301 towards Dinard or Cancale, go in the direction of Sevran for 300m.
A St Malo, aller vers Rennes. Au grand rond-point où se croisent les N137 vers Rennes, D301 vers Dinard ou vers Cancale, prendre la direction de Sevran. C'est à 300m à droite.

3 Bedrooms - *chambres* / Extra Bed - *Lit Sup.* : 80 F
BS (15/11 → 15/03) : Advance booking only - *sur réservation*

Price in FF - *Prix en FF* :	2 pers ↓	maxi ↓
1°	280 A	
2° & 3°	280 A	

15km   30km

35.20 — ST MALO

→ 1,5 km   12 km   99 40 09 41

Detached house in residential area of St Malo near to the main roads, furnished and decorated with great taste. Your hosts are a newly retired couple who welcome you in style. Be sure to visit St Malo and try the seafood.
Villa dans un quartier résidentiel de St Malo, près des grands axes. Meublée et décorée avec goût et style. Vos hôtes sont de jeunes retraités qui vous recevront avec beaucoup de classe. Vous pourrez profiter de St Malo et déguster des fruits de mer.

> **St Malo** :
Your hosts request that you phone in advance
Vos hôtes souhaitent que vous les préveniez de votre arrivée
3 WC shared - *commun*

Price in FF - *Prix en FF* :	2 pers ↓	maxi ↓
Yann	n.c.	330 B
Pascal		330 B
Frédérique	n.c.	330 B	450 A
Sylvie	(1 pers)	300 C
Véronique		330 B

15km   30km

5 Bedrooms - *chambres* / Extra Bed - *Lit Sup.* : 120 F
Reduction 2 nights - *nuits* (50 FF) & groups - *groupes*

35.21 — ST MALO

Ginette ROUILLER
16, rue Duparquier - 35400 St Malo
→ 1,5 km   7 km   99 82 89 37

You will be well looked after by Ginette, who is recently retired and adores meeting new friends. This small apartment block is well served by buses for the town and the beaches, which stop outside. Her daughter gives jazz-dancing classes.
Vous serez très bien chez Ginette ! Elle sera ravie de vous recevoir. Jeune retraitée, elle adore les contacts et les voyages. Petit immeuble avec le bus à la porte qui dessert la ville et les plages. Sa fille donne des cours de danse de jazz.

> **St Malo** :
In the south-west suburb of St Malo. Follow the signs 'Bellevue Centre Commercial'. At the traffic lights, turn into the 'Rue Duparquier'.
Dans la banlieue Sud-Ouest de St Malo. Suivre les pancartes 'Bellevue Centre Commercial'. Au feu tourner dans la rue Duparquier.

WC shared with the hosts - *commune avec les hôtes*

1 Bedroom - *chambre* / Extra Bed - *Lit Sup.* : 100 F
Price in FF - *Prix en FF* : 2 pers ↓

200 Eco

15km   30km

St Malo, city of the privateers, where Jacques Cartier and Surcouf were born. When you walk along by the impressive ramparts, like them, you will feel the spirit of adventure

St Malo, cité de corsaires, a vu naître, Jacques Cartier et Surcouf. Quand vous vous promenez derrière ses imposants remparts, comme eux, vous êtes prêts pour l'Aventure...

BRETAGNE

Département 35 : Ille et Vilaine

35.6
13 km - South of / *Au Sud du* **MONT ST MICHEL (50)**

Madeleine STRACQUADANIO
«Le Presbytère de Vieux Viel» - 35610 Vieux Viel
🚗 20 km   ✈ 50 km   ☎ 99 48 65 29

Right by the bay of the Mont St Michel, Madeleine's charming welcome will make you feel at home in this 17th century presbytery. There is a working bread oven and the house is beautifully furnished with antiques.
Au cœur de la baie du Mont St Michel, Madeleine vous accueille avec beaucoup de charme dans son presbytère du XVIIème. Intérieur enrichi de beaux meubles anciens, four à pain du XVIIème toujours en activité.
sur place : Wine - *Vin*

(65/80F)   GB
13km

> **Vieux Viel** :
In Pontorson, take the N176 towards Dol de Bretagne then turn left on to the D219 towards Sougéal where you turn right towards Vieux-Viel. The house is by the church.
A Pontorson, prendre la N176 vers Dol de Bretagne, puis tourner à gauche sur la D219 où vous tournez à droite vers Vieux-Viel. La maison est près de l'église.

4 Bedrooms - *chambres* / Extra Bed - *Lit Sup.* : 40F

				Price in FF - *Prix en FF* :	2 pers ↓	maxi ↓
1°		2			200 Eco	370 Eco
Baldaquin					220 Eco	370 A
3°					200 Eco	320 Eco
4°			n.c.		200 Eco	

35.8
10 km - West of / *A l'Ouest du* **MONT ST MICHEL**

Hélène GILLET
«Le Val St Revert» - 35610 Roz / Couesnon
☎ 99 80 27 85

Hélène is a wonderful person ! From the bedrooms of this 18th century stone house, there is a splendid view of the Mont St Michel. The breakfasts are substantial, and they also have 4 English TV channels You could not dream of a better place from which to admire the Mont St Michel...
Hélène est une personne délicieuse ! A partir des chambres de cette maison du XVIII° en pierre : vue splendide sur le Mont St Michel. Petits déjeuners copieux et TV anglaise. Vous ne pouvez rêver mieux pour admirer le Mont St Michel...

10km   GB

> **Roz / Couesnon** :
From the Mont St Michel, go towards Pontorson and take the D797 towards Roz / Couesnon.
Du Mont St Michel, aller à Pontorson et prendre la D797 vers Roz/Couesnon.

1 Suite + 3 Bedrooms - *chambres*

				Price in FF - *Prix en FF* :	2 pers ↓	maxi ↓
		2	n.c.		200 Eco	400 Eco
+						
					200 Eco	250 Eco
Panoramique					200 Eco	
					200 Eco	

Département 56 : Morbihan

56.1
30 km - North-East of / *Au Nord-Est de* **LORIENT**

Gabriel ROBIC
«Ferme de séjour Kersommer» - 56150 Baud
✈ 40 km   ☎ 97 51 08 02

Alice will give you an excellent Breton welcome, and you will enjoy her crêpes (pancakes) for breakfast. Within easy reach of the Lorient-Rennes road, and easy to find. This farm is an excellent base for visiting Brittany.
Alice vous recevra comme savent le faire les bretonnes. Vous gouterez ses crêpes au petit déjeuner ! Très facile d'accès, tout proche de l'axe Lorient-Rennes, vous ne risquez pas de vous perdre. Situation idéale pour visiter cette magnifique région.

(80F)   GB
30km   ⌀ : 20/12 → 3/01

> **Baud** :
In Lorient, take the N165 then the N24 towards Rennes. Take the Exit Pontivy. There, on the large roundabout (on the D768 towards Pontivy) take the little road with the sign of the farm then the first road on the left. The house is near the D768.
A Lorient, prendre la N165 puis la N24 vers Rennes. Prendre la sortie Pontivy. Là, sur le grand point de la D768 vers Pontivy, prendre la petite route avec le panneau de la ferme, puis la 1° à gauche. La maison est tout près de la D768.

6 Bedrooms - *chambres* / Extra Bed - *Lit Sup.* : 55 F

			Price in FF - *Prix en FF* :	2 pers ↓	maxi ↓
(3)				235 Eco	
(2)				235 Eco	
(1)				235 Eco	290 Eco

Vous avez un bébé et pas de lit ?   Cherchez le symbole :

BRETAGNE

Département 56 : Morbihan

56.7

15 km - North-East of / *Au Nord-Est de* **LORIENT**

Mathieu & Catherine SPENCE
«Le Ty Mat» - Penquesten - 56650 Inzinzac-Lochrist

8km 18km 97 36 89 26 97 36 50 20

Old 18th century Breton manor house in the process of being restored. In 3 hectares of grounds on the edge of the woods. Well equipped, spacious rooms. There are many activities in nearby Lorient, with its famous Inter-Celtic Festival in July.
Ancien manoir breton du XVIII° en voie de rénovation, situé dans un parc de 3ha à l'orée d'un bois. Les chambres sont bien installées, très spacieuses. Nombreuses activités et très proche de Lorient et de son festival Inter-Celtique en juillet.

(120F) GB

3km 3km 3km 20km

> **Penquesten** :
In Lorient, take the N165 then the N24 towards Rennes. Take the Inzinzac-Lochrist exit and go towards Lochrist. From there, turn right at the 2nd bridge then left and continue for 4km.
A Lorient, prendre la N165 puis la N24 vers Rennes. Prendre la sortie Inzinzac-Lochrist. A partir de Lochrist, tourner à droite au 2° pont puis à gauche sur 4km.

4 Bedrooms - *chambres*

		Price in FF - *Prix en FF* :	2 pers ↓	maxi ↓
Cachemire		WC	280 A	
Bleue	♥	WC	280 A	330 Eco
Valois		WC	280 A	
Empire		WC	280 A	330 Eco

56.6

13 km - South-East of / *Au Sud-Est de* **PLOËRMEL**

Gilbert & Germaine COUËDELO
«Ferme de Rangera» - Rangera - 56140 Ruffiac

40 km 97 93 72 18

If you only planned to stay for one night at Germaine and Gilbert's, you will have to come back for another visit. In the smaller house, there are three rooms with lounge and a fire place, and chez Germaine there are three more.
Si vous n'êtes que de passage, en arrivant chez Germaine et Gilbert vous saurez que vous reviendrez passer quelques jours. Dans une petite maison, 3 chambres avec salon et cheminée et chez Germaine, les 3 autres. A 30km de la forêt de Brocéliande.

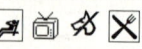

(80F)

6 Bedrooms - *chambres*
WC shared - *commun* (Océane - Bégonia - Lilas)

> **Ruffiac** :
In Ploërmel, take the D8 towards Redon-Nantes. In Ruffiac, take the D134 towardsSt Martin. Rangera is on the right.
A Ploërmel, prendre la D8 vers Redon-Nantes. A ruffiac, prendre la D134 vers St Martin. Rangera est sur la droite.

		Price in FF - *Prix en FF* :	2 pers ↓	maxi ↓
les Roses		WC	200 Eco	250 Eco
les Bleuets		WC	200 Eco	250 Eco
les Marronniers		WC	200 Eco	
Océane			180 Eco	
Bégonia	n.c.		180 Eco	330 Eco
Lilas				

56.3

3 km - North of / *Au Nord de* **PONTIVY**

Adèle MILOUX
Bel-Air en Neulliac - 56300 Pontivy

50 km 50 km 97 39 62 48

Monsieur and Madame Miloux have been welcoming guests for 20 years and the welcome is still as warm and refined as ever. A charming house with a beautiful garden, and substantial breakfasts. Tea-making facilities in the rooms.
Depuis 20 ans, M. & Mme Miloux reçoivent leurs hôtes avec toujours autant de classe, de plaisir et de chaleur. La maison est charmante, fleurie, les petits déjeuners très copieux avec oeufs à la coque. Dans votre chambre : bouilloire, tisanes ...

2 3km 8km 10km GB

4 Bedrooms - *chambres* / **Extra Bed** - *Lit Sup.* : 60 F

> **Bel-Air en Neuillac** :
In Pontivy, take the D767 towards Guingamp for 3km. The house is on the right.
A Pontivy, prendre la D767 vers Guingamp. La maison est à 3km sur la droite.

		Price in FF - *Prix en FF* :	2 pers ↓	maxi ↓
			220 Eco	280 Eco
	n.c.	WC		220 Eco
		WC		220 Eco
	WC			220 Eco

When you book direct,	En réservant directement,
be sure to mention	n'oubliez pas de mentionner
Bed & Breakfast (France).	**Bed & Breakfast (France)**

- 108 -

BRETAGNE

Département 56 : Morbihan

56.4 ☀☀

11 km - North-East of / *Au Nord-Est de* **PONTIVY**

Marie-Laurence JOUAN
«Ferme-Auberge Ty-Mad» - Kerantourner - 56480 Cléguérec

50 km — 97 38 06 14

You should stay with Marie-Laurence if you want to try real Breton cooking. If her daughter is there, you must try her crêpes, which are amongst the best in the area. The lake 10 km away is well worth a visit.

Il est clair que vous irez chez Marie-Laurence pour goûter à la cuisine des terroirs. Si vous avez la chance que sa fille crépière de métier soit présente, demandez lui de vous confectionner quelques crêpes bretonnes dont elle a le secret. Lac à 10km.

sur place : Jam, rillettes, chicken - *Confitures, Rillettes, Poulets*

(80/100F)   GB D

10km 10km 10km

Half Board -*1/2 Pension* : 180F/p

> **Cléguérec** :
In Pontivy, take the D764 towards Quimper. Turn right on to the D15 towards Cléguérec. Cross the village and turn left. Keep left until you see a sign on the right to 'Kerantourner'. The farm is on a hill.
A Pontivy, prendre la D764 vers Quimper. Tourner à droite sur la D15 vers Cléguérec. Traverser le village et prendre à gauche. Conserver la gauche et vous avez un panneau Kerantourner à droite. La ferme est sur une colline.

4 Bedrooms - *chambres* / Extra Bed - *Lit Sup.* : 60 F

	Price in FF - *Prix en FF* : 2 pers ↓		maxi ↓
2			200 Eco 320 Eco
	WC		200 Eco
			200 Eco
			200 Eco 260 Eco

56.5 ☀☀

15 km - West of / *A l'Ouest de* **VANNES**

Daniel & Monique LE DOUARAN
Guerlan - Plougoumelen - 56400 Auray

40 km — 97 57 65 50

Monique and Daniel, a friendly young farming couple, welcome you with a smile into their imposing house. Much of the typical Breton furniture has been restored by Monique as a labour of love. 10km from the Bay of Morbihan.

A 10km du golfe du Morbihan, Monique et Daniel, jeune couple de fermiers sympathiques, vous accueillent avec le sourire dans leur imposante maison. Beaucoup de meubles bretons, que Monique a sauvés du feu et entretenus avec amour.

(75/85F)   GB E

30km

> **Guerlan** :
In Vannes, take the N165 towards Lorient. After Vannes take the first exit 'Ploeren-Meriadec' and take the D127 towards Meriadec for 3,5km. 2nd farm on the left (after the level-crossing).
A Vannes, prendre la N165 vers Lorient. 1° sortie après Vannes vers Ploeren-Mériadec. Prendre la D127 vers Mériadec sur 3,5km. 2° ferme à gauche (après le passage à niveau).

5 Bedrooms - *chambres* / Reduction BS (1/09 → 30/06)

	Price in FF - *Prix en FF* : 2 pers ↓
1° & Le Lit Breton	210 Eco
La Rococo	210 Eco
4° & La Bretonne	210 Eco

56.2 ☀☀☀

28 km - West of / *A l'Ouest de* **VANNES**

Gabriel & Marie-Thérèse MAHO
Kervihern - Locoal-Mendon - 56550 Belz

35 km — 97 24 64 09

You will need a detailed map to find Marie-Thérèse and Gabriel's place. However, once you have tracked them down, you will never want to leave. This is an excellent address, offering a warm welcome in deepest Brittany.

Munissez vous d'une carte détaillée du Morbihan pour trouver Marie-Thérèse et Gabriel. Une fois que vous y serez, vous ne voudrez plus en partir. C'est la Bretagne profonde avec son sens de l'hospitalité : Une très bonne adresse.

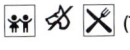

(75F) 2   GB

6km 30km

> **Locoal-Mendon** :
In Vannes, take the N165 towards Lorient. 10km after Auray, take the Locoal-Mendon exit. There, follow the signs Kervihern.
A Vannes, prendre la N165 vers Lorient. 10km après Auray, sortir à Locoal-Mendon où vous suivez les panneaux Kervihern.

5 Bedrooms - *chambres* / Extra Bed - *Lit Sup.* : 50 F

	Price in FF - *Prix en FF* : 2 pers ↓		maxi ↓
Parme & Beige & Rose		220 Eco	
Bleue		220 Eco	270 Eco
Rez de Chaussée		240 Eco	

Ste Anne d'Auray, a place of pilgrimage near Vannes, will be visited by the Pope on 20th September

Ste Anne d'Auray, lieu de pèlerinage proche de Vannes reçoit la visite du Pape le 20 Septembre

CENTRE - VAL DE LOIRE - VALLÉE DU LOIR

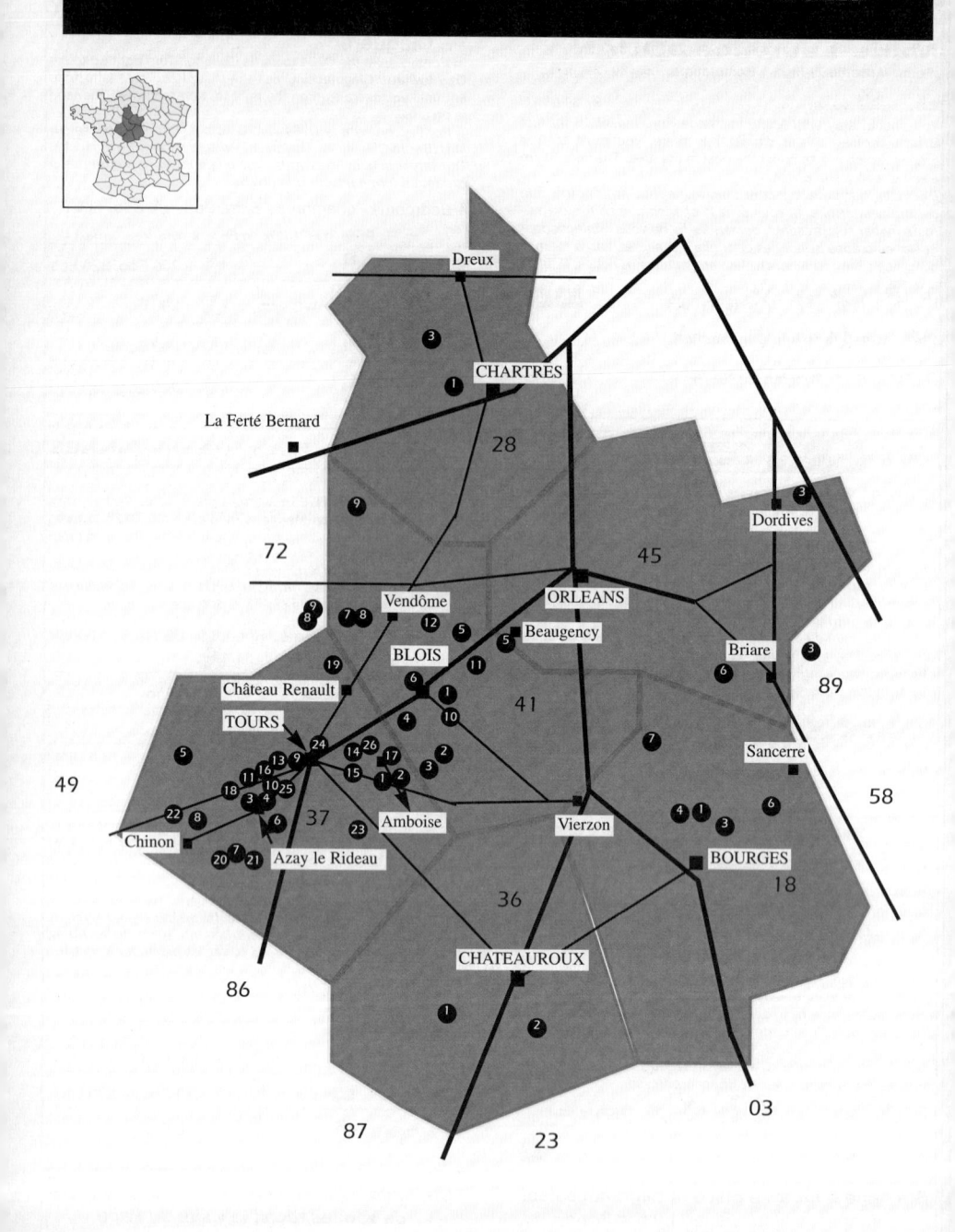

CENTRE-VAL DE LOIRE-VALLÉE DU LOIR

Centre... When the Loire Valley is mentioned, one immediately thinks of the Kings of France, who came here in search of the gentle countryside and hunting in the forests of Amboise, Chinon and Villandry ... The famous châteaux of this region bear witness to this period. Some are masterpieces, open to day visitors. Other smaller châteaux and manor houses are family homes, where you will find artists and lovers of the history and tradition of this region, where you will be received with due respect for these traditions. The Centre is also a land of writers and poets, who came to seek inspiration at Saché or on the banks of the Loir. You are on the route of the great pilgrimages and also near the vineyards of Chinon, Bourgueil and Sancerre, delicious with 'Crottins de Chavignol' cheese. Sologne and the marshlands are famous for their duck shooting. The gentle hills of le Perche also offer excellent fishing and riding.

Photo : 37.22 - page 119

Centre... Quand on prononce le nom de Val de Loire, on évoque les Rois de France qui venaient y chercher la douceur des paysages de la Loire, le gibier des forêts d'Amboise, de Chinon, de Villandry... Les témoins de cette époque sont les Châteaux prestigieux, chefs-d'œuvre d'architecture que l'on visite ; les Châteaux et Manoirs demeures fami liales, résidences d'artistes, d'amoureux de l'histoire, où vous serez reçus dans le respect des Traditions Françaises. Le Centre, c'est aussi le pays des écrivains, des poètes qui trouvaient l'inspiration à Saché ou aux bords du Loir ; c'est la route des grands pélerinages ; c'est aussi une région de Vins... Vous dégusterez Chinon, Bourgueil ou Sancerre, vous gouterez aux 'Crottins de Chavignol' ; c'est la Sologne et ses marais, région de chasse ; c'est le Perche et ses douces collines, grande région de pêche et royaume du cheval.

CENTRE-VAL DE LOIRE-VALLÉE DU LOIR

Département 18 : Cher

18.4

Robert ROY
«Le Relais des Gaillards» Route de Neuvy/Barangeon
18110 Allogny

20 km   48 64 00 84

Formerly an old coaching inn, this place is on a 110 hectare estate in the 'Sologne du Cher', on the 'Route Jacques Cœur'. There are wild animals on the estate (nothing dangerous), as well as golf, riding and five lakes.

Dans un parc de 110ha, cet ancien relais de poste situé en Sologne du Cher, sur la route Jacques Cœur, vous permet de découvrir les animaux en liberté, dans leur milieu naturel. Possibilité de golf, équitation et cinq étangs dans la propriété.

15km

➢ **Allogny** :
In Bourges, take the D944 towards Salbris.
A Bourges, prendre la D944 vers Salbris.

6 Bedrooms - *chambres*
Reduction for long stay - *long séjour*
English Breakfast - *Petit Déjeuner Anglais* : +15F

Price in FF - *Prix en FF* : 2 pers ↓   maxi ↓

1 & 3				290 A	
2 & 4				270 A	
5	3			340 B	360 Eco
6	2			390 B	430 Eco

18.1

Alain GAZEAU
«Chateau de Champgrand» - route de Menetou-Salon
18110 Quantilly

80 km   48 64 12 35   48 69 00 69

Easy-going and friendly welcome at this superb property on the 'Route Jacques Cœur'. Alain Gazeau is buzzing with ideas to liven up your stay, such as tennis, visits to wine cellars, or even a pleasure flight over the area.

Accueil 'relax' sympathique dans une propriété superbe, située sur la route Jacques Cœur. Alain Gazeau est charmant, il fourmille d'idées pour varier votre séjour : tennis au village, visite de caves, de châteaux, de Bourges, survol de la région en avion...

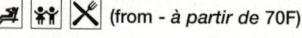

(from - *à partir de 70F*)

5km   15km   15km   GB

➢ **Quantilly** :
(Exit 'Bourges' on the A71). In Bourges, take the D940 towards Montargis. Just after St Martin d'Auxigny, turn right on to the D59 towards Menetou-Salon.
(Sortie Bourges de l'A71). A Bourges, prendre la D940 vers Montargis. Après St Martin d'Auxigny, prendre à droite la D59 vers Menetou-Salon.

4 Bedrooms - *chambres* / Extra bed - *Lit Sup.* : 100F

Price in FF - *Prix en FF* : 2 pers ↓

1° & 2°				350 B
3°				400 B
4°				430 C

18.3

Yves & Odile PROFFIT
«La Chaume» - Rians - 18220 les Aix d'Angillon

20 km   48 64 41 58   48 64 29 71

Small detached house with a living room, kitchen and barbecue at the side of the farm. The care and attention that Madame has lavished on the bedrooms also extends to her warm welcome.

Au pays du bon lait, du fromage de chèvre et du vin de Sancerre, petite maison indépendante attenante au corps de ferme. Odile s'occupera de vous, avec autant de plaisir qu'elle a mis d'amour à arranger ses chambres. Visite de Bourges et des caves de vin.

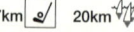

(60/80F)

5km   17km   20km   GB

➢ **Rians** :
(Exit 'Bourges' on the A71). In Bourges, take the N151 towards La Charité /Loire. Turn left on to the D955 towards Les Aix d'Angillon where you take the D46 towards Ste Solange for 4km. Follow the signs.
(Sortie Bourges de l'A71). A Bourges, prendre la N151 vers La Charité/Loire. Tourner à gauche sur la D955 vers Les Aix d'Angillon où vous prenez la D46 vers Ste Solange sur 4km. Suivre les panneaux.

3 Bedrooms - *chambres* / Extra bed - *Lit Sup.* : 80F

Price in FF - *Prix en FF* : 2 pers ↓   maxi ↓

Bas1			230 Eco	
Bas 2		n.c.	210 Eco	290 Eco
Haut 3			230 Eco	

These hosts are very convenient for a quiet relaxing stop, not far from the autoroute.
Nos hôtes vous proposent tous, une halte calme et détendue, près d'une sortie d'autoroute...

- 112 -

CENTRE-VAL DE LOIRE-VALLÉE DU LOIR

Département 18 : Cher

18.6
15 km - South-West of / Au Sud-Ouest de **SANCERRE**

Jean-Louis & Elisabeth GRESSIN
«Ferme de la Reculée» - 18250 Montigny

200km   48 69 59 18   48 69 52 51

Elizabeth has managed to add a gentle charm to this old farmhouse, situated in the heart of a vineyard by combining modern and rustic styles with great success. There are good walks in the area, as well as visiting the potters' village of La Borne.

Elisabeth a su donner charme et douceur à cette ancienne ferme située au cœur du vignoble, en alliant moderne et rustique avec beaucoup de réussite. Promenades à pied à vélo ou à cheval mais aussi visite du village de potiers de La Borne.

(80F) GB D

1km 17km 17km

Extra Bed - Lit Sup. : 60 F   Ø : 15/11 → 15/02

> **Montigny** :
In Sancerre, take the D955 towards Bourges. Turn left on to the D44 towards Montigny then Feux for 5km. Follow the signs.
A Sancerre, prendre la D955 vers Bourges. Prendre à gauche la D44 jusqu'à Montigny puis, Feux sur 5km. Suivre les panneaux.

5 Bedrooms - *chambres*
Reduction 4 nights - *nuits*

	Price in FF - *Prix en FF* : 2 pers ↓
Liseron	260 A
Bleuet	260 A
Primevère	260 A
Bouton d'or	260 A
Coquelicot	260 A

18.7
32 km - North-East of / Au Nord-Est de **VIERZON**

Arnaud ROCHE
«Domaine du Boulay» - Le Boulay - 18380 Presly

30km 40km   48 58 29 15   48 58 07 68

Do you like the countryside, peace and quiet and a genuine life– style? If so, you will love this farm, typical of Sologne, on an immense estate with 18 lakes and acres of forest. Here, hunting is an art but there is also wonderful fishing and opportunities for wild– life photography.

Vous aimez la nature, le calme, l'authenticité ? vous adorerez cette ferme typiquement solognote située sur un domaine immense (18 étangs et des hectares de forêt). Ici la chasse est un art mais la pêche et la photo offrent autant de possibilités.
sur place : Game in season - *Gibier en saison*

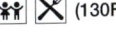

(130F) GB

15km 25km

> **Le Boulay** :
Exit 'Vierzon-Nord' on the A71. In Vierzon take the N20 towards Orléans-Paris. Turn right on to the D41 towards Neuvy/Barangeon. Turn left on to the D29 towards Nançay & Ménétréol s/Sauldre. Le Boulay will be on the left.
(Sortie Vierzon-Nord de l'A71). A Vierzon, prendre la N20 vers Orléans-Paris. Tourner à droite sur la D41 vers Neuvy/Barangeon. Prendre à gauche la D29 vers Nançay et Ménétréol s/Sauldre. Le Boulay sera sur la gauche.

5 Bedrooms - *chambres*
2 apartments - *appartements* (reduction BS : 1/09 → 30/06 & week - *semaine*)

	Price in FF - *Prix en FF* : 2 pers ↓	maxi ↓
1° & 2° & 3° 4°	370 B	
5° (child - *enfant*)	370 B	400 A
01 Apartment	450 C	510 A
03 Apartment / 2	450 C	510 A

Département 28 : Eure et Loir

28.3
35 km - North-West of / Au Nord-Ouest de **CHARTRES**

Roger PARMENTIER
2, rue des Champarts-Blévy-28170 Chateauneuf en Thymerais

20 km   37 48 01 21   37 48 01 21

Your hosts are an adorable couple. Roger is a retired chef so make sure that you dine with them. The rooms are cute and comfortable and be sure to try his delicious gooseberry jam for breakfast.

Vous serez reçus par un couple adorable. Roger est chef de cuisine à la retraite, alors n'hésitez pas à vous laisser séduire par sa table d'hôtes ! Les chambres sont coquettes. Au petit déjeuner, goûtez la confiture de groseilles à maquereaux...
sur place : Jam, local produce -*Confitures, produits régionaux*

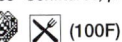

(100F) GB D

3km

> **Blévy** :
Exit Chartres on the A11. In Chartres, take the D939 towards Verneuil/Aure. In Maillebois, turn right on to the D20 towards Blévy and Dreux. In Blévy go towards Laons and as you leave the village, the house is the first on the right.
Sortie Chartres sur l'A11. A Chartres, prendre la D939 vers Verneuil/Aure. A Maillebois, tourner à droite sur la D20 vers Blévy et Dreux. A Blévy, suivre Laons et comme vous sortez du village, c'est la 1° maison à droite.

2 Bedrooms - *chambres* / Extra Bed - *Lit Sup.* : 150 / 180 F

	Price in FF - *Prix en FF* : 2 pers ↓
Blévy	n.c. 250 A
Paris	300 A

Ø : 1/02 → 15/02

- 113 -

CENTRE-VAL DE LOIRE-VALLÉE DU LOIR

Département 28 : Eure et Loir

28.1 ☀☀☀ 🏰
10 km - West of / A l'Ouest de **CHARTRES**

➢ **St Luperce** :
In Chartres, take the N23 towards Le Mans. Turn left on to the D121 towards St Luperce where you go towards Louappe - Courville. Blanville is on the left.
A Chartres, prendre la N23 vers Le Mans. Prendre à gauche la D121 vers St Luperce où vous allez vers Louappe - Courville. Blanville est sur la gauche.

Emmanuel & Lisa de COSSE BRISSAC
«Chateau de Blanville» - 28190 St Luperce

➝ 🚂10km ✈80km ☎ 37 26 77 36 📠 37 26 78 02

Your hosts are a dynamic young couple in a place which lives and breathes history. This 17th century château in the style of Louis XIII is surrounded by formal French gardens. Every detail is taken care of so that you feel like a king.
Vous serez reçu par un jeune couple dynamique, dans un lieu qui respire l'histoire : Château du XVII° style Louis XIII, il est entouré de jardins à la française. Tous les détails sont étudiés pour vous permettre de passer un séjour royal plein de charme.
sur place : Honey, Wine, Champagne - *Miel, Vin, Champagne*

🅿 🌲 🐈 🛷 📺 🚭 ♦ 🍴 (150/275F)
🚣 🚵 🚶 15km 🍼 Φ : 15/01 → 15/02 **GB**

BS(15/02 → 31/03) : 2 🛏
Price in FF - *Prix en FF* :   2 pers ↓

Marquise	🛏	🚽	🛋	900	Luxe
Verte	🛏	🚽		700	Luxe
Charles X	🛏	🚽		700	Luxe
Perroquet	🛏	🚽		800	Luxe
Diane	🛏	🛋		800	Luxe

5 Bedrooms - *chambres* / Extra Bed - *Lit Sup.* : 150F

Département 36 : Indre

36.1 ☀☀☀ 🏰
32 km - South-West of / *Au Sud-Ouest de* **CHATEAUROUX**

➢ **Rivarennes** :
In Châteauroux take the N20 towards Limoges for 15km. Turn left on to the N151 towards Poitiers and continue for 17km (Rivarennes is on the left, 2km after St Gaultier).
A Châteauroux, prendre la N20 vers Limoges sur 15km. Prendre à droite la N151 vers Poitiers sur 17km (Rivarennes est sur la gauche, 2km après St Gaultier).

Madame de CLERMONT TONNERRE
«Château de la Tour» - 36800 Rivarennes

➝ 🚂 30 km ✈ 30 km ☎ 54 47 06 12 📠 54 47 06 08

The Duchess of Clermont Tonnerre will welcome you to her splendid château directly overlooking the River Creuse. You will be tempted to fish from the terrace and it will give you a taste of the "art de vivre" of the upper classes. Helipad.
Madame la duchesse vous accueille dans son splendide château du XIV° dominant la Creuse. Très facile d'accès, sur la D151, vous y apprécierez un certain art de vivre à la campagne : Chasse à courre et à tir, mille étangs, Hélisurface.
sur place : Handpainted porcelain - *porcelaines peintes*

🅿 🌲 🐈 🛷 📺 🚭 👨‍👩‍👧 🍴 (350F)
🦌 🏊 🐎 🚴 🎣 5km 🍼 **GB**

Price in FF - *Prix en FF* :   2 pers ↓

Rémi + Chevaux	🛏 / 🛏	🛋	(2)	1000 + 900	Luxe
Menou	🛏	🚽		900	Luxe
Monseigneur & Oiseaux	🛏 / 🛏	🛋 🚽		900 & 800	Luxe
Bleue & Louis XVI	🛏 / 🛏	🛋 🚽		800 & 800	Luxe
Aurélie + Bateau	🛏 / 🛏	🛋	n.c.	500 + 500	C
Diane	🛏	🛋		1000	Luxe
Baldaquin	(130) 🛏	🚽		900	Luxe
Jaune	🛏	🛋	n.c.	600	C

12 Bedrooms - *chambres* / Extra Bed - *Lit Sup.* : 150F

From October 18th, the telephone number of hosts in the Centre of France will begin with 02.
Dial : + 33 2 before your host's telephone number (from France : dial 02 before your host's telephone number).
A partir du 18 Octobre, le numéro de téléphone de votre hôte du Centre de la France débutera par 02.
Composez : International + 33 2 suivi du N° de votre hôte (de France : 02 devant le N°).

Die B&B Experten (Großbritannien & Frankreich)
Travel Service Helga Hayes
Kurfürstenstr. 5 A - 65817 Eppstein
Tel. : 06198 502126 - Fax : 06198 502127

CENTRE-VAL DE LOIRE-VALLÉE DU LOIR

Département 36 : Indre

36.2 A.P.

Michel DUMOUTET
«Ferme Accueil Les Enfants d'Hélice» - Fragne - 36230 Sarzay

☎ 54 31 32 30

In the Regional National Park of la Brenne, the area of George Sand. (Alt. 300m). Nearby : La Châtre, Chateauroux.
Farmhouse Activities :
Polyculture and 54 hectares of environmentally friendly, organic farming. For children, there is mountain biking and team games organised.
Other Activities :
Horse riding, horse-drawn caravans, mountain biking and the George Sand trail.
Produce :
Lamb, poultry, vegetables, jam and bread.

5 Rooms with 3 - 5 beds : 150 FF for 2 persons
5 chambres de 3 à 5 lits : 150FF / 2 pers.
Farmhouse dinners - Table d'hôte

35 km - South-East of / Au Sud-Est de **CHATEAUROUX**

➢ **Sarzay** :
In Châteauroux, take the D943 towards La Châtre. In Nohant, turn right on to the D51 towards Sarzay. After the village, turn left towards Chassignoles and continue for 2km. The farm is on the left.
A Châteauroux, prendre la D949 vers La Châtre. A Nohant prendre à droite la D51 vers Sarzay. Après le village, tourner à gauche vers Chassignolles. La ferme est à 2km à gauche.

Dans le parc Naturel Régional de la Brenne, Pays de George Sand (Alt. 300m). Alentours : La Châtre, Chateauroux.
Activité à la ferme :
Animations-participations liées à la ferme (polyculture et élevage sur 54ha en agrobiologie) et à l'environnement : destiné aux enfants, VTT, Jeux d'équipe...
Autres activités :
Cheval, roulotte, VTT, découverte de la nature, circuit George Sand.
Sur place :
Agneaux, volailles et produits du jardin, confiture, pain.

Département 37 : Indre et Loire

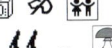

37.17

AMBOISE

Dominique DUPIN
«La Riveraine» - 4, quai des Violettes - 37400 Amboise

2 km ☎ 47 39 13 49

Dominique is charming. She loves tennis and music. Her house is on the edge of the River Loire with a view over the grounds between the two arms of the river. You are only 500m from the Château d'Amboise. There is a barbeque in the courtyard.
Dominique est charmante et agréable. Elle aime le tennis et la musique. Sa maison est située sur les bords de la Loire, avec la vue sur le parc entre les 2 bras de la Loire. Vous êtes à 500m du château d'Amboise. Barbecue à disposition dans la cour.

GB E
1km 1km 2km 2km 24km

➢ **Amboise** :
In Amboise, from the N152, cross the bridge and turn left on to the D751 along by the Loire for 300m (after passing the hôtel 'Choiseul'.
A Amboise, venant de la N152, prendre le pont et tourner à gauche le long de la Loire. C'est à 300m, après l'hôtel 'Choiseul'

2 Bedrooms - chambres / Extra Bed - Lit Sup. : 40F

		Price in FF - Prix en FF :	2 pers ↓
🛏	🚿	WC	260 A
🛏		WC	240 Eco

37.1

Martine ALEKSIC
«La Chevalerie» - La Croix en Touraine - 37150 Blère

→ 3 km 25 km ☎ 47 57 83 64

A restored farmhouse with a pretty, walled flower garden, and animals that will charm the children. It is on the edge of the Amboise forest and ideal for walking, fishing and visiting the châteaux of Touraine.
Cette ferme restaurée a un joli jardin clos et fleuri, des animaux pour le plaisir de vos enfants. Elle est située à l'orée de la forêt d'Amboise. C'est l'idéal pour les randonnées, la pêche mais aussi pour toutes vos visites des Châteaux de Touraine.

4km 5km

10 km - South of / Au Sud d' **AMBOISE**

➢ **La Croix en Touraine** :
In Amboise, take the D31 towards La Croix de Touraine. The farm is on this road. 3km before the village, follow the signs.
A Amboise, prendre la D31 vers La Croix de Touraine. La ferme est sur cette route, 3km avant le village, suivre les panneaux.

4 Bedrooms - chambres / Extra Bed - Lit Sup. : 80F

		Price in FF - Prix en FF :	2 pers ↓	maxi ↓
1° & 2°	🛏	🛏 WC	220 Eco	300 Eco
3°	🛏	WC	220 Eco	
4°	🛏	WC	220 Eco	

Amboise, the royal town where Leonardo de Vinci ended his days. He is buried in the Chapelle St Hubert.

Amboise, ville royale où Léonard de Vinci finit ses jours. Il repose à la Chapelle St Hubert.

CENTRE-VAL DE LOIRE-VALLÉE DU LOIR

Département 37 : Indre et Loire

37.2
7 km - South-East of / Au Sud-Est d' **AMBOISE**

Françoise PINQUET
«Le Prieuré des Cartes»-Les Cartes-37150 Civray de Touraine

➡ 7 km ☎ 47 57 94 94 47 57 89 33

A very beautiful home, full of flowers on the edge of the Amboise forest. Wonderfully peaceful. You will enjoy the heated swimming pool and all the other things that Françoise proposes for keeping in shape.

Très belle propriété, fleurie, en bordure de la forêt d'Amboise. Tout y respire calme et repos. Vous apprécierez la piscine chauffée et toutes les possibilités que vous offre Françoise pour rester en forme après vos visites de châteaux.

5km 3km GB E

> **Les Cartes** :
In Amboise, on the D31, take the D81 towards Civray de Touraine - Chenonceaux, for 3km. Follow the signs (a small lane on the right then left and left again).
A Amboise, sur la D31, prendre la D81 vers Civray de Touraine - Chenonceaux, sur 3km. Suivre les panneaux (petit chemin à droite puis 2 fois à gauche).

2 Bedrooms - chambres / Extra Bed - Lit Sup. : 100F

Price in FF - Prix en FF :	2 pers ↓	maxi ↓
🛏 🚻 📺	500 C	
🛏 🚻 📺	400 B	

37.3
AZAY LE RIDEAU

Madame SALLES
«Château du Gerfaut» - Le Gerfaut - 37190 Azay-le-Rideau

➡ 4 km 🚶 30 km ☎ 47 45 40 16 47 45 20 15

A hunting lodge of the Kings of France, particularly favoured by Louis XI for falconry. The château was restored at the beginning of the century. The rooms are rather sober but the location is so wonderful. Deer roam in the grounds.

Lieu de chasse des rois de France, plus particulièrement de Louis XI pour la chasse au faucon (gerfaut). Cet imposant château a été reconstruit en 1910. Confort des chambres sobre mais environnement agréable: troupeaux de daims, parc boisé.
sur place : Honey, Paté - Miel, Pâté

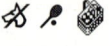

(200F) 12km : 1/11 → 31/03 GB E

> **Azay le Rideau** :
In Azay le Rideau, take the D751 towards Tours. At the 'Gendarmerie' and the supermarket, turn left towards Villandry then take the first road on the right.
A Azay le Rideau, prendre la D751 vers Tours. A la gendarmerie et au supermarché, tourner à gauche vers Villandry puis la 1° route à droite.

7 Bedrooms - chambres / Extra Bed - Lit Sup. : 130F

	Price in FF - Prix en FF :	2 pers ↓	maxi ↓
Verte	🛏 🛏 🚻	590 C	720 C
Rouge	🛏 🚻	490 C	
Jaune & Rose	🛏 🛏 🚻	490 C	620 C
Blanche	🛏 🚻	395 B	
Bleue	🛏 🚻	490 C	
Rose bis	🛏 🚻	490 C	

37.4
AZAY LE RIDEAU

Thierry POIREAU
«La Petite Loge» - 15, route de Tours - 37190 Azay-le-Rideau

➡ 4 km 🚶 30 km ☎ 47 45 26 05 47 45 33 21

An old restored house in 7 hectares of grounds. There are woods and lawns and they have a barbecue. Suggested activities: châteaux, vineyards, riding, tennis, fishing and walking. There are magnificent forest parks nearby.

Maison ancienne rénovée dans un domaine de 7ha. Parc boisé, espaces verts aménagés pour la détente et les loisirs, barbecue. A voir : châteaux, vignobles. Equitation à 7km, piscine, tennis, pêche à 1km et magnifiques forêts domaniales à proximité.

1km 13km 14km GB

> **Azay le Rideau** :
In Azay le Rideau, take the D751 towards Tours. The house is on the left, 30m after the Elf petrol station.
A Azay le Rideau, prendre la D751 vers Tours. La maison est sur la gauche, 30m après la station Elf.

5 Bedrooms - chambres

	Price in FF - Prix en FF :	2 pers ↓	maxi ↓
Rouge & Bleue	🛏 🚻	240 Eco	
Orange	🛏 🚻	240 Eco	
Blanche	2 🛏 🚻	240 Eco	350 Eco
Verte	🛏 🛏 WC	220 Eco	280 Eco

**Wenn Sie direkt buchen,
so weisen Sie bitte auf den Bed & Breakfast (France) Reisekatalog hin.**

CENTRE-VAL DE LOIRE-VALLÉE DU LOIR

Département 37 : Indre et Loire

37.18

14 km - North-West of / *Au Nord-Ouest d'* **AZAY LE RIDEAU**

Ray & Michèle GENTES
«Château de Montbrun» - 37130 St Michel / Loire

3km   20km   47 96 57 13   47 96 57 13

Be sure to stay here for several days and enjoy the wonderful food and hospitality. Michèle and Ray love to receive guests in their extraordinary château. You will spend some wonderful evenings with them, listening to Ray's stories, particularly about the time when he sang at the London Palladium.

Restez quelques jours et profitez de la table d'hôte... Michèle et Ray adorent recevoir dans leur extraordinaire château. Vous passerez des soirées mémorables et aurez peut être la chance d'écouter Ray, comme au temps où il chantait au Palladium à Londres...

> **St Michel / Loire** :
In Azay le Rideau, take the D57 towards Langeais where you take the N152 towards Saumur for 4km.
A Azay le Rideau, prendre la D57 vers Langeais où vous prenez la N152 vers Saumur, sur 4km.

	Price in FF - *Prix en FF* :	2 pers ↓	maxi ↓
Balzac & V. Hugo		690 Luxe	
Lamartine & La Fontaine		590 C	
G. Sand		690 Luxe	840 C
La Fontaine		590 C	

P   12   (240F)

◊ : 1/02 → 28/02   GB D I E

5 Bedrooms - *chambres* / Extra Bed - Lit Sup. : 150F

37.6

10 km - South-East of / *Au Sud-Est d'* **AZAY LE RIDEAU**

Jean & Michèle LOCQUET
18, rue de la Baronne - 37260 Thilouze

50 km   47 65 76 34   47 65 76 47

A great place to appreciate the culture of the Loire Valley. Spend an evening with Michèle and Jean, who love talking about literature, music and their cats. The house is very comfortable and there is a hunting estate nearby.

Position idéale pour rayonner sur les châteaux de la Loire, vous passerez chez Michèle et Jean une soirée familiale. Vous parlerez littérature (Balzac), musique, du château de Saché et de leurs chats. La maison est très confortable. Domaine de chasse à côté.

> **Thilouze** :
In Azay le Rideau, take the D17 towards Saché then the D19 towards Thilouze. Head for 'le Stade'. This modern house has a parking space just in front (doctor's house)..
A Azay le Rideau, prendre la D17 vers Saché puis la D19 vers Thilouze. Prendre la direction du stade. C'est une maison moderne avec un parking devant (maison du docteur).

2 Bedrooms - *chambres* / Extra Bed - Lit Sup. : 70F

	WC shared - *communs*
	Price in FF - *Prix en FF* : 2 pers ↓
	200 Eco
	230 Eco

P   GB E

37.19

16 km - North-West of / *Au Nord-Ouest de* **CHATEAU-RENAULT**

Jacky & Michèle COCHEREAU
«Ferme de la Persillerie» - 37110 Les Hermites

30 km   47 56 32 04

This is just as you imagine a farm should be, in the middle of the fields, and you will love the warm accent of Michèle and Jacky. Here you are mid-way between 2 rival tourist areas: the listed villages of the beautiful Loir valley and the châteaux of the Loire Valley. The choice is yours!

C'est une ferme comme vous l'imaginez, au milieu des champs. Vous aimerez l'accent chaleureux de Michèle et Jacky. Vous êtes au centre de 2 pôles touristiques intéressants : les villages classés de la belle vallée du Loir et les châteaux de la Loire.

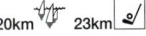

> **Les Hermites** :
In Chateau-Renault, take the D766 towards Angers for 1km. Turn right towards Le Boulay. As you leave the village, turn right on to the D72 towards Monthodon, Les Hermites and continue for 4km. The farm is on the left.
A Chateau-Renault, prendre la D766 vers Angers sur 1km. Tourner à droite vers Le Boulay où, à la sortie, vous prenez la D72 à droite vers Monthodon sur 4km. La ferme est à gauche.

3 Bedrooms - *chambres*
Extra Bed - Lit Sup. : 50F / Reduction 4 nights - *nuits*

	Price in FF - *Prix en FF* :	2 pers ↓	maxi ↓
Aliénor		WC 200 Eco	
Adélaïde		200 Eco	
Alyssia	(120)	WC 200 Eco	250 Eco

P   (70F)

5km   20km   23km   15km   30km

When you book directly, be sure to mention this guide Bed & Breakfast (France)
Quand vous réservez directement,
n'oubliez pas de mentionner le guide Bed & Breakfast (France)

- 117 -

CENTRE-VAL DE LOIRE-VALLÉE DU LOIR

Département 37 : Indre et Loire

37.20 ☀☀☀

10 km - South-East of / *Au Sud-Est de* **CHINON**

Daniel SUZOR
«Moulin de Reignier» - Route de Richelieu - 37500 Anché

🚗 35 km   ☎ 47 98 37 75

➢ **Anché** :
In Chinon, take the D749 towards l'Ile Bouchard, then stay on the D749 towards Richelieu. The water-mill is on the right.
A Chinon, prendre la D749 vers l'Ile-Bouchard, puis rester sur la D749 vers Richelieu. Le moulin est sur la droite.

This old 18th century watermill, in the heart of the peaceful countryside, is only about 10km from the tomb of Richard the Lionheart. You are in the heart of the Chinon vineyards, where art, history and gastronomy reign supreme. Let us not forget that this is the native region of Rabelais...
A une dizaine de km de la tombe de Richard Cœur de Lion, cet ancien moulin du XVIII° offre le calme en pleine nature. Vous êtes au centre des vignobles de Chinon où règnent art, histoire et gastronomie. N'oublions pas que c'est le pays de Rabelais...

4 Apartments - *appartements*
Reduction BS (19/09 → 3/06) / Extra Bed - Lit Sup. : 85 F

		Price in FF - *Prix en FF* :	2 pers ↓	maxi ↓
32	Apartment 4	WC 📺	490 C	660 B
33 & 34	Apartment 3	WC 📺	490 C	575 B
37	Apartment / 3	WC 📺	590 C	845 B

P 🌲 🐱 👪 🚫 🍳 🚤   **GB**

🚶 1km 🚶 25km ✉   Ø : 15/11 → 30/03

37.21 ☀☀☀

15 km - South-East of / *Au Sud-Est de* **CHINON**

Christian VAURIE
«La Commanderie» -16, rue de la Commanderie - Brizay
37220 l'Ile Bouchard

➜🚆 17km ✈ 50km 🚗 47 58 63 13 ☎ 47 58 55 81

➢ **Brizay** :
In Chinon, take the D749 then the D760 towards l'Ile-Bouchard. Just after the junction with the D757 towards Richelieu (on the right) and the Shell petrol station (on the left), turn right. The country house will be on the left.
A Chinon, prendre la D749 puis la D760 vers l'Ile-Bouchard. Juste après le croisement avec la D757 vers Richelieu (à droite) et la station Shell (à gauche), prendre à droite. La Commanderie sera sur la gauche.

You will spend great evenings at dinner with Christian who is very pleasant company. La Commanderie is in the process of renovation and you will be able to admire the beautiful Indonesian furniture. There are special discounts for small groups.
Vous passerez une très bonne soirée à la table de Christian, en très agréable compagnie. La Commanderie est en voie de rénovation, vous pouvez y admirer de beaux meubles indonésiens. Prix intéressants si vous êtes en groupe.

11 Bedrooms - *chambres* / Extra Bed - Lit Sup. : 100F

	Price in FF - *Prix en FF* :	2 pers ↓	maxi ↓
1° La Roseraie & 3° Le Verger	🚿	250 A	
2° Les Lilas & 4° Le Bois	🚿	250 A	
Jasmin & Glycine	🚿	200 Eco	300 Eco
Cerisiers & Acacias & Potager & Nénuphars & Hêtres	🚿	200 Eco	

P 🌲 🐱 ♿ 📺 👪 🍴 (100F)   **GB**

🚶 2km ☂ 6km 🚲 15km ✉ 30km ✗ 30km

Reduction groups - *groupes*
2 WC shared - *communs* (1° & 2° / 3° & 4°)
3 WC shared - *communs* (5° → 11°)

37.5 ☀☀☀

30 km - North of / *Au Nord de* **CHINON**

Michel & Claudette BODET
«La Butte de l'Epine» - 37340 Continvoir

🚗 40 km   ☎ 47 96 62 25

➢ **Continvoir** :
In Chinon, take the D749 towards Bourgueil then Gizeux. Turn right towards Continvoir where you follow the signs.
A Chinon, prendre la D749 vers Bourgueil puis Gizeux. Là, prendre à droite vers Continvoir où vous suivez les panneaux.

You must make a detour to stay with Claudette and Michel. This house, set back near a wood, is so charming at any time, but at its best in the autumn. Michel will introduce you to the Bourgueil wine. A good base for visiting the Loire Valley.
Faites absolument un détour chez Claudette & Michel. La maison, retirée près d'un bois, a un charme fou. Est-ce en automne le plus magnifique ? ou au printemps, lors du passage des gros gibiers ? Michel vous fera découvrir le vin de Bourgueil...

2 Bedrooms - *chambres* / Extra Bed - Lit Sup. : 80F

	Price in FF - *Prix en FF* :	2 pers ↓
1° & 2°	🛏 WC 🚿	290 A

P 🌲 🐱 ♿ 📺 🚫 🚭   Ø : 24/12 → 2/01

GB 🚶 🚲 6km 🚶 6km ✉ 16km ✗

Near - *Près de* CHINON, See also - *Voir aussi* :
79.1 - Famille W. BUSHART - Oiron - Page 222
86.1 - Christian LAURENS - «Château de Bournand» - Bournand - Page 223

- 118 -

CENTRE-VAL DE LOIRE-VALLÉE DU LOIR

Département 37 : Indre et Loire

37.8

10 km - North of / *Au Nord de* **CHINON**

Anne BUREAU
«Le Clos de l'Ormeau» - 37420 Huismes

➔ 7km   40 km   47 95 41 54

This substantial house really does have character. Anne produces wonderful breakfasts and Jean-Marc will take you into his cellar and talk Loire Valley wine. Once you have tried their swimming pool, who cares about châteaux?
Il existe encore des maisons bourgeoises qui ont une âme. Anne soigne ses petits déjeuners, Jean-Marc vous emmène dans sa cave et vous parle des vins de Loire... Aurez-vous le courage d'aller visiter les châteaux si vous goûtez à la piscine ?

GB

3km   7km   ∅ : 25/12

Reduction BS (15/09→1/06) / WC shared - *commun*

➢ **Huismes** :
In Chinon, on the D751 towards Tours, turn left on to the D16 towards Huismes. In the village, go to the church, go through the arch then first street on the left and 2nd house on the right.
A Chinon, sur la D751 vers Tours, prendre à gauche la D16 vers Huismes. Dans le village aller à l'église, passer sous l'arche puis 1° rue à gauche et 2° maison à droite.

3 Bedrooms - *chambres* / Extra Bed - Lit Sup. : 50F

Price in FF - *Prix en FF* :	2 pers ↓
	230 Eco
2 n.c.	200 Eco
n.c. (+)	230 Eco

37.22

14 km - North of / *Au Nord de* **CHINON**

Florence GOUPIL de BOUILLÉ
«Château des Réaux» - Le Port Boulet - 37140 Bourgueil

1km   50km   47 95 14 30   47 95 18 34

If we had a "5 sun" category, les Réaux would qualify. It is a privilege to stay at this moated château, which is listed as an historic monument. Add to this your absolutely charming hosts, so even if the château is full, ask to sleep in the cottage !
Avec les Réaux, château entouré de douves, classé monument historique, nous regrettons de ne pas avoir 5 soleils... Vivez une expérience privilégiée... De plus, vos hôtes sont absolument charmants. Si le château est complet, dormez au cottage !

(250F)   GB   D

5km   10km   14km   15km   20km

5 Suites + 12 Bedrooms - *chambres* / Extra Bed - Lit Sup. : 50F

Cottage :	Price in FF - *Prix en FF* :	2 pers ↓	maxi ↓
Charlotte		560 C	
Grand-Mère		510 C	
Bons Enfants		510 C	
Atelier		360 B	
Pivoines		560 C	615 C

➢ **Le Port Boulet** :
In Chinon take the D749 towards Bourgueil. In Port Boulet, turn left on to the N152 towards Saumur and continue for 1,5km. Turn right in to the 'rue des Réaux'.
A Chinon, prendre la D749 vers Bourgueil. Au Port Boulet, prendre à gauche la N152 vers Saumur sur 1,5km. Prendre à droite la rue des Réaux.

Château : Price in FF - *Prix en FF* : 2 pers ↓ maxi ↓

Evêque			1110 Luxe	1220 Luxe
	(child-*enfant*)			
Gédéon			960 Luxe	1015 Luxe
Terrasse			960 Luxe	1015 Luxe
Barois			810 Luxe	865 C
(rez de chaussée)				
Provence			1060 Luxe	1115 Luxe
Rose & Hortensia			710 & 610	Luxe
Taboureau & Olympe			560 C	
Américaine			480 C	
Printemps			1060 Luxe	1225 Luxe
	(baby-*bébé*)			
Bonne Maman			1060 Luxe	1115 Luxe

Would you like us to handle your bookings ?
Call + 44 1491 578803 (within Britain : 01491 578803)

Sie können telefonish reservieren :
in Deutschland unter 06198 - 502126

CENTRE-VAL DE LOIRE-VALLÉE DU LOIR

Département 37 : Indre et Loire

37.7 ☀☀☀

Daniel DEGOUY
«Le Prieuré» - 8, cours de l'Abbaye - 37220 Tavant

→ 🚂 35 km(TGV) ✈ 35km ☎ 47 58 64 48   47 95 28 55

Daniel has 2 studio apartments in this old farm, attached to the abbey. On the wine and château trail, he is an expert on "le pain et le vin", and organises courses to ensure that your daily meals are always a pleasurable experience.

Daniel vous propose 2 studios dans l'ancien corps de ferme de l'abbaye, sur la route des vins et des châteaux. Passionné par 'le pain et le vin', il organise des stages et s'ingénie pour que vos repas quotidiens restent un plaisir.

sur place :   Bread, wine, tarts, milk, butter, coffee, jam...
              Pain, vin, tartes, lait, beurre, café, confiture...

P 🌲 🐈 🎿 📺 👥👥 🍴 (100F)   GB   I

🚶 🚶🚶🚶 🚴 35km ⛷

14 km - South-East of / *Au Sud-Est de* **CHINON**

➢ **Tavant** :

In Chinon, take the D749 then the D760 towards l'Ile-Bouchard. As you enter Tavant, there is a car park on the right and you go through the arch on the right.

A Chinon, prendre la D749 puis la D760 vers l'Ile-Bouchard. A l'entrée de Tavant, parking à droite et vous passez sous le porche à droite.

2 self-catering apartments - *appartements en location*

Reduction BS(15/04 → 30/06) / 2 🛏

Price in FF - *Prix en FF* :   2 pers ↓

	Apartment	🛋	📺	☎	🛏	
St Nicolas de Bourgueil						280 A
Vouvray	Apartment			WC	🛏	280 A

37.23 ☀ 🏠

Marie-Thérèse GIRARD
Aubigny - 37310 Tauxigny

🚗 ✈ 25 km   ☎ 47 92 18 19   47 92 10 77

You will receive a warm welcome from Madame and her daughter who speaks perfect English. The relaxing atmosphere will immediately make you feel at home. This is a family farm on the main Tours to Châteauroux road.

Vous serez très bien accueillis par Marie-Thérèse et sa fille qui parle un Anglais parfait. Ambiance relax, vous vous sentirez aussi décontracté que chez vous. C'est une exploitation agricole familiale, sur l'axe Tours-Châteauroux.

P 🐈 🎿 📺 🍴 (70F)   GB

🚶 🚴 3km 💧 10km 🐟 10km

20 km - South of / *Au Sud de* **TOURS**

➢ **Aubigny** :

In Tours, take the N143 towards Loches-Châteauroux. After Cormery and the level crossing, turn right on to the D82. Then as you enter the village, turn right on to the first made up road. There is a pond and a sign.

A Tours, prendre la N143 vers Loches-Châteauroux. Après Cormery et le passage à niveau, prendre la D82 à droite puis à l'entrée du village, la 1° route goudronnée à droite. Il y a une mare et un panneau.

2 Bedrooms - *chambres* / 🚿WC shared - *commun*

Price in FF - *Prix en FF* :   2 pers ↓   maxi ↓

| 🛏 | 🛏 | 180 Eco | 220 Eco |
| 🚿 | 🛁 | 180 Eco | |

37.15 ☀☀☀ 🏰

Pierre TASSI
«Château du Côteau» - 37270 Azay / Cher

→ 🚂 16 km ✈ 22 km ☎ 47 50 47 47   47 50 49 60

Who can resist the charm of this clockhouse of pink brick, with its romantic veranda and refined bedrooms. It overlooks the Cher Valley and is surrounded by 18 hectares of wooded grounds with an animal park. Chopin once lived here.

L'ombre de Frédéric Chopin est toujours présente dans ce beau parc dominant la vallée du Cher. Au cœur d'un parc animalier de 18ha, aux arbres centenaires, vous découvrirez le pavillon de l'horloge. Charme, romantisme et raffinement.

sur place : Wine - Vin

P 🌲 🐈 🎿 📺 👥👥 🚭   GB   I   E

🚶 🚶🚶🚶 🚴 15km 🎵

1 Apartment - *appartement* + 5 Bedrooms - *chambres*

15 km - East of / *A l'Est de* **TOURS**

➢ **Azay / Cher** :

In Tours, take the N76 towards Vierzon. 1km after Azay/Cher, turn left towards the château.

A Tours, prendre la N76 vers Vierzon. 1km après Azat/Cher, tourner à gauche vers le château.

Reduction BS (15/10 → 15/03) / Extra Bed - *Lit Sup.* : 100F

Price in FF - *Prix en FF* :   2 pers ↓   maxi ↓

	Apartment	🛏	🛏	🚿WC	🛋	📺		
	7	4				500 C	500 B
					no breakfast - *pas de petit déjeuner*		
Bleue		🛏	🚿WC		📺	460 C	
Jaune & Horloge		🛏	🚿WC		📺	590 C	
Saumon		🛏	🚿WC		📺	510 C	
Verte		🛏	🚿WC		📺	590 C	

As you travel round Touraine, you will understand why the kings of France so loved this province...

En vous promenant en Touraine, vous comprendrez pourquoi les rois de France aimaient cette province...

CENTRE-VAL DE LOIRE-VALLÉE DU LOIR

Département 37 : Indre et Loire

37.14 ☀☀☀☀☀

15 km - East of / A l'Est de **TOURS**

Monique FORTIER de LAHAIE
«Le Chêne Morier» - Le Peu Morier - 37210 Vouvray

8 km   47 52 78 83

➢ **Le Peu Morier** :
In Tours, take the N152 towards Blois. In Vouvray, take the D46 towards Vernou/Brenne for 1,8km
A Tours, prendre la N152 vers Blois. A Vouvray, prendre la D46 vers Vernou/Brenne sur 1,8km.

A mock "Style Empire" house with a beautiful flower garden in the middle of the Vouvray vineyards. From the terrace or from the edge of the pool, there is a magnificent view over the Loire Valley. They will lend you a bike.
Maison récente de style Empire, dans un parc fleuri, au centre des vignobles de Vouvray. De la terrasse ou du bord de la piscine : vue magnifique sur la vallée de la Loire. Proximité des châteaux, de nombreux restaurants. Prêt de vélos sur place.

3 bedrooms - *chambres* / Reduction BS (1/09 → 30/06)

	Price in FF - *Prix en FF* : 2 pers ↓			maxi ↓
Louis XVI			300 A	
Exotic			300 A	410 A
Red			280 A	

37.13 ☀☀☀☀

15 km - West of / A l'Ouest de **TOURS**

Michel DESCORPS
«Le Quart» - 37230 Luynes

15 km   47 55 51 70   47 55 57 49

➢ **Luynes** :
In Tours, take the N152 towards Langeais-Saumur. After Vallières, turn right towards Luynes. There, take the D6 towards Pernay and follow the green signs to 'Le Quart'.
A Tours, prendre la N152 vers Langeais-Saumur. Après Vallières, tourner à droite vers Luynes. Là, prendre la D6 vers Pernay et suivre les panneaux verts 'Le Quart'.

This ancient farmhouse has been beautifully restored. Bedrooms full of charm, antiques, and well equipped bathrooms. Here you will discover the sound of silence. Many restaurants nearby.
Dans cette ancienne ferme restaurée luxueusement et aménagée avec goût, vous redécouvrirez le plaisir du silence. Tout près de Tours et loin des axes de circulation ! Meubles anciens, salles de bains modernes. Nombreux restaurants à proximité.

GB

3km   3km   10km

3 bedrooms - *chambres*

	Price in FF - *Prix en FF* : 2 pers ↓
1° Cottage Sprig	550 C
2° Rowan	750 Luxe
3° Shirt Stripe	950 Luxe

37.16 ☀☀☀

15 km - West of / A l'Ouest de **TOURS**

Jocelyne VACHER
«Le Moulin Houdoux» - 37230 Luynes

15 km   47 55 76 27   47 55 76 27

➢ **Luynes** :
In Tours, take the N152 towards Langeais-Saumur. After Vallières, turn right towards Luynes where you follow the signs 'chambres d'hôtes'.
A Tours, prendre la N152 vers Langeais-Saumur. Après Vallières, tourner à droite vers Luynes où vous suivez les panneaux 'chambres d'hôtes'.

Jocelyne and her family welcome you warmly to their 18th century watermill. The living room is delightful with its fireplace and bay windows overlooking the river. There is a barbecue and mountain bikes are available.
Tout près des châteaux, Jocelyne et sa famille vous reçoivent avec beaucoup de gentillesse dans leur moulin du XVIIIème. Très agréable séjour-salon avec cheminée et baies voutées donnant sur la rivière. Barbecue sous abri et VTT à disposition.

(100F)   GB

15km

Reduction BS (1/10 → 31/03)

4 bedrooms - *chambres* / Extra Bed - *Lit Sup.* : 90F

	Price in FF - *Prix en FF* : 2 pers ↓		maxi ↓
Jaune	(120) 2	310 B	400 A
Verte		310 B	
Rose		310 B	400 A
Grise		310 B	

The B & B experts :
Bed & Breakfast (GB) in Britain and Bed & Breakfast (France) in France.
Les professionnels du B & B :
Bed & Breakfast (GB) en Grande Bretagne et Bed & Breakfast (France) en France.

CENTRE-VAL DE LOIRE-VALLÉE DU LOIR

Département 37 : Indre et Loire

37.24

6 km - North of / *Au Nord de* **TOURS**

Jacqueline GAY
«Les Hautes Gatinières» - 7, chemin de Bois Soleil
37210 Rochecorbon

7km   8km   47 52 88 08   47 52 88 08

A new house on the hillside, and from the terrace and the bedrooms there is a beautiful view over the valley of La Loire. Guests have a separate entrance. Here you will be able to taste the Vouvray wine as Jacqueline lives beside a vineyard.
Maison neuve sur la colline dominant de la terrasse, la vallée de la Loire. Toutes les chambres ont une belle vue. Les invités disposent d'une entrée séparée. Sur place, vous dégusterez le vin de Vouvray, Jacqueline habite en bordure du vignoble !

Ø : 1/3 → 30/11   GB

4km   6km   10km   10km

> **Rochecorbon** :
In Tours, take the N152 towards Vouvray. At the set of traffic lights, just after the information point 'l'observatoire', turn left in to the 'rue des Clouets', then right in to the 'rue du Peu Boulin'. Second road on the left : 'chemin de Bois Soleil'.
A Tours, prendre la N152 vers Vouvray. Aux feux, juste après le point d'information l'observatoire, prendre à gauche la rue des Clouets puis à droite la rue du Peu Boulin. 2° à gauche : chemin de Bois Soleil.

1 Suite + 2 Bedrooms - *chambres* / Extra Bed - *Lit Sup.* : 80F
Reduction 6 nights - *nuits* & groups - *groupes*

	Price in FF - *Prix en FF* :	2 pers ↓	maxi ↓
1°	+ 2	280 A	440 Eco
2°		280 A	360 Eco
3°		280 A	

37.10

10 km - West of / *A l'Ouest de* **TOURS**

Philippe DUFRESNE
«Le Prieuré des Granges» - 15, rue des Fontaines
37510 Savonnières

20 km   47 50 09 67   47 50 06 43

Philippe, who is an antiques expert, welcomes you to his wonderful 17th century home, full of antique furniture and 'objets d'art'. The rooms are all comfortable and tastefully decorated. Philippe always has time to chat.
Charme, raffinement et confort.. Philippe, antiquaire, vous ouvre sa merveilleuse demeure du XVIIème. Vous resterez en admiration devant ses objets d'art. Il saura prendre le temps de vous conseiller pour votre séjour. Chambres très agréables.

GB

1km   3km   Ø : 1/01 → 25/03   2

> **Savonnières** :
In Tours, take the D7 towards Villandry. As you enter Savonnières, Le Prieuré is on the left.
A Tours, prendre la D7 vers Villandry. Le Prieuré est à l'entrée de Savonnières, sur la gauche.

1 Suite + 5 Bedrooms - *chambres* / Extra Bed - *Lit Sup.* : 150F

	Price in FF - *Prix en FF* :	2 pers ↓	maxi ↓
du Bellay		500 C	620 B
Ronsard		500 C	
Rabelais		550 C	670 C
Balzac		550 C	
Flaubert		550 C	
La Fontaine		650 C	900 C
+			

37.25

16 km - West of / *A l'Ouest de* **TOURS**

Françoise CHAINEAU
«LeRelais de la Martinière» - 35, Route de la Martinière
37510 Savonnières

20 km   47 50 04 46   47 50 11 57

Set in beautiful surroundings, this 17th century farmhouse has been wonderfully restored and offers peace, relaxation, simplicity, and a warm, friendly atmosphere. It is a riding centre but you can also enjoy the swimming pool, play tennis, cycle or visit the châteaux.
Merveilleux cadre pour cette ferme du XVII° superbement restaurée. Calme, repos, simplicité et ambiance conviviale... C'est un centre équestre mais vous pouvez préférer la piscine, le tennis, le vélo ou les visites de châteaux !

Ø : 1/11 → 1/04

2km   2km   6km   GB

> **Savonnières** :
In Tours, take the D7 towards Villandry. At Savonnières, take the road towards Ballan, by the 'hôtel du Faisan'. As you go up the hill take the road on the right.
A Tours, prendre la D7 vers Villandry. A Savonnières, prendre la route de Ballan, au niveau de l'hôtel du Faisan. Dans la côte, prendre la route à droite.

6 Bedrooms - *chambres* / shared - *commun* (5° & 6°)

	Price in FF - *Prix en FF* :	2 pers ↓	maxi ↓
1° Villandry & 2° Azay		350 B	
3° Langeais		350 B	
4° Amboise		350 B	400 A
5° New Forest		240 Eco	
6° Connemara		240 Eco	300 Eco

CENTRE-VAL DE LOIRE-VALLÉE DU LOIR

Département 37 : Indre et Loire

37.9

Henri & Monique DESMARAIS
«Manoir du Grand Martigny» - Vallières - 37230 Fondettes

🚆 5km (TGV) ✈ 12km ☎ 47 42 29 87 📠 47 42 24 44

Monique and Henri offer a professional and charming welcome in their elegant 16th century manor house beside la Loire. There is riding, hot-air ballooning and helicopter trips available for guests. Ideal for couples with children.

Présence discrète et efficace de Monique et Henri, dans leur élégant manoir du XVI° sur les bords de la Loire. Sur place : boxes pour chevaux, départ en montgolfière ou hélicoptère. A 5 mn, nombreux restaurants. Idéal pour couples avec enfants.

[P] [🌲] [🐕] [♨] [📺] [🚭]   **GB**

[🐴] [🚶] [🚴] 13km [✉]   Φ : 12/11 → 1/04

> **Vallières** :
In Tours, take the N152 towards Langeais-Saumur for 5km. The manor house is 600m after the BP petrol station. Signposted.
A Tours, prendre la N152 vers Langeais-Saumur sur 5km. Le manoir est à 600m après la station BP. (Panneaux).

2 Suites + 3 Bedrooms - *chambres*

	Price in FF - Prix en FF :	2 pers ↓	maxi ↓
Rose	🛏🛏 / 🛏	690 Luxe	950 Luxe
+	🛏		
Jaune & Jouy	🛏	620 Luxe	
Beige	🛏	450 C	
Verte	🛏🛏	690 Luxe	950 Luxe
+	🛏		

Reduction 7 nights - *nuits* / Extra Bed - *Lit Sup.* : 150F

37.26

Stéphane FERRY-BALIN
«Château de Jallanges» -Vernou / Brenne - 37210 Vouvray

🚆 2km ✈ 9km 🏨 ☎ 47 52 01 71 📠 47 52 11 18

In the heart of the Vouvray vineyards, you will be received by this young couple in their Renaissance château, an aristocratic residence, which still retains its family furniture. Do not miss the restored woodwork in the dining room, and the beautiful grounds and gardens.

Au cœur du vignoble de Vouvray, c'est un jeune couple qui vous reçoit dans ce château Renaissance, demeure seigneuriale avec, toujours, ses meubles de famille. A souligner : les boiseries restaurées de la salle à manger. Très beaux parc et jardins.
<u>sur place</u> : *Vouvray wine, honey, home-made jam and vinegar, crafts - Vouvray, miel, confitures et vinaigre maison, artisanat*

[P] [🌲] [🐕] [♨] [📺] [🍴] (260F) **GB** **D** **I**

[🦌] [🍀] [🍄] [🎨] [🚶] [🚴] 2km [🎣] 9km [✉]

Extra Bed - *Lit Sup.* : 150F / Reduction 3 nights - *nuits*

> **Vernou / Brenne** :
In Tours, take the N152 towards Blois. In Vouvray, take the D46 towards Vernou/Brenne. Turn left on to the D76.
A Tours, prendre la N152 vers Blois. A Vouvray, prendre la D46 vers Vernou/Brenne. Tourner à gauche sur la D76.

2 Suites + 1 apartment - *appartement* + **4 bedrooms** - *chambres*

	Price in FF - Prix en FF :	2 pers ↓	maxi ↓
Suite 1°	🛏 / 🛏	900 Luxe	1300 Luxe
+	3 🛏		
Suite 2°	🛏 / 🛏	700 Luxe	1000 Luxe
+	2 🛏		
Renaissance	🛏	700 Luxe	850 C
Henri II	🛏	750 Luxe	900 C
Louis Philippe	🛏 / 🛏	700 Luxe	850 C
Louis XV	🛏	750 Luxe	850 C

37.11

Michel & Marie-Françoise SALLES
«Le Manoir de Foncher» - 37510 Villandry

[🏨] ✈ 25km ☎ 47 50 02 40

This listed 14th century manor house is opposite the château de Villandry at the end of the peninsula between the rivers Loire and Cher. The bedrooms are furnished with antiques. There are enormous fireplaces and a spiral staircase.

Au bout de la presqu' île entre la Loire et le Cher, face au château de Villandry, dans l'atmosphère subtile de ce manoir classé du XVème : vous découvrirez des chambres meublées à l'ancienne, cinq cheminées monumentales, un escalier à vis...

[P] [🏠] [🐕] [♨] [👨‍👩‍👧] [🚭] 2 [🛏]   **GB**

[🦌] [🚶] 10km [🎣] 6km [✉]   Φ : 1/10 → 31/03

> **Villandry** :
In Tours, take the D7 towards Villandry. In Savonnières, cross the Cher river and turn left and continue for 3km.
A Tours, prendre la D7 vers Villandry. A Savonnières, traverser le Cher et prendre à gauche sur 3km.

1 Suite / Extra Bed - *Lit Sup.* : 100F

	Price in FF - Prix en FF :	2 pers ↓	maxi ↓
	🛏	600 C	950 B
+	🛏🛏		

The Pope will visit Tours on 21/09/96   *Visite du Pape à Tours le 21/09/96*

CENTRE-VAL DE LOIRE-VALLÉE DU LOIR

Département 41 : Loir & Cher

41.6 — BLOIS

Marie-Claude DENICHERE
«Manoir du Vieux Cèdre» - 5, rue Basse des Grouëts
41000 Blois

3,5 km • 60 km • 54 78 24 29 • 54 78 21 00

A friendly family guest house in an 18th century manor where the stage coaches used to stop. It is surrounded by cool, shady flower gardens. Situated near to the main N512, not far from Blois.

Pension de famille sympathique dans un manoir du XVIIIème, ancien Relais de Poste. Entourée d'un parc fleuri et ombragé, elle est très facile d'accès puisque situé en bordure de la N152. Tout près : Blois, ses restaurants, activités...

(85F)

7km • 4km • Ø : 20/12 → 5/01 • GB I E

Reduction BS(12/11 → 31/03)

> **Blois** :
In the centre of Blois, take the N152 towards Tours. Follow the river Loire for 4km. The manor house is on the right.
Du centre de Blois, prendre la N152 vers Tours. Longer la Loire sur 4km. Le manoir est sur la droite.

2 Suites + 4 Bedrooms - chambres

	Price in FF - Prix en FF : 2 pers ↓	maxi ↓
Suite Jardin	280 A	520 Eco
Tourelle	WC 240 Eco	
Bleue	280 A	350 Eco
* Boiserie	280 A	350 Eco
Suite 2° Etage	280 A	460 Eco
Verte	240 Eco	

41.2 — 20 km - South of / Au Sud de BLOIS

Martine THIMONNIER
«La Rabouillère» - chemin de Marçon - 41700 Contres

180 km • 54 79 05 14 • 54 79 59 39

Martine loves receiving guests and will welcome you with great charm. From this typical Sologne house in the middle of a lovely garden, you will hear the calls of the deer. This is a fox-hunting area with many châteaux.

Martine adore recevoir, elle vous accueillera avec charme, douceur et élégance. De cette "longère" solognotte superbe, située au milieu d'un parc fleuri, vous pourrez écouter le brame du cerf, suivre les chasses à courre, visiter les châteaux.

3km • 6km • GB

5 Bedrooms - chambres

> **Contres** :
In Blois, take the D765 towards Romorantin-Vierzon. In Cour-Cheverny, turn right on to the D102 towards Contres. Continue for 6km then follow the signs 'La Rabouillère'.
A Blois, prendre la D765 vers Romorantin-Vierzon. A Cour-Cheverny, tourner à droite sur la D102 vers Contres, pendant 6km puis suivre les panneaux 'La Rabouillère'.

	Price in FF - Prix en FF : 2 pers ↓	maxi ↓
les Bleuets	380 B	
les Bruyères	380 B	
les Genêts	380 B	
les Jonquilles	380 B	
les Pivoines	550 C	700 B

41.10 — 14 km - South-East of / Au Sud-Est de BLOIS

Marie-Jocelyne AUBRY
2, voie des Chercherelles - 41700 Cour Cheverny

180 km • 54 79 26 62 / 54 79 97 55

Marie-Jocelyne's house is pleasant, in a quiet area. Be sure to visit the châteaux but also maybe watch the stags and hinds in the forest. This is a wine region and you should try the local specialities in order to better appreciate the variety of wines available here.

La maison de Marie-Jocelyne est agréable, dans un quartier calme. Visite des châteaux bien sûr, mais aussi observation des cerfs et des biches en forêt. Région de vin, vous goûterez aux spécialités régionales pour mieux apprécier les différents crus.
sur place : Regional produce, wine - produits régionaux, vin

8km • 1km • 13km • 4km • 19km

> **Cour-Cheverny** :
In Blois, take the D765 towards Romorantin-Vierzon. In the centre of Cour-Cheverny, turn left on to the D102 towards Bracieux (Av. de Verdun) then turn right into 'la voie des Chercherelles'. (During shop hours call at the hairdresser's first). A Blois, prendre la D765 vers Romorantin-Vierzon. A Cour-Cheverny, tourner à gauche sur la D102 vers Bracieux (Av. de Verdun), puis à droite dans la voie de chercherelles. (dans la journée, s'adresser chez le coiffeur).

3 Bedrooms - chambres / Extra Bed - Lit Sup. : 70F

shared - commun (1° & 2°)

	Price in FF - Prix en FF : 2 pers ↓	maxi ↓
1° Cheverny	245 A	
2° Chenonceau	245 A	340 Eco
3° Chambord	245 A	340 Eco

Book Ahead, to be Sure of a Bed — **Réservez, c'est une Sécurité**

CENTRE-VAL DE LOIRE-VALLÉE DU LOIR

Département 41 : Loir & Cher

41.1

9 km - South-East of / *Au Sud-Est de* **BLOIS**

Christiane RENAULD
«Manoir de Clénord» - Route de Clénord
41250 Mont Près Chambord

65 km — 54 70 41 62 / 54 70 33 99

Madame Renauld will give you a warm and charming welcome to her 18th century manor house. The cosy bedrooms are decorated with excellent taste and the terrace overlooks formal French style gardens.

Madame Renauld vous accueille avec beaucoup de classe, de charme et de gentillesse dans son manoir du XVIII°. Chambres au décor chaleureux et raffiné, terrasse donnant sur des jardins à la française. Vélos, canoë, montgolfière, promenade en forêt.

(140/190F) GB E

9km 5km

Reduction BS(15/11→14/01) : 24/12→25/12 & 30/12→1/01

➢ Mont près Chambord :

In Blois, take the D765 towards Vierzon. In Clénord (3km before Cour-Cheverny), before the bridge, turn left and continue for 200m. *A Blois, prendre la D765 vers Vierzon. A Clénord (3km avant Cour Cheverny), avant le pont, prendre à gauche sur 200m.*

6 Bedrooms - *chambres* / Extra Bed - *Lit Sup.* : 100F
Price in FF - *Prix en FF* : 2 pers ↓ maxi ↓

Lilas		WC	580 C	
Rose		WC	390 C	
Verte		WC	680 Luxe	
Aile		WC	580 C	
Jaune	3	WC	830 Luxe	930 Luxe
Framboise	2	WC	880 Luxe	1100 Luxe

41.11

18 km - North-East of / *Au Nord-Est de* **BLOIS**

Christian & Marie-France de GÉLIS
«Château de Colliers» - 41500 Muides / Loire

140 km — 54 87 50 75 / 54 87 03 64

This 18th century château has belonged to the same family since 1779. The grounds go down to the banks of the Loire. The frescos in the breakfast room are worthy of note. 2 bedrooms are on the ground floor with direct access to the terrace.

Ce château du XVIII° appartient à la famille depuis 1779 ! Le parc descend jusqu'aux bords de la Loire. A remarquer : les peintures du plafond de la salle du petit déjeuner. 2 chambres sont au rez de chaussée, avec accès direct sur la terrasse.

(250F) GB E

5km 10km 10km
10km 15km 20km 15km

➢ Muides / Loire :

In Blois, take the D951 towards St Laurent Nouan and Beaugency. The château is 1km before Muides. *A Blois, prendre la D951 vers St Laurent Nouan et Beaugency. Le château est 1km avant Muides.*

1 Suite + 4 Bedrooms - *chambres* / Extra Bed - *Lit Sup.* : 100F
Price in FF - *Prix en FF* : 2 pers ↓ maxi ↓

Boisée		WC	700 Luxe	
Arcades		WC	700 Luxe	
Empire		WC	700 Luxe	
Louis XV		WC	700 Luxe	850 C
+				
Mansard		WC	550 C	

41.3

25 km - South of / *Au Sud de* **BLOIS**

François GALLOUX
«Les Bordes» - Route de Chaumont - 41400 Pontlevoy

54 32 51 08 / 54 32 64 43

This farm in the Touraine is well suited for 'green tourism'. Here, you will have the opportunity to try the local produce and visit underground mushroom growing galleries. There is tennis, canoeing and riding nearby.

Cette ferme de Touraine, idéale pour le 'tourisme vert', vous permet de déguster sur place les produits du terroir. Vous pourrez tout aussi bien, visiter châteaux et champignonnières, faire du tennis, du canoë, des randonnées pédestres, équestres...

(80F)

3km 20km : 30/11 → 1/3

6 Bedrooms - *chambres* / Extra Bed - *Lit Sup.* : 70F

➢ Pontlevoy :

In Blois, take the D764 towards Pontlevoy-Montrichard. In Pontlevoy, turn right on to the D30 then on to the D114 towards Chaumont/Loire, and continue for 3km.
A Blois, prendre la D764 vers Pontlevoy-Montrichard. A Pontlevoy, prendre la D30 puis à droite la D114 vers Chaumont/Loire sur 3km.

Price in FF - *Prix en FF* : 2 pers ↓ maxi ↓

Bleue	2		210 Eco	320 Eco
Grise			210 Eco	
Rose		WC	210 Eco	
Beige & Verte			210 Eco	
Saumon		WC	210 Eco	280 Eco

CENTRE-VAL DE LOIRE-VALLÉE DU LOIR

Département 41 : Loir & Cher

41.4
25 km - South-West of / *Au Sud-Ouest de* **BLOIS**

Guy NENON
«La Renaudière» - Route de Coulanges - Seillac
41150 Onzain

→ 7 km   54 20 80 04

➢ **Seillac** :
In Blois, take the D751 towards Amboise for 16km. Turn right towards Onzain, then right towards Seillac. There, continue on the same road through the forest then turn right towards Coulanges. The house is on its own on the right.
A Blois, prendre la D751 vers Amboise sur 16km. Prendre à droite vers Onzain puis Seillac. Là, continuer sur la même route dans la forêt et prendre à droite vers Coulanges. La maison est isolée, sur la droite.

At Guy's place, you will find the atmosphere of the guest houses of bygone days. The house is in the heart of the country near to a wood, the ideal spot for many outdoor activities or visits to châteaux.
Vous retrouverez chez Guy, l'ambiance des pensions de familles d'antan. La maison est située en pleine campagne, près d'un bois. Position idéale pour diverses activités telles que, vélo, canoë, équitation... et visiter les châteaux.

(50/120F)   2km   GB

Reductions group & long stay - *groupe & long séjour*

5 Bedrooms - *chambres* / Extra Bed - *Lit Sup.* : 50F

	Price in FF - *Prix en FF* : 2 pers ↓		maxi ↓
1°			250 A
2° & 3°			250 A
Enfants	2		200 Eco / 400 Eco
♿		n.c.	250 A

41.5
25 km - North-East of / *Au Nord-Est de* **BLOIS**

Jean-Yves & Annie PESCHARD
10, chemin de Paris - 41500 Séris

→ 7km   160 km   54 81 07 83   54 81 39 88

➢ **Séris** :
In Blois, take the N152 towards Orléans. In Mer, turn left towards Talcy, then right towards Séris (D25). Follow the signs.
A Blois, prendre la N152 vers Orléans. A Mer, prendre à gauche vers Talcy, puis à droite vers Séris (D25). Suivre les panneaux.

Annie will welcome you and invite you to try her delicious cooking based on her organic farm products. As well as châteaux visits, she will introduce you to deer rearing, making dried flowers and jam making, French style. They are keen on cycling.
Annie vous accueille et vous fait déguster des produits naturels de ferme. Elle propose, en plus des visites de châteaux, des découvertes insolites : élevage de cerfs, fleurs séchées ou confection de vos confitures. Adeptes de cyclotourisme.

sur place : Home-made jam - *Confiture maison*

(85/90F)   7km   7km   13km   13km   GB

5 Bedrooms - *chambres* / Extra Bed - *Lit Sup.* : 75 F

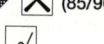

Reduction 7 nights - *nuits*

	Price in FF - *Prix en FF* : 2 pers ↓		maxi ↓
Bleue	2		260 A / 400 Eco
Verte	2		260 A
Rose			260 A
Saumon	4		260 A / 400 Eco
Bleu Marine			260 A

41.12
20 km - North of / *Au Nord de* **BLOIS**

Bernard & Micheline POHU
5, Place de l'église - Villeneuve-Frouville - 41290 Oucques

60 km   54 23 22 06

➢ **Villeneuve-Frouville** :
In Blois, take the D924 towards Châteaudun-Chartres. In the village of Villeneuve-Frouville, the farm is near to the church.
A Blois, prendre la D924 vers Châteaudun-Chartres. Dans le village de Villeneuve-Frouville, la ferme est près de l'église.

A very pleasant farm with a large courtyard. Situated in a quiet, charming and attractive village, it is equi-distant from Blois and Vendôme. You can visit both the châteaux of the Val de Loire and the romantic Vallée du Loir. (Steepish stairs).
Cette ferme a une grande cour, très agréable. Située dans un beau village charmant, typique et calme. A égale distance de Blois et de Vendôme, vous pouvez visiter les châteaux du Val de Loire et la Vallée du Loir si romantique. (Escalier un peu raide).

sur place : Honey, cheese, wine - *Miel, fromage, vin.*

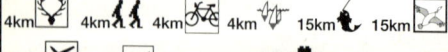

Ø : 15/01 → 31/01
4km   4km   4km   4km   15km   15km
18km   6km   20km   20km

3 Bedrooms - *chambres* / WC shared - *commun*

	Price in FF - *Prix en FF* - 2 pers ↓		maxi ↓
Ecossaise		n.c.	230 Eco
Clémentine		n.c. (baby - *bébé*)	230 Eco
Pervenche			250 A / 300 Eco

CENTRE-VAL DE LOIRE-VALLÉE DU LOIR

Département 41 : Loir & Cher

41.9 — 22 km - South-East of / Au Sud-Est de **LA FERTÉ BERNARD (72)**

Annie ROUSSEAU
«Le Relais de la Poste» - 41, Grande rue
Place de l'église - 41270 Gault du Perche

🚂 30km ✈ 120km ☎ 54 80 16 35 📠 54 80 58 04

> **Gault du Perche** :
> On the A11, take the Exit 'La Ferté Bernard'. Take the D1 towards St Calais. Turn left towards Montmirail where you turn left on to the D927 towards La Bazoche Grouët. There, turn right on to the D13 towards Gault du Perche. The house is opposite the church.
> *Sur l'A11, prendre la sortie 'La Ferté Bernard'. Prendre la D1 vers St Calais. Tourner à gauche vers Montmirail où vous prenez à gauche la D927 jusqu'à La Bazoche Grouët. Prendre à droite la D13 vers Gault du Perche. La maison est face à l'église.*

An old roadside coaching inn, opposite the church. Annie, who is friendly and easy-going, is a wealth of information on historic monuments and will be happy to take you on a guided tour of the Perche region. Do not miss the typical market on Saturdays.
Ancien relais de poste, face à l'église. Annie est sympathique et très relax. Spécialisée en monuments historiques, elle vous fera partager son amour pour la belle région du Perche et vous servira très volontiers de guide. Marché percheron le samedi.

(55/120F)   GB D

4 Bedrooms - *chambres* / Extra Bed - *Lit Sup.* : 75F

			Price in FF - *Prix en FF* :	2 pers ↓	maxi ↓
1900				250 A	
1930				250 A	
Ecurie				250 A	430 Eco

41.8 — 15 km - West of / A l'Ouest de **VENDÔME**

Odette COLAS
«St Nicolas» - St Rimay - 41800 Montoire / Loir

🚂 10 km (TGV) ✈ 45 km ☎ 54 85 03 89

> **St Rimay** :
> In Vendôme, take the D917 towards Montoire/Loir. 'St Nicolas' is just before Les Roches. After the road to St Rimay and 200m before the bridge on the Loir river, turn right.
> *A Vendôme, prendre la D917 vers Montoire/Loir. 'St Nicolas' est juste avant Les Roches : Après l'embranchement de St Rimay, tourner à gauche 200m avant le pont sur le Loir.*

3 Bedrooms - *chambres* / Extra Bed - *Lit Sup.* : 70 F

shared - *commun* (1° & 3°)

			Price in FF - *Prix en FF* :	2 pers ↓	maxi ↓
1°				230 Eco	
3°				230 Eco	
2°				230 Eco	400 Eco

Your bedrooms are in a restored 11th century chapel, beside a working farm. It is in the Loir valley on the pilgrim route of Saint Jacques de Compostela. Suggested visits: the caves at Troo and the picturesque village of Lavardin. A wine producing area.
Dans la vallée du Loir, sur la route de St Jacques de Compostelle. A côté de la ferme en activité, les chambres sont aménagées dans une chapelle restaurée du XI°. A voir : le village pittoresque de Lavardin. Vous êtes dans une région de vin.

sur place : Wine, eggs, asparagus, vegetables
Vin, œufs, Asperges, Légumes

(60/90F)   GB

3,5km   3km   5km   15km

41.7 — 25 km - West of / A l'Ouest de **VENDÔME**

Jacques CLAYS & Claude VENON
«Château de la Voûte» - 41800 Troo

✈ 45 km ☎ 54 72 52 52 📠 54 72 52 52

> **Troo** :
> In Vendôme, take the D917 towards Montoire/Loir then Troo. The château is at the bottom of the village.
> *A Vendôme, prendre la D917 vers Montoire/Loir puis Troo. Le château est en bas du village.*

5 Bedrooms - *chambres*

			Price in FF - *Prix en FF* :	2 pers ↓
St Jacques				370 B
Pompadour				470 C
Louis XIII				470 C
Empire				470 C
les Tours				550 C

The Loir region lives and breathes poetry and you feel the presence of the poet Ronsard in this château. Your hosts, Monsieur Clays and Monsieur Venon, have preserved this intimate atmosphere. The bedrooms are in perfect taste.
Troo : le repère de Richard Cœur de Lion ! Le pays du Loir, région de vin, respire la poésie. Ronsard rôde autour du château, Mrs Clays & Venon ont conservé cette ambiance intimiste. Vue magnifique sur la vallée, chambres aménagées avec un goût parfait.

sur place : Antiques - *Antiquités*

18   GB

1km

Near - *Près de* VENDÔME, See also - *Voir aussi* -

| 72.9 - Monique DEAGE | «Les Patis du Vergas» | Lavenay | Page 213 |
| 72.8 - Brigitte BECQUELIN | «Château de la Volonière» | Poncé / le Loir | Page 214 |

- 127 -

CENTRE-VAL DE LOIRE-VALLÉE DU LOIR

Département 45 : Loiret

45.5
3 km - South-West of / *Au Sud-Ouest de* **BEAUGENCY**

Patricia & Pierre FOURNIER
«Le Clos de Pontpierre» - 45, rue des Eaux Claires
45190 Tavers

3km 150km 38 44 56 85 38 44 58 94

This is an ideal stop on the route of the châteaux of the Loire Valley: near to the autoroute A10 and on the N512, but quite quiet. This old stone farmhouse has been restored with great taste. The garden is enormous and Patricia and Pierre are very welcoming. Pierre is a chef.

Halte idéale sur la route des châteaux de la Loire : près de l'A10, sur la N152 mais sans le bruit ! Ancienne ferme en pierre, restaurée avec beaucoup de goût. Le jardin est très grand, Patricia et Pierre sont très accueillants. Pierre est cuisinier.

(90F)   GB

1,5km 3km 7km 7km

➢ **Tavers** :
On the A10, take the Exit Meung/Loire and take the N152 towards Blois. The entrance is on the N152 (follow the signs).
Sur l'A10, prendre la sortie Meung/Loire et la N152 vers Blois. L'entrée est sur la N152 (suivre les panneaux).

4 Bedrooms - *chambres* / Extra Bed - *Lit Sup.* : 70/80F
Reductions 5 nights - *nuits*

Price in FF - *Prix en FF* :	2 pers ↓	maxi ↓
Arabesque	250 A	
Eglantine	250 A	
L'Oiseau 2	290 A	450 Eco
Aubépine 3	250 A	320 Eco

10km 30km

45.6
17 km - West of / *A l'Ouest de* **BRIARE**

Claire RAFFIN
«Ferme de Gaut» - 45720 Coullons

38 67 59 77

You will appreciate the quiet fields, siestas beside the lake and the warm welcome from Claire in her farmhouse, dating from the Second Empire. Your children will love the ponies that are bred here, and there are also visits to châteaux and museums ... just a few reasons for stopping here.

Vous apprécierez le calme de la prairie et... les siestes au bord de l'étang. L'accueil chaleureux de Claire dans sa ferme du 2° Empire, l'élevage de poneys (pour vos enfants), les visites de châteaux, musées... autant de raisons pour vous arrêter là...

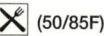

(50/85F)   GB

(luggage is transported-*convoi des bagages*)

25km 15km

➢ **Coullons** :
On the N7, take the D952 towards Gien where you take the D940 towards Bourges. Turn right, en haut de la côte, after Les Bruyères.
Sur la N7, prendre la D952 vers Gien où vous prenez la D940 vers Bourges. C'est à droite en haut de la côte, après Les Bruyères.

4 Bedrooms - *chambres* / Extra Bed - *Lit Sup.* : 60F
WC shared - *commun* (2° & 3°)

Price in FF - *Prix en FF* :	2 pers ↓	maxi ↓
Hortensias	n.c.	200 Eco
Grand 2	320 B	420 Eco
3°	230 Eco	420 Eco
2° 2	230 Eco	

45.3
10 km - East of / *A l'Est de* **DORDIVES**

Olivier & Mireille TANT
«Fermette de la Ste Rose» - 45210 Chevannes

80 km   38 90 92 23

A small farm, pleasantly renovated, in the heart of this Gâtinais village, only 1 hour from Paris. Mireille and Olivier will suggest some unusual excursions, such as visits to beaver, snail or ostrich farms. Do not miss Montargis and its canals.

Fermette agréablement rénovée au cœur d'un village du gâtinais, à seulement 1H de Paris... Mireille et Olivier vous proposent des visites insolites (élevages de castors, d'escargots ou d'autruches). Allez voir Montargis et ses canaux, Ferrières...

(80F)   GB

➢ **Chevannes** :
On the A6, take the Exit Dordives, where you turn left on to the D43 towards Bransles and the D315. Then turn left towards Chevannes.
Sur l'A6, prendre la sortie Dordives. Là, prendre à gauche la D43 vers Bransles puis vers la D315 que vous prenez à gauche vers Chevannes.

3 Bedrooms - *chambres* / Extra Bed - *Lit Sup.* : 60F

Price in FF - *Prix en FF* :	2 pers ↓	maxi ↓
Rouge & Verte	200 Eco	260 Eco
Jaune-Mezzanine 2	200 Eco	320 Eco

7km 10km

Near - *Près de* BRIARE See also - *Voir aussi* :
89.3 - Mireille LEMAISTRE - Les Gonneaux - Rogny les 7 Ecluses - Page 80

CENTRE-VAL DE LOIRE-VALLÉE DU LOIR

Département 45 : Loiret

45.2 ☀☀☀☀ 🏠   30 km - East of / A l'Est d' **ORLÉANS**

Jean de BEAUREGARD
«Château du Plessis» - 45530 Vitry aux Loges

🚗 ✈ 110 km   ☎ 38 59 47 24   38 59 47 48

Peace, space to breathe, comfort and the pleasure of the company of Monsieur and Madame Beauregard, mean that it is a real privilege to stay in this home. Allow at least two days here, but you will probably stay longer.

Calme et Espace, Confort et Plaisir de la rencontre avec M. et Mme de Beauregard. Cela fait partie des lieux privilégiés où vous aimerez vous arrêter 2 jours, en sachant que vous y reviendrez passer un plus long séjour.

🅿 🌳 🐈 ⛷ 📺 👪 🚴 🍴 (180F)   2 🛏

🚲   🚶 7km   ⚒   Ø : 20/12 → 5/01   GB D

4 Bedrooms - chambres / Extra Bed - Lit Sup. : 50F

> **Vitry aux Loges :**
> On the A10, from the Exit 'Orléans-Nord', take the A701 then the N60 towards Montargis. Take the Exit 'Châteauneuf/Loire' and the D10 towards Vitry aux Loges. Cross the canal and turn left in to the 2nd street ('Rue Pasteur'). Follow the signs.
> Sur l'A10, prendre la sortie Orléans-Nord et la A701 puis la N60 vers Montargis. Sortir à Châteauneuf/Loire et prendre la D10 vers Vitry aux Loges. Traverser le canal et prendre à gauche la rue Pasteur (2° rue). Suivre les panneaux.

Price in FF - Prix en FF : 2 pers ↓   maxi ↓

Tour Jaune	🛏	🛏	WC 450 C	750 B
Enfants	🛏			
Tour Rouge	♡	🛏	n.c. WC	400 B
Chambre Rose		🛏	WC	450 C

45.4 ☀☀☀ 🏠   20 km - South-West of / Au Sud-Ouest de **NEMOURS (77)**

Michel & Francine HYAIS
3, cour du château - 45390 Echilleuses

🚂 20 km   ✈ 70 km   ☎ 38 33 60 16

A super place to really experience the quiet pleasures of a small town in the Gâtinais region famous for its honey. Accommodation is in the outbuildings of the ancient château. It is the ideal place for a week-end's shooting or just a rest.

Dans les dépendances d'un ancien château, vous viendrez vous reposer et goûter au calme d'un petit bourg du gâtinais ou passer un week-end de chasse. A proximité, château fort, musée, parc de loisirs, tennis... Le gâtinais est réputé pour son miel.
sur place : Honey - Miel

🅿 🐈 🍴 (70F)   Ø : 1/11 → 1/02

20km 〰   20km ⚒

> **Echilleuses :**
> From the A6, take the Exit 'Nemours', and go towards Nemours. Take the D403 towards Beaumont & Bellegarde. At the crossroads with the D410, take the D123 opposite towards Boësse where you turn right on to the D28 towards Echilleuses.
> Sur l'A6, prendre la sortie Nemours. Aller à Nemours et prendre la D403 vers Beaumont et Bellegarde. Au croisement avec la D410, prendre la D123 en face vers Boësse où vous tournez à droite sur la D28 vers Echilleuses.

2 Bedrooms - chambres / Extra Bed - Lit Sup. : 70F

Price in FF - Prix en FF : 2 pers ↓

1° & 2°	🛏	🛏 WC	220 Eco

Photo : 37.11 - page 123

CHAMPAGNE ARDENNE

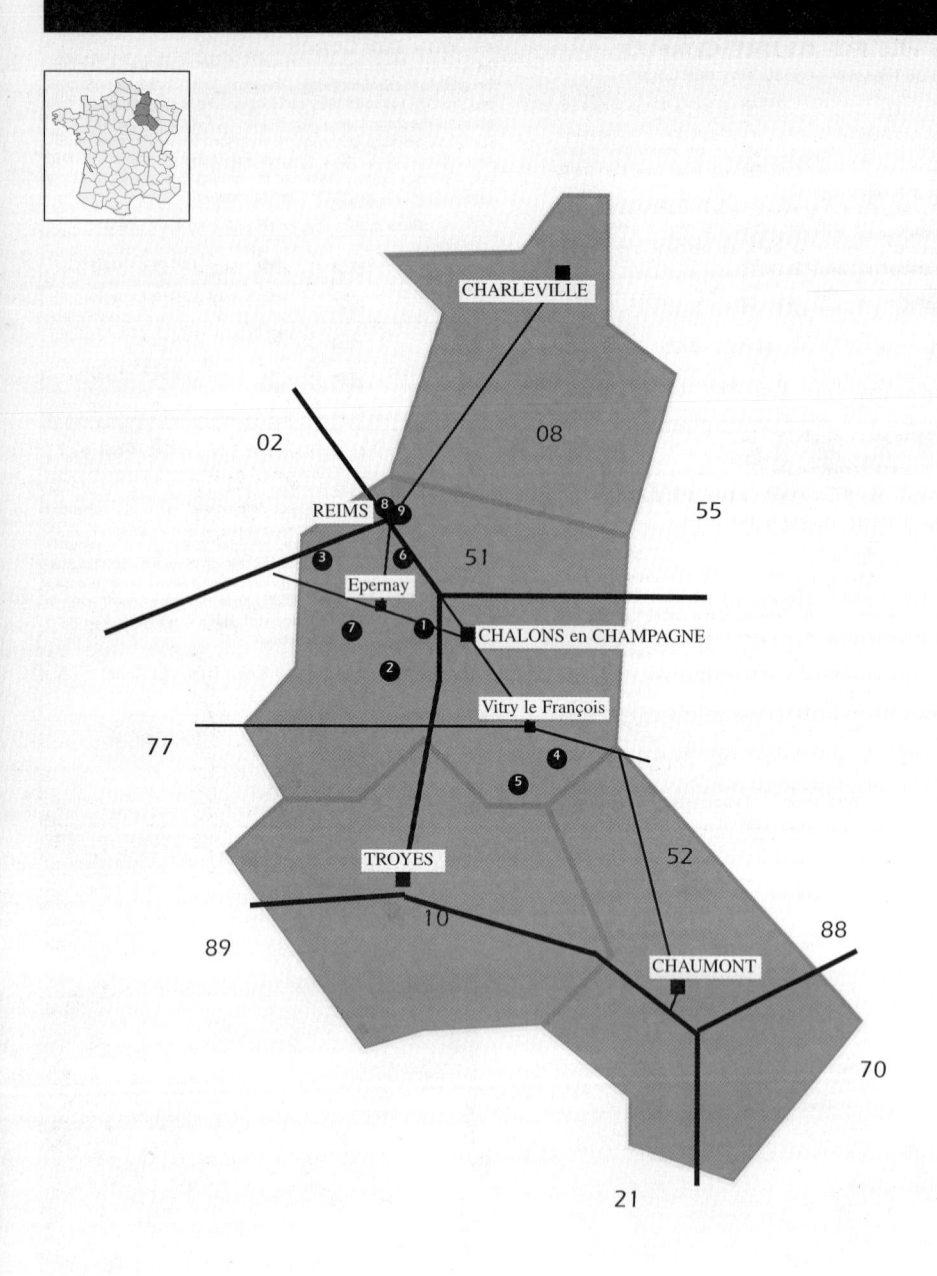

CHARLEVILLE

02

08

REIMS

55

Epernay

51

CHALONS en CHAMPAGNE

Vitry le François

77

52

TROYES

10

89

88

CHAUMONT

70

21

CHAMPAGNE-ARDENNE

Champagne Ardenne... Champagne says it all. Here you will discover the famous names amongst the quiet hills and the neat and perfectly tended rows of vines. You can see how the grapes are grown and then visit cellars and the vast subterranean galleries. Not unsurprisingly, many of your hosts are excellent guides to these places.

For ornithologists, there are two famous places for observing migratory birds, and the lake of Der-Chantecoq is the largest artificial lake in Europe, a favourite spot for cranes. The Cathedral at Reims is well worth a visit or follow the route of «Les Eglises à Pans de Bois». You will gaze in amazement at the 'Faux de Verzy', a natural curiosity, unique in the world. 1996 is a special year in Reims, which this summer celebrates the baptism of King Clovis, followed by the visit of the Pope in September.

Photo : 51.8 - page 133

Champagne Ardenne... Champagne, son nom seul est tout un programme... Vous découvrirez les Grands Crus, le calme des collines aux vignes bien taillées et très soignées. Vous suivrez le travail précis des vignerons, visiterez les caves et leurs réseaux de galeries souterraines, grâce à vos hôtes qui seront des guides précieux. Amateurs d'ornithologie, deux importants postes d'observation des oiseaux migrateurs existent dans la région, dont le Lac du Der Chantecoq, le plus grand lac artificiel d'Europe, où une ferme a même été créée pour accueillir les grues cendrées. Vous visiterez aussi la Cathédrale de Reims, suivrez la route des Eglises à Pans de Bois, serez emmerveillés par les 'Faux de Verzy', curiosité de la nature unique au monde. Cette année 96 est exceptionnelle à Reims qui fête cet été le baptême de Clovis, avec la visite du Pape en Septembre.

CHAMPAGNE-ARDENNE

Département 51 : Marne

51.1 ☀☀☀ 🏠 8 km - West of / *A l'Ouest de* **CHALONS EN CHAMPAGNE**

Jacques & Nicole SONGY
«La Grosse Haie» - Chemin de St Pierre - 51510 Matougues

🚗   🚶 45 km   ☎ 26 70 97 12   📠 26 70 12 42

Between the vineyards and the river, discover the charm of this land. Choose from mountain bikes, car touring, and visits to the Champagne cellars in Epernay. The meals are really gastronomic and local produce is on sale. 4km from autoroute A26.

Ferme d'élevage de veaux. Entre vigne et rivière, découvrez le charme du terroir : circuits en VTT ou voiture, forfaits pour des week-ends VTT, visite de caves de Champagne, repas gastronomiques et produits fermiers. A 4km de l'autoroute A26.

sur place : Home-made jam -*Confiture maison*, Meringues

[P] [🏠] [🐱] [🛋] [📺] [👥] [🚫] [🚭] [🍴] (85F/150F)

[🚴] [🚶] 4km ⚡ 18km 🏊

GB D

51.7 ☀☀☀ 🏠 12 km - South-West of / *Au Sud-Ouest d'* **EPERNAY**

Christian & Christine DAMBRON
Montbayen - 51530 St Martin d'Ablois

🚗   🚶 45 km   ☎ 26 59 95 16   📠 26 51 67 91

In the Champagne country, this modern house in pleasant surroundings has views over the attractive village and forest beyond. Your hosts produce their own Champagne in the cellars below the house. Wine trails nearby.

Au cœur du pays de Champagne... Maison moderne dans un cadre très agréable. Vous avez la vue sur le beau village et la forêt proche. Vos hôtes produisent leur propre champagne dans la cave sous la maison. Circuits touristiques viticoles.

sur place : Champagne

[P] [🏠] [🐱] [🛋] [📺] [👥] [🍴] (85F) [🧺]

[👥] [⛱] [🚴] 20km ⚡ 50km 🏊 50km

Reduction children (5 years old) - *enfants (5 ans)*
Reduction BS (25/11 ➔ 15/02) & 4 nights - *nuits*

> **St Martin d'Ablois :**
In Epernay, take the D51 towards Sézanne for 7km. Turn right on to the D11 towards St Martin d'Ablois. Turn right on to the D22 towards Vauciennes (2nd street after the 'Place de la Mairie').
A Epernay, prendre la D51 vers Sézanne sur 7km. Prendre la D11 à droite vers St Martin d'Ablois. Tourner à droite sur la D22 vers Vauciennes. (2° rue à droite après la Place de la Mairie).

1 Suite + 3 Bedrooms - *chambres* / Extra Bed - *Lit Sup.* : 60F

Price in FF - *Prix en FF* : 2 pers ↓   maxi ↓

Suite	🛏 🛏	🛏	🚿 wc	🛁	📺	250 A	480 Eco
1°	🛏 🛏	🚿 wc		250 A	310 Eco
2°	🛏	🚿 wc		250 A	
3°	🛏	🚿 wc	🛁		250 A	

51.2 ☀☀☀ 🏠 20 km - South-East of / *Au Sud-Est d'* **EPERNAY**

René & Huguette CHARAGEAT
Hameau de la Madeleine - 51130 Vertus

🚗   🚶 50 km   ☎ 26 52 11 29   📠 26 59 22 09

A pleasant and comfortable modern house, next to the farm. In the heart of the Champagne vineyards in the 'Côtes des Blancs'. From here, you can follow the Champagne Trail or visit the cathedral at Reims and the forest of the Traconne.

Maison moderne à côté de la ferme, très agréable et très confortable. Au cœur du vignoble champenois de la côte des Blancs, vous pourrez découvrir outre la route du champagne, Reims et sa cathédrale et la forêt de la Traconne.

sur place : Champagne

[P] [🏠] [🛋] [📺] [👥] [🍴] (85F)   ♦ : 25/05 ➔ 28/05

> **Vertus :**
In Epernay, take the D51 towards Sezanne for 4km. At the roundabout take the D9 towards Cramant-Avize. In Vertus, follow the signs on the right to La Madeleine via the D36 and D37.
A Epernay, prendre la D51 vers Sezanne sur 4km. Au rond-point, prendre la D9 vers Cramant-Avize. A Vertus suivre sur la droite, les panneaux pour La Madeleine, par la D36 et la D37.

2 Bedrooms - *chambres* / Extra Bed - *Lit Sup.* : 60 F

Price in FF - *Prix en FF* : 2 pers ↓

	🛏	🚿 wc	250 A
	🛏	🛁 WC	250 A

[👥] 3km

From October 18th, the telephone numbers of hosts in Champagne Ardenne, will begin with 03.
Dial : + 33 **3** before your host's telephone number. From France : dial **03** before your host's telephone number.
A partir du 18 Octobre, le N° de téléphone des hôtes de Champagne Ardenne, débutera par 03
*Composez : International + 33 **3** suivi du N° de votre hôte. De France : **03** devant le N°.*

CHAMPAGNE-ARDENNE

Département 51 : Marne

51.8 — REIMS

Francis & Laurence DUMELIÉ
5, rue des Tournelles - 51100 Reims

🚗 2 km   ✈ 10 km   ☎ 26 40 51 340   📠 26 47 99 90

Laurence is very warm and welcoming. She has decorated her house with amazing charm and exquisite taste. Francis, a Master Potter, is not bad either. You are almost on the Cathedral Esplanade !

Laurence est très accueillante et très chaleureuse. Elle organise la décoration de sa maison au charme fou, avec un goût exquis et Francis, potier Maître Artisan, n'est pas en reste ! Vous êtes pratiquement sur le Parvis de la Cathédrale !
sur place :   Hand-made pottery, Champagne, biscuits
Faïences de l'Atelier, Champagne, biscuits

Φ : 1/02 → 28/02   GB E

10km   10km   10km   10km

> **Reims** :
In Reims, follow the signs to the Cathedral. On the Esplanade, turn right in front of the Palais de Tau. There are signs to their workshop (atelier).
A Reims suivre les panneaux Cathédrale. Sur le Parvis, prendre à droite devant le Palais de Tau. L'Atelier est signalé.

3 Bedrooms - *chambres* / Extra Bed - *Lit Sup.* : 65 F

Price in FF - *Prix en FF* : 2 pers ↓

Rose	🛏	🛏 (baby-*bébé*)	🚿	280 A
Vigne	🛏	🛏 (baby-*bébé*)	🚿	280 A
Cathédrale	🛏	🛏 (baby-*bébé*)	🚿	280 A

51.9 — REIMS

Jean-Paul KOHLER
26, rue Voltaire - 51100 Reims

🚗 1 km   ✈ 10 km   ☎ 26 47 35 00

You will be well received by Mr Kohler in his very well-to-do and comfortable flat near the Cathedral. The balcony overlooks a flower garden. In the heart of the sacred city, the cathedral and the Roman Arc de Triomphe are well worth seeing.

Vous serez très bien reçu par Mr Kohler, dans son appartement très cossu, confortable, près de la Cathédrale. Le balcon donne sur un jardin fleuri. Au cœur de la cité des sacres, vous pourrez notamment, admirer la Cathédrale, l'Arc de Triomphe Romain...

P 8 (180F)

10km   10km   10km   10km   GB D E

> **Reims** :
In Reims, follow the signs to the Cathedrale. On the esplanade turn left. At the set of traffic lights, turn right. Cross the square. At the roundabout, turn right into the first street (rue Voltaire). The building is on the left, before the 2nd set of traffic lights.
A Reims suivre les panneaux Cathédrale. Sur le Parvis, prendre à gauche et au feu, tourner à droite. Traverser la Place. Au rond-point, prendre la 1° à droite (rue Voltaire). L'immeuble est sur la gauche avant le 2° feu.

1 Bedroom - *chambre*
Advance bookings only - *sur réservation uniquement*

Price in FF - *Prix en FF* : 2 pers ↓

🛏   🚿   400 B

51.6 A.P.   10 km - South of / *Au Sud de* REIMS

Annie-France THIRION-MALISSART
9, rue Thiers - 51500 Mailly-Champagne

☎ 26 49 43 47

Farm Activities
Grape picking
Other Activities :
Forest walking, hiking (GR14), visits to sulphur quarries, and the River Marne, and 'LesFaux de Verzy'.
Produce :
Their own Champagne ('Grand Cru classé 100%') is on sale. stock up for the millenium !

> **Mailly Champagne** :
At Reims, on the A4, take the exit 26 to Cormentreuil. In Cormentreuil, take the D9 towards Ludes. There, turn left on to the D26 towards Mailly-Champagne.
A Reims, sur l'A4, Sortie 26 Cormentreuil. A Cormentreuil, prendre la D9 vers Ludes. Prendre à gauche la D26 vers Mailly-Champagne.

Activité à la ferme :
Cueillette du raisin
Autres activités :
Randonnées en forêt, GR14, carrière de terre sulfureuse, la Marne, les Faux de Verzy.
Sur place :
Vente de Champagne de la propriété (Grand Cru classé 100%)

3 Rooms (for 2 and 4 persons) Double : 190 FF. Extra Bed : 100F
1 gite for groups : capacity 30 people : 65F/pers

3 chambres (pour 2 et 4 pers.) 190FF/2 pers. Lit Sup. : 100F
1 gîte d'étape 30 personnes : 65F/pers.

Beautiful Reims, Royal Reims... you will be impressed by the magnificent Basilica of St Rémi. 1996 is Festival year with the commemoration of the baptism of Clovis, 1st king of France baptised by St Rémi in 496 AD.

Reims la Belle, Reims la Royale... Vous admirerez la magnifique Basilique St Rémi. Cette année, c'est la fête ! avec la commémoration du baptême de Clovis, 1° roi Franc baptisé à Reims par St Rémi en 496.

CHAMPAGNE-ARDENNE

Département 51 : Marne

51.3

22 km - South-West of / A u Sud-Ouest de **REIMS**

Eric & Nathalie LELARGE
«Ferme du grand Clos» - Route de Jonquery
51170 Ville en Tardenois

22 km   26 61 83 78

On the edge of the vineyards of the Champagne region in an undulating and wooded area, just a few minutes from the autoroute. Here the rooms are very comfortable and you are less than an hour from Disneyland. A very good address.
Maison de village, à côté de la ferme, à la porte de la Champagne et de son vignoble, région très boisée et vallonnée à quelques minutes de l'A4. Les chambres sont très confortables. Une très bonne adresse à moins d'1h de Disneyland !

> **Ville en Tardenois** :
On the A4, take the exit 21 to Dormans and the D380 towards Reims. In the town, turn right at the bank 'Crédit Agricole'. The house is opposite the bank.
Sur l'A4, Sortie N° 21 vers Dormans. Prendre la D380 vers Reims. En ville, tourner à droite au Crédit Agricole, la maison est en face de la banque.

2 Bedrooms - chambres / Reduction BS(5/01 → 30/04)

			Price in FF - Prix en FF :	2 pers ↓	maxi ↓
				250 A	330 Eco
				250 A	400 Eco

GB

51.5

20 km - South of / A u Sud de **VITRY LE FRANÇOIS**

Denis & Michelle GEOFFROY
16, rue de Hancourt - 51290 Margerie-Hancourt

20 km   26 72 48 47   26 72 48 47

A working farm, with pigeons everywhere. An excellent overnight stop with a warm and friendly welcome. Only 15km from the Der lake, famous for its migratory birds and fishing. Do not miss the unusual wooden churches.
Dans cette ferme, sur votre passage, les pigeons paons ne sont pas sauvages du tout. Chambres dans maison indépendante. Accueil très sympathique et familial. Au lac du Der, point d'observation des oiseaux migrateurs ; Eglises en pans de bois.

(60F)

15km   15km   2km   Φ : 15/12 → 15/01

> **Margerie-Hancourt** :
In Vitry, take the D396 towards Brienne le Château. Just before Margerie, turn left, then right. Follow the sign 'Ferme de Hancourt'.
A Vitry, prendre la D396 vers Brienne le Château. Juste avant Margerie, tourner à gauche puis à droite. Suivre le panneau 'Ferme de Hancourt'.

3 Bedrooms - chambres / Extra Bed - Lit Sup. : 50 F

	Price in FF - Prix en FF :	2 pers ↓	maxi ↓
Bas		180 Eco	
Etage - 1°	2	180 Eco	270 Eco
Etage - 2°		180 Eco	250 Eco

51.4

15 km - South-East of / Au Sud-Est de **VITRY LE FRANÇOIS**

René & Michèle GAUTHIER
«Au Brochet du Lac» - 15, Grande rue
51290 St Rémy en Bouzemont

12 km   26 72 51 06   26 72 06 95

If you enjoy bird watching, fishing, canoeing, Champagne, dogs or mountain biking, then you should plan to stay several days chez Michèle and René. This is a typical house in a village of great character. Bird reserve for cranes 500m away.
Vous aimez les oiseaux, la pêche, le canoë, le Champagne, les chiens, le VTT : Prévoyez de rester plusieurs jours chez Michèle & René ! (Forfaits pour groupes). Maison typique dans un village de caractère, au lac du Der. A 500m : ferme des grues.
sur place : Taxi, fishing equipment and boats for hire
taxi, matériel de pêche, location matériels nautiques.

(80F)   GB

6km

Reduction : 15/11 → 15/3 (birdwatching - observ. oiseaux)

> **St Rémy en Bouzemont** :
In Vitry, take the D396 towards Brienne le Château for 3km. Turn right on to the D13 towards 'Lac du Der' for 9km. Turn left towards St Rémy. The house is in the village, close to the 'Pharmacie'.
A Vitry, prendre la D396 vers Brienne le Château sur 3km. Prendre à droite la D13 vers 'Lac du Der' sur 9km. Prendre à droite vers St Rémy. La maison est dans le village, à côté de la Pharmacie.

6 Bedrooms - chambres / Extra Bed - Lit Sup. : 50F

		Price in FF - Prix en FF :	2 pers ↓	maxi ↓
Rose 1 & Rose 2	2	WC	230 Eco	310 Eco
Rose 3			230 Eco	
Bleue	n.c.		230 Eco	
Verte		WC	230 Eco	270 Eco
Jeunes	2	WC	195 Eco	275 Eco

The man-made Lac du Der is a great success. You will feel like staying a few days here and communing with nature. Be sure to follow the trail of the Wooden Churches, whose architecture is quite amazing.
Le lac artificiel du Der est une grande réussite. Vous aurez envie de vous poser, de vivre avec la nature. Profiter aussi de votre passage, pour suivre la route des Eglises en pans de bois à l'architecture étonnante.

Photo : 49.12 - page 204

Photo : 37.18 - page 117

Châteaux in the Loire Valley - *Châteaux en Val de Loire*

CORSE - CORSICA

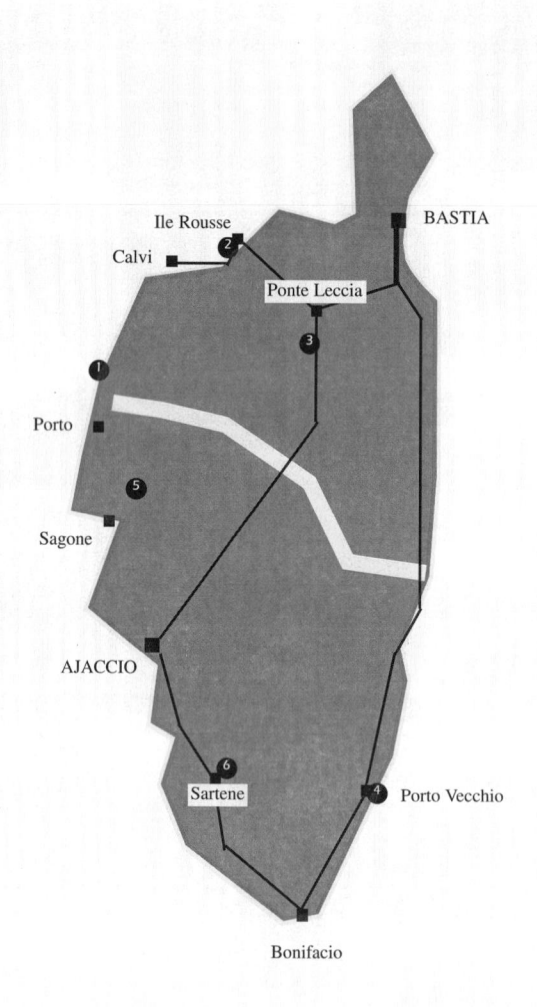

CORSE / CORSICA

Corsica... much has been written about its rich heritage several thousand years old; the beauty of its moving traditional songs ; the smell of the maquis and its landscapes changing at each turn of its tortuous roads. Its white, sandy beaches and its sea-life are fiercely protected, and UNESCO has listed 'Les Calanche de Piana' with their tormented pink-granite peaks, as a world heritage site. The majestic chesnut forests of the Castagniccia, with their ancient villages of tiled houses perched on the hillsides, contrast with the lively little fishing harbours... Corsica is a paradise for hikers, horseriders, sub-aqua divers, sun-worshippers, canoeists, and lovers of historic and pre-historic sites. With its natural wilderness still unviolated, and the deep kinship of its people, if paradise exists no small part is to be found here.

Photo : 20.6 - page 139

Corse... on a beaucoup écrit sur cette montagne dans la mer, riche d'un patrimoine de plusieurs millénaires ; sur la beauté de ses chants traditionnels ; sur son parfum de maquis et ses paysages changeant à chaque tournant de routes sinueuses ; sur ses plages de sable blanc ou ses fonds marins préservés avec soin. L'Unesco a classé patrimoine mondial les 'Calanche' de Piana de granit rose si tourmentées. *Forêts majestueuses; maisons de schiste des villages perchés de Castagniccia ; petits ports animés... La Corse est le royaume des randonneurs à pied, à cheval, en VTT ; du Kayak au printemps ; de la 'bronzette' ; des plongeurs ; des amateurs d'histoire, de préhistoire. Nature intacte, peuple attachant : si le paradis existe, il a été façonné à son image...*

CORSE / CORSICA

Départements N° 2A et 2B (20) : Corse

20.1

30 km - South of / *Au Sud de* **CALVI**

Dany ROSSI
«L'Etape Marine» - Route de Calca - 20245 Galeria

20km — 95 62 00 46

Betty will welcome you to this overnight stop on the "Tra mare e monti" trail. The village of Galeria is so typical of Corsica, set between the sea and the mountains, at the end of a gulf, surrounded by wild and grandiose countryside.
C'est Betty qui vous accueille dans ce gîte d'étape, sur le sentier 'Tra mare e monti'. Mer et montagne... Galeria est vraiment à l'image de cette dualité Corse : au fond d'un golfe où il est difficile d'imaginer une nature plus généreuse et plus grandiose.
sur place : Corsican produce - *produits corses*.

(85F)   GB I

φ : 15/11 → 30/03

> **Galeria** :
In Calvi, take the N197 and the D251 towards the airport and Porto. In Galeria, this place is near the 'Gendarmerie' on the road towards Calca. Another route is the scenic D81 coast road. *A Calvi prendre la N197 puis la D251 vers l'aéroport et Porto. Dans Galeria, le gîte se trouve près de la gendarmerie, sur la route de Calca. Vous pouvez aussi prendre la magnifique D81, route du bord de mer entre Calvi et Galeria.*

8 Bedrooms - *chambres* / 4   10   2 WC

	Price in FF - *Prix en FF* :	2 pers ↓	maxi ↓
(1)		200 Eco	
(4)	4	200 Eco	400 Eco
(2)	6	200 Eco	600 Eco
(1)	2	200 Eco	400 Eco

20.2

ILE ROUSSE

Marie-Louise SAVELLI
«Domaine d'Acquaniella» - BP 09 - 20220 Ile Rousse

2km   20km   95 60 08 02   95 60 28 43

Not a B&B in the strictest sense, but we could not resist including this musical household (Marie–Louise's son is a concert pianist), set in the middle of the pines, with a view over the sea. Ile Rousse is a typical little port of the Balagne.
Ce n'est pas un véritable B & B, mais nous ne pouvions vous cacher ce lieu de rencontre musical (le fils de Marie-Louise est pianiste-concertiste) au milieu des pins et avec vue sur la mer.... L'Ile Rousse est un petit port très typique de Balagne.
sur place : Corsican produce - *Produits Corses*

GB D I

20km   25km

> **Acquaniella** :
In Ile Rousse, take the N197 towards Calvi. As you leave the town, turn left on to the D151 towards Corbara. The house is 600m on the left.
A Ile Rousse, prendre la RN197 vers Calvi. A la sortie de la ville, prendre à gauche la D151 vers Corbara. C'est à 600m à gauche.

13 self-catering Apartments-*appartements en location*

7   / Reduction BS (1/09 → 23/06)

	Price in FF - *Prix en FF* :	maxi ↓
(3) Studio		2000 F per week - *la semaine* (2 pers)
(8) F2		2700 F per week - *la semaine* (4 pers)
(2) F3	/ 2	4500 F per week - *la semaine* (6 pers.)

20.3

10 km - South of / *Au Sud de* **PONTE-LECCIA**

Battista LUCIANI
«Campita» -Route de Calacuccia -Francardo - 20236 Omessa

2km   40km   95 47 44 15

Battista is a very warm, friendly and interesting personality. This is not really a typical B&B either, but it is situated in a verdant, riverside location (11 hect. beside the Golo). Simple, well equipped, self– catering apartments, and a camping site nearby. Battista est un personnage très attachant et surprenant. Ce n'est pas un vrai B & B, mais il est situé dans un cadre de verdure (11ha au bord du Golo...). Gites très simples avec tout le confort et aire naturelle de Camping. Saison idéale Mai/Juin.
sur place : Wine - *Vin*

φ : 15/10 → 15/03

(April-*Avril*)   GB D I

> **Francardo** :
In Ponte-Leccia take the N193 towards Corte. In Francardo turn right on to the D84 towards 'Scala di Sta Regina' - Calacuccia. Campita is about 1km on the right.
A Ponte-Leccia, prendre la N193 vers Corte. A Francardo, tourner à droite sur la D84 vers la 'Scala di Sta Regina'-Calacuccia. Campita est à environ 1km à droite.

4 self-catering apartments-*appartements en location*

7   / Reduction BS (1/09 → 30/06)

	Price in FF - *Prix en FF* :	maxi ↓
(1) Studio	2	1300 F per week - *la semaine*
(3) F3		1900 F per week - *la semaine*

**From October 18th, the telephone number of hosts in Corsica, will begin with 04.
Dial : + 33 4 before your host's telephone number (from France : 04 before your host's telephone number).
à partir du 18 Octobre, le numéro de téléphone de vos hôtes de Corse débutera par 04.
Composez : International + 33 4 suivi du N° de votre hôte (de France : 04 avant le N°).**

CORSE / CORSICA

Départements N° 2A et 2B (20) : Corse

20.4 — PORTO-VECCHIO

Paul & Simone VALEANI
«Casa di mare» - 17, Voie Romaine - 20137 Porto-Vecchio

22km — 95 70 08 22

Chez Paul and Simone, you will experience real Corsican hospitality. The apartments are modern, on a property close to the centre of the town, near to the port and the beach. Porto Vecchio is one of the most sought after places in Corsica.

Chez Paul & Simone vous découvrirez l'Hospitalité Corse. Les appartements de construction moderne, sont dans une propriété tout près du centre de la ville, près du port et de la plage. Porto Vecchio est l'un des endroits les plus réputés de Corse.

(85F)

10km

10km 20km 50km** 35km 10km

GB D I

➤ Porto-Vecchio :
From the harbour go in the direction of Bonifacio. Just after the supermarket on the right, turn right (café l'Auropeani is on the corner). First property on the right.

Sur le port, prendre la route de Bonifacio. Juste après le supermarché sur la droite, tourner à droite (café l'Auropeani fait l'angle). 1° propriété à droite.

1 Bedroom - chambre + 4 Apartments-appartements

7 (15/07 → 15/08) / Reduction BS (1/09 → 30/06)

Price in FF - Prix en FF : 2 pers ↓

chambre	n.c. WC			360 B
(2) Studio	Apartment WC			360 B
(1) Studio	Apartment WC		3	360 B
(1) F2	Apartment WC		/ 3	360 B

20.5 — 11 km - North-East of / Au Nord-Est de SAGONE

Emilie ARRIGHI
«Auberge Pippa Minicale» - Col de St Antoine - 20160 Vico

50km 50km — 95 26 61 51

A warm welcome and real Corsican family cooking. This modern house has small bedrooms, but with all necessary facilities. It is ideally situated in the cool of the interior, but only 11km from the magnificent beach at Sagone and near to Guagno les Bains.

Gentillesse de l'accueil et vraie cuisine familiale Corse. Maison moderne et petites chambres avec tout le confort. Situation idéale : à 11km des magnifiques plages de Sagone, au frais dans la Corse profonde, près des thermes de Guagno les Bains

(110F)

11km 2km 20km

I

➤ Vico :
In Sagone take the D70 towards Vico (Vicu). The auberge is the second one on the right, just at the crossroads as you enter Vico.

A Sagone prendre la D70 vers Vico (Vicu). L'auberge est la 2° à droite, juste au carrefour, à l'entrée de Vico.

5 Bedrooms - chambres / WC shared-commun (2° & 3°)
Reduction BS (1/10 → 30/04) & 8 nights - nuits

Price in FF - Prix en FF : 2 pers ↓   maxi ↓

1° & 4°		WC	250 A	
2°			250 A	
3°			250 A	
5°		WC	250 A	350 Eco

20.6 — SARTENE

Christian & Claudine PERRIER
«Domaine de Croccano» - route de Granace - 20100 Sartène

10km 40km — 95 77 11 37 95 73 42 89

This exceptional spot is ideal for riding and romantic hiking excursions. Spend wonderful evenings in this old house, off the beaten track, but with a view across to the sea. This is the real Corsica ... "Le Paradis sur Terre!"

Endroit rare, où vous pouvez pratiquer tourisme équestre ou randonnée pédestre sur les pas des romantiques. Le paradis sur terre : soirées décontractées, maison ancienne en pleine nature, vue très dégagée sur la mer. C'est aussi ça, la Corse... sur place : Home-made jam - Confitures maison

(110/120F)

5km 10km

20km 50km

GB I E

➤ Sartène :
On the square by the church in Sartène, turn left towards the 'Maison de l'Artisanat'. At the intersection, take the road on the right towards Granace for 3km. The entrance is on the left and the house is 300m further down, at the end of the unmade road.

Sur la place de l'église de Sartène, prendre à gauche vers la maison de l'artisanat. A la patte d'oie, route de droite vers Granace. L'entrée du domaine est à 3km sur la gauche. La maison est 300m plus bas, au bout du chemin de terre.

4 Bedrooms - chambres / Reduction groups - groupes
Extra Bed - Lit Sup. : 75-150 F / shared - commun (1° & 3°)

Price in FF - Prix en FF : 2 pers ↓

1° & 3°				300 A
2°		WC		300 A
4°	2	WC		300 A

LANGUEDOC - ROUSSILLON

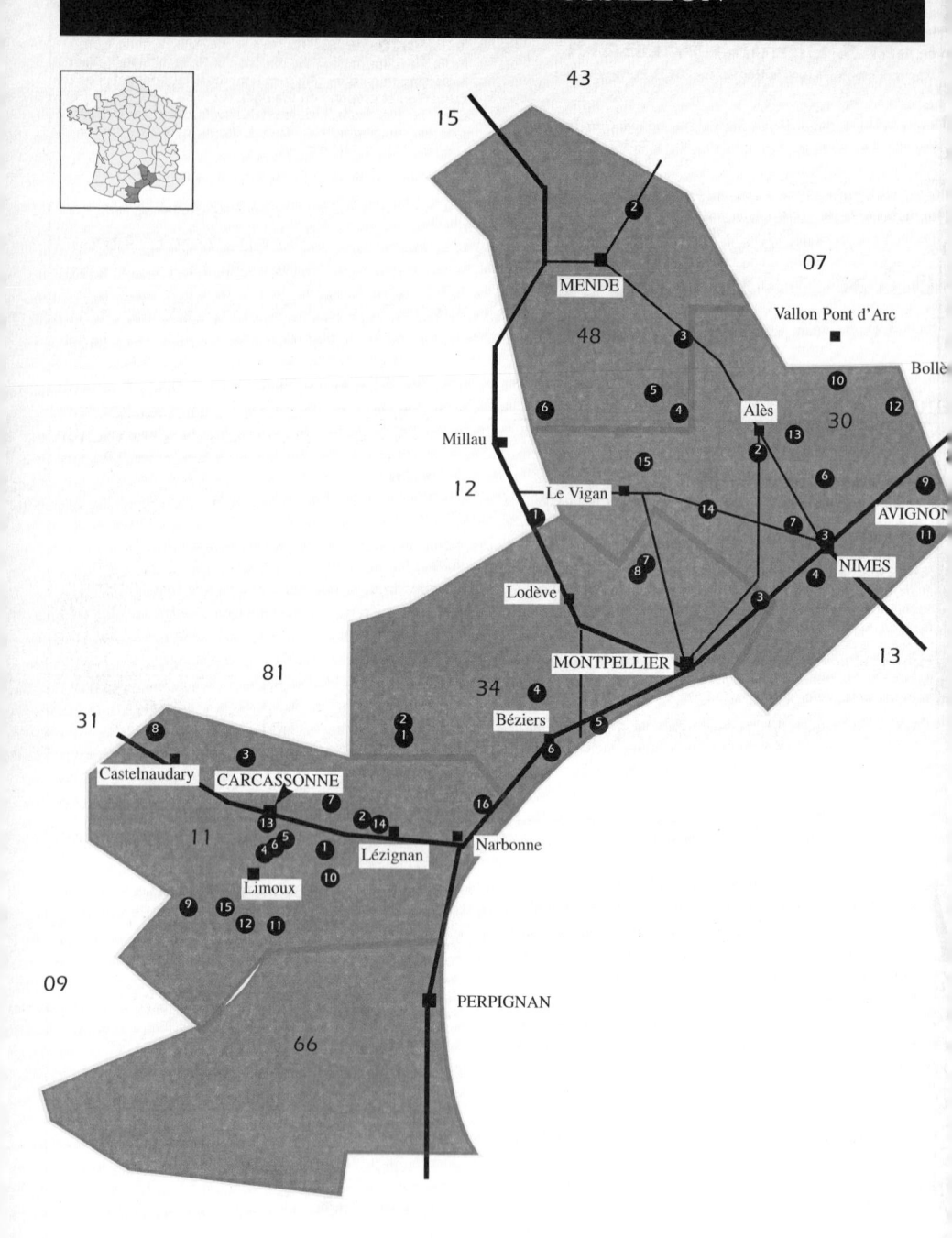

LANGUEDOC-ROUSSILLON

Languedoc-Roussillon... Situated between the Rhone Valley and Aquitaine, this Mediterranean region radiates sunshine. Here you will discover the châteaux of the Cathars, which attract lovers of history. Our hosts are well informed and will give you a unique and passionate insight into their land. They will ask you to try their Minervois and Corbières wine and will explain to you the local rivalry between Castelnaudary, Carcassonne and Toulouse, over that wonderful local dish 'cassoulet'. Enjoy walks in the Cévennes, the impressive Gorges du Tarn, visit Sète and its marine cemetery, and taste oysters from Bouzigues. Montpellier is known as 'the 'over-endowed city', and Nîmes, which has beautifully preserved and presented its ancient ruins, should not be missed.

Photo : 48.5 - page 155

Languedoc Roussillon... Située entre Vallée du Rhône et Aquitaine, cette région respire au rythme du soleil et de la méditeranée. On y redécouvre aujourd'hui les Châteaux des Cathares qui attirent passionnés d'histoire et amateurs d'ésotérisme. Nos hôtes sont des guides très avertis, ils vous parleront avec passion de leur pays. Ils vous feront déguster leur vin du Minervois, des Corbières. Ils vous expliqueront la querelle du Cassoulet entre Castelnaudary, Carcassonne et Toulouse.... Vous apprécierez les randonnées dans les Cévennes, les Gorges du Tarn impressionnantes, découvrirez Sète, son cimetière marin, les huîtres de Bouzigues, Montpellier 'la surdouée', Nîmes qui a su conserver et mettre en valeur ses vestiges antiques.

LANGUEDOC-ROUSSILLON

Département 11 : Aude

11.13 — CARCASSONNE

Nicole GALINIER
«La Maison sur la Colline» - Mas de Ste Croix
11000 Carcassonne

3 km — 6 km — 68 47 57 94

This house is peacefully situated amongst the vines, 1km from the medieval city of Carcassonne. Your hosts are retired gardeners and Nicole loves plants. The interior of the house has a great deal of character and you will be well looked after here.
Très calme, au milieu des vignes, à 1km de la cité Médiévale de Carcassonne... Anciens horticulteurs : Nicole aime les plantes ! L'intérieur de la maison a beaucoup de caractère. Idéal pour visiter Carcassonne et en plus, vous serez très bien reçus.

(80/100F) E

3km / 3km / 15km

Extra bed - *Lit Sup.* : 80F / Reduction 3 nights - *nuits*

> **Carcassonne** :
In Carcassonne, head for the cemetery which is on the left of the entrance of the Place du Prado. Follow it round, keeping on the left, and DO NOT take the Chemin des Anglais, which goes down. The house is 1km on, after you have gone under the bridge. *A Carcassonne, aller au cimetière de la cité, que vous longez. Il est à gauche de l'entrée de la place du Prado. Restez à gauche, sans prendre le chemin des Anglais qui descend. La maison est à 1km, après être passé sous le pont.*

1 Suite + 3 Bedrooms - *chambres*
shared - *commun* (Jaune & Beige)

	Price in FF - *Prix en FF* : 2 pers ↓	maxi ↓
Bleue	450 C	450 A
+ Jaune	280 A	
Beige	300 A	300 Eco
Blanche	300 A	

11.6 — 8 km - South of / *Au Sud de* CARCASSONNE

Henri SOURNIES
«Le Relais» - 54, rue Traversière - 11570 Cavanac

8 km — 7 km — 68 79 78 38

This old, wine-grower's house and its adjoining cellar (which can be visited) is in a small village and welcomes all travellers who are hiking, riding, cycling or with a car. The meals are simple and welcoming. A good stopover.
Dans un petit village, ancienne maison de vigneron adossée à sa cave (que l'on visite). Le Relais accueille ceux qui cheminent à pied, à cheval ou en vélo. Table d'hôtes simple et agréable. Etape privilégiée pour visiter Carcassonne, les Corbières...
sur place : Wine - *Vin de Pays*

(65F) GB

> **Cavanac** :
In Carcassonne, take the D104 towards St Hilaire. Turn left towards Cavanac. After the château, turn right then left into the 2nd street. Turn left on to the Place de la Condamine.
A Carcassonne, prendre la D104 vers St Hilaire. Prendre à gauche vers Cavanac. Après le château, prendre à droite puis 2° à gauche. Tourner à gauche sur la place de la Condamine.

2 Bedrooms - *chambres* / Free Extra Bed - *Lit Sup. gratuit*
Price in FF - *Prix en FF* : 2 pers ↓

Bleue	n.c.	160 Eco
Jaune	n.c.	160 Eco

3km / 25km

11.5 — 5 km - South of / *Au Sud de* CARCASSONNE

Christopher GIBSON-Diana WARREN
«La Ferme de la Sauzette» - Route de Villefloure
Cazilhac - 11570 Palaja

7 km — 9 km — 68 79 81 32 — 68 79 65 99

At La Sauzette, your hosts are British. They have restored this old, stone farmhouse in the heart of the country, but only 5km from Carcassonne. The welcome is warm and charming. There is swimming, tennis, golf and riding nearby. Diana is the chef.
Veille maison de ferme en pierre, restaurée, en pleine nature et cependant à 5km de Carcassonne. Vous trouverez le charme et la douceur de l'accueil britannique. C'est Diana qui cuisine. Nombreuses possibilités de baignade, tennis, golf, équitation...
sur place : French and pottery classes - *Stages de Poterie*

(105/180F) GB D

3km

◊ : 15/01 → 15/02
    15/11 → 15/12

> **Cazilhac** :
In Carcassonne, take the D42 towards Cazilhac-Palaja then the D142 towards Cazilhac. In the village, take the D56 towards Villefloure for 2km.
A Carcassonne, prendre la D42 vers Cazilhac et Palaja puis la D142 vers Cazilhac. Dans le village, prendre la D56 vers Villefloure sur 2km.

5 Bedrooms - *chambres* / Extra Bed - *Lit Sup.* : 35/75F
2

	Price in FF - *Prix en FF* : 2 pers ↓	maxi ↓
1° & 2°	295 A	
	295 A	
	315 B	
2	295 A	445 Eco

Carcassonne is one the most attractive fortified towns in Europe.
Carcassonne est l'une des plus belles villes fortifiées d'Europe.

LANGUEDOC-ROUSSILLON

Département 11 : Aude

11.3 ☀️ ☀️ ☀️

25 km - North-West of / Au Nord-Ouest de CARCASSONNE

Anne BOUDET
«Domaine du Lampy» - Le Lampy Neuf - 11310 Saissac

🚗 30 km   ✈️ 30 km   ☎️ 68 24 46 07

This small, 19th century château has landscaped gardens with an arboretum. It is situated beside a lake in the heart of the Montagne Noire in the forest of Ramondens. A comfortable interior with beautiful furniture. Do not miss the Goya museum. Au cœur de la Montagne Noire, dans la forêt de Ramondens, au bord du lac, petit château du XIXème entouré d'un parc paysagé avec arboretum. Intérieur confortable, beaux meubles et cheminée. A voir : Carcassonne, le musée Goya, Revel...

(80/120F)

: 23/12 → 26/12   GB E

6 Bedrooms -chambres / Extra Bed - Lit Sup. : 100F
WC shared - commun / Reduction BS (15/09→15/06)

> **Le Lampy Neuf** :
In Carcassonne, take the N113 towards Toulouse. After Pezens, turn right onto the D629 towards Revel. In Saissac, take the D4 towards Arfons for 5km. Turn right towards Le Lampy Neuf. As you enter the village, the house is on the right.
A Carcassonne, prendre la N113 vers Toulouse. Après Pezens, prendre à droite la D629 vers Revel. A Saissac, prendre la D4 vers Arfons sur 5km. Tourner à droite vers Le Lampy Neuf. La maison est à droite à l'entrée du village.

Price in FF - Prix en FF : 2 pers ↓   maxi ↓

1° Bénédicte	🛏️	350 B	
2° Alice	🛏️	200 Eco	
3° Flore	🛏️ 🛏️	250 A	350 Eco
4° Aude	🛏️ n.c.	300 A	
5° Agathe	🛏️	200 Eco	
6° Eléonore	🛏️	300 A	

11.7 ☀️ ☀️ ☀️

20 km - North-East of / Au Nord-Est de CARCASSONNE

Gabrielle DHOMS
«Le Siestou» - 11800 Laure-Minervois

🚗 20 km   ✈️ 20 km   ☎️ 68 78 30 81

Very warm welcome on this large estate which produces Minervois wine. The farmhouse is surrounded by woods, an ideal spot for children. Bedrooms tastefully decorated in Provençal style. There is tennis and a swimming pool nearby.
Accueil très sympathique dans ce grand domaine de production de vin du Minervois. Ferme entourée d'un terrain boisé fermé, idéal pour les enfants ! Les chambres sont décorées avec goût dans un style provençal. Tennis et piscine proches.
sur place : Their own Minervois Wine - Vin de Minervois

(70F)

> **Laure-Minervois** :
In Carcassonne, take the N113 towards Narbonne. Turn left on to the D610 towards Trèbes then the D135 towards Laure-Minervois where you turn right on to the D111 towards Puichéric. Continue for 3km.
A Carcassonne, prendre la N113 vers Narbonne. Prendre à gauche la D610 vers Trèbes puis la D135 vers Laure-Minervois où vous prenez à droite la D111 vers Puichéric sur 3km.

2 Bedrooms - chambres / Extra Bed - Lit Sup. : 70F

Price in FF - Prix en FF : 2 pers ↓

Verte & Bleue	🛏️ WC	180 Eco

11.4 ☀️ ☀️ ☀️

10 km - South of / Au Sud de CARCASSONNE

Eliane BOSC
«Le Jardin d'Esclarmonde» - 11, av de St Hilaire - 11250 Leuc

🏠   ✈️ 8 km   ☎️ 68 79 75 83

In the heart of Cathar country, very close to Carcassonne, Eliane invites you to relax in her inn and to try her regional cooking. She is a great enthusiast for her region, Cathar history and the Arts in general. There are even Cathar festivals.
Eliane passionnée par son pays, par l'histoire des Cathares, par les Arts en général, par son métier, vous propose de vous reposer dans son Auberge et d'y déguster une cuisine à l'accent du pays. Festivals et séminaires Cathares.
sur place : Local produce, crafts-Produits locaux et artisanaux

(75/160F)

> **Leuc** :
In Carcassonne, take the D104 towards St Hilaire.
A Carcassonne, prendre la D104 vers St Hilaire.

4 Bedrooms -chambres / Extra Bed - Lit Sup. : 80F

Price in FF - Prix en FF : 2 pers ↓

les Oiseaux & les Anémones & Provence

	🛏️	240 Eco
les Coquelicots	🛏️ WC	250 A

GB D E I   6km 5km 25km

From October 18th, the telephone number of hosts in Languedoc-Roussillon, will begin with 04.
Dial : + 33 4 before your host's telephone number (from France : dial 04 before your host's telephone number).
A partir du 18 Octobre, le numéro de téléphone de vos hôtes de Languedoc-Roussillon, débute par 04.
Composez : International + 33 4 suivi du N° de votre hôte (de France : 04 devant le N°).

LANGUEDOC-ROUSSILLON

Département 11 : Aude

11.1

25 km - South-East of / *Au Sud-Est de* **CARCASSONNE**

Jean-Pierre & Marianne CAILLÈRES
«Château de Montlaur» - 11220 Montlaur

24 km   90 km   68 24 04 84 / (1) 43 06 17 24

Your room is in an 18th century country house in wooded grounds with a very friendly family atmosphere, and antique furniture. There is also a flat with a separate entrance. The Cathar monuments and the Corbières vineyards are nearby.

La chambre est dans une ancienne Bastide du XVIIIème au milieu d'un parc ombragé. Ambiance très familiale et meubles d'époque. L'appartement proposé, indépendant, est bien aménagé. Proche du pays Cathare et du vin des Corbières.

40km   GB   2

> Montlaur :

In Carcassonne, take the N113 towards Narbonne. Turn right on to the D3 towards Lagrasse. Turn left on to the D114 towards Montlaur. The château is on the left, after the 'Mairie'.
A Carcassonne, prendre la N113 vers Narbonne. Prendre à droite la D3 vers Lagrasse. Tourner à gauche sur la D114 vers Montlaur. Le château est à gauche après la Mairie.

1 Bedroom - *chambre*
+ 1 self-catering apartment -*appartement en location*

Price in FF - *Prix en FF* :	2 pers ↓		maxi ↓
n.c.			600 C (⏱ : 1/10 → 1/06)
Apartment HS : 7	BS : 2		
+ (child - *enfant*)			
			3700 FF per week- *par semaine*
			Reduction BS (1/09→1/07)

11.2

25 km - East of / *A l'Est de* **CARCASSONNE**

Jean-Pierre & Simone BERGÉ
«Château de St Aunay» - 11700 Puichéric

15 km   25 km   68 43 72 20 / 68 43 71 03

A cool, and surprisingly peaceful haven in the middle of a vineyard. The welcome is simple and friendly and your hosts will serve you a traditional meal on their terrace, washed down with their own wine. Do not miss the Cathar monuments.
Surprenant havre de paix et de fraîcheur au milieu d'un vignoble méditerranéen. Accueil très simple et sympathique des propriétaires du domaine, repas traditionnel servi sur la terrasse avec le vin de la propriété. A voir : sites Cathares.
sur place : Wine, home-made jam - *Vin, Confiture maison*

(85/120F)   E

5km   5km   8km   25km   ⏱ : 1/11 → 30/03

> Puichéric :

In Carcassonne, take the N113 towards Narbonne. Turn left on to the D610 towards Trèbes and Puichéric. Just before Puichéric, turn left on to the D111 towards Rieux-Minervois.
A Carcassonne, prendre la N113 vers Narbonne. Prendre à gauche la D610 vers Trèbes et Puichéric. Avant Puichéric, prendre à gauche la D111 vers Rieux-Minervois.

6 Bedrooms -*chambres* / WC shared - *commun* (1° & 2° & 3°)

Price in FF - *Prix en FF* :	2 pers ↓	maxi ↓
1°	n.c.	230 Eco
2°		230 Eco
3°		230 Eco
4° & 6°	2	260 A 400 Eco
5°		260 A

11.8

17 km - North-West of / *Au Nord-Ouest de* **CASTELNAUDARY**

Michel & Jacqueline MARTIN
«La Castagne» - 11320 Montmaur

17 km   50 km   68 60 00 40

Michel and Jacqueline, who is an excellent cook, welcome you to their farm full of character. Completely restored, beautifully decorated and furnished with antiques, it has a superb garden. Cookery courses and walking tours arranged.
Jacqueline, excellente cuisinière, et Michel vous accueillent dans leur ferme entièrement restaurée. La décoration et les meubles anciens, le superbe jardin contribueront à rendre votre séjour agréable. Cours de cuisine, organisation de randonnées.

(100/120F)

4km   5km   10km   GB   E

> Montmaur :

In Castelnaudary, on the N113, take the D113 towards Soupex and Montmaur. The house is on the left.
A Castelnaudary, prendre sur la N113, la D113 vers Soupex puis Montmaur. La maison est sur la gauche.

⏱ : 1/11 → 1/03

2 Bedrooms -*chambres* / Extra Bed - *Lit Sup.* : 100F

	Price in FF - *Prix en FF* :	2 pers ↓	maxi ↓
Azalée			270 A
Vanille			270 A 370 A

Near - *Près de* CASTELNAUDARY See also - *Voir aussi* :
81.2 - Marie-Christine COMBES - «Château de Garrevaques» - Garrevaques - Page 166
Between Toulouse and Carcassonne : 100km of wonderful walking trails in the Pays de Cocagne.
Entre Toulouse et Carcassonne : 100km de sentiers de randonnée au pays de Cocagne...

LANGUEDOC-ROUSSILLON

Département 11 : Aude

11.10 Anick DOUSSET-RIVÉRA
«Oustalou» - 11220 St Martin des Puits

45 km — 68 43 12 57

Anick's smile and her passion for the history of her region will ensure an enjoyable stay in this old Cathar house. The rooms lead directly on to the terrace and the garden, and there is a beautiful view over the valley of l'Orbieu.
Le sourire d'Anick vous attend dans cette ancienne maison du pays Cathare. Les chambres donnent de plein-pied sur le jardin. Vue sur la vallée de l'Orbieu, les collines et la garrigue. Passionnée par son pays, elle vous racontera la faune, la flore et l'histoire.

GB E

30 km - South-West of / Au Sud-Ouest de LEZIGNAN

➢ **St Martin des Puits** :
On the A61, take the Exit Lézignan. Turn left on to the D611 towards Fabrezan where you take the D212 towards St Pierre des Champs then St Martin des Puits. The house is 200m after the Roman church, between the road and the river.
Sur la A61, prendre la sortie Lézignan et tourner à gauche sur la D611 vers Fabrezan. Là, prendre la D212 vers St Pierre des Champs, St Martin des Puits. La maison est 200m après l'église Romane située entre la route et la rivière.

2 Bedrooms - *chambres* / Extra Bed - *Lit Sup.* : 100F

	Price in FF - *Prix en FF* - 2 pers ↓	
1°		200 Eco
2°		200 Eco

11.14 Thérèse GALY
«Ferme Auberge des Noyers» - 11700 Montbrun des Corbières

30 km — 68 43 94 01

Thérèse invites you to enjoy the simple, traditional cooking of this area in her 'Ferme-Auberge'. You can either eat in the beautiful rustic dining room by the fireplace or beside the pool. Thérèse and Bernard produce their own wine.
Thérèse vous propose de goûter aux joies d'une cuisine simple et traditionnelle de la région. Elle vous sert dans une belle salle rustique devant la cheminée ou au bord de la piscine... La ferme auberge est sur le domaine viticole de Thérèse et Bernard.
sur place : Their own wine - *vin de la propriété* Corbières (AOC)

(85/120F)

Ø : 1/12 → 15/04

GB D

2km 4km 4km 5km 50km

6 km - West of / A l'Ouest de LEZIGNAN

➢ **Montbrun des Corbières** :
On the A61, take the Exit Lézignan. In Lézignan, take the N113 towards Carcassonne. Before Conilhac, turn right towards Montbrun. The property is just as you leave the village.
Sur la A61, prendre la sortie Lézignan. A Lézignan, prendre la N113 vers Carcassonne. Avant Conilhac, prendre à droite vers Montbrun. Le domaine est à la sortie du village.

3 Bedrooms - *chambres* / Extra Bed - *Lit Sup.* : 80F

	Price in FF - *Prix en FF* - 2 pers ↓		maxi ↓
1°		200 Eco	280 Eco
2°		200 Eco	
3°		200 Eco	280 Eco

10km 15km 40km 30km

11.11 Valérie AUSTIN
«Le Sabot Bleu» - Bugarach - 11190 Couiza

20 km 75 km 68 69 89 19

This charming house is in a friendly village, at medium altitude between les Corbières and the top of the valley de l'Aude. You should try Valérie's cooking, using natural local produce. Nearby is the spa town of Rennes les Bains.
Entre les Corbières et la haute vallée de l'Aude, Valérie a une charmante maison dans un accueillant village de moyenne montagne. Elle vous fait goûter une cuisine naturelle, avec les produits du terroir. A proximité de Rennes les Bains et ses thermes.

(60F) GB

20km 15km Ø : 20/12 → 10/01

30 km - South-East of / Au Sud-Est de LIMOUX

➢ **Bugarach** :
In Limoux, take the D118 towards Quillan. Just before Couiza, turn left on to the D613 towards Coustaussa. Turn left on to the D14 towards Rennes les Bains and Bugarach. The house is on the left, in the village.
A Limoux, prendre la D118 vers Quillan. Avant Couiza, prendre à gauche la D613 vers Coustaussa. Tourner à gauche sur la D14 vers Rennes les Bains puis Bugarach. La maison est dans le village, sur la gauche.

2 Bedrooms - *chambres* / Extra Bed - *Lit Sup.* : 60/100F

shared - *commun*

	Price in FF - *Prix en FF* - 2 pers ↓	maxi ↓
	200 Eco	300 Eco
	200 Eco	

Near - Près de LÉZIGNAN See also - *Voir aussi* :

| 34.1 | - Monique BOURGOGNE | «Bastide les Aliberts» | Minerve | Page 151 |
| 34.2 | - Bruno CIANFARRA | «Domaine de Lacan» | Vélieux | Page 152 |

LANGUEDOC-ROUSSILLON

Département 11 : Aude

11.9

20 km - South-West of / *Au Sud-Ouest de* **LIMOUX**

Claude & Yolande MORAT
«Domaine de Falgas» - 11230 Chalabre

➔ 21km 100km 68 69 20 88 68 69 33 49

A warm welcome in this large, country house, surrounded by fields and ancient oak trees, bordered by a river. There is a large lake on the property and a forest of oaks with numerous footpaths. Claude breeds Arab thoroughbred horses.

Accueil très familial dans cette maison de maître entourée de prairies, d'arbres centenaires et bordée par une rivière. Sur la proriété, un lac de 8ha, une forêt de chênes avec de nombreux sentiers. Claude élève des chevaux pur sang arabes.

(50/120F) GB E

> **Chalabre** :
> In Limoux, take the D620 towards Chalabre. In the village turn right on to the D16 towards Mirepoix for 1,8km.
> *A Limoux, prendre la D620 vers Chalabre. Dans le village, tourner à droite sur la D16 vers Mirepoix sur 1,8km.*

6 Bedrooms - *chambres*

Price in FF - *Prix en FF* : 2 pers ↓

1° & 4°	🛏	WC	📺	280 A
2° & 3°	🛏	WC	📺	280 A
5°	🛏	WC	📺	280 A
6°	🛏	📺		280 A

11.12

25 km - South of / *Au Sud de* **LIMOUX**

Elisabeth CARDAILLAC
«Campagne St Bertrand» - Laval - 11500 Quillan

 60 km   68 20 06 17

Two small flats in this pleasant and quiet property. This is ideal for family stays, activity holidays and lovers of the countryside, gastronomy and good wine. It is near the Cathar castles, Tautavel and caves.

Deux petits appartements dans une propriété calme et agréable en pays Cathare. Idéal pour les séjours en famille, les sportifs, les amoureux de la nature, de la gastronomie et du bon vin. A proximité, châteaux Cathares, Tautavel, grottes...

15km

2 Apartments-*appartements* / Extra Bed - *Lit Sup.* : 60F

> **Laval** :
> In Limoux, take the D118 towards Quillan. Just before Quillan, turn left on to the D109 towards Laval.
> *A Limoux, prendre la D118 vers Quillan. Juste avant Quillan, tourner à gauche sur la D109 vers Laval.*

7 🛏 : 1/05→1/09 = 1400 FF
(each self-catering apartment - *chaque appartement en location*)

Price in FF - *Prix en FF* : 2 pers ↓   maxi ↓

1°	Apart ment	WC		220 Eco	
2°	Apart ment	WC	(φ : 1/10→1/05)	220 Eco	280 Eco

11.15

10 km - South-West of / *Au Sud-Ouest de* **LIMOUX**

Bernard & Annick DOUCET
«Le Coustal» - St Sernin -11300 Limoux

➔ 15km 37 km   68 31 34 10

If you enjoy riding you must not miss this dream of a place ! It is peaceful, and the welcome warm. You can also explore on foot, mountain bike, or by car as well as on horseback. Bernard and Annie's place is in a conservation area, ideal for a weekend or a riding holiday.

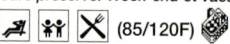

Découvrez absolument cet endroit rêvé pour faire du cheval ! Le site est calme et l'accueil très sympathique. Vous randonnez à pied, à cheval, en VTT ou... en voiture.... Bernard et Annie sont dans un site toujours préservé. Week-end et vacances cheval.

(85/120F) GB E

12km 25km 35km

φ : 20/12 → 10/01
Reduction 7 nights - *nuits* / 2 WC shared - *communs*

> **St Sernin** :
> In Limoux, take the D121 towards Magrie and Bouriège where you turn right on to the D52 towards Castelreng. Turn left towards St Sernin. There, turn right towards the cemetery. The courtyard of the farm is just on the right.
> *A Limoux, prendre la D121 vers Magrie et Bouriège où vous prenez à droite la D52 vers Castelreng. Prendre à gauche St Sernin. Là, prendre à droite vers le cimetière. La cour est juste à droite.*

4 Bedrooms-*chambres* / Extra Bed - *Lit Sup.* : 60F

Price in FF - *Prix en FF* : 2 pers ↓   maxi ↓

1°	🛏		250 A	
2°	🛏		250 A	
3°	🛏		(1 pers) 150 A	
4°	🛏		250 A	450 Eco

**Have you heard of the Haute Vallée de l'Aude ? Take the D117 towards Axat.
You will discover forests, wild countryside and dramatic mountain passes.**

*Connaissez-vous la Haute Vallée de l'Aude ? Prenez la D117 vers Axat.
Vous découvrirez des forêts, une nature très sauvage et des défilés impressionnants !*

- 146 -

LANGUEDOC-ROUSSILLON

Département 11 : Aude

11.16 — Marie-France CATHALA
33, chemin de Lies -11110 Salles d'Aude

20 km — 68 33 31 28

12 km - North-East of / Au Nord-Est de **NARBONNE**

> **Salles d'Aude** :
On the A9, take the Exit 'Narbonne-Sud' and go towards Gruissan - Narbonne Plage. Turn left on to the D31 towards Vinasson then Salles d'Aude.
Sur l'A9, prendre la sortie Narbonne-Sud et suivre la direction Gruissan - Narbonne Plage. Prendre à gauche la D31 vers Vinasson puis Salles d'Aude.

Here you will be staying with friendly wine-growers, surrounded by their vines. Marie-France has organised a pleasant room for you in a separate building. Only 8km from the Mediterranean coast.
Vous êtes chez des viticulteurs très sympathiques, au cœur des vignobles. A 8km du littoral méditerranéen, Marie-France a aménagé pour vous une chambre agréable dans une petite construction indépendante.

sur place : Honey, home-made jam, wine, Muscat, Cartagène.
Miel, confiture maison, vin, Muscat, Cartagène.

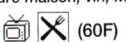

1 Bedroom - *chambre* / Reduction 7 nights - *nuits*

Price in FF - *Prix en FF* :	2 pers ↓	maxi ↓
	250 A	400 Eco

8km 8km

(60F) GB

Département 30 : Gard

30.2 — Hélène MAURIN
«Mas Cauvy» - 30380 St Christol lez Alès

5 km — 40 km — 66 60 78 24

5 km - South of / Au Sud d' **ALÈS**

> **St Christol lez Alès** :
In Alès, take the N110 towards Montpellier. Take the Exit Alès Garage OPEL and take the road towards Montèze.
Dans Alès, prendre la N110 vers Montpellier. Sortir à Alès garage Opel et prendre la route de Montèze.

Hélène welcomes you to her large farmhouse with swimming pool and games for the children. For dinner, she will serve you her home grown farm produce. Do not miss the bamboo forest and the Cévennes mountain railway.
Hélène vous accueille dans sa large ferme avec piscine et jeux d'enfants. Vous profitez du calme dans un panorama superbe. A la table d'hôtes, vous dégustez avec elle, les produits fermiers. A voir: la bambouseraie, le petit train des Cévennes.

sur place : Farm produce - *Produits de la Ferme*

2 Bedrooms - *chambres* / Extra Bed - *Lit Sup.* : 30/70F

Price in FF - *Prix en FF* :	2 pers ↓	maxi ↓
les Cigales	3	220 Eco	430 Eco
les Hirondelles	2	220 Eco	360 Eco

9km 5km

(65F)

30.13 — Alain & Martine ANTOINE
«Restaurant Le St Just» - Route de Vacquières
30580 St Just et Vacquières

80 km — 66 83 72 02

18 km - East of / A l'Est de **ALÈS**

> **St Just et Vacquières** :
In Alès, take the D6 towards Bagnols/Cèze for 12km. Turn right on to the D7 towards St Just then the D939 towards Vacquières. Follow the signs.
Dans Alès, prendre la D6 vers Bagnols/Cèze sur 12km. Prendre à droite la D7 vers St Just puis la D339 vers Vacquières. Suivre les panneaux.

Very peaceful Provençal 'Mas' and restaurant in the middle of the garrigue. Ideal for walking, riding and mountain biking (near to the Cévennes National Park). The rooms overlook the swimming pool. The restaurant specialises in seasonal, local produce.
Mas provençal très calme, au cœur de la garrigue. Idéal pour les randonnées pédestres, équestres et VTT (proche du Parc des Cévennes). Les chambres donnent directement sur la piscine et le restaurant vous propose les produits locaux de saison.

sur place : Local produce - *Produits locaux*

2 Bedrooms - *chambres* / Extra Bed - *Lit Sup.* : 60F

Price in FF - *Prix en FF* :	2 pers ↓
1°	300 A
2°	300 A

11km 20km 25km

(110/160F) GB A NL

Near - *Près d'Alès* See also - *Voir aussi* :
48.3 - Pierrette CHARTON-COUDERT «Le Lauzas» Le Collet de Dève Page 154
48.4 - Bernard & Martine CHATIN «Le Ranc des Avelacs» St Etienne Vallée Française Page 154

This part of the South-West is very popular. We advise you to book in advance.
Pour découvrir ce Sud-Ouest Méditerranéen, choisissez d'être attendus : prévenez de votre arrivée.

LANGUEDOC-ROUSSILLON

Département 30 : Gard

30.4

10 km - South of / *Au Sud de* **NÎMES**

Mireille STÉFANI
«Mas Pellet» -30620 Aubord

→ 10 km   10 km   66 71 00 05

You cannot help falling in love with the smile and wonderful accent of Mireille in her typical Provençal house. It is spacious and comfortable and a beautiful staircase leads up to the bedrooms. Beautiful shaded grounds. 5 golf-courses nearby.

Mireille, son sourire et son délicieux accent vous feront adorer sa grande maison provençale typique. Spacieuse et confortable, on accède aux chambres à l'étage, par un très bel escalier. Beau parc ombragé. 5 golfs à moins d'1/2 heure.

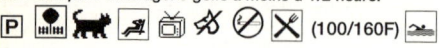

P 🐱 📺 ❄ 🚭 🍴 (100/160F) 🏊

30km   15km   15km   30km   10km   **GB**

➤ **Aubord** :
On the A54, take the Exit 'Nîmes-Centre'. Take the D42 towards the airport and St Gilles. Turn right on to the D135 towards Aubord. There, go towards Bernis for 200m, turn right and continue for 300m.
Sur la A54, sortir à Nîmes-Centre. Prendre la D42 vers l'aéroport et St Gilles. Tourner à droite sur la D135 vers Aubord. Là, prendre la route de Bernis sur 200m, tourner à droite sur 300m.

1 Suite + 1 Apartment - *appartement*

	Price in FF - *Prix en FF* :	2 pers ↓	maxi ↓
les Iris	🛏 WC	380 B	580 B
+	🛏 🛁		
l'Olivier	Apart 🛏 🚿/WC 📺	380 B	

30.6

25 km - North of / *Au Nord de* **NÎMES**

Françoise GUILLERY
«La Crémade» - 30190 Aubussargues

🏠   35 km   66 81 22 62

Françoise's Provençal house is just outside a small village, between the 'garrigue' and the vines. Your room is in a separate studio with the bedroom on the mezzanine floor, with a living room and a private terrace.

La maison provençale de Françoise est située à l'entrée d'un petit village, entre garrigue et vignobles. La chambre en mezzanine, est dans un charmant studio avec un salon, dans une maisonnette indépendante avec terrasse privée.

GB **D** **E**

P 🐱 ❄ 🍴 (100/180F) 🏊 2 🛏

➤ **Aubussargues** :
In Nîmes, take the N106 towards Alès. Turn right on to the D982 towards Moussac - Uzès. In Moussac, turn left on to the D226 towards St Dézéry, Collorgues then Aubussargues. In the village, turn left towards 'Le Temple'. The house will be on the left.
A Nîmes prendre la N106 vers Alès. Prendre à droite la D982 vers Moussac, Uzès. A Moussac, prendre à gauche la D226 vers St Dézéry, Collorgues et Aubussargues. Dans le village, prendre à gauche vers le Temple. La maison sera sur la gauche.

1 Bedroom - *chambre* / **Reduction long stay** - *séjour*

	Price in FF - *Prix en FF* :	2 pers ↓
	🛏 WC 📺	370 B

φ : 1/11 → 30/03   9km   10km

30.14

45 km - North-West of / *Au Nord-Ouest de* **NÎMES**

Domaine de Ceyrac
30170 Conqueyrac

🏠   50 km   66 77 68 85   66 77 91 29

Amidst 700 hectares of wild garrigue and oak trees, you will be captivated by Madame Fontanet's charm and organisation, the sunshine and the rustic décor. A real bargain. Visit the pre-historic sites and museums or take amazing walks in the Cévennes.

700ha de garrigue sauvage et de chênes... Vous serez séduits par Mme Fontanet, efficace et charmante, par l'ensoleillement et le décor rustique. Bon rapport qualité/prix. Pré-histoire, musées et randonnées extraordinaires dans les Cévennes.

sur place : wine, cheese, crafts, silk - *vin, fromage, soie*

P 🌲 👪 🚶 🚴 🍀 **GB** **I**

4km   10km   10km   45km   45km ❄❄

Extra Bed - *Lit Sup.* : 70F
Reduction 5 nights - *nuits & BS* (7/09➔21/12 & 1/01➔1/07)

➤ **Conqueyrac** :
On the A9, take the Exit 'Nîmes-Ouest'. Go towards Alès and turn left on to the D999 towards Le Vigan. In Conqueyrac, near to the 'Mairie', turn left towards Pompignan.
Sur l'A9, sortir à Nîmes-Ouest. Prendre la direction d'Alès puis prendre à gauche la D999 vers Le Vigan. A Conqueyrac, près de la Mairie, tourner à gauche vers Pompignan.

2 Apartments - *appartements* + **6 Bedrooms** -*chambres*

	Price in FF - *Prix en FF* :	2 pers ↓	maxi ↓
1° & 3° & 6°	🛏 🚿/WC	250 A	
2°	🛏 🛏 🚿 WC	270 A	350 Eco
4°	🛏 🛋	250 A	
5°	🛏 🛏 🚿/WC	250 A	330 Eco
grand	Apart ♥ 7 🛏 🚿/WC	503 C	509 Eco
	🛏 🛏/🛏		
petit	Apart 🛏 🛋 🚿/WC	360 B	363 Eco

Near - *Près de* **NÎMES** **See also** - *Voir aussi* :
34.3 - Daniel & Simone BARLAGUET - «Les Bougainvilliers» - Villetelle - Page 152

- 148 -

LANGUEDOC-ROUSSILLON

Département 30 : Gard

30.3 NÎMES

Michel MARTIN
«Le Garric» - 631, Chemin d'Engance - 30000 Nîmes

6 km 20 km 66 26 84 77 66 26 84 77

At the gateway to Nîmes and the Camargue, "Le Garric" is a very beautiful, modern house. It has been designed around a superb swimming pool with a jacuzzi, surrounded by small terraces with dry stone walls. A dream of a place in the sun.
Aux portes de Nîmes et de la Camargue, très belle maison récente. Elle s'organise autour d'une superbe piscine -jacuzzi entourée de petites terrasses fleuries, soutenues par des murets en pierres sèches. Un rêve au soleil du midi.
sur place : crafts - *produits Artisanaux*

(100/200F)

5km 15km 15km 15km 20km

1 Suite + 4 Bedrooms - *chambres* Φ : 24/12 → 1/03
Reduction BS (1/10→15/06) / Extra Bed - *Lit Sup.* : 70F

➢ **Nîmes** :
In Nîmes, take the D979 towards Uzès. After the town, and the bus roundabout, at the bottom of the hill, take the 1st road on the left (Chemin de Calvas) then the 2nd lane on the left.
A Nîmes, prendre la route d'Uzès (D979). Après la ville et le rond-point des bus, en bas de la côte, prendre le chemin de Calvas à gauche puis 2° chemin à gauche.

				Price in FF - *Prix en FF* :	2 pers ↓	maxi ↓
Amandier +					450 C	700 B
Yeuse					550 C	
Olivier					550 C	
Cade					450 C	
Arbousier					450 C	

30.7

14 km - North-West of / *Au Nord-Ouest de* **NÎMES**

Eliette COUSTON
«La Mazade» - 12, Rue de la Mazade - 30730 St Mamert

14 km 20 km 66 81 17 45

Eliette is an artist and her studio is part of the house. She has cleverly combined modern art and the charms of this 19th century house. She is a mine of information on places to visit, festivals and local artists and exhibitions.
Eliette est artiste, son atelier de création se trouve dans la maison. Elle a su intégrer l'art contemporain et le charme de sa demeure du XIX°. Sur place : tous les renseignements pour les itinéraires touristiques, festivals, ateliers d'artistes, expositions.
sur place :   hand-made leather garments
   production personnelle de vêtements de cuir

(65/80F) E

18km 25km 40km

➢ **St Mamert** :
On the A9, take the Exit 'Nîmes-Ouest'. Go towards Alès and turn left on to the D999 towards Le Vigan for 10km. Turn right on to the D1 towards St Mamert for 4km. In the village, the house is at the corner by the 'boucherie' (butchers).
Sur l'A9, sortir à Nîmes-Ouest. Prendre la direction d'Alès puis prendre à gauche la D999 vers Le Vigan sur 10km. Tourner à droite sur la D1 vers St Mamert sur 4 km. Dans le village, la maison est à l'angle de la boucherie.

2 Bedrooms - *chambres* / shared - *commun*

Price in FF - *Prix en FF* :	2 pers ↓
	250 A
	250 A

Photo : 30.11 - page 151

- 149 -

LANGUEDOC-ROUSSILLON

Département 30 : Gard

30.15

25 km - North-East of / *Au Nord-Est de* **LE VIGAN**

Agnès BOUSQUET
«Le Redonnel» - 30570 Notre Dame de la Rouvière

80 km   67 82 47 69

Le Redonnel is a 'Mas', typical of the Cévennes, with a very lively atmosphere. In the evening you will wait for the spectacular return of Agnès with her flock of ewes. Well located for interesting excursions.

Vous trouverez au Redonnel, Mas cévenol particulièrement typique, une ambiance très conviviale. Le soir vous attendrez le retour d'Agnès et son troupeaux de brebis, c'est spectaculaire. Bien situé, il vous permet d'organiser des circuits intéressants.
sur place : Ewes milk cheese - *fromages de brebis*

➢ **Notre Dame de la Rouvière** :
In Le Vigan, take the D999 towards Pont d'Hérault. There, turn left on to the D986 towards Mazel where you turn right towards Notre Dame de la Rouvière. Follow the signs.
De Le Vigan, aller à Pont d'Hérault par la D999 et prendre la gauche la D986 vers Mazel où vous prenez à droite vers Notre Dame de la Rouvière. Suivre les panneaux.

2 Bedrooms - *chambres* / Extra Bed - *Lit Sup.* : 50F

Price in FF - *Prix en FF* :	2 pers ↓	maxi ↓
	200 Eco	300 Eco
	200 Eco	250 Eco

20km 🍀   30km 🏃   20km ❄

30.10

13 km - South of / *Au Sud de* **VALLON PONT D'ARC (07)**

Antoine & Isabelle AGAPITOS
«Mas Escombelle» - Route de Vallon Pont d'Arc - La Villette
30430 Barjac

65 km   65 km   66 24 54 77

Isabelle and Antoine have carefully restored this 18th century Mas at the gateway to 'les Gorges de l'Ardèche'. This young couple have worked wonders in restoring the orginal character and charm to the walls and the vaulted ceiling of this house.
Isabelle et Antoine ont superbement restauré ce Mas du XVIII° situé aux portes des Gorges de l'Ardèche. Ce jeune couple a su rendre aux voûtes de pierres de l'étage et aux arcades de la cour intérieure, toute leur beauté et leur charme.

(55/75F)   5km   10km   GB D E

2 Apartments - *appartements* + 2 Bedrooms - *chambres*

➢ **Barjac** :
In Vallon Pont d'Arc, take the D579 towards Salavas, Barjac. The Mas is on the left, 800m before Barjac and the 'Gendarmerie'.
A Vallon Pont d'Arc, prendre la D579 vers Salavas, Barjac. Le Mas est sur la gauche 800m avant Barjac et la Gendarmerie.

Extra Bed - *Lit Sup.* : 50 F / Reduction 7 nights - *nuits*
HS (1/07 →31/08) : 2 ↓

Price in FF - *Prix en FF* :	2 pers ↓	maxi ↓
1°		250 A
2°		250 A
Studio	(child - *enfant*)	300 A	350 Eco
Appart	/ (130)	400 B	400 Eco

+ breakfast + *petit déjeuner*

30.12

15 km - South-West of / *Au Sud-Ouest de* **BOLLÈNE (84)**

Pierre-Jean & Suzanne CHAMBON
«Mas Chamfrass» - quartier Vaillen - chemin de Carsan
30130 St Alexandre

35 km   66 39 39 07   66 39 39 07

A friendly couple in this Provençal Mas, surrounded by pine trees. Nudism is allowed, but only around the swimming pool. You must then get dressed to visit the Gorges de l'Ardèche, the Pont du Gard and Vaison la Romaine.
Couple sympathique dans ce Mas provençal au milieu des pins. Possibilité de naturisme, mais uniquement autour de la piscine. Visite des Gorges de l'Ardèche et de la Cèze, du Pont du Gard, de Vaison la Romaine. Festivals d'Avignon, d'Orange...

10km   GB I

➢ **St Alexandre** :
From the Exit 'Bollène' on the A7, take the D994 towards Pont St Esprit. Take the N86 towards Bagnols / Cèze. Turn right towards Carsan - St Alexandre and follow the signs.
A la sortie 'Bollène' de l'A7, prendre la D994 jusqu'à Pont St Esprit. Prendre la N86 vers Bagnols / Cèze. Prendre à droite vers Carsan - St Alexandre et suivre les panneaux.

2 Bedrooms - *chambres* / Extra Bed - *Lit Sup.* : 120F
Reduction BS (1/10 → 31/05)

Price in FF - *Prix en FF* :	2 pers ↓
	330 B
	330 B

Photo : 30.3 - page 149

LANGUEDOC-ROUSSILLON

Département 30 : Gard

30.11
12 km - South-West of / Au Sud-Ouest d' **AVIGNON (84)**

André & Annie MALEK
«Le Rocher Pointu» - 30390 Aramon

➤ 12 km 12 km 66 57 41 87 66 57 01 77

Provençal mas in green countryside, surrounded by 7 hectares of 'garrigue'. Both the bedrooms and the public rooms are warm and comfortable. Naturist swimming pool (with or without costumes). Substantial breakfasts served on the terrace.
Mas provençal dans un cadre très verdoyant, entouré de 7ha de garrigue vallonnée. Les chambres et pièces communes sont confortables et chaleureuses. Piscine naturiste, baignade avec ou sans maillot. Copieux petits déjeuners servis en terrasse...

3km 15km 15km Ø : 1/11 → 28/02

3 ⊨ (except for last minute bookings - sauf dernière minute)

➤ **Aramon** :
In Avignon, take the 'Pont de l'Europe' towards Nîmes. Just leaving the bridge, take the D2 along the Rhône towards Aramon. Before the next bridge, turn right on to the D126 towards the N100, and continue for 2.3km. Then turn left.
En Avignon, prendre le 'Pont de l'Europe' vers Nîmes. Juste après le pont, prendre la D2 le long du Rhône vers Aramon. Avant l'autre pont, prendre à droite la D126 vers la N100, sur 2,3km. Tourner à gauche.

4 Bedrooms - chambres
Price in FF - Prix en FF : 2 pers ↓   maxi ↓

Noix de Coco			360 B	
Bleue			360 B	
Clair de Lune			415 C	500 B
Ecurie			400 B	

30.9
15 km - North of / Au Nord d' **AVIGNON (84)**

Guy SOULIER
«L'Hoste» - Chemin de St Marc - 30150 Sauveterre

 20 km 66 82 55 91

Close to Avignon, you are near to the autoroute A9 and the famous Tavel vineyards. An excellent stop-over or a base for visiting this area rich in places of interest. The welcome and the spacious rooms make this an excellent stop.
Aux portes d'Avignon, vous êtes près de l'autoroute A9 et des vignes de Tavel. La région est riche en curiosités touristiques et l'Hoste est un bon pied à terre pour rayonner facilement. Chaleur de l'accueil, salon spacieux, une très bonne halte.

(110F)

3 Bedrooms - chambres
3 ⊨ (except for last minute bookings - sauf dernière minute)

➤ **Sauveterre** :
In Avignon, take the 'Pont Daladier' towards Villeneuve lez Avignon. Go towards Bagnol/Cèze. As you leave the village, turn right on to the 'chemin de St Marc'. Continue until you reach a farm which you skirt to the right. The house (with a green gate), is on the right.
En Avignon, prendre le 'Pont Daladier' vers Villeneuve lez Avignon. Prendre la direction Bagnols/Cèze. Traverser Sauveterre et au panneau fin du village, prendre à droite le chemin de St Marc jusqu'à une ferme que vous contournez par la droite. La maison (portail vert) est à droite.

Price in FF - Prix en FF : 2 pers ↓   maxi ↓

Verte & Rose	2		350 B	450 Eco
Bleue	3		350 B	500 Eco

Département 34 : Hérault

34.1
20 km - North of / Au Nord de **LÉZIGNAN(11)**

Monique BOURGOGNE
«Bastide les Aliberts» - 34210 Minerve

➤ 20 km 35 km 68 91 81 72 68 91 22 95

This country house is on a hilltop, in the centre of an 800 year old hamlet. The rooms have their own terrace, and are each individually decorated with souvenirs of the travels of Monique and Pascal. An excellent address.
Du haut de sa colline, cette Bastide auréolée de soleil, centre d'un hameau vieux de 8 siècles, domine la vallée de Minerve. Vue à 360° sur le Causse et le vignoble. Appartements personnalisés, Séminaires (arts, détente...). Une très belle adresse.
sur place : Wine, honey - Vin, miel

HS (1/07 →31/08) : 7 (90/200F) GB

5 Apartments - appartements / Reduction long stay - séjour

➤ **Minerve** :
On the A61, take the Exit Lézignan and the D611 towards Lézignan, Homps, Olonzac where you take the D10 towards Azillanet and Minerve. Follow the signs, before Minerve.
Sur la A61, prendre la sortie Lézignan et la D611 vers Lézignan, Homps, Olonzac où vous prenez la D10 vers Azillanet et Minerve. Suivre les panneaux avant Minerve.

Price in FF - Prix en FF : 2 pers ↓   maxi ↓

A	Apartment 2		1400 B	
	/ / /			
B & D & E	Apartment		450 C	700 B
	/			
C	Apartment	WC	750 A	
	/ /			

**Near - Près de : LODÈVE (34) : See also - Voir Aussi :
12.1 - Alain DESJARDIN & O. DANET - La Salvétat - Page 158**

LANGUEDOC-ROUSSILLON

Département 34 : Hérault

34.2

30 km - North of / *Au Nord de* **LÉZIGNAN(11)**

Bruno & Claudette CIANFARRA
«Domaine de Lacan» - 34220 Vélieux

40 km — 67 97 17 14 — 67 97 32 34

This place is a small hamlet of 18th century stone houses and the five apartments each have their own separate area. It is quietly situated in 12 hectares of woods, where horses graze. Good base for visiting Carcassonne.
Sur la Trans-équestre, hameau de maisons de pierre du XVIII°, dans 12ha de bois et de garrigue. Les appartements ont un espace privatif extérieur. Un parc de 3ha accueille vos chevaux. A découvrir : les sites cathares, Minerve, Carcassonne...
sur place : Farm produce - *Produits fermiers*

(80/100F)

5 Bedrooms - *chambres* + 4 Apartments - *appartements*
Free Extra Bed - *Lit Sup. gratuit*

> **Vélieux** :
On the A61, take the Exit Lézignan. Take the D611 towards Lézignan, Homps, Olonzac, Aigne where you turn left towards Ruissec. Vélieux est on the left after La Garrigue.
Sur la A61, prendre la sortie Lézignan et la D611 vers Lézignan, Homps, Olonzac, Aigne où vous tournez à gauche vers Ruissec. Vélieux est sur la gauche après La Garrigue.

Price in FF - *Prix en FF* : 2 pers ↓   maxi ↓

1°		250 A	
2° & 5°		250 A	
3°	3	250 A	310 Eco
4°		250 A	310 Eco
(4) Apart.	HS (1/07→31/08) : 7	BS : 2	
6° & 7°	/	444 C	514 A
8°	/	523 A	663 Eco
9°	/ 4	494 C	634 Eco

34.3

25 km - South-West of / *Au Sud-Ouest de* **NÎMES(30)**

Daniel & Simone BARLAGUET
«Les Bougainvilliers» - 343, Chemin des Combes Noires
34400 Villtelle

6 km — 25 km — 67 71 26 16 — 67 53 30 77

Only 10 minutes from the sea and the golf course in a quiet location, this house is relaxing and tastefully decorated. The bedrooms are spacious and sunny. Enjoy the tennis court or the swimming pool or go riding with the owner in the Camargue.
A 10 mn de la mer et du golf, site calme et reposant au décor raffiné. Les chambres et suites sont spacieuses, ensoleillées. Vous profiterez de la piscine et du tennis, ou vous irez faire du cheval avec le propriétaire dans ses marais en Camargue.
sur place : Muscat, Wine - *Muscat, Vin*

(50/100F)

5km   10km   10km

2 Suites + 4 Bedrooms - *chambres* / Extra Bed - *Lit Sup.* : 100F

> **Villetelle** :
Take the A9 and the Exit Lunel. Turn right towards Villetelle. Before Villetelle, turn left and follow the signs.
Prendre l'A9 et la sortie Lunel. Prendre à droite Villetelle. Avant Villetelle à gauche et suivre les panneaux.

Price in FF - *Prix en FF* : 2 pers ↓   maxi ↓

Myosotis & Cocquelicot		320 B	
Nénuphar		320 B	
Bouton d'Or		320 B	
Lilas		560 C	560 A
+			
Camélia		560 C	560 A
+			

34.4

18 km - North of / *Au Nord de* **BÉZIERS**

Josette HORTER
«La Coquillade»-Rue du 8 Mai 1945 - 34480 Autignac

20 km — 35 km — 67 90 24 05

Very friendly family atmosphere in this vineyard in the heart of the village where they produce the Faugères wine. Comfortable rooms. Near to beaches, Les Gorges d'Héric and numerous typical villages, abbeys, watermills...
Ambiance familiale très sympathique dans cette ferme viticole située au cœur du village, où l'on produit le Faugères. Les chambres sont confortables. Près des plages, des gorges d'Héric... Nombreux villages typiques, abbayes, moulins...
sur place : Wine - *Vin*

(90F) E

8km   10km   15km   20km   35km

> **Autignac** :
In Béziers, take the D909 towards Bédarieux for 23km. Turn left towards Autignac. Go to the church square and turn on the left of the church. Continue for 100m.
A Beziers, prendre la D909 vers Bédarieux sur 23km. Prendre à gauche vers Autignac. Aller place de l'église et tourner à gauche de l'église : La Coquillade est à 100m.

3 Bedrooms - *chambres* / Extra Bed - *Lit Sup.* : 50F
(+ 3 self-catering apartments - *appartements en location*)

Reduction 7 nights - *nuits*

Price in FF - *Prix en FF* : 2 pers ↓

1° & 2°		240 Eco
3°		240 Eco

- 152 -

LANGUEDOC-ROUSSILLON

Département 34 : Hérault

34.5

1 Suite + 6 Bedrooms - chambres / Extra Bed - Lit Sup. 20 km - East of / A l'Est de **BÉZIERS**

Alain & Catherine POISSON
«Domaine Fon de Rey» - Route de Pézenas - 34810 Pomérols

10km 20km 67 77 08 56 67 77 08 56

You will be enthralled by Catherine, Alain and the plentiful and refined cooking of their daughter Céline. This 17th century, wonderfully restored residence is now the cosy home of an artist, amongst the vines, near the beaches and forest.

Vous serez séduits par Catherine, Alain et la cuisine copieuse et soignée de Céline, leur fille... Demeure du XVII° merveilleusement restaurée, une maison d'artiste chaleureuse, dans les vignes, près de la plage, de la forêt. Bon confort personnalisé.

(80F)

HS (1/07 → 31/08) : 3   : 11/11 → 15/03   GB E

2km 10km 10km 10km 15km

> **Pomérols** :
On the A9, take the exit 'Agde' and go towards Pézenas for 3km. Turn right on to the D18 towards Florensac and at Pomerols, go towards Pézenas for 1km.
Sur l'A9, sortie 'Agde', direction Pézenas sur 3km puis à droite la D18 vers Florensac. A Pomerols, suivre Pézenas sur 1km.

	Price in FF - Prix en FF :	2 pers ↓	maxi ↓
Suite + Royale	♥ /	400 B	700 A
Royale		400 B	
1°		250 A	
2° & 3°		250 A	
4°	3	300 A	350 Eco

34.6

5 km - South of / Au Sud de **BÉZIERS**

Jennifer VINER
7, rue de la Fontaine - 34420 Villeneuve les Béziers

5km 65km 67 39 87 15 67 39 87 15

Jennifer is Australian and her passion is her guests. She will introduce you to her wonderful 15th century home in the heart of a peaceful village, with its beautiful staircase, comfortable rooms and remarkable frescoes. Near to the beaches.

Jennifer est Australienne et a une passion : recevoir. Elle vous fera découvrir sa maison du XV° située au cœur d'un village très calme. Très bel escalier, chambres confortables, fresques du plafond remarquables. Proximité des plages, de Béziers...

(85F)   GB

2km 5km 5km 5km 15km

> **Villeneuve les Béziers** :
On the A9, take the Exit Béziers-Est. Go towards Sérignan. The house is opposite the 'Mairie', in the centre of Villeneuve.
Sur l'A9, sortir à Béziers-Est et suivre Sérignan. La maison est en face de la Mairie dans le Centre de Villeneuve.

4 Bedrooms - chambres / Extra Bed - Lit Sup. : 50F
Reduction BS (1/10 → 31/05)

	Price in FF - Prix en FF :	2 pers ↓
Pois de Senteur		250 A
Baldaquin	n.c.	200 Eco
Provençale		250 A
Rose	2 n.c.	160 Eco

34.7

45 km - North of / Au Nord de **MONTPELLIER**

Anne-Marie BOUEC
«Le Mas de Bombequiols» - Route de Brissac
34190 St André de Buèges

55 km 67 73 76 37 67 73 33 24

This medieval country house with vaulted ceillings is on an 50 hectare estate. The rooms are pleasant and some have a private terrace. Here you will find peace and silence, and wild orchids in the spring.

Cette bastide médiévale aux voûtes millénaires est entourée d'un domaine de 50ha. Les chambres sont très agréables, certaines ont une terrasse privée. Ici vous trouverez repos, silence et au printemps vous découvrirez les orchidées sauvages...

(130/150F)   GB

3km 45km

2 Apartments - appartements + 2 Suites
+ 2 Bedrooms - chambres / Extra Bed - Lit Sup. : 150F
Reduction BS (1/11 → 15/04) & 3 nights - nuits

> **St André de Buèges** :
In Montpellier, take the D986 towards Ganges. In Ste Bauzille, turn left on to the D108 towards Brissac. There, turn left towards St Jean de Buèges and continue for 5km. The house is on the left, after St André de Buèges.
A Montpellier, prendre la D986 vers Ganges. A Ste Bauzille, prendre à gauche la D108 vers Brissac. Là, prendre à gauche vers St Jean de Buèges sur 5km. Le Mas est à gauche, après St André de Buèges.

	Price in FF - Prix en FF :	2 pers ↓	maxi ↓
Grand	Apartment	700 Luxe	850 C
Arche	Apartment	600 C	750 C
Suite Tour	+	400 B	800 B
Suite Verte		600 C	950 C
Bleu		600 C	750 C
Warner		500 C	

- 153 -

LANGUEDOC-ROUSSILLON

Département 34 : Hérault

34.8
45 km - North of / Au Nord de **MONTPELLIER**

Viviane FAUNY-CAMERLO
«Le Mas de Gourgoubès» - 34190 St André de Buèges

55 km   67 73 31 31   67 73 30 65

A wonderful 30 hectare estate, away from it all in the garrigue, at the foot of the Cévennes. Here one reads, writes, paints or observes the stars, interspersed with candle-lit dinners under the pines or in the superb, vaulted dining-room.

Merveilleux domaine de 30ha isolé au cœur des garrigues, à 45mn de Montpellier. Au pied des Cévennes, c'est le lieu idéal pour lire, écrire, peindre, observer les étoiles...Dîners aux chandelles dans la pinède ou la salle à manger superbement voûtée.

(150F)   3

1km   2km   2km   2km   5km   5km
30km   45km   60km   GB I E

➤ St André de Buèges :
In Montpellier, take the D986 towards Ganges. In Ste Bauzille, turn left on to the D108 towards Brissac - St Jean de Buèges. The Mas is on the right, after St André, towards Gourgoubès.

A Montpellier, prendre la D986 vers Ganges. A Ste Bauzille, prendre à gauche la D108 vers Brissac puis St Jean de Buèges. Le Mas est à droite après St André, vers Gourgoubès.

2 Apartments - appartements + 2 Bedrooms - chambres

Price in FF - Prix en FF : 2 pers ↓   maxi ↓

Arcades	Apartment		2	800 Luxe 800 B
Magnanerie	Apartment		2	1000 B
	/ 2 ( )			
La Chaumière		2		450 C
Le Four à Pain				450 C

Département 48 : Lozère

48.3
40 km - North-West of / Au Nord-Ouest d' **ALES(30)**

Pierrette CHARTON-COUDERT
«Le Lauzas» - 48160 Le Collet de Dèze

66 41 03 88

In the heart of the Cévennes National Park, you will really enjoy the wilderness of this conservation area. A river runs past the house, which in summer is transformed into a lake. The 3 rooms are in three individual houses. Vegetarian meals available.

Au cœur du Parc des Cévennes, profitez pleinement des forêts, de cette nature sauvage et préservée. La rivière qui coule au pied du Mas est transformée en plan d'eau l'été. Accueil végétarien possible. 3 chambres sont dans 3 petites maisons.
sur place : home-made jam - Confiture maison

(80F)   GB

30km

➤ Le Collet de Dèze :
In Alès, take the N106 towards Florac - Mende. As you leave Le Collet de Dèze, turn right towards Le Lauzas and follow the signs for 8km. ESSENTIAL TO PHONE IN ADVANCE.

A Alès, prendre la N106 vers Florac - Mende. A la sortie du Collet de Dèze prendre à droite vers Le Lauzas et suivre ces panneaux sur 8km. IL EST IMPERATIF DE TELEPHONER !

Price in FF - Prix en FF : 2 pers ↓   maxi ↓

1°				250 A
Forge	HS : 7			200 Eco no breakfast - pas de petit déjeuner
Bergerie	HS : 7	3		200 Eco no breakfast - pas de petit déjeuner
Moulin	HS : 7	2		200 Eco no breakfast - pas de petit déjeuner
Gîte	Apartment HS : 7	2		340 Eco no breakfast - pas de petit déjeuner

1 Apartment - appartement + 4 Bedrooms - chambres
Extra Bed - Lit Sup. : 50 F / Reduction BS (1/09 ➔ 31/05)

48.4
50 km - West of / A l'Ouest d' **ALES(30)**

Bernard & Martine CHATIN
«Le Ranc des Avelacs» - 48330 St Etienne Vallée Française

75km   66 45 71 80   66 45 75 58

Typical slate-built Mas, in a beautifully restored silk-worm farm in the heart of the countryside on the edge of the Cévennes National Park. Peace and quiet is guaranteed. Be sure to take dinner, as the evenings at Martine's table are memorable.

Mas cévenol typique en schiste, admirablement restauré. Ancienne magnanerie en pleine nature, en bordure du parc des Cévennes : le calme est garanti. Vous vous souviendrez ces soirées particulièrement chaleureuses autour d'un bon repas.
sur place : Honey products - Miel, produits dérivés

(75F)

3km   45km   45km   GB E

Extra Bed - Lit Sup. : 100F / Reduction 6 nights - nuits

➤ St Etienne Vallée Française :
In Alès, take the N110 towards St Christol lès Ales. Turn right on to the D910 then the D907 towards St Jean du Gard. Turn right on to the D983 then D984 towards St Etienne Vallée Française. At the northern exit of the village, turn right on to the forest track. Continue for 4,5km and follow the signs.

A Alès, prendre la N110 pour St Christol lès Alès. A droite la D910 puis D907 pour St Jean du Gard. Prendre à droite la D983 puis D984 jusqu'à St Etienne Vallée Française. A la sortie Nord, à droite, chemin forestier sur 4,5km. Suivre le balisage.

6 Bedrooms - chambres

Price in FF - Prix en FF : 2 pers ↓   maxi ↓

La Source & Achille & Miellerie		250 A	
Treille & Kiwi	2	250 A	
Magnanerie	4	250 A	450 Eco

- 154 -

LANGUEDOC-ROUSSILLON

Département 48 : Lozère

48.2 A.P.

30 km - North-East of / Au Nord-Est de **MENDE**

Alexis & Françoise AMARGER
Le Giraldès - Arzenc de Randon
48170 Chateauneuf de Randon

66 47 92 70

(Alt. 1275m). In the heart of the Margeride.
Farmhouse Activities :
Haymaking, gardening, looking after the animals.
Other Activities :
Exploring the region, hiking, riding and downhill skiiing.

Produce :
Vegetables, soft fruit, cheese, milk, butter, jam, charcuterie, poultry.

4 Rustic Rooms - Farmhouse dinners with the family.

➢ **Le Giraldès** :
In Mende, take the N88 towards Langogne for 28km. Take the D988 towards Chateauneuf de Randon, then turn left on to the D3 towards Arzenc de Randon and Le Giraldès.
A Mende, prendre la N88 vers Langogne sur 28km. Prendre la D988 vers Chateauneuf de Randon, puis prendre à gauche la D3 vers Arzenc de Randon et Le Giraldès.

(Alt. 1275m).En pleine Margeride.
Activité à la ferme :
Fenaisons, jardinage, soins aux animaux.
Autres activités :
Découverte de la région, randonnées pédestre, équestre, ski de fond.
Sur place :
Légumes, petits fruits, fromages, lait, beurre, confitures, charcuterie, poulets.

4 chambres paysannes - Accueil familial et partage des repas.

48.5

65 km - South-East of / Au Sud-Est de **MENDE**

Hubert & Anne-Sylvie PFISTER
«Château de Cauvel» - 48110 St Martin de Lansuscle

➔ 50km 100km 66 45 92 75 / 66 45 94 76

In the heart of the Cévennes, the out-buildings of this 17th century château form a small hamlet in their own right. In this conservation area (impressively a 'world Biosphere Reserve') there are deer and wild boar. Anne-Sylvie's local dishes are a delight.
Au cœur des Cévennes, les dépendances de ce château du XVIIè, forment un véritable hameau. Dans cet environnement protégé (réserve mondiale de biosphère) vous rencontrez cerfs, sangliers... et dégustez les repas du terroir d'Anne-Sylvie.
sur place : Honey, jam, herbal tea - Miel, confiture, tisanes

(60F) GB
5km

2 Suites + 11 Bedrooms - chambres   ф : 11/11 → 1/04
Half-Board - 1/2 pension : 205F/pers.
Reduction out of season - hors vacances & groups - groupes

➢ **St Martin de Lansuscle** :
In Mende, take the N88 then the N106 towards Alès. 19km after Florac, turn right on to the D62 towards Barre des Cévennes then turn left on to the D162 towards the 'Col de Fontmort'. Turn left on to the D13 towards St Germain de Calberte for 2km
A Mende, prendre la N88 puis la N106 vers Alès. 19km après Florac, prendre à droite la D62 vers Barre des Cévennes puis à gauche la D162 vers le Col de Fontmort. Tourner à gauche sur la D13 vers St Germain de Calberte sur 2km.

Bonheur	🛏	WC	Clématite	🛏	WC
Bleuet & Volubilis				🛏	WC
Lavande & Soleil & Lilas & Marguerite	2 🛏				WC
Pellagrine			3 🛏		WC
Rose + Pomme	2 🛏 + 🛏			n.c.	
Provence + Rétro	🛏 2 🛏 + 🛏				WC
Tulipe & Amarilys	Apartment 2 🛏	/ 6 🛏			WC

48.6

35 km - North-East of / Au Nord-Est de **MILLAU(12)**

Michel & Danielle GAL
«Le Choucas» - La Volpilière - 48150 St Pierre des Tripiers

160km   66 45 64 28

Protected wilderness, yet pleasant, cultivated surroundings, where, combined with Danielle's culinaru treats you will experience sublime moments of well-being. Near to the famous Gorges du Tarn. A new experience : watch them milking the ewes for Roquefort cheese.
Nature sauvage et préservée. De grands moments de bien-être dans ce cadre agréable et raffiné où Danielle vous mitonne de délicieux petis plats, tout près des célèbres Gorges du Tarn. Spectacle peu courant : la traite des brebis pour Roquefort.
sur place : Charcuterie, cheese, honey - fromage, miel

(80F) GB

15km 15km ф : 15/11 → 15/03

➢ **La Volpilière** :
In Millau, take the N9 towards Séverac for 7km. Turn right on to the D907 towards Rozier then D996 towards Meyrueis. Turn left on to the D63 towards St Pierre des Tripiers then La Volpilière.
A Millau, prendre la N9 vers Séverac sur 7km. Prendre à droite la D907 jusqu'au Rozier et la D996 vers Meyrueis. Prendre la D63 à gauche vers St Pierre des Tripiers puis La Volpilière.

3 Bedrooms - chambres
Half-Board-1/2 pension : 400F/ 2pers.
Extra Bed - Lit Sup. : 85F / Reduction 3 nights - nuits
Price in FF - Prix en FF : 2 pers ↓   maxi ↓

| Bleue | 🛏 | 🛏 | WC | 270 A | 360 Eco |
| Jaune & Verte | | 🛏 | WC | 270 A | |

17km 30km 35km 45km

- 155 -

MIDI PYRÉNÉES

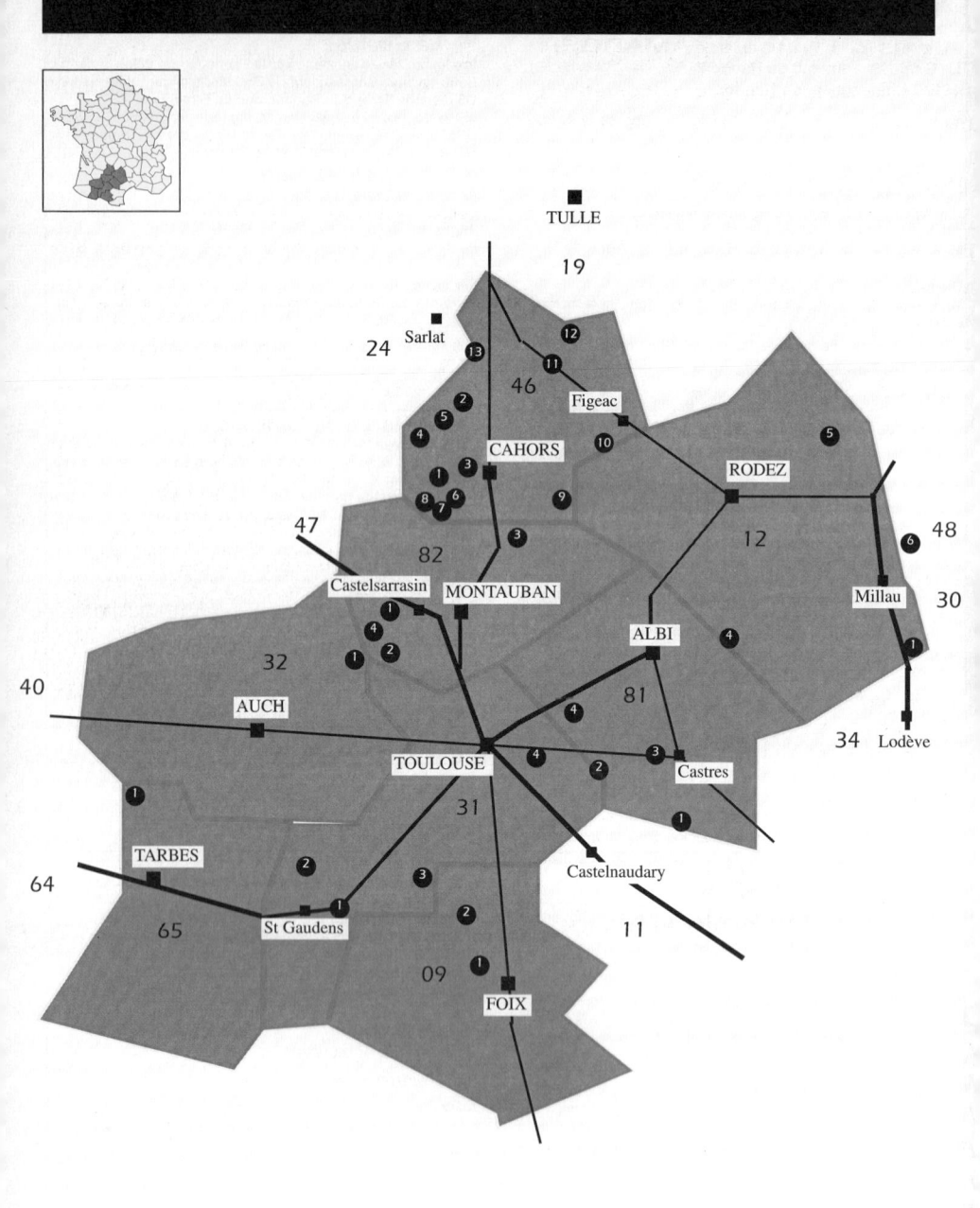

MIDI-PYRÉNÉES

Midi-Pyrénées... the name itself is already quite something. Le Midi means southern sun, the unmistakeable accent, the garrigue...Pyrénées means ski-ing, hill-walking bears and the Spanish border. This region combines the two different areas and visitors will discover its many facets from the 'pink city' of Toulouse, to the impressive Cirque de Gavarny, the atmosphere of the 'marchés au gras' of the Gers where lovers of 'foie-gras' buy these delicacies directly from the producers. Even though the most spectacular part of the Gorges du Tarn is near to Florac in the Lozère, this river also makes its presence felt in proud Albi. You will love the landscapes of Les Causses, where the ewes roam, or perhaps prefer to emulate the Tour de France riders by cycling up the 'Tourmalet', to work up a thirst.

Photo : 31.2 - page 160

Midi Pyrénées son nom est déjà tout un programme... Le Midi, c'est le soleil, l'accent, la garrigue... Les Pyrénées, c'est le ski, la randonnée, les Ours, l'Espagne proche... La région a su marier les 2 mondes et offre ses mille facettes aux voyageurs amoureux de la 'ville rose' de Toulouse, du Cirque de Gavarny, impressionnant, de l'ambiance des 'marchés au gras' du Gers où les fins amateurs vont acheter leur foies gras auprès des producteurs... Si la partie la plus spectaculaire des Gorges du Tarn se trouve près de Florac en Lozère, le fleuve marque de sa présence la fière Albi. Vous aimerez les paysages des Causses, royaume des brebis, mais peut-être préfèrerez vous tester vos capacités en grimpant le 'Tourmalet' à vélo ?

MIDI-PYRÉNÉES

Département 09 : Ariège

09.1
13 km - North-West of / *Au Nord-Ouest de* **FOIX**

70 km — 61 05 38 41 — 61 05 30 61

The château faces south, towards the Pyrénées. Michel-Pierre who speaks fluent English, will welcome you warmly. Rooms and bathrooms are very spacious and tastefully furnished. Here peace, comfort and relaxation pervades all.
Le château est orienté plein sud, face aux Pyrénées. Michel et son fils parlent anglais couramment et leur accueil est très sympathique. Chambres et salles de bains très spacieuses, meublées avec goût. Tout ici respire le calme le confort et le repos.

(150F) GB E P

1km 2km 8km 8km

> **Loubens** :
Your hosts request that you phone in advance.
Vos hôtes souhaitent que vous les préveniez de votre arrivée.

3 Bedrooms - *chambres* / Extra Bed - *Lit Sup.* : 100F

	Price in FF - *Prix en FF* : 2 pers ↓	maxi ↓
1°		350 B	350 Eco
2°		350 B	
3°+ mezzanine 2		350 B	650 A

14km 15km 30km

09.2
27 km - North-West of / *Au Nord-Ouest de* **FOIX**

François & Danielle DENRY
«la Ferme du Touron» - Le Touron - 09130 Lanoux

70 km — 61 67 15 73 — 61 67 55 41

This farm has been completely restored. The attractive rooms, under the sloping roof are beautifully decorated with charm and taste. It is quiet with a superb view over the valley. On cool evenings, relax around the fire with your hosts.
Dans cette ferme entièrement rénovée, vous découvrirez des chambres très agréables, aménagées en sous-pente avec un goût charmant. Grand calme et vue superbe sur la vallée. Vous passerez de très agréables soirées près de la cheminée. sur place : Farm produce - confits, foies gras, rillettes...

(80F) GB

2,5km 15km 15km

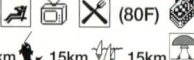

30km 30km

> **Le Touron** :
In Foix, take the N20 towards Toulouse for 5,5km and turn left on to the D628 (Vallée de la Lèze). Turn left on to the D39 towards Lanoux. Follow the signs.
A Foix, prendre la N20 vers Toulouse, pendant 5,5km puis à gauche la Vallée de la Lèze (D628). Prendre la D39 à gauche vers Lanoux. Suivre les panneaux.

4 Bedrooms - *chambres* / Extra Bed - *Lit Sup.* : 60 F

	Price in FF - *Prix en FF* : 2 pers ↓	maxi ↓
Carolin		200 Eco	260 Eco
Sarcelle	n.c.	170 Eco	
Colvert		200 Eco	
Mandarin	2	200 Eco	320 Eco

Département 12 : Aveyron

12.1 A.P.
25 km - North of / *Au Nord de* **LODÈVE(34)**

Alain DESJARDIN & O. DANET
«Ferme Accueil de la Salvétat» - la Salvétat
12230 la Couvertoirade

65 62 22 65

Cause du Larzac (Alt. 750m)
<u>Farmhouse Activities :</u>
Observe and take part in farm life.
<u>Other Activities :</u>
Visits to sheep farms, herb farms, beekeeping and cheesemaking.
Hiking and riding in the countryside.
<u>Produce :</u>
Ducks, chickens and raspberries.

Bedrooms (capacity for 25 people) - Farmhouse dinners.

> **La Salvétat** :
In Lodève, take the A75 towards Millau and the exit 'Le Vigan'. Take the D7 towards Le Vigan then turn right towards La Salvétat. *A Lodève, prendre l'A75 vers Millau, sortie Le Vigan. Prendre la D7 vers Le Vigan puis tourner à droite vers La Salvétat.*

Causse du Larzac (Alt. 750m)
<u>Activité à la ferme :</u>
Visite et participation possible à la vie de la ferme.
<u>Autres activités :</u>
Visite de fermes (élevage d'ovins), plantes médicinales, miel, fromages. Randonnées pédestres et équestres. Découverte de la Nature.
<u>Sur place :</u>
Canards (gras), poulets, framboises.

Chambres (capacité 25 pers.) - Table d'hôtes

This region is rich in pre-historic remains. The Grotte de Niaux, masterpiece of Magdalenian art, is well worth a visit.

La région est riche en vestiges préhistoriques. Visitez notamment la Grotte de Niaux, chef d'œuvre de l'art magdalénien

MIDI-PYRÉNÉES

Département 12 : Aveyron

12.4
45 km - East of / *A l'Est de* **ALBI (81)**

Gilbert WEBER
«La Libaudié» - La Bastide Solages - 12550 Coupiac-Aveyron

115km   65 99 70 30

This restored farmhouse overlooks the River Tarn, in a peaceful, wooded setting. You will enjoy the genuinely friendly atmosphere and the delicious barbecues on the terrace in the evening. Visit les Gorges du Tarn and the Roquefort cheese cellars.
Ferme restaurée dominant le Tarn, dans un environnement boisé très calme, où vous apprécierez l'ambiance sympathique et les délicieuses grillades le soir sur la terrasse. Visite des Gorges, des Caves de Roquefort, des cités médiévales...
sur place : Home-made jam - *confitures maison*

(100F)   GB

5km 5km 5km

> **La Bastide Solages** :
In Albi, take the D100 towards St Juéry and the D172 «la Vallée du Tarn» towards Ambialet, Trébas and Solages.
A Albi, prendre la D100 vers St Juéry puis la D172, la Vallée du tarn vers Ambialet, Trébas puis Solages.

1 Suite + 4 Bedrooms - *chambres* / Extra Bed - *Lit Sup.* : 60F

2 WC & shared - *communs* / Reduction 2 nights - *nuits*

Price in FF - *Prix en FF* :	2 pers ↓	maxi ↓
11 & 12 & 22	204 Eco	
21	204 Eco	306 Eco
23	204 Eco	306 Eco
+ 24 (child)		

12.5
50 km - North-East of / *Au Nord-Est de* **RODEZ**

Bernard & Julienne MORIN
«La Molière» - 12500 Castelnau de Mendailles

40 km   65 48 72 17   65 48 75 03

This is a beautiful spot, well off the beaten track, in the middle of the countryside. The bedrooms are beautiful and have been arranged with great care and attention. The whole atmosphere is very pleasant. There are many quiet paths for walks. Breakfast is served at the farm.
C'est un très bel endroit, arrangé avec beaucoup d'attention, les chambres sont belles ; cela donne un ensemble agréable, très isolé en pleine nature, au calme. Beaucoup de chemins pour se promener. Le petit déjeuner est servi à la ferme.

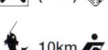

(70F)   GB

1km   10km 10km 20km

> **Castelnau de Mendailles** :
In Rodez take the D988 then the D920 towards Espalion. Turn right towards St Côme d'Olt. As you leave the village, go towards Aubrac, then turn right on to the 2nd road and take the D557 for 4 km. (signposted).
A Rodez, prendre la D988 puis la D920 vers Espalion. Là, prendre à droite vers St Côme d'Olt. A la sortie, prendre vers Aubrac puis 2° route à droite et D557 sur 4km. (panneaux).

1 Studio + 6 Bedrooms - *chambres*
Reduction 7 nights - *nuits* & groups - *groupes*

Price in FF - *Prix en FF* :	2 pers ↓	maxi ↓
A & D	200 Eco	
B & C	200 Eco	
E	2	200 Eco	270 Eco
Studio (Apartment)		200 Eco	

Département 31 : Haute Garonne

31.1
18 km - East of / *A l'Est de* **ST GAUDENS**

Gabrielle JANDER
«Domaine de Ménaut» - Auzas - 31360 St Martory

80 km   61 90 21 51

This house, typical of the area, is on a vast, wooded estate. It is particularly recommended, as it combines comfort, wonderful countryside and complete isolation. There are three lakes and a river on the property. A boat is available.
Cette demeure typiquement Commingeoise est sur un vaste domaine forestier. Elle est particulièrement recommandée pour les amoureux du confort, de la nature et de l'isolement. Sur la propriété, trois lacs, un cours d'eau, promenade en barque...

(70F)   GB   D

6km

> **Auzas** :
In St Gaudens, take the N117 towards St Martory and Toulouse. In Mancioux, turn left on to the D33 towards Auzas.
5km after Mancioux (before the D52) turn right and follow the boundary.
A St Gaudens, prendre la N117 vers Toulouse. Aller à Mancioux et tourner à gauche sur la D33 vers Auzas. 5km après Mancioux (avant la D52) tourner à droite et suivre la clôture.

1 Suite + 1 Bedroom / Reduction long stay - *Séjour*

Price in FF - *Prix en FF* :	2 pers ↓	maxi ↓
	WC	350 B	600 A
+			
	WC	350 B	

Near - *Près de* : MILLAU (12) : See also - *Voir Aussi* :
48.6 - Michel & Danielle GAL - «Le Choucas» - St Pierre des Tripiers - Page 155

- 159 -

MIDI-PYRÉNÉES

Département 31 : Haute Garonne

31.2 ☀☀☀

21 km - North of / *Au Nord de* **ST GAUDENS**

Inge ROEHRIG

«Manoir de la Rivière» - Ciadoux - 31350 Boulogne/Gesse

70 km — 61 88 10 88

Superb manor house nestling among beautiful trees by a river. Surrounded by unspoilt countryside, this is the ideal place to unwind. Inge is a painter who also loves to cook. She has modernised this house without losing any of its character.

Superbe manoir niché près d'une rivière, entouré de très beaux arbres. Au sein d'une nature préservée, lieu idéal pour oublier le stress ! Inge est peintre, elle a su rendre confortable sa demeure et lui conserver sa personnalité. Elle adore cuisiner.

(80/90F) GB D

1km 3km 5km 45km
6km 6km 50km

> **Ciadoux :**

In St Gaudens, take the D5 towards Boulogne/Gesse. In Montgaillard, go towards Ciadoux. The house is near to the river. *A St Gaudens, prendre la D5 vers Boulogne/Gesse. A Montgaillard, aller à Ciadoux. La maison est au bord de la rivière.*

1 Suite + 2 Bedrooms - *chambres*
Reduction 7 nights - *nuits* / Extra Bed - *Lit Sup.* : 180/280F

	Price in FF - *Prix en FF* :	2 pers ↓	maxi ↓
1°		260 A	440 Eco
+ 2°			
3°	WC	240 Eco	
4°	n.c.	280 A	

31.3 ☀☀☀

50 km - South of / *Au Sud de* **TOULOUSE**

Marie-Andrée GARCIN

«La Halte du Temps» - 72, rue Mages
31310 Montesquieu Volvestre

12km 50km — 61 97 56 10 / 61 90 49 03

You reach this beautiful, 17th century "hôtel particulier" via a delightful interior courtyard. A 13th century stone staircase leads to the bedrooms, all of which have a fireplace. They also run therapy courses for the mind and the body – so just relax.

On accède à ce bel hôtel particulier du XVII° par une charmante cour intérieure. Un escalier du XIII° en pierre, amène aux chambres et toutes les pièces ont une cheminée. Sur place, possibilité de cours pour le repos de l'esprit et du corps.

(80/120F)

3km 3km 4km 5km
10km 10km GB D E

> **Montesquieu-Volvestre :**

In Toulouse, take the N117 towards St Gaudens then the Exit Carbonne. Take the D627 towards Montesquieu. The house is in the centre of Montesqieu, next to the flower shop.
A Toulouse, prendre la N117 vers St Gaudens et la sortie Carbonne. Prendre la D627 vers Montesquieu. La maison est au centre ville, à côté de la fleuriste.

1 Suite + 3 Bedrooms - *chambres* / Extra Bed - *Lit Sup.* : 100F

	Price in FF - *Prix en FF* :	2 pers ↓	maxi ↓
Tisane	WC	270 A	
la Grande Salle		270 A	
La Roseraie	WC	270 A	420 A
+ Boudoir			
les Cardines	WC	270 A	

31.4 ☀☀

12 km - East of / *A l'Est de* **TOULOUSE**

Arnaud de LACHADENÈDE

«Château Le Bousquet» - 31570 St Pierre de Lages

23 km — 61 83 78 02 / 62 18 98 29

In the heart of the Lauragais, you will discover this beautiful 17th century château, built in pink brick. The two en-suite rooms are very pleasant, with period furniture, overlooking a peaceful meadow. There are woodland walks and a lake...

Au cœur du Lauragais, découvrez le charme du Bousquet. Bel ensemble du XVII° en briques roses. Deux chambres en suite très agréables, meublées d'ancien, donnent sur le calme d'une vaste prairie. Promenade dans les bois, lac privé...

1km 30km

> **St Pierre de Lages :**

On the ring-road of Toulouse, take the Exit 17 towards Castres/Mazamet. On the N126, 4km after Fonsegrives, turn right towards on to the D1 Lanta Caraman for 4km. Turn left at the 'Mairie' towards Vallesvilles and continue for 800m.
Sur la rocade de Toulouse, prendre la Sortie 17 vers Castres/Mazamet. Sur la N126, 4km après Fonsegrives, prendre la D1 à droite vers Lanta Caraman sur 4km. A la Mairie tournez à gauche vers Vallesvilles et faire 800m.

1 Suite / Extra Bed - *Lit Sup.* : 150 F / Reduction 3 nights - *nuits*

	Price in FF - *Prix en FF* :	2 pers ↓	maxi ↓
Grande	WC	400 B	700 B
+ Suite			

Near - *Près de* : Toulouse - See also - *Voir Aussi* :
81.3 - Yvette RONJAT-VALÉRO - Giroussens - Page 167

From October 18th, the telephone number of hosts in Midi Pyrénées, will begin with 05.
Dial : + 33 5 before your host's telephone number (from France : dial 05 before your host's telephone number).

- 160 -

MIDI-PYRÉNÉES

Département 32 : Gers

32.1 — 45 km - South-West of / Au Sud-Ouest de MONTAUBAN(82)

Thierry & Yveline MOREL
«La Chavinière» - 32120 Avensac

40km — 50km — 62 65 03 43 — 62 65 03 23

In the heart of the Gers countryside, an interesting feature of this family home is the massive staircase, which leads to the spacious bedrooms, all with enormous bathrooms. The atmosphere is very friendly and the cooking fantastic.

Au cœur de la campagne Gersoise, cette demeure familiale est agrémentée d'un vaste escalier qui dessert les chambres spacieuses, toutes avec de véritables salons de bain. L'ambiance est très amicale et la cuisine délicieuse....

sur place : Antiques - *Antiquités*

(200F) — 10km — 20km — GB E

> **Avensac** :
In Montauban, take the D928 towards Beaumont de Lomagne. 10km after Beaumont, turn right towards Avensac. Take the first road on the left and continue for 200m.
A Montauban, prendre la D928 vers Beaumont de Lomagne. 10km après Beaumont, tourner à droite vers Avensac. Prendre la 1° route à gauche et faire 200m.

1 Suite + 4 Bedrooms - *chambres* / Extra Bed - *Lit Sup.* : 140F

	Price in FF - *Prix en FF* : 2 pers ↓	maxi ↓
Platanes	1030 Luxe	1170 Luxe
+		
Rose	680 Luxe	
Oiseaux	680 Luxe	
Provençale & Fruitiers	430 C	

Département 46 : Lot

46.1 — 25 km - West of / A l'Ouest de CAHORS

Eduard & Nel VOS
«La Méline» - Route de Sauzet - 46140 Albas

25km — 140km — 65 36 97 25 — 65 36 97 25

'La Méline' is on a hillside in the middle of the countryside, a few kilometers from a very picturesque village overlooking the river Lot. Beautiful views over forests and vines, in this peaceful, relaxing and refreshing spot.

'La Méline' est à flanc de colline, en pleine campagne, à quelques kilomètres d'un village très pittoresque surplombant le Lot. Très beau point de vue sur les forêts et les vignes. Le cadre est reposant, calme et revitalisant.

sur place : Wine - *Vin*

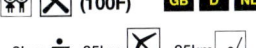

(100F) — GB D NL — 4km — 9km — 25km — 25km

> **Albas** :
In Cahors, take the D911 towards Villeneuve/Lot. In Castelfranc, turn left on to the D8 towards Albas then the D37 towards Sauzet for 4km.
A Cahors, prendre la D911 vers Villeneuve/Lot jusqu'à Castelfranc. Prendre à gauche la D8 vers Albas puis la D37 vers Sauzet sur 4km.

3 Bedrooms - *chambres* / Reduction 7 nights - *nuits*

	Price in FF - *Prix en FF* : 2 pers ↓	maxi ↓
1°	260 A	
Sous-pente 2°	260 A	330 Eco
Sous-Pente 3°	260 A	

46.2 — 25 km - North of / Au Nord de CAHORS

Alain & Gisèle HAUCHECORNE
«La Franquette» - Montsalvy - 46340 Dégagnac

13km — 150km — 65 41 51 57 — 65 41 51 57

A comfortable house, near the village in the heart of this verdant, undulating countryside. Wild orchids grow at the roadside in this unspoilt area. Within 30km there is a wide selection of places of interest.

La maison est confortable, à proximité du village et au cœur d'une campagne verdoyante et vallonnée. Ici la nature est très préservée : les orchidées poussent au bord des routes. Très nombreux sites touristiques dans un rayon de 30km.

sur place : Home-made jam - *Confitures maison*

(85/120F) — GB E — 3km — 20km — 20km

> **Dégagnac** :
In Cahors, take the D911 towards Villeneuve/Lot. 4km after Mercuès, turn right on to the D6 towards Dégagnac. From the village square, go towards the railway station then turn right after the sports ground. At the top of the hill, turn right.
A Cahors, prendre la D 911 vers Villeneuve/Lot. 4km après Mercuès prendre à droite la D6 jusqu'à Dégagnac. Sur la place du village aller vers la gare, continuer et après le stade prendre à droite et en haut de la côte à droite.

3 Bedrooms - *chambres* / Reduction 7 nights - *nuits*
Extra Bed - *Lit Sup.* : 90F

	Price in FF - *Prix en FF* : 2 pers ↓	maxi ↓
Pistache	WC 230 Eco	
Noisette	280 A	430 Eco
La Tour + Mezzanine	2	

A partir du 18 Octobre, le numéro de téléphone de vos hôtes de Midi-Pyrénées, débutera par 05.

Composez : Int. + 33 5 suivi du N° de votre hôte de France : composez 05 devant le N°.

MIDI-PYRENEES

Département 46 : Lot

46.3 — 9 km - West of / A l'Ouest de CAHORS

Françoise BARDIN
«Domaine de Labarthe» - 46090 Espère

10km 100km 65 30 92 34 65 20 06 87

Between Cahors and Villeneuve-sur-Lot you will find this 18th century 'gentilhommière', in beautiful wooded grounds. The bedrooms are quiet, decorated with excellent taste and always full of flowers. Good quality and plentiful breakfast.
Entre Cahors et Villeneuve/Lot, cette gentilhommière du XVIIIè est située dans un parc au milieu de très beaux arbres. Les chambres, très calmes, sont décorées avec beaucoup de goût et toujours fleuries. Petit déjeuner copieux et raffiné, piscine agréable...

8km 40km

> **Espère** :
In Cahors, take the D911 towards Fumel. Espère is just after Mercuès. The property is on the left, just before the phone box.
A Cahors, prendre la D 911 vers Fumel. Espère est juste après Mercuès. Aller à la cabine téléphonique qui est sur la gauche de la route. Le domaine est juste avant, à gauche.

3 Bedrooms - *chambres*
1 Self-catering apartment - *appartement en location*

Price in FF - Prix en FF :	2 pers ↓	maxi ↓
Bleu		400 B
Marron		450 C
Rose		430 C
La Tour (Apartment)		per week-*la semaine* : 2500 FF Reduction (1/09 → 14/07)

Reduction 5 nights - *nuits* / Extra Bed - *Lit Sup.* : 50F

46.4 — 35 km - North-West of / Au Nord-Ouest de CAHORS

Jean-Claude SOULIÉ
«Ferme Auberge de la Serpt» - 46250 Frayssinet le Gelat

35 km 65 36 66 15

You are sure of a friendly, family welcome from Annick and Marie-France in this 18th century 'ferme-auberge', typical of le Quercy. In the middle of the country, full of flowers. Admire their beautiful old dovecot and taste the local produce.
Accueil familial et sympathique d'Annick et Marie-France dans cette ferme-auberge du XVIIIè, typique du Quercy, en pleine campagne et particulièrement bien fleurie. Admirez le pigeonnier très bien conservé et ... dégustez les produits du terroir !
sur place : foies gras, confits, rillettes, patés

(80/170F)

4km 30km

> **Frayssinet le Gelat** :
In Cahors, take the D911 towards Villeneuve/Lot for 15,5km as far as Rostassac. Turn right on to the D660 towards Frayssinet. At the rondabout, go towards Villefranche, Périgueux then follow the signs.
A Cahors, prendre la D911 vers Villeneuve/Lot sur 15,5km jsquà Rostassac. Prendre à droite la D660 jusquà Frayssinet. Au rond point aller vers Villefranche - Périgueux puis suivre les panneaux.

1 Bedroom - *chambre* / Extra Bed - *Lit Sup.* : 50F

Price in FF - Prix en FF :	2 pers ↓	maxi ↓
	190 Eco	240 Eco

46.5 — 25 km - North-West of / Au Nord-Ouest de CAHORS

Michel & Chantal GRASSO
«Le Mely» - 46250 Gindou

25km 120km 65 22 87 38

This friendly young couple have restored this 18th century house in the quiet of the countryside, faithfully following the Carsinois style. There is a dovecot. The rooms are in an annexe, and dinner is served in the superb stone dining room.
Au calme à la campagne, maison de Maître du XVIIIè avec pigeonnier, restaurée par un jeune couple sympathique, dans le respect du style Carsinois. Les chambres sont dans une maison annexe, la table d'hôte dans une superbe salle en pierre.

(80F)

1km 9km 25km

> **Gindou** :
In Cahors, take the D911 towards Villeneuve/Lot for 10km. Turn right on to the D6 to Catus. Then, turn left on to the D13 towards Cazals for 13 km then follow the signs.
A Cahors, prendre la D 911 vers Villeneuve/Lot sur 10km. Prendre à droite la D6 jusquà Catus où vous prenez à gauche la D13 sur 13km direction Cazals. Puis, suivre les panneaux.

4 Bedrooms - *chambres* / Reduction 7 nights - *nuits*
Extra Bed - *Lit Sup.* : 70 F

Price in FF - Prix en FF :	2 pers ↓	maxi ↓
1° & 2°	260 A	
3° + Mezzanine 2	260 A	510 Eco
4° 2	260 A	430 Eco

Did you know that Cahors wine dates back to the Middle-Ages ? Be sure to visit Rocamadour, place of pilgrimage, and on the route of St Jacques de Compostelle.

Saviez vous que le vin de Cahors était déjà connu au Moyen-Age ? Visitez absolument Rocamadour, ville de pèlerinage, sur la route de St Jacques de Compostelle.

MIDI-PYRÉNÉES

Département 46 : Lot

46.6
18 km - South-West of / Au Sud-Ouest de CAHORS

Patrick & Pascale DULER
«La Petite Auberge» - Domaine de St Géry
46800 Lascabanes

100km   65 31 82 51   65 22 92 89

In this inn on the Domaine de St Géry, the bedrooms combine comfort with rustic furniture and the charm of yesteryear. Patrick is proud of his gastronomic cuisine, following traditional methods and only using farm produce.

Au Domaine de St Géry, les chambres allient le charme d'antan, le confort et la chaleur des meubles rustiques. Patrick vous propose le plaisir d'une cuisine gastronomique préparée selon les traditions, avec uniquement les produits de la ferme.

sur place : Bread, wine, pork, wild boar, ducks
Pain, vin, cochon, sanglier, canards : 10/01 → 15/03

(120/350F)

8km   25F per animal per night - *par animal et par nuit*
HS(1/07 → 31/08) : Half-Board only - *1/2 pension uniquement*

> **Lascabanes :**
In Cahors, take the N20 towards Caussade for 3km. Turn right on to the D653, then left on to the D7 towards Lascabanes.
A Cahors, prendre la N20 direction Caussade sur 3km. Prendre à droite la D653, puis à gauche la D7 vers Lascabanes.

1 Appartment-*appartement* +4 Bedrooms *chambres* + breakfast + *petit-déjeuner*
Reduction (1/09 → 30/06) / Extra Bed - *Lit Sup.* : 80F

Price in FF - *Prix en FF* :   2 pers ↓   maxi ↓

La Cave & La Souillarde		430 C & 330 B	
La Métairie		330 B	390 A
Le Cantou	n.c.	380 B	440 A
Le Bûcher	Apart ment	640 Luxe	640 A

46.7
24 km - South-West of / Au Sud-Ouest de CAHORS

Mireille MAT PINATEL
«La Grange de Marcillac» - Marcillac - 46800 St Cyprien

25km   100km   65 22 90 73   65 22 94 72

You will be overcome by Mireille's kindness, as she welcomes you to her stone house, typical of the Quercy Blanc. She will introduce you to music, flowers and wildlife, truffles, foie gras and the local cuisine... as one does on holiday.

Vous serez séduits par la gentillesse de Mireille. Elle vous accueille dans sa maison de pierre typique du Quercy Blanc et vous propose d'y découvrir la musique, la faune, la flore, la truffe, le foie gras, la cuisine du terroir... à l'occasion de vacances.

sur place : Duck conserves, jam   10/01 → 15/03 : phone
Conserves de canard, confiture   *Téléphoner*

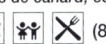

(80/125F)   GB

5km   7 / 25km   40km

4 Bedrooms - *chambres* + 1 apartment - *appartement*
Reduction 3 nights - *nuits* & groups - *groupes*

> **Marcillac :**
In Cahors, take the N20 towards Caussade for 3km. Turn right on to the D653 then left on to the D7 towards Lascabanes. Cross St Cyprien towards Montcuq then, as you leave the village, turn left towards Marcillac. Ffollow the signs for 2,5km.
A Cahors, prendre la N20 vers Caussade sur 3km. Prendre à droite la D653 puis la D7 à gauche sur 15km, vers Lascabanes. Traverser St Cyprien en direction de Montcuq et prendre à gauche à la sortie vers Marcillac sur 2,5km (panneaux).

Extra Bed - *Lit Sup.* : 40F / 2 WC shared - *communs*
Price in FF - *Prix en FF* :   2 pers ↓   maxi ↓

1°		220 Eco	
2° & 3°	2	220 Eco	
4°	3	240 Eco	280 Eco
Apart ment		220 Eco	440 Eco

/ 2   Self-catering - *en location* : 1/07 → 1/09

46.8
28 km - South-West of / Au Sud-Ouest de CAHORS

Marcel & Yvonne DAYET
«Château de Charry» - 46800 Montcuq

100 km   65 22 93 61   65 22 93 61

On a 50 hectare estate, in a verdant setting, this marvellous château is a listed historic monument. It has been restored in sympathy with the local style of architecture, and the decor and furniture convey a sense of relaxed well-being.

Sur un domaine de 50ha, dans un cadre de verdure, ce merveilleux château du XV° est classé Monument Historique. Restauré dans le respect de l'architecture locale, la décoration, les meubles, tendent à vous inspirer bien-être et sérénité.

2km   3km

3km   10km   15km   20km   20km

2 Suites / Extra Bed - *Lit Sup.* : 130F
2 Self-catering apartments - *appartements en location*

> **Montcuq :**
In Cahors, take the N20 towards Caussade for 3km. Turn right on to the D653 towards Montcuq. Then, take the D45 towards St Laurent de Lolmie for 4km. On the bend, turn left towards Charry and continue for 800m.
A Cahors, prendre la N20 direction Caussade sur 3km. Prendre à droite la D653 vers Montcuq. Dans le village, suivre St Laurent de Lolmie par la D45 pendant 4km puis, dans le virage, tourner à gauche en direction de Charry. Le château est à 800m.

Price in FF - *Prix en FF* :   2 pers ↓   maxi ↓

Espagnole +	(baby - *bébé*)	550 C	850 C
Chambre du Roi + Provençale	(baby - *bébé*)	650 Luxe	950 Luxe
Le 2° Etage	Apart ment	per week-*la semaine* : 7750 FF Reduction (1/09 → 1/08)	
Aile du Château	Apart ment / 3 / ( )	per week-*la semaine* : 7750 FF Reduction (1/09 → 1/08)	

MIDI-PYRÉNÉES

Département 46 : Lot

46.9   35 km - East of / A l'Est de CAHORS

Cécile VAISSIÈRE
«Moulin de Vidaillac» - Vidaillac - 46260 Limogne en Quercy

100 km   65 31 56 31 / (1) 46 21 16 75

This beautiful stone house is complete with tower, exposed beams, a superb fireplace and rustic furniture. The old windmill has been converted into a dovecot, and the bedrooms are in an adjoining house with a view over the countryside.

Belle maison en pierre avec une tour, des poutres apparentes, une superbe cheminée et des meubles rustiques. L'ancien moulin à vent a été transformé en pigeonnier. Les chambres sont dans une maison mitoyenne avec vue sur la campagne.

(95/155F)   GB D E

6km   6km   6km   16km

3 Bedrooms - chambres / Reduction 7 nights - nuits

> **Vidaillac** :

In Cahors, take the D911 towards Villefranche de Rouergue. In Limogne en Quercy, turn right on to the D24 towards Vidaillac. The wind-mill is 1,5km before the village, on the left.
A Cahors, prendre la D911 vers Villefranche de Rouergue. A Limogne en Quercy, prendre à droite la D24 vers Vidaillac. Le Moulin est 1,5km avant Vidaillac, sur la gauche.

Extra Bed - Lit Sup. : 60 F

shared - commun (Moulin & Causse)

Price in FF - Prix en FF :	2 pers ↓	maxi ↓
Quercy	(child - enfant)	250 A	330 Eco
Moulin		250 A	
Causse	(baby - bébé)	200 Eco	280 Eco

46.10   10km - South-West of / Au Sud-Ouest de FIGEAC

Ferdinand DUMOULIN
«La Valade» - 46100 Faycelles

70 km   65 34 61 31

Your hosts are great travellers. They can serve both regional and international dishes (Hindu is a speciality). Their villa is in typical local style, with a large swimming pool, and has a commanding view over the Lot valley.

Vos hôtes sont de grands voyageurs. Ils peuvent vous cuisiner avec plaisir, des plats régionaux ou internationaux (cuisine hindoue...) Leur villa de construction typique, est agrémentée d'une grande piscine. Elle domine la vallée du Lot.

GB D NL

10   (100/120F)

Extra Bed - Lit Sup. : 60 F
(supplément for animals - supplément pour animaux)

> **Faycelles** :

In Figeac, take the D19 then the D622 towards Cajarc - Faycelles. In Faycelles, take the D21 towards La Valade. Take the 2nd road on the right (the house is lower down).
A Figeac, prendre la D19 puis la D662 vers Cajarc - Faycelles. Dans Faycelles, prendre la D21 vers La Valade. C'est la 2ème route à droite (maison en contrebas).

2 Bedrooms - chambres / Reduction BS (1/09 → 1/07)

Price in FF - Prix en FF :	2 pers ↓	maxi ↓
1°		290 A	350 Eco
2°		290 A	

2km   2km   6km   10km   15km

46.11   34km - North-West of / Au Nord-Ouest de FIGEAC

Gérard & Claude RAMELOT
«Moulin de Fresquet» - 46500 Gramat

→ 1km   65 km   65 38 70 60

This authentic 17th century Quercy water-mill is situated in beautiful gardens full of flowers, through which a river flows. In the evening, the ambiance is perfect, as by candle-light you sample delicious regional cuisine in this beautiful home.

C'est dans un parc fleuri, traversé par une rivière que l'on découvre cet authentique moulin à eau quercinois du XVIIè. Le soir, à la lueur des chandelles, l'ambiance est très sympathique pour savourer une délicieuse cuisine régionale, dans cette belle demeure...

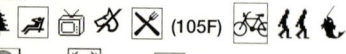

(105F)   GB

2km   2km   15km   15km   30km

> **Gramat** :

In Figeac, take the N140 towards Brive. 500m before Gramat, turn right on to the little lane for 300m.
A Fligeac, prendre la N140 vers Brive. 500m avant Gramat, prendre un petit chemin à droite sur 300m.

5 Bedrooms - chambres

Price in FF - Prix en FF :	2 pers ↓	maxi ↓
Le Rocher		300 A	
La Meunière		250 A	
Le Meunier & Le Bief		270 A	
Les Meules	2	360 B	470 Eco

| The Lot has a wide variety of landscapes : plateaux, deep ravines, prehistoric caves. Its cultural heritage is still strongly marked by the Hundred Years War and closely linked to the pilgrimages. | Le Lot vous offre sa diversité de paysages, ses causses, ses gouffres, ses grottes préhistoriques, son patrimoine culturel encore très marqué par la guerre de Cent ans et très lié à l'histoire des pélerinages. |

MIDI-PYRÉNÉES

Département 46 : Lot

46.12 — 50 km - South of / Au Sud de TULLE(19)

Jean & Marie-José de la BARRIÈRE
«Relais du Seuil de la Dordogne» - Domaine de Vayssières
46130 Prudhomat

→ 5km 180km 65 38 50 22 65 39 76 20

It is Marie-José's typical regional cuisine which makes this place well worth a detour. Beside the river, the rooms are in little stone houses surrounded by plants, and with a pleasant terrace. You can also try your hand at canoeing !

Les repas typiquement régionaux de Marie-José méritent un détour... Le Relais, en bordure de la Dordogne, est composé de maisons en pierres, entourées de verdure. Les terrasses sont agréables. Peut-être tenterez-vous une descente en canoë ?

(75/150F)   7km   GB

➢ **Prudhomat** :
In Tulle, take the D940 towards Figeac for 46km. In Bretenoux, turn right on to the D14 to Prudhomat. The Relais is opposite the sports ground.
A Tulle, prendre la D940 vers Figeac sur 46km. A Bretenoux, prendre la D14 à droite jusqu'à Prudhomat. Le Relais du Seuil est en face du stade.

6 Bedrooms - *chambres* / Reduction BS (1/09 → 1/07)
Price in FF - *Prix en FF* : 2 pers ↓

Verte & Rose	🛏	WC	260 A
Bleue	🛏	n.c.	260 A
Mauve (children - *enfants*)	2 🛏		180 Eco
Rez de Chaussée-Brique	🛏	WC	240 Eco
Rez de Chaussée-Orchidée	🛏	WC	230 Eco
Rez de Chaussée-Fleurs des Champs	🛏	WC	220 Eco

Extra Bed - *Lit Sup.* : 55/80 F

46.13 — 19 km - South-East of / Au Sud-Est de SARLAT(24)

Peter KERKHOFF
«Les Maurelles» - Le Bourg - 46300 Milhac

→ 7km 150km 65 41 48 59 65 41 66 21

This young couple have faithfully restored the old solicitor's house in this little stone hamlet parts dating from the 17th century. The welcome is warm and hearty and together with the Dordogne and the green, peaceful location will conspire to make you extend your stay.

Ce jeune couple a restauré dans le respect du style, l'ancienne maison du notaire du le petit hameau de pierre des XVIIè et XIXè. L'accueil est très bon enfant. La Dordogne, l'environnement calme et verdoyant incitent à prolonger son séjour ! sur place : walnuts - noix

(85/110F)

➢ **Milhac** :
In Sarlat, take the D704 towards Gourdon. In Groléjac, turn left towards Milhac. As you enter the village, the house is on the left. *A Sarlat, prendre la D704 direction Gourdon. A Groléjac prendre à gauche la direction de Milhac. A l'entrée du village, Les Maurelles sont à gauche.*

5 Bedrooms - *chambres* / Reduction BS (1/10 → 31/05)
shared - *commun* (3° & 4°) / Extra Bed - *Lit Sup.* : 50 F
Price in FF - *Prix en FF* : 2 pers ↓   maxi ↓

1° & 5°	🛏	WC	280 A	
2°	🛏	2 🛏 WC	280 A	350 Eco
3° & 4°	🛏		240 Eco	

GB NL   5km   7km

Département 65 : Hautes Pyrénées

65.1 — 40km - North of / Au Nord de TARBES

Jean-Louis & Nicole GUYOT
«FlÂnerie» - Quartier Mazères - 65700 Castelnau Rivière Basse

→ 40km 50km 62 31 90 56 62 31 92 88

This typical Gascon farmhouse is in the heart of the Madiran wine growing area, near a 12th century Roman church. Chez Nicole and Jean-Louis there is never a dull moment. Nicole, who is also a guide-interpreter, prepares delicious local dishes, while Jean-Louis will introduce you to his donkeys.

Au cœur du vignoble de Madiran, ferme gasconne typique à côté d'une église romane du XIIè. Chez Nicole et Jean-Louis la bonne humeur est permanente. Elle, Guide Interprète, vous mijote des plats du terroir, lui vous fait découvrir ses ânes.

(80/100F)

➢ **Castelnau Rivière Basse** :
In Tarbes, take the D935 towards Mont de Marsan. 13,5km after Maubourguet, turn right towards Mazères. After 1km, the house is behind the church. *A Tarbes, prendre la D935 vers Mont de Marsan. 13,5km après Maubourguet, tourner à droite vers Mazères. La flânerie est à 1km, derrière l'église.*

GB D / **2 Suites + 1 Bedroom** - *chambre*

Reduction 5 nights - *nuits* & groups - *groupes*
Price in FF - *Prix en FF* : 2 pers ↓   maxi ↓

Verte +	🛏 3 🛏	WC	220 Eco	520 Eco
Jaune	🛏	WC	220 Eco	
Beige +	🛏 3 🛏	WC	220 Eco	520 Eco

6km   6km   30km

MIDI-PYRÉNÉES

Département 81 : Tarn

81.2 ☀☀☀☀ 🏰   23 km - North of / Au Nord de **CASTELNAUDARY(11)**

Marie-Christine COMBES

«Château de Garrevaques» - 81700 Garrevaques

🏠 20km 🚴 50km ☎ 63 75 04 54 ☎ 63 70 26 44

It is a privilege to stay in Marie-Christine and Claude's château, which has been in their family for 500 years. Delicious meals, salons, billiard room, swimming pool, tennis court, excursions... all contribute towards a memorable stay.

Vous serez un hôte privilégié dans le château de Claude et Marie-Christine. Il est dans la famille depuis 5 siècles... Table succulente, salons, billard, piscine, tennis, circuits touristiques... autant d'atouts pour rendre votre séjour inoubliable.

sur place : foies gras - confits

P 🌲 🐱 🛋 📺 👥 ✗ (150F) 🏸 🏊
6km 🚴 6km 🚶 2km 10km 🎣 6km ✗
10km ☂ 10km 🦌 15km ✎ 30km 🐎   GB E

2 Suites + 7 Bedrooms - *chambres*
Reductions 3 nights - *nuits* & groups - *groupes*
Free Extra Bed - *Lit Sup. gratuit*

➢ **Garrevaques** :

On the A61, take exit 'Castelnaudary' and the D624 then the D622 to Revel. Turn left on to the D1 towards Lanta. As you leave Revel, opposite the 'Gendarmerie', turn right on to the D79F to Vauré then you take the D145 towards Garrevaques.

Sur l'A61, sortir à Castelnaudary et prendre la D624 puis la D622 jusqu'à Revel. Prendre à gauche la D1 vers Lanta et à la sortie de Revel, en face de la Gendarmerie, prendre à droite la D79F vers Vauré puis la D145 vers Garrevaques.

Price in FF - *Prix en FF* : 2 pers ↓   maxi ↓

Médaillon	🛏		n.c.	🚽 600 C
Empire	🛏			🚽 600 C
Perse	🛏	🛏		🚽 600 C 600 B
Bangkok & Tour Jaune & Géranium	🛏			🚽 600 C
Bleu	🛏	🛏		🚽 600 C 600 B
Soie + Tour Oiseaux	🛏	🛏 (120)		🚽 1200 Luxe
Louis XV + Tour à Baldaquin	🛏	🛏 (120)		🚽 1200 C

81.1 **A.P.** 🏠   20 km - South of / Au Sud de **CASTRES**

Véronique PECH

«Le Fouchat» - Aiguefonde - 81200 Mazamet

🏠   ☎ 63 98 12 62

In the valley of the Thosé, near to the Massif du Sidobre (Alt. 350m). Nearby : Mazamet and Castres.
Other Activities :
Swimming, visiting the Cathar châteaux at Carcassonne and Lastours, Dufort (the 'Copper City'), the Dourgne Abbey, museums in Castres, and Albi Cathedral.
Produce :
Poultry, eggs, milk, raspberries, jam, bread.

5 Rustic rooms (200FF double) - Farmhouse dinners (55/75F).

➢ **Aiguefonde** :

In Castres, take the N112 towards Mazamet. In Lagarrigue, turn right on to the D56 towards Labruguière then continue and turn left on to the D53 towards Aiguefonde.

A Castres, prendre la N112 vers Mazamet. A Lagarrigue, prendre à droite la D56 vers Labruguière. Continuer et prendre à gauche la D53 vers Aiguefonde.

Dans la vallée du Thosé, près du Massif du Sidobre (Alt.350m) Alentours : Mazamet et Castres.
Autres activités :
Baignades, châteaux Cathares (Carcassonne, Lastours), Durfort (cité du cuivre), Abbaye à Dourgne, Musées à Castres, cathédrale d'Albi.
Sur place :
Volailles, œufs, lait, framboises, confiture, pain.

5 chambres paysannes (200FF/2 pers)-Table paysanne (55/75F).

Photo : 46.11 - page 164

MIDI-PYRÉNÉES

Département 81 : Tarn

81.3 ☀☀☀ 🏠 5 km - West of / A l'Ouest de **CASTRES**

Pierre de LASTOURS
«Lastours» - Avits - 81100 Castres

🚗 🚲 60 km ☎ 63 59 10 71

The young Lastours family welcome you to their home in this comfortable lodge of the château. There is a pleasant dining room, and it is well decorated with period furniture. Choose from visits to Cathar castles, medieval towns or walks on the Montagne Noire.

La jeune famille de Lastours met ce confortable pavillon du château à votre disposition. Salle à manger spacieuse, décoration agréable, meubles de style. Visites des châteaux cathares, citées médiévales ou randonnées dans la Montagne Noire.

GB

🅿 🌲 🐈 👨‍👩‍👧 🛥
🦌 🐟 🚲 20km 🚶 20km ⛳ 20km 🎾

➤ **Avits** :
In Castres, take the D112 towards Lavaur for 4km then turn right then left towards Avits. After 1km, opposite the little chapel on the left, turn left on to the 1st lane towards Lastours.
A Castres, Prendre la D112 vers Lavaur sur 4km, puis à droite et à gauche vers Avits. Après 1km, à la petite chapelle sur la gauche, prendre le chemin à droite vers Lastours.

1 Apartment - *appartement*

HS (1/07 ➔ 31/08) : 7 🛏 & self catering - *en location*
BS (1/09 ➔ 30/06) : 2 🛏

	Price in FF - *Prix en FF*	2 pers ↓	maxi ↓
Le pavillon	Apartment		750 Luxe	750 A

81.4 ☀☀☀ 🏠 40 km - North-East of / Au Nord-Est de **TOULOUSE(31)**

Yvette RONJAT-VALÉRO
«Le Cottage» - Castex - Giroussens - 81500 Lavaur

🚗 🚲 60 km ☎ 63 41 63 72

Yvette will make sure that you have an unforgettable stay, with convivial meals in a friendly atmosphere. In the quiet of this beautiful Tarn countryside you will appreciate the grounds, the swimming pool and the village tennis courts. Yvette loves golf and can arrange special rates.

Yvette s'ingénie à rendre votre séjour inoubliable, les repas sont conviviaux et l'ambiance sympathique. Dans le calme de cette belle campagne tarnaise vous apprécierez le parc, la piscine, le tennis du village. Yvette aime le golf (tarifs spéciaux).

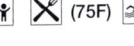

🅿 🌲 🐈 🛥 📺 🚭 👨‍👩‍👧 🍴 (75F) 🏊
1km 🍀 5km 🚲 10km 🌐 : 23/12 ➔ 6/01 GB E

➤ **Giroussens** :
Take the A68 towards Albi then the Exit N°7 St Sulpice. Take the D631 towards Graulhet. 5km after Giroussens, on the roundabout, turn left on to the D87 towards Gaillac. After 1km, the house is on the left, before St Anathole.
Prendre l'A68 Toulouse-Albi, Sortie N°7 St Sulpice. Prendre la D631 versGraulhet. 5km après Giroussens, au rond point, prendre à gauche la D87 vers Gaillac. La maison est à 1km à gauche avant St Anathole.

1 suite + 2 Bedrooms - *chambres* / Extra Bed - *Lit Sup.* : 40F
WC shared - *commun*

	Price in FF - *Prix en FF*	2 pers ↓	maxi ↓
Jaune	🛏	n.c.	220 Eco	420 Eco
+ Rose	🛏		(220 Eco)	
Bleu	🛏		220 Eco	260 Eco

Département 82 : Tarn et Garonne

82.1 ☀☀ 🏠 11 km - West of / A l'Ouest de **CASTELSARRASIN**

Alain & Christiane HUBIÈRE
«Lou Carretou d'Oc» - Les quatre chemins - 82210 Caumont

🚂 11km 🚲 60 km 🚗 ☎ 63 94 81 14

Alain and Christiane organise trips around the region in a horse-drawn carriage, such as to châteaux or museums, with a picnic included. On the pilgrims' route to St Jacques de Compostelle, they still also welcome guests on horseback.

Alain et Christiane vous proposent de découvrir leur région en calèche. Journées pique-nique avec visite du château ou du musée d'antan... Situés sur la route de St Jacques de Compostelle, ils accueillent aussi les chevaux et les cavaliers.

GB E

🅿 🌲 🐈 📺 🚭 👨‍👩‍👧 🍴 (85/150F) 🏰
🐴 2km 🚲 3km 🚶 3km 🎣 3km

➤ **Caumont** :
On the A61, take the Exit 'Castelsarrasin/St Loup' then the D12 towards Auvillar. The house is at the junction with the D15.
Sur l'A61, prendre la sortie Castelsarrasin/St Loup puis la D12 vers Auvillar. La maison est au croisement avec la D15.

2 Bedrooms - *chambres* / Extra Bed - *Lit Sup.* : 50F
Reduction BS(15/09 ➔ 31/05) & 3 nights - *nuits*

🚽 shared - *commun*

	Price in FF - *Prix en FF*	2 pers ↓	maxi ↓
1°	🛏		220 Eco	
2°	🛏 🛏		220 Eco	320 Eco

MIDI-PYRÉNÉES

Département 82 : Tarn et Garonne

82.2
31 km - South-West of / *Au Sud-Ouest de* **MONTAUBAN**

Tony & Peggy ELLARD
«L'Arbre d'Or» - 16, rue Despeyrous
82500 Beaumont de Lomagne

36km 40km 63 65 32 34 63 65 29 85

This delightful, comfortable, quality home is only 20 min. from the autoroute, yet quiet and full of flowers. The Ginko Biloba tree is preserved in a courtyard. Peggy serves delicious meals and organises parties, while Tony will brief you on the area.
A 20mn de l'autoroute, ravissante maison bourgeoise confortable, calme et très fleurie. Le Ginko Biloba est préservé dans une agréable cour intérieure. Peggy mijote de délicieux petits plats et organise les réveillons. Tony vous parlera de la région.

(95F) GB

5km 20km 30km

Reduction BS(1/11 → 31/03) & 3 nights - *nuits*

➢ **Beaumont de Lomagne** :
On the A61, take the Exit 'Montauban' then the D928 towards Auch. The house is in Beaumont, opposite the Post Office.
Sur l'A61, prendre la sortie Montauban et la D928 vers Auch. Dans Beaumont, la maison est en face de la poste.

1 Suite + 4 Bedrooms - *chambres* / Extra Bed - *Lit Sup.* : 87,50F

Price in FF - *Prix en FF* :	2 pers ↓	maxi ↓
Suite +		260 A	480 Eco
1°		260 A	
2°		260 A	
3°	n.c.	190 Eco	
4° ♿		260 A	

82.3
35 km - North-East of / *Au Nord-Est de* **MONTAUBAN**

Jean-Louis & Françoise ZAMBONI
«Ferme Le Gendre» - 82240 Lavaurette

10 km 60 km 63 31 97 72

This farm was originally a 15th century stage coach stop. Now it is a haven of peace and quiet. Meals, prepared from their own produce, are served in the beamed dining room with an open fire. The Gorges de l'Aveyron are very close.
Cette ferme est un ancien relais de diligence du XVè. Idéale pour le repos et la tranquillité. Vous prendrez dans la salle à manger avec poutres et cheminée, des repas préparés avec les produits de la ferme. Vous êtes près des gorges de l'Aveyron.

(80F)

3km 10km E I

➢ **Lavaurette** :
In Montauban, take the N20 to Caussade then the D926 towards Villefranche de Rouergue. 3km after Septfonds, turn left towards Gaussou then follow the signs for 1km.
A Montauban, prendre la N20 jusqu'à Caussade, puis la D926 vers Villefranche de Rouergue. 3km après Septfonds, tourner à gauche vers Gaussou et suivre les panneaux sur 1km.

3 Bedrooms - *chambres* / Extra Bed - *Lit Sup.* : 60 F
Reduction groupes - *groupes*

Price in FF - *Prix en FF* :	2 pers ↓	maxi ↓
Rez de chaussée		210 Eco	
1	n.c.	210 Eco	420 Eco
2			

82.4
36 km - West of / *A l'Ouest de* **MONTAUBAN**

Peter & Jocelyne WOODHOUSE
«La Clé des Champs» - 82120 Montgaillard

25 km 60 km 63 94 13 77

As its name suggests, this house is in the peace and quiet of the countryside. Jocelyne's welcome is kind and friendly, and her house is very pleasant. The swimming pool is a delight after a hard day's walking or sightseeing.
La Clé des Champs est, comme son nom l'indique, à la campagne. Vous y trouverez calme et tranquillité. Jocelyne vous réserve un accueil plein de gentillesse. La maison est agréable et la piscine la bienvenue, après vos visites ou randonnées.

(50/75F)

20km 2km 13km GB

➢ **Montgaillard** :
In Montauban, take the D928 towards Auch. In Larrazet, turn right on to the D25 to Lavit where you turn left on to the D15 towards Montgaillard. Follow the signs.
A Montauban, prendre la D928 vers Auch. A Larrazet, prendre à droite la D25 vers Lavit où vous prenez la D15 à gauche vers Montgaillard. Suivre les panneaux.

3 Bedrooms - *chambres*

Price in FF - *Prix en FF* :	2 pers ↓	maxi ↓
1°		220 Eco	
2°		220 Eco	
3°	2	220 Eco	330 Eco

Visit the Great-Britain with - *Visitez la Grande Bretagne avec* :
Bed & Breakfast (GB)
Visit France with - *Visitez la France avec* :
Bed & Breakfast (France)

Great Britain :
Bed & Breakfast (France)
PO Box, 66
Henley-on-Thames, Oxon RG9 1XS
Tel :   01491 57 88 03 - (+ 44 1491 57 88 03)
Fax : 01491 41 08 06 - (+ 44 1491 41 08 06)

France :
Association Française BAB France
6, Rue d'Europe, 95470 Fosses
Tel :   (1) 34 68 83 15 - (+ 33 1 34 68 83 15)
Fax : (1) 34 72 29 31 - (+ 33 1 34 72 29 31)

Deutschland :
Bed & Breakfast Travel Service Helga Hayes
Kurfürstenstr. 5 A, 65817 Eppstein
Tel :   06198 502 126 - (+ 49 6198 502 126)
Fax : 06198 502 127 - (+49 6198 502 127)

NORD - PICARDIE

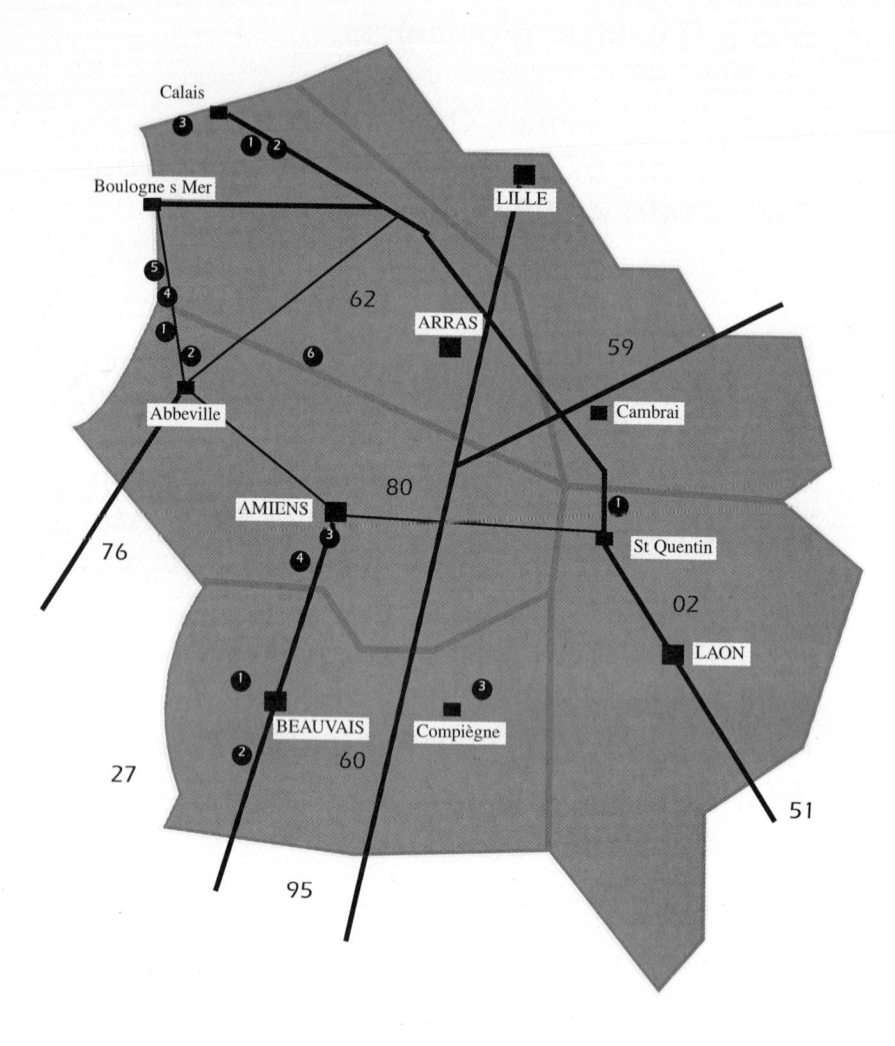

- 170 -

NORD-PICARDIE

Nord-Picardie... as the poet says «Northern folk have the sun in their hearts». Here hospitality really means something. Le Nord, is the sea and long beaches that seem never-ending as you walk; it is the sea and the cliffs that give impression that the Channel is just a pond between the Continent and the British Isles ; it is ports with the ebb and flow of thousands of travellers all attracted from the Continent to the British Isles or vice-versa ; it is Le Touquet a favourite weekend destination for Parisians for generations ; or the beautiful, majestic forests that cover this region. Here the hypermarkets flourish as «shopping sans-frontières» is all the rage... but why not get more out of your mini-trips, and stay over a few nights with our wonderful hosts.

Fermette du Marais

Photo : 80.1 - page 175

Nord Picardie... Les Gens du Nord, chante le poète, «ont le soleil au fond du cœur». Chez eux, l'hospitalité n'est pas un vain mot. Le Nord, c'est la mer et ses longues plages où l'on a envie de marcher pour savoir si elles s'arrêtent quelque part ; c'est la mer et ses falaises qui donnent l'impression que la Manche n'est qu'un simple trou d'eau entre le continent et les îles Britanniques ; ce sont les ports avec leurs flots de voyageurs dans les deux sens : Le continent est attiré par les îles et les îles par le continent...; c'est le Touquet où les Parisiens aiment venir en week-end depuis des générations ; et puis ce sont les forêts, belles et majestueuses. Aujourd'hui, les Centres Commerciaux fleurissent, les frontières n'existent plus... alors profitez-en pour passer des séjours agréables chez nos hôtes.

NORD-PICARDIE

Département 02 : Aisne

02.1

15 km - North of / Au Nord de ST QUENTIN

Geneviève GYSELINCK
«Ferme-Auberge du Vieux Puits» - 5bis, rue de l'Abbaye
02420 Bony

☎ 23 66 22 33 / 23 66 22 33

You eat well chez Geneviève. This is also a relaxing stop in a beautiful area, convenient for the A26 Autoroute. The American military cemetery from the First World War is only 1km away.
La table est bonne, les alentours sont très agréables... C'est une halte très reposante, toute proche de l'Autoroute A26. A 1km, vous pouvez visiter le cimetière Américain de la première guerre mondiale.
sur place : Regional farm produce - Produits Régionaux

(95F) GB

5km 15km 15km

➤ **Bony** :
In St Quentin, take the N44 towards Cambrai. Bony is on the left, 1km from the N44.
A St Quentin, prendre la N44 vers Cambrai. Bony est sur la gauche, à 1km de la Nationale.

2 Suites + 5 Bedrooms-*chambres*+(1 Apartment-*appartement*)
Extra Bed - Lit Sup. : 80 F

Price in FF - Prix en FF :	2 pers ↓	maxi ↓
1° Auberge (child-*enfant*)		290 A 400 Eco
2° Auberge		290 A
3° Auberge		290 A 400 Eco
4° & 5°		290 A
6°		290 A

Département 60 : Oise

60.2

15 km - South-West of / Au Sud-Ouest de BEAUVAIS

Sabine REBOURS
«La Ferme de la Patte d'Oie» - 59, rue de la patte d'oie
Lormeteau - 60240 Fresneaux Montchevreuil

☎ 44 84 45 99 / 44 47 73 48

This was originally a button factory, which operated from 1870, closing down in 1949. The bedrooms are in one wing, which is in a process of restoration, and another part is now a museum. This is the quiet place, ideal for walkers and children.
Les chambres sont dans une aile en rénovation d'une ancienne fabrique de boutons créée en 1870 et qui cessa son activité en 1949. Une partie de l'usine est transformée en musée. Endroit très tranquille, idéal pour les marcheurs et les enfants.
sur place : Tapestry - Tapisseries

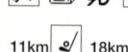

GB D

2km 11km 18km

➤ **Lormeteau** :
In Beauvais, take the A35 South and where it meets the D129, the house is opposite you.
A Beauvais, prendre l'A35 vers le Sud. Quand vous croisez la D129, c'est en face.

5 Bedrooms - *chambres* + 1 Apartment - *appartement*

Price in FF - Prix en FF :	2 pers ↓	maxi ↓
1° Rez de Chaussée		260 A
2° & 3°		260 A
4°		260 A
5°		260 A 430 Eco
Apartment		260 A 600 Eco

shared - *commun* (2° & 3°)

60.1 A.P.

10 km - North-West of / Au Nord-Ouest de BEAUVAIS

Jean-Claude & Annick LETURQUE
14, rue du Four Jean Legros - 60650 Savignies

☎ 44 82 18 49

In the Bray region, 8km from Beauvais, Gerberoy, St Germer de Fly.
Farm Activities :
Sheep farming and farm visits.

Other Activities :
Swimming pool, tennis, pottery and tapestry museum, forest walking. Cathedrals at Beauvais, Rouen, Amiens and Senlis.

Produce : Strawberries, jam, eggs.

Bedrooms for 2 and 4 people with private bathroom (220 FF for a double) - Farmhouse dinners.

➤ **Savignies** :
In Beauvais, take the D1 towards Savignies. The farm is near to the church.
A Beauvais, prendre la D1 vers Savignies. La ferme est près de l'église.

(Région du pays de Bray, à 8km de Beauvais, Gerberoy, St Germer de Fly.)
Activité à la ferme :
Visite de l'élevage de moutons, découverte des travaux de la ferme selon saison, visites d'exploitation.
Autres activités :
Piscine, tennis dans le village, Musée de la poterie et de la tapisserie, forêts, plan d'eau, sentiers pédestres. Cathédrales de Beauvais, Rouen, Amiens, Senlis.
Sur place : Fraises, confitures, œufs.

Chambres (2 ou 4 pers. SdB-WC privés) : 220F/2 pers.
Table paysanne

- 172 -

NORD-PICARDIE

Département 60 : Oise

60.3 ☀☀☀

Pauline BRUNGER
«Ferme-Hôtel de Bellerive» - 492, rue de Bellerive
60170 Cambronne les Ribécourt

2 km | 50 km | 44 75 02 13 | 44 75 02 13

This farm-hôtel near the A26 has been restored with great charm. All the rooms have a delightful view over the canal. This is not a full-time restaurant but nevertheless Pauline is a very good chef. Dishes to take-away.
Proche de l'A26, ancienne ferme restaurée de façon charmante par vos hôtes. Les chambres ont toutes une très belle vue sur le canal. Ce n'est pas un restaurant, mais Pauline est tout de même un très bon chef de cuisine ! Plats à emporter.

(80F) GB

6km | 5km | 5km

15 km - North of / Au Nord de COMPIÈGNE

➤ **Cambronne les Ribécourt :**
In Compiègne, take the D66 towards Noyon. In the village, turn right, cross over the canal bridge and the house is immediately on the right.
A Compiègne, prendre la D66 en direction de Noyon. Dans le village, prendre à droite et traverser le canal. La maison est à droite juste après le pont.

4 Bedrooms -chambres / Extra Bed - Lit Sup. : 100F

Price in FF - Prix en FF : 2 pers ↓

1° & 4°		275 A
2°		275 A
3°		275 A

Département 62 : Pas de Calais

62.1 ☀☀☀

Bernard & Geneviève LETURGIE
«La Chesnaie» - N43 - Bois en Ardres - 62610 Ardres

2 km | 100 km | 21 35 43 98 | 21 36 48 70

This is the old coach-house of the château with magnificent beams, situated in gardens beautifully landscaped with character and taste. Bernard is a mine of information on the region, and he will also take you golfing if you wish. Also, do not miss "Cité Europe".
Anciennes écuries du château aux poutres magnifiques, dans un parc aménagé avec un goût exquis et beaucoup de classe. Avec Bernard, la région n'aura plus de secrets pour vous ! il peut aussi vous emmener au golf. A voir absolument : le Centre Commercial Cité Europe.

Ø : 24/12 → 26/12 GB

1km | 1km | 2km | 2km | 2km | 10km
10km | 12km | 15km

shared - commun (Patrick & Yves)

7 Bedrooms - chambres / Extra Bed - Lit Sup. : 60F

15 km - South-Est of / Au Sud-Est de CALAIS

➤ **Bois en Ardres :**
On the A16, take Exit 17 towards St Omer, via the N43. 'La Chesnaie' is 8km further on, as you enter the village. BE CAREFUL ! It is the second property on the right. If you take the first one, you will end up in a farmyard !
Sur l'A16, Sortie N°17 vers St Omer par la N43. 'La Chesnaie' est à 8km, à l'entrée du village. ATTENTION ! c'est la 2° propriété sur la droite, ne vous trompez pas en allant à la 1° ferme !

Price in FF - Prix en FF : 2 pers ↓   maxi ↓

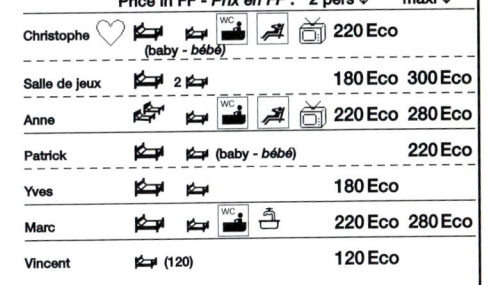

Christophe ♥	(baby - bébé)	220 Eco
Salle de jeux	2	180 Eco 300 Eco
Anne		220 Eco 280 Eco
Patrick	(baby - bébé)	220 Eco
Yves		180 Eco
Marc		220 Eco 280 Eco
Vincent	(120)	120 Eco

62.2 ☀

Jean-Jacques BEHAGHEL
«La Ferme de Wolphus» - N° 39 RN43 - Wolphus
62890 Rouafques

9 km | 80 km | 21 35 61 61 | 21 35 61 61

You will feel at home in their simple, old farmhouse. Jean-Jacques does not hesitate to travel 10km to make sure you have fresh baguettes for breakfast. You will be captivated by the good humour of his wife, a school teacher.
Ancienne ferme très simple, avec une qualité d'accueil exceptionnelle ! Jean-Jacques fait 10km le matin pour chercher votre baguette de pain frais et son épouse, institutrice, saura vous communiquer son rire ! Parle parfaitement Anglais et Espagnol.

(60F) GB E

15 km - South-Est of / Au Sud-Est de CALAIS

➤ **Wolphus :**
On the A16, take Exit 2 then the N43 towards Calais for 1,5 km.
Sur l'A16, prendre la Sortie 2 puis la N43 vers Calais sur 1,5km.

3 Bedrooms - chambres (+2 Apartments - appartements)
WC shared - commun (Mansardes 1 & 2)

Price in FF - Prix en FF : 2 pers ↓   maxi ↓

Grande	2 (children - enfants)	210 Eco 350 Eco
Mansardes 1 & 2		220 Eco

5km | 5km | 18km | 18km

- 173 -

NORD-PICARDIE

Département 62 : Pas de Calais

62.3

15 km - South-West of / Au Sud-Ouest de CALAIS

Marc & Jacqueline BOUTROY
«La Grande Maison» - 3, Hameau de la Haute Escalles
62179 Escalles

12km   120km   21 85 27 75   21 85 27 75

You will enjoy your stay chez Jacqueline, only 5 minutes from the Eurotunnel. Everything is prepared with great care, particularly her delicious coffee. The conservatory, the old beams, the antique furniture and the 18th century dovecote ... wonderful !
A 5mn du tunnel, vous aurez plaisir à séjourner chez Jacqueline. Elle fait attention à tous les petits détails, son café est délicieux. Vous aimerez sa véranda, admirerez les très vieilles poutres, les meubles anciens, le pigeonnier du XVIII°.

(90F)   GB

1km   1km   7km

2 / Reduction 7 nights - nuits / Extra Bed - Lit Sup. : 80F

> **Haute Escalles :**
On the A16, take Exit 10 or 11 towards Cap Blanc Nez, via the D243 (Peuplingues). The house is on the left.
Sur l'A16, Sortie N°10 ou 11 vers Cap Blanc Nez, par la D243 (Peuplingues). La maison est sur la gauche.

2 Studios + 1 Suite + 2 Bedrooms - chambres

				Price in FF - Prix en FF	2 pers ↓	maxi ↓
Bouquets de Roses					210 Eco	295 Eco
+ Hortensias Bleus					210 Eco	295 Eco
Le Baldaquin	Apartment				265 A	
+ Hortensias Roses 2					265 A	425 A
	(baby - bébé)					
L'Alcove	Apartment				265 A	
Chambre Bleue					265 A	370 A

62.4

10 km - South of / Au Sud de TOUQUET-PARIS-PLAGE

Nicole FROISSART
51, rue de la Mairie - 62180 Conchil le Temple

150 km   21 81 11 02   21 81 88 32

Nicole is a breath of fresh air from Quebec. She is welcoming, friendly and full of energy. As well as sea fishing, sand yachting, this is a place for golfers. There are 5 golf courses within 15km (green fees from 120–280FF). Your host has a 17 handicap.
Chez Nicole, vous trouvez un parfum de Québec... Elle est avenante, souriante et dynamique... Mer, pêche en mer, char à voile, golf (votre hôte est handicap 17). 5 Golfs sur 15km (Green Fees de 120 à 280F). Nicole a négocié pour vous, des prix spéciaux dans le restaurant proche.

GB   D

3km   5km   5km   5km

> **Conchil le Temple :**
In Le Touquet, take the D143 towards Rue. In Conchil le Temple, the house is in the street opposite the 'Mairie'.
Au Touquet, prendre la D143 vers Rue. A Conchil le Temple, la maison est dans la rue face de la Mairie.

4 Bedrooms - chambres (+ 1 Apartment - appartement)
Extra Bed - Lit Sup. : 50F

				Price in FF - Prix en FF	2 pers ↓	maxi ↓
1° & 3° & 4°					225 Eco	275 Eco
2°		2			225 Eco	300 Eco

5km   10km

62.5

3 km - East of / A l'Est de TOUQUET-PARIS-PLAGE

Brigitte GUILLUY
3, Place Jeanne d'Arc - 62630 Etaples

500 m   21 94 10 39   21 84 93 30

In this small fishing port, with its typical market, you will enjoy the warm and relaxed welcome of Brigitte, a doctor's wife. Sailing, tennis and golf are her favourite sports. We were particularly impressed by the two pleasant and very modern, independent, studio apartments.
Petit port de pêche avec un marché très typique. L'accueil de Brigitte épouse de médecin, est très relax et convivial. Elle pratique voile, tennis et golf. Nous avons particulièrement apprécié les 2 studios indépendants agréables et très modernes.

(60/70F)   GB   D

2km

Extra Bed - Lit Sup. : 50F / Reduction BS(1/10 → 1/04)

> **Etaples :**
3km from Le Touquet. Near the railway station, follow the signs 'Chambres d'hôtes'. Ask for Doctor Guilluy.
A 3km du Touquet. Près de la gare, suivre les panneaux 'Chambres d'hôtes'. Demandez le Docteur Guilluy.

4 Studios + 2 Bedrooms - chambres
WC shared - commun (Hortensia & Pélican)

				Price in FF - Prix en FF	2 pers ↓
Hortensia		2			220 Eco
Pélican					220 Eco
Bleuet & Pivoine	Apartment				260 A
Cinéma	Apartment				260 A
Artèque	Apartment				260 A

Book Ahead To be Sure of a Bed — **Réservez, c'est une Sécurité**

- 174 -

NORD-PICARDIE

Département 62 : Pas de Calais

62.6

25 km - North-East of / *Au Nord-Est d'* **ABBEVILLE(80)**

René & Christiane AUGUSTIN
«Château de Drucas» - Beauvoir-Wavans
62390 Auxi le Château

☎ 21 04 01 11

This small château is about 200 years old. It is reached via an avenue of lime trees, leading to magnificent grounds, through which a river flows. Madame's welcome is charming and the decor is simple, unpretentious rococo style.

Ce petit château a 200 ans. Il se trouve au bout d'une allée de tilleuls, dans un parc magnifique où coule une rivière... Madame vous accueille avec beaucoup de gentillesse. Décoration intérieure simple, de style rococo et sans prétention.

➤ **Beauvoir-Wavans** :
In Abbeville, take the D925 towards St Riquier and the D941 towards Auxi le Château. In Auxi, turn right on to the D938.
A Abbeville, prendre la D925 vers St Riquier et la D941 vers Auxi le Château. Là, tourner à droite sur la D938.

1 Apartment - *appartement* + 2 Bedrooms - *chambres*

shared - *commun* (1° & 2°)

	Price in FF - *Prix en FF* :	2 pers ↓	maxi ↓
1°	(child - *enfant*)	220 Eco	300 Eco
2°		220 Eco	
Apartment		250 A	500 Eco

2km • 2km • 25km • 25km • 40km

Extra Bed - *Lit Sup.* : 50F

Département 80 : Somme

80.1

20 km - North-West of / *Au Nord-Ouest d'* **ABBEVILLE**

Brigitte BOUVET
«Fermette du Marais» - Route d'Abbeville - Lannoy
80120 Rue

2km • 150km ☎ 22 25 06 95 / 22 25 89 45

This restored old farmhouse is a favourite spot for hunting and fishing. It is very well organised and ideal for children, who can enjoy many activities in complete safety. Brigitte is a dynamic host, with a very warm welcome.

Ancienne ferme restaurée et organisée de façon très professionnelle. Les enfants sont en sécurité et ont beaucoup de possibilités d'activités. Brigitte est très dynamique et très accueillante. Endroit apprécié des chasseurs et des pêcheurs.

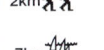

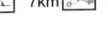

➤ **Lannoy** :
In Abbeville, take the N1 towards Boulogne for 17km. Turn left on to the D32 towards Rue. The house is 500m on the left before the roundabout as you enter Rue.
A Abbeville, prendre la N1 vers Boulogne sur 17km. Prendre à gauche la D32 vers Rue. La maison est à 500m à gauche avant le rond-point à l'entrée de Rue.

	Price in FF - *Prix en FF* :	2 pers ↓	maxi ↓
1°	(child - *enfant*)	320 B	440 Eco
2°		320 B	
3°	(child - *enfant*)	320 B	380 Eco
4° Apart		580 C	750 B
5° Apart		430 C	625 C
6° Apart	(child - *enfant*)	430 C	650 B
7° & 8° Apart		430 C	

1km • 1km • 2km

4km • 4km • 7km • 7km • 7km

3 Bedrooms - *chambres*
5 Apartments - *appartements* (HS : 7)
Reduction BS(1/09 ➜ 30/06) & 3 nights - *nuits*

From October 18th, the telephone number of hosts in the Nord region will begin with 03.
Dial : + 33 3 before your host's telephone number (from France : dial 03 before your host's telephone number).
A partir du 18 Octobre, le numéro de téléphone de vos hôtes de Nord Picardie débutera par 03.
Composez : International + 33 3 suivi du N° de votre hôte (de France : 03 devant le N°).

Be sure not to miss the Marquenterre Bird reserve, very close to Rue,
which contains many very rare species.
Tout près de Rue, allez absolument visiter le Parc ornithologique de Marquenterre
où vous pouvez observer des espèces très rares d'oiseaux.

NORD-PICARDIE

Département 80 : Somme

80.2

Michel BECQUET
161, Place des Templiers - 80150 Forest l'Abbaye

22 23 24 03

This reminded us of our grandmother's house ... situated on the edge of the woods, ideal for forest walks. The village is full of flowers and near to the famous 100 Year War battlefield of Crécy. Come in September, when they re–enact "La Route du Poisson".

L'ambiance des maisons de nos grand-mères... A l'orée du bois pour les amoureux de la marche en forêt, dans un village très fleuri à côté de Crécy : célèbre bataille de la guerre de 100 ans. A voir en Septembre : reconstitution d'époque de la 'Route du Poisson'.

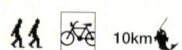

10km

10 km - North of / Au Nord d' ABBEVILLE

➤ **Forest l'Abbaye** :
In Abbeville, take the N1 towards Boulogne and turn right on to the D105 towards Forest and Crécy.
A Abbeville, prendre la N1 vers Boulogne et prendre à droite la D105 vers Forest et Crécy.

1 Apartment-*appartement* + 2 Bedrooms-*chambres*
Extra Bed - *Lit Sup.* : 100 F

		Price in FF - *Prix en FF* :	2 pers ↓	maxi ↓
1°			300 A	400 A
2°			300 A	
3° Apartment			300 A	500 A

10km | 15km | 15km | 20km | 20km

80.3

Alain & Maryse SAGUEZ
2, rue Grimaux - 80480 Dury

5km | 100m | 22 95 33 92 | 22 95 49 92

Be sure to let Alain take you for a ride in one of the carriages he makes himself. Add to this an excellent welcome, a high standard of comfort and an outstanding breakfast. There is also an impressive choice of restaurants. Be sure to visit Amiens cathedral.

Vous vous promènerez dans les calèches fabriquées par Alain. Accueil , confort et petit-déjeuners exceptionnels. Vous avez en plus, un choix impressionnant de restaurants gastronomiques ou familiaux. A voir absolument : la cathédrale d'Amiens.

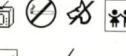

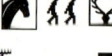

1km | 2km | 4km | 10km | GB

5 km - South of / Au Sud d' AMIENS

➤ **Dury** :
Close to the A16. In Amiens, take the N1 towards Paris. On entering Dury, turn right into the first street towards St Fuscien.
Tout près de l'A16. A Amiens, prendre la N1 vers Paris. A l'entrée de Dury, tourner à gauche dans la 1° rue vers St Fuscien.

4 Bedrooms - *chambres*
Extra Bed - *Lit Sup.* : 60F

		Price in FF - *Prix en FF* :	2 pers ↓	maxi ↓
1°			310 B	
2°			310 B	500 A
3°			310 B	380 A
Rez de Chaussée			310 B	

80.4

Claudine RICHOUX
«La Licorne» - 36, Route de Conty - 80160 Lœuilly

22 38 15 19

This is your chance to sleep in an old chapel. It has been immaculately restored, and was once part of a monastery, destroyed in the Napoleonic Wars. The old tunnels are now used as cellars. A high level of comfort, air conditioning and a snooker room.

Vous dormez dans une ancienne chapelle... Elle a été restaurée à la perfection et fait parti d'un monastère détruit à l'époque Napoléonienne. La cave est dans les anciens souterrains. Très grand confort : air conditionné, snooker professionnel...

15km | 18km | GB

18 km - South of / Au Sud d' AMIENS

➤ **Lœuilly** :
In Amiens, take the N1 towards Paris. In St Sauflieu turn right on to the D61 towards Nampty. Turn left on to the D210 then right on to the D8 towards Lœuilly. Cross the village towards Conty and turn right into the last street (rue du Marais).
A Amiens, prendre la N1 vers Paris. A St Saulfieu, prendre à droite la D61 vers Nampty. Tourner à gauche sur la D210 puis à droite sur la D8 vers Lœuilly. Traverser le village vers Conty. Tourner à droite dans la dernière rue (rue du Marais).

6 Bedrooms - *chambres*

		Price in FF - *Prix en FF* :	2 pers ↓	maxi ↓
1°			200 Eco	
2°		(child-*enfant*) WC	200 Eco	230 Eco
3°	2	(children - *enfants*)	150 Eco	
4°	5		150 Eco	375 Eco
5°	6		150 Eco	450 Eco
6°	2		150 Eco	

Extra Bed - *Lit Sup.* : 75F / Reduction log stay - *long séjour*

2 + 2 shared - *communs* (4° & 5° & 6°)

- 176 -

NORMANDIE

Photo : 14.7 - page 182

Photo : 76.14 - page 197

Typical houses in Normandy - *Maisons typiques en Normandie*

NORMANDIE

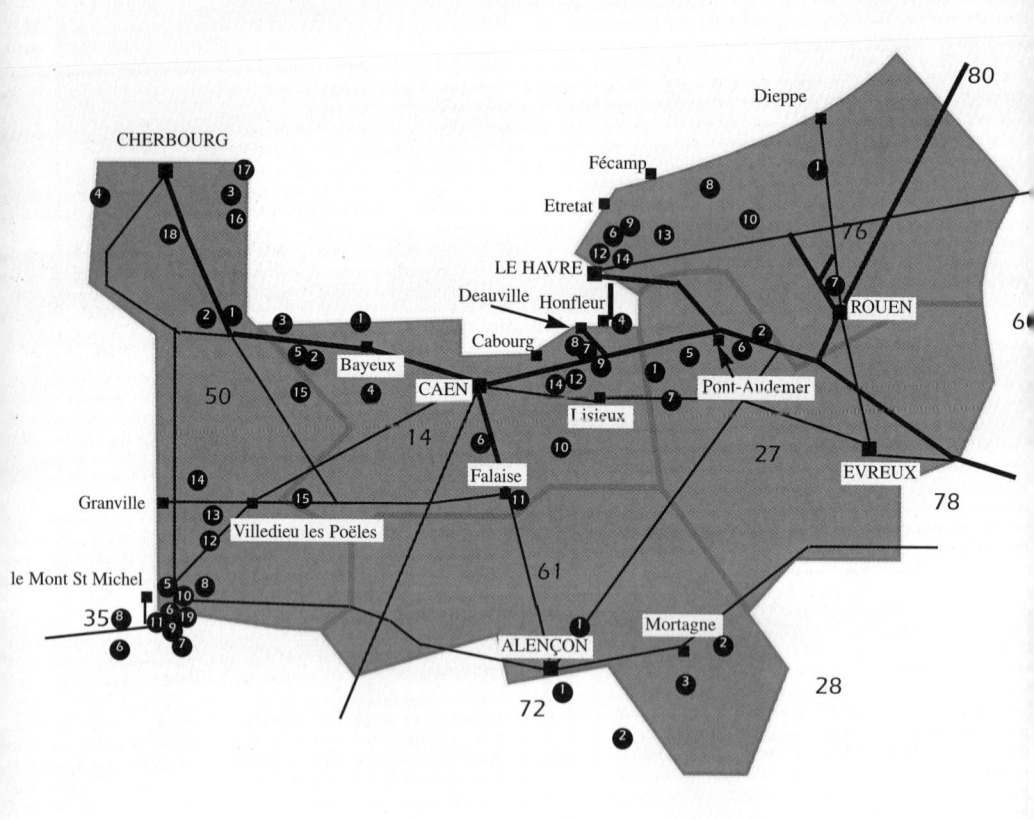

NORMANDIE

Normandy... The Mont St Michel 'the Western Wonder of the World' is perhaps more Breton than Norman. It is, however, the most visited place in France. Normandy is a country of fields and hedgerows, of camembert and cider. There are charming towns, such as Honfleur, Cabourg, Etretat and Deauville ; the Normandy beaches and the military cemeteries and museums ; the famous Bayeux Tapestry ; and Rouen, the city of a hundred church bells'. The river Seine meanders lazily through this region ; there are the marshlands of Cotentin and Bessin, with their bird sanctuaries. It is also the start of the Perche region of lakes and forests, which make you forget you are only two hours from Paris. This is also Monet's country. He used to say that his garden at Giverny was his greatest masterpiece.

Photo : 50.15 - page 186

Normandie... Le Mont St Michel, 'la Merveille de l'Occident', est peut-être plus Breton que Normand. C'est en tout cas, le lieu le plus visité de France. La Normandie reste le pays des bocages, du camembert et du cidre. Ce sont les villes attirantes de Honfleur, Cabourg, Etretat et Deauville ; les plages du débarquement, les cimetières et musées de la Guerre ; la fameuse Tapisserie de Bayeux ; C'est Rouen, 'la ville aux cent clochers' ; C'est la Seine qui étend son ruban paresseux de méandre en méandre ; C'est le Marais du Cotentin et du Bessin et ses oiseaux hivernants ; C'est le début du Perche, région de forêts et d'étangs qui fait oublier qu'on est à moins de 2 heures de Paris. C'est aussi le pays de Monet : son jardin de Giverny était, disait-il, son plus beau chef-d'œuvre ....

- 179 -

NORMANDIE

Département 14 : Calvados

14.3 Michel LEGRAND

27 km - North-West of / Au Nord-Ouest de **BAYEUX**

> **Grandcamp-Maisy** :

In Bayeux, take the N13 towards Cherbourg. In Osmanville, turn right on to the D514 towards Grandcamp-Maisy. Signposted.
A Bayeux, prendre la N13 vers Cherbourg. A Osmanville, tourner à droite sur la D514. L'auberge a un panneau.

«La Ferme du Colombier» - Rue Marcel Destors
14450 Grandcamp-Maisy

60 km   31 22 68 46   31 22 14 33

An old stone house, dating from 1830, which has been converted into 6 studios and 6 bedrooms. It is by the sea, right by the Normandy beaches. You must try the local specialities at this farmhouse-inn.
Ferme-Auberge. En plus des 6 chambres, 6 studios sont aménagés dans le corps de cette maison en pierre datant de 1830, entièrement rénovée. Située au bord de la mer, au cœur des plages du débarquement. Vous goûterez les produits du terroir.

(65/165F)

6 Bedrooms - *chambres* / Extra Bed - *Lit Sup.* : 75 F

Price in FF - *Prix en FF* : 2 pers ↓   maxi ↓

1° & 2° & 3°		200 Eco	
4°		220 Eco	
5°	2	200 Eco	350 Eco
6°		200 Eco	300 Eco

14.4 Cécile GRENIER

12 km - South of / Au Sud de **BAYEUX**

> **Hottot les Bagues** :

In Bayeux, take the D6 towards Tilly/Seulles. Turn right on to the D9 towards Caumont. In Hottot les Bagues, after the 'Mairie' and opposite the school ('Ecole'), turn left. The house is on the left, just before the château.
A Bayeux, prendre la D6 vers Tilly/Seulles. Tourner à droite sur la D9 vers Caumont. Dans Hottot les Bagues, après la Mairie et face à l'école, tourner à gauche. La maison est sur la gauche, juste avant le château.

«Le Vallon» - Hottot les Bagues - 14250 Tilly / Seulles

15 km   15 km   31 08 11 15

A renovated farmhouse in a quiet spot, near to the sea and the Normandy beaches. The ideal place to recharge your batteries and let it all hang out! They even run Yoga and massage courses. 2 apartments (one suitable for handicapped).
Ferme rénovée dans un lieu paisible, proche des plages du débarquement. Un lieu idéal pour respirer et se ressourcer. Initiation et stages de yoga, de relaxation et massages. Gîte pour 6/8 pers. et gîte pour handicapé.

sur place :   Honey, vegetables, cider, calvados
              Miel, légumes, cidre, calvados

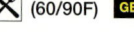

(60/90F) GB

9 Bedrooms - *chambres* / Extra Bed - *Lit Sup.* : 60 F

2 & 2

Reduction for full-board - *pension & groups - groupes*

Price in FF - *Prix en FF* : 2 pers ↓   maxi ↓

		220 Eco	
		220 Eco	
4		220 Eco	340 Eco
3		220 Eco	280 Eco
		(1 pers) 150 A	
		220 Eco	280 Eco
(3)		220 Eco	

14.1 Kristine VERMÉS

10 km - North of / Au Nord de **BAYEUX**

> **Huppain** :

In Bayeux, take the D6 to Port en Bessin. Take the D514 towards Grandcamp-Maisy and follow the signs on the left.
A Bayeux, prendre la D6 pour Port en Bessin. Prendre la D514 vers Grancamp-Maisy et suivre les panneaux vers la gauche.

«Manoir de Villiers» - Route de Villiers - Huppain
14520 Port en Bessin

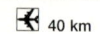

40 km   31 21 71 78

Very welcoming hostess in this 12th century listed manor house. It is famous for its beautiful interior staircase. Close to the Normandy beaches and a golf course. They take particular care of motorbikes, cycles and horses.
Hôtesse très accueillante et très agréable dans ce château du XII° classé. Douves et très bel escalier à l'intérieur du bâtiment. Près des plages du débarquement et d'un golf 27 trous. Abri pour les motos, bicyclettes et accueil des chevaux.

sur place : Cider - *Cidre*

GB E

1km   2km

2 Suites + 1 Bedroom - *chambre* / Extra Bed - *Lit Sup.* : 50 F

Price in FF - *Prix en FF* :   2 pers ↓   maxi ↓

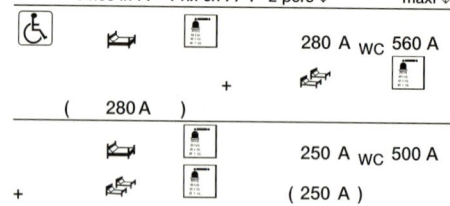

♿		280 A WC 560 A	
+			
(280 A)			
		250 A WC 500 A	
+		(250 A)	

Near - *Près de* BAYEUX, See also - *Voir aussi* :
50.15 - Jocelyne HEURTEVENT - St Georges d'Elle - Page 186

- 180 -

NORMANDIE

Département 14 : Calvados

14.5 ☀️☀️☀️ 🏠   20 km - West of / A l'Ouest de **BAYEUX**

Geneviève PASQUET
«La Coquerie» - St Martin de Blagny - 14710 Trévières

🚂 6 km   ✈️ 50 km   ☎️ 31 22 50 89

Typical working farm of the Bessin area. A great place to relax and immerse yourself in the countryside. Within easy reach of the Bayeux Cathedral and Tapestry, the D-Day museums and the mill, mining museum at Molay-Littry.
Ferme typique du Bessin, en activité, idéal pour se changer les idées au calme, isolée en pleine campagne. A visiter : Bayeux (cathédrale, tapisseries), musées de la bataille de Normandie, le moulin et le musée de la mine au Molay-Littry.
sur place : Poultry, eggs, cider - *Volailles, œufs, cidre*

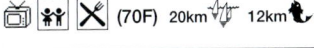

🅿️ 🐱 ♿ 📺 🍴 (70F)   20km 🚶 12km

➢ **St Martin de Blagny** :
In Bayeux, take the D5 towards Le Molay-Littry. Turn right on to the D145 towards St Martin de Blagny.
A Bayeux, prendre la D5 vers Le Molay-Littry. Prendre à droite la D145 vers St Martin de Blagny.

2 Bedrooms - chambres

			Price in FF - Prix en FF : 2 pers ↓	maxi ↓
	🛏️	🚿 WC	200 Eco	250 Eco
2 🛏️		🚿 WC	200 Eco	250 Eco

14.2 ☀️☀️☀️ 🏠   18 km - West of / A l'Ouest de **BAYEUX**

Pierre ISIDOR
«La Ferme de Marcelet» - 14330 Tournières

🚗   ✈️ 50 km   ☎️ 31 22 90 86

A large Normandy farmhouse, in a quiet location. It has the 'common room' in pure peasant tradition. You can watch the cows being milked or there are lovely walks here in the forest and an excellent 'ferme auberge' nearby. 17km from the Normandy beaches.
Grande ferme normande, au calme, avec une salle commune dans la plus pure tradition paysanne. Tous les jours, vous pouvez assister à la traite des vaches. Forêt, tennis, randonnée, auberge à moins de 5km. Plages du débarquement à 17km.

🅿️ 🐱 ♿ 📺 🍴 (65F) 🚶 15km

➢ **Tournières** :
In Bayeux, take the D5 towards Le Molay-Littry. In Tournières, the house is in a little street near to the 'Boucherie'.
A Bayeux, prendre la D5 vers Le Molay-Littry. A Tournières, la maison est dans une ruelle près de la Boucherie.

4 Bedrooms - chambres / Extra Bed - Lit Sup. : 60 F

			Price in FF - Prix en FF : 2 pers ↓	maxi ↓
Myosotis	🛏️	WC	180 Eco	
Eglantine	🛏️	n.c. 🚿 WC	180 Eco	
Camélias	🛏️	🚿 WC	180 Eco	240 Eco
Iris	🛏️ 2🛏️	🚿 WC	180 Eco	300 Eco

14.14 ☀️☀️ 🏠   22 km - South-East of / Au Sud-Est de **CABOURG**

Patrice & Marie-France NUDD-MITCHELL
«Le Haras des Biches» - Notre Dame d'Estrées
Carrefour St Jean - 14340 Cambremer

🚗   ✈️ 25 km   ☎️ 31 63 06 86   31 63 06 86

Do not stay here if you do not like horses. If you do, you will enjoy going riding with the staff of the centre, where they specialise in artificial insemination. Ask to see the 'Blue Mare' (Jument Bleue). 30km from the Normandy beaches.
Si vous n'aimez pas les chevaux : fuyez ! Sinon, c'est le rêve : vous vivez dans un haras, montez avec le personnel du centre. Centre d'insémination artificielle ; demandez à voir la jument bleue...). Plages du débarquement à 30km.
sur place : Horses - *Chevaux*

🅿️ 🐱 ♿ 📺 👶 🚭 🚫 🍴 (80F)
🐴 20km 🚴 20km 🚶   ⌀ : 1/02 → 28/02   🇬🇧 E

➢ **Notre Dame d'Estrées** :
In Cabourg, go towards the A13. Turn left on to the N175 towards Pont l'Evêque and immediately right towards Beuvron en Auge then Carrefour St Jean. Continue on the N13 towards Crève Cœur for 500m. (The Haras is on the right).
A Cabourg, aller vers l'A13. Prendre la N175 sur la gauche et tout de suite à droite vers Beuvron en Auge puis Carrefour St Jean d'Estrées. Là, continuer sur la N13 vers Crève Cœur sur 500m. Le Haras est sur la droite.

5 Suites & Bedrooms - chambres / Extra Bed - Lit Sup. : 50 F

		Price in FF - Prix en FF : 2 pers ↓	maxi ↓
Union Normandy	2🛏️	🚿 WC 200 Eco	330 Eco
Tabac Blond +	🛏️	n.c. 🚿 WC 200 Eco	440 Eco
+	🛏️ + 🛏️ (baby - bébé)		
Siberia +	3🛏️	🚿 WC 200 Eco	390 Eco
Nouveau Monde & Duchesse Durfor +	3🛏️	🚿 WC 200 Eco	390 Eco

A partir du 18 Octobre, le numéro de téléphone de vos hôtes de Normandie débutera par 02.
Composez : International + 33 2 suivi du N° de votre hôte (de France : 02 devant le N°).

- 181 -

NORMANDIE

Département 14 : Calvados

14.12

22 km - South-East of / Au Sud-Est de CABOURG

Michel & Dany BERNARD
«Le Clos St Laurent» - St Laurent du Mont
14340 Cambremer

12 km ✈ 28 km ☎ 31 63 47 04 📠 31 63 46 92

A comfortable 18th century house, furnished with exquisite taste. From the garden there is a panoramic view over the valley and 'la Suisse Normande'. Excursions, delicious homemade jam, and pleasant hours spent at the table with Michel and Dany will add to your enjoyment.

Confortable maison du XVIII°, aménagée avec un goût exquis. Du parc, vue panoramique sur la vallée de la Dive et la Suisse Normande. Les visites à faire bien sûr, mais aussi de délicieuses confitures maison, et des moments très agréables à la table de Michel et Dany....

🅿 🌲 🐈 🚣 📺 🍴 (90F)   GB

25km   25km

Extra Bed - Lit Sup. : 90 F

1 Suite + 2 Bedrooms - chambres + 1 Apartment - appartement

> **St Laurent du Mont :**
In Cabourg, go towards the A13. Turn left on to the N175 towards Pont l'Evêque and immediately right towards Beuvron en Auge then Carrefour St Jean where you turn left on to the D50 towards Cambremer. The house is on the bend as you go up the hill, on the right.
A Cabourg, aller vers l'A13. Prendre la N175 sur la gauche et tout de suite à droite vers Beuvron en Auge puis Carrefour St Jean. Là, prendre la D50 à gauche vers Cambremer. La maison est dans les virages de la montée à droite.

Price in FF - Prix en FF : 2 pers ↓   maxi ↓

Jaune	🛏	🚽	📺	260 A
Orange + Rose	🛏	n.c. 🚽	📺	260 A	580 Eco
Bleue	🛏	🛁	📺	260 A
la Maison de José	♡	Apartment 🛏/🛁	📺🚽	260 A	680 A

14.6

20 km - South-East of / Au Sud-Est de CAEN

Alain CANTEL
«Château des Rifflets» - 14680 Bretteville / Laize

🅿   ✈ 25 km   ☎ 31 23 53 21   📠 31 23 75 14

Quiet, comfort and charm are assured in this stylish 19th century château. Its magnificent 'listed' grounds have a swimming pool, stables and a helicopter pad. Try and get the romantic suite Rose with its 'balnéo' bath. You will be swept off your feet.

Calme, confort et courtoisie assurés pour un séjour dans ce château de style XIX°. Magnifique parc 'classé' avec piscine, boxes pour chevaux et hélisurface. Nous avons été séduits par la suite rose de 60m², avec baignoire "balnéo". Laissez vous charmer...

🅿 🌲 🐈 🚣 📺 👨‍👩‍👧 ✂ 🍴 (200F) 🏊   GB D

4km   15km

2 Suites + 3 Bedrooms - chambres / Extra Bed - Lit Sup. : 150 F

> **Bretteville / Laize :**
In Caen, take the N158 towards Alençon for 12km. In La Jalousie, turn right on to the D23 for Bretteville/Laize for 2,5km then turn right on to the D235 towards Fontenay le Marmion for 200m. Follow the signs.
A Caen, prendre la N158 vers Alençon sur 12km. A la Jalousie, prendre à droite la D23 vers Bretteville/Laize sur 2,5km et tourner à droite sur la D235 vers Fontenay le Marmion sur 200m. Suivre les panneaux.

Price in FF - Prix en FF : 2 pers ↓   maxi ↓

Anne-Lise	🛏		🚽	470 C
Minou	🛏	🛏 n.c. (child - enfant)	🛁🚽	360 B
Anne-Marie	🛏		🛁	470 C	620 C
Nathalie + Laure	🛏 🛏		🛁🚽	470 C	620 C
Suite Rose	♡ 🛏		🛁🚽	470 C	620 C

14.7

15 km - South-East of / Au Sud-Est de DEAUVILLE

Geneviève PELTIER
«Manoir du Lieu Dey» - Reux -14130 Pont l'Evêque

🅿   15 km   ☎ 31 64 11 29

We were really impressed with our visit to Geneviève's place, a charming lady who welcomes you with kindness and simplicity. Her 17th century typical Norman manor house is beautifully restored, keeping its charm and authentic character.

Nous avons beaucoup aimé notre contact avec Geneviève, personne charmante qui vous accueille avec simplicité et gentillesse, dans son manoir du XVII° typiquement normand. Magnifiquement restauré, il a gardé son charme et son authenticité.

sur place : Poultry - Volailles

🅿 🌲 🚣 🎾   ∅ : 1/11 → 31/03

13km   13km   5km

> **Reux :**
In Deauville, take the D513 towards Trouville where you take the N117 towards the A13 and Pont l'Evêque. There, at the set of traffic lights, turn right towards Caen then at the next traffic lights, turn right for 1,5km, towards Beaumont and Reux.
A Deauville, rejoindre Trouville par la D513 puis prendre la N117 vers l'A13 et Pont l'Evêque. Là, au feu, prendre à droite vers Caen puis au 2° feu à droite sur 1,5km, vers Beaumont et Reux.

3 Bedrooms - chambres / Extra Bed - Lit Sup. : 40 F

WC shared - commun / 🛁 shared - commun (2° & 3°)

Price in FF - Prix en FF : 2 pers ↓   maxi ↓

1°	🛏	🛏	🛁	🚿	270 A	350 Eco
2°	🛏	🛏		🚿	250 A	320 Eco
3°	🛏			🚿	230 A	300 Eco

NORMANDIE

Département 14 : Calvados

14.8

Pierre & Simone CHAMPION
14950 St Etienne la Thillaye

15 km   31 65 21 97

A restored, half-timbered house, in the quiet of the countryside. Nearby there are beaches, golf, riding or visits to Honfleur, Deauville, and Caen. There are many manor houses to be visited and also the local food is wonderful. Relaxed and informal.
Maison restaurée, à colombages, au calme à la campagne. Pour vous détendre : l'océan, le golf, l'équitation, Honfleur, Deauville, Caen, le circuit des manoirs, sans oublier la gastronomie locale. L'ambiance est très familiale, tout est partagé.
sur place : home-made jam - confitures maison

(70F)

7km   10km

10 km - South of / Au Sud de **DEAUVILLE**

➤ **St Etienne la Thillaye** :
In Deauville, take the D513 towards Trouville where you take the N117 towards Pont l'Evêque. In Martin aux Chartrains, turn right on to the D58 towards St Etienne la Thillaye and continue for 3km. At the Forges St Cloud crossroads, continue for 50m and turn right in to the 1st lane sign-posted to the right.
A Deauville, rejoindre Trouville par la D513 puis prendre la N117 vers Pont l'Evêque. A St martin aux Chartrains, prendre à droite la D58 vers St Etienne la Thillaye sur 3km. Au carrefour de Forges St Cloud, continuer sur 50m et prendre le 1° chemin fléché à droite.

4 Bedrooms - chambres / Extra Bed - Lit Sup. : 40 F

Price in FF - Prix en FF :	2 pers ↓	maxi ↓
Claire		240 Eco
Aline		200 Eco 240 Eco
Sophie	n.c.	240 Eco

14.9

Françoise VALLE
«Le Moulin de St Hymer» - St Hymer
14130 Pont l'Evêque

3 km   14 km   31 64 23 51   31 64 39 72

Once you have experienced the warm and friendly welcome of Françoise in her superb water-mill, you will definitely want to extend your stay. Your main problem will be getting the balance right between activities, excursions and her cooking. L'accueil familial et chaleureux de Françoise dans son superbe moulin chargé d'histoire, vous incitera à prolonger votre séjour. Vous choisirez équitation, golf, tourisme ou tout simplement gastronomie. Vaut le détour (A 3km de l'Autoroute).
Sur place : Home-made jam - Confiture maison

(100F)   GB

10km   3km   3km   3km

Reduction BS (1/10 → 30/04) / Extra Bed - Lit Sup. : 50 F

12 km - South of / Au Sud de **DEAUVILLE**

➤ **St Hymer** :
In Deauville, take the D513 towards Trouville where you take the N117 towards the A13 and Pont l'Evêque. Turn right on to the N175 towards Caen. After the sign 'Le Prieuré de St Hymer', turn left and go down to the water-mill (sign posted).
A Deauville, rejoindre Trouville par la D513 puis prendre la N117 vers l'A13 et Pont l'Evêque. Prendre à droite la N175 vers Caen. Après le panneau 'Le Prieuré de St Hymer', descendre la route à gauche jusqu'au moulin (panneaux).

1 Suite + 2 Bedrooms -chambres + 1 Apartment -appartement

Price in FF - Prix en FF :	2 pers ↓	maxi ↓
Saumon	n.c.	300 A
Rose		280 A
Bleu		300 A 500 A
+ Suite		
Petite Maison	Apartment HS : 7	350 B

14.10

Annick DUHAMEL
«Le Pressoir» - Berville l'Oudon - 14170 St Pierre / Dives

3 km   40 km   31 20 51 26   31 20 03 03

Beautiful 15th century residence, completely restored. Furnished with antiques but with all modern comforts. Your host, a retired hotelier, will take you fishing for frogs, while his wife will ply you with her home-made jam.
Demeure du XV°, bien restaurée. Intérieur décoré de meubles anciens et avec le confort moderne. Cet ancien hôtelier vous propose de pêcher les grenouilles dans son petit plan d'eau ! Les confitures maison sont faites avec les fruits de la propriété.
Sur place :   Home-made jam, crafts
              Confiture maison , artisanat

GB   D

1 Suite + 3 Bedrooms-chambres (+ 1 Apartment-appartement)
WC shared - commun (3° & 4°)

20 km - North-East of / Au Nord-Est de **FALAISE**

➤ **Berville l'Oudon** :
In Falaise, go towards Caen and turn right on to the D511 towards Lisieux. In St Pierre / Dives, turn right on to the D4 towards Livarot then in Hieville, turn right and follow the signs.
A Falaise, aller vers Caen et prendre à droite la D511 vers Lisieux. A St Pierre/Dives, prendre à droite la D4 vers Livarot puis à Hieville, prendre à droite et suivre les panneaux.

Price in FF - Prix en FF :	2 pers ↓	maxi ↓
1°		250 A 600 Eco
+ 2°		
3°		250 A
4°		250 A 300 Eco
5°		250 A

- 183 -

NORMANDIE

Département 14 : Calvados

14.11   8 km - South-East of / Au Sud-Est de **FALAISE**

Colin & Arlette BRUNTON
La rue d'Ave - Vignats - 14700 Falaise

➔ 20 km   45 km   31 40 83 23

A British family home in the heart of Normandy, only 45 mins. from the Ouistreham/Caen ferry. Arlette and Colin will be delighted to advise you on visits around the area. Give them a call before you arrive because it is not easy to find.

A 45mn du ferry d'Ouistrham (Caen), retrouvez une ambiance familiale anglaise, au cœur de la Normandie. Vous pouvez rayonner et visiter avec les conseils d'Arlette et Colin, mais téléphonez leur pour arriver facilement chez eux.

(65F)   GB   E

2 Bedrooms - *chambres* - Extra Bed - *Lit Sup.* : 30 F
WC shared - *commun*

> **Vignats** :
In Falaise, take the N158 towards Argentan then turn left on to the D29 towards Nécy and Vignats. Do not turn left on to the 1st road to Vignats but continue towards the D129 and turn left towards La Hoguette. The Rue d'Ave is before the railway line.
A Falaise, prendre la N158 vers Argentan. Prendre à gauche la D29 vers Nécy et Vignats. Ne pas tourner à gauche sur la 1° route pour Vignats mais continuer jusqu'à la D129 que vous prenez à gauche vers la Hoguette. La Rue d'Ave est avant le chemin de fer.

Price in FF - *Prix en FF* :   2 pers ↓

Fleurie			160 Eco
Verte		n.c.	160 Eco

14.15   15 km - East of / A l'Est de **VILLEDIEU LES POËLES(50)**

Daniel GUEZET
La Plaine Postel - 14380 Courson

➔ 17 km   75 km   31 68 83 41

A friendly and dynamic young couple will welcome you to their modern, spacious and very comfortable farm. Do not miss dinner round the fire and the house speciality "le riz au lait à la palette". Billiard room.

Dans cette ferme moderne, spacieuse et très confortable, accueillis par un jeune couple dynamique et sympathique, vous pourrez déguster devant la cheminée, un délicieux repas. Pour vous détendre, salle de Billard et piscine

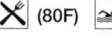

sur place : Calvados, Cider - *Cidre*

(80F)

16km   GB

> **La Plaine Postel** :
In Villedieu les Poëles, take the D924 then D524 towards Vire. In St Sever, near to the Shell petrol station, turn left on to the D81 towards 'Landelles et Coupigny', then follow the signs.
A Villedieu les Poëles, prendre la D924 puis D524 vers Vire. A St Sever, prendre à gauche la D81 vers Landelles et Coupigny puis suivre les panneaux.

5 Bedrooms - *chambres* - Extra Bed - *Lit Sup.* : 45,10F

shared - *commun* (Verdoyante & Rose)

Price in FF - *Prix en FF* :   2 pers ↓   maxi ↓

Verdure & Mimosa				204 Eco
Bleuet				204 Eco
Verdoyante & Rose	2		143 Eco	215 Eco

Département 27 : Eure

27.4   9 km - East of / A l'Est de **HONFLEUR(14)**

Pierre & Jacqueline HENDRYCKS
«La Ferme du Chalet» - 27210 Berville/Mer

➔ 25 km   20 km   32 57 21 24   32 56 53 64

An unusual B & B. These hotel-type studios have been created in a 17th century thatched farmhouse, 82 m long. This unique building is on the edge of the Seine and Deauville is only 20 mins. away.

Studio-hôtel situé dans le parc national de Brotonne. Les studios ont été réalisés dans un corps de ferme du XVII°, de 82m de long. En bordure de Seine, ce bâtiment au toit de chaume est unique en Normandie. Locations à la nuit, au week-end ou à la semaine.

sur place : Calvados, Cider - *Cidre*...

(85/135F)   2/3

15km   GB

> **Berville/Mer** :
In Honfleur or at the Pont de Normandie, take the D180 towards Toutainville. In Rivière St Sauveur turn right towards Berville. The house is opposite the church.
A Honfleur, ou à partir du Pont de Normandie, prendre la D180 vers Toutainville. A Rivière St Sauveur, prendre à droite vers Berville. La maison est face à l'église.

14 Duplex / Reduction BS (15/09 → 15/06)
Half board - *1/2 Pension* : 115F/pers.

Price in FF - *Prix en FF* :   2 pers ↓   maxi ↓

(7)	Apartment	2			410 C	620 B
(7)	Apartment	3			660 Luxe	780 A

**From October 18th, the telephone number of hosts in Normandy, will begin with 02.
Dial : + 33 2 before your host's telephone number (from France : dial 02 before your host's telephone number).**

NORMANDIE

Département 27 : Eure

27.1

17 km - South-West of / *Au Sud-Ouest de* **PONT AUDEMER**

Thérèse NOIROT-NERIN

«Le Château de St Gervais» - Asnières - 27260 Cormeilles

25 km — 32 45 37 81 — 32 46 49 76

A completely restored 19th century château with outbuildings dating from the 16th century. A relaxing place with lots of facilities. It has its own herd of deer. The bedrooms have a magnificent view over the valley. Billiard room. Fluent English spoken.

Le château reconstruit au XIX°, avec dépendances du XVI°, est dans la famille depuis 200 ans. Billard français, environnement de relaxation : parc, forêt privée de 70h où vous apercevrez des chevreuils. Les chambres ont une vue magnifique sur la vallée.

10km / 7km

GB I

2 Suites + 4 Bedrooms-*chambres*

(+ 2 Self-catering apartments-*appartements en location*)

Extra Bed - *Lit Sup.* : 50 F

> **Cormeilles** :
In Pont Audemer, take the D139 towards Lisieux. After Cormeilles, turn left on to the first road (D22) towards Thiberville. Continue for 4.2km.
A Pont Audemer, prendre la D139 vers Lisieux. Après Cormeilles, prendre la 1° route à gauche (D22) vers Thiberville, sur 4,2km.

Price in FF - *Prix en FF* :	2 pers ↓	maxi ↓
Baldaquin		530 C
+ Verte		(1 pers) 390 Luxe
+ Fleurs		430 C
Tilleul		430 C
+ Citron	WC	330 B
Tonelles		480 C
Jaune		430 C
Oiseaux		430 C
Perruche		(1 pers) 290 C

27.2

25 km - East of / *A l'Est de* **PONT AUDEMER**

Patrice FAVREAU

«Le Château du Landin» - Le Landin - 27350 Routot

30 km — 32 42 15 09 — 32 56 97 87

Monsieur Favreau rescued this beautiful 18th century château 7 years ago. It is in a magnificent setting and the view over the valley of the Seine is superb. Its 6 rooms, each have a different style.

Ce château du XVIII° dans un site grandiose, a été sauvé de la destruction par M. Favreau, il y a 7 ans. Vue splendide sur la vallée de la Seine. Les 6 chambres sont de style différent. Diners-concerts, expos, conférences...

(180F)

GB

> **Le Landin** :
On the A13, take the exit Bourg Achard and go towards Pont de Bretonne for 4km. As you leave the village Le Landin, the château is on the right.
Sur l'A13, sortie Bourg-Achard. Prendre la direction du Pont de Bretonne sur 4km. Le château est à la sortie du village du Landin, sur la droite.

6 Bedrooms - *chambres* / Extra Bed - *Lit Sup.* : 80 F
50F per animal

Price in FF - *Prix en FF* :	2 pers ↓
Empire	530 C
1900 & Louis XV & Louis XVI (2)	530 C
Henri III & Louis XVI (1)	530 C

27.5

5 km - South-West of / *Au Sud-Ouest de* **PONT AUDEMER**

Jacques & Marie-Hélène DECARSIN

«Le Prieuré des Fontaines» - Les Préaux-27500 Pont-Audemer

25 km — 32 56 07 78

Jacques has wonderfully restored this 17th century building, with its ground floor that opens onto a swimming pool and a garden, landscaped with great skill. A great place to stop in Normandy.

Ce bâtiment du XVII° a été admirablement restauré par Jacques. Le rez-de-chaussée s'ouvre sur la piscine et le jardin est aménagé avec beaucoup de goût. Halte intéressante pour vos visites en Normandie.

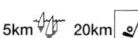

(65/100F)

5km / 20km

GB D E

> **Les Préaux** :
In Pont Audemer, take the D139 towards Lisieux. The house is on this road (sign posted)
A Pont Audemer, prendre la D139 vers Lisieux. La maison est sur cette route (panneau).

3 Bedrooms - *chambres* / Extra Bed - *Lit Sup.* : 40 /100F

Reduction BS (15/09 → 15/03)

Price in FF - *Prix en FF* :	2 pers ↓	maxi ↓
Rez de Chaussée-Nénuphar	290 A	390 A
Capucine	270 A	
Marmotte	270 A	370 A

Book ahead, to be sure of a Bed ! — *Réservez, C'est une sécurité !*

NORMANDIE

Département 27 : Eure

27.6 Michel & Françoise LETELLIER
Le Village - 27350 Rougemontier

40 km   32 56 84 80

A lovely welcome awaits in this substantial house with antique furniture. The lounge is at your disposal with TV, books and a music-centre. It is on the edge of the forest of Brotonne where you can go hiking or riding. Easy to find on the N 175. Home-made jam and cakes.

Accueil douillet et sympathique dans cette maison bourgeoise aux beaux meubles anciens. Salon : TV, livres, musique. En bordure de la forêt de Brotonne (cheval et randonnées), très pratique d'accès : sur la N175. Confitures et viennoiseries maison.

(90F)   GB

20 km - East of / *A l'Est de* **PONT AUDEMER**

➢ **Rougemontier** :
In Pont Audemer, take the N175 towards Rouen for 15km. In the village, the house is on the right.
A Pont Audemer, prendre la N175 vers Rouen sur 15km. La maison est dans Rougemontier, sur la droite de la route.

2 Bedrooms - *chambres* / Extra Bed - *Lit Sup.* : 70F

	Price in FF - *Prix en FF* :	2 pers ↓
Rose		230 Eco
Verte		230 Eco

3km   Ø : 25/12 & 1/01

27.7 Jacqueline MESNIL
«Le Château» - 27230 St Aubin de Scellon

25 km   32 46 85 41

A small, 19th century château, surrounded by delightfully verdant grounds, situated in a small village. Ideal for a stopover to and from Britain. There are also plenty of historic places, manors and châteaux to be visited.

Situé dans un village à la campagne, ce petit château du XIX° est agrémenté d'un beau parc verdoyant. Très agréable, c'est l'idéal pour une halte sur la route d'Angleterre. Aux alentours, nombreux sites pittoresques, manoirs, châteaux...

(65/120F)   GB

20km   Ø : 1/06 → 30/06

25 km - South of / *Au Sud de* **PONT AUDEMER**

➢ **St Aubin de Scellon** :
In Pont Audemer, take the D810 towards Bernay. In Lieurey, take the D28 towards Thiberville. In St Aubin de Scellon, the château is near to the church, opposite the D41.
A Pont Audemer, prendre la D810 vers Bernay. A Lieurey, prendre la D28 vers Thiberville. Dans St Aubin de Scellon, le château est près de l'église, en face à la D41.

3 Bedrooms - *chambres* / Extra Bed - *Lit Sup.* : 50F

	Price in FF - *Prix en FF* :	2 pers ↓	maxi ↓
Abricot	n.c.	320 B	
Soleil levant	n.c.	250 A	
Empire		(1 pers) 230 C	

Département 50 : Manche

50.15 Jocelyne HEURTEVENT
«Le Muthier»-St Georges d'Elle-50680 Cerisy la Forêt

8km   45km   33 05 81 47   33 57 14 17

This pretty country house, surrounded by fields, is quiet, and has a pleasant garden with a view over the countryside. It is ideal for families, near to the Normandy beaches, and a beautiful forest where many birds and animals are still to be found.

C'est une jolie vieille maison de campagne, entourée de champs. C'est calme, le jardin, avec sa vue sur la campagne est agréable. C'est l'idéal pour une famille, proche des plages du débarquement, d'une belle forêt où vivent encore des animaux!

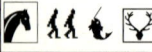

(65/90F)   GB

40km   40km

25 km - South-East of / *Au Sud-Est de* **BAYEUX(14)**

➢ **St Georges d'Elle** :
In Bayeux, take the D572 towards St Lô. Turn right towards St Georges d'Elle then follow the signs.
A Bayeux, prendre la D572 vers St Lô. Prendre à droite vers St Georges d'Elle puis suivre les panneaux.

4 Bedrooms - *chambres* / Extra Bed - *Lit Sup.* : 60F

shared - *commun* (1° & 2° & 3°)

	Price in FF - *Prix en FF* :	2 pers ↓	maxi ↓
1° & 2°		215 Eco	
3°		215 Eco ✓	
4°	2	280 A	370 Eco

**The Cotentin Peninsula has a charm all of its own:
from the beaches and sand dunes at Biville to the island of Tatihou:
from the valley de Saire to the marshlands of the Bessin:
from Utah Beach to the Mont St. Michel, you can easily explore this region by car, on foot, on horseback, on mountain bike, by boat from the sea, or along the canals.**

NORMANDIE

A quiet corner of the botanical gardens - Un coin secret du jardin botanique
Photo : 50.1 - page 189

NORMANDIE

Département 50 : Manche

50.4

Charles & Jacqueline RENET
Le Bourg - Biville - 50440 Beaumont la Hague

➡ 18 km   30 km   ☎ 33 52 76 62

Here at Jacqueline's place, you will find the atmosphere of the little family guest houses of old. Biville is a small town, known for its beautiful sandy beaches. Public tennis courts are opposite the house.
Retrouvez chez Jacqueline, l'ambiance des petites pensions de famille d'antan. Biville est une charmante bourgade connue pour ses très belles plages de dunes. Vous pouvez utiliser le tennis municipal qui est en face de la maison.

(60F)   GB

6 Bedrooms - *chambres* / Extra Bed - *Lit Sup.* : 50 F

shared - *commun* (A & B) +

18 km - West of / *A l'Ouest de* **CHERBOURG**

➢ **Biville** :
In Cherbourg, take the D901 towards Beaumont. Turn left on to the D37 towards Vasteville then right on to the D118 towards Biville. The house is on the left, opposite the tennis court (sign posted).
A Cherbourg, prendre la D901 vers Beaumont. Prendre à gauche la D37 vers Vasteville puis à droite la D118 vers Biville. La maison est sur la gauche, en face du tennis (panneau).

Price in FF - *Prix en FF* : 2 pers ↓

A & B	🛏	🛁	180 Eco
C	🛏	🚿	WC 200 Eco
E	🛏	🚿	200 Eco
D	🛏	🚿	200 Eco
F	🛏	🛁	WC 200 Eco

50.2

Odette IONCKHEERE
«Le Château de Coigny» - 50250 Coigny

➡ 12 km   ☎ 33 42 10 79

A small 16th century château in the Domaine of the Dukes of Coigny. Its pièce de resistance is a magnificent Italian Renaissance fireplace, listed as an historic monument. Nearby are the Normandy beaches, the marshlands. A good address.
Bonne adresse ce petit château du 16°, berceau des Ducs de Coigny, entièrement restauré avec soin, par Odette et son défunt mari. Dans la grande salle, cheminée renaissance italienne classée monument historique. Plages du débarquement, marais...
sur place : Cider - *Cidre*

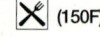

(150F)

15km   Ø : 20/12 → 2/01

50 km - South-East of / *Au Sud-Est de* **CHERBOURG**

➢ **Coigny** :
In Cherbourg, take the N13 towards Caen. In Carentan, turn right on to the D903 towards Barneville-Carteret for 10,5km. Turn right on to the D223 towards Coigny. Continue for 1,5km. The château is the first entrance on the left.
A Cherbourg, prendre la N13 vers Caen. A Carentan, prendre à droite la D903 vers Barneville-Carteret sur 10,5km. Prendre à droite la D223 vers Coigny sur 1,5km. L'entrée du château est la 1° à gauche.

2 Bedrooms - *chambres*

Price in FF - *Prix en FF* : 2 pers ↓   maxi ↓

Marie-Antoinette	🛏		WC	500 C
LXIII-Baldaquin	🛏 🛏		WC	500 C 600 B

50.16

Baronne Jean-G. de ROODENBEKE
«La Ferme de la Cour»-Pavillon de Grenneville-50630 Crasville

15 km   ☎ 33 54 14 33 / 1 44 61 05 41

In outbuildings facing this manor-house, parts dating from the 16th century, this spacious, self contained apartment is ideal for up to 7 persons. Completely renovated, it has an enormous fireplace and is excellent value for money and real class. Near the sea.
Dans le cadre d'un manoir XVI°-XVIII°, spacieux appartement indépendant, entièrement rénové, avec une grande cheminée. Il offre pour 7 personnes, une expérience à un prix exceptionnel. Vue sur la mer, barbecue, ping pong, lave vaisselle...

7km   7km   30km

BS : 2   GB
HS (1/07 → 1/09) : 7 🛏 & self-catering - *en location*

30 km - South-East of / *Au Sud-Est de* **CHERBOURG**

➢ **Grenneville** :
In Cherbourg, take the D901 towards Barfleur then turn right on to the D355 towards Quettehou. 'Le Pavillon de Grenneville' is on the D14, the cost road south of Quettehou.
A Cherbourg, prendre la D901 vers Barfleur. Prendre à droite la D355 vers Quettehou. Le pavillon de Grenneville est sur la route côtière D14, au Sud de Quettehou.

1 Apartment - *appartement*

Price in FF - *Prix en FF* :   maxi ↓

1°	Apartment		☎	B & B : 1000 A
	🛏		WC	self-catering : 545 Eco
2	🛏		n.c. WC	*en location* :
	🛏		n.c.	

Each host is different, but the warm friendly welcome is common to all.
Nos hôtes sont tous différents, ils ont en commun, leur qualité d'accueil.

NORMANDIE

Département 50 : Manche

50.3 — 20 km - East of / A l'Est de **CHERBOURG**

Alain & Gisèle TRAVERT
«La Gervaiserie» - 50760 Réville

20 km   20 km   33 54 54 64

A farm, built in granite, typical of the valley of the Saire. In the country but only 200m from the sea, overlooking the Ile de Tatihou. They are well organised for walkers and horse riding, and the Normandy beaches are only 30 km away.
Ferme du Val de Saire, typique en granit. Elevage de chevaux. A la campagne, à 200 m de la mer face à l'île de Tatihou. Organisation de randonnées à cheval, Club-House, mini-golf ... Plages du débarquement à 30km, St Vaast à 4km.

GB

Extra Bed - Lit Sup. : 60 F
Reduction BS (1/09→30/06) & 7 nights - nuits

> **Réville** :
In Cherbourg, take the D901 towards Barfleur. There, take the D1, coast road, towards Réville. Follow the signs to La Gervaiserie.
A Cherbourg, prendre la D901 vers Barfleur. Là, prendre la D1, route côtière vers Réville. Suivre les panneaux de La Gervaiserie.

2 Bedrooms - chambres + 5 apartments - appartements

			Price in FF - Prix en FF : 2 pers ↓	maxi ↓
Côté Jardin		WC	270 A	
Côté Ferme		WC	270 A	
(5) Apartment	2/7	WC	500 C	500 A

+ breakfast & heating + petit-déjeuner & chauffage

50.1 — 50 km - South-East of / Au Sud-Est de **CHERBOURG**

Gérard GRANDIN
«Le Bel Enault» - St Côme du Mont - 50500 Carentan

32 42 43 27

This château, parts dating from the 16th century, is surrounded by unusual and romantic grounds, pust of many varieties of plants. All the rooms are furnished with excellent taste. Nearby are the Normandy beaches and the marshlands.
Château XVI°-XIX° entouré d'un merveilleux parc romantique. Vous y trouverez de multiples essences disposées au gré des originalités du parc. Les chambres sont aménagées avec goût. Au cœur des sites du débarquement, près du marais.

GB

15km

> **St Côme du Mont** :
In Cherbourg, take the N13 towards Caen. Take the Exit towards Utah-Beach, Ste Marie du Mont and the D913 on the left for 100m. Turn right and follow the signs.
A Cherbourg, prendre la N13 vers Caen. Prendre la sortie Utah-Beach, Ste Marie du Mont et la D913 à gauche, sur 100m. Prendre à droite et suivre les panneaux.

5 Bedrooms - chambres / Extra Bed - Lit Sup. : 80 F

			Price in FF - Prix en FF : 2 pers ↓	maxi ↓
Mimosa	♡		340 B	430 A
Orchidée & Jasmin			340 B	430 A
Lotus & Monoï		WC	340 B	

50.17 — 25 km - East of / A l'Est de **CHERBOURG**

Marie-France CAILLET
«Manoir de la Fèvrerie» - Ste Geneviève - 50760 Barfleur

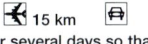

25 km   15 km   33 54 33 53

Be sure to book for several days so that you make the most of this fairy-tale manor house. Marie-France is charming and the rooms are all furnished and decorated with perfect taste. If you like horses, this couple breed them.
Il faut absolument que vous réserviez pour quelques jours pour ne pas vous sentir frustré et profiter de ce vieux manoir de rêve... Marie-France est charmante, les chambres sont magnifiques. Amateurs de chevaux : vous êtes chez des éleveurs.
sur place : Honey, cider, vegetables – Miel, cidre, légumes

3km   3km   25km

> **Ste Geneviève** :
In Cherbourg, take the D901 towards Barfleur. 1km after Tocqueville, turn right on to the D10 and follow the signs.
A Cherbourg, prendre la D901 vers Barfleur. 1km après Tocqueville, prendre à droite la D10 et suivre les panneaux.

1 Suite + 1 Bedroom - chambre / Extra Bed - Lit Sup. : 80F
Reduction BS (1/10 → 30/05) & 2 nights - nuits

			Price in FF - Prix en FF : 2 pers ↓
La Tour		WC	220 Eco
+ Coquelicots		WC	260 A
Madras	♡	WC	320 B

> La presqu'île du Cotentin a un charme particulier :
> des plages de dunes de Biville, à l'île de Tatihou ;
> du Val de Saire aux marais du Bessin ; d'Utah Beach au Mont St Michel,
> vous aimerez la découvrir en voiture, à pied, à cheval, en VTT,
> en bateau sur mer ou sur les canaux.

NORMANDIE

Département 50 : Manche

50.18 — Françoise LEBARILLIER
20 km - South of / Au Sud de CHERBOURG

Hameau es Adams - 50260 Sottevast

→ 10 km   25 km   33 41 98 35

Old beams, a large fireplace and your charming hostess ensure a pleasant stay in the 18th century manor-style house. Pleasantly situated with a lovely view. Delicious home-made jam. This is an ideal spot, only 1/4 hour from Cherbourg.

Vieilles poutres, grande cheminée, hôtesse charmante dans cette maison style manoir, du XVIII°. Le cadre est agréable, la vue belle, les confitures sont faites à la maison. Dans la suite, les lits sont en 120. Halte idéale à 1/4 heure de Cherbourg. sur place : home-made jam – confitures maison

GB

25km   20km   20km   25km

> **Sottevast** :
In Cherbourg, take the N13 towards Caen. Take the Exit Brix and the D50 towards Sottevast. As you enter the village, first right after the level crossing then 2nd right and 1st left.
A Cherbourg, prendre la N13 vers Caen. Sortir à Brix et prendre la D50 vers Sottevast. A l'entrée du village, après le passage à niveau, 1° à droite, ouis 2° à droite et 1° à gauche.

1 Suite + 2 Bedrooms - *chambres* / Extra Bed - *Lit Sup.* : 80F

Price in FF - *Prix en FF* :				2 pers ↓	maxi ↓
Turquoise		WC		250 A	
Rose		WC		250 A	
Bordeaux	2	n.c.	WC	250 A	500 A
+	2				

50.14 — Gilbert MESNAGE
12 km - North-East of / Au Nord-Est de GRANVILLE

Brifesnil - 50510 Hudimesnil

33 51 73 34

This is a very old small farm. Its typical stone exterior may appear austere but do not hesitate to enter. The welcome is warm and genuine. There is a restaurant 2km away and the sea at 8km. Not far from Granville and its fishing port.

Cette très ancienne petite ferme typique, en pierre, peut vous paraître austère de l'extérieur, mais n'hésitez pas à entrer, c'est simple et l'accueil est bon. Vous trouverez un restaurant à 2km, la mer à 8km. A voir : Granville et son port de pêche. sur place : Cider – Cidre

8km   8km   Φ : 15/06 → 1/07

> **Brifesnil** :
In Granville, take the D971 towards Coutances. In Bréhal, take the D20 towards Le Loreur for 4km. At the roundabout turn right and continue for 2km. Turn right and first on the right.
A Granville, prendre la D971 vers Coutances. A Bréhal, prendre la D20 vers Le Loreur sur 4km. Au rond-point, prendre à droite sur 2km. Tourner à droite et 1° à droite.

3 Bedrooms-*chambres* / Extra Bed-*Lit Sup.* : 30 F

& 2 WC shared - *communs*

Price in FF - *Prix en FF* :			2 pers ↓	maxi ↓
Grande			150 Eco	180 Eco
Moyenne			130 A	
Petite			110 Eco	

50.13 — Rémi SILANDE
9 km - East of / A l'Est de GRANVILLE

«La Vallée» - Route de St Jean des Champs - D151E
50400 St Planchers

→ 10 km   33 61 33 90

A recently built house but very pleasant with a delightful, shady garden, in the quiet of the countryside. They keep pigeons and rabbits in the garden. 8km from the coast and convenient for the Mont St Michel.

Maison très récente et très agréable, avec jardin ombragé, au calme à la campagne. Dans le jardin, balancelles, pigeons, lapins...Tennis à 1 km, équitation à 2 km, l'océan est à 8km. A visiter : le Mont St Michel, les petits ports.

8km   8km   GB E

> **St Planchers** :
In Granville, take the D924 towards Villedieu les Poêles for 9km. Just after the railway bridge, turn right on to the D151E towards St Jean des Champs.
A Granville, prendre la D924 vers Villedieu les Poêles sur 9km. Après le pont de chemin de fer, tourner à droite vers St Jean des Champs sur la D151E.

2 Bedrooms-*chambres* / Extra Bed-*Lit Sup.* : 30/50F

WC shared - *commun*

Price in FF - *Prix en FF* :			2 pers ↓	maxi ↓
Rose			170 Eco	
Bleue			170 Eco	200 Eco

Be sure to send us your comments
Use 'le feed-back' form (page 283-284)

Utilisez le feed-back (page 285-286)
Pensez à nous renvoyer votre avis

NORMANDIE

Département 50 : Manche

50.6 — Michel & Marie-Thérèse GUESDON
«Au Jardin Fleuri» - Route de Servon - 'la Mottaiserie' - 50220 Ceaux

65 km — 33 70 97 29

Your charming hostess will make you want to spend several nights here, in her stone built house. Near to the Mont St Michel and Avranches, and with a restaurant 100m away, the surroundings are relaxing with a beautiful view.

Tout près du Mont St Michel, le restaurant est à 100m et le tennis à 800m. L'environnement est calme avec une belle vue. L'hôtesse est charmante et sa maison de pierre très agréable : on a envie de rester dormir plusieurs jours.

sur place : Paintings and Watercolours - Peintures et Aquarelles

10 km - East of / A l'Est du MONT ST MICHEL

➢ **Ceaux** :
Leaving the Mont St Michel, turn left on to the D275 towards Courtils then Ceaux. The house is opposite the 'hôtel du Petit Quinquin'.
Au Mont St Michel, prendre à gauche la D275 vers Courtils puis Ceaux. La maison est en face de l'hôtel du Petit Quinquin.

3 Bedrooms - chambres / Free Extra Bed - lit Sup. gratuit

Price in FF - Prix en FF : 2 pers ↓ — maxi ↓

2 🛏	n.c.	170 Eco	260 Eco
🛏	WC	185 Eco	
🛏	WC	180 Eco	

GB

50.19 — Denise DELAROCHE
«Café de la Poste» - Ceaux - 50220 Ducey

65 km

Behind this typical French café, Denise runs a small guest-house, ideal for visitors to the Mont St Michel. She can also arrange for you to spend the night in an underground hide, used for shooting wild ducks (le gabion). A unique experience, even for non-sportsmen.

Derrière le petit café typiquement français, Denise a une petite pension de famille pour accueillir les visiteurs du Mont St Michel. Tout près, vous pouvez passer la nuit dans une maison sous terre pour chasser le 'gabion' (canard sauvage).

sur place : paté, rillettes, foies gras, calvados, cider - cidre...

10 km - East of / A l'Est du MONT ST MICHEL

➢ **Ceaux** :
As you leave the Mont St Michel, turn left on to the D275 towards Courtils - Ceaux. The café is in the centre of the village. Au Mont St Michel, prendre à gauche la D275 vers Courtils - Ceaux. Le café est au centre du village.

1 Apartment - appartement + 3 Bedrooms - chambres
Extra Bed - Lit Sup. : 40 F / shared - commun (1° & 2°)

Price in FF - Prix en FF : 2 pers ↓ — maxi ↓

1°	🛏		210 Eco	
2°	🛏 🛏		210 Eco	260 Eco
3°	🛏	n.c.	210 Eco	
3°	Apart.		260 A	

50.11 — Marie-Pierre LEMOULAND
«La Ferme de la Ruette» - Bas Courtils - 50220 Ducey

70 km — 33 70 95 90

A classic, Normandy stone farmhouse on a working farm. They specialise in sheep and cider production. Situated 8km from the Mont St Michel and also close to St Malo. Ideal for families on a budget. They are members of a cycling club.

Ferme normande classique, en pierre. Spécialistes de l'élevage des ovins pré-salés et de la production de cidre. Vous pouvez visiter la bergerie. C'est l'idéal pour une famille avec un petit budget. Membres d'un Vélo-Club.

sur place : Cider, Cidre

1km — GB

& 2 WC shared - communs — Φ : 25/10 → 2/11

8 km - East of / A l'Est du MONT ST MICHEL

➢ **Bas Courtils** :
Leaving the Mont St Michel, turn left on to the D275 towards Courtils. In Bas Courtils, take the D288 towards Roche-Torin for 200m. The farm is on the right.
Au Mont St Michel, prendre à gauche la D275 vers Courtils. A Bas Courtils, prendre la D288 vers Roche-Torin sur 200m. La ferme est à droite.

5 Bedrooms - chambres / Extra Bed - Lit Sup. : 50 F

Price in FF - Prix en FF : 2 pers ↓ — maxi ↓

1° Etage : 1° & 2°	🛏	160 Eco	
2° Etage Mansardées : 3° & 5°	2 🛏	160 Eco	230 Eco
2° Etage Mansardée : 4°	🛏	160 Eco	

Near - Près du MONT ST MICHEL See also - Voir aussi :

35.6 - Madeleine STRACQUADANIO «Le Presbytère» Vieux Viel Page 107
35.8 - Hélène GILLET «Le Val St Revert» Roz / Couesnon Page 107

NORMANDIE

Département 50 : Manche

50.9

9 km - East of / *A l'Est du* **MONT ST MICHEL**

Gérard CHAUVOIS
«Crèperie les Oiseaux de la Mer» - La Roche-Torin - 50220 Courtils

60 km — 33 70 95 81

A restored, old stone farmhouse in the heart of the countryside. It is 1km from the sea and 9 km from the Mont St Michel. The comfort, the warm welcome and the delicious dinners will entice you to stay longer.

Petite pension de famille dans un ancien bâtiment de ferme en pierre, en pleine campagne. A 1km de la mer et 9 km du Mont St Michel. De bon confort, l'accueil très aimable et la table vous inciterons à séjourner. Le restaurant est à côté de la maison.

sur place : Cider - *Cidre*, Calvados, Pommeau

(48/75F) 1km GB

➢ **Courtils** :
Leaving the Mont St Michel, turn left on to the D275 towards Courtils. In Bas Courtils, take the D288 towards Roche-Torin.
Au Mont St Michel, prendre à gauche la D275 vers Courtils. A Bas Courtils, prendre la D288 vers Roche-Thorin.

3 Bedrooms - *chambres* / Extra Bed - *Lit Sup.* : 50 F
Reduction BS (1/09 → 15/06)

Price in FF - *Prix en FF* :	2 pers ↓	maxi ↓
n.c.	220 Eco	
2	340 B	340 Eco
	200 Eco	

50.10

20 km - East of / *A l'Est du* **MONT ST MICHEL**

Claude DECOUX
«Le V» - 50220 Pontaubault

33 60 60 60 — 33 60 01 02

A small, modern house, situated to the east of the village. The rooms are small but beautifully appointed with private bathroom. Suggested visits : Avranches, Mont St Michel and the war museum.

Petite maison moderne à l'est du village. Les chambres situées dans une maison contiguë à celle des propriétaires, ne sont pas très grandes mais ont toutes des sanitaires et WC privés. A voir : Avranches, le Mont St Michel et le Musée de la guerre.

1km : 25/10 → 2/11 GB

➢ **Pontaubault** :
Leaving the Mont St Michel, go towards Avranches. In Pontaubault, on the eastern edge of the village, look for the sign 'Tec Moto'.
Au Mont St Michel, prendre la direction d'Avranches. A Pontaubault, à la sortie Est du village, chercher les pancartes 'Tec Moto'.

4 Bedrooms - *chambres* / Extra Bed - *Lit Sup.* : 50 F

Price in FF - *Prix en FF* :	2 pers ↓	maxi ↓
Saumon	2	170 Eco	270 Eco
Bleue & Verte & Beige		170 Eco	

50.7

20 km - South-East of / *Au Sud-Est du* **MONT ST MICHEL**

François & Catherine TIFFAINE
«Ferme la Gautrais» - 50240 St James

60 km — 33 48 31 86 — 33 48 58 17

This old house has been beautifully restored with old beams and an open fireplace in the living room. Furnished with antiques, one of the bedrooms has a balcony. The terrace overlooks a large garden and the green valley beyond. Cycle hire.

Dans une vallée verdoyante, ancienne maison restaurée avec de belles poutres et une cheminée dans le séjour. Beaux meubles anciens, une des chambres possède un balcon. La terrasse donne sur un grand jardin, le tennis est à 2km. Location de vélos.

(50/80 F) 10km GB

Extra Bed - *Lit Sup.* : 40F

➢ **St James** :
Leaving the Mont St Michel, go towards Pontorson. There, take the D30 towards St James where you take the D12 towards Antrain for 2km.
Du Mont St Michel, aller à Pontorson. Là, prendre la D30 vers St James où vous prenez la D12 vers Antrain, sur 2km.

4 Bedrooms -*chambres* (+ 1 Apartment - *appartement*)

Price in FF - *Prix en FF* :	2 pers ↓	maxi ↓
Bleue	2	180 Eco	260 Eco
Verte		180 Eco	
Balcon ♡	2	230 Eco	260 Eco
Frisette	2	180 Eco	260 Eco

You would not visit Paris without seeing the Eiffel Tower, or Brittany without seeing St Malo, or the Côte d'Azur without seeing St Tropez... so when you visit Normandy the Mont St Michel is a must !

NORMANDIE

Département 50 : Manche

50.8

Lucette BOUTELOUP
«Les Vallées» - St Quentin / le Homme - 50220 Ducey

50 km   33 60 61 51

A very attractive house, recently built in stone, 500m from the village. A peaceful, leafy place, which is only 15 mins. from the Mont St Michel and 5km from Avranches. There is a swimming pool, tennis and riding nearby. Fresh milk and home-made jam.
Maison récente en pierre, très attrayante. A la campagne, elle est au calme, entourée de verdure. A 1/4 d'heure du Mont St Michel. Bon accueil, très bon repas copieux à un prix très attractif. Petit déjeuner au lait de ferme et confiture maison.
sur place : Foie gras, rillettes de canard, cider - *cidre*

(75F)   GB

1km 3km 5km 5km ϕ : 20/06 → 30/06

25 km - East of / *A l'Est du* **MONT ST MICHEL**

➢ **St Quentin / le Homme** :
Leaving the Mont St Michel, go towards Avranches. On the dual-carriageway take the exit to St Quentin / le Homme. In the village, opposite the church, take the small road between the 'Boulangerie' and the Post Office. The house is 300m from the village.
Du Mont St Michel, aller vers Avranches. Sur la 4 voies, sortir à St Quentin/le Homme. Dans le village, en face de l'église, prendre la petite route entre la boulangerie et la poste. La maison est à 300m du village.

4 Bedrooms - *chambres* / Extra Bed - *Lit Sup.* : 45 F

	Price in FF - *Prix en FF* :	2 pers ↓	maxi ↓
1°	2		200 Eco	270 Eco
2°	n.c.		200 Eco	240 Eco
3° & 4°		WC	200 Eco	

50.5

Roger & Renée BOURGUENOLLE
«La Basse Guette» - 50300 Le Val St Père

6 km   65 km   33 58 24 35

This is a pleasant, restored, stone farmhouse. The bedrooms are on the upper floors. It is near to the Mont St Michel and Avranches. The war museum is 1km away and a good restaurant a little further.
Agréable ferme restaurée, en pierre. Les chambres sont situées à l'étage. Près du Mont St Michel et d'Avranches, vous pouvez également aller visiter le musée de la Guerre à 1 km. Le restaurant est à 2 km et le tennis à 4 km.

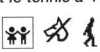

2km 15km   GB

6km 6km

30 km - East of / *A l'Est du* **MONT ST MICHEL**

➢ **Le Val St Père** :
Leaving the Mont St Michel, go towards Avranches. On the N175, take the exit 'Cromel - Le Val St Père'.
Du Mont St Michel, aller vers Avranches. Sur la N175, prendre la sortie indiquée : 'Cromel - Le Val St Père'.

5 Bedrooms - *chambres*

	Price in FF - *Prix en FF* :	2 pers ↓	maxi ↓
1°	n.c.		190 Eco	
2° & 3°		WC	190 Eco	
4°	2	WC	190 Eco	300 Eco
5°	2	WC	190 Eco	300 Eco

50.12

Hervé & Annick LAGADEC
«Le Manoir de la Porte» - 50870 Ste Pience

90 km   33 68 13 61   33 68 29 54

This house was originally an old priory, dating from the 15th century. It is situated in a pleasant spot with beautiful grounds and a lake. Only 1 room is available. The whole family is charming ! Barbecue available in Summer.
Ce manoir, ancien prieuré du XV°, appartient à une famille charmante. Il est situé dans un cadre reposant avec parc et plan d'eau, à 30km du Mont St Michel. Nous n'avons classé qu'une chambre, pour l'instant. Barbecue à disposition.

GB D

10 km - South-West of / *Au Sud-Ouest de* **VILLEDIEU LES POËLES**

➢ **Ste Pience** :
In Villedieu les Poëles, take the N175 towards Avranches. At the cross-roads 'Le Parc', turn right towards Ste Pience and follow the signs.
A Villedieu les Poëles, prendre la N175 vers Avranches. Au croisement 'Le Parc', prendre à droite vers Ste Pience et suivre les panneaux.

1 room classified - *chambre classée*

	Price in FF - *Prix en FF* :	2 pers ↓	maxi ↓
Rouge	2	WC	210 Eco	300 Eco

10km 10km 10km 20km 20km

Near - *Près de* VILLEDIEU LES POËLES See also - *Voir aussi* :
14.15 - Daniel GUEZET - «La Plaine Postel» - Courson - Page 184

Avez-vous visité
Paris... sans voir la Tour Eiffel ? la Bretagne... sans passer à St Malo ?
la Côte d'Azur... sans vous arrêter à St Tropez ?
et la Normandie... sans une halte au Mont St Michel ???

NORMANDIE

Département 61 : Orne

61.1

13 km - North-East of / *Au Nord-Est d'***ALENÇON**

Dany SOREL & Claude IVALDI
«Les 4 saisons-Les Chauvières» -61250 Vingt-Hanaps

➤ 13 km   ☎ 33 28 82 92

A warm welcome from these two gentlemen. This house is almost in the forest. You can hear the call of the deer or go riding or walking in the forest. Fox hunting or mountain-biking can be arranged, or just relax and enjoy the hospitality.
Les Chauvières sont à l'orée de la forêt. Vous pourrez écouter le brame du cerf, vous promener en carriole, faire du cheval, du VTT. Peut être serez-vous plutôt attiré par la chasse à courre, ou le farniente. Gentillesse de l'Accueil de Mrs Sorel & Ivaldi.

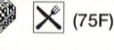

(75F)

1 Suite + 1 Studio + 2 Bedrooms - *chambres*
Reduction BS (1/10 → 30/03) / Extra Bed-*Lit Sup.* : 80F

➤ **Vingt Hanaps** :
In Alençon, take the N138 towards Sées for 13km. Take the exit to Vingt Hanaps where you follow the signs to La Chauvière.
A Alençon, prendre la N138 vers Sées sur 13km. Sortir à Vingt Hanaps, d'où vous suivez les panneaux de La Chauvière.

3 shared - *commun*

			Price in FF - *Prix en FF* :	2 pers ↓	maxi ↓
1°		4		240 Eco	640 Eco
2°		2		240 Eco	440 Eco
3°		4		240 Eco	1080 Eco
+		2			
4°	Apartment			250 A	350 Eco

61.2

22 km - East of / *A l'Est de* **MORTAGNE AU PERCHE**

Jacques & Pascale de LONGCAMP
«Château de la Grande Noë» - Moulicent
61290 Longny au Perche

➤ 25 km   ☎ 33 73 63 30 33 83 62 92

This château has been in the same family for 600 years. Madame de Longcamp radiates genuine warmth and a lovely smile. Everything here is full of charm and elegance, and you will just not want to leave. Dinner concerts in winter.
Ce château est dans la famille depuis 600 ans. Simplicité, sourire et gentillesse caractérisent Mme de Longcamp. Tout ici, respire le charme et l'élégance, on se sent bien et on n'a plus envie de repartir. Attelage, ping-pong, dîners concerts l'hiver.

(220F) GB E

Φ : 25/12 & 31/12

➤ **Moulicent** :
From Mortagne, take the N12 towards Paris. At the cross-roads Ste Anne, turn right on to the D918 towards Longny au Perche for 4km. Turn left towards Moulicent for 800m. The château is on the right.
De Mortagne, prendre la N12 vers Paris jusqu'au Carrefour Ste Anne. Prendre la D918 à droite vers Longny au Perche, sur 4km. Tourner à gauche vers Moulicent. Le château est à 800m à droite.

3 Bedrooms - *chambres* / Extra Bed - *Lit Sup.* : 100F

			Price in FF - *Prix en FF* :	2 pers ↓
Ronde				620 Luxe
Verte				450 C
Empire				620 Luxe

61.3

10 km - South of / *Au Sud de* **MORTAGNE AU PERCHE**

Joseph le Motheux du Plessis
La Miotière - 61400 Pin la Garenne

☎ 33 83 84 01

Madame du Plessis is charming. You will stay in a little house within this working farm. It has a lot of class and has been furnished with great taste and character. In September, there is a programme of cultural events. A region with beautiful forests.
Mme du Plessis est charmante, elle vous propose avec beaucoup de classe, une petite maison, à l'intérieur du corps de la ferme cossue en activité, aménagée avec goût et personnalité. Journées mycologiques en septembre. Région de belles forêts.

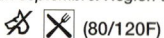

(80/120F) GB

10km

➤ **Pin la Garenne** :
In Mortagne, take the D938 towards Le Pin la Garenne. In the village, turn right on to the D256 towards St Jouin de Blavou for about 1km. First lane on the left.
A Mortagne, prendre la D938 vers Le Pin la Garenne. Dans le village, prendre à droite la D256 vers St Jouin de Blavou sur environ 1km. C'est le premier chemin à gauche.

3 Bedrooms - *chambres* / Extra Bed - *Lit Sup.* : 25 F

			Price in FF - *Prix en FF* :	2 pers ↓	maxi ↓
	n.c.			290 A	655 A

Near - *Près d'***ALENÇON** See also - *Voir aussi* :
72.1 - Michel de **MONHOUDOU**   - «Château de Monhouhou» Monhoudou   Page 214
72.2 - Charles-Henry de **VALBRAY**   - «Château de St Paterne»   St Paterne   Page 214

NORMANDIE

Département 76 : Seine Maritime

76.1
12 km - South of / *Au Sud de* **DIEPPE**

Madeleine FAUQUET
Rue du Colombier - D108 - 76730 Auppegard

☎ 35 85 20 43

If you are looking for a typical little timbered Normandy cottage, 10km from Dieppe, just for you, this is the address. Breakfast is served in the rustic dining room, a wonderful experience.

Si vous cherchez une maisonnette normande à colombages, à 10km de Dieppe et pour vous tout seul, c'est l'adresse qu'il vous faut. Les petits déjeuners sont servis dans une salle à manger à vous couper le souffle, si vous aimez le rustique.

(45/60F) 10km GB D

> **Auppegard** :
In Dieppe, take the N27 towards Rouen for 12km. Turn right on to the D108 towards Auppegard and continue for 2km. The house is on the right.
A Dieppe, prendre la N27 vers Rouen, sur 12km. Prendre à droite la D108 vers Auppegard sur 2km. La maison est sur la droite

1 Bedroom - *chambre* / Extra Bed - *Lit Sup.* : 40/60F

Price in FF - *Prix en FF* :	2 pers ↓	maxi ↓
3 (baby - *bébé*)	200 Eco	420 Eco

76.9 A.P.
7 km - South of / *Au Sud d'* **ETRETAT**

Charles & Bernadette GOLAIN
La Charretée du Vesce - 76280 Criquetot l'Esneval

☎ 35 27 21 59

The coast of the Pays de Caux.
Nearby : Le Havre, Tancarville and Etretat.
<u>Farm Activities :</u>
Tree pruning and visits to the farm.
<u>Other Activities :</u>
Walking, visiting the beach and surrounding area.
<u>Produce :</u>
Butter, cream, eggs, cider, honey.

3 Rustic Rooms - Farmhouse dinners.

> **Criquetot l'Esneval** :
In Etretat, take the D39 towards Criquetot l'Esneval.
A Etretat, prendre la D39 vers Criquetot l'Esneval.

Littoral Pays de Caux.
Alentours : Le Havre et Tancarville, Etretat.
<u>Activité à la ferme :</u>
Taille des arbres, visite de l'exploitation.
<u>Autres activités :</u>
Sentiers pédestres, plage, visite patrimoine.
<u>Sur place :</u>
Beurre, crème, œufs, cidre, miel.

3 Chambres - Table paysanne.

76.6
10 km - South of / *Au Sud d'* **ETRETAT**

Alain & Claudine RAS
«Les Quatre Brouettes» - 76280 Turretot

→ 7 km   15 km   ☎ 35 20 23 73

This is a traditional Norman house in a beautiful flower garden, on a working farm. It is 10km from Etretat, and 2km from the main Le Havre/Fécamp road. Do not miss their fireside dinners, using their own local produce.

Vous serez charmés par la qualité de l'accueil de Claudine, dans cette maison traditionnelle normande, avec un jardin fleuri. A 10km d'Etretat, 2km de l'axe Le Havre/Fécamp, 7 km du centre équestre. Vous apprécierez la table d'hôtes et la cheminée.

sur place : Farm produce - *produits fermiers*

(80F) 7km 10km   D

> **Turretot** :
In Etretat, take the D940 towards Le Havre. Turn left on to the D125 towards Gonneville la Mallet. Continue on to the D125. The farm is on this road, just before the road to Turretot.
A Etretat, prendre la D940 vers Le Havre. Prendre à gauche la D125 vers Gonneville la Mallet. Continuer sur cette route. La ferme est sur cete route, juste avant la route de Turretot.

1 Apartment -*appartement* + 3 Bedrooms -*chambres*
Extra Bed - *Lit Sup.* : 60 F

Price in FF - *Prix en FF* :	2 pers ↓	maxi ↓
Cocquelicot (Apartment)	220 Eco	
Pervenche	180 Eco	
Camélia (baby - *bébé*)	180 Eco	
Myosotis n.c.	180 Eco	230 Eco

Green Seine Maritime
Countryside and forests right up to the beach
Pays de Bray, Pays de Caux, Parc de Bretonne, Valley of the Seine...

Seine Maritime Verte
Campagne et forêts jusqu'au bord des plages...
Pays de Bray, Pays de Caux, Parc de Bretonne, Vallée de la Seine...

- 195 -

NORMANDIE

Département 76 : Seine Maritime

76.10 A.P.

25 km - South-East of / *Au Sud-Est de* **FÉCAMP**

Guillaume & Nadia CLATOT
Hameau Fauque - 76640 Bermonville

☎ 35 96 74 87

➢ **Bermonville** :
In Fécamp, take the D926 towards Rouen for about 25km. Bermonville is on the left of the road.
A Fécamp, prendre la D926 vers Rouen sur environ 25km. Bermonville est sur la gauche de la route.

In the Durdent Valley.
Nearby : Etretat and Fécamp.
<u>Farm Activities :</u>
Flax growing and farm visits.
<u>Other Activities :</u>
Forest walking, swimming, tennis, and riding. Visits to châteaux, manor houses and windmills.
<u>Produce :</u>
Chickens, rabbits, guinea fowls, eggs, milk.

Vallée de la Durdent.
Alentours : Etretat et Fécamp.
<u>*Activité à la ferme :*</u>
Découverte de la culture du lin, visite de la ferme.
<u>*Autres activités :*</u>
Randonnées, piscine, tennis, équitation. Forêt, châteaux, manoirs, moulins.
<u>*Sur place :*</u>
Poulets, lapins, pintades, œufs, lait.

3 Rooms - *chambres* (170 FF / 2 pers)

76.8 A.P.

15 km - East of / *A l'Est de* **FÉCAMP**

Jean-Pierre & Irène DEFRANCE
«Ferme du Bosc aux Moines» - 76540 Riville

☎ 35 27 60 56

➢ **Riville** :
In Fécamp, take the D150 towards Colleville, Valmont, Ourville en Caux. Riville is on the right of the road.
A Fécamp, prendre la D150 vers Colleville, Valmont, ourville en Caux. Riville est sur la droite de la route.

12 km from the sea and Fécamp.
<u>Farm Activities :</u>
Watch the daily work on the farm.
<u>Other Activities :</u>
A leisure park 4km away. A "Grande Randonnée" passes within 300m of the farm.
<u>Produce :</u>
Eggs, milk, chickens, honey.

Près de Fécamp, mer à 12 km.
<u>*Activité à la ferme :*</u>
Découverte des travaux de la ferme.
<u>*Autres activités :*</u>
Parc de loisirs à 4 km, sentier de grande randonnée à 300m.
<u>*Sur place :*</u>
Œufs, lait, poulets, miel.

3 Rustic Rooms - *chambres paysannes*   165 FF / 2 pers & 400 FF / 5 pers.

76.13 A.P.

19 km - South of / *Au Sud de* **FÉCAMP**

Robert & Jacqueline ORANGE
«Ferme de l'Etoile» - 76110 Houquetot

☎ 35 27 71 64

➢ **Houquetot** :
In Fécamp, take the D925 towards Goderville then Bolbec. The farm is on the right, 3km from this road : follow the signs.
A Fécamp, prendre la D925 vers Goderville puis Bolbec. La ferme est sur la droite de cette route, à 3km : suivre les panneaux.

In the Caux region, near to Goderville.
Nearby : Etretat and Fécamp.
<u>Farm Activities :</u>
Watching the daily work of the farm, especially suitable for children.
<u>Other Activities :</u>
Walking, or going to the beach or the surrounding countryside.

Dans le pays de Caux, campagne près de Goderville.
Alentours : Etretat et Fécamp.
<u>*Activité à la ferme :*</u>
Visite de l'exploitation. Ferme découverte pour les enfants.
<u>*Autres activités :*</u>
Randonnées, plage, visite du patrimoine.

4 Rustic Rooms with kitchenette (total capacity 12-15 persons)   4 chambres paysannes (capité : 12 à 15 pers - Coin cuisine)

Coastal Seine Maritime

Wide beaches, small fishing harbours, and the ocean gateway of Le Havre, one of the leading French ports... Etretat is an outstanding place : a wonder of nature as well as a very pleasant little town. Also do not miss Dieppe, Fécamp, le Tréport : yacht and fishing harbours with wonderful fish restaurants.

Seine Maritime Côtière

Grandes plages, petits ports de pêches et la porte Océane du Havre, au tout premier rang des ports Français... Etretat est un site exceptionnel : merveille de la nature et petite ville très agréable. N'oubliez pas les ports de Dieppe, de Fécamp, du Tréport : ports de plaisance et ports de pêches aux délicieux restaurants de fruits de mer.

NORMANDIE

Département 76 : Seine Maritime

76.12 A.P.

Jean & Odile LECARPENTIER
3, rue du Gros Denier - 76290 Le Fontenay

☎ 35 30 49 41

14km from Le Havre and 18km from the cliffs at Etretat.
Farm Activities :
Watch the daily work on the farm.
Other Activities :
Seaside, riding, swimming and tennis.

Produce :
Vegetables.

14 km - North of / *Au Nord du* **HAVRE**

➢ **Le Fontenay** :
In Le Havre, take the D32 towards Montivilliers. There, take the D11 towards Fontenay.
Au Havre, prendre la D32 vers Montivilliers et là, prendre la D111 vers Fontenay.

A 14 km Le Havre, les falaises d'Etretat à 18 km.
Activité à la ferme :
Visite de l'exploitation.
Autres activités :
Mer à 14 km, Centre équestre à 3 km, piscine et tennis au village.
Sur place :
Légumes divers.

2 Rustic Rooms - *chambres paysannes*

76.14

Bernard & Martine BEAUCUSE-FEREY
«La Vieille Pommeraie»-Le Carreau-Chemin des Prés
76700 St Laurent de Brévedent

20 km   ☎ 35 20 44 34   35 30 47 89

This 18th century timbered thatched cottage is full of charm and very romantic. Bernard and Martine will be so pleased to see you at this peaceful spot, very close to Le Havre. Be sure to stop.
Romantique, plein de charme, tel est ce cottage du XVIII° à colombages et au toit de chaume... Bernard et Martine sont heureux de pouvoir vous accueillir dans cet environnement calme, tout proche du Havre. Ne manquez pas de vous arrêter.
sur place : patés, home-made jam - *confitures*   GB

(80/130F)

10km   20km   20km   20km

20 km - East of / *A l'Est du* **HAVRE**

➢ **St Laurent de Brévedent** :
In Le Havre, take the N15 towards Rouen. Turn left on to the D111 (traffic lights). Cross the D34 and continue up-hill up a winding road. At the bend which leads to St Martin du Manoir, turn right up a narrow lane. Take the first left after the water tower.
Au Havre, prendre la N15 vers Rouen. Prendre à gauche la D111 (feux). Traverser la D34 et continuer dans la montée vers St Martin du Manoir. Au haut de la côte, prendre à droite le petit chemin. Après le château d'eau, à gauche.

1 Suite + 1 Bedroom - *chambre*
Extra Bed - *Lit Sup.* : 100 F

Price in FF - *Prix en FF* :   2 pers ↓   maxi ↓

1° ♡						350 B	450 A
Nid			n.c.			250 A	500 Eco
+		2					
+							

76.7

Marie-Cécile LAMBERT
«La Ferme du Vivier» - 88, route de Duclair
76150 St Jean du Cardonnay

➤ 6 km   15 km   ☎ 35 33 80 42

17th century timbered Norman farmhouse in the heart of the country with a duck pond. You could visit the abbeys in the region but you are more likely to decide to stay and be enthralled by the warm smile and welcome of Marie-Cécile.
Ferme normande à colombages, du XVII°, au cœur de la région des abbayes. En pleine campagne, devant la maison, un petit étang avec des canards. Vous aurez toujours une solution pour rester chez Marie-Cécile, profiter de son sourire et de son accueil !
sur place : Cider - *Cidre*

7 km - North-West of / *Au Nord-Ouest de* **ROUEN**

➢ **St Jean du Cardonnay** :
In Rouen, take the A15 towards Dieppe/Le Havre for 3km. Take the exit to Maromme and keep to the right. On the roundabout take the 3rd road, the D43 towards Duclair. Continue for 4km.
A Rouen, prendre l'A15 vers Dieppe/Le Havre sur 3km. Prendre la sortie Maromme et rester à droite. Au rond-point prendre la 3° route : la D43 vers Duclair. Continuer sur 4km.

4 Bedrooms - *chambres* / Extra Bed - *Lit Sup.* : 45/60 F
Price in FF - *Prix en FF* :   2 pers ↓   maxi ↓

Rose				210 Eco	
Bleue				210 Eco	
Iris				210 Eco	270 Eco
Palmiers	2			210 Eco	330 Eco

Historic Routes - *Les Routes Historiques* :
The Val de Seine Abbey Route, or the Ivory and Spice Route...
Route des Abbayes du Val de Seine, Route de l'Ivoire et des Epices...

PAYS DE LOIRE

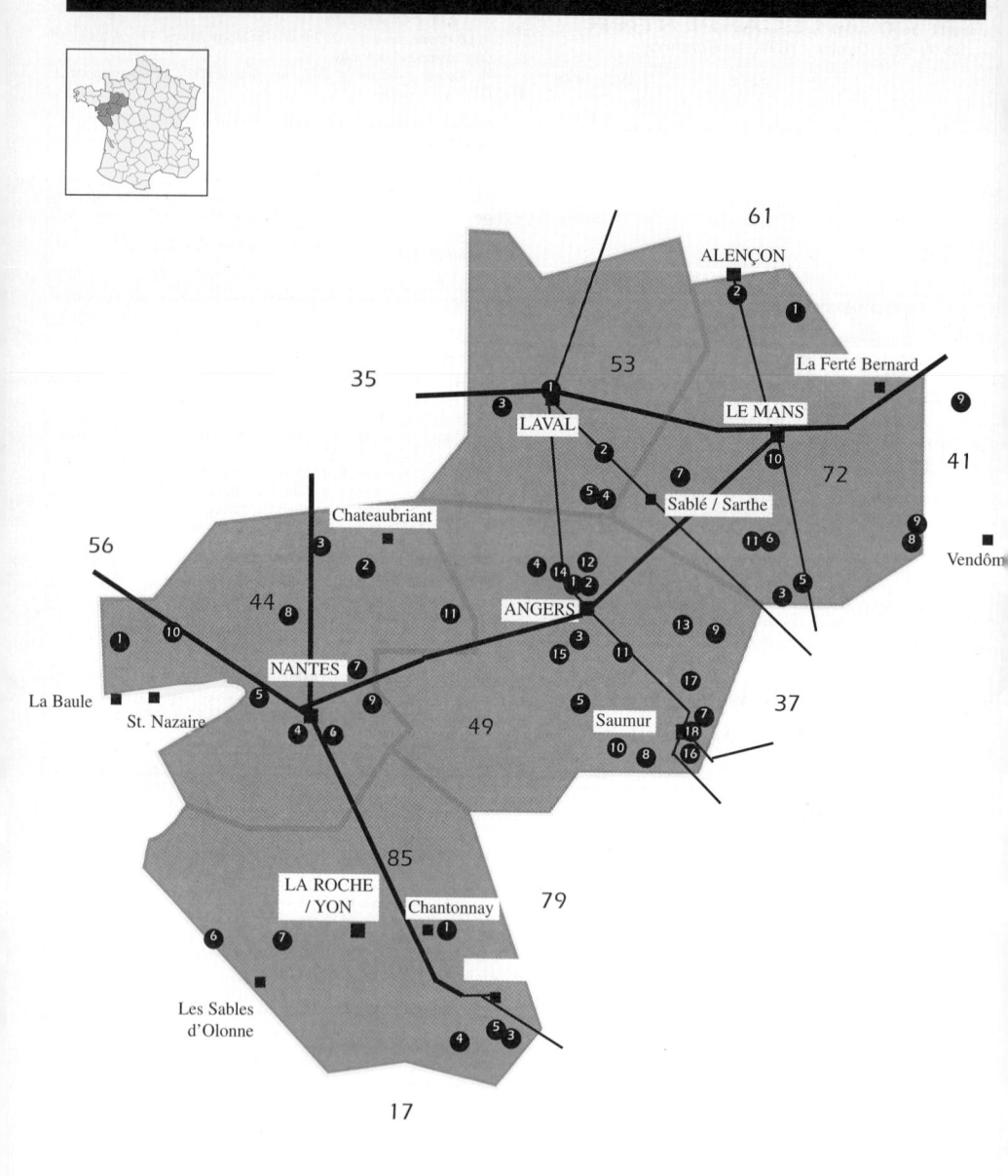

PAYS DE LOIRE

Pays de Loire... This region is geographically, culturally and historically situated between Brittany and Normandy. If you ask the French what they think of first about this region, they will mention Muscadet, the wine to drink with seafood, and the wines of Saumur and les Côteaux du Layon. They will describe the delights of Angers, not forgetting the world famous Le Mans 24 hour race. The capital, Nantes, was also once the capital of Brittany. Nearby you have the nature reserve of the Parc de Brière with its thousands of birds, and La Baule, one of the most important Atlantic resorts.

The road from Caen to Angers crosses Laval-en-Mayenne : this is the region, where the villages are so peaceful, just as if the Abbey at Solesmes had spread its influence all over this land. The Pays de Loire is also the Poitevin marshlands, another rich nature reserve, and les Sables d'Olonne... If you stay with our hosts, they will help you enjoy this region to the full.

Photo : 72.1 - page 213

Pays de Loire ... géographiquement, culturellement et historiquement entre Bretagne et Normandie. Si vous demandez aux Français ce qu'évoquent pour eux les Pays de Loire, ils vous parleront du Muscadet, le vin à boire sur les coquillages ; du vin de Saumur ; des Côteaux du Layon... Ils vous décriront la douceur Angevine et n'oublieront pas la Course des 24h du Mans. Nantes, sa capitale, fut historiquement Capitale de la Bretagne. Tout près, vous avez la Réserve Naturelle du Parc de Brière et ses milliers d'oiseaux ; la Baule, l'une des plus importantes stations balnéaires de l'Atlantique. L'axe Caen-Angers passe par Laval en Mayenne, le pays où les villages sont reposants, comme si les chants grégoriens de l'Abbaye de Solesmes, leur voisine, les avait marqués de leur empreinte... Les Pays de Loire c'est aussi le Marais Poitevin, Réserve Naturelle ô combien riche ; les Sables d'Olonne... L'intérêt de s'arrêter chez nos hôtes ?... ils vous aideront à découvrir les richesses qui les entourent.

PAYS DE LOIRE

Département 44 : Loire Atlantique

44.1

Jeannine BRASSELET
«Kernevel» - 44350 St Molf

20 km   40 42 50 38

A beautiful house with charming hosts. They are a mine of information about the area, particularly in the spring and autumn. If you play golf, they will take you for a round at their club. Their hobbies are dancing, wildlife and the arts.

La maison est belle, les hôtes charmants. Ils vous diront tout sur les merveilles touristiques à découvrir dans le Parc de Brière, surtout hors saison ! Leurs hobbies : danse, nature, activités culturelles. Vous aimez le golf ? ils vous emmèneront !

φ : 1/04 → 31/03

3km, 3km, 15km   GB   D

12 km - North-West of / Au Nord-Ouest de **LA BAULE**

> **St Molf** :

From La Baule, go to Guérande. Take the D99 towards La Turballe. At the 'Gendarmerie, at the set of traffic lights, turn right towards Mesquer for 5,5km.

De La Baule, rejoindre Guérande. Prendre la D99 vers La Turballe. A la gendarmerie, aux feux, tourner à droite vers Mesquer sur 5,5km.

3 Bedrooms - chambres / Extra Bed - Lit Sup. : **70F**

Price in FF - Prix en FF : 2 pers ↓

Contemporaine & Louis-Philippe & Rustique

300 A

44.3

Annie HABAY
1, Rue de Nantes - 44590 Derval

55 km   40 07 72 97

This 17th century, detached townhouse is well placed for a holiday stopover. Annie and Jean-Yves love antiques and their house is almost up to exhibition standard. Over an enjoyable dinner, they will help you plan your next day.

En ville, cette maison de maître du XVII° avec dépendances, est très bien située sur la route de vos vacances. Annie et Jean-Yves adorent les antiquités, leur maison est une véritable exposition. Autour d'un sympathique repas, ils vous conseilleront sur la région.

(80F)

1km, 25km   2   shared - communs / 1 WC

35 km - West of / A l'Ouest de **CHATEAUBRIANT**

> **Derval** :

Derval is on the D775 Chateaubriant-Redon, near to the N137 Rennes - Nantes. The house is on the corner of the Chateaubriant-Nantes road and has a sign.

Derval est sur la D775 Chateaubriant-Redon, près de la N137, Rennes-Nantes. La maison est à l'angle de la route Chateaubriant-Nantes, elle a un panneau.

3 Bedrooms - chambres / Extra Bed - Lit Sup. : **40F**

Price in FF - Prix en FF : 2 pers ↓   maxi ↓

                  190 Eco

2   190 Eco   300 Eco

                  190 Eco   240 Eco

44.2

Irene SUCKLING
«Château des Gatines» - 44520 Issé

7 km   40 km   40 55 15 36   40 55 15 46

Irene is British and her welcome is charming and professional. This 19th century château is furnished with great taste and elegance. A magnificent staircase leads to the beautifully decorated bedrooms. You feel at ease here.

Irène est Anglaise, vous accueille avec beaucoup de gentillesse et de professionnalisme. Château du XIX° style gothique, aménagé avec goût et élégance. Très bel escalier, chambres spacieuses, bien décorées : Tous est calme, on se sent bien.

10   GB

13 km - South-West of / Au Sud-Ouest de **CHATEAUBRIANT**

> **Issé** :

In Chateaubriant, take the N171 towards Redon. Turn left on to the D35 towards Issé.

Dans Chateaubriant, prendre la N171 vers Redon. Prendre à gauche la D35 vers Issé.

4 Bedrooms - chambres / Extra Bed - Lit Sup. : **100F**

Price in FF - Prix en FF : 2 pers ↓

| Bleue & Topaze | | 350 B |
| Rose & Emeraude | | 350 B |

20km   φ : 1/12 → 1/01

From October 18th, the telephone number of hosts in Pays de Loire, will begin with 02.
Dial : International + 33 2 before your host's telephone number
(from France : dial 02 before your host's telephone number).

A partir du 18 Octobre, le numéro de téléphone de vos hôtes des Pays de Loire, débutera par 02.
Composez : International + 33 2 suivi du N° de votre hôte (de France : 02 devant le N°).

- 200 -

PAYS DE LOIRE

Département 44 : Loire Atlantique

44.9
25 km - East of / A l'Est de **NANTES**

Jean-Luc & Bernadette ROTUREAU
«La Grande Charaudière» - 44450 Barbechat

25 km   40 03 61 69

There is always a warm welcome chez Bernadette and Jean-Luc, whether for one night or several days. The ancient walls of their dairy farm bear witness to their grand past. Here the climate is mild, cooled by the ocean breeze.

Pour une nuit ou pour quelques jours, vous serez toujours les bienvenus chez Bernadette et Jean-Luc. Entre la douceur angevine et la brise océane, ils vous accueilleront dans leur ferme laitière aux vieux murs, témoins d'un passé seigneurial.

(85F) GB D

4km 8km

> **Barbechat** :
In Nantes, on the N249 towards Cholet, after the Loire, take the D751 towards Champtoceaux (scenic route along the Loire) for 15km. Take the D207 towards Barbechat. 3km before Barbechat, turn left and follow the signs.
A Nantes, sur la N249 vers Cholet, prendre après la Loire, la D751 vers Champtoceaux (route touristique le long de la Loire) sur 15km puis la D207 vers Barbechat et 3km avant Barbechat, tourner à gauche en suivant les panneaux.

2 Bedrooms - chambres / Extra Bed - Lit Sup. : 70F
Reduction long stay - séjour

Price in FF - Prix en FF : 2 pers ↓

1° & 2°			245 A

44.8
30 km - North-West of / Au Nord-Ouest de **NANTES**

Marcel & Yvonne PINEAU
«La Mercerais» - 44130 Blain

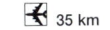

35 km   40 79 04 30

From the welcoming apéritif on arrival, Marcel and Yvonne will receive you like friends of the family and give you tips on the attractions of their region. The house has a beautiful flower garden and is near the forest of Gâvre and La Baule.

Chez Marcel et Yvonne vous êtes reçus comme des amis, ils vous parleront de la région autour d'un pot de bienvenue. La maison est très fleurie, à proximité de la forêt du Gâvre et à quelques minutes du parc de la Brière, des plages de La Baule.

1/11 → 1/05 : reservation

1km 25km 30km

> **Blain** :
In Nantes, take the N137 towards Rennes for 22km. Turn left on to the D164 towards Blain - Redon. In Blain, turn right on to the N171 towards Nozay. After 3km at the cross, turn right twice.
A Nantes, prendre la N137 vers Rennes sur 22km. Tourner à gauche sur la D164 vers Blain - Redon. A Blain, prendre à droite la N171 vers Nozay sur 3km. Au calvaire, à droite 2 fois.

3 Bedrooms - chambres / Extra Bed - Lit Sup. : 15/65F

shared - commun (Bas & Hosts - Hôtes)
Price in FF - Prix en FF : 2 pers ↓   maxi ↓

Rose	2		235 Eco	430 Eco
Bleue			235 Eco	300 Eco
Bas			195 Eco	

44.6
15 km - South-East of / Au Sud-Est de **NANTES**

Gérard & Annick BOUSSEAU
«Domaine de la Pénissière» - 44690 Chateau-Thébaud

15 km   40 06 51 22

This is a wine grower's house, quietly situated amongst the vines. It goes without saying that you will be able to taste their own wines free of charge in the cellar. You will enjoy the kindness of Annick and her delicious fireside dinners.

Très calme, au milieu des vignes, vous pourrez bien entendu visiter la cave et déguster gratuitement la production de ce domaine viticole. Vous adorerez la gentillesse d'Annick, sa table d'hôte et la grande salle à manger avec cheminée.
Sur place : Muscadet (Wine - Vin)

(80F) GB

> **Chateau-Thébaud** :
In Nantes, take the N137 towards Bordeaux. Turn left on to the D63 towards Chateau-Thébaud. Follow the signs 'chambre d'hôte' then 'Domaine de la Pénissière'.
A Nantes, prendre la N137 vers Bordeaux. Prendre à gauche la D63 vers Chateau-Thébaud. Suivre les panneaux 'Chambre d'hôtes' puis du domaine.

4 Bedrooms - chambres / Extra Bed - Lit Sup. : 70 F
Price in FF - Prix en FF : 2 pers ↓

Blanche & Jaune			210 Eco
Rez de Chaussée & Rose			210 Eco

1km 40km 1km

Between Anjou and the Pays Nantais there are 250km of routes amongst the vines and along the slopes, through the land and villages of the wine-growers. 'Les routes du vin' will lead you to the Muscadet de Sèvres et Maine area where the growers await you in their 'caves'...

De l'Anjou au Pays Nantais, vous avez 250km d'itinéraires par vignes et coteaux, à la découverte des terroirs et des villages vignerons. La route touristique des vignobles, vous amène sur la trace du Muscadet de Sèvres et Maine
et les vignerons vous attendent dans leur chai...

PAYS DE LOIRE

Département 44 : Loire Atlantique

44.7

20 km - North-East of / *Au Nord-Est de* **NANTES**

Maurice & Chantal NICOL

«Ferme Equestre» - Le Grand Patis - 44850 St Mars du Désert

20 km — 40 77 44 95 — 40 77 42 04

In the heart of the marshlands of Mazerolles, this stud farm will introduce you to discover the rich fauna of this area, either on foot or on horseback. Maurice and Chantal can organise riding trips for you on the 'open days'.

Au cœur du marais de Mazerolles, cette ferme équestre vous permettra de découvrir à pied ou à cheval une faune et une flore particulièrement riches. Maurice et Chantal, vous proposent l'aventure à cheval lors de journées découvertes.

Sur place : Muscadet (Wine - *Vin*)

➢ **Le Grand Patis** :

In Nantes, take the D178 towards Carquefou then Nort/Erdre.
A Nantes, prendre la D178 vers Carquefou puis Nort/Erdre.

(65/85F)

6km

2 Bedrooms - *chambres* / Extra Bed - *Lit Sup.* : 70F
Price in FF - *Prix en FF* :   2 pers ↓

			220 Eco
			220 Eco

44.4

10 km - South of / *Au Sud de* **NANTES**

Josiane BELORDE

«Château du Plessis» - 44860 Pont St Martin

5 km — 40 26 81 72

An austere looking Breton château, dating from the 15th century, with a magnificent rose garden. Inside it is cosily furnished with antiques. Madame Belorde is a lovely person and typical of the modern French aristocracy.

Château breton du XVᵉ & XVIIIᵉ, très sobre, avec une magnifique roseraie. Meubles bretons d'époque et très cossus. Mme Belorde est une personne délicieuse, très représentative d'une certaine aristocratie Française. Vous aurez beaucoup de plaisir à la rencontrer.

(250F)

1km   15km

➢ **Pont St Martin** :

In Nantes, take the N137 towards Bordeaux. Turn right on to the D65 towards Pont St Martin. The château is after Pont St Martin, on the left (follow the signs).
A Nantes, prendre la N137 vers Bordeaux. Prendre à droite la D65 vers Pont St Martin. Le château est après Pont St Martin sur la gauche (suivre les panneaux).

4 Bedrooms - *chambres* / Extra Bed - *Lit Sup.* : 150F
Price in FF - *Prix en FF* :   2 pers ↓   maxi ↓

Suite Ducale			800 Luxe	
Empire			600 C	
Suite Nuptiale	(130)		800 Luxe	1200 Luxe
Enfants				

44.5

25 km - North-West of / *Au Nord-ouest de* **NANTES**

Antonio FALANGA

«Château de St Thomas» - 44360 St Etienne de Montluc

20 km — 40 85 90 60 — 40 86 97 62

A peaceful 19th century château surrounded by woods with a lake. You will be captivated by the charms of this young Italian host and his French wife. There are stables and archery in the grounds. An ideal place for playing golf.

Cadre très reposant pour ce château du XIXᵉ, au milieu d'un parc boisé avec pièce d'eau. Le charme italien du jeune maître de maison et sa jeune épouse française vous séduiront. Tir à l'arc, boxes pour chevaux. Base idéale pour aller jouer au golf.

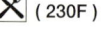

(230F)

8km   30km

➢ **St Etienne de Montluc** :

In Nantes, take the N165 towards Vannes and leave it at St Etienne de Montluc. In the village, after the large Town Hall square, take the 2nd road on the left.
A Nantes, prendre la N165 vers Vannes et sortir à St Etienne de Montluc. Dans le village, après la grande esplanade devant la Mairie, prendre la 2° route à gauche.

3 Bedrooms - *chambres* (+1 Apartment - *appartement*)
Free Extra Bed - *Lit Sup. gratuit* / Reduction BS (1/10 → 31/05)
Price in FF - *Prix en FF* :   2 pers ↓

Saumon				650 Luxe
Verte				650 Luxe
Bleue				650 Luxe

The B&B's experts :
in Britain Bed & Breakfast (GB) - in France Bed & Brekfast (France)

Les spécialistes du B&B :
Pour la Grande-Bretagne Bed & Breakfast (GB)
Pour la France Bed & Brekfast (France)

Die B&B Experten (Großbritannien & Frankreich)
Travel Service Helga Hayes

PAYS DE LOIRE

Département 44 : Loire Atlantique

44.10 ☀ ☀

Jean BOITELLE
11, Rue du Vélodrome - 44160 Pontchâteau

60 km — 40 01 61 69

This is a large, architect designed modern house with comfortable rooms. Set in wooded grounds, it is not far from the wildlife park of la Brière. Nearby there are salt flats, small ports and fortified towns to visit. Monsieur is a vet.

Chambres confortables dans une grande maison moderne à l'architecture harmonieuse. Entourée d'un petit parc boisé, elle est près du Parc naturel de la Brière. A voir : les marais salants, petits ports, villes fortifiées. Mr Boitelle est vétérinaire.

GB D E

8km / 15km / 25km / Ø : 27/1 → 12/2

20 km - North-East of / *Au Nord-Est de* **ST NAZAIRE**

➢ **Pontchâteau** :
In St Nazaire, take the N171 towards Nantes then turn left on to the D773 towards Vannes. In Pontchâteau, at the 2nd roundabout (after the supermarket 'Leclerc'), turn right on to the rue du Vélodrome, towards Nantes. The house is the 3rd on the left.
A St Nazaire, prendre la N171 vers Nantes puis la D773 à gauche vers Vannes. A Pontchâteau, sur le 2° rond-point (après le supermarché Leclerc), prendre à droite la rue du vélodrome vers Nantes. la maison est la 3° à gauche.

1 Suite + 1 Bedroom - *chambre* / WC shared - *commun*
Price in FF - *Prix en FF* : 2 pers ↓   maxi ↓

		n.c.		235 Eco	470 Eco
+				(235 Eco)
		n.c.		235 Eco

44.11 ☀ ☀ ☀ ☀

Comtesse d'ANTHENAISE
«Château de la Jallière» - La Chapelle St sauveur
44370 Varades

60 km — 40 98 62 54 — 40 98 61 97

A 19th century château between Anjou and Brittany. The Countess is charming and efficient and will invite you to dine with her if you wish. This is a great opportunity to hear more of the family history of the de la Jallière family.

Château du XIX°, entre Anjou et Bretagne. Charmante et efficace, la Comtesse vous recevra à sa table si vous le souhaitez. Elle vous racontera l'histoire de la famille de la Jaillière et vous guidera dans vos visites du Val de Loire. Beau parc romantique.

P (200/250F)

GB D

5km / 35km / Ø : 15/10 → 15/05

1 Suite + 3 Bedrooms - *chambres* / Extra Bed - *Lit Sup.* : 150F

30 km - West of / *A l'Ouest d'* **ANGERS(49)**

➢ **La Chapelle St sauveur** :
In Angers, take the N23 towards Nantes. Turn right on to the D22 towards La Chapelle St Sauveur where you turn right on to the D25 towards St Sigismond. The château will be on the left.
A Angers, prendre la N23 vers Nantes. Tourner à droite sur la D22 vers La Chapelle St sauveur où vous tournez à droite vers St Sigismond. Le château sera sur la gauche.

Price in FF - *Prix en FF* : 2 pers ↓   maxi ↓

Louis XVI			650 Luxe	800 C
Marie-Antoinette			650 Luxe	850 C
+ Chèvrefeuille				
Louis-Philippe			600 C	800 C
Romantique			600 C	

Département 49 : Maine & Loire

49.11 ☀ ☀ ☀

Alvina ANTOINE
«Château de Cheman» - 49320 Blaison-Gohier

41 57 17 60

This 14th century château near the Loire, has been altered over the centuries. Madame Antoine is a grandmother who reigns over a domaine of 60 hectares of vines, and is a mine of history... Stay several days to take full advantage of her advice.

Ce château près de la Loire, est du XIV° et a été modifié au cours des siècles. Madame Antoine est une grand-mère qui règne sur son domaine de 60ha de vignobles. Elle est un vrai livre d'histoires... Restez quelques jours pour profiter de l'environnement. sur place : Their own Anjou wine - *Vin d'Anjou de la propriété*

P / 18 / 4km

20 km - South-East of / *Au Sud-Est d'* **ANGERS**

➢ **Blaison-Gohier** :
In Angers, go towards Cholet. In Ponts de Cé, opposite the café 'Le Bosquet', turn left towards Juigné/Loire then St Jean des Mauvrets. Turn left towards St Sulpice for 3km. Turn right towards Brissac and follow the sign 'Haut Cheman'.
A Angers, prendre la direction Cholet. A Ponts de Cé, en face du café Le Bosquet, prendre à gauche vers Juigné/Loire et St Jean des Mauvrets. Tourner à droite vers St Sulpice sur 3km. Tourner à droite vers Brissac, suivre le panneau 'Haut Cheman'.

2 Bedrooms - *chambres*
Price in FF - *Prix en FF* : 2 pers ↓   maxi ↓

Grande Terrasse				450 C
Bleu		n.c.		550 B

Close to Angers in this impressive area, rich in history, you will be amazed by the sheer numbers of châteaux and windmills the 'sentinels of the hilltops'

Tout près de la belle Angers au patrimoine historique impressionnant, vous serez étonnés par la densité de châteaux et de moulins véritables 'sentinelles des crêtes'.

PAYS DE LOIRE

Département 49 : Maine et Loire

49.12 ☀☀☀☀ 🏛

25 km - North of / *Au Nord d'* **ANGERS**

François de VALBRAY
«Château des Briottières» - 49330 Champigné

🚂 25km ✈ 110km 🏠 41 42 00 02 📠 41 42 01 55

Totally authentic. Not a 'château-hôtel' but a real château whose floors creak and which has been lived in by the same family for 6 generations. The grounds are magnificent with a lake, swans and charming little nooks and crannies. Real class, relaxation, luxury... sheer pleasure.
De l'authenticité... Ce n'est pas un château-hôtel : c'est un vrai château qui 'craque'... il est dans la famille depuis 6 générations. Le parc est magnifique : lac, cygnes, petits recoins très agréables... raffinement, décontraction, luxe et plaisir...
sur place : Anjou wine, honey - *Vin d'Anjou, miel*

🅿 🌲 🐴 📺 ♿ 🚫🍴 (200/300F) 🍳 🏊

🚴 🐎 👣 2km 👣 3km 🍳 7km 🏊

40km ⚘ Ø : 24/02 → 11/03 GB E

2 Suites + 8 Bedrooms - *chambres*
Reductions BS (15/10 → 15/04) & 5 nights - *nuits*
Reduction groups - *groupes*
Extra Bed - *Lit Sup.* : 150F / WC shared - *commun* (6° & 7° & 11°)

> ➤ **Champigné** :
In Angers, take the N162 towards Laval. Turn right on to the D768 towards Champigné where you follow the sign.
A Angers, prendre la N162 vers Laval. Tourner à droite sur la D768 vers Champigné. Dans le centre, suivre le panneau.

Price in FF - *Prix en FF* : 2 pers ↓   maxi ↓

Rose	♡	🛏	🚿	990 Luxe
Jaune		🛏	🚿WC	640 Luxe
Etangs & Bon Papa		🛏	🚿	990 & 640 Luxe
Charles X		🛏	🚿	990 Luxe
Petite Rose		🛏	🚿	990 Luxe
+ Amis		🛏	🚿	840 Luxe
Chêne & Oiseaux		🛏	🚿	840 Luxe
6° Mademoiselle		🛏	🚿 ☎	950 C
+ 7°		🛏		
11° Angle		🛏	🚿 ☎	(1 pers) 540 Luxe

49.4 ☀☀☀ 🏛

35 km - North-West of / *Au Nord-Ouest d'* **ANGERS**

Peter & Susan-Ann SCARBORO
«La Chaufournaie» - 49500 Chazé/Argos

🏠 ✈ 100 km 📞 41 61 49 05 📠 41 41 69 05

Susan and Peter, a friendly English couple, have painstakingly restored this 1850's farmhouse to a high standard of originality. In each room there are tea or coffee making facilities. Enjoy the spacious grounds or a trip to the races.
Couple anglais sympathique, Susan et Peter ont fidèlement restauré leur ferme qui date de 1850, sur une propriété de 18ha. 'La Chaufournaie' est à 15km d'un hippodrome. Dans chaque chambre, vous pourrez vous faire du thé ou du café.

🅿 🌲 🐈 🐴 📺 ♿ 🚫🍴 (80F) 4km 🐟 GB

> ➤ **Chazé/Argos** :
In Angers, take the N162 towards Laval. At Le Lion d'Angers, turn left on to the D770 towards Candé. The house is on this road, 3km after Vern d'Anjou.
A Angers, prendre la N162 vers Laval. Au Lion d'Angers, tourner à gauche sur la D770 vers Candé. La maison est sur cette route, 3km après Vern d'Anjou.

5 Bedrooms - *chambres* / Extra Bed - *Lit Sup.* : 90F
English Breakfast - *Petit-Déjeuner Anglais* : + 25F / pers.
Reduction 3 nights - *nuits*

Price in FF - *Prix en FF* : 2 pers ↓

(4)	🛏	🚿WC	220 Eco
(1)	🛏	🚿WC	220 Eco

49.1 ☀☀☀☀ 🏛

20 km - North-West of / *Au Nord-Ouest d'* **ANGERS**

VANDENBERGHE-LEBBE
«Château de la Beuvrière» - 49220 Grez-Neuville

🏠 ✈ 80 km 📞 41 37 63 67 📠 41 95 24 16

The architect of the famous Azay le Rideau château also rebuilt this one. Surrounded by 45 hectares of ground, they have their own lake with an island that you reach by boat. Large rooms.
Le château, reconstruit par l'architecte du château d'Azay le Rideau est entouré d'un parc boisé de 45ha. Son étang de 9ha possède une charmante petite île que l'on rejoint avec les propriétaires. Chambres spacieuses.

🅿 🌲 🐈 🐴 📺 ♿ 🚫🍴 (180F)
👣 10km 🍳   GB D NL E

9 Bedrooms - *chambres* / Extra Bed - *Lit Sup.* : 65F

> ➤ **Grez-Neuville** :
In Angers, take the N162 towards Laval for 18km. Turn right on to the D291.
A Angers, prendre la N162 vers Laval sur 18km, puis à droite la D291.

Price in FF - *Prix en FF* : 2 pers ↓

18 & 30	🛏	🚿WC		485 C
26	🛏	🚿	☎	585 C
14	🛏	🚿		585 C
36	🛏	🚿		640 Luxe
2 & 8	🛏	🚿WC		640 Luxe
12	🛏	🚿WC	☎	740 Luxe
40	🛏	🚿WC		585 C

PAYS DE LOIRE

Département 49 : Maine et Loire

49.2

20 km - North-West of / *Au Nord-Ouest d'* **ANGERS**

Auguste & Jacqueline BAHUAUD
«La Croix d'Etain» - 2, Rue de l'Ecluse - 49220 Grez-Neuville

→ 25 km   20 km   41 95 68 49

This manor house from the Directoire period is beside the Mayenne, in a conservation area. The rooms are spacious and cosy. Do not miss a visit to the slate mine on the property or hire a cruiser on the river.

Dans un site classé, au bord de la Mayenne, ce manoir d'époque Directoire vous offre des chambres douillettes et spacieuses. Très original : visitez la mine d'ardoise ou sur place, louez un bateau habitable, sans permis.

(120F)   GB

10km

> **Grez-Neuville** :
In Angers, take the N162 towards Laval. Turn right towards Grez-Neuville. The property is between the church and the river.
A Angers, prendre la N162 vers Laval. Prendre à droite la direction Grez-Neuville. la propriété est entre l'église et la rivière.

4 Bedrooms - *chambres* / Extra Bed - *Lit Sup.* : 60F

Price in FF - *Prix en FF* :   2 pers ↓   maxi ↓

Verte		380 B	
Bleue		380 B	
Rose		380 B	420 A
4°		340 B	

49.13

40 km - East of / *A l'Est d'* **ANGERS**

Michel & Françoise TOUTAIN
«Le Prieuré de Vendanger» - Vendanger - 49150 Le Guédéniau

→ 40km   40km   41 67 82 37   41 67 82 43

This 16th century priory has been completely restored by your hosts. It is surrounded by forests and has a lake where fishing is permitted. Billiard room, and golf classes in July and August, as well as fox-hunting.

Ce prieuré du XVI° a été restauré par vos hôtes. Il est entouré de grands bois, a un étang où vous pouvez pêcher. Billard, stage de golf en Juillet et Août, chasse à courre, séjours à thème (relaxation, yoga...). La piscine est probablement finie maintenant !

sur place :   Coffee, home-made jam, sculptures
               Café, confitures maison, sculptures

(85F)   GB   E

12km

> **Le Guédéniau** :
In Angers, take the N147 towards Longué. In Beaufort, turn left on to the D62 towards Mouliherne. The house is on this road, on the left, before Mouliherne, and after the wood.
A Angers, prendre la N147 vers Longué. A Beaufort, prendre à gauche la D62 vers Mouliherne. la maison est sur cette route sur la gauche, avant Mouliherne et après le bois.

1 Suite + 3 Bedrooms - *chambres*

Extra Bed - *Lit Sup.* : 65F / Reduction 7 nights - *nuits*

Price in FF - *Prix en FF* :   2 pers ↓   maxi ↓

Chantepleure		395 B	525 Eco
+			
Cannelle & Cascaret		295 A	
Jabloir		345 B	

49.14

27 km - North-West of / *Au Nord-Ouest d'* **ANGERS**

Martine CARCAILLET
«Le Petit Carqueron» - 49220 Le Lion d'Angers

→ 27 km   40 km   41 95 62 65

This restored 200 year old Angevin farmhouse is in the middle of the countryside. Your hostess speaks perfect English and is mad on horses. Le Lion d'Angers is famous for its race-course and its Concours d'Equitation.

Cette ferme Angevine rénovée, a 200 ans et est en pleine campagne. Votre hôtesse parle un Anglais parfait, elle est passionnée de chevaux ! Le Lion d'Angers est d'ailleurs réputé pour son champ de course et son concours complet d'Equitation.

(120F)   GB

2km   14km   14km   14km   14km

1/04 → 1/11 : advance reservations only - *sur réservation*

> **Le Lion d'Angers** :
In Angers, take the N162 towards Laval. In Le Lion d'Angers, turn left on to the D770 towards Candé for 1,5km. After the farm 'Les Treilles Gourmandes', turn left on to the small road, at the wooden cross. Continue for 500m, the house is on the right
A Angers, prendre la N162 vers Laval. Au Lion d'Angers, prendre à gauche la D770 vers Candé, sur 1,5km. Après la ferme 'Les Treilles Gourmandes', prendre à gauche la petite route, à la croix de bois. C'est à 500m à droite.

4 Bedrooms - *chambres* / Extra Bed - *Lit Sup.* : 80F

2 WC shared - *communs*

Price in FF - *Prix en FF* :   2 pers ↓

Romantique & Rayures		220 Eco
Rustique & Cashmire		220 Eco

A special interest or hobby ? Why not choose a host that has similar interests ?
Un intérêt particulier ? un hobby ? Choisissez un hôte qui a le même...

PAYS DE LOIRE

Département 49 : Maine et Loire

49.3 ☀☀☀

10 km - South of / Au Sud d'**ANGERS**

Françoise TERRIÈRE
«Le Jau» - Route de Nantes - 49610 Murs Érigné

100 km — 41 57 70 13

On the road to the châteaux and the vineyards, this beautiful and romantic 18th century house is in a delightful setting. It has an interesting 17th century dovecote and a wonderful kitchen. Françoise will share her love of her region with you.
Sur la route des châteaux et des vignobles, belle maison romantique du XVIIIème dans un cadre de verdure. Intéressant pigeonnier du XVIIème et merveilleuse cuisine. Françoise adore faire découvrir sa région et saura vous la faire aimer.

(60/120F)

3km

Ø : 20/12 → 5/01

> **Murs-Érigné** :

In Angers, take the N160 towards Ponts de Cé - Cholet. Turn right on to the D751 towards Murs-Chalonnes for 100m then turn left.
A Angers, prendre la N160 vers Ponts de Cé - Cholet. Prendre la D751 à droite, vers Murs - Chalonnes, sur 100m puis tourner à gauche.

1 Suite + 1 Bedroom - chambre

Extra Bed - Lit Sup. : 80 F / Reduction BS (1/11→15/04)

	Price in FF - Prix en FF :	2 pers ↓	maxi ↓
Rose		350 B	450 A
Carol		250 A	450 Eco

49.15 ☀☀☀

20 km - South-West of / Au Sud-Ouest d'**ANGERS**

Jeanne CHARPENTIER
«La Rousselière» - 49170 La Possonnière

3,5km — 80 km — 41 39 13 21

This beautiful 19th century residence on the slopes of La Loire has kept its olde-worlde charm. Enjoy breakfast on the terrace or a siesta by the pool. An excellent address due to its location, the atmosphere and, above all, Jeanne's welcome.
Cette belle demeure du XIX° située sur les coteaux de la Loire, a su conserver le charme d'antan... Petits déjeuners pris en terrasse sous la marquise, siestes au bord de la piscine : une très belle adresse pour le cadre, l'ambiance et l'accueil de Jeanne.

(90/150F) GB

3km 3km 7km 6km 8km 3km

18km 6km 4km 3km 20km

Reduction 7 nights - nuits   Ø : 4/11 → 4/12

> **La Possonnière** :

In Angers, take the N23 towards Nantes. In St Georges/Loire, turn left on to the D961 towards Chalonnes for 3km. Just before the railway bridge, turn left on to the D111 towards La Possonnière then left and continue for 1,5km.
A Angers, prendre la N23 vers Nantes. A St Georges/Loire, prendre à gauche la D961 vers Chalonnes sur 3km. Avant le pont de chemin de fer, prendre à gauche la D111 vers La Possonnière et encore à gauche sur 1,5km.

6 Bedrooms - chambres / Extra Bed - Lit Sup. : 90 F

	Price in FF - Prix en FF :	2 pers ↓	maxi ↓
Les Roses		400 B	
Les Oiseaux		300 A	
Rêve Bleu		400 B	
Fleurs Bleues	2	350 B	530 A
Les Marronniers & Les Clématites		300 A	390 A

49.5 ☀☀☀

25 km - South of / Au Sud d'**ANGERS**

Eliette PHÉLIX
«La Girardière» - 49750 Rablay/Layon

100 km — 41 78 65 51

Relax by the pool and breathe in the scents of the famous Layon wine slopes. Even better, Monsieur will make sure you get to try their product. The bedrooms are tastefully decorated. Excursions : horse riding or canoe trips.
Couple reposant et sympathique. Au bord de la piscine, vous respirez les vignes du célèbre coteau de Layon. M. Phélix d'ailleurs ne manquera pas de vous le faire apprécier. Belle vue, chambres aménagées avec beaucoup de goût. Cheval, canoë sur le Layon...

(90F)

D E

> **Rablay/Layon** :

In Angers, take the N160 towards Cholet for 20km. Turn left on to the D55 to Beaulieu/Layon. Turn right to Rablay/Layon. The house will be on the road towards Chanzeaux.
A Angers, prendre la N160 vers Cholet sur 20km. Prendre à gauche la D55 vers Beaulieu/Layon où vous tournez à droite pour Rablay/Layon. La maison sera sur la route de Chanzeaux.

1 Apartment - appartement + 2 Bedrooms - chambres

Free Extra Bed - Lit Sup. Gratuit / HS : 3

Reduction BS (1/09→30/06)

	Price in FF - Prix en FF :	2 pers ↓	maxi ↓
1° & 2°		280 A	
Apart	2	280 A	490 Eco

**You do not speak French and your preferred host does not speak English ?
Don't worry, a smile will always see you through**

PAYS DE LOIRE

Département 49 : Maine et Loire

49.7

Colette THIMOLÉON
«Manoir de Beauséjour» - 49650 Allonnes

➜ 6 km   150 km   41 52 86 68   41 38 85 58

This austere, 17th century house will surprise you by its refined interior. The bedrooms and bathrooms are luxurious and Colette thinks of everything. There is a games room and a library. Fabulous breakfasts. A wonderful place.

Cette maison de Maître du XVII°, sobre et classique, vous réserve une surprise : un intérieur raffiné avec salle de jeu, bibliothèque, salles de bains et chambres luxueuses où Colette a soigné chaque détail et enfin, des petits déjeuners fabuleux. Une très bonne adresse.

GB

> **Allonnes** :

6 km - North-East of / *Au Nord-Est de* **SAUMUR**

In Saumur, take the N147 towards Longué-Angers. Turn right on to the D10 towards Allonnes for 1,8km.
A Saumur, prendre la N147 vers Longué-Angers. Prendre à droite la D10 vers Allonnes sur 1,8km.

2 Bedrooms - *chambres* / Extra Bed - *Lit Sup.* : 100F
Reduction 3 nights - *nuits* (the 4th is offered - la 4° est offerte)

Price in FF - *Prix en FF* :	2 pers ↓
Azalée	650 Luxe
Myosotis	750 Luxe

20km

49.10

Cécile LAURILLEUX
«La Rassade» - 1, Cour du Prieuré - 49310 Bourg de Trémont

100 km   41 59 40 27

In the heart of the Anjou vineyards, this 16th century priory has a superb staircase. Be sure to arrive in time to enjoy Cécile's dinners, based on the local produce (pigeons are a speciality) and wine from the neighbouring vineyards.

Escalier superbe dans cet ancien prieuré du XVIè, au cœur du vignoble d'Anjou. Lors de vos soirées étapes, Cécile s'arrange ra toujours pour vous préparer un repas avec des produits fermiers (pigeons, foies gras...) et le vin des vignobles voisins.

sur place : Jam, grape juice - *Confiture, jus de raisin*

(70F) 7km

> **Bourg de Trémont** :

35 km - South-West of / *Au Sud-Ouest de* **SAUMUR**

In Saumur, take the D960 towards Cholet for 35km. In Pont de Trémont, turn right towards Trémont.
A Saumur, prendre la D960 vers Cholet sur 35km. A Pont de Trémont, prendre à droite vers Trémont.

1 Bedroom - *chambre* / Extra Bed - *Lit Sup.* : 70F
BS (15/09 → 15/06) 'soirée-étape' : 350F/2pers.
(Half-Board -*1/2 Pension*)

Price in FF - *Prix en FF* :	2 pers ↓
	270 A

49.16

Dominique & Rosine DAUGÉ
«Le Domaine de Mestré» - 49590 Fontevraud l'Abbaye

150km   41 51 72 32 / 41 51 75 87   41 51 71 90

This farming, estate has been in the same family since the 18th century, and in fact the whole family will welcome you. Comfort, elegance and excellent cuisine. Be sure to bring back some of their pure soap made from an old recipe.

Ce domaine agricole appartient à la famille depuis le XVIII°. C'est d'ailleurs toute la famille qui vous reçoit. Confort, élégance et une table excellente. Une très bonne adresse. A noter : la fabrication de savons purs à partir d'anciennes recettes.

sur place : Soap - *Savons*

(135F) GB D

5km   6km   15km   15km

15km   15km

Φ : 20/12 → 1/02

1 Suite + 11 Bedrooms - *chambres*
Extra Bed - *Lit Sup.* : 60F
Reduction 5 nights - *nuits*

> **Fontevraud l'Abbaye** :

15 km - South-East of / *Au Sud-Est de* **SAUMUR**

In Saumur, take the D947 towards Chinon - Montsoreau where you turn right towards Fontevraud, in the middle of the village. Continue for 2km. The property is on the right.
A Saumur, prendre la D947 vers Chinon - Montsoreau où vous prenez à droite vers Fontevraud, au milieu du village. Faire 2km, le domaine est sur la droite.

Price in FF - *Prix en FF* :	2 pers ↓	maxi ↓
1° & Sissi	(1 pers)	265 C
Rouge & Blanche	380 B	
Bleue	380 B	595 Eco
+ 3		
Kinette	380 B	
8° (child - *enfant*)	485 B	
Abricot & Pomme	485 B	
Oiseaux & Raisin	380 B	

Eleanor of Aquitaine's tomb is to be found in Fontevraud Abbey.
C'est à Fontevraud l'Abbaye que se trouve le tombeau de Aliénor d'Aquitaine

PAYS DE LOIRE

Département 49 : Maine et Loire

49.8

Jean & Anny BERGEROLLE
«Le Moulin de Couché-la Ponote» – 49260 Le Puy Notre Dame

55 km　41 38 87 11　41 38 86 99

The 'Moulin' and the high quality restaurant 'La Ponote' are in the heart of the Saumur wine country. If you enjoy wine, you must not miss this experience and Jean will take you to the best places to buy some bottles. A very good address.

Nous ne pouvons vous décrire avec des mots, l'atmosphère conviviale du Moulin du XV° et la cuisine raffinée du restaurant La Ponote, au cœur du pays du vin de Saumur : Vous devez absolument vous y arrêter !!! Jean vous emmènera chez les vignerons.

(95/280F)　GB　E

20km　7km　ϕ : 1/02 → 1/03

2 Suites + 9 Bedrooms -chambres
Extra Bed - Lit Sup. : 60F

20 km - South-West of / Au Sud-Ouest de SAUMUR

➢ **Le Puy Notre Dame** :
In Saumur, take the N147 towards Loudun-Poitiers. At the 2nd roundabout at Montreuil-Bellay, take the D938 towards Thouars for 4km. Turn right on to the D158 towards Passais-Sanziers. The 'Moulin' is on the left, after the river bridge.

A Saumur, prendre la N147 vers Loudun-Poitiers. Au 2° rond-point de Montreuil-Bellay, prendre la D938 vers Thouars sur 4km. Prendre à droite la D158 vers Passais-Sanziers. Le Moulin est sur la gauche après le pont de la rivière.

Price in FF - Prix en FF :　2 pers ↓　maxi ↓

Coquelicot & Géranium		WC	TV	259 A
Lilas & Pensée		WC	TV	259 A
Primevère + Dahlia & Cyclamen + Jacinthe	+	WC	TV	424 C　488 A
Violette		WC	TV	419 C　451 A
Hortensia		WC	TV	319 B
Bleuet		WC	TV	494 C　526 B

49.9

Teddy & Antonia HOOGEWERF
«Le Moulin de Rabion» – 49490 Noyant

25km　150km　41 89 32 80　41 89 32 80

When you arrive at this manor house, you will first see the ancient watermill and the two small rivers that cross this 35 hectare property. This very friendly British couple, with a good sense of humour, will give you a very warm welcome.

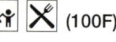

Des chevaux dans un parc de 35ha que traversent 2 petites rivières, un ancien moulin à eau : c'est la 1ère image que vous aurez du manoir. L'accueil de ce couple anglais est très sympathique et plein de bonne humeur. Piscine et tennis (4 km).

(100F)　GB　E

18km　10km

25 km - North-East of / Au Nord-Est de SAUMUR

➢ **Rabion** :
In Saumur, take the N147 towards Longué-Angers then the D767 towards Noyant. Rabion is between Vernantes and Noyant. The house is on the right, 500m before Rabion.

A Saumur, prendre la N137 vers Longué-Angers puis la D767 vers Noyant. Rabion est entre Vernantes et Noyant et la maison, 500m à droite avant Rabion.

2 Bedrooms - chambres / Extra Bed - Lit Sup. : 50F

shared - commun

Price in FF - Prix en FF :　2 pers ↓

Italienne & Française		300 A

49.17

Carmen TATÉ
«La Closerie» – 49160 St Philbert du Peuple

41 52 62 69

A family atmosphere in a quiet and relaxing location. It is a cool oasis after visits to châteaux and vineyards. Carmen is a teacher of English and her husband a restaurateur. Payment can be made in sterling if you prefer.

Une atmosphère familiale dans un cadre reposant, calme. Un vrai havre de fraîcheur après vos visites de châteaux et vignobles. Carmen est professeur d'Anglais et son mari restaurateur. A noter : possibilité de régler en livres sterling.

15km

18km　18km　25km　GB

15 km - North of / Au Nord de SAUMUR

➢ **St Philbert du Peuple** :
In Saumur, take the N147 towards Longué-Angers. Just before Longué, on the roundabout, turn right towards St Philbert du Peuple. The house is in the centre of the village. Signposted.

A Saumur, prendre la N147 vers Longué-Angers. Juste avant Longué, au rond-point, prendre à droite vers St Philbert du Peuple. La maison est au centre du village, elle a un panneau.

2 Bedrooms - chambres / Extra Bed - Lit Sup. : 40F

Price in FF - Prix en FF :　2 pers ↓　maxi ↓

1°		WC	220 Eco
2°		WC	220 Eco　260 Eco

You may know the Saumur-Champigny wine, but have you heard of Saumur du Bellay ?
Vous connaissez probablement le vin Saumur-Champigny mais connaissez vous le Saumur du Bellay?

- 208 -

PAYS DE LOIRE

Département 49 : Maine et Loire

49.18 — SAUMUR

Jean-Christian & Andréa MICHAUT
«Château de Beaulieu» - Route de Chinon - 49400 Saumur

4 km — 41 67 69 51 — 41 50 42 68

Andrea is a charming, young hostess who speaks fluent English and German. Her beautiful, listed 18th century château is only 2.5km from the town centre. There are magnificent old trees, a heated swimming pool and a billiard room.

Andréa est une charmante jeune hôtesse qui vous recevra dans un Anglais ou un Allemand parfait. C'est un beau château classé du XVIII° à seulement 2,5km du Centre de la ville. Magnifiques arbres centenaires, piscine chauffée, billard...

(100/200F) GB D

3km 7km

➢ **Saumur** :
In Saumur, take the D947 towards Chinon. The château is after the Gratien & Meyer cellars.
A Saumur, prendre la D947 vers Chinon. Le château est situé après les caves Gratien & Meyer.

1 Suite + 4 Bedrooms -chambres / Extra Bed - Lit Sup. : 100F

Price in FF - Prix en FF :	2 pers ↓	maxi ↓
Médicis & Lavallière & Directoire	400 B	
Louis XIII	450 C	650 B
+ Montespan	400 B	500 B

Département 53 : Mayenne

53.1 — LAVAL

François-Charles & Annick WILLIOT
«Château du Bas du Gast» - 6, rue de la Halle aux Toiles
53000 Laval

1 km — 5 km — 43 49 22 79 — 43 56 44 71

A quiet, historic house, right in the centre of the town. The spacious bedrooms have a lot of class. Your hosts have conserved the ancient box trees that date from the 18th century. You will enjoy meeting these hosts who speak perfect English.

Demeure historique très calme, en plein centre ville. Les chambres spacieuses ont beaucoup de classe. Vos hôtes parlent un Anglais parfait. Dans le parc, magnifiques buis du 18°. Le plaisir de se retrouver dans une ambiance raffinée...

4km GB

1 Suite + 3 Bedrooms - chambres ◯ : 1/12 → 31/01
Extra Bed - Lit Sup. : 200 / 300F
English Breakfast - Petit déjeuner Anglais : + 30F/pers.

➢ **Laval** :
In the centre of Laval, the Manor house is near to the 'Salle Polyvalente' and the 'Bibliothèque Municipale' : follow one of these signs.
Au centre de Laval, suivre les panneaux 'Salle Polyvalente' ou 'Bibliothèque Municipale' : Le Bas du Gast en est tout proche.

Price in FF - Prix en FF :	2 pers ↓	maxi ↓
Napoléon	750 Luxe	1050 Luxe
Jaune	650 Luxe	
Jouy	700 Luxe	
Bleue	750 Luxe	1350 Luxe
+ Verte		

53.3

Lionel & Françoise RABOURG
«La Charbonnerie» - 53320 Loiron

20 km — 43 02 44 74

If you are near Laval, do not miss this farm. Although in the depths of the countryside, is not far off the main road. The two bedrooms are in a charming little house, separate from the main farm. The welcome is warm and sincere.

Quand vous passez par Laval, ne ratez pas cette étape : une ferme proche de votre route et perdue dans la campagne. Les deux chambres sont dans une petite maison indépendante, et vous feront "craquer". L'accueil est simple et chaleureux.

sur place : Cider - Cidre, Pommeau

(50/75F)

13 km - West of / A l'Ouest de **LAVAL**

➢ **Loiron** :
In Laval, take the N157 towards Rennes. 7km after St Berthevin, turn left (there is a sign) and continue for 3km.
A Laval, prendre la N157 vers Rennes. 7km après St Berthevin, tourner à gauche (panneau) et faire 3km.

2 Bedrooms - chambres / Extra Bed - Lit Sup. : 30F

Price in FF - Prix en FF :	2 pers ↓	maxi ↓
Charme	250 A	280 Eco
	200 Eco	

2km 8km 15km 15km 20km

Laval has an interesting heritage, and is a pleasant town where you feel good beside the river Mayenne...

Laval à l'héritage culturel intéressant, est une ville agréable où il fait bon vivre le long de la Mayenne...

- 209 -

PAYS DE LOIRE

Département 53 : Mayenne

53.2

20 km - South-East of / *Au Sud-Est de* **LAVAL**

Jean-Marc PIAU
«Chateau de la Motte-Henry» - 53170 Meslay du Maine

20 km   43 98 60 81   43 98 73 78
Toll free Fax : 1 800 309 9391
Internet vrl httpp : // www.digimark.net / dundas / ila / henry.html

This château could belong to Sleeping Beauty and you may think you are living a fairy tale. The ideal place for a honeymoon (their speciality) or just a mad night of passion. You will be in good company as their guest list is impressive.
C'est peut-être le château de la Belle au Bois Dormant... Est-ce un rêve ou une réalité ? N'envisagez pas votre 'Lune de miel' sans penser à 'La Motte-Henry' (Forfait Honeymoon). Une folie d'un soir ? Votre nom cotoyera les plus prestigieux.

(250F...)

4km   25km   GB E I

➢ **Meslay du Maine** :
In Laval take the D21 towards Sablé sur Sarthe. The Château is on the D21 on the left, after about 20km.
A Laval prendre la D21 vers Sablé sur Sarthe. Le château est sur la D21, sur votre gauche, à environ 20km.

5 Bedrooms - *chambres* / Extra Bed - *Lit Sup.* : 175F

Price in FF - *Prix en FF* :	2 pers ↓	maxi ↓
Jaune	950 Luxe	1225 Luxe
Or	1350 Luxe	
Verte	1350 Luxe	
Marquise	1950 Luxe	
Princière	2650 Luxe	

53.4

10 km - South-West of / *Au Sud-Ouest de* **SABLÉ/SARTHE(72)**

Jacques & Martine LEFEBVRE
«Le Logis et les Attelages du Ray» - 53290 St Denis d'Anjou

10 km   120km   43 70 64 10   43 70 65 53

Just once in your life, you must try the ultimate in "anti-stress" weekends by staying with Monsieur and Madame Lefebvre. Along with the local specialities, it can only do you good, and 'a change is as good as a rest".
L'Anti-stress par excellence ! Une fois au moins dans votre vie, il faut découvrir les 'week end' chez Jacques et Martine et goûter à leurs délicieux produits du terroir. Des stages d'attelages : peu commun non ? Jacques est aussi restaurateur de meubles anciens.

(WEEK-END)   GB

6km   20km   10km

➢ **St Denis d'Anjou** :
In Sablé, take the D309 towards St Denis d'Anjou, for 9km. As you enter the village, take the first road on the left and follow the signs.
A Sablé, prendre la D309 vers St Denis d'Anjou, sur 9km. A l'entrée du village, prendre la 1° route à gauche, suivre les panneaux.

3 Bedrooms - *chambres* / Extra Bed - *Lit Sup.* : 50F

Price in FF - *Prix en FF* :	2 pers ↓	maxi ↓
Bleue	300 A	
Baldaquin	350 B	480 B
Cachemire	350 B	480 B

53.5

10 km - South-West of / *Au Sud-Ouest de* **SABLÉ/SARTHE(72)**

Pierre & Marie-Christine de VAUBERNIER
«Auberge du Roi René»-4,Grande rue-53290 St Denis d'Anjou

10 km   120km   43 70 52 30   43 70 58 75

As soon as you meet Monsieur and Madame, you know that you are going to have a good time. Although you are not obliged to dine in their really cosy and authentic country inn, you would be mad to eat elsewhere.
Dès que l'on rencontre M. & Mme de Vaubernier, on sait que la soirée sera réussie ! Les chambres sont meublées avec beaucoup de goût. Vous n'êtes pas obligé de dîner dans leur auberge qui est une vraie auberge de campagne très "cosy", mais ce serait dommage !

sur place :   Truffles, home-made foie gras and jam ....
                Truffes, foie gras maison, confiture maison ....

(90/250F)

20km   10km   GB D I

➢ **St Denis d'Anjou** :
In Sablé, take the D309 towards St Denis d'Anjou, for 9km. The Auberge is in the main street, on the left (the parking is at the back).
A Sablé, prendre la D309 vers St Denis d'Anjou, sur 9km. L'Auberge est dans la rue principale, sur la gauche (le parking est derrière).

3 Bedrooms - *chambres*
Free Extra Bed - *Lit Sup. Gratuit*

Price in FF - *Prix en FF* :	2 pers ↓
	500 C
	480 C
	450 C

St Denis d'Anjou est sur le circuit des petites cités de caractère de la Mayenne.

PAYS DE LOIRE

Département 72 : Sarthe

72.3

Geneviève THIBAULT
«Le Grand Perray» - 72500 La Bruère

8 km — 40 km — 43 46 72 65

'Watched by the ghost of Duguesclin, the lady awaits the return of her knight at a window in this 13th century tower.' You should sleep well, surrounded by such a wealth of history. The château is on two floors and there is even a lift.
Dans la Tour du XIII°, sous le regard du fantôme de Duguesclin, on imagine sa gente dame attendant le retour de son preux chevalier devant la fenêtre... Tout est réuni pour un séjour calme et reposant. Un ascenseur dessert les deux étages du château.

(100/135F) GB

8 Bedrooms - chambres
Free Extra Bed - Lit Sup. gratuit

40 km - South of / Au Sud du **MANS**

> **La Bruère** :
In Le Mans, take the N138 towards Tours. After Château du Loir, at La Croix de Bonlieu, turn right on to the D11 towards La Bruère. From Le Gué de Mézières, follow the signs.
Au Mans, prendre la N138 vers Tours. Après Château du Loir, à La Croix de Bonlieu, prendre à droite la D11 vers La Bruère. A partir du Gué de Mézières, suivre les panneaux.

Price in FF - Prix en FF : 2 pers ↓   maxi ↓

Tour			490 C	
2° & 3°			470 C	505 B
4°			470 C	
5°			390 B	
6°			370 B	
7°			370 B	
8°			370 B	

72.5

Diane le GOFF
«Le Bed & Breakfast» - 22, rue de l'Hôtel de Ville
72500 Château du Loir

1 km — 40 km — 43 44 03 38

Diane is British and her 19th century house, situated in the town centre, is full of character. Three hours drive from the Channel Ports, it is an excellent overnight stop en route for the south. Bicycles can be hired.
Diane est anglaise. Sa maison, demeure de caractère du XIX° est située en plein centre ville : nombreux restaurants. A trois heures de route de l'arrivée des ferries, c'est une très bonne étape sur votre route vers le sud. Location de vélos.

6km 6km GB

35 km - South-East of / Au Sud-Est du **MANS**

> **Château du Loir** :
In Le Mans, take the N138 towards Tours. In Château du Loir, the B&B is on the main square, behind the music kiosk
Au Mans, prendre la N138 vers Tours. A Château du loir, le B&B est sur la place principale, derrière le kiosque à musique.

2 Bedrooms - chambres
Price in FF - Prix en FF : 2 pers ↓   maxi ↓

		255 A	
2		255 A	455 Eco

φ : 25/09 → 15/03 & 15/06 → 22/06

72.10

Marcel & Odette HAUTREUX
Le Chataignier - 72230 Moncé en Belin

12km 6km — 43 42 03 37 — 43 42 80 48

Book early if you are coming for the 24-Hour Race because this house is only 1.5km from the circuit. A modern farmhouse in quiet countryside, where Odette's smile reigns supreme. The 'old town' of Le Mans is well worth a visit.
Retenez votre place : vous êtes à 1,5km du circuit des 24H du Mans ! Ferme moderne au calme de la campagne, vous serez séduit par le sourire d'Odette. En dehors des périodes de courses, Le Mans est aussi une ville bien agréable.

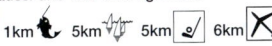

1km 5km 5km 6km

6 Bedrooms - chambres + 3 dormitories - dortoirs
(+ 2 Apartments - appartements)

shared - commun (Bleu & Rose)

2 shared - commun (Dortoir 2 & 2bis)

15 km - South of / Au Sud du **MANS**

> **Moncé en Belin** :
In Le Mans, go towards Arnage then take the D307 to Moncé en Belin. There, follow the signs 'Carillon Imprimerie 72'. In front of the Imprimerie follow signs to Le Chataignier.
Du Mans, aller à Arnage et prendre la D307 vers Moncé en Belin. Là, suivre les panneaux de 'Carillon Imprimerie 72' et devant l'imprimerie, suivre Le Chataignier.

Reductions 7 nights - nuits & groups - groupes
Price in FF - Prix en FF : 2 pers ↓   maxi ↓

A & B & C		190 Eco	
Rose & Bleu		190 Eco	
D		190 Eco	
Dortoir 1 14	2	100 / pers. Eco	
Dortoir 2 12		100 / pers. Eco	
Dortoir 2bis 8		100 / pers. Eco	

- 211 -

PAYS DE LOIRE

Photo : 53.1 - page 209

Photo : 72.2 - page 213

Photo : 85.1 - page 216

Photo Liliane de Ponsay

- 212 -

PAYS DE LOIRE

Département 72 : Sarthe

72.6
30 km - South of / *Au Sud de* **MANS**

Michèle VIEILLET
Place Jean Graffin - 72510 Pontvallain

☎ 43 46 36 70

A substantial house, parts dating from the 14th century, in a sleepy little town on the Le Mans-Tours road. The large and charming gardens are hidden from the road. Your bedrooms are in two small houses in the grounds, rustic style.

Maison bourgeoise du 14°-17°, dans un petit bourg tranquille sur l'axe Le Mans-Tours. Le charme fou des grands jardins cachés de la rue. Chambres dans 2 petites maisons indépendantes dans le jardin. Aménagement rustique, beaux meubles anciens.

(60/85F)

4km

GB

Ø : 20/12 → 4/01 & 11/02 → 27/02

> **Pontvallain** :
In Le Mans, take the N138 towards Tours. In Ecommoy, take the D30 towards Pontvallain. In the village, the house is opposite a boulangerie and the road towards Mansigné.
Au Mans, prendre la N138 vers Tours. A Ecommoy, prendre la D30 vers Pontvallain. Dans le village, la maison est en face d'une boulangerie et de la route de Mansigné.

1 Apartment - *appartement* + **2 Bedrooms** - *chambres*
Extra Bed - Lit Sup. : 90F
children - *enfants* < 10 years old - *ans* : free of charge - *gratuit*

Price in FF - *Prix en FF* :   2 pers ↓   maxi ↓

		240 Eco	
		250 A	340 Eco
Apartment		270 A	440 Eco

72.11
30 km - South of / *Au Sud de* **MANS**

Margaret ALLENET
«Château de la Vivantière» 72510 St Jean de la Motte

→ 30km   ☎ 43 45 29 15

This 17th century château was restored during the reign of Napoleon III. From the 4 suites available you will certainly find one to your liking. Margaret's cooking, charm and kind welcome will persuade you to stay longer than planned...

Le château, construit au XVII° a été restauré sous Napoléon III Parmi les 4 suites offertes, vous trouverez assurément celle qui vous convient ! La cuisine, le charme, la gentillesse et le sens de l'accueil de Margaret, vous inciterons à prolonger votre séjour...
sur place : Farm produce, goat's cheese - *fromage de chèvre*

(100/180F)

3km   3km   3km   3km

12km   15km   15km

GB   E   PL

> **St Jean de la Motte** :
In Le Mans, take the N23 towards Angers. In Le Point du Jour, turn left on to the D54 towards St Jean de la Motte and continue towards Mansigné, for 2km.
Au Mans, prendre la N23 vers Angers. Au point du jour, prendre à gauche la D54 vers St Jean de la Motte et continuer vers Mansigné sur 2km.

4 Suites / Reduction long stay - *séjour* & groups - *groupes*
Free Extra Bed - Lit Sup. gratuit

Price in FF - *Prix en FF* :   2 pers ↓

Le printemps				450 C
L'Eté				350 B
L'Automne				550 C
L'Hiver				400 B
+				

72.7
10 km - North-East of / *Au Nord-Est de* **SABLÉ/SARTHE**

Jean ANNERON
«Manoir des Claies» - Les Claies - 72340 Asnières/Vègre

☎ 43 92 40 50 / 1 43 48 20 89   ☎ 43 92 65 72

If you love old buildings, Monsieur Anneron will share with you his passion for the history of this 15th century manor house. You can almost hear the Gregorian chants from the Solesmes abbey float over the countryside.

Si vous partagez la passion des vieilles pierres avec M. Anneron, il vous parlera de l'histoire de ce manoir du XV°, situé dans l'un des plus beaux villages de la région. La nature est imprégnée des chants grégoriens de l'abbaye de Solesmes, proche. Autoroute A11 à 10km.

(120F)   GB

13km   Ø : 1/11 → 31/03

> **Asnières/Vègre** :
(On A11, Exit Sablé/Sarthe then go towards Sablé). In Sablé/Sarthe, take the D4 towards Brûlon - Joué en Charnie (A81). Turn right on to the D22 towards Asnières. Cross the village then turn right on to the 1st road, then keep left.
(Sortie Sablé/Sarthe de l'A11 et rejoindre Sablé). Dans Sablé, prendre la D4 vers Brûlon - Joué en Charnie (A81). Prendre à droite la D22 vers Asnières, le traverser et prendre la 1° à droite puis toujours à gauche.

1 Suite + **2 Bedrooms** - *chambres* / Extra Bed - Lit Sup. : 150F
Price in FF - *Prix en FF* :   2 pers ↓   maxi ↓

Bleue			420 C	
Rouge			420 C	
Petite Maison			420 C	720 B
+				

Near - *Près de* **SABLÉ/SARTHE**, **See also** - *Voir aussi* : **53.4 & 53.5 page 210**

- 213 -

PAYS DE LOIRE

Département 72 : Sarthe

72.1 ☀☀☀☀ 🏰

Michel de MONHOUDOU
«Le Château» - 72260 Monhoudou

🚂 30 km ✈ 40 km ☎ 43 97 40 05 📠 43 33 11 58

You really should not miss this place. After an enjoyable dinner with Madame and Monsieur de Monhoudou, who is the mayor of the village, you will not want to leave. Not the slightest noise will disturb an excellent night's sleep.

Après une soirée très amicale et très sereine avec Mme et M. de Monhoudou maire de son village, vous ne voudrez plus quitter ce lieu magique. Vous tendrez vainement l'oreille pour percevoir le moindre bruit. Faites absolument le détour.

🅿 🌲 🐈 🏃 📺 🍴 (175F) **GB**
🐎 🚶 🚴 15km

4 Bedrooms - *chambres* / Extra Bed - *Lit Sup.* : 150F

> **Monhoudou** :

30 km - South-East of / *Au Sud-Est d'* **ALENÇON(61)**

In Alençon, take the N138 towards Le Mans. In La Hutte, turn left on to the D310 for 10km then right on to the D19 towards Courgains. Take the D132 towards Monhoudou then follow the signs. *A Alençon, prendre la N138 vers Le Mans. A La Hutte, à gauche la D310 sur 10km puis à droite la D19 vers Courgains. Là, prendre la D132 vers Monhoudou et suivre les panneaux.*

Price in FF - *Prix en FF* :   2 pers ↓   maxi ↓

Bleu	🛏	🚿 WC	550 C	
Maréchal	🛏	🚿 WC	550 C	
Rose	🛏	🚿 WC	450 C	
Rhapsodie	🛏	🚿 WC	450 C	
Verte	🛏	🛁	(1 pers) 200 B	

72.2 ☀☀☀☀ 🏰

Charles-Henry de VALBRAY
«Château de St Paterne» - 72610 St Paterne

🚂 1 km ✈ 190 km ☎ 33 27 54 71 📠 33 29 16 71

Charles-Henry de Valbray is your young and dynamic host. He has conserved the character and soul of each bedroom. We particularly liked the Henry IV room with its 16th century ceiling. Do not miss his vegetable garden.

Charles-Henry est un très jeune et dynamique châtelain. Il a su conserver à ses chambres, toute leur âme et leur histoire. Nous avons beaucoup aimé la chambre Henri IV et son plafond du XVI°. Ne partez pas sans visiter son surprenant jardin potager.
sur place : Wine, honey - *Vin, miel*

🅿 🌲 🏃 📺 🍴 (250F) 🎾 **GB E**
🐎 🚶 🚴 2km

2Suites + 4Bedrooms - *chambres* + 1 Apartment - *appartement*
Extra Bed - *Lit Sup.* : 50F

> **St Paterne** :

1 km - South-East of / *Au Sud-Est d'* **ALENÇON(61)**

In Alençon, take the D311 towards Mamers - Chartres. As you leave Alençon, in St Paterne, follow the signs.
A Alençon, prendre la D311 vers Mamers - Chartres. A la sortie d'Alençon, à St paterne, suivre les panneaux.

Price in FF - *Prix en FF* :   2 pers ↓   maxi ↓

Oiseaux	🛏	WC	🚿	📺 ☎	640 Luxe 785 C
+	🛏				
Madame	🛏	WC	🛋	📺 ☎	840 Luxe
Canards	🛏	WC	🚿	📺 ☎	740 Luxe 885 C
+	🛏				
Henri IV & Tour	🛏	WC		📺 ☎	740 Luxe
Terrasse	🛏	WC		📺 ☎	540 C

72.9 ☀☀☀ 🏠

Monique DEAGE
«Les Patis du Vergas» - 72310 Lavenay

🚂 25 km ✈ 40 km ☎ 43 35 38 18 📠 43 35 38 18

Chez Monique, you are surrounded by beauty. The rooms are in a separate house with its own barbecue, in beautiful grounds with a private lake well stocked with fish. It is worth a detour just for the breakfast.

Chez Monique tout est plaisir des yeux : Un cadre magnifique au bord d'un étang privé très poissonneux, des chambres avec une maison indépendante, de nombreuses commodités (barbecue, jeux...). Rien que la table du petit déjeuner vaut le détour!

🅿 🌲 🐈 📺 👨‍👩‍👧 🍴 (90F) ♿ **GB**
🐎 🚴 3km 🚶 15km 📞 :1/11 → 30/03
Reduction BS

> **Lavenay** :

35 km - West of / *A l'Ouest de* **VENDÔME(41)**

In Vendôme, take the D917 towards Montoire/Loir-Troo-Pont de Braye where you turn right on to the D303 towards St Calais. Then turn left towards Lavenay.
A Vendôme, prendre la D917 vers Montoire/Loir-Troo-Pont de Braye où vous prenez à droite la D303 vers St Calais. Puis prendre à gauche vers Lavenay.

5 Bedrooms - *chambres* / Free Extra Bed - *Lit Sup. gratuit*
Price in FF - *Prix en FF* :   2 pers ↓   maxi ↓

Paquerette	🛏	🚿 WC	330 A	
Iris	🛏	🛁 WC	270 A	
Bleuet	🛏	🚿 WC	270 A	
Jasmin & Primevère	🛏 🛏	🚿 WC	270 A	330 Eco

Near - *Près de* **LA FERTÉ-BERNARD (72)**, See also - *Voir aussi* :
41.9 - Annie ROUSSEAU - «Le Relais de la Poste» - Le Gault du Perche - page 127

- 214 -

PAYS DE LOIRE

Département 72 : Sarthe

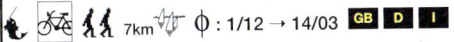

72.8 ☀ ☀ ☀ ☀ 🏰

35 km - West of / *A l'Ouest de* **VENDÔME(41)**

Brigitte BECQUELIN
«Château de la Volonière» - 72340 Poncé / Loir

✈ 45 km ☎ 43 79 68 16 📠 43 79 68 18

This 15th century château, in the village of craftsmen, accommodates up to 12 people. Each bedroom is in a different theme. The restoration has been done so skilfully that you would expect the poet Ronsard to appear at any moment.

Au cœur d'un village d'artisans, Ronsard peut surgir à tout moment dans ce château du XV°. Chaque chambre est restaurée autour d'un thème, le dépaysement et la modernité s'allient merveilleusement dans cette magnifique demeure.

sur place : Paintings and sculptures - *Peintures et Sculptures*

P 🌲 🐈 🛷 📺 🚫 🕸 🍴 (80/150F)

🚲 🚶 7km ⚓ φ : 1/12 → 14/03 **GB D I**

➢ **Poncé / Loir** :
In Vendôme, take the D917 towards Montoire/Loir - Troo - Poncé/ Loir.
A Vendôme, prendre la D917 vers Montoire/Loir - Troo - Poncé/Loir

6 Bedrooms - *chambres* / Reduction 2 nights - *nuits*
Price in FF - *Prix en FF* : 2 pers ↓   maxi ↓

Roméo	Apartment	🛏	🚿 WC	📺	400 B	
Juliette		🛏	🚿 WC		400 B	
Louis XIII		🛏	🚿 WC		400 B	
Barbe Bleue & 6°		🛏		WC	400 B	
Mille & une nuits		🛏 / 🛏		WC	400 B	700 A

- 215 -

PAYS DE LOIRE

Département 85 : Vendée

85.1 ☀☀☀☀ 🏰

Marc & Liliane de PONSAY
«Manoir de Ponsay» - St Mars des Prés - 85110 Chantonnay

→ 🚗 5 km ✈ 70 km ☎ 51 46 96 71 📠 51 46 80 07

This manor house, which has been in the family since 1644, is a listed, historic monument. The present generation is the 12th, and they will be happy to advise you on places to visit in the area, particularly Le Puy du Fou and La Venise Verte.

Ce manoir classé monument historique, est dans la même famille depuis 1644. La 12° génération sera heureuse de vous accueillir et vous faire découvrir toutes les richesses de son terroir. A proximité : Le Puy du Fou, la Venise verte, les abbayes. A 14km de l'Autoroute A83.

🅿 🌲 🐈 🛷 📺 🚭 🍷 🍴 (170F)
👣 🐴 3km 〰 GB D I

1 Suite + 6 Bedrooms - *chambres* + 1 Apartment - *appartement*
Extra Bed - *Lit Sup.* : 100F

5 km - East of / *A l'Est de* **CHANTONNAY**

➤ **St Mars des Prés** :
On the A83, take the Exit Chantonnay and go towards Pouzauges. There, take the D960B towards Pouzauges. From Puy-Belliard, follow the signs.
Sur l'A83, prendre la sortie Chantonnay et aller à Chantonnay. Là, prendre la D960B vers Pouzauges. Suivre le fléchage à partir de Puy-Belliard.

	Price in FF - *Prix en FF* :	2 pers ↓	maxi ↓
Fleurs	🛏 🚿/WC 📺	530 C	
Baldaquin	🛏 🛁/WC 📺	640 Luxe	
Carrelée	🛏 🚿/WC 📺	640 Luxe	
Suite Louis XI +	🛏 🛁/WC 📺	680 Luxe	820 C
Rouge & Bleue	🛏 🛁/WC 📺	430 C	
Verte	🛏 🛁/WC 📺	430 C	

85.3 ☀☀☀ 🏠

Renée FATOU
1, Chemin de Fossé - 85420 Liez

🏠 ✈ 100 km ☎ 51 00 77 74

In the heart of the marshlands, this 13th century manor house was once the home of the bishops of Mallezais. Enter via the heavy doorway and your breath will be taken away by this majestic building. One hour from Futuroscope.

Sur le parcours de la Venise Verte, cette maison de caractère en plein cœur du marais poitevin, fût au XIII° siècle, le manoir des évêques de Mallezais. Lorsque vous passez la lourde porte, vous avez le souffle coupé par la majesté de ces pierres.

🅿 🌲 🐈 🛷 📺 👣 GB E
🚲 🎣 45km 〰

WC shared - *commun* (Cathie & Mamie & Pierre)

18 km - Sud-East of / *Au Sud-Est de* **FONTENAY LE COMTE**

➤ **Liez** :
In Fontenay Le Comte, take the N148 towards Niort. Turn right on to the D24E towards Bouillé - Liez. In the village, the street is on the left, just before the 'Mairie'.
A Fontenay le Comte, prendre la N148 vers Niort. Tourner à droite sur la D24E vers Bouillé et Liez. Dans Liez, la rue est à gauche, juste avant la Mairie.

5 Bedrooms - *chambres* / Extra Bed - *Lit Sup.* : 40F

	Price in FF - *Prix en FF* :	2 pers ↓	maxi ↓
Cathie 2	🛏 🛏 🚿	190 Eco	230 Eco
Mamie & Pierre	🛏	190 Eco	
Annie	🛏 n.c.	190 Eco	
Christie	🛏 WC	190 Eco	

85.4 ☀☀☀ 🏠

Janine & Sylvie PIZON
«Le Paradis» - Le Sableau - RN137 - 85450 Chaillé les Marais

→ 🚗 19 km ✈ 120 km ☎ 51 56 72 15 📠 51 56 73 39

Near the marshlands of Poitou, this renovated old farmhouse is set back from the N137. There is a large terrace with a barbecue and use of a kitchen. You can hire bikes from your hosts and there is fishing and tennis 1km away.

A proximité du Marais Poitevin, cette ancienne ferme restaurée est située en retrait de la N137. Grande terrasse avec barbecue, cuisine à la disposition des hôtes. Sur place location de vélos, pêche et tennis à 1km, la Rochelle à 25km.

sur place : Pineau, Cognac, Honey - *miel*

🅿 🌲 🐈 🛷 📺 🚭 🚱 🍷 🍴 (60/80F) 🧊
🚲 1km 🎣 25km 〰 30km 〰 GB

6 Bedrooms - *chambres* / Reduction BS (1/09 →30/06)
Extra Bed - *Lit Sup.* : 20/40F

25 km - Sud-West of / *Au Sud-Ouest de* **FONTENAY LE COMTE**

➤ **Le Sableau** :
In Fontenay Le Comte, take the D938TER towards Marans - La Rochelle. Turn right on to the N 137 towards Nantes. The house is on the right, just before Le Sableau.
A Fontenay le Comte, prendre la D938TER vers Marans - La Rochelle. Prendre la N137 à droite vers nantes. La maison est sur la droite, juste avant Le Sableau.

	Price in FF - *Prix en FF* :	2 pers ↓	maxi ↓
A	🛏 🛏 🚿/WC	230 Eco	290 Eco
F	🛏 🛏 🚿/WC	230 Eco	
V	🛏 🛁	200 Eco	
J	🛏 🛏 🚿/WC	230 Eco	280 Eco
D 2	🛏 n.c. 🚿/WC	230 Eco	310 Eco
C	🛏 WC	230 Eco	

- 216 -

PAYS DE LOIRE

Département 85 : Vendée

85.5

15 km - Sud-East of / *Au Sud-Est de* **FONTENAY LE COMTE**

Marie-Agnès ROBUCHON
Le Peux - St Pierre le Vieux - 85420 Maillezais

➤ 25 km ✈ 130 km ☎ 51 00 78 44

There is a beautiful fireplace in the living room of this restored farmhouse, or you can take your breakfast on the terrace. You are in the heart of the marshlands, famous for their flowers and wildlife. Bikes and a small boat are available.

Dans cette ancienne ferme rénovée, vous trouverez une belle cheminée dans le séjour, les petits déjeuners sont servis dans la véranda. Au cœur du marais poitevin, animations sur la faune et la flore du marais, vélos et barque à disposition.

sur place : Pineau, Goat's cheese, Vegetables
Pineau, Fromages de chèvre, Légumes

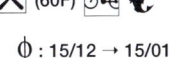

[icons] (60F)

3km 50m

Ø : 15/12 → 15/01

> **St Pierre le Vieux :**
In Fontenay Le Comte, take the N148 towards Niort. Turn right on to the D15 towards Maillezais then on to the D23 towards St Pierre le Vieux.
A Fontenay le Comte, prendre la N138 vers Niort. Tourner à droite sur la D15 vers Maillezais puis sur la D23 vers St Pierre le Vieux.

3 Bedrooms - *chambres* / Extra Bed - *Lit Sup.* : 50F

Price in FF - *Prix en FF* :	2 pers ↓	maxi ↓
Bas		160 Eco	
Haut		160 Eco	320 Eco
2			

85.6

20 km - North-West of / *Au Nord-Ouest des* **SABLES D'OLONNE**

George & Jane TREPTE
La haute Rivoire - 85470 Bretignolles / Mer

🚗 ✈ 80 km ☎ 51 33 80 34 / 51 33 80 34

This friendly British couple have restored this 18th century farmhouse, meticulously respecting the style of the Vendée. It is easy to find, but nevertheless quiet. Excellent surfing beaches are 1.5km away and there is riding nearby.

Ce couple anglais sympathique a rénové cet ancien corps de ferme du XVIII° en respectant le style vendéen. Facile d'accès, elle est cependant dans un cadre calme et tranquille à 1,5km de plages réputées pour le surf. Equitation à 1km.

[icons] 9 (60/85F)
10km 2km
HS : 3 Ø : 22/02 → 12/03
Reduction BS (10/09 → 16/06) / Extra Bed - *Lit Sup.* : 60F

> **Brétignolles/Mer :**
In Sables d'Olonne, go towards Olonne - St Gilles Croix de Vie. After Brétignolles, turn right on to the D12 towards La Chaize Giraud for 1km, then turn right and follow the signs.
Aux Sables d'Olonne, aller vers Olonne - St Gilles Croix de Vie. Après Brétignolles, prendre la D12 à droite vers La Chaize Giraud sur 1km et tourner à droite en suivant les panneaux.

3 Bedrooms - *chambres* + 1 Apartment - *appartement*

Price in FF - *Prix en FF* :	2 pers ↓	maxi ↓
1°		280 A	
2°		300 A	360 Eco
Bergerie 2		320 B	
Cave Apart 7		315 B	

(Breakfast and all linen provided - *petit déjeuner et linge de maison en sus*)

85.7

20 km - North-East of / *Au Nord-Est des* **SABLES D'OLONNE**

Pierre JASPERS
«La Guyonnière» - 85150 St Julien des Landes

➤ 8 km ✈ 75 km ☎ 51 46 62 59

We could not resist this charming group of holiday homes between the coast and the woods. It is 10km from the sea and 300m from the lake of Jaunay. A great place for kids.

La Guyonnière est un ensemble de résidences de vacances entre mer et bocage. Située à 10 km de l'océan et 300m du lac de Jaunay, vos enfants trouveront de nombreux animaux : âne, poney, lapins, poules, moutons, oies... ainsi que des jeux.

sur place : Eggs, potatoes - *Œufs, pommes de terre*

[icons] GB D NL
5km

Extra Bed - *Lit Sup.* : 40/60 F / 3

> **St Julien des Landes :**
In Sables d'Olonne, take the N160 towards La Roche/Yon. In La Mothe-Achard, take the D12 towards St Gilles Croix de Vie for 3km. Signposted on the right.
Aux Sables d'Olonne, prendre la N160 vers La Roche/Yon. A La Mothe-Achard, prendre la D12 vers St Gilles Croix de Vie sur 3km. Panneau à droite.

6 Bedrooms - *chambres*
1 gite for groups - *gîte de groupe* (50pers)

Price in FF - *Prix en FF* :	2 pers ↓	maxi ↓
1° & 2°	2	220 Eco	300 Eco
3° & 4°		220 Eco	
5° & 6°		220 Eco	260 Eco

- 217 -

POITOU CHARENTES

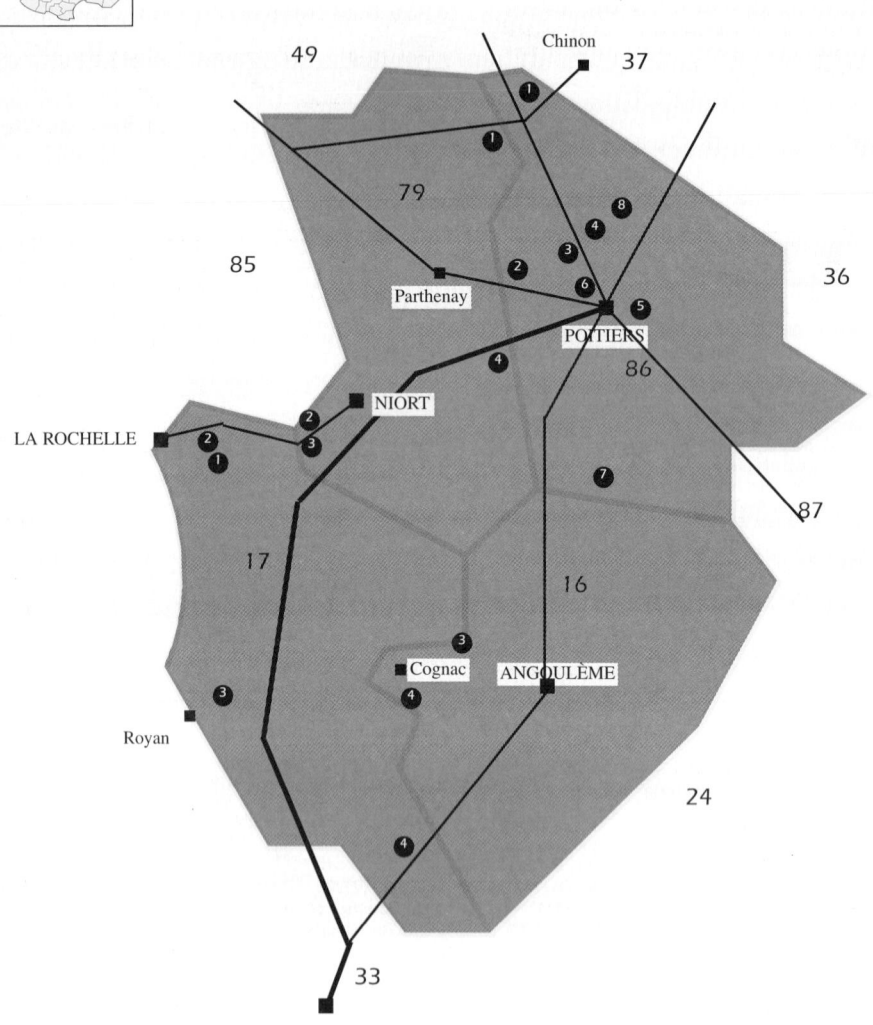

POITOU-CHARENTES

Poitou-Charentes... when you say it like this most French people think of Cognac; or Poitiers with its superb Futuroscope hi-tech leisure park devoted to interpreting communication technology ; or beautiful La Rochelle ; or l'Ile de Ré ; or the oysters of Marenne d'Oléron ; or Fort Boyard of television fame. Parisians will mention Royan and the beaches they have always loved. However, change it to Charente-Poitou and they will all instantly reply 'butter'. Surgères butter is one of the finest of all France, so it is easy to forget Hélène de Surgères, Muse of the poet Ronsard...

This tranquil region is well loved by the French themselves because of its beaches, its countryside and its rich cultural heritage.

Poitou-Charentes si vous l'évoquez sous cette forme, les Français vous répondront Cognac ; Poitiers et son Futuroscope, superbe parc de loisirs orienté vers les technologies de la Communication ; La Rochelle la belle ; l'île de Ré ; Marenne d'Oléron et ses huîtres; Fort Boyard de la célèbre émission de Télévision. Les Parisiens n'oublieront pas de citer Royan et ses plages qui ont toujours été chères à leur cœur. Mais si vous dîtes Charente-Poitou : tous à l'unisson évoqueront 'le beurre'. Le beurre de Surgères est l'un des plus appréciés de France et on en a oublié l'existence d'Hélène de Surgères, la muse du poète Ronsard... Cette région tranquille, est la bien aimée des Français pour ses plages, sa campagne et la richesse de son patrimoine culturel.

POITOU-CHARENTES

Département 16 : Charente

16.3

18 km - North-East of / *Au Nord-Est de* **COGNAC**

Richard & Jean STRICKLAND
«Les Hiboux» - La Courade - 16170 Rouillac

➤ 28km ✈ 110km ☎ 45 96 51 55 📠 45 96 52 53

This large, restored farmhouse combines modern comfort with olde worlde charm. Your hosts love wine, golf and riding. Richard will organise everything so that you enjoy your holiday to the full. However the high point of your stay will be his wife, Jean's meals ...

Cette grande ferme restaurée allie confort moderne et charme ancien. Amateurs de vin, de golf, de cheval, Richard vous organise tout, pour que vous en profitiez pleinement. Mais le temps fort de vos vacances, c'est la table de Jean, son épouse...

(80/100F)

🚲 6km 🚶 6km ☘ 8km 🎣 10km 🏊 12km

20km

1 Suite + 6 Bedrooms-*chambres*+2 Apartments-*appartements*
Reduction 3 nights-*nuits* & BS(1/09➜11/09) & groups-*groupes*

➤ **La Courade** :

In Cognac, take the N141 towards Angoulême. In Jarnac, turn left on to the D736 for 7km. In Sigogne, take the D75 towards Mareuil. Turn left on to the D119 towards Courbillac. In La Courade, follow the signs 'Les Hiboux'.
A Cognac, prendre la N141 vers Angoulême. Dans Jarnac, prendre à gauche la D736 sur 7km puis dans Sigogne, prendre la D75 vers Mareuil. Prendre à gauche la D119 vers Courbillac. A La Courade, suivre les panneaux 'Les Hiboux'.

3 ⎕ shared - *commun* (6 Simples) / Extra Bed - *Lit Sup.* : 35F
Price in FF - *Prix en FF* : 2 pers ↓   maxi ↓

Familiale	🛏 2 🛏	🚿	560 C	720 B
de-Luxe 1 & de Luxe (Annexe)	🛏	🚿	500 C	
de-Luxe 2	🛏	🚿	500 C	
Double	🛏	🚿	420 C	
Simples A & B & 4 Simples (Annexe)	2 🛏		420 C	
Suite Annexe ♿	🛏 + 2 🛏	🚿	560 C	720 B

16.4

18 km - South of / *Au Sud de* **COGNAC**

Henri & Monique GEFFARD
«La Chambre» - 16130 Verrières

🏠 ✈ 100 km ☎ 45 83 02 74 📠 45 83 01 82

Here the whole family will look after you, and always with a smile. They will invite you to taste their own production of Pinot and Cognac and to visit their distillery and vineyard. They can also arrange for you to meet local craftsmen, if you wish.

Ici tous les membres de la famille peuvent vous renseigner et toujours avec le sourire. Ils vous font déguster leur production de Pineau et de Cognac, visiter leur distillerie et leur vignoble ou à la demande vous font rencontrer les artisans locaux...
sur place : Premier Cru cognac, Pineau...

1km

1km 15km 🚣 15km 🏊 15km 🎣 50km GB

➤ **Verrières** :

On the A10, Exit 36 Pons-Cognac. Take the D732 towards Cognac. In Pons, take the D700 towards Barbezieux. In Archiac, turn left towards Verrières. Follow the signs.
Sur l'A10 Sortie N°36 Pons-Cognac. Prendre la D732 vers Cognac. A Pons, prendre la D700 vers Barbezieux. A Archiac, tourner à gauche vers Verrières : suivre les panneaux.

5 Bedrooms - *chambres* / Extra Bed - *Lit Sup.* : 95 F
Reduction groups - *groupes*

Price in FF - *Prix en FF* :   2 pers ↓   maxi ↓

1° & 2°	🛏		🚿	220 Eco	285 Eco
3°	2 🛏	🛏	🚿 🛁	220 Eco	450 Eco
4° & 5°	🛏		🚿	220 Eco	

Département 17 : Charente Maritime

17.1

15 km - East of / *A l'Est de* **LA ROCHELLE**

Françoise FERRAND
11, Rue Maisonnette du Bois - 17290 Le Thou

➤ 15 km ✈ 30 km 🏠 ☎ 46 35 72 91

Here there is a rich, cultural and natural heritage: les Francofolies of La Rochelle, the musical academy of Saintes, concerts, les Marais Poitevin, Brouage, the beaches, the islands and, above all, Jean-Pierre's delicious dinners (his specialities are mouclade and desserts).

Patrimoine, richesses culturelles et naturelles : Les Francofolies de La Rochelle, l'Académie musicale de Saintes, les concerts, le Marais Poitevin, Brouage, les plages, les îles et surtout... la table d'hôte de Jean-Pierre (mouclade, desserts...).

(70F) GB

Reduction groups - *groupes* / WC shared - *commun* (2° & 3° & 4°)

➤ **Le Thou** :

In La Rochelle, take the D939 towards Surgères for 20km. Turn left on to the D5 towards Rochefort, for 500m then turn left towards Le Thou and immediately left towards Maisonneuve.
A La Rochelle, prendre la D939 vers Surgères sur 20km. Prendre à gauche la D5 vers Rochefort sur 500m et à Gauche vers Le Thou puis tout de suite à gauche vers Maisonneuve.

1 Suite + 3 Bedrooms - *chambres* / Extra Bed - *Lit Sup.* : 40 F
Price in FF - *Prix en FF* :   2 pers ↓   maxi ↓

Suite Rose +	🛏 2 🛏	🚿	n.c.	200 Eco	300 Eco
Bleue & Verte & Parme	🛏	🚿	n.c.	180 Eco	

5km 13km 15km 15km 15km

- 220 -

POITOU-CHARENTES

Département 17 : Charente Maritime

17.2

Jean-Pierre & Eliane MASSIGNAC
«Le Château» - 17220 St Christophe

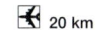

20 km   46 35 51 76

This château from the Empire period has been rebuilt on the remains of a fortress. The islands of Aix, Ré, Oléron and le Marais Poitevin are at their best in the spring and autumn, when you will really savour the soft Charente climate and the welcome of Monsieur and Madame Massignac.
Ce Château Empire a été reconstruit sur les vestiges du château fort. Les îles d'Aix, de Ré, d'Oléron, le Marais Poitevin... sont à découvrir au printemps ou en automne, pour mieux apprécier la douceur charentaise et l'accueil de Mme et M. Massignac.

◯ : 1/10 → 31/03   GB D I

18 km - East of / A l'Est de **LA ROCHELLE**

➢ **St Christophe** :
In La Rochelle, take the D939 towards Surgères. In Aigrefeuille, take the D112 towards St Christophe where you go towards Martinière for 200m. The château is on the left.
A La Rochelle, prendre la D939 vers Surgères. Dans Aigrefeuille, prendre la D112 vers St Christophe. Dans St Christophe, suivre Martinière, le château est à 200m à gauche.

1 Bedroom - chambre / HS (1/07 → 31/08) : 2

Price in FF - Prix en FF :   2 pers ↓

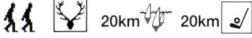

WC   500 C

20km   20km

17.3

Pierre & Hélène PAPINEAU
Toulon Sablonceaux - 17600 Saujon

→ 3 km   25 km   46 02 36 29

The house is modern, very pleasant and your hosts are charming. In addition, this is a wonderful area for lovers of Roman art, and churches and abbeys abound. There are also wonderful soft sandy beaches at Royan, la Grande Côte and the islands of Oléron, Ré and Aix.
La maison est récente, très agréable et les hôtes charmants. De plus, c'est une région de rêve pour les amateurs d'art Roman : églises et abbayes foisonnent, mais également les plages de sable fin : Royan, la Grande Côte, les îles d'Oléron, de Ré, d'Aix.

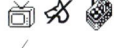

GB D E

3km 3km 3km 12km 15km
11km 30km

12 km - North-East of / Au Nord-Est de **ROYAN**

➢ **Toulon Sablonceaux** :
In Royan, take the N150 towards Saintes. 2km after Saujon, turn left towards Toulon before the Romain Camp. Third house on the left (on the cross roads).
A Royan, prendre la N150 vers Saintes. 2km après Saujon, prendre à gauche vers Toulon, avant le Camp Romain. C'est la 3° maison à gauche (juste au carrefour).

1 Suite + 2 Bedrooms - chambres / Extra Bed - Lit Sup. : 80F
WC shared - commun (Hélène & Emilie)

Price in FF - Prix en FF :   2 pers ↓   maxi ↓

Hélène   230 Eco
Emilie   230 Eco
Anne   n.c.   230 Eco   390 Eco
+ Isabelle

17.4

55 km   46 04 65 17   46 04 85 38

La Thébaïde has been wonderfully restored and the dining room with its ancient beams and its Jouy tapestry will enthrall the experts. Nearby is the forest with over 300km of trails and a heritage museum.
La Thébaïde est admirablement restaurée, la salle à manger avec ses poutres ancestrales et sa toile de Jouy ravira les amateurs. Tout près de la forêt et de ses 300km de circuits, d'un pôle nature intéressant et d'un musée du patrimoine.

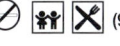

(90F)   GB

4km 5km 5km 5km 10km

Reduction 5 nights - nuits / 2

55 km - North-East of / Au Nord-Est de **BORDEAUX(33)**

➢ **Pouillac** :
Your hosts request that you phone in advance
Vos hôtes souhaitent que vous les préveniez de votre arrivée

4 Bedrooms - chambres / Extra Bed - Lit Sup. : 60F

Price in FF - Prix en FF :   2 pers ↓   maxi ↓

Rez de Chaussée 1°   250 A   310 Eco
Rez de Chaussée Bleue   2   250 A   360 Eco
3°   n.c.   250 A
4°   WC   250 A

From October 18th, the telephone number of hosts in Poitou-Charentes will begin with 05.
Dial : + 33 5 before your host's telephone number (from France : dial 05 before your host's telephone number).
A partir du 18 Octobre, le numéro de téléphone de vos hôtes de Poitou-Charentes débutera par 05.
Composez : International + 33 5 suivi du N° de votre hôte (de France : 05 devant le N°).

POITOU-CHARENTES

Département 79 : Deux Sèvres

79.1

38 km - South-West of / Au Sud-Ouest de **CHINON(37)**

Famille W. BUSHART
«Château de Leugny» - rue de la Grillère - Oiron
79100 Thouars

➔ 14 km   ☎ 49 96 50 06

This small manor house is nicely situated amongst the trees. The surroundings are pleasant and you will appreciate the swimming pool when you return from your visits to the châteaux de la Loire. The local château of Oiron is only 500 metres away, and you are also near to the vineyards of Bellay and Saumur.

Ce petit manoir est bien installé au milieu des arbres. L'environnement est agréable, la piscine appréciée au retour des visites des châteaux de la Loire, sinon, le château de Oiron est à 500m. Proche des vignobles du Bellay et de Saumur.

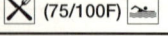

P 🚭 👪 ✕ (75/100F) 🛶   GB   D

➢ **Oiron** :
In Chinon, take the D759 towards Loudun then Thouars. In Pas de Jeu, turn left on the D64 towards Oiron. The small château is on the right, on the D162 towards Leugny.
A Chinon, prendre la D759 vers Loudun puis Thouars. A Pas de Jeu, prendre à gauche la D64 vers Oiron. Le petit château est sur la droite, sur la D162, route de Leugny.

2 Bedrooms - *chambres*
Reduction 7 nights - *nuits* / Extra Bed - *Lit Sup.* : 80 F

	Price in FF - *Prix en FF* :	2 pers ↓	maxi ↓
Suite	🛏 🛏 n.c.(WC + 🚿) 🛋	280 A	360 Eco
Studio	🛏	🛋	250 A

φ : 1/10 ➔ 31/03

79.2

20 km - West of / A l'Ouest de **NIORT**

Philippe PLAT
Rue de l'Ouche - 79210 Arçais

🚗   ➔ 200 km   ☎ 49 35 42 59 / 49 35 91 55

This old house, typical of Poitou, has been well restored and here you will find a friendly welcome in the heart of the marshlands. In this nature park, the flora and the fauna are protected and you can set off to explore the area by boat from the grounds, or enjoy the swimming pool.

Cette ancienne maison poitevine, très bien rénovée, vous réserve un accueil sympathique. Elle est au cœur du Marais Poitevin, Parc naturel où faune et flore sont protégées. Vous pouvez y partir en barque du parc, ou profiter de la piscine.

P 🛶 📺 🚭 👪 🛶   GB
2 Bedrooms - *chambres* / Extra Bed - *Lit Sup.* : 70F

➢ **Arçais** :
In Niort, take the N11 towards Rochefort for 1km. Turn right on to the D3 for 16km. In St Hilaire la Palud, turn right on to the D101 towards Arçais. In the centre of the village, pass in front of the church towards Damvix : the house is 20m further down.
A Niort, prendre la N11 vers Rochefort sur 1km, puis prendre à droite la D3 sur 16km. Dans St Hilaire la Palud, prendre la D101 vers Arçais. Dans le centre du bourg, passer devant l'Eglise vers Damvix : la maison est 20m plus bas (portail beige).

	Price in FF - *Prix en FF* :	2 pers ↓	maxi ↓
Familiale	🛏 2 🛏	WC 🚿	280 A	420 Eco
2°	🛏	🚿 WC	280 A

🚴 🚶 🦌 🚣 🍀

79.3

23 km - South-West of / Au Sud-Ouest de **NIORT**

William & Christine PAPOT
«Ferme-Auberge du Petit Breuil» - Le Petit Breuil Deyrançon
79210 Mauzé / Le Mignon

🚗   ☎ 49 26 75 10

This old residence, surrounded by beautiful trees, is now a ferme-auberge. You will love the peace and quiet, the bright bedrooms and its excellent position in the heart of a tranquil village on the edge of the Poitou marshlands. Many wild orchids are found here in the spring.

Cette ancienne maison de Maître entourée de beaux arbres, vous séduira par son calme, ses chambres claires, sa situation privilégiée. Au cœur d'un village paisible, au seuil du Marais Poitevin. Nombreuses variétés d'orchidées au printemps.

sur place : Rillettes, apple juice, poultry-*Jus de pomme, volaille*

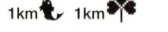

P 🐱 🛶 👪 ✕ (70/138F)   GB
1km 🚴 1km 🚶 1km 🦌 1km 🍀
1 Suite + 3 Bedrooms - *chambres* / Extra Bed - *Lit Sup.* : 70 F

➢ **Le Petit Breuil Deyrançon** :
On the A10, Exit N° 33 Niort-Sud. Take the N248 then the N11 towards Mauzé. Before Mauzé, turn left towards Le Petit Breuil Deyrançon, then follow the signs 'Bienvenue à la Ferme'.
Sur l'A10 Sortie N° 33 Niort-Sud. Prendre la N 248 puis la N11 vers Mauzé. Avant Mauzé, prendre à gauche vers Le Petit Breuil-Deyrançon puis suivre les pancartes 'Bienvenue à la ferme'.

	Price in FF - *Prix en FF* :	2 pers ↓	maxi ↓
1°	🛏 2 🛏	WC 🚿	260 A	400 Eco
2° + 3°	🛏 2 🛏	WC 🚿	230 Eco	460 Eco
Rez de Chaussée	🛏	WC 🚿	250 A
5°	🛏 2 🛏	WC 🚿	260 A	400 Eco

10km 🏊 15km ✂ 20km 🚿 40km ⚡

The boat trips on the Poitevin Marshes are out of this world...
Les promenades en barque dans le Marais Poitevin vous amènent hors du temps...

- 222 -

POITOU-CHARENTES

Département 79 : Deux Sèvres

79.4

Gérard & Françoise FREMAUX
«La Cure» - Avon - 79800 La Mothe St Heray

35 km — 49 76 39 92

The bedroom here is a large loftroom with rustic furniture in this old vicarage, restored in traditional style. The ideal time to visit is during the gentle months of autumn, when you will also enjoy Françoise's cooking. Gérard is a mine of information on the 200 Roman churches in the neighbourhood.

Dans cette ancienne cure restaurée à l'ancienne, une grande chambre en sous-pente, meublée rustique. Vous apprécierez la douceur de l'arrière saison et la cuisine de Françoise. Gérard vous renseignera sur les 200 églises Romanes voisines...

(70F) / 1/12 → 1/03

1 Bedroom - *chambre* / Extra Bed - *Lit Sup.* : 60 F

35 km - South-West of / *Au Sud-Ouest de* **POITIERS(86)**

➢ **Avon** :
In Poitiers, take the N11 then the D950 towards St Jean d'Angély. 10km after Lusignan, turn right towards Tumulus de Bougon for about 3km. At the corner of a large warehouse turn right and continue for 600m.
A Poitiers, prendre la N11 puis la D950 vers St Jean d'Angély. 10km après Lusignan, prendre à droite vers Tumulus de Bougon sur 3 à 4km. A l'angle d'un grand hangar, prendre à droite sur 600m.

Price in FF - *Prix en FF* : 2 pers ↓ maxi ↓

| 2 | n.c. | | | 220 Eco | 280 Eco |

+ Mezzanine

5km 10km 10km 20km

Département 86 : Vienne

86.1

Christian LAURENS
«Château de Bournand» - 86120 Bournand

50km 50km 49 98 77 82 49 98 97 30

Between Val de Loire and Futuroscope, Christian welcomes you to his residence which is full of charm, good taste and a convivial atmosphere. Around the dinner table, you will rediscover the forgotten flavours of good old-fashioned cooking. He can arrange reduced fees at the golf course.

Entre Val de Loire et Futuroscope, Christian vous ouvre les portes de sa Demeure où tout est charme, raffinement et convivialité. Vous aurez le plaisir de retrouver à la table, les saveurs oubliées de la cuisine d'autrefois... Tarifs préférentiels au golf.

(200F)

GB E I J

7km 10km

12 km - South-West of / *Au Sud-Ouest de* **CHINON(37)**

➢ **Bournand** :
In Chinon, take the D759 towards Loudun and Thouars, then the D39 towards Bournand. In the village, straight on to the war memorial then turn right and then the 1st street on the left.
A Chinon, prendre la D759 vers Loudun / Thouars puis la D39 jusqu'à Bournand. Dans le village, aller tout droit jusqu'au Monument aux Morts et prendre à droite puis la 1ère à gauche.

1 Suite + 3 Bedrooms - *chambres*

Reduction 3 nights - *nuits* / Extra Bed - *Lit Sup.* : 150F

Price in FF - *Prix en FF* : 2 pers ↓ maxi ↓

Suite			500 C	550 B
1°			500 C	
2°	2		500 C	
3°			500 C	700 C

86.2

Laurence SARAZIN
«Château de Tréguel» - Route de Nantes - 86190 Chalandray

30 km 40 km 49 60 18 95 49 60 18 95

This 19th century château in the heart of Poitou, is in 25 acres of grounds, surrounded by venerable trees. A warm and lively atmosphere reigns. You may start by planning just an overnight stop, but you will not resist the temptation to stay longer in order to visit the Sauvignon wine cellars.

Au cœur du Poitou, ce château du XIX° est entouré d'un parc de 25ha aux arbres séculaires. Ambiance chaleureuse et conviviale. C'est une bonne halte sur votre route, mais vous déciderez peut-être de rester pour visiter les caves de Sauvignon...

(90F) GB

4km 15km

Reduction 3 nights - *nuits* / BS (15/11 → 15/03) : 2

20 km - East of / *A l'Est de* **PARTHENAY(79)**

➢ **Chalandray** :
In Parthenay, take the N149 towards Poitiers. 500m before Chalandray, turn right in to the lane and continue for 300m. (Or, from the A10, take the exit to Poitiers and go on to the N149 towards Parthenay/Nantes).
De Parthenay, prendre la N149 vers Poitiers. 500m avant Chalandray, prendre à droite le chemin sur 300m. (Ou de l'A10, sortir à Poitiers et prendre la N149 vers Parthenay/Nantes).

2 Suites + 4 Bedrooms - *chambres* / Extra Bed - *Lit Sup.* : 80F

Price in FF - *Prix en FF* : 2 pers ↓ maxi ↓

Suite Comtesse & Suite Honneur

+			400 B	600 A
Comte & Pavillon		250 A	
Jumelle 1			300 A	
Jumelle 2			300 A	

- 223 -

POITOU-CHARENTES

Département 86 : Vienne

86.3 — 15 km - North-West of / *Au Nord-Ouest de* **POITIERS**

Michel VAN DEN BERG
14, Route de Vouillé - 86170 Champigny le Sec

✈ 25 km ☎ 49 54 62 49

A restored old farmhouse in a small, peaceful, country village. The first floor is reserved exclusively for guests and the bedrooms are cute, under the eaves with beautiful, exposed beams. Close to Futuroscope and the Poitou marshlands. An excellent base for families.

Ancienne ferme rénovée, située dans le calme d'un petit village. L'étage est réservé aux hôtes, les chambres sont coquettes, en sous-pente avec de belles poutres apparentes. Tout près du Futuroscope, du Marais Poitevin. Idéal pour les familles.

sur place : Wine - *Vin*

> **Champigny le Sec** :
In Poitiers, take the N149 towards Parthenay. In Vouillé, take the D7 towards Champigné. As you enter the village, the house is the third one on the right.
A Poitiers, prendre la N149 vers Parthenay. A Vouillé, prendre la D7 vers Champigny le Sec. En arrivant à Champigny, c'est la 3ᵉ maison à droite.

1 Suite / Free Extra Bed - *Lit Sup. gratuit*
Reduction BS (1/09 ➔ 30/04)

Price in FF - *Prix en FF* :	2 pers ↓	maxi ↓
(baby - *bébé*) n.c.	190 Eco	350 Eco
+ 2 (130)		

10km 25km 30km 40km 25km

86.4 — 20 km - North of / *Au Nord de* **POITIERS**

Eric Le GALLAIS
«Château de Labarom» - 86380 Chéneché

✈ 20 km ☎ 49 51 24 22 / 49 51 47 38

Built on a 170 hectare estate, you will find peace and a closeness to nature at this wonderful Château de Labarom. The 17th century gallery and its period decorations are superb and the listed dovecote is quite outstanding.

Construit sur un domaine de 170ha vous trouverez au Château de Labarom le calme et la nature. La galerie du XVème et ses décorations d'époque sont superbes, le pigeonnier est à voir, il est classé. Deux très bons restaurants à moins de 10km.

sur place : Hand-painted bone china - *Peinture sur Porcelaine*

Ø : 5/11 ➔ 15/04   GB

4km 15km 15km

5 Bedrooms - *chambres* / Extra Bed - *Lit Sup.* : 100 F
Reduction 3 nights - *nuits* & groups - *groupes*

> **Chéneché** :
On the A10, take the exit to Futuroscope and go towards Neuville. Turn right on to the D757 towards Vendeuvre. As you enter the village, turn left towards Chéneché. Cross the village and continue for 1km. Turn right into the lane, at the stone cross.
Sur l'A10, Sortie Futuroscope puis direction Neuville. Tourner à droite sur la D757 jusqu'à Vendeuvre. A l'entrée, tourner à gauche vers Chéneché. Dépasser le village et 1km après, prendre le chemin à droite à la Croix de pierre.

Price in FF - *Prix en FF* :	2 pers ↓	maxi ↓
Bleue	2	350 B	550 A
Romantique	2		
Tour	2	350 B	550 A
Piscine	2		
Bovary	2	350 B	450 A

86.5 — 10 km - East of / *A l'Est de* **POITIERS**

Vicomte & Vicomtesse Hilaire de VILLOUTREYS
«Le Logis du Château du Bois Dousset» - 86800 Lavoux

✈ 15 km ☎ 49 44 20 26

In the same family for 300 years, the château and the dwelling house are both listed, historic monuments. The house, in the old "Orangerie", is welcoming, and comfortable, and very impressive, especially the beautiful interior courtyard.

Propriété familiale depuis 300ans, le château et le logis sont classés Monuments historiques. Le logis, chaleureux, confortable, à la décoration typique, est l'ancienne orangerie du château. Il est impressionnant. Très belle cour intérieure.

GB E

5km 10km 15km

Reduction 3 nights - *nuits* & groups - *groupes*
Extra Bed - *Lit Sup.* : 100 F

> **Lavoux** :
On the A10, take the exit 'Poitiers-Nord'. Go towards Limoges for about 5km. Turn left towards Bignoux. Le Château du Bois Dousset is between Bignoux and Lavoux.
Sur l'A10, Sortie Poitiers-Nord. Prendre la direction de Limoges puis à environ 5km, prendre à gauche Bignoux. Le Château du Bois Dousset est entre Bignoux et Lavoux.

2 Suites + 1 Bedroom - *chambre*

Price in FF - *Prix en FF* :	2 pers ↓	maxi ↓
Chambre du Général			
	n.c.	350 B	750 Eco
+ Mansarde 4			
Bleue	WC	350 B	550 A
+ Suite 2			
Jaune		350 B	450 A

Futuroscope de Poitiers : Theme park devoted to images - *Parc Européen de l'image*

POITOU-CHARENTES

Département 86 : Vienne

86.6

10 km - North of / Au Nord de POITIERS

Jocelyne FERRAND-MOREAU

15, Route de Preuilly - BP 5 - Martigny - 86170 Avanton

8 km — 49 54 02 02

Jocelyne's house is very pleasant and breakfast is either served on the terrace, or in the house overlooking the garden. The two large studio apartments are very bright, very comfortable and separate from the main house. They also have 'baby foot'!
La maison de Jocelyne est très agréable, les petits déjeuners sont servis sur la terrasse ou dans la maison face au jardin. Les deux grands studios sont très clairs, indépendants et très confortables. A disposition : babyfoot, ping-pong...

GB **E**

2,5km 8km 10km 10km 10km

> **Martigny** :
On the A10, take the exit to Futuroscope. Go towards Martigny, Poitiers. In Chasseneuil, at the traffic lights, turn right towards Migné-Auxances.
Sur l'A10, Sortie Futuroscope prendre la direction Martigny - Poitiers. A Chasseneuil, prendre à droite au feu vers Migné - Auxances.

2 Studios / Extra Bed - *Lit Sup.* : 60F
Reduction 4 nights - *nuits* & BS (1/10 ➜ 31/03)

	Price in FF - *Prix en FF* :	2 pers ↓	maxi ↓
1°	Apart ment 2		250 A	370 Eco
2°	Apart ment		250 A	

10km 10km 10km 12km

86.7

60 km - South of / Au Sud de POITIERS

Jean-Claude CORBIN

«Château du Cibioux» - 86250 Surin

15km 50km 49 87 04 89 49 87 46 30

The suite in Jean-Claude's château is reached via a beautiful 16th century loggia, where you will take breakfast. You will be impressed by the good taste, simple authenticity and the discrete way in which modern comforts have been built into this wonderful place.
On accède à la suite du château de Jean-Claude, par une très belle loggia du XVI° ou vous pourrez prendre votre petit déjeuner. Vous serez charmés par le raffinement, l'authenticité, la simplicité et le confort moderne mais très discret de ces lieux.

(100F)

> **Surin** :
In Poitiers, take the D741 towards Gencay. Continue on to the D1 towards Civray where you take the D35 towards Surin. In the village, follow the signs.
A Poitiers, Prendre la D 741 jusqu'à Gencay où vous continuez sur la D1 jusqu'à Civray. Là, prendre la D 35 jusqu'à Surin et suivre les panneaux.

1 Suite / Reduction 3 nights - *nuits*

	Price in FF - *Prix en FF* :	2 pers ↓	maxi ↓
+			550 C	650 C

10km 30km

86.8

20 km - North of / Au Nord de POITIERS

Ida PARVIN

«La Grange aux Loups» - les Vallées - 86380 Ouzilly

20 km 49 90 75 73 49 93 07 27

The comfortable and cosy atmosphere of this restored old farmhouse is very pleasant. It is surrounded by verdant, peaceful countryside, and you will take away the impression of sweet relaxation. The bedrooms are bright and comfortable. 10km from Futuroscope.
Ambiance feutrée très agréable dans cette ancienne ferme rénovée entourée de verdure et de calme. Les chambres sont confortables et claires. Vous garderez une impression de douceur et de repos. Le Futuroscope est à 10km.

(90F) **GB**

> **Ouzilly** :
In Poitiers, take the D757 towards Lencloitre. In Vendeuvre, take the D43 towards Ouzilly. In the village, take the road opposite the church and follow the signs to 'Les Vallées' for 1.5km.
A Poitiers, Prendre la D757 vers Lencloitre. A Vendeuvre, prendre la D43 jusqu'à Ouzilly. Dans le village, prendre la route en face de l'église et suivre les panneaux 'Les Vallées' sur 1,5km.

2 Bedrooms - *chambres* / Reduction 7 nights - *nuits*

	Price in FF - *Prix en FF* :	2 pers ↓	maxi ↓
Jardin			220 Eco	280 Eco
Cour			220 Eco	

Near - *Près de* POITIERS See also - *Voir aussi* :
79.4 - Gérard & Françoise FREMAUX - «La Cure» - Avon - page 223

Wenn Sie direkt buchen, so weisen Sie bitte auf den Bed & Breakfast (France) Reisekatalog hin.

PROVENCE-ALPES-CÔTE D'AZUR

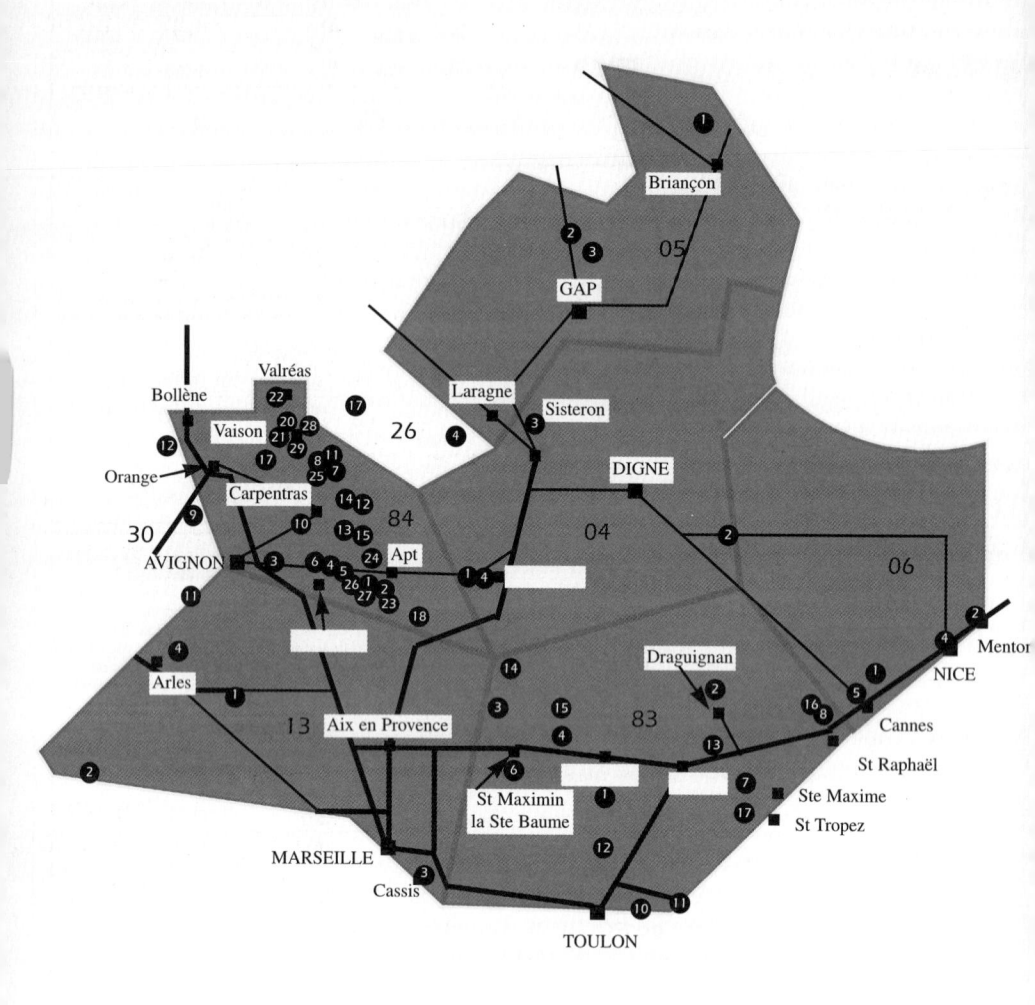

Briançon
GAP
05
Valréas
Bollène
Vaison
Orange
Carpentras
AVIGNON
Laragne
Sisteron
DIGNE
26
84
Apt
04
06
Mentor
NICE
Arles
Draguignan
13
Aix en Provence
83
Cannes
St Raphaël
Ste Maxime
St Tropez
St Maximin la Ste Baume
MARSEILLE
Cassis
TOULON

- 226 -

PROVENCE-ALPES-COTE D'AZUR

Provence... Who has not heard of the French Riviera ? The sun, the sea, the yachts, the casinos. Some may tell you this is the cliché image, but it is still a fabulous place, where you can drink champagne on the balcony at Christmas. The hinterland is as attractive as the coast, quiet and sunny and never far from the sea. Provence is wonderful markets, Roman remains, villages clinging to the hillsides, the famous festivals of Avignon and Aix-en-Provence, 'la garrigue', la Camargue with its bulls, pink flamingos and impressive mountains. Here you can ski in the sun or enjoy an excellent selection of routes for walking and hiking. This is a popular area, so book early to avoid disappointment, especially in the months of July and August.

Photo : 83.14 - page 235

Provence... Qui ne connait pas 'The French Riviera'... Le Soleil, la Mer, les Yachts, les Casinos : Une 'image d'Epinal' disent les Français ! C'est tout de même un lieu idyllique où il est très agréable à Noël, de boire le champagne au soleil sur une terrasse... L'Arrière Pays est tout aussi attirant que la Côte : Calme et Soleil, tout proche de la Mer. La Provence, c'est aussi les Marchés colorés, les vestiges Romains, les villages accrochés à flanc de colline, les Festivals d'Avignon, d'Aix en Provence... La garrigue, la Camargue, ses manades de taureaux, ses flamands roses et les Montagnes aux altitudes impressionnantes où vous pourrez skier au soleil ou découvrir les innombrables sentiers de randonnées.

- 227 -

PROVENCE-ALPES-CÔTE D'AZUR

Département 04 : Alpes de Haute Provence

04.1

20 km - West of / A l'Ouest de **MANOSQUE**

Françoise EXBRAYAT
«Le Pigeonnier» - Rue du Château - 04280 Céreste

60 km   92 79 07 54   92 79 07 75

When you see this authentic, 12th century village house in the heart of the Lubéron, you simply cannot pass by. The light of the Midi enhances the colours and everything blends in perfectly. You must stop here.

Quand on arrive devant cette authentique maison de village du XII°, dans le cœur du Lubéron, sur l'axe du Sud, on a envie d'y entrer. La lumière du midi joue avec les couleurs, tout est étudié avec goût. Arrêtez-vous absolument.

GB

20km   ∅ : 1/11 → 1/04

➢ **Céreste** :
In Manosque, take the D907 towards the N100 where you turn left towards Apt. In Céreste, the street is the last one on the right.
A Manosque, prendre la D907 vers la N100 que vous prenez à gauche vers Apt. Dans Céreste, la rue est la dernière à droite.

3 Bedrooms - chambres / Extra Bed - Lit Sup. : 70 F

Price in FF - Prix en FF : 2 pers ↓		
	n.c.	230 Eco
	WC	270 A
	WC	295 A

04.4

7 km - West of / A l'Ouest de **MANOSQUE**

Arlette BLINE
«Les Bourdins» - 04110 Montfuron

80 km   92 78 62 57

You are in the land of Jean Giono ! A warm, country welcome awaits in this isolated house on a hill, surrounded by 40 hectares of fields and woods of Aleppo pines. A good area for walking and Manosque is a pleasant little town.

Vous êtes dans le pays de Jean Giono ! Accueil chaleureux et campagnard dans cette maison isolée, sur une colline de 42ha, entourée de champs cultivés et de bois de pins d'Alep. Région des randonnées où Manosque est une petite ville agréable.

(80F)

4km   8km

➢ **Montfuron** :
In Manosque, take the D907 towards the N100. The lane is on the right, 50m after the junction with the road to Villemus.
A Manosque, prendre la D907 vers Pertuis. Le chemin est à droite, 50m après le croisement de la route vers Villemus.

3 Bedrooms - chambres / Extra Bed - Lit Sup. : 60F
Reduction 3 nights - nuits & BS (1/09 → 30/06)

Price in FF - Prix en FF : 2 pers ↓		
1° & 3°	WC	240 Eco
2°	WC	190 Eco

10km   20km   25km   40km

04.3

10 km - North of / Au Nord de **SISTERON**

Elisabeth COLLOMBON
«Les Passerons» - 04200 Vaumeilh

150 km   92 62 12 52

One of the best places in Europe for hang-gliding. Close to the main N75 and the citadelle at Sisteron. This is the gateway to the 'Alpes de Haute Provence', 'la garrigue', and the magnificent peaks of the 'Alpes du Sud' and the Verdon.

Une des meilleures plates-formes européennes de vol à voile. Tout proche de l'axe N75 et de la citadelle de Sisteron, vous entrez dans les Alpes de Haute Provence : la garrigue, les magnifiques sommets des Alpes du Sud, le Verdon, les lacs.

GB

➢ **Vaumeilh** :
On the roundabout, at the Exit Sisteron-Nord, of the A51, take the N85 towards Gap for 1,5km. Turn right towards Thèze, Vaumeilh, La Motte du Caire. At the croosroads with the restaurant 'Le Caboulot', turn left and follow the signs.
Au rond-point de la Sortie Sisteron-Nord de l'A51, prendre la N85 vers Gap sur 1,5km. Prendre à droite vers Thèze, Vaumeilh, La Motte du Caire. Au restaurant 'Le Caboulot', au croisement, prendre à gauche et suivre les panneaux.

Price in FF - Prix en FF :	2 pers ↓		maxi ↓
le Rossignol	Apart ment / WC	270 A	350 Eco
la Mésange & la Fauvette	Apart ment / WC	270 A	350 Eco

3 Apartments - appartements
no breakfast - pas de petit-déjeuner / HS : 7

Near - Près de MANOSQUE (04) See also - Voir aussi :
84.16 - Gérard & Jacqueline BESSET - Grambois - Page 238
Near - Près de LARAGNE (05) See also - Voir aussi :
26.4 - Jacques & Gaby LAURENT - Eygalayes - Page 262
Les Alpes de Haute Provence and les Hautes Alpes :
a winter paradise for skiers and a summer paradise for hikers.
le royaume du Ski et de la Randonnée au Soleil !

- 228 -

PROVENCE-ALPES-CÔTE D'AZUR

Département 04 : Alpes de Haute Provence

04.2

70 km - North-West of / *Au Nord-Ouest de* **NICE(06)**

Henri MAURO
«Domaine St Hubert de la Chaume»
Val de Chalvagne - 04320 Entrevaux

70 km — 93 05 49 49 — 93 05 48 75

This hunting lodge is on an 700 hectare private estate about 1,000m in altitude. Entrevaux is a typical village on the famous 'train des pignes' railway line. Rather sober rooms but more than compensated for by the gastronomic meals.
Un cadre absolument exceptionnel pour ce domaine de chasse de 700ha clos à 1100 m d'altitude. Village très typique d'Entrevaux où s'arrête le célèbre train des pignes. Confort des chambres sobre, mais repas gastronomique.
sur place : Local produce - *produits du terroir*

(80/200F)   GB I

4 X 4   🚲   Ø : 15/01 → 28/02

> **Val de Chalvagne** :
In Nice, follow the signs to Digne and take the N202 towards Digne. In Entrevaux, opposite the lifting-bridge take the road by the 'Pharmacie' for 9km.
A Nice, suivre les panneaux Digne et prendre la N202 vers Digne. A Entrevaux, face au Pont Levis, prendre la route à côté de la Pharmacie sur 9km.

6 Bedrooms - *chambres* / Extra Bed - *Lit Sup.* : 50 F
shared - *commun* (verte & petite & double)

Price in FF - *Prix en FF* : 2 pers ↓   maxi ↓

Voutée	🛏 🛏	WC	270 A	295 Eco
Bleu	2 🛏	WC	270 A	295 Eco
Jaune	🛏	WC 🛁	270 A	
Verte	2 🛏		200 Eco	250 Eco
Petite & Double	🛏		200 Eco	

Département 05 : Hautes Alpes

05.1

18 km - North of / *Au Nord de* **BRIANÇON**

Claire PASCALLET
«La Joie de Vivre» - hameau de Salé - 05100 Névache

→ 18km   110km   92 21 30 96   92 20 06 40

An old mountain house. Ideal for skiing or, if you come in the autumn, for collecting mushrooms which your hosts will prepare for you the same evening. They will introduce you to the gastronomic specialities of the Alps. Altitude 1,600m.
Maison ancienne de montagne. Hors période de ski, vous cueillerez des champignons que vous mangerez le soir même. Vous goûterez la cuisine gourmande des Alpes, les spécialités végétariennes. Vallée classée 'biotop' pour les fleurs. 1600m d'Altitude.
sur place : Local Produce - *Produits du Terroir*

(95F)

GB D I R

> **Névache** :
In Briançon, take the N94 towards Montgenèvre. Turn left on to the D994G towards Névache.
A Briançon, prendre la N94 vers Montgenèvre. Tourner à gauche sur la D994G vers Névache.

1 Suite + 4 Bedrooms - *chambres* / Extra Bed - *Lit Sup.* : 70 F
Half Board - *1/2 Pension* : 225 F/pers./ reduction BS
WC shared - *commun* (Jaune & Emeraude)

Price in FF - *Prix en FF* : 2 pers ↓   maxi ↓

Suite Violette	3 🛏 n.c.		260 A	650 A
Jaune & Emeraude	🛏	🛁	260 A	
3° & 4° : Chambre + Mezzanine	🛏 🛏	WC	260 A	520 A

05.3

18 km - North of / *Au Nord de* **GAP**

Jean & Maryvonne PRUD'HOMME
Le Village - 05260 Chabottes

110km   92 50 45 95

A beautifully restored farm with a rustic atmosphere and an open fire. The ski resorts are between 5 and 15km from the village. You can choose between winter sports, trekking in the national park Les Ecrins or quiet country walks.
Les stations de ski sont situées entre 5 et 15km de Chabottes. Vous avez le choix entre les sports d'hiver, les randonnées d'été dans le Parc des Ecrins ou la promenade tranquille... Ferme restaurée, avec cheminée et décor rustique.

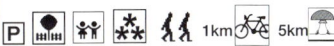

1km   5km   10km

GB

> **Chabottes** :
In Gap, take the N85 towards Grenoble. Turn right towards Orcières Merlettes. Turn left towards Chaillol As you enter Chabottes, turn right into the lane after the phone box.
A Gap, prendre la N85 vers Grenoble. Tourner à droite vers Orcières Merlettes. Tourner à gauche vers Chaillol. A l'entrée de Chabottes, prendre le chemin à droite après la cabine téléphonique.

1 Studio + 1 Suite / 2 🛏

Price in FF - *Prix en FF* : 2 pers ↓

Apartment	🛏	WC	250 A
	🛏	WC	250 A

PROVENCE-ALPES-CÔTE D'AZUR

Département 05 : Hautes Alpes

05.2

15 km - North of / Au Nord de **GAP**

Donald & Agnès CLARK
«La Combe Fleurie» - Route de Chaillol
05500 St Bonnet en Champsaur

→ Bus   90 km   92 50 53 97   92 50 18 28

This area is worth a visit at any time of the year. Surrounded by ski resorts, wonderful countryside and mountains, and a good choice of sports or visits to the local markets. You are at the gateway of the national park Les Ecrins.
Sur la route du car Grenoble-St Bonnet -Gap. C'est le pays du tourisme des 4 saisons, au cœur de stations de ski. Campagne et Montagne, activités sportives et flânerie dans les marchés locaux. Vous êtes aux portes du Parc National des Ecrins.

(35/60F)

GB

> **St Bonnet** :
In Gap, take the N85 towards Grenoble. Turn right to Bonnet. The house is just after the village.
A Gap, prendre la N85 vers Grenoble. Tourner à droite vers St Bonnet. La maison est à la sortie du village.

6 Bedrooms - chambres / Extra Bed - Lit Sup. : 50 F
Price in FF - Prix en FF : 2 pers ↓   maxi ↓

Mazurka			250 A	
Bourrée & Badoise & Troïka		2	250 A	400 Eco
Ronde			250 A	325 Eco
Rigodon		5	250 A	590 Eco

Département 06 : Alpes Maritimes

06.5

8 km - North of / Au Nord de **CANNES**

Ariane CHARLIER
623, chemin des Argelas - 06250 Mougins

→ 6 km   20 km   93 46 55 84

A Provencal house in verdant surroundings only 10 min. from Cannes. Very quiet, with a large garden on the edge of the forest. Spacious pleasant rooms, ideal for long stays. Ariane also teaches French and Italian.
A 10mn de Cannes, maison provençale dans la verdure. Très calme, avec un grand jardin, la maison est en limite de la forêt. Superbe pour de longs séjours. Les chambres sont spacieuses et agréables. Ariane peut vous enseigner le français et l'italien !
sur place : Wine, home-made jam, honey, hand-painted crafts
            Vin, confiture, miel, objets en bois peint

2km 8km 8km 13km

> **Mougins** :
On the A8, Exit 42 'Cannes-Mougins'. Go down towards Cannes. At the 3rd set of traffic lights, there is a car park on the left with a phone box. Phone your hosts who will come and pick you up.
Sur l'A8, prendre la Sortie Cannes-Mougins (N°42). Descendre vers Cannes. Au 3° feu, se mettre dans le parking à gauche et téléphoner à vos hôtes qui viendront vous chercher.

2 Bedrooms - chambres / Reduction BS (1/09 → 30/05)
Price in FF - Prix en FF : 2 pers ↓

1°	Apartment	(baby - bébé)		350 B
2°		(baby - bébé)		330 B

50km

06.1

20 km - North of / Au Nord de **CANNES**

Béatrice RONIN-PILLET
«La Colline des Bons Esprits» -Cidex 127
Chemin des Courraouts - 06330 Roquefort les Pins

→ 20 km   22 km   93 77 16 52   93 77 16 52

A delightful, elegant house with a magnificent view, close to the sea and the mountains. The beautiful rooms are excellent value for money. You will be charmed by Madame, who will suggest excursions to Biot and St Paul de Vence.
La Mer et la Montagne...Très belle maison, élégante avec une vue magnifique. Les chambres sont agréables et le prix tout à fait justifié. Vous serez charmés par l'hôtesse. Tout proche de Valbonne, Biot, St Paul de Vence.

16km 20km

GB I

Reduction BS (23/09 → 14/04)   ∅ : 25/02 → 13/03

> **Roquefort les Pins** :
Roquefort les Pins is on the D2085 between Grasse and Cagnes /Mer. In Roquefort, at the roundabout with the fountain, take the road Notre Dame. At the traffic lights, turn left and continue for 200m. After the 'Pharmacie' turn right on to the 'Chemin du Puits'. Turn right at the end on to the 'Chemin des Courraouts' and continue for 300m. Turn right on to a lane which slopes steeply, and continue for 500m.
Roquefort les Pins se situe sur la D2085 entre Grasse et Cagnes/Mer. A Roquefort, au rond-point avec jets d'eau, prendre la Route Notre Dame. Au feu, tourner à gauche sur 200m. Après la Pharmacie, prendre à droite le Chemin du Puits jusqu'au bout et tourner à droite sur le chemin des Carrouats sur 300m Prendre à droite le chemin très pentu sur 500m.

2 Bedrooms - chambres / Extra Bed - Lit Sup. : 90 F
Price in FF - Prix en FF : 2 pers ↓

les Olives & les Fleurs			400 B

Book ahead, To be sure of a Bed

PROVENCE-ALPES-CÔTE D'AZUR

Département 06 : Alpes Maritimes

06.2 — MENTON

Paul GAZZANO
151, route de Castellar - 06500 Menton

🚂 2 km   🚉 30 km   ☎ 93 57 39 73

South-facing villa in the hills above Menton. This is the Côte D'Azur as you always dreamed about it. Paul is Italian and his wife English and their home exudes warmth and kindness. Madame is a wonderful cook.

Villa plein sud, sur les hauteurs de Menton. Soleil, détente, calme, confort, nature : la Côte d'azur comme on en rêve. Monsieur est Ligure, madame est Anglaise : tout est chaleur et gentillesse. Madame est fine cuisinière.

(100F)   GB I

> **Menton** :
In Menton, follow the signs to 'Hôtel de Ville'. Pass in front of l'Hôtel de Ville and the fire station then take the road to Castellar (be carefull to take the road called 'Route de Castellar' and NOT the road to 'Ciappes de Castellar').
A Menton, suivre les panneaux de l'Hôtel de Ville. Passer devant l'Hôtel de Ville et les sapeurs Pompiers puis prendre la Route de Castellar (attention de bien prendre la 'Route de Castellar' et non celle indiquée 'Ciappes de Castellar').

4 Bedrooms - *chambres*
Half Board - *1/2 Pension* : 250 F/pers

Price in FF - *Prix en FF* : 2 pers ↓

(4)   300 A

06.4 — NICE

Janine LEBLOND
«La Souriante» - 14, Montée Desambrois - 06000 Nice

🚂 1km   🚉 8 km   ☎ 93 62 60 13

Situated in the heart of Nice, you can visit the city or go to the beach on foot. This is a great place to see in the New Year but do contact Madame Leblond early so that she can be sure to fit you in.

Vous êtes en plein cœur de Nice, vous pouvez arriver en train ou avion, visiter la ville à pied, aller à la plage... Si vous souhaitez passer les fêtes de fin d'année à Nice, appelez madame Leblond, elle pourra probablement vous recevoir.

3   GB

> **Nice** :
On the 'Promenade des Anglais' in Nice, take the Bd Jean Jaurès and follow the signs to 'Aéropolis'. Pass in front of l'Aéropolis (theatre), continue straight along on the Bd Carabacel. At the Greek church St Spyridon, take the private road 'Montée Desambrois'.
Sur la Promenade des Anglais à Nice, prendre le Bd Jean Jaurès vers l'Aéropolis. Suivre les panneaux pour l'Aéropolis (Théatre), passer devant et continuer tout droit sur la Bd Carabacel. A l'église Grecque St Spyridon, prendre la rue privée Montée Desambrois.

2 bedrooms - *chambres* /   shared - *commun*

Price in FF - *Prix en FF* : 2 pers ↓

(2)   300 A

Département 13 : Bouches du Rhône

13.4 — 8 km - North-East of / *Au Nord-Est d'* ARLES

Jean-M. & Edith RICARD-DAMIDOT
«Mas Ricard» - 107, Av. Frédéric Mistral - 13990 Fontvieille

🚂 10 km   🚉 50 km   ☎ 90 54 72 67   90 54 64 43

These warm and welcoming hosts just love telling you about their area and its good eating places. This village house is tastefully decorated. The region is known for its Roman remains, the mill from which Alphonse Daudet wrote his famous 'lettres' and Les Baux de Provence.

Hôtes chaleureux et accueillants, aimant faire découvrir les beautés de leur région et... les tables environnantes ! Maison, dans le village, meublée avec goût. C'est le pays des vestiges romains, du Moulin de Daudet, des Baux de Provence...

Ø : 1/11 → 15/04   GB

> **Fontvieille** :
In Fontvieille, the Avenue F. Mistral is the main street of the town (there are two) which is one-way, coming from Les Baux de Provence.
Dans Fontvieille, l'Avenue F. Mistral est l'une des 2 rues principales : celle en sens unique venant des Baux de Provence.

2 Bedrooms - *chambres* / Reduction BS (1/09 → 30/06)

Price in FF - *Prix en FF* : 2 pers ↓   maxi ↓

1°   450 C
2°   450 C   500 B

3km   40km   15km

Arles, gateway to the Camargue, is the soul of Provence. The light and the scenery of this part of Provence inspired the Impressionist painters. Van Gogh was profoundly marked by his visit to Arles and asked to be interned there.

Arles, porte de la Camargue, est l'âme de la Provence. Paysages et lumière de Provence y ont inspiré les impressionnistes. Van Gogh profondément marqué lors de son passage à Arles, y fut interné à sa demande.

PROVENCE-ALPES-CÔTE D'AZUR

Département 13 : Bouches du Rhône

13.1
15 km - East of / *A l'Est d'* **ARLES**

Jean & Marie-Andrée PINCEDÉ
«Château de Vergières» -13310 St Martin de Crau

45 km — 90 47 17 16 — 90 47 38 30

Close to the Camargue in the heart of Provence, in the La Crau plain, an area steeped in traditions. Surrounded by the 350 hectare estate you will be at peace with the world. Antique furniture is beautifully combined with modern facilities. Billiard room.

Dans la plaine de la Crau, aux portes de la Camargue et au cœur de la Provence des traditions, vous serez au calme dans un domaine de 350 h, au milieu des prairies. Le charme des meubles anciens avec un confort très actuel. Salle de billard.

(300F)

15km 20km GB E

> **St Martin de Crau** :
In Arles, take the N453 towards Salon de Provence. In St Martin de Crau, go towards La Dynamite for 4km then follow the signs for 4km.
A Arles, prendre la N453 vers Salon de Provence. A St Martin de Crau, suivre la Dynamite sur 4km puis suivre les panneaux sur 4km.

6 Bedrooms - *chambres* / Extra Bed - *Lit Sup.* : 200 F
Price in FF - *Prix en FF* : 2 pers ↓

Brune d'Arles			900 Luxe
Opéra & Fanfarigoule			800 Luxe
Couloubris & Escouline & Les Aulnes			800 Luxe

13.2
35 km - South-West of / *Au Sud-Ouest d'* **ARLES**

Roger & Simone MERLIN
«Le Mas des Colverts» - Route d'Arles
13460 les Saintes Maries de la Mer

→ 35 km 30 km 90 97 83 73 90 97 74 28

This Provençal 'Mas' is situated at the end of a peninsular surrounded by lakes. Your hosts will introduce you to the heart of the Camargue, one of the favourite spots for migrant birds and pink flamingos. The view is unique.

Le Mas Provençal est situé sur une pointe de terre entourée d'étangs. Vos hôtes vous feront découvrir le cœur de la Camargue, terre d'élection des oiseaux migrateurs, canards, flamands roses, hérons, ... Le panorama est unique.

(75F) GB E

4 Apartments - *appartements* + 1 Bedroom - *chambre*

> **Ste Marie de la Mer** :
In Arles, take the D570 towards Ste Marie de la Mer. As you enter Ste Marie, after the hotel Boumian, turn left on to the bridge, before the entrance to the Auberge Cavalière.
A Arles, prendre la D570 vers Ste Marie de la Mer. A l'entrée de la ville, après l'hôtel Boumian, prendre à gauche le pont, avant l'entrée de l'Auberge Cavalière.

Reduction : 7 nights - *nuits* & BS (26/08 → 30/06)
HS : 7
Price in FF - *Prix en FF* : 2 pers ↓   maxi ↓

la Foulque			280 A	
(2) studios	Apartment		370 B	395 B
Flamants	Apartment	2	500 C	550 A
Aigrettes	Apartment		500 C	550 A
2				

13.3
CASSIS

Robert FAGE
15 bis, chemin du Boudard - 13260 Cassis

3 km 30 km 42 01 78 69

A detached house set in a quiet residential area amongst the pine trees. You must not miss the "calanque" coastline of Cassis, which is also a charming little port with a casino. Very convenient for the Paul Ricard motor-racing circuit.

Villa indépendante dans une pinède résidentielle calme. Belle vue. Les calanques de Cassis sont à voir au moins une fois dans sa vie ! Proche du circuit automobile du Castellet, Cassis est un très joli petit port, avec un casino.

GB

1 Apartment - *appartement* + 1 Bedroom - *chambre*
Extra Bed - *Lit Sup.* : 80/100F

> **Cassis** :
On the A50, take the Exit to Cassis. Turn right then continue through 2 bends and a long straight. On the right there is a large white rock inside the security barrier, then a diamond shaped sign. Continue for 150m then turn right on to the small road which descends sharply (chemin de Ceyreste). Then continue through 2 more bends and a straight. At the crossroads, turn left on to the first road (chemin du Boudard). 6th house on the right, with a green gate.

Sur l'A50, sortir à Cassis. Prendre à droite. Passer 2 virages et une grande ligne droite. A droite, vous verrez un grand rocher blanc à l'intérieur de la barrière de sécurité puis un losange. Continuer sur 150m et prendre à droite une petite route qui descend très fort (chemin de Ceyreste). Passer 2 virages et une ligne droite. Au carrefour, prendre la 1° route à gauche (chemin de Boudard). C'est la 6° maison à droite, au portail vert.

Price in FF - *Prix en FF* : 2 pers ↓   maxi ↓

2		280 A	440 Eco
Apartment		350 B	750 A

Near - *Près d'*AIX en PROVENCE (13) See also - *Voir aussi* :
84.18 - Clémence VAN COUYGHEM - Pertuis - Page 238

PROVENCE-ALPES-CÔTE D'AZUR

Département 83 : Var

83.1 ☀☀☀ 🏠 14 km - South of / *Au Sud de* **BRIGNOLES**

Adelin VAN DER HAEGEN
«La Chouette» - Chemin de Peiracous - 83136 Forcalqueiret

🛏 ✈ 30 km ☎ 94 86 79 29

➢ **Forcalqueiret** :
On the dual-carriage way Brignoles / Cuers, go towards Cuers. At the cross-roads 'Forcalqueiret-Ste Anastasie', continue straight on and then turn right in to the 2nd lane (sign posted).
Sur la voie rapide Brignoles-Cuers, suivre la direction Cuers. Au carrefour 'Forcalqueiret-Ste Anastasie', continuer tout droit puis prendre le 2° chemin à droite (panneaux).

Only 15 km fron the Nice autoroute, a warm welcome awaits you from this charming Belgian couple. Here you experience the typical 'varois' countryside, enjoy the wine and play boules.
A 15km de l'Autoroute de Nice, vous trouverez nos amis belges. Quand on est dans l'arrière pays varois, on déguste le vin de pays, on joue à la pétanque, on visite le Thoronet, Méounes et le massif de la Ste Baume.

sur place : Handpainted silk scarves
Foulards de soie peints à la main

1 Suite / Extra Bed - *Lit Sup.* : 50F
Reduction 2 nights - *nuits & BS* (1/10 → 31/05)

Price in FF - *Prix en FF* : 2 pers ↓   maxi ↓
🛏 n.c. 🚻 📺 300 A   400 A
+ 🛏

P 🏠 🐕 👨‍👩‍👧 🚭 🏊   GB D NL F
🚶‍♂️☂ 20km ✏ 1km 🍴   φ : 15/12 → 2/01

83.2 ☀☀☀ 🏠   15 km - North of / *Au Nord de* **DRAGUIGNAN**

Bernard de la BROSSE
Le Chifflet - 83131 Montferrat

🛏 ✈ 95 km   ☎ 94 70 92 77

➢ **Montferrat** :
In Draguignan, take the D995 towards Comps/Castellane. Before Montferrat, after the petrol station on the left, continue for 300m. Turn left into the lane which goes up. Follow the signs. *A Draguignan, prendre la D995 vers Comps/Castellane. Avant Montferrat, à partir de la station service sur la gauche, faire 300m et prendre à gauche le chemin qui monte. Suivre les panneaux.*

Monsieur and Madame are retired and enjoy good food, preserves, fine art and are widely-travelled. You will stay in a small flat with a magnificent view. Here you are near to 'Les Gorges du Verdon' and many concerts in the summer.
M. et Mme de la Brosse, retraités, apprécient la gastronomie et les confitures, les beaux arts et les voyages... Vous disposez d'un petit appartement avec une vue magnifique. Proche des Gorges du Verdon. Nombreux concerts estivals.

1 Bedroom - *chambre* / Extra Bed - *Lit Sup.* : 160 F
Price in FF - *Prix en FF* : 2 pers ↓
🛏 n.c. 🚻 🛌 300 A

P 🍴 📺 7 👨‍👩‍👧 🍴 (95F) 🏊   GB E
🚶‍♂️ ✈   φ : 1/10 → 20/03

A land of beaches and wonderful walks, the Var is the most visited department in France.
Fom St. Tropez to St. Cyr–sur–Mer, the coastline of the Var has been lucky enough to remain unspoilt, with only small resorts and pleasant beaches.
The hinterland is wild and burnt by the sun and echoes to the song of the cicadas.
From l'Estérel to the Ste. Baume via the Massif des Maures, you will be surprised by the dense vegetation and forests where they still hunt the wild boar.
Hyères "La Belle" has an international airport and Toulon has the best market in all Provence, immortalised by poets.

*Pays de plage et de randonnées, le Var est le département le plus visité de France.
De St Tropez à St Cyr/Mer, la côte varoise a la chance d'être restée naturelle, avec des stations balnéaires à l'échelle humaine et des plages agréables.
L'arrière pays, sauvage, écrasé de soleil, résonne du chant des cigales.
De l'Estérel à la Ste Baume, en passant par le Massif des Maures, vous serez surpris de découvrir cette densité de végétation et ses forêts où les sangliers restent encore les maîtres des lieux.
Hyères la belle, a un aéroport international. Toulon et son marché de Provence, est chantée par les poètes.*

PROVENCE-ALPES-CÔTE D'AZUR

Département 83 : Var

83.13 — 10 km - North-East of / Au Nord-Est du LUC

Marcelle HÉBERT
Le Peyloubier - 83550 Vidauban

60 km — 94 73 19 31

The location is very beautiful in a wilderness of oak trees, and the chorus of cicadas in the pine forest is the only noise that disturbs the peace and quiet. Your hostess is very friendly and loves to chat. Convenient for the autoroutes A8 and A57.

Le cadre est très joli : c'est la nature sauvage, les chênes, la pinède avec son concert de cigales, seule perturbation dans le calme environnant... Votre hôtesse est sympathique et aimera vous faire la conversation. Près des Autoroutes A8 et A57.

5 km / 30 km

➤ **Vidauban** :
On the A8 or A57, Exit Le Cannet des Maures-Le Luc. Take the N7 towards Vidauban. From there, go towards La Garde Freinet, by the railway line. After the bridge on the autoroute turn left and follow the signs 'Tennis des Roucas'.

Sur l'A8 ou l'A57, Sortir Aux Cannet des Maures-Le Luc. Take the N7 towards Vidauban. Là, suivre La Garde Freinet et longer la voie ferrée. Après le Pont de l'Autouroute, tourner à gauche et suivre les indications 'Tennis des Roucas'.

1 Bedroom - *chambre*

HS (1/07 → 31/08) : 7 — & no breakfast - pas de petit déjeuner

Price in FF - *Prix en FF* : 2 pers ↓

300 A

83.3 — 20 km - North of / Au Nord de ST MAXIMIN-LA STE BAUME

Bruno & Agnès CURETTI
«Domaine de Pillaud» - 83560 Artigues

→ 70 km — 94 80 50 98 / 94 80 58 10

You will be seduced by the sweet perfumes of Provence. Agnès will look after you and ply you with delicious Provençal dishes. Forget about everyday life and enjoy the swimming pool and the Provençal hills.

Laissez vous bercer par la douceur et les senteurs de Provence. Agnès s'occupe du reste.. et des recettes provençales à vous mijoter. Plus aucun tracas des temps modernes : vous avez la piscine et les massifs provençaux.

(130 F) GB E

φ : 1/09 → 1/05

6 Bedrooms - *chambres* / Extra Bed - *Lit Sup.* : 100 F

➤ **Artigues** :
On the A8 Aix/Nice, take the exit to St Maximin where you take the D3 towards Rians for 20km. At the end of the long straight, take the made-up lane on the right.

Sur l'A8 Aix/Nice, sortir à St Maximin où vous prenez la D3 vers Rians pendant 20km. A la fin de la grande ligne droite, prendre à droite le chemin goudronné.

Price in FF - *Prix en FF* : 2 pers ↓ — maxi ↓

1°	2			400 B	600 A
2° & 3°	2			400 B	600 A
4°				400 B	600 A
5°	2			500 C	700 B
6°	2			500 C	900 A

83.4 — 5 km - North-East of / Au Nord-Est de ST MAXIMIN-LA STE BAUME

Joseph HERMITTE
«Relais des Routes» - Quartier des Routes - 83149 Bras

60 km — 94 69 90 80 / 94 69 90 80

Here there is so much to do and only 5 km from the autoroute for Nice. Near to Aix en Provence, famous for its fountains and its Music Festivals, and at the gateway to the 'Alpes de Haute Provence' and the Verdon Valley.

Vous êtes à la croisée de différents types d'activités : à 5km de l'Autoroute de Nice, proche d'Aix en Provence célèbre pour ses fontaines et son festival de musique, à la porte des Alpes de Haute Provence et du Verdon.

Extra Bed - *Lit Sup.* : 50 F

➤ **Bras** :
On the A8 Aix/Nice, take the exit to St Maximin where you take the D28 towards Bras. Cross the village towards Brignoles. After the Monument aux Morts, on the roundabout, turn right. After 800m turn right up to the first lane (sign-posted).

Sur l'A8 Aix/Nice, sortir à St Maximin où vous prenez la D28 vers Bras. Traverser le village en direction de Brignoles. Après le Monument aux Morts, au rond point, tourner à droite sur 800m et prendre le premier chemin à droite (panneau).

2 Apartments - *appartements* + **2 Bedrooms** - *chambres*

Price in FF - *Prix en FF* : 2 pers ↓ — maxi ↓

1° & 2° Apartment				235 Eco	
Apartment				250 A	
	2			250 A	450 Eco

From October 18th, the telephone number of hosts in Provence - Alpes - Côte d'Azur, will begin with 04. Dial : + 33 4 before your host's telephone number (from France : dial 04 before your host's telephone number)

A partir du 18 Octobre, le numéro de téléphone de vos hôtes de Provence-Alpes-Côte d'Azur, débutera par 04. Composez : International + 33 4 suivi du N° de votre hôte (de France : 04 devant le N° de votre hôte)..

PROVENCE-ALPES-CÔTE D'AZUR

Département 83 : Var

83.14

33 km - North of / *Au Nord de* **ST MAXIMIN-LA STE BAUME**

Charley & Paule GRECH
«Domaine d'Espagne» - Ginasservis - 83560 Rians

→ 26 km   90 km   94 80 11 03

What bliss... your hostess has a wonderful gift for interior decoration. Stylish furniture, beautiful panelling and cool garden in summer... Ginasservis has always been a retreat where city dweller 're-charge their batteries'.
Un moment de bonheur... Votre hôtesse a un goût très sûr pour la décoration. Meubles de style, boiseries magnifiques, jardin très ombragé l'été... Ginasservis a de tout temps, été un refuge pour les citadins qui viennent s'y ressourcer !
sur place : Regional produce - *Produits Régionaux*

P (100F)

8km 8km

10km 25km 25km   GB I E

➢ **Ginasservis :**
On the A8 Aix/Nice, take the exit to St Maximin where you take the D3 towards Rians where you continue on to the D23 for Ginasservis for 7km. Turn right on to the D30 towards La Verdière for 3km. The farm is on the left, after the silos.
Sur l'A8 Aix/Nice, sortir à St Maximin où vous prenez la D3 vers Rians où vous continuez sur la D23 vers Ginasservis sur 7km. Tourner à droite sur la D30 vers La Verdière sur 3km. La ferme est à gauche, après les silos.

6 Bedrooms - *chambres*
(+ 1 apartment - *appartement*)
Extra Bed - *Lit Sup.* : 100F / Reduction groups - *groupes*

Price in FF - *Prix en FF* :	2 pers ↓	maxi ↓
Cyclamen & Pervenche & Bleuet & Iris	280 A	380 A
Rose & Campanule	280 A	380 A

83.6

7 km - South of / *Au Sud de* **ST MAXIMIN-LA STE BAUME**

Anne FORCIOLI-TESTARD
«La Bergerie» - Rue St Anne - 83170 Rougiers

→ 50 km   80 km   94 80 45 61

Although within easy reach of the Nice autoroute, the setting of this house is very rural. You will receive a warm welcome from your hostess, a shepherdess. Your room is self-contained and offers a wonderful view of the mountains.
Proche de l'autoroute de Nice. Le cadre est très rustique, la bergère très gentille. La chambre est indépendante, elle vous offre un panorama magnifique sur les montagnes et la nature.

P (60F)   GB

➢ **Rougiers :**
On the A8 Aix/Nice, take the exit to St Maximin where you take the N560 towards Aubagne/Marseille. Turn left on to the D83 towards Rougiers. Enter the village by the central street (Rue Ste Anne). At the end of the street, take the dirt road and follow it up the hill, right to the end.
Sur l'A8 Aix/Nice, sortir à St Maximin où vous prenez la N560 vers Aubagne/Marseille. Tourner à gauche sur la D83 vers Rougiers. Entrer dans le village par l'axe médian (Rue Ste Anne). Au bout de la rue, prendre le chemin de terre qui monte sur la colline, jusqu'au bout.

1 Bedroom - *chambre* / Extra Bed - *Lit Sup.* : 20F

Price in FF - *Prix en FF* :	2 pers ↓	maxi ↓
2	200 Eco	240 Eco

83.15

20 km - North-East of / *Au Nord-Est de* **ST MAXIMIN-LA STE BAUME**

Gilles BARREME
1, Chemin de Braou - 83670 Tavernes

   70 km   94 72 31 04

You will certainly thank your hosts for taking you to the olive-oil press and the wine cooperative. Olive-oil, wine and pottery are typical of the Midi and well worth bringing back. They should have a 2nd room ready by the summer.
Vous apprécierez la gentillesse de vos hôtes qui vous amèneront visiter le moulin à huile, la coopérative viticole. L'huile d'olives, le vin et la Faïence : toute la caractéristique de la production du Midi. Cet été, vous disposerez d'une 2° chambre.
sur place : Olive-oil, wine - *huile d'olives, vin*

P (70/90F)   GB D

30km

➢ **Tavernes :**
On the A8 Aix/Nice, take the exit to St Maximin where you take the D560 towards Tavernes and Riez. The house is at the crossroads with the D554 towards Ginasservis (sign posted).
Sur l'A8 Aix/Nice, sortir à St Maximin où vous prenez la D560 vers Tavernes et Riez. La maison est au croisement avec la D554 vers Ginasservis (panneaux).

1 Bedroom - *chambre* / Extra Bed - *Lit Sup.* : 90F

2 (HS : 1/07 ‹ 31/08)

Price in FF - *Prix en FF* :	2 pers ↓
	270 A

Réservez, c'est une Sécurité !

PROVENCE-ALPES-CÔTE D'AZUR

Département 83 : Var

83.7

Ursula ROQUES
«Le Mas du Rouge» - 83120 Plan de la Tour

🏠   🚶 80 km   ☎ 94 43 75 88 / 1 42 65 93 53

Not easy to find, but once you get there you will enchanted by Ursula. Here you are near to St. Tropez but you will benefit from the quiet of the hinterland of the Var, amongst the vines and in the heart of the 'Massif des Maures'.
Pas facile à trouver, mais une fois sur place, vous serez séduits par Ursula. Vous profiterez du golf de St Tropez, tout en étant au calme, au milieu des vignobles et de l'arrière pays varois, au cœur du massif des Maures.

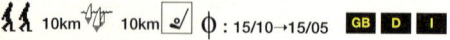

P 🏛 🐈 🚗 📺 🍽 🚭 🍴 (80F) 🛏
🚶 10km 🚴 10km ♿ ⌀ : 15/10→15/04 GB D I

> **Plan de la Tour :**
10 km - North-West of / *Au Nord-Ouest de* **STE MAXIME**

In Ste Maxime, take the D25 towards Le Muy and the A8. Turn left on to the D74 towards Plan de la Tour. There, turn right on to the D44 towards Le Muy. After Vallaury, continue for 1km. The house is on the right, down below the road.
A Ste Maxime, prendre la D25 vers Le Muy et l'A8. Prendre à gauche la D74 vers Plan de la Tour. Là, tourner à droite sur la D44 vers Le Muy. 1km après Vallaury, la maison est à droite, en contrebas.

3 Bedrooms - *chambres* / Reduction BS (1/09 → 1/07)

Price in FF - *Prix en FF* : 2 pers ↓

1° & 2°	🛏	🚽 WC	260 A
3°	🛏	🚽 WC	380 B

83.8

Anne-Marie ORSAT
«Villa Ma Provençale» - Quartier Vauloube
83600 Bagnols en Forêt

→ 🚌 20 km   🚶 75 km   ☎ 94 40 63 71

Here you will enjoy peace and quiet. The house is in beautifully maintained grounds in the middle of the forest. Near to the coast, there are some wonderful walks in the beautiful Massif de l'Estérel. Monsieur is an excellent artist.
2500 m² de terrain clos au milieu de la forêt. Le parc est magnifiquement entretenu. Vous pouvez profiter du calme. Monsieur est un artiste peintre de talent. Tout proche de la côte, vous avez en plus le calme et les randonnées.
sur place : oil paintings - *peintures à l'huile*

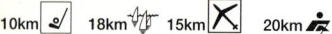

P 🌲 🐈 🚶 🦌 🌸 ☂ 4km 🎣
🚶 10km 🚴 18km ♿ 15km 🚣 20km

> **Bagnols en Forêt :**
20 km - North of / *Au Nord de* **ST RAPHAËL**

On the A8, Exit Puget-Fréjus-St Raphaël. Go towards Puget then turn right towards Bagnols en Forêt. 4 km before the village, turn left and after 1,5km turn right on to the 'Chemin de Maupas', then right on to the 'Chemin de Valouse'. The house is on the right.
Sur l'A8, Sortie Puget-Fréjus-St Raphaël. Direction Puget puis à droite vers Bagnols en Forêt. 4km avant le village, prendre à gauche sur 1,5km puis à droite sur le Chemin de Maupas et à droite sur le Chemin de Valouse. La maison est sur la droite.

1 Bedroom - *chambre*

Price in FF - *Prix en FF* : 2 pers ↓

	🛏	🚽 WC	📺	☎	225 Eco

83.16

Alain & Monique ROLLET
«Villa Arcadie» - Chemin de St Denis - 83600 Bagnols en Forêt

🏠   🚶 80 km   ☎ 94 40 68 36 / 94 40 30 87

Monique and Alain will give you a warm reception. They are ex-restaurateurs and you will enjoy their excellent breakfasts and carefully prepared and varied dinners. At lunchtime, they will bring you a tray by the swimming pool.
Monique et Alain vous reçoivent avec gentillesse, au cœur du massif de l'Estérel. Ce sont d'anciens restaurateurs : vous aurez droit à de bons petits déjeuners et des repas du soir très soignés et variés ! A midi, plateau repas au bord de la piscine...
sur place : Post cards, wine, Provençal tablecloths
Cartes Postales, vin, nappes provençales

P 🌲 🚗 🏛 🚭 12 🚻 🍴 (100F) 🛏 GB
🚶 🚴 🦌 🌸 ☂ ✿ 4km ⌀ : 1/11→1/04
🚶 10km 🚴 17km ♿ 20km 🚣 15km 🛶

> **Bagnols en Forêt :**
20 km - North of / *Au Nord de* **ST RAPHAËL**

On the A8, Exit Puget-Fréjus-St Raphaël. Go towards Puget then turn right towards Bagnols en Forêt. 4 km before the village, turn left then follow signs to St Denis.
Sur l'A8, Sortie Puget-Fréjus-St Raphaël. Direction Puget puis à droite vers Bagnols en Forêt. 4km avant le village, prendre à gauche puis suivre St Denis.

8 Bedrooms - *chambres*

Extra Bed - *Lit Sup.* : 100F

Price in FF - *Prix en FF* : 2 pers ↓

(4)	🛏	🚽 WC	320 B
(3)	🛏	🚽 WC	320 B
(1)	🛏	🚽 WC	350 B

PROVENCE-ALPES-CÔTE D'AZUR

Département 83 : Var

83.17
Philippe & Patricia HERMANGE
«Bastide de l'Avelan» - quartier Robert - 83310 Grimaud
50 km — 94 43 25 79 — 94 43 25 79

Patricia (of English origin) and Philippe are charming. They live in this idyllic spot with a clear view, quiet and sunny and with a swimming pool. The small, but comfortable rooms lead straight to the garden and are furnished in excellent taste. Superb.

Patricia et Philippe sont charmants. Ils habitent en plus un endroit idyllique ce qui ne gâche rien... Vue dégagée, calme, soleil, piscine, chambres petites mais très confortables et aménagées avec un goût exquis. En un mot : superbe !

(100/150F)
1km — 1km — 2km
4 Bedrooms - *chambres*
3 Apartments - *appartements* : HS (1/07→31/08) self-catering
en location

> **Grimaud** :
10 km - West of / *A l'Ouest de* **ST TROPEZ**

In St Tropez, take the D98A then the N98 towards Cogolin. Turn right on to the D61 towards Grimaud. Turn right on to the D14 towards Ste Maxime then turn left on to the D44 towards Plan de la Tour. The house has a green gate, a tricky turn to the right on a bend, at the top of the hill.
De St Tropez, prendre la D98A puis la N98 vers Cogolin. Prendre à droite la D61 vers Grimaud. Prendre la D14 à droite vers Ste Maxime puis tourner à gauche vers Plan de la Tour, sur la D44. Maison au portail vert en haut de la côte à droite, dans le virage.

Extra Bed - *Lit Sup.* : 50F / Reduction BS (1/09 → 30/06)

Price in FF - *Prix en FF* : 2 pers ↓

(3) Apartment			400 B
(3)			400 B
			400 B

83.12
Daniel & Josiane BISSUEL
La Rouvière - 83210 Belgentier
22 km — 25 km — 94 48 94 40

The countryside behind Toulon is wonderful. The villages are unspoiled and life is good here. Belgentier is near to the Toulon/Nice Autoroute. Daniel has a boat and will be happy to take you to the Porquerolles islands. A lovely view over the woods and hills.

Dans l'arrière pays Toulonnais, les villages sont authentiques, il fait bon y vivre... Belgentier est proche de l'Autoroute Toulon/Nice. Daniel a un bateau et peut vous emmener à Porquerolles. Belle vue sur la colline et les bois.

(80F) — GB E
25 km

> **Belgentier** :
20 km - North of / *Au Nord de* **TOULON**

In Toulon, take the A57 towards Le Luc/Nice. Take the exit to Solliès-Pont then the D554 towards Méounes. In Belgentier, phone your hosts who will come and pick you up.
A Toulon, prendre l'A57 vers Le Luc/Nice et sortir à Solliès-Pont. Prendre la D554 vers Méounes. A Belgentier, téléphonez pour que vos hôtes viennent vous chercher.

1 Bedroom - *chambre* (+ 1 Studio 4 pers)
Reduction BS (16/07 → 31/05)

Price in FF - *Prix en FF* : 2 pers ↓ | maxi ↓

	2	n.c.		230 Eco	290 Eco

83.10
Dominique MENARD
«l'Aumonerie» - 620, Av de Fontbrun - 83320 Carqueiranne
15 km — 5 km — 94 58 53 56

Here you are at the water's edge. The terrace overlooks the sea, and a private beach and leafy garden are at your disposal. Your hosts will share with you their love of Provence and the sea.

Vous êtes vraiment les pieds dans l'eau ! La terrasse donne sur la mer, vous disposez de la plage privée, le jardin est arboré. Vous partagerez dans ces conditions, l'amour qu'éprouvent vos hôtes pour la mer et la Provence...

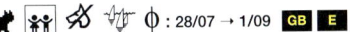

φ : 28/07 → 1/09 GB E
Reduction BS (1/09 → 30/04)

> **Carqueiranne** :
15 km - East of / *A l'Est de* **TOULON**

In Toulon, go towards Le Pradet / Carqueiranne. As you enter Carqueiranne starting at the village name sign, cross 3 roundabouts then take the 2nd road on the right.
A Toulon, aller vers Le Pradet/Carqueiranne. A l'entrée de Carqueiranne, à partir du panneau de la ville, passer 3 rond-points puis prendre la 2° à droite.

3 Bedrooms - *chambres* / WC shared - *commun* (1° & 2°)

Price in FF - *Prix en FF* : 2 pers ↓ | maxi ↓

1°			420 C	
2°			420 C	570 B
3°			320 B	

You have a small baby ? Check that your hosts accept young children.
Vous avez un bébé ? Vérifiez que vos hôtes acceptent bien les jeunes enfants.

PROVENCE-ALPES-CÔTE D'AZUR

Département 83 : Var

83.11

18 km - East of / A l'Est de **TOULON**

Pierre & Jacqueline BRUNET
«Li Rouvre» - Chemin de Beauvallon Haut
83400 Hyères les Palmiers

→ 18 km   → 6 km   94 35 43 44

Hyères is well-known as being a favourite spot for retired people. Pierre is no exception. A retired engineer who loves bridge and DIY. The house is set high above the town and offers a splendid view of Toulon and the Faron mountain.
Hyères est un des endroits de France où beaucoup aimeraient passer leur retraite, comme Pierre, ingénieur retraité, qui aime le bridge et le bricolage. La villa est sur les hauteurs et offre une vue très dégagée sur Toulon et le Faron.

(80/110F)

Φ : 15/07 → 1/09   GB

> **Hyères :**

In Toulon, take the A57 towards Hyères/Nice then the A570 towards Hyères. At the roundabout where the railway station is indicated on the right, take the opposite direction, on the left towards the North. You are advised to phone for directions.
A Toulon, prendre l'A57 vers Hyères/Nice puis l'A570 vers Hyères. Sur le rond-point où la gare est indiquée à droite, prendre la direction opposée, sur la gauche, vers le Nord. Il est préférable de téléphoner.

2 Bedrooms - chambres

	Price in FF - Prix en FF :	2 pers ↓	maxi ↓
Rez jardin	2	WC	350 B	550 A
Rez piscine	2	WC	250 A	

Département 84 : Vaucluse

84.16

20 km - South-West of / Au Sud-Ouest de **MANOSQUE(04)**

Gérard & Jacqueline BESSET
Prats des Vallats - 84240 Grambois

60 km   90 77 93 84   90 77 95 39

Not far from the Aix-Sisteron autoroute, an ideal stop and a wonderful opportunity to discover Le Lubéron. This welcoming home is a good base for walking and for discovering this delightful part of Provence.
Près de l'autoroute Aix-Sisteron, profitez d'une halte pour découvrir le Lubéron. Les promenades sont nombreuses, le pays attachant, la maison accueillante. Lavande et thym ajoutent une dimension odorante à vos randonnées.

18

> **Grambois :**

In Manosque, take the D907 then the D956 towards Pertuis. In Grambois, go towards Beaumont de Pertuis for 5km. Turn right on to the unmade road with the sign : 'La Forge de Prats des Vallats'.
A Manosque, prendre la D907 puis D956 vers Pertuis. A Grambois, suivre la direction Beaumont de Pertuis sur 5K et prendre à droite un chemin de terre fléché : La Forge de Prats des Vallats.

1 Bedroom - chambre

Price in FF - Prix en FF :	2 pers ↓
	260 A

84.18

22 km - North of / Au Nord d' **AIX en PROVENCE(13)**

Clémence VAN COUYGHEM
«La Charmotte» - 296, Cours de la République - 84120 Pertuis

45 km   90 79 09 79

An old house in this Provençal village with a beautiful flower garden. Close to Aix in Provence, the village of Pertuis is at the heart of a region which offers many activities. It is the gateway to the 'Alpes de Haute Provence'.
Maison ancienne dans un village provençal, avec un jardin fleuri et ombragé. Proche d'Aix en Provence, Pertuis est au cœur d'une région riche en activités sportives : c'est la porte des Alpes de Haute provence.

22km   25km   GB

> **Pertuis :**

In Aix en Provence, take the N96 towards Manosque/Sisteron, or the A51 and the exit Pertuis. In the centre of Pertuis, the 'Cours de la République' is the road from Aix, which is full of flowers.
A Aix en Provence, prendre soit la N96, soit l'A51 vers Manosque/Sisteron, jusqu'à Pertuis. Dans le centre de Pertuis, le Cours de la République est la route d'Aix, il est fleuri.

4 Bedrooms - chambres / WC shared - commun
Extra Bed - Lit Sup. : 80 F

	Price in FF - Prix en FF :	2 pers ↓	maxi ↓
Chacone		280 A	
Partita & Fantasia		280 A	
Fugue		(1 pers) 200 B	

Mention this guide when you book. It works wonders !
Quand vous réservez, recommandez vous de Bed & Breakfast(France) :
nos hôtes seront encore mieux à votre écoute.

PROVENCE-ALPES-CÔTE D'AZUR

Département 84 : Vaucluse

84.23
10 km - South-East of / Au Sud-Est d' **APT**

Pierre MARIETTE
«La Mostra Soleira» - 19, rue de la République
84480 Bonnieux

40 km — 90 75 81 02

A well equipped village house, in a wonderful listed village in the Lubéron. It is on the promontory 'Le Mont St Michel de Provence', and so affords a magnificient view of the Lubéron mountain. This is Peter Mayle country.
Maison de village bien équipée, dans un merveilleux village classé du Lubéron. Il est sur un promontoire 'Le Mont St Michel de la Provence' ! et offre ainsi une vue magnifique sur la montagne du Lubéron. Peter Mayle s'y était installé...

10km 15km 20km 50km**

> **Bonnieux** :
In Apt, take the N100 then turn left towards Bonnieux.
Dans Apt, prendre la N100 et tourner à gauche vers Bonnieux.

5 Bedrooms - chambres
Free Extra Bed - Lit Sup. gratuit / Reduction 8 nights - nuits

Price in FF - Prix en FF :		2 pers ↓	maxi ↓
4 & 7		220 Eco	
6 & 9		220 Eco	
8	(130)	(1 pers) 190 B	

84.1
10 km - South-West of / Au Sud-Ouest d' **APT**

Roland LAMY
«Bonne Terre» - Route de St Véran - 84110 Lacoste

40 km — 90 75 85 53

A haven of peace in this picturesque village. This restored Provençal 'Mas' is surrounded by olive trees and offers a breathtaking view of the Vaucluse. You will be unable to resist sharing Roland's love of living in Provence.
Un havre de paix dans le très typique village de Lacoste. Mazet restauré entouré d'oliviers, vue exceptionnelle sur les monts du Vaucluse et le Ventoux. Roland vous fera partager son plaisir de vivre en Provence.

Ø : 25/12 **D**

> **Lacoste** :
In Apt, take the N100. Lacoste is on the left. The house is close to the Post Office.
Dans Apt, prendre la N100. Lacoste est à gauche de la route. La maison est à côté de la Poste.

3 / Reduction BS(16/09 →14/05)

Price in FF - Prix en FF :			2 pers ↓
Cannelle			520 C
Tilleul & Lavandin			520 C
Mimosa & Valériane & Safran			520 C

6 bedrooms - chambres / Extra Bed - Lit Sup. : 120F

84.2
10 km - South-West of / Au Sud-Ouest d' **APT**

Danièle RAVOIRE
«Ferme de l'Avellan» - 84110 Lacoste

→ Bus   40 km — 90 75 85 10

In the middle of the vines and the cherry trees, you have a wonderful view of 'Le Ventoux'. This region is rich in charming villages. Your hosts will be delighted to meet you at the bus stop.
Au milieu des vignes, des cerisiers, vous avez vue sur le Ventoux. Région riche en villages typiques. Les hôtes peuvent venir vous chercher à l'arrivée du car Avignon-Apt.
sur place : Honey, grape juice - Miel, jus de raisin.

(75F)

> **Lacoste** :
In Apt, take the N100. Lacoste is on the left. On the D108, 1km before Lacoste, turn right towards the farm.
Dans Apt, prendre la N100. Lacoste est à gauche de la route. Sur la D108, 1km avant Lacoste, tourner à droite vers la ferme.

4 bedrooms - chambres / Extra Bed - Lit Sup. : 70 F

Price in FF - Prix en FF :		2 pers ↓	maxi ↓
1°		250 A	
2° & 3°		280 A	
4°	2	250 A	400 Eco

On the famous Bridge of Avignon, "on y danse, on y danse", as the song goes: and who can resist the light over the River Rhône.

If your hosts do not provide dinner, they will always recommend the best local restaurants
Si vos hôtes ne proposent pas de dîner, demandez leur conseil sur les meilleurs restaurants locaux.

PROVENCE-ALPES-CÔTE D'AZUR

Département 84 : Vaucluse

84.24

10 km - North-East of / *Au Nord-Est d'* **APT**

Sylviane BUSETTO
Fontaine des Naïades - 84220 Roussillon

80 km — 90 05 67 30

Absolute peace and quiet reign, which will persuade you to call a halt here. Sylviane is mad on cooking and gardening and her enthusiasm is infectious. She will make you fall in love with her Lubéron and the nearby 'ochre cliffs'.

Propriété d'un calme et d'une tranquillité absolue, donnant envie de poser ses valises... Sylviane adore la cuisine et le jardinage : elle vous communiquera ses passions ! Elle vous fera aussi aimer son Lubéron et les falaises d'ocre voisines...

> **Roussillon :**
In Apt, take the N100 towards Avignon for 4km. Turn right on to the D4 then left on to the D227 towards Roussillon. The house is on the D227, 3 minutes from the bottom of the village.
Dans Apt, prendre la N100 vers Avignon sur 4km. Tourner à droite sur la D4 puis à gauche sur la D227 vers Roussillon. La maison est au pied du village, à 3 minutes, sur la D227.

3 Bedrooms - *chambres* / shared - *commun* (2° & 3°)

		Price in FF - *Prix en FF* :	2 pers ↓	maxi ↓
Mezzanine	2 🛏		400 B	500 Eco
2°	🛏		300 B	
3°	🛏		300 B	

(100F)

GB I E

10km 15km 20km 60km

84.3

10 km - East of / *A L'Est d'* **AVIGNON**

Caroline SOULAT
«Domaine des Vertes Rives» - Chemin des Magues
84470 Châteauneuf de Gadagne

→ 15 km → 7 km — 90 22 37 10 — 90 22 03 31

We fell in love with Caroline, whose welcome proves how warm the welcome from the Midi people can be. You will be surrounded by ponies, sheep and angora goats. 10 mins from Avignon.

Nous avons eu un coup de cœur pour Caroline. L'accueil chaleureux des gens du midi n'est pas une légende. Vous vous promenez au milieu des poneys, moutons, chèvres angoras ... à 10Mn d'Avignon.

sur place : Honey, eggs - *Miel, œufs.*

> **Châteauneuf de Gadagne :**
In Avignon, take the N100 towards Morières, Isle/Sorgue and Apt. In Châteauneuf de Gadagne, turn right on to the D6 towards Caumont and the A7. After 300m turn left. The property will be on the right.
En Avignon, prendre la N100 vers Morières, Isle/Sorgue et Apt. A Châteauneuf de Gadagne, prendre à droite la D6 vers Caumont et l'A7, sur 300m. Tourner à gauche. Le domaine sera sur votre droite.

5 bedrooms - *chambres* / Extra Bed - *Lit Sup.* : 50F
Price in FF - *Prix en FF* : 2 pers ↓

Colline & Lubéron & Ventoux & Côté Jardin				275 A
Côté Cour	🛏		📺	275 A

GB I E (85/95 F)

84.6

25 km - East of / *A L'Est d'* **AVIGNON**

Josette SECCHI
«Domaine des Costières» - 84800 Isle / Sorgue

→ 3 km — 20 km — 90 38 39 19

17th century 'Mas', surrounded by an enormous estate. L'Isle-sur-Sorgue is famous for its antiques. Fontaine de Vaucluse is very close. An excellent base for exploring this wonderful area.

12ha de verger entourent ce mas du XVII°. L'Isle-sur-Sorgue est réputé pour ses antiquités. Fontaine de Vaucluse à côté, a connu les amours de Laure et Pétrarque. Une bonne adresse pour visiter la région d'Avignon et profiter de la nature.

> **Isle / Sorgue :**
In Avignon, take the N100 towards Morières, Isle/Sorgue and Apt. The property is 1km from Isle/Sorgue. Telephone for directions.
En Avignon, prendre la N100 vers Morières, Isle/Sorgue et Apt. Le Domaine est à 1km d'Isle/Sorgue. Téléphonez.

6 Bedrooms - *chambres* / Extra Bed - *Lit Sup.* : 100 F
Price in FF - *Prix en FF* : 2 pers ↓

1°	🛏		🛁	300 A
2°	🛏		🛁	280 A
3° & 4° & 5°	🛏			280 A
6°	🛏			280 A

(70/120F)

1km

GB I E P

Near - *Près d'*AVIGNON See also - *Voir aussi* :

| 30.9 | - Guy SOULIER | - «L'Hoste» | - Sauveterre | - Page 151 |
| 30.11 | - André & Annie MALEK | - «Le Rocher Pointu» | - Aramon | - Page 151 |

*Sur le fameux Pont d'Avignon, 'on y danse, on y danse' dit la chanson :
vous y aimerez la lumière du Rhône...*

PROVENCE-ALPES-CÔTE D'AZUR

Département 84 : Vaucluse

84.4

25 km - East of / *A L'Est d'* **AVIGNON**

François & Monique GRECK
«Mas du Grand Jonquier» - R.D. 22 - 84800 Lagnes

18 km — 90 20 90 13 — 90 20 91 18

Situated between the Vaucluse and the Lubéron mountains, this house has a swimming pool and a solarium in its 5 acre orchard. Only 20 mins from Avignon, it offers an excellent combination of 'farniente', sport and tourism.

Entre Monts du Vaucluse et Lubéron, piscine et solarium au milieu de 2 ha de vergers... toute la quiétude de la Provence. Vous n'êtes qu'à 20 minutes d'Avignon.
«farniente» et tourisme ou activités sportives et tourisme...

(130F)

5km

> **Lagnes** :
On the A7, take the exit 'Avignon-Sud'. Go towards Apt, Sisteron, Digne. At Petit Palais, continue straight on for 1,8km. The property is on the left. (18km from the autoroute).
Sur l'A7, prendre la sortie Avignon-Sud puis la direction Apt, Sisteron, Digne. A Petit Palais, continuer tout droit sur 1,8km. Le Mas est sur la gauche. (18km de l'Autoroute).

6 Bedrooms - *chambres* / Extra Bed - *Lit Sup.* :100F

Price in FF - *Prix en FF* :		2 pers ↓	maxi ↓
Basilic & Olivier & Figuier		450 C	
Thym & Romarin		450 C	
Amandier 2		450 C	650 B

GB I

84.5

25 km - East of / *A L'Est d'* **AVIGNON**

Elizabeth NEGREL
«La Pastorale» - Les Gardioles - 84800 Lagnes

→ 25 km 15 km 90 20 25 18 90 20 21 86

You will be in heaven, sitting in the shade of a 300 year old plane tree in this green and tranquil haven. An ideal base and an excellent area for antiques. L'Isle-sur-Sorgue, Fontaine de Vaucluse and Gordes are only 5 minutes away.

Dans cet havre de paix et de verdure, vous serez à l'ombre du platane tricentenaire. Situation idéale pour rayonner aux alentours. A 5mn : l'Isle / Sorgue, pays des Antiquités, Fontaine de Vaucluse, Gordes.
sur place : Antiques, Pottery - *Antiquités, Poteries.*

GB D

5km

4 Bedrooms - *chambres* / Extra Bed - *Lit Sup.* : 50F

> **Lagnes** :
On the A7, take the exit 'Avignon-Sud'. Go towards Apt, Sisteron, Digne. At Petit Palais, go towards Lagnes, Fontaine de Vaucluse. The house is on the D24, on the small portion between the N100 and the D99. (Blue sign and antique shop).
Sur l'A7, prendre la sortie Avignon-Sud puis la direction Apt, Sisteron, Digne. A Petit Palais, aller vers Lagnes et Fontaine du Vaucluse. La maison est sur la D24, sur la petite portion entre la N100 et la D99 (Panneau bleu et magasin d'antiquités).

Price in FF - *Prix en FF* :		2 pers ↓	maxi ↓
Bleue		250 A	300 Eco
Rose		300 A	
Verte 3		300 A	450 Eco
Brique 2		300 A	400 Eco

84.8

10 km - North-East of / *Au Nord-Est de* **CARPENTRAS**

Claude & Simone WEIS
«Le Mas de Silvadour» - Quartier les Estaillades
84330 le Barroux

→ 35 km 45 km 90 65 04 73 90 65 03 32

A wonderful location in the middle of the vines and the 'Dentelles de Montmirail'. Typically Provençal. A warm welcome awaits and the swimming pool will be ready. Your hosts love poetry, literature and painting.

Environnement somptueux, au milieu des vignes et dominé par les Dentelles de Montmirail. Le cadre est très provençal, la piscine sera prête pour votre arrivée. Vos hôtes s'intéressent à la poésie, la littérature et la peinture.

(100/140F)

3 (except on the spot - *sauf dernière minute*)   GB D

> **Le Barroux** :
In Carpentras, take the D938 towards Le Barroux, Malaucène. In Le Barroux, go towards La Suzette. From the sign 'Suzette', continue on the road for 1,5km. Turn right on to the unmade road for 600m and follow the sign to 'Le Mas de Silvadour'.
A Carpentras, prendre la D938 vers Le Barroux, Malaucène. Au Barroux, suivre La Suzette. A partir du panneau 'Suzette', continuer sur la route sur 1,5km. Prendre le chemin de terre à droite sur 600m et suivre le panneau du Mas de Silvadour.

4 Bedrooms - *chambres* / Extra Bed - *Lit Sup.* : 50 F

Price in FF - *Prix en FF* :		2 pers ↓
Oliviers		350 B
Lavandes & Vignes		380 B
Amandiers		300 A

Avignon was the city of the Popes in the 14th century. The imposing Palais des Papes is well preserved and well worth a visit. Inside the city walls, you will discover magnificent, ornately carved buildings.

Avignon était cité Papale au XIV° siècle. Elle en a conservé le fameux et imposant Palais des Papes. A l'intérieur des remparts, vous découvrez des immeubles magnifiquement sculptés.

PROVENCE-ALPES-CÔTE D'AZUR

Département 84 : Vaucluse

84.25

10 km - North-East of / Au Nord-Est de CARPENTRAS

Marie-Joëlle CANET
«Les Gîtes de Clairier» - 84330 Le Barroux

45 km — 90 65 10 84

A house amongst the orchards with a very beautiful view of Les Dentelles de Montmirail. A warm welcome and a good night's sleep is guaranteed. You will enjoy organic produce and in season there are cherries, apricots and grapes.

Maison dans les vergers, avec une très belle vue sur les Dentelles de Montmirail. Vous serez très bien accueilli et le repos est garanti. Vous profiterez des produits de culture biologique et en saison, goûterez cerises, abricots, raisin...

sur place : Fruit, jam... - *Fruits, confitures...*

Ø : 1/10 → 31/03

(80/100F)

4km 5km 5km 5km

> **Le Barroux :**
In Carpentras, take the D938 towards Malaucène - Vaison la Romaine. 7km after Le Barroux, turn left and follow the lane sign posted 'Gîtes', for 1,4km.
Dans Carpentras, prendre la D938 vers Malaucène-Vaison la Romaine. 7km après Le Barroux, prendre à gauche le chemin avec le panneau 'Gîtes', sur 1,4km.

1 Apartment - *appartement* + 2 Bedrooms - *chambres*
Extra Bed - *Lit Sup.* : 60 F

	Price in FF - *Prix en FF* :	2 pers ↓	maxi ↓
Bleue		250 A	
Verte		250 A	350 Eco
Studio	Apartment / 2	280 A	450 Eco

84.7

12 km - North-East of / Au Nord-Est de CARPENTRAS

Marie-Luce RICQUART
«Le Moulin d'Antelon» - 84410 Crillon le Brave

→ 35 km 45 km 90 62 44 89 90 62 44 90

Arrive by car or bring your bike and discover the surroundings of this 12th century water mill in its spacious grounds, with a small stream. 'Le Ventoux' mountain is at your feet. Les Gorges de la Nesque are on one side and there are many good restaurants very close.

Venez en voiture ou en vélo pour découvrir l'environnement de cet ancien moulin à blé du XII°, situé dans un parc de 3ha, traversé par un ruisseau. Proche des Gorges de la Nesque, le Ventoux semble être à vos pieds... Nombreux restaurants à proximité.

sur place : Postcards, pottery - *Cartes postales, Céramiques*

Reduction BS (1/10 → 31/05) / Extra Bed - *Lit Sup.* : 100 F

> **Crillon le Brave :**
In Carpentras, take the D974 towards Bedoin, Mont Ventoux for 12km. Follow the signs to the left..
A Carpentras, prendre la D974 vers Bedoin, Mont ventoux sur 12km. Suivre les panneaux à gauche.

6 Bedrooms - *chambres*
(+1 self-catering apartment - *appartement en location* -3 pers)

	Price in FF - *Prix en FF* :	2 pers ↓	maxi ↓
Tilleul & Terrasse		320 B	
Paroir		320 B	
Abreuvoir		320 B	
Foin		320 B	640 B
Chaude			

84.11

22 km - North-East of / Au Nord-Est de CARPENTRAS

Jean-Marc VAUCLARE
«Le Mas des Amarens» - 84340 Malaucène

50 km 90 46 01 96 90 46 02 12

The only problem with this place is deciding whether to visit the countryside and the ancient theatres, the Provençal markets, to taste the wine of the region or simply to relax in your hosts' spacious grounds along by the river.

Choisissez entre la découverte de cette exceptionnelle nature, les vestiges muets des théâtres antiques, l'animation colorée des marchés provençaux, les dégustations de vins et le repos dans le grand parc, au bord de la rivière...

Ø : 15/11 → 1/04 GB D

> **Malaucène :**
In Carpentras, take the D938 towards Malaucène - Vaison la Romaine. 3km after Malaucène, turn right on to the D13 towards Buis les Baronnies and follow the signs.
Dans Carpentras, prendre la D938 vers Malaucène-Vaison la Romaine. 3km après Malaucène, prendre à droite la D13 vers Buis les baronnies et suivre les panneaux.

4 Apartments - *appartements*

	Price in FF - *Prix en FF* :	2 pers ↓	maxi ↓
(2)	Apartment 2 n.c.	300 A	540 A
(2)	Apartment n.c.	300 A	

The Mont Ventoux region is well-loved by walkers. It is well worth a detour to visit the beautiful village of Sault. These villages are typical, quiet, and genuinely unspoilt. Here is the soul of Provence.

Cette région, proche du Mont Ventoux, est la bien-aimée des randonneurs. N'oubliez pas de faire un crochet vers le beau village de Sault. Les villages sont typiques, calmes, authentiques. Vous y trouverez l'âme de la Provence.

PROVENCE-ALPES-CÔTE D'AZUR

Département 84 : Vaucluse

84.10 ☀☀☀

5 km - South-West of / *Au Sud-Ouest de* **CARPENTRAS**

René STERLE
«Domaine de la Pontête» - 1206, chemin des Escampades
84170 Monteux

➤ 🚗 20 km   ✈ 25 km   ☎ 90 66 22 71

René is a retired farmer and welcomes you on his large farm in the shade of ancient plane-trees, the symbol of Provence. He can help you plan your trips around all sorts of subjects which will almost certainly include wine-tasting.

René est agriculteur à la retraite, il vous reçoit dans sa grande ferme, à l'ombre de ses platanes centenaires, symboles de la Provence. Vous pourrez participer à des circuits touristiques à thèmes, avec découvertes et dégustations !

P 🐱 ... 🛏 🚶 🚴 12km ... 2 🛏

➤ **Monteux** :
In Carpentras, take the D942 towards Avignon. In Monteux, turn right on to the D31 towards Sarrians. After the level crossing turn left and follow the signs 'Chambre d'hôte'.

Dans Carpentras, prendre la D942 vers Avignon. A Monteux, prendre à droite la D31 vers Sarrians. Après le passage à niveau, prendre à gauche et suivre le fléchage 'Chambre d'hôte'.

5 Bedrooms - *chambres* / Extra Bed - *Lit Sup.* : 50 F
Reduction : for children < 10 years - *enfants < 10 ans*

	Price in FF - *Prix en FF* : 2 pers ↓		maxi ↓
1° & 2° 🛏 2 🛏	🚽	200 Eco	300 Eco
3° 🛏	🚽	200 Eco	
4° & 5° 🛏	🚽	200 Eco	

84.12 ☀☀☀

11 km - East of / *A l'Est de* **CARPENTRAS**

Robin & Chantal OCHS
«Portail Vieux» - 84570 Mormoiron

➤ 🚗 40 km   ✈ 50 km   ☎ 90 61 80 34   90 61 97 55

English atmosphere in this old Provençal village. A good stop-over for hikers or cyclists and your hosts also organise painting courses. This Anglo-French mix produces wonderful evenings round the dinner-table. Life is good here.

Une enclave Anglaise dans un vieux village provençal. Cours de peintures, étape pour marcheurs et cyclistes : un excellent mélange pour passer de bonnes soirées autour de la même table. Il est agréable de vivre au Portail Vieux.

sur place : Postcards - *Cartes Postales*

P 🍽 🐱 ... 📺 🚶 🍇 ✖ (100F)

❄ 🚶 🚴   GB D I

➤ **Mormoiron** :
In Carpentras, take the D942 towards Mormoiron and Sault.
Dans Carpentras, prendre la D942 vers Mormoiron et Sault.

5 Bedrooms - *chambres* / Extra Bed - *Lit Sup.* : 60F
Half Board - *1/2 Pension* : 410F / 2pers.

	Price in FF - *Prix en FF* : 2 pers ↓		maxi ↓
Croix	🛏	🚽	240 Eco	
Fontaine	🛏 n.c.	🚽	240 Eco	480 Eco
Ventoux	🛏			
Gallerie	🛏	🚽	240 Eco	
Studio	🛏	🚽	(1pers) 190 B	

84.14 ☀☀

11 km - East of / *A l'Est de* **CARPENTRAS**

Francine DESSERRE
Grand rue - 84570 Mormoiron

🚗   ✈ 50 km   ☎ 90 61 97 25

This village house has a beautiful view and a solarium. You are 1km from the lake and at the gateway to the Gorges de la Nesque. You're not to miss going to Sault. This is an ideal base for exploring 'Le Ventoux' on foot.

Maison de village avec une jolie vue et solarium. Le plan d'eau est à 1km. Vous êtes aux portes des gorges de la Nesque. Profitez en pour aller jusqu'à Sault. Halte idéale pour les marcheurs attirés par le Ventoux.

🐱 ... 🛏 🚶 SOL ❄ 🚶 🚴

4 Bedrooms - *chambres*

➤ **Mormoiron** :
In Carpentras, take the D942 towards Mormoiron and Sault. In the village, follow the shopping street 'Le Cours' towards Bedoin. The house is on the right, near to the flower shop.

Dans Carpentras, prendre la D942 vers Mormoiron et Sault. Dans le village, aller dans la rue commerçante 'Le Cours', en direction de Bédoin. La maison est à droite, près du fleuriste.

	Price in FF - *Prix en FF* : 2 pers ↓		maxi ↓
🛏	🚽	(1pers) 210 C
🛏	🚽	210 Eco
🛏	🚽	220 Eco
🛏	🚽	230 Eco

These symbols indicate that your hosts will be delighted for you to use their swimming pool, tennis court or ride their horses.

Ces symboles indiquent que vos hôtes mettent leur piscine, leur tennis personnels ou des chevaux à votre disposition.

PROVENCE-ALPES-CÔTE D'AZUR

Département 84 : Vaucluse

84.29 — VAISON LA ROMAINE

Jean-Loup & Aude VERDIER
«L'Evêché» - Rue de l'Evêché - Cité Médiévale
84110 Vaison la Romaine

55 km   90 36 13 46   90 36 32 43

> **Vaison la Romaine** :
In the upper part of the town, this street is east of the Place du Vieux Marché.
Dans la Haute ville de Vaison, la rue est située à l'Est de la place du Vieux Marché.

The old bishops house in the heart of the upper town is in a quiet, narrow cobbled street which breathes history. In this ambiance of luxury you will get the most out both Vaison, the medieval and the modern. Its gastronomic festival ('journées gourmandes') in autumn should not be missed.
Ancien évêché au cœur de la haute ville, dans une rue étroite et pavée, qui respire l'histoire et le calme... Dans une atmosphère de luxe, vous profiterez de Vaison la Gallo-Romaine, la médiévale ou la contemporaine avec ses 'journées gourmandes' à l'Automne...

4 Bedrooms - *chambres*

	Price in FF - *Prix en FF* : 2 pers ↓
Jaune & Verte	360 B
Rouge	400 B
Bleue	380 B

20km

84.20 — VAISON LA ROMAINE

Roger & Claudette HORTE
«Les Cigales» - Chemin des Abeilles
84110 Vaison la Romaine

55 km   90 36 02 25

> **Vaison la Romaine** :
As you enter the town from Orange to Carpentras, the lane is on the left, before the Citroën garage.
A l'entrée de la ville, en venant d'Orange vers Carpentras, le chemin est à gauche avant le garage Citroën.

Wine-tasting, the local market, festivals and walks, or visiting the Roman ruins in this medieval town will fill your day. Enjoy the swimming pool and the view or talk music with Roger and Claudette.
Dégustations de vins, marché de Vaison, festivals, randonnées, circuits des vestiges gallo-romains et de la haute ville médiévale... Prenez le temps aussi de parler musique avec Roger et Claudette, de profiter de la piscine et de la vue !

4 Bedrooms - *chambres*

	Price in FF - *Prix en FF* : 2 pers ↓	maxi ↓
Lion & Taureau	280 B	360 A
Capricorne & Poisson	280 B	

FERME FORTIFIÉE DITE CHÂTEAU DE LA BAUDE

Photo : 84.19 - page 247

Near - *Près de* VAISON LA ROMAINE See also - *Voir aussi* :
26.17 - Daniel & Simone CHARRASSE - Benivay Ollon - Page 262

Vaison la Romaine has managed to preserve the remains of the various periods of history through which it has passed. It bears witness very effectively to a rich past and its rôle as a frontier town between la Provence and le Dauphiné.

PROVENCE-ALPES-CÔTE D'AZUR

Département 84 : Vaucluse

84.21 — VAISON LA ROMAINE

François & Claude DELESSE
Chemin de l'Ioou - Le Brusquet
84110 Vaison la Romaine

55 km — 90 36 38 38

François and Claude love wine, gardening and walking. They will advise you on buying wine and also the best walks in the area. The gastronomic festival in November is not to be missed.
Les passions de François et Claude : œnologie, jardinage et randonnées pédestres. Vous serez conseillés pour vos achats de vins, vos promenades. Les journées gourmandes de Vaison sont en Novembre.

Ø : 9/07 → 31/07   GB E

➢ **Vaison la Romaine :**
In the centre of the town, take the Avenue Pierre Brossolette between the schools and the sports centre (stade). Go round the sport center to the right and turn left in to the 'Chemin de l'Ioou'. First house on the right.
Dans le centre, prendre l'Avenue Pierre Brossolette entre les écoles et le stade. Contourner le stade sur la droite et prendre le chemin de l'Ioou à gauche. 1° maison à droite.

1 Bedroom - chambre / Extra Bed - Lit Sup. : 80 F
Reduction : 4 nights - nuits

Price in FF - Prix en FF :   2 pers ↓

280 B

84.19 — 6 km - North-West of / Au Nord-Ouest de VAISON LA ROMAINE

Gérard & Chantal MONIN
«La Baude» - 84110 Villedieu

55 km — 90 28 95 18 — 90 28 91 05

A beautiful Provençal farm with links with the Knights Templar, known as the 'Château de la Baude'. Previously fortified, and painstakingly restored by Gérard, it now offers high standards of comfort in its six bedrooms. A fantastic address in Provence. Dinner on the terrace is not to be missed.
Très belle ferme templière de provence dite "Château de la Baude". Autrefois fortifiée, elle vous offre aujourd'hui tout le confort souhaité : 6 chambres dont 2 duplex, bibliothèque, billard, salons, cheminée. Une formidable adresse provençale.

(120F)
2km 1km   Ø : 20/12 → 26/12   GB I

➢ **Villedieu :**
In Vaison, take the D51 towards Villedieu.
A Vaison, prendre la D51 vers Villedieu.

2 Duplex + 4 Bedrooms - chambres

3   (1/07 → 31/08) / Extra Bed - Lit Sup. : 70F

Price in FF - Prix en FF :   2 pers ↓   maxi ↓

Duplex Lavandin & Duplex Citronnelle			
		680 Luxe	680 B
Tilleul & Olivier			
3		480 C	580 B
Romarin		480 C	
Verveine		480 C	

84.22 — VALRÉAS

Simone BESSON
«Ferme de l'Etang» - Chemin des Etangs - 84600 Valréas

→ 37 km   65 km   90 37 45 42   90 35 63 42

A 'Mas' dating from the 17th century, which has been completely restored. Situated on a wooded hill, with its own freshwater pond, it is surrounded by vineyards. An excellent walking area. An extra room can also be made available for families.
Mas du XVII° très confortable, entièrement restauré, sur une colline boisée et entouré de vignobles. Bassin d'eau vive. Valréas est réputé pour son vin. C'est une région de randonnées. Chambre d'appoint si vous êtes en famille.
sur place : Honey, asparagus, wine - Miel, asperges, vin

➢ **Valréas :**
In Valréas, take the D47 towards Taulignan for 1,5km. Turn left on to the 'Chemin des Etangs'. After 600m, the farm is on the right.
A Valréas, prendre la D47 vers Taulignan sur 1,5km. Prendre à gauche le Chemin des Etangs sur 600m. La ferme est à droite.

1 Bedroom - chambre / Extra Bed - Lit Sup. : 70 F

Price in FF - Prix en FF :   2 pers ↓

n.c.   250 A

Vaison la Romaine a été marquée par l'Histoire et a su en conservé les traces. Si elle témoigne aujourd'hui d'un passé riche, elle affiche ses atouts de ville frontière entre la Provence et le Dauphiné et sait mettre en valeur sa dualité géographique.

Do not miss the Château de Grignan near Valréas, immortalised by Madame de Sévigné.
Près de Valréas, ne manquez pas de visiter le Château de Grignan, rendu célèbre par Madame de Sévigné.

RHÔNE ALPES

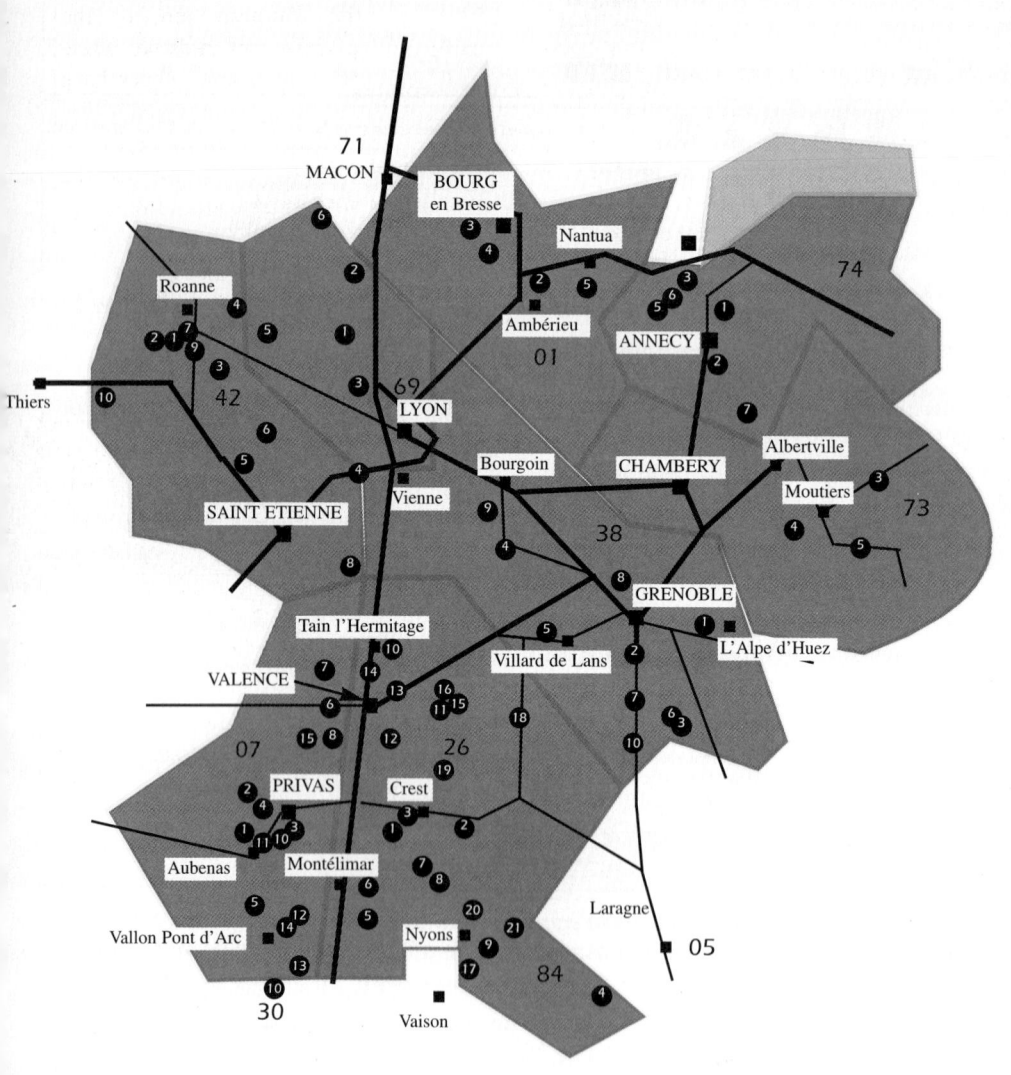

RHÔNE-ALPES

Rhône-Alpes... One autoroute takes you to the South and the sun, another towards the ski slopes. On the A41, the A42 and the A43, you can easily explore this region, through which many visitors speed each year. But why not stop, for example, in the Beaujolais, famous for its wine, or in Lyon, the gastronomic capital of France. If you head for the ski slopes, then your first stop should be Bourg-en-Bresse, to visit the church of Brou and to taste the famous Bresse chickens with blue feet. In the Alps, there is the Olympic centre of Albertville, Chamonix and Mont Blanc and the lake of Annecy. Why not take the 'Route Napoléon' south via Grenoble or relax in the Vercors rich in mountain walks and ski slopes, or you could try bungee jumping. Visit Valence, gateway to the the southern sun, or the wilderness of Ardèche, where new prehistoric caves have been discovered. Our hosts in this area are as varied as the attractions of their region.

Rhône-Alpes... Autoroute du Soleil vers le Sud, Blanche vers le Ski, A41, A42, A43... vous pouvez sillonner à l'aise la région, zone de passage des grandes migrations. Vous pouvez aussi vous y arrêter.... D'abord dans le Beaujolais et à Lyon, capitale de la gastronomie Française. En prenant l'Autoroute Blanche, votre 1ère halte est Bourg en Bresse pour visiter l'Eglise de Brou et goûter aux fameux poulets de Bresse aux pattes bleues. Dans les Alpes, vous avez le ski à Albertville, le Mont Blanc à Chamonix, le lac d'Annecy... Descendez vers le Sud par la 'Route Napoléon' ; détendez vous dans le Vercors, riche en sentiers de randonnées et pistes de ski de fond ; faites du saut à l'élastique près de Grenoble... Rhône-Alpes, c'est aussi Valence, la porte du soleil ; l'Ardèche, la sauvage où l'on vient de découvrir une nouvelle grotte préhistorique. Nos hôtes y sont aussi divers que la région offre de possibilités.

RHÔNE-ALPES

Département 01 : Ain

01.2

20 km - North-East of / Au Nord-Est de **AMBÉRIEU**

Andrée PIPÉRINI
«Le Clos des Condamines» - 01450 Cerdon

20 km   45 km   74 39 95 42   74 39 95 42

Chez Andrée, there is always a glass of "Cerdon au frais" to welcome you to her inn in an old wine grower's house. It is conveniently situated on the main road. Laundry service is provided free of charge.

Il y a toujours une coupe de "Cerdon au frais" chez Andrée pour vous accueillir. Dans son auberge, une ancienne maison vigneronne en bordure de route, votre linge est lavé gratuitement. Vous pouvez faire de l'escalade , du deltaplane, visiter le musée du vin.

sur place : Jam, honey, cheese - Confiture, miel, fromage

(42/145F)

22km   7km   7km   GB D I

➤ **Cerdon** :
On the A42, take the exit Pont d'Ain, then the N84 towards Nantua for 13km. At the main crossroads, turn left on to the D11 towards Cerdon and continue for 1km.
Sur l'A42, prendre la sortie Pont d'Ain et la N84 vers Nantua sur 13km. Au grand carrefour, prendre à gauche la D11 vers Cerdon, sur 1km.

4 Bedrooms - chambres / commun (2° & 3° & 4°)
Reduction BS (1/09→30/05)

Price in FF - Prix en FF : 2 pers ↓					maxi ↓
1°		3		270 A	470 Eco
2°	2			270 A	
3°		2		270 A	400 Eco
4°				270 A	340 Eco

01.3

10 km - West of / A l'Ouest de **BOURG EN BRESSE**

Jean-Louis GAYET
«Les Vignes» - Montcet - 01310 Polliat

12 km   45 km   74 24 23 13

This restored old house is situated between la Dombes and la Bresse, beside a lake, and is typical of this region. The varied interests of the hosts means that you can learn Esperanto if you wish, or enjoy their vegetarian dishes.

Jean-Louis, psychothérapeute, habite une ancienne maison bressane entre la Dombes et la Bresse au bord d'un étang. Vous pourrez apprendre l'espéranto. La table d'hôte s'organise autour de plats souvent végétariens, confectionnés à partir de produits "bio".

(65/110F)

➤ **Montcet** :
In Bourg, take the D975 then N79 towards Macon. In Polliat, turn left towards Montcet and follow the signs.
A Bourg, prendre la D975 puis la N79 vers Macon. A Polliat, prendre à gauche vers Montcet et suivre les panneaux.

4 Bedrooms - chambres / Extra Bed - Lit Sup. : 40F

Price in FF - Prix en FF : 2 pers ↓			
Verte & Bleue & Rose			260 A
Jaune			260 A

GB E   12km

01.4

12 km - South-West of / Au Sud-Ouest de **BOURG EN BRESSE**

Geneviève GUIDO-ALHERITIERE
«Chateau de Marmont» - 01960 St André / Vieux Jonc

12 km   60 km

This manor house is at the end of an avenue of plane-trees surrounded by wooded grounds. Geneviève will take care of every detail to ensure an enjoyable stay and Henri can take you for a round of golf (only 400m. away).

Vous découvrirez le manoir au bout d'une allée de platanes, dans un parc aux arbres centenaires. Geneviève s'attache à tous les petits détails qui rendront votre séjour délicieux. Si vous le souhaitez, Henri vous accompagnera au golf (à 400m.).

10km   10km   15km   GB I

➤ **St André / Vieux Jonc** :
Follow signs for 'Golf de la Bresse' (take the RN83 or D936 or the A40 : Exit Bourg-Sud towards Certines and the golf-course.
Suivre les panneaux 'Golf de la Bresse' (par la RN83 ou la D936 ou la A40 : Sortie Bourg-Sud, vers Certines et le golf).

3 Bedrooms - chambres
Reduction 3 nights - nuits / Extra Bed - Lit Sup. : 100F

shared - commun (Romantique & Parc)

Price in FF - Prix en FF : 2 pers ↓				maxi ↓
Chambre d'honneur			450 C	
Romantique			450 C	700 A
Parc				

From October 18th, the telephone number of hosts in Rhône-Alpes, will begin with 04.
Dial : + 33 4 before your host's telephone number (from France : dial 04 before your host's telephone number).
A partir du 18 Octobre, le numéro de téléphone de vos hôtes de Rhône-Alpes, débutera par 04.
Composez : International + 33 4 suivi du N° de votre hôte (de France : 04 devant le N° de votre hôte).

RHÔNE-ALPES

Département 01 : Ain

01.5
20 km - South of / *Au Sud de* **NANTUA**

Françoise CHOSSET
«Ferme de la Léchère» - 01110 Brénod

70 km   74 36 01 27

This farm at medium altitude, is surrounded by green pastures and beautiful pine forests. Here you forget about your car and explore the area either on foot, on horseback (they have stables) or on skis in the winter. Excellent value for money.
Cette ferme équestre de moyenne montagne, est entourée de prés verdoyants et de belles forêts de sapins. Ici on pose la voiture ou le van (les chevaux sont accueillis) et on se promène à pied, en VTT ou en ski de fond. Très bon rapport qualité/prix.
sur place : Honey, Crafts - *Miel, Artisanat*

(60F)   GB   D

1km   10km   10km

> **Brénod** :
The farm is on the D31, on the Brénod-Artemare road, 13km from exit 8 from the A40 to Oyonnax and Nantua.
La ferme est située sur la D31, sur l'axe Brénod-Artemare, à 13km de la Sortie de l'A40 pour Oyonnax et Nantua.

3 Bedrooms - *chambres* / Extra Bed - *Lit Sup.* : 90 F

3   2 WC   shared - *communs*

Price in FF - *Prix en FF* :	2 pers ↓	maxi ↓
1°	180 Eco	
2°	180 Eco	360 Eco
3°	180 Eco	630 Eco

10km   30km   30km

Département 07 : Ardèche

07.1
12 km - North of / *Au Nord de* **AUBENAS**

Huguette et Bénédicte CHAYNE
Le Chadenet - 07600 Asperjoc

7 km   210 km   75 37 55 13   75 94 69 73

This farm dates from 1652 and is set amidst magnificent scenery. The Chayne family will be delighted to introduce you to the secrets of their region and, at the end of a hard day, their local dishes.
Cette ferme datant de 1652, est située au cœur d'un panorama magnifique. La famille Chayne se fera un plaisir de vous faire découvrir les secrets de leur région : la faune et la flore, l'escalade, le canyoning, la spéléologie, la cuisine régionale...
sur place : Honey, jam, chestnuts - *Miel, confiture, châtaignes*

GB   I

> **Le Chadenet** :
In Aubenas, take the N102 towards Vals les Bains where you turn right on to the D578 towards Antraigues. Turn left on to the D243 then right on to the D543. Follow the signs.
A Aubenas, prendre la N102 vers Vals les Bains où vous prenez à gauche la D578 vers Antraigues. Prendre à gauche la D243 puis à droite la D543. Suivre les panneaux.

5 Bedrooms - *chambres* / HS (2/07→3/09) : 7
Half Board only - *1/2 Pension seulement*
Price - *prix* : 235 F/pers. (mini. 2 pers.)

Chanterelle	3		
Tilleul			WC
Bruyère			WC
La Castagne & la Merle			

Reduction children - *enfants* (2 → 7 years old - *ans*)

07.10
20 km - North-East of / *Au Nord-Est d'* **AUBENAS**

Danièle ROUX
«Le Solitary» - 07170 St Laurent sous Coiron

50km   180 km   75 94 22 39

The mountains, warmth and sunshine are to be found chez Danièle, who is mad on climbing and sport. The atmosphere is rustic and relaxed and the food is excellent (using natural produce and home-made bread). Peace and quiet is guaranteed.
Montagne, chaleur et soleil chez Danièle, passionnée d'escalade et de sport. Ambiance rustique, décontractée, nourriture excellente (produits naturels et pain maison) et calme garanti. Centre équestre sur place. Tout proche : le Col de l'Escrinet.
sur place : Patés, honey, apple juice - *Miel, jus de pomme*

(80/150F)

7km   30km   GB   D   E

> **St Laurent sous Coiron** :
In Aubenas, take the N102 towards Montélimar. In Lavilledieu, turn left on to the D224 towards Darbres then on to the D324 towards St Laurent. Follow the signs for 'Le Solitary'.
A Aubenas, prendre la N102 vers Montélimar. A Lavilledieu prendre à gauche la D224 vers Darbres puis la D324 vers St Laurent ss Coiron. Suivre les panneaux 'Le Solitary'.

1 Suite + 3 Bedrooms - *chambres*

	Price in FF - *Prix en FF* :	2 pers ↓	maxi ↓
Verte	(child - *enfant*)	200 Eco	280 Eco
Rouge	n.c.	200 Eco	
Suite +	n.c.	200 Eco	400 Eco
Bleue	(child - *enfant*)	200 Eco	280 Eco

WC shared - *commun* (Verte & Rouge) - Extra Bed - *Lit Sup.* : 80 F

- 251 -

RHÔNE-ALPES

Département 07 : Ardèche

07.11 ☀️☀️☀️ 🏠   4 km - North-East of / Au Nord-Est d' **AUBENAS**

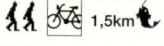

🛏️ ✈️ 170 km   ☎️ 75 93 54 77

> **St Privat** :

This apartment is next door to Bernard and Hilde's house and is modern, comfortable and self-contained. You will appreciate the cool shade of the garden when you return from your excursions to les Gorges de l'Ardèche and the Source de la Loire.

Tout près de la maison de Bernard et Hilde, cet appartement moderne, confortable et indépendant est particulièrement agréable. Vous apprécierez l'ombre fraîche du jardin au retour de vos visites (Gorges de l'Ardèche, Source de la Loire...).

Your hosts request that you telephone in advance.
Vos hôtes souhaitent que vous les préveniez de votre arrivée.

1 Apartment - *appartement* (6 pers.)

HS (1/07 ‹ 31/08) : 15 🛏️ & BS : 2 🛏️

Reduction BS(1/09 → 30/06)

	Price in FF - *Prix en FF* :	2 pers ↓	maxi ↓
Apartment		250 A	500 Eco

Merle & Rossignol : 2 🛏️
Hirondelle 🛏️ 🛁

P 🏘️ ♿ 🏊 🚶 🚴 1,5km ⛪ GB D NL

🦌 6km 🏃 10km 🚣 40km 🏊 10km ❄️ 40km

07.4 ☀️ 🏠   16 km - West of / Au Ouest de **PRIVAS**

Freddy MOUNIER
«Le Village» - Ajoux - 07000 Privas

🛏️   ☎️ 75 66 81 81

This Ardèche farm is very typical and the only house in this hamlet which is inhabited right through the year. It is wonderfully located in totally unspoilt countryside. Come in the autumn and pick wild mushrooms and chestnuts.

Cette ferme ardéchoise très typique, est la dernière maison habitée pendant toute l'année dans ce hameau. Elle jouit d'un cadre exceptionnel, vous pourrez y découvrir une nature encore intacte. En automne : champignons, châtaignes.
sur place : *Regional Produce - Produits régionaux*

> **Ajoux** :

In Privas, take the N104 towards Aubenas. Before 'Le Col de l'Escrinet', turn right on to the D122 towards Mézilhac for 4km and turn right towards Ajoux.
A Privas, prendre la N104 vers Aubenas. Avant le Col de l'Escrinet, prendre à droite la D122 vers Mézilhac sur 4km et tourner à droite vers Ajoux.

2 Bedrooms - *chambres* / Reduction children - *enfants*

🚻 shared - *commun*

	Price in FF - *Prix en FF* :	2 pers ↓	maxi ↓
2 🛏️		170 Eco	220 Eco
🛏️ 2 🛏️		170 Eco	220 Eco

P 🐱 🏘️ 📺 🚶 🍇 🍴 (60F)

🚴 🐴 🚶 ☂️ 25km ❄️ 35km 🎣 40km 🎿

07.3 ☀️☀️ 🏠   21 km - South-West of / Au Sud-Ouest de **PRIVAS**

Annie COSTET
«Les Hirondelles» - 07170 Darbres

→ 🚂 40 km ✈️ 170 km   ☎️ 75 94 26 28

In the heart of l'Ardèche, this large restored house is typical of the region. Annie organises weekends on themes such as the wine harvest, chestnuts, mushrooms, silk, wool and bird watching, to name but a few.

Grande maison typique, au cœur de l'ardèche : Idéal pour l'étude de la nature. A proximité : tennis, piscine, équitation, karting, escalade... Annie organise des week-ends à thème : vendanges, châtaignes, champignons, la soie, la laine, la migration des oiseaux.

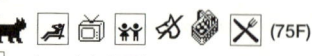

> **Darbres** :

In Privas, take the D507 towards Villeneuve de Berg, 'Le Col du Benas'. At the 'Col' go towards Darbres.
A Privas, prendre la D507 vers Villeneuve de Berg, le Col du Benas. Au col, aller vers Darbres.

1 Suite + 2 Bedrooms - *chambres*
Extra Bed - *Lit Sup.* : 50/60 F
Reduction BS (1/09 → 30/06) & for children - *enfants*

2 🛏️ / WC shared - *commun* (2° & Suite)

	Price in FF - *Prix en FF* :	2 pers ↓	maxi ↓
1°	🛏️ 🚻	250 A	
2°	🛏️ 🚻	210 Eco	
Suite	4 🛏️ 🚻	380 B	380 Eco

P 🏘️ 🐱 🚶 📺 👪 🍇 🍴 (75F)

🚴 🐴 🚶 ☂️ 35km ❄️ 5km 🎿

φ :1/01 → 28/02   GB D E

Limestone everywhere, gorges, belvederes, caves, river-sports, potholing, riding. Prehistoric heritage, goat herds, sun and wilderness... this is the Ardèche...
Chaos calcaire, Gorges, Belvédères, Grottes ; Sports d'eaux vives, Spéléologie, Cheval ; Patrimoine préhistorique ; Elevages de chèvres ; Soleil, Nature sauvage...
Vous êtes en Ardèche...

RHÔNE-ALPES

Département 07 : Ardèche

07.2

34 km - North-West of / *Au Nord-Ouest de* **PRIVAS**

Alfred BURI
«Ferme Solaire» - 07190 Marcols les Eaux

➜ Bus   75 65 60 95   75 65 60 95

This old mill was used for spinning silk and has now been restored as a solar-powered farmhouse. The rooms are rustic but comfortable and the meals are based on the organic farm produce. There are many activities nearby.

Des chambres confortables et rustiques, situées dans un ancien moulin devenu filature de soie, puis restauré en ferme solaire. La cuisine faite avec les produits de la ferme, est biologique. Equitation, tennis, badminton, baignade, musée de la laine...

(60/98F) GB D I

22km

Φ : 1/12 → 31/12
Reduction BS (1/09 → 30/06) & 7 nights - *nuits*

> **Marcol les Eaux** :
In Privas, take the D2 towards St Sauveur. There, turn left on to the D211 towards Mézilhac. The farm is on the left, after Marcols les Eaux.
A Privas, prendre la D2 vers St Sauveur. Là, prendre à gauche la D211 vers Mézilhac. La ferme est sur la gauche après Marcols les Eaux.

4 Bedrooms - *chambres* / Extra Bed - *Lit Sup.* : 80 F

WC shared - *commun* / shared - *commun* (1° & 2°) / 2

Price in FF - *Prix en FF* : 2 pers ↓

1°				280 A
2°				280 A
3°				310 B
4°				310 B

07.12

23 km - North-East of / *Au Nord-Est de* **VALLON PONT D'ARC**

Françoise GRANIER
«Le Mas de Marquet» - 07700 Gras

                         75 04 39 56   75 04 39 56

This large Provençal mas is located above the Gorges de l'Ardèche, and has been in the same family for 500 years. You will appreciate the space, sunshine and the friendly atmosphere. The meals are served on the superb covered terrace.

Ce grand Mas provençal, situé au dessus des Gorges de l'Ardèche est dans la famille depuis 500 ans. Vous y apprécierez l'espace, le soleil la convivialité. Les repas (avec les produits de la ferme) sont servis sur la superbe terrasse couverte.
sur place : Honey, lavender essence-*Miel, Essence de lavande*

(35/70F)

2km 5km 13km 20km

30km   Φ : 1/12→1/02   GB

> **Gras** :
In Vallon Pont d'Arc take the D4 towards Bourg St Andéol. In St Remèze, turn left on the D362 towards Gras. In Mas du Gras, turn right on to the D262 towards Imbourg. The house is on the right, 1,5km before Imbourg.
A Vallon Pont d'Arc prendre la D4 vers Bourg St Andéol. A St Remèze, prendre à gauche la D362 vers Gras. A Mas du Gras, prendre à droite la D262 vers Imbourg. La maison est sur la droite, 1,5km avant Imbourg.

1 Suite + 3 Bedrooms - *chambres* / Extra Bed - *Lit Sup.* : 100F
Reduction groups - *groupes*

Price in FF - *Prix en FF* : 2 pers ↓   maxi ↓

Les Dames			220 Eco	
Les Chats	2		220 Eco	
Flo	2 (baby-*bébé*)		250 A	400 Eco
Manu + Pigeonnier	4		250 A	600 Eco

07.5

10 km - North-East of / *Au Nord-Est de* **VALLON PONT D'ARC**

Francis & Michèle RANCHIN
Quartier 'les Ranchins' - Pradons - 07120 Ruoms

➜ 50 km   20 km   75 93 98 33

A very beautiful, stone vineyard house, completely restored. From the terrace, there is a superb view over the vines and the surrounding countryside. There are many villages to visit or let Jean take you to the wine-growers cooperative.

Très belle ferme viticole en pierre, entièrement restaurée. De la terrasse, vue superbe sur le vignoble et la campagne environnante. Visites : Vieux villages de Voguée, Balazuc, La Baume, le Musée de la laine, une magnanerie ou avec Jean, la cave coopérative.
sur place : Wine - *vin*

2km

> **Pradons** :
In Vallon Pont d'Arc take the D579 towards Aubenas. The farm is 2,5km after Pradons.
A Vallon Pont d'Arc prendre la D579 vers Aubenas. La ferme est 2,5km après Pradons.

5 Bedrooms - *chambres* / Extra Bed - *Lit Sup.* : 60 F

Price in FF - *Prix en FF* : 2 pers ↓   maxi ↓

Syrah & Sauvignon	2		230 Eco	350 Eco
Grenache & Viognier			230 Eco	290 Eco
Chardonnay			230 Eco	

Near - *Près de* VALLON PONT D'ARC   See also - *Voir Aussi* :
30.10 - Antoine & Isabelle AGAPITOS - «Mas Escombelle» - Barjac - Page 150

- 253 -

RHÔNE-ALPES

Département 07 : Ardèche

07.13

30 km - South-East of / *Au Sud-Est de* **VALLON PONT D'ARC**

Michèle TERRAZZONI & P. DUTAUZIA
«L'Atelier des Granges» - 07700 St Martin d'Archèche

15km 100km 75 04 68 33 75 98 70 72

L'Atelier des Granges is an artist's house in grounds overlooking les Gorges de l'Ardèche. Their painting and sculptures are dotted around the house, in the bedrooms, in the corridors, on the patio... outside kitchens and table tennis.

L'Atelier des Granges est une maison d'artistes sur arcades, située dans une propriété ouvrant sur les Gorges de l'Ardèche. On rencontre leurs peintures et sculptures au détour d'un couloir, dans les chambres, le patio... Cuisines d'été, ping-pong.

sur place : Honey, Wine - *Miel, Vin*

5 Bedrooms - *chambres* / Extra Bed - *Lit Sup.* : 80F GB E
Reduction 5 nights - *nuits* & groups - *groupes*
& BS (30-08 → 1/07 : out of season - *hors Week-end & fêtes*)
2 self-catering apartments - *appartements en location*
HS : 2700F & 5400F per week - *la semaine*

> **St Martin d'Ardèche** :

In Vallon Pont d'Arc take the D290 : 'les Gorges de l'Ardèche' towards St Martin. 'Les Granges' is just before St Martin.
A Vallon Pont d'Arc prendre la D290 : 'les Gorges de l'Ardèche' vers St Martin. 'Les granges' est juste avant St Martin.

	Price in FF - *Prix en FF* :	2 pers ↓	maxi ↓
Arcades		290 A	
Magnanerie +		290 A	320 Eco
Renaud		290 A	400 Eco
Eléna	2	290 A	400 Eco
chez Margot	2 WC 2		
chez Anna	2	3	6

07.14

10 km - East of / *A l'Est de* **VALLON PONT D'ARC**

Sylvette VAISSEAUX & Gérard MIALON
«La Martinade» - 07700 St Remèze

75 98 89 42   75 04 36 30

An old, restored farmhouse on a 27 hectare estate, amidst lavender and almond trees. Each bedroom has its own private terrace and Sylvette ensures that the ambiance is warm and friendly, as well as preparing delicious local Ardèche dishes.

Ancienne ferme restaurée, sur une propriété de 27ha au milieu de la lavande et des amandiers. Chaque chambre a sa terrasse privée. Sylvette veille sur l'ambiance très conviviale de sa demeure et vous prépare une délicieuse cuisine ardéchoise.

sur place : Honey, lavender essence-*Miel, Essence de lavande*

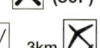

(80F)

9km 14km 40km 3km GB

3 Bedrooms - *chambres* + 1 Apartment - *appartement*

> **St Remèze** :

In Vallon Pont d'Arc take the D4 towards Bourg St Andéol. In St Remèze, turn left on to the D362 towards Gras. The house is on this road.
A Vallon Pont d'Arc prendre la D4 vers Bourg St Andéol. A St Remèze, prendre à gauche la D362 vers Gras. La maison est sur la route.

Extra Bed - *Lit Sup.* : 60F
Reduction 2 nights - *nuits* & groups - *groupes*

	Price in FF - *Prix en FF* :	2 pers ↓	maxi ↓
Lavande		240 Eco	300 Eco
Jura	2	240 Eco	360 Eco
Amandes		WC 240 Eco	300 Eco
Romarin		240 Eco	300 Eco

07.6

15 km - West of / *A l'Ouest de* **VALENCE(26)**

Françoise LEFORT
«Ferme de Leyrisse» - Route de St Peray à Alboussière
07440 Champis

15 km   20 km   75 58 25 88

Françoise's welcome is warm and friendly. Her farm consists of a small hamlet of 3 houses, dating from the 16th century and has an uninterrupted view over all the valley. Here they farm snails and also run pottery courses.

Françoise vous reçoit avec beaucoup de gentillesse. Ferme-hameau de 3 maisons anciennes (XVI°-XVIII°) : Vue imprenable sur toute la vallée. Vous visiterez l'élevage d'escargots, les achèterez tout cuisinés et partirez avec des recettes ! Stages de poterie.

sur place : Wine, Farm produce -*Vin, Produits de la Ferme*

(65/120F) GB E

> **Champis** :

Exit Valence-Nord on the A7. Take the N7 towards Valence then turn right on to the N532 towards Le Puy. 15km from Valence, at the cross-roads with the D14, take the lane.
Sur l'A7, Sortie Valence-Nord. Prendre la N7 vers Valence et à droite la N532 vers Le Puy. A 15km de Valence, au croisement avec la D14, prendre le chemin.

2 Apartments - *appartements* / Extra Bed - *Lit Sup.* : 60 F

	Price in FF - *Prix en FF* :	2 pers ↓	maxi ↓
Petit Logis		220 Eco	
+		220 Eco	
Leyrisse		220 Eco	280 Eco
+		220 Eco	280 Eco

RHÔNE-ALPES

Département 07 : Ardèche

07.15

40 km - South-West of / Au Sud-Ouest de **VALENCE(26)**

Yvonne GOUY
«Les Blés d'Or» - 07240 Chalencon

☎ 75 58 15 92   75 58 03 77

This vast, substantial house is in the heart of a typical medieval village. The view over the Eyrieux valley is superb. This place is particularly suitable for small groups, where they can organise hiking, fishing, mountain biking and canoeing.
Cette vaste maison bourgeoise est située au cœur d'un village médiéval typique. La vue sur la vallée de l'Eyrieux est superbe. Particulièrement adapté pour des séjours en groupe, cet ensemble vous propose randonnée, pêche, VTT, canoë-kayak... sur place : stages sportifs, classes découvertes pour enfants

(45F)   1km   1km   50km

3 Apartments - *appartements*   ☾ : 1/02 → 28/02
23 Bedrooms - *chambres* + 1 dormitory - *dortoir* (12 pers)
Reduction groups - *groupes* (3 nights - *nuits*)
shared - *commun* (26 & 27 & 28)   shared - *commun* (9 & 10)

> **Chalencon** :
Exit Valence-Nord from the A7. Take the N7 towards Valence then the N532 towards Le Puy. Turn left on to the D14 towards Vernoux, there, left on to the D2 towards Silhac-Privas, then right on to the D241 to Chalencon. The house is by the church.
Sur l'A7, Sortie Valence-Nord. Prendre la N7 vers Valence et à droite la N532 vers Le Puy. A gauche la D14 jusqu'à Vernoux, puis à gauche la D2 vers Silhac-Privas et à droite la D241 vers Chalencon. La maison est à côté de l'Eglise.

Price in FF - Prix en FF :		2 pers ↓	maxi ↓
4		210Eco	315 Eco
7		210Eco	
1 & 2 & 3 & 5 & 6 & 8 & 25	2	210Eco	
35 & 45 & 46	4	210Eco	420 Eco
26 & 27		210 Eco	
28		(1 pers)105 Eco	
44	6	210Eco	630 Eco
36	3	210Eco	315 Eco
9 & 10	2	210 Eco	

07.7

25 km - North-West of / Au Nord-Ouest de **VALENCE(26)**

Pierre & Claire COULOMB
«La Pépinière de Duzon» - Aux Plats - 07440 St Sylvestre

30 km   ☎ 75 58 30 79

Your rooms are in an 18th century Ardéchois house, next to that of the owners. Open spaces and complete tranquility. Homemade bread and preserves. Courses on geo-biology and radio-activity.
Dans 'l'Ardèche protégée' : maison ardéchoise du XVIII° comprenant 2 appartements, à côté de celle du propriétaire. Grands espaces, bois, rivières, calme total, four à pain, confitures maisons. Stages de géobiologie, radioactivité et ses conséquences...

P   6km   GB

Reduction 7 nights - *nuits* / Extra Bed - *Lit Sup.* : 70F

> **Aux Plats** :
Exit Valence-Nord from the A7. Take the N7 towards Valence then turn right on to the N532 towards Le Puy. In St Peray, take the D287 towards St Sylvestre. Just before the bridge over the river 'Le Duzon', turn right on to the D219 towards Plats and left towards 'Aux Plats'.
Sur l'A7, Sortie Valence-Nord. Prendre la N7 vers Valence et à droite la N532 vers Le Puy. A St Peray, prendre la D287 vers St Sylvestre. Juste avant le pont sur 'Le Duzon', prendre à droite la D219 vers Plats puis à gauche vers 'Aux Plats'.

1 Apartment - *appartement* / HS (1/07→31/08) : 7

Price in FF - Prix en FF :	2 pers ↓	maxi ↓
Apartment		250 A 400 Eco

07.8

12 km - South-West of / Au Sud-Ouest de **VALENCE(26)**

Alain & Marie-Reine MARTIN
«Le Mas Fleuri» - Quartier Mars - 07800 St Georges les Bains

→ 12 km   30 km   ☎ 75 85 33 06

This modern house, near to the N86 but quiet, has a beautiful flower garden, for which Marie-Reine has won prizes. You will enjoy hearty meals at their friendly table, in particular, the delicious fruits of the Eyrieux valley.
Tout près de la RN86, maison récente, dans un cadre calme et très fleuri (Marie-Reine a obtenu un prix départemental). Les repas à la table d'hôtes sont chaleureux et sympathiques. Vous profiterez des délicieux fruits de la vallée de l'Eyrieux.

P   (80F)   D
5km   10km

> **St Georges les Bains** :
In Valence, cross the Rhône and take the N86 South. In Chateauroux, follow the signs 'chambres d'hôtes'.
A Valence traverser le Rhône et prendre la N86 vers le Sud. A Chateauroux, suivre les panneaux 'chambres d'hôtes'.

3 Bedrooms - *chambres* / Extra Bed - *Lit Sup.* : 50 F
WC shared - *commun* / Half-Board - *1/2 Pension* : 175F/p

Price in FF - Prix en FF :	2 pers ↓
Rose	n.c.	220 Eco
Nacre & Magnolia		220 Eco

- 255 -

RHÔNE-ALPES

Département 26 : Drôme

26.2

10 km - South-East of / *Au Sud-Est de* **CREST**

Yvan & Cécile de CHIVRÉ
«La Plaine» - 26340 Aubenasson

45 km — 75 21 53 81

Weather permitting, breakfast is usually taken under the trees in the garden of this large Provençal farm. Quite organised with riding and hang gliding for small groups. Spacious public rooms.

Lorsqu'il fait beau, on prend le petit déjeuner dans le grand jardin ombragé devant cette grande ferme provençale. Relais équestre : à disposition pour les groupes : écurie, salle de séjour / cuisine / chambres. Stages de vol à voile sur place. sur place : Honey - *Miel*

> **Aubenasson** :
In Crest, take the D93 towards Die. After Blacons, turn right on to the D164 towards La Clastre, Aubenasson. The farm is on the right of this road.
A Crest, prendre la N93 vers Die. Après Blacons, prendre à droite la D164 vers La Clastre, Aubenasson. La ferme est sur la droite de la route.

8 Bedrooms - *chambres* / Extra Bed - *Lit Sup.* : 80 F

Price in FF - *Prix en FF* :   2 pers ↓   maxi ↓

A & E & F		200 Eco	
B & C		200 Eco	
D	4	200 Eco	380 Eco

4km   4km

26.3

5 km - West of / *A l'Ouest de* **CREST**

Jean-Marc & Edith PERMINGEAT
«Ferme de la Vaumane» - La Vaumane - 26400 Chabrillan

30 km — 75 76 79 11

A typical, 17th century stone farm, deep in the countryside and ideal for green tourism. Edith loves decorating her home with great creativity and the bedrooms and the kitchen are finished. We hope she will continue in the same style.

Ferme en pierre, typique du XVII°, en pleine campagne, idéal pour le tourisme vert. Edith adore créer et décorer : elle a su mettre de l'originalité dans l'aménagement de ses chambres rustiques et de sa cuisine. Espérons qu'elle ne s'arrêtera pas en si bon chemin.

(70/100F)

> **La Vaumane** :
In Crest, take the D104 towards Loriol for 3km. Turn left towards Autichamp and follow the signs.
A Crest, prendre la D104 vers Loriol sur 3km. Prendre à gauche vers Autichamp et suivre les panneaux.

3 Bedrooms - *chambres* / Extra Bed - *Lit Sup.* : 70 F

Price in FF - *Prix en FF* :   2 pers ↓

Lavande & Verveine		250 A	
Tilleul		250 A	

2km   10km

26.19

18 km - North-East of / *Au Nord-Est de* **CREST**

Charles BAÏETTO
«Domaine de Sagnol» - Le Golf en Jean's
26400 Gigors et Lozeron

140 km — 75 40 98 00 — 75 40 97 19

In the Vercors National Park, this is a haven of peace and beauty and real wilderness (there are 26 species of orchids in flower in June). Golf, riding, hiking, mountain biking can be enjoyed on the 350 hectare estate. The rooms are very pleasant and the atmosphere is warm and friendly.

Dans le parc du Vercors, havre de paix et de beauté : C'est la nature à l'état pur (26 espèces d'orchidées en juin). Golf, cheval, randonnée, VTT... sur les 350ha du domaine. Ambiance sympathique, chaleureuse et les chambres sont très agréables.

(80/150F)   11/11→ 1/05

> **Gigors et Lozeron** :
On the A7, Exit Loriol-Crest and go towards Crest. There, take the D93 towards Saillans then turn left on to the D731 towards 'Gigors et Lozeron'.
Sur l'A7, sortie Loriol-Crest et aller à Crest. Là, prendre la D93 direction Saillans puis prendre à gauche la D731 vers Gigors et Lozeron.

5 Bedrooms - *chambres*
Price in FF - *Prix en FF* :   2 pers ↓   maxi ↓

1° + Mezzanine & 3° + Mezzanine		2		380 B	620 B
2°				380 B	
4° & 5°				380 B	

15km

In La Drôme you are already in the South... You will be pleasantly surprised by the region around Crest, only 15km from the A7 autoroute. It is a paradise for lovers of 'green tourism' in the wilderness. Many of our hosts organise riding. You might also like to try golf.

Dans la Drôme, on est déjà dans le Midi... Vous serez surpris par cette région de Crest, à 15km de l'Autoroute A7 : c'est le royaume du Tourisme Vert, dans une nature sauvage. Comme vous le remarquez chez nos hôtes, le cheval est roi. Et si vous y faisiez aussi du golf ?

RHÔNE-ALPES

Département 26 : Drôme

26.1 ☀️ ☀️ 🏠

Roger & Pierrette BOHLER
«La Magerie» - Les Fayes - 26400 la Roche / Grane

🚗   ✈️ 24 km   ☎️ 75 62 71 77

A 17th century farm in the depths of the countryside, with a superb view over le Vercors. It has been restored in the simple rustic style of the Drôme countryside. An ideal spot for green tourism or for trekking on horseback.
Ancienne ferme du XVII°, dans un environnement totalement rural. Vue superbe sur le Vercors. Elle a été restaurée en respectant le caractère brut et rustique de la campagne Drômoise. Idéal pour le tourisme vert. Relais Equestre, gîte d'étape à côté.
sur place :   Watercolours, honey, cakes
                Aquarelles, miel, gâteaux   [GB] [NL] [L]

P 🐈 🛋️ 📺 👨‍👩‍👧 🍴 (80F) 🚣

14 km - South-West of / Au Sud-Ouest de CREST

➤ **La Roche / Grane :**
In Crest, take the D104 towards Loriol. Turn left towards Grane then La Roche/Grane. (Only 17km from the Exit Loriol on the A7).
A Crest, prendre la D104 vers Loriol. Tourner à gauche vers Grane puis La Roche / Grane. (A 17km de la Sortie Loriol de l'A7).

5 Bedrooms - *chambres* / Extra Bed - *Lit Sup.* : 95 F

Price in FF - *Prix en FF* : 2 pers ↓		
Bleue & Rouge & Marron & Orange & Verte	🛏️ 🚻	230 Eco

🐴   🚴   🚶   2km 🏇 12km 🎣

26.6 ☀️ ☀️ ☀️ 🏠

Jackie MONEL
«La Joie» - 26160 La Bâtie Rolland

➡️ 🚂 12 km   ☎️ 75 53 81 51

This typical Drôme farm has been restored and is designed around a beautiful courtyard. You will enjoy the hearty meals and the pretty bedrooms. Your friendly hostess, Jackie, teaches drawing and organises courses for beginners.
Ferme restaurée de la campagne Drômoise organisée autour d'une jolie cour intérieure. Les chambres sont coquettes et les repas chaleureux. Jackie, votre sympathique hôtesse est professeur de dessin, elle organise des stages de peinture.
sur place :   Nougat, honey, lavender - *Nougat, Miel, Lavande*

P 🌲 🐈 🛋️ 📺 👨‍👩‍👧 🍴 (80/100F)
🐴 10km 🚴 45km 🎣   [GB] [E]

12 km - East of / Au Est de MONTELIMAR

➤ **La Bâtie Rolland :**
In Montélimar, take the D540 towards Dieulefit. In La Bâtie Rolland, go towards St Gervais. After the small bridge, turn right on to the first road then left in to the first lane.
Dans Montélimar, prendre la D540 vers Dieulefit. Dans la Bâtie Rolland, aller vers St Gervais. Après le petit pont, prendre la 1° route à droite et le 1° chemin à gauche.

3 Bedrooms - *chambres* / Extra Bed - *Lit Sup.* : 70/90F
Reduction 3 nights - *nuits*

Price in FF - *Prix en FF* : 2 pers ↓			maxi ↓
Rose ♿	🛏️	🚻	260 A
Bleue	🛏️	🛏️ 🚻	290 A 380 A
Verte	2 🛏️	🚻	290 A 560 Eco

26.7 ☀️ ☀️ ☀️ 🏠

Yvonne WILLIAMS
«Les Tuillières» - 26160 Pont de Barret

🚗   ✈️ 80 km   ☎️ 75 90 43 91   📠 75 90 40 75

This charming British couple have settled in this old, 16th century farm in its majestic setting in the Drôme Provençal. You will enjoy their delicious breakfasts on the terrace in the morning sun and the refined comfort of the bedrooms.
Ce charmant couple anglais a choisi le cadre majestueux des Tuillères, ancienne ferme du XVI°, en Drôme provençale. De savoureux petits déjeuners vous attendent sur la terrasse au soleil : raffinement et confort. Stages "photo", escalade ...
sur place :   Honey - *Miel*

P 🌲 🐈 🛋️ 📺 👨‍👩‍👧 🍴 (130F) 🚣
🚴 🚶 5km   [GB]

22 km - North-East of / Au Nord-Est de MONTELIMAR

➤ **Pont de Barret :**
In Montélimar, take the D540 towards Dieulefit. In La Bégude de Mazenc, turn left on to the D9 towards Charols where you turn right and continue for 2km. Then follow the signs.
Dans Montélimar, prendre la D540 vers Dieulefit. A La Bégude de Mazenc, prendre à gauche la D9 vers Charols où vous prenez à droite sur 2km, puis suivre les panneaux.

5 Bedrooms - *chambres* / Extra Bed - *Lit Sup.* : 80F
Reduction BS (16/09 → 14/07) & 3 nights - *nuits*

Price in FF - *Prix en FF* : 2 pers ↓			maxi ↓
Magnolia & Lavande	🛏️	🚻	350 B
Bouganvilliers	🛏️	🛏️ 🚻	350 B 430 A
Tournesol	🛏️	🚻	350 B
Tamaris	3 🛏️	🚻	350 B 430 A

As you head south, you get the feel of le Midi as soon as you reach Montélimar, capital of nougat. Do not miss Dieulefit, an attractive town, known for its handmade pottery and its pleasant micro-climate.
En descendant vers le Sud, les gens du Midi commencent à se sentir chez eux à partir de Montélimar, le pays du nougat ! Allez à Dieulefit cité touristique, aimée pour sa poterie artisanale et son micro climat très agréable.

RHÔNE-ALPES

Département 26 : Drôme

26.5

Sergio CHIORINO
«Le Mas Pantaï» - 26230 Réauville

➜ 20 km ✈ 70 km ☎ 75 98 51 10 / 75 98 58 59

When you reach this Mas amongst the cork oaks and the olive trees, it is like a dream come true. Sergio's smile is as bright as the sun on the terrace. The bedrooms are delightful and the swimming pool irresistible. Pure heaven. Sacré Sergio !

Quand vous découvrez Pantaï, parmi les chênes lièges et les oliviers, vous pensez avoir trouvé le mas de vos rêves. Sur la terrasse innondée de soleil, le sourire de Sergio vous attend. Les chambres sont ravissantes, la piscine attirante. Une adresse incontournable ! Sacré Sergio !

(130F)

➤ **Réauville :**

On the A7, Exit Montélimar-Sud. Take the N7 towards the south. Turn left on to the D133 towards Grignan, Valréas, Gap. Turn left on to the D56A towards Réauville for 2km.

Sur l'A7, sortie Montélimar-Sud. Prendre la N7 vers le Sud. Prendre à gauche la D133 vers Grignan, Valréas, Gap. Prendre à gauche la D56A vers Réauville sur 2km.

4 Bedrooms -chambres / Extra Bed - Lit Sup. : 135 F
Week-End 'clé en main' : 950 F/ pers.

Price in FF - Prix en FF :	2 pers ↓	maxi ↓
1° Terrasse	370 B	
2° Loft	370 B	640 B
3° & 4°	370 B	

20 km - South-East of / Au Sud-Est de **MONTELIMAR**

26.8

Giulia ARCHER
«La Souche» - Péquimbert - 26460 Truinas

➜ 40 km ✈ 35 km ☎ 75 53 31 03 / 75 53 37 75

'La Souche' is in a unique position, 700m up, and gives you a great view of the Drôme Provençal. You will enjoy their substantial breakfasts and the dinners prepared from farm produce. An address well worth noting. An Anglo-Italian couple.

Couple Italo-Anglais. La position privilégiée (alt.700m) de "La Souche", vous offre un spectacle grandiose sur la Drôme provençale. Fabuleux petits déjeuners & dîners préparés avec ses produits. Soirées spectacles. Une très bonne adresse.
sur place : Home-made Jam - Confitures maison

(100/160F)   6km 10km   GB D I

WC shared - commun (2° & 3°)
Reduction BS (1/09→30/06 / except Pâques - sauf Pâques)

➤ **Truinas :**

In Montélimar, take the D540 towards Dieulefit. There, turn left on to the D538 towards Bourdeaux. DO NOT turn left towards Truinas but towards Lovier. Follow the signs.

Dans Montélimar, prendre la D540 vers Dieulefit. Là, prendre à gauche la D538 vers Bourdeaux. Ne pas prendre à gauche vers Truinas, mais vers Lovier. Suivre les panneaux.

1 Apartment - appartement + 4 Bedrooms -chambres

Price in FF - Prix en FF :	2 pers ↓	maxi ↓
1° Géranium	350 B	400 A
2° Tilleul	250 A	
3° Chêne	(1 pers) 150 A	
4° Angèle	350 B	
Apartment Marguerite		
Primevère 3	220 Eco	580 Eco

35 km - North-East of / Au Nord-Est de **MONTELIMAR**

26.21

Patrice & Brigitte PEROTTI
«Auberge Les Garelles» - 26110 Bellecombe-Tarendol

🏠 ✈ 100 km   ☎ 75 27 32 01

In this "farmhouse–inn", you will find peace and quiet, even though they have a herd of 80 goats for cheese production. They keep pigs and chickens, so you are sure to enjoy the local produce. There are stables and great locations for hang gliding.

Cette ferme auberge (80 chèvres pour la production de fromages) vous propose dans un cadre particulièrement calme, de déguster sa production de porcs, volailles, fromages... Ecuries pour vos chevaux. Sites fabuleux pour le deltaplane.
sur place : Regional farm produce - Produits de la ferme

(70/115F)

Φ : 1/01 → 28/02

Reduction 7 nights - nuits / Extra Bed - Lit Sup. : 40 F

➤ **Tarendol :**

In Nyons take the D94 towards Gap. 5km after 'les Pilles', turn right on to the D64. 6 km after Ste Jalle, turn left on to the D162 towards Bellecombe. Tarendol is 1,5km after Bellecombe.

A Nyons, prendre la D94 vers Gap. 5km après les Pilles prendre à droite la D64. 6km après Ste Jalle, prendre à gauche la D162 vers Bellecombe. Tarendol est à 1,5km après Bellecombe.

3 Bedrooms - chambres + 1 Dormitory - dortoir
WC shared - commun

Price in FF - Prix en FF :	2 pers ↓	maxi ↓
Abricot	200 Eco	
Cerise 2	200 Eco	
Olive	200 Eco	
Amande 10	150 Eco	750 Eco

25 km - East of / A l'Est de **NYONS**

Nyons : the land of sun and olives !   **Nyons : le pays du soleil et des olives !**

- 258 -

RHÔNE-ALPES

Département 26 : Drôme

26.9

18 km - East of / A l'Est de **NYONS**

René & Raymonde DEJOUX
«Ferme Rolland» - 26110 Rochebrune

70 km   100 km   75 27 32 20

In the heart of the Drôme Provençal, Raymonde and René welcome you to the warm and simple comforts of their farm. Totally committed to a 'green' lifestyle, they run courses in cooking, organic farming & dance.

Au cœur de la Drôme provençale, dans un cadre superbe, Raymonde et René sont passionnés d'alimentation saine et de qualité de vie. Ambiance simple et chaleureuse dans cette ferme écobiologique : stages de cuisine, agrobiologie, danses... sur place : Organic farm produce - Produits 'bio' de la ferme

(70F)

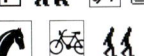

> **Rochebrune** :
In Nyons take the D94 towards Gap. 5km after 'les Pilles', turn right on to the D64. In Ste Jalle, turn right towards Buis les Baronnies for 500m and follow the signs on the right.
A Nyons, prendre la D94 vers Gap. 5km après les Pilles prendre à droite la D64. A Ste Jalle, prendre à droite vers Buis les Baronnies sur 500m et suivre les panneaux sur la droite.

3 Bedrooms - chambres / Extra Bed - Lit Sup. : 100 F
1 dormitory (individual boxes) - dortoir (boxes individuels)

shared - commun (2° & 3°)

				Price in FF - Prix en FF :	2 pers ↓	maxi ↓
1°					200 Eco	300 Eco
2°					200 Eco	
3°	3				200 Eco	300 Eco

26.20

15 km - North-East of / Au Nord-Est de **NYONS**

Eric GAULARD
«Le Hameau de Valouse» -Granges Basses - 26110 Valouse

100 km   75 27 72 05   75 27 75 61

You will be welcomed by the whole family in this "hamlet" built of stone, and dating from the 17th century, on a 60 hectare estate in the Drôme. The Provençal countryside here is wild and unpolluted. Nevertheless, all modern comforts abound.
C'est toute une famille qui vous reçoit dans ce hameau du XVII°, en pierres. Il est situé sur un domaine de 60ha, sous le soleil de la Drôme provençale, dans un cadre encore vierge à l'abri de toute pollution. Sur place, tout le confort moderne !

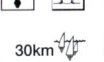

(78/190F)   10km   40km   30km   D

Extra Bed - Lit Sup. : 80F / Reduction 2 nights - nuits
Reduction groups - groupes & BS 1/09 → 30/06)

7   (1/07 → 31/08)   Φ : 1/01 → 20/02

> **Valouse** :
In Nyons take the D94 towards Gap. After 'les Pilles', turn left on to the D70 towards St Ferréol. After St Ferréol, turn left on to the D130 towards Valouse.
A Nyons, prendre la D94 vers Gap. Après 'les Pilles' prendre à gauche la D70 vers St Ferréol. Après St Ferréol prendre à gauche la D130 vers Valouse.

1 Suite+11 Bedrooms-chambres+8 Apartments-appartements

Price in FF - Prix en FF : 2 pers ↓   maxi ↓

Fauvette		WC			480 C
Girolle & Griset	2	WC			450 C
Mésange		WC			450 C
Passerelle	3	WC			510 C 510 B
Hirondelle		WC			510 C

26.10

5 km - East of / A l'Est de **TAIN L'HERMITAGE**

Marguerite DEMEURE
«Les Pichères» - Chanos Curson - 26600 Tain l'Hermitage

100 km   75 07 32 72

This very comfortable, quiet, modern villa is only 4km from the autoroute. It has two garages and is the ideal stopover on your journey south. Nearby, there is the Vercors National Park, La Chartreuse and gastronomic restaurants.
A 4km de la sortie d'autoroute, cette villa récente, très confortable et calme, avec 2 garages, est l'idéal pour une halte sur la route de vos vacances au soleil. A proximité : Parc du Vercors, la Chartreuse, restaurants gastronomiques...

5km   40km

> **Chanos-Curson** :
On the A7, take the exit for Tain l'Hermitage. Take the D532 towards Romans and follow the signs.
Sur l'A7 prendre la sortie pour Tain l'Hermitage. Prendre la D532 vers Romans et suivre les panneaux.

2 Bedrooms - chambres / Extra Bed - Lit Sup. : 60 F

Price in FF - Prix en FF : 2 pers ↓

1°		WC	280 A
2°		WC	280 A

If you have a pet with you, please check in advance with your host.
Si vous avez un animal, prévenez votre hôte
pour savoir dans quelle condition il peut l'accueillir.

RHÔNE-ALPES

Département 26 : Drôme

26.12

Martine de CHIVRÉ-DUMOND
«Germon» - 26760 Beaumont lès Valence

5 km   75 59 71 70   75 59 75 24

This old shepherd's house, with dry stone walls and Roman tiled roof, is only 7km from the autoroute, yet in the heart of the country. It is cool and shaded and, after a good night's sleep, you will enjoy a delicious breakfast on the terrace.
A 7km de la sortie d'autoroute. En pleine campagne, ancienne bergerie aux murs de galets et toits de tuiles rondes. Abords ombragés. Après une nuit calme, vous dégusterez de délicieux petits déjeuners en terrasse. A 30km, usines de chaussures de luxe.

sur place : Honey – Miel

14/08 → 28/08
24/01 → 21/01

1km   8km   35km   GB

> **Beaumont lès Valence** :

On the A7, Exit 'Valence-Sud'. Go towards the A49 (Grenoble) and take the exit for Valence-Briffaut, Beaumont lès Valence. 3km before Beaumont lès Valence, follow the signs 'Chambres d'hôtes'.
Sur l'A7 sortir à Valence-Sud. Aller vers l'A49 (Grenoble) et sortir à Valence-Briffaut, Beaumont lès Valence. 3km avant Beaumont lès Valence, suivre les panneaux 'Chambres d'hôtes'.

3 Bedrooms - *chambres* / Extra Bed - *Lit Sup.* : 50 F

Price in FF - *Prix en FF* :	2 pers ↓	maxi ↓
	260 A	
n.c.	190 Eco	
	(1 pers) 180 B	

26.11

Paul CHARIGNON-CHAMPEL
«Domaine du Grand Lierne» - 26120 Chateaudouble

6 km   75 59 80 71

On this 'domaine', the house is run so that everyone's peace and quiet and comfort is respected. Breakfast is served on the terrace with home-made jam and fruit. You are near the vineyards of the Côte du Rhône and Diois.
Au domaine du grand Lierne, l'organisation de la maison permet de respecter le calme et le confort de chacun. Les petits déjeuners sont servis en terrasse, avec confitures et fruits maison. Vins de côte du Rhône et du Diois, Festival Bach, Parc du Vercors...

6km   40km   4km   6km   GB   2

1 Suite + 3 Bedrooms - *chambres* / Extra Bed - *Lit Sup.* : 50 F

> **Chateaudouble** :

In Valence, take the D68 towards Chabeuil airport. As you enter Chabeuil, at the roundabout, go towards Romans for 1,5km. At the 2nd roundabout go towards Peyrus. 1km after Les Faucons, first house on the left.
A Valence, prendre la D68 vers l'aéroport de Chabeuil. A l'entrée de Chabeuil, sur le rond-point, prendre vers Romans et 1,5km plus loin, sur le 2° rond-point, prendre vers Peyrus. 1km après Les Faucons, c'est la 1° maison à gauche.

	Price in FF - *Prix en FF* :	2 pers ↓	maxi ↓
La Terrasse		280 A	350 Eco
Blanche + Tour		250 A	450 Eco
Rose		230 Eco	
Bleue		250 A	320 Eco

26.15

Madeleine CABANES
Les Péris - 26120 Chateaudouble

15 km   10 km   75 59 80 51

Madeleine is charming and well organised. The bedrooms are in her house next to the farm and furnished with antiques. You will meet her family which spans four generations. Nearby there is a lake and a small river.
Madeleine est une personne charmante, douce et efficace. Les chambres sont dans la maison du propriétaire, à côté de la ferme, les meubles sont d'époque. Vous vivrez avec les 4 générations de la famille. A proximité, un étang et une petite rivière.

sur place : Walnuts, Regional Produce
Noix, Produits Régionaux

3km   10km   40km

3 Bedrooms - *chambres* / Extra Bed - *Lit Sup.* : 40/70F
Half-Board - *1/2 Pension* : 165F/p

> **Chateaudouble** :

In Valence, take the D68 towards Chabeuil airport. As you enter Chabeuil, at the roundabout, go towards Romans for 1,5km. At the 2nd roundabout go towards Peyrus. At Les Faucons, turn right towards Combovin. Cross the river then turn left and follow the signs.
A Valence, prendre la D68 vers l'aéroport de Chabeuil. A l'entrée de Chabeuil, sur le rond-point, prendre vers Romans et 1,5km plus loin, sur le 2° rond-point, prendre vers Peyrus. Aux Faucons, prendre à droite vers Combovin traverser la rivière et tourner à gauche. Suivre les panneaux.

shared - *commun* (3° & hosts - *hôtes*) / WC commun (1° & 2°)

	Price in FF - *Prix en FF* :	2 pers ↓	maxi ↓
1°		160 Eco	230 Eco
2°		160 Eco	
3° appoint	WC	160 Eco	

- 260 -

RHONE-ALPES

Département 26 : Drôme

26.14

7 km - North of / *Au Nord de* **VALENCE**

Jeanne PHILIBERT
«Maison Bleue» - Chemin du Moulidor - 26600 Pont de l'Isère

➤ 7 km   10 km   ☎ 75 84 79 25

Jeanne's house is spacious, comfortable and, surprise, surprise, the dominant colour is blue. Convenient for a stopover, situated only 10km from the autoroute. You need to like dogs as she has three that are full of energy. You will enjoy her meals too.

A 10km de l'autoroute du Sud : la maison de Jeanne est spacieuse, confortable et le 'bleu' est roi. L'accueil de ses trois petits chiens est très enthousiaste. Vous apprécierez les repas dans le grand séjour devant la cheminée.

(100F)   GB

5km 5km 5km 10km 40km

➤ **Pont de l'Isère** :
On the A7, take exit Valence-Nord, then N7 towards Lyon. As you leave Pont de l'Isère, at the sign where the town finishes, turn left. At the sign 'Avenue des Cévennes', before the railway bridge, turn right. The house is by the sign : 'STOP à 150m'.
Sur l'A7, sortir à Valence-Nord. Prendre la N7 vers Lyon. Au panneau fin de ville 'Pont de l'Isère', prendre à gauche jusqu'au panneau 'Avenue des Cévennes', avant le pont de chemin de fer. Prendre à droite. La maison est au niveau du panneau 'STOP à 150m'.

3 Bedrooms -*chambres* / Free Extra Bed - *Lit Sup. gratuit*
WC shared - *commun*

	Price in FF - *Prix en FF* : 2 pers ↓
1° & 2°	260 A
3°	260 A

26.16

19 km - East of / *A l'Est de* **VALENCE**

Jean-Pierre & Christiane IMBERT
Les Marais - 26300 St Didier de Charpey

➤ 15 km   12 km   ☎ 75 47 03 50

You will sleep well chez Christiane and Jean-Pierre, 15km from Valence, in the heart of the countryside amidst the fields. At the foot of the Vercors, the countryside is rich and unspoilt and there are some beautiful abbeys to visit.

En pleine campagne, au milieu des champs, venez dormir et retrouver le calme chez Christiane et Jean-Pierre. 3 Chambres dans une maison indépendante. Au pied du Vercors, vous pourrez profiter d'une faune et d'une flore particulièrement riche.
sur place : Honey, jam - *Miel, confiture*

(67 F)

6km 6km 3km 12km

➤ **St Didier de Charpey** :
In Valence, take the D532 towards Romans, Grenoble. Turn right on to the D171 towards Alixan. From there, follow the signs 'Chambre d'hôtes'.
A Valence, prendre la N532 vers Romans, Grenoble. Prendre à droite la D171 vers Alixan. Là, suivre les panneaux 'Chambre d'hôtes'.

3 Bedrooms - *chambres* / Extra Bed - *Lit Sup.* : 35/60F

	Price in FF - *Prix en FF* : 2 pers ↓
1°	WC	255 A
2°	2	255 A
3°		255 A

26.13

7 km - North-East of / *Au Nord-Est de* **VALENCE**

Marie-Jeanne KATCHIKIAN
«La Pineraie» - 383, Chemin du Bel-Air
26320 St Marcel lès Valence

15 km   ☎ 75 58 72 25

From its beautiful flower gardens, this superb house has a magnificent view over the Vercors. A very special overnight stop, only 10km from the autoroute. Top class breakfasts are served in the garden.

A 10km de la sortie d'autoroute, cette superbe maison au milieu d'un parc fleuri vous offre une vue magnifique sur la chaîne du Vercors. Les petits déjeuners servis dans le jardin, sont raffinés. A moins de 50km, Le Vercors, l'Ardèche...Une étape privilégiée.

GB I E

5km 5km 5km 15km 40km

➤ **St Marcel lès Valence** :
On the A7, Exit 'Valence-Nord'. Take the N532 towards the A49 (Grenoble) and take the exit for St Marcel lès Valence. Go on to the town hall square (Mairie) and follow the signs with a coffee pot. The house is hidden amongst the trees on the left.
Sur l'A7 sortir à Valence-Sud. Prendre la N532 vers l'A49 (Grenoble) et sortir à St Marcel lès Valence. Aller place de la Mairie et suivre les panneaux avec cafetière. La maison est cachée dans les arbres sur la gauche.

2 Bedrooms -*chambres* / Extra Bed - *Lit Sup.* : 50/75F

	Price in FF - *Prix en FF* : 2 pers ↓
Bleue	260 A
Fleurie	260 A

Near - *Près de* **VALENCE** See also - *Voir Aussi* :

07.6	- Françoise LEFORT	- «Ferme de Leyrisse»	- Champis	- Page 254
07.15	- Yvonne GOUY	- «Les Blés d'Or»	- Chalancon	- Page 255
07.7	- Pierre & Claire COULOMB	- «LA Pépinière de Duzon»	- Aux Plats	- Page 255
07.8	- Alain & Marie-Reine MARTIN	- «Le Mas Fleuri»	- St Georges les Bains	- Page 255

RHÔNE-ALPES

Département 26 : Drôme

26.4
30 km - South-West of / Au Sud-Ouest de **LARAGNE(05)**

Jacques & Gaby LAURENT
«La Forge Sainte Marie» - 26560 Eygalayes

➡ 30km   120km   75 28 42 77 / 75 28 42 77

> **Eygalayes** :
On the N75 Grenoble to Nice, in Laragne, take the D942 towards 'les Gorges de la Méouge'. Turn right on to the D170 towards Eygalayes.
Sur la N75 Grenoble-Nice, à Laragne, prendre la D942 vers les Gorges de la Méouge. Prendre à droite la D170 vers Eygalayes.

Heading south on the Route des Alpes, you must stop here in the lavender growing area. Jacques and Gaby will welcome you to their home, far from the madding crowd, and 800m up. Lavender essence for sale.
En allant vers le Sud sur la route des Alpes, arrêtez vous près de Laragne, dans la région de la lavande. Jacques & Gaby vous accueilleront loin du bruit et de l'agitation, à 800 m d'altitude. Séjours à thèmes et produits du terroir...
sur place : lavender essence - *essence de lavande*

4 bedrooms - *chambres* / Extra Bed - *Lit Sup.* : 60 F
Reduction BS (16/09 → 14/06)

Price in FF - *Prix en FF* :	2 pers ↓	maxi ↓
Romarin	260 A	320 Eco
Tilleul	260 A	380 Eco
Genêts & Lavande	260 A	

(80F)

ɸ : 20/12 → 27/12

26.18
30 km - South-West of / Au Sud-Ouest de **VILLARD DE LANS(38)**

Henri & Odile JOUVAL
«Montjoie» - Les Barnoux
26420 la Chapelle en Vercors

130 km   75 48 10 96

> **La Chapelle en Vercors** :
In Villard de Lans, take the D531 towards Pont en Royans. Just before 'Les Gorges de la Bourne', turn left on to the D103. At 'Les Barraques' turn left on to the D518 towards La Chapelle en Vercors for 1,5km. Turn right on to the small road with the sign 'Les Appaix'. Follow the signs.
A Villards de Lans, prendre la D531 vers Pont en Royans. Juste avant les Gorges de la Bourne, prendre à gauche la D103. Aux Barraques, prendre à gauche la D518 vers La Chapelle en Vercors, sur 1,5km puis à droite la petite route indiquée 'Les Appaix' et suivre le fléchage.

A house with great character, built during the French Revolution and typical of the area. It is on the edge of a forest yet seems to be sunny all day. In winter: dog sledges and snow shoes; in summer: pot-holing and photography.
Maison de caractère construite sous la révolution Française, très typique, à l'orée d'une forêt, au cœur du parc naturel du Vercors. Elle bénéficie d'un ensoleillement exceptionnel. L'hiver, chiens de traîneaux, raquettes et l'été, spéléologie, stage photos...

BS(1/09 → 31/05) : 2 / HS : 7

Price in FF - *Prix en FF* :	2 pers ↓	maxi ↓
Voie Lactée	300 B	550 A (BS)
	(HS : 358 F/night - *nuit*, no breakfast-*pas de petit déjeuner*)	
Relais Colombe	300 B	550 A (BS)
	(HS : 358 F/night - *nuit*, no breakfast-*pas de petit déjeuner*)	

GB D

2 Apartments - *appartements*
Free Extra Bed - *Lit Sup. gratuit*

26.17
17 km - North-East of / Au Nord-Est de **VAISON LA ROMAINE(84)**

Daniel & Simone CHARRASSE
Benivay Ollon - 26170 Buis les Baronnies

➡ 45 km   60 km   75 28 10 02 / 75 28 77 93

> **Benivay Ollon** :
In Vaison, take the D938 towards Nyons. Turn right on to the D88 towards Faucon then Mérindol then Propiac. Then turn left towards Benivay Ollon.
A Vaison, prendre la D938 vers Nyons. Prendre à droite la D88 vers Faucon puis Mérindol puis Propiac puis à gauche vers Benivay Ollon.

Madame is a restaurateur and Monsieur a wine-grower and tree-grower. This area is rich in interesting walks and footpaths, between the Vaucluse and the Drôme.
Madame est restauratrice, Monsieur est viticulteur et arboriculteur. La région des Baronnies est riche en randonnées. Elle forme la frontière entre le Vaucluse et la Drôme et dispose d'un très bon réseau de sentiers.
sur place : Olives, olive oil, honey, fruit, apricot juice
Olives, huile d'olives, miel, fruits, jus d'abricot

5 Bedrooms - *chambres*
shared - *commun* (A & B)

Price in FF - *Prix en FF* :	2 pers ↓	maxi ↓
A & B	2	176 Eco	250 Eco
C & 4°	2	151 Eco	250 Eco
5°		176 Eco	250 Eco

ɸ : 25/08 → 7/09

Les Baronnies : ideal for hiking — **Les Baronnies : région de randonnées**

RHÔNE-ALPES

Département 38 : Isère

38.1

Bernard & Gillian FABRE
«Le Sardonnier» - Sardonne - 38114 Allemont

80 km — 76 80 76 93

An alpine mountain house, 1000m up in this typical 'Oisans' village. Superb vaulted room and fireplace. Bernard, who is a qualified ski-instructor and mountain guide, organises skiing trips and excursions. Gillian is English. Sardonne is linked to the ski slopes of Alpe d'Huez.
Refuge de montagne, dans un village typique de l'Oisans, à 1000m d'Alt. Superbe salle voûtée avec cheminée. Sorties de ski ou randonnées avec Bernard, moniteur de ski et guide de haute montagne. Gillian est Anglaise. Sardonne est relié au domaine skiable de l'Alpe d'Huez.

GB — 5km

10 km - East of / A l'Est de L'ALPE D'HUEZ

➢ **Sardonne** :
On the N91 Grenoble to Briançon, at Rochetaillée take the D526 towards the 'Col du Glandon', 'La Croix de Fer'. Turn right towards Sardonne, Villard Reculas. The house is on this road, after Sardonne.
Sur la N91 Grenoble-Briançon, à Rochetaillée, prendre à droite la D526 vers le Col du Glandon, la Croix de Fer. Prendre à droite vers Sardonne, Villard Reculas. La maison est sur cette route après Sardonne.

1 Bedroom - *chambre* + 2 Dormitories - *dortoirs* (10 & 7 pers.)
95 F/pers. / Reduction long stay - *séjour*
Half-Board - *1/2 Pension* : 155-175F/pers.

2 & 3 WC & 3
Price in FF - *Prix en FF* : 2 pers ↓
190 Eco

38.4

Marie MEYER
«La Ferme des Collines» - hameau Notre Dame
38260 Gillonnay

→ 25 km — 7 km — 74 20 27 93

This superbly restored Dauphinois farmhouse is midway between Vienne and Grenoble. The bright and spacious rooms are in one wing and the owners will welcome you to their lounge in the other. Berlioz museum and festival 4km away.
Ferme dauphinoise superbement restaurée, à mi-chemin entre Vienne et Grenoble. Dans une aile : les chambres spacieuses et claires. Dans l'aile du propriétaire : un très agréable salon à votre disposition. A 4 km : musée et festival Berlioz.

GB I — 15km

25 km - South of / Au Sud de BOURGOIN

➢ **Gillonay** :
In Bourgoin, take the N85 towards Grenoble. At Vernondière, turn right on to the D71 towards La Côte St André then left on to the D73 towards Gillonnay.
A Bourgoin, prendre la N85 vers Grenoble. A Vernondière, prendre à droite la D71 vers la Côte St André puis à gauche la D73 vers Gillonnay.

4 Bedrooms - *chambres* / Extra Bed - *Lit Sup.* : 50F

Price in FF - *Prix en FF* : 2 pers ↓   maxi ↓

🛏		WC		250 A
🛏		WC		250 A
🛏 2 🛏		WC		250 A	380 Eco
🛏 2 🛏		WC		250 A	400 Eco

38.9

Jacques & Sophie de LANGHE
«La Cabillonière» - 38440 Ste Anne / Gervonde

30 km — 74 58 38 83

This small country house has been delightfully restored and is half-way up the hill in a peaceful, green environment. Sophie loves to spoil her guests and her breakfasts are delicious.
Cette petite maison de campagne agréablement restaurée, est à flanc de colline dans un environnement de verdure. C'est l'idéal pour les amoureux du silence. Sophie adore 'bichonner' ses hôtes et vous prépare de délicieux petits déjeuners.

(80F) — 7km — Φ : 21/12 → 1/03

15 km - South of / Au Sud de BOURGOIN

➢ **Ste Anne/Gervonde** :
In Bourgoin, take the N85 towards Grenoble. In La Combe-Les Eparres, at the set of traffic lights, turn right on to the D56 towards Tramolé. In Les Châtaigniers, turn left towards La Cabillonière then right, then left.
A Bourgoin, prendre la N85 vers Grenoble. A La Combe-Les Eparres, au feu tourner à droite sur la D56 vers Tramolé. A 'Les Châtaigners', tourner à gauche vers La Cabillonière puis à droite et à gauche.

1 Bedroom - *chambre*
Price in FF - *Prix en FF* : 2 pers ↓
220 Eco

**Near - *Près de* VIENNE (38) See also - *Voir Aussi* :
69.4 - Juliette FONT - Condrieu - Page 270**

- 263 -

RHÔNE-ALPES

Département 38 : Isère

38.10

50 km - South of / *Au Sud de* **GRENOBLE**

Natacha & Guillaume JULLIEN
«Le Chauchari» - Le Serre - 38930 Monestier du Percy

→ 15 km   100 km   76 34 42 72

Your hosts will give you a warm and friendly welcome in this typical house of the region. They will introduce you to the natural riches of this region: orchids, horseriding and snow walking in the winter. You are only 7km from the eco–biological centre "Terre Vivante".
Vos hôtes vous réservent un accueil chaleureux et sympathique dans leur maison typique du Trièves. A 7km de Terre Vivante (centre Eco-Biologique) ils vous feront découvrir les richesses de leur région : orchidées, randos à cheval ou en raquettes...
sur place : Regional produce - *Produits régionaux*

P (80F)

10km   30km

2 Suites + 4 Bedrooms - *chambres* / Extra Bed - *Lit Sup.* : 95F
(+ 1 Apartment - *appartement*) / Reduction groups - *groupes*
WC shared - *commun* (Suites)

➢ Monestier du Percy :
In Grenoble, take the N75 towards Sisteron. 22km after Monestier de Clermont, turn left on to the D252 to Monestier du Percy, then, continue for 3km on to the D252 then D253.
A Grenoble, prendre la N75 vers Sisteron. 22km après Monestier de Clermont, prendre à gauche la D252 jusqu'à Monestier du Percy, puis continuer 3km sur la D252 et D253.

Price in FF - *Prix en FF* :   2 pers ↓   maxi ↓

1°		WC	230 Eco	
2°		WC	230 Eco	
3° & 4°			195 Eco	
Suite 1			175 Eco	440 Eco
+	2			
+				
Suite 2			175 Eco	295 Eco
+	2			

38.8 A.P.

18 km - North-West of / *Au Nord-Ouest de* **GRENOBLE**

Félix & Eliane GENÈVE
Les Routes - Pommiers la Placette - 38340 Voreppe

76 56 32 18

Alt. 700m) Nearby : Voreppe, Massif de la Chartreuse.
(Alt. 700m).Alentours : Voreppe, Massif de la Chartreuse.

Farm Activities :
Haymaking, caring for the animals, and forestry.
Activité à la ferme :
Fenaison, soins aux animaux, découverte de la forêt.

3 Rooms - for 1-4 persons - Farmhouse dinners.
3 Chambres de 1 à 4 personnes - Table paysanne

➢ Pommiers La Placette :
In Grenoble, go towards Lyon and take the exit for Voreppe where you take the D580A towards the 'Col de la Placette'. Pommiers la Placette is on the right on this road.
A Grenoble, prendre la direction de Lyon et sortir en direction de Voreppe où vous prenez la D580A vers le Col de la Placette. Pommiers la Placette est sur la droite de la route.

Other Activities :
Mountain walking, downhill skiing, and a visit to the lake.
Autres activités :
Randonnées en montagne, ski piste et fond à 18km, Lac à 25km.
Produce :
Veal, rabbits, vegetables, soft fruit.
Sur place :
Veaux, lapins, légumes, petits fruits.

38.6 A.P.

50 km - South of / *Au Sud de* **GRENOBLE**

Jean & Liliane BURLET
«Les Boutins» - St Baudille et Pipet - 38710 Mens

76 34 63 64

In le Trièves, at the foot of l'Obiou (Alt. 850m). Nearby : La Mure.
Farm Activities :
Haymaking, caring for the animals, help to make bread, pizzas and tarts, gardening.
Other Activities :
Walking, mountain biking, bungee jumping, swimming, tennis, and mushroom hunting in the autumn.
Produce :
Meat, poultry, rabbits, eggs, milk, vegetables, jam, bread, pizza and tarts (au feu de bois).

3 Rustic Rooms - (double with private bathroom 230 FF)
3 *chambres paysannes (Chambres de 2 pers/SdB+WC : 220F)*
(+ 1 apartment-*appartement* 4 pers.) / Reduction 3 nights-*nuits*
Farmhouse dinners and teas.

➢ St Baudille et Pipet :
In Grenoble, take the N85 towards Gap. 2km after La Mure, turn right on to the D526 towards Mens. There, take the D66 then the D216 towards St Baudille et Pipet.
A Grenoble, prendre la N85 vers Gap. 2km après la Mure, prendre à droite la D526 vers Mens. Là, prendre la D66 puis la D216 vers St Baudille et Pipet.

Dans le Trièves, au pied de l'Obiou(Alt. 850m). Près de La Mure.
Activité à la ferme :
Fenaison, soins aux animaux, aide à la fabrication du pain, pizza et tarte, jardin.
Autres activités :
Randonnées, VTT, saut à l'élastique, piscine, tennis, Mens animations, en automne cueillette des champignons.
Sur place :
Viande, volailles, lapins, œufs, lait, légumes, confiture, pain, pizza et tartes (cuits au feu de bois).

Table paysanne - *goûter à la ferme.*

Le Trièves : famous for its lambs   **Le Trièves : région des agneaux**

- 264 -

RHÔNE-ALPES

Département 38 : Isère

38.7 A.P.

40 km - South of / *Au Sud de* **GRENOBLE**

Jean-Marie CARLIN & Jacqueline BICHEBOIS

« La Ferme du Mont Inaccessible » - Trézannes
38930 St Martin de Clelles

76 34 46 66 / 76 34 48 52

➢ **St Martin de Clelles** :
In Grenoble, take the N75 towards Nice.
A Grenoble, prendre la N75 vers Nice.

5 Bedrooms (capacity 15 people) - *chambres (15 pers)*
Farmhouse dinners using organic farm produce
Table paysanne avec les produits biologiques de la ferme.

At the foot of the Mont Aiguille in the Vercors National Park. (Alt. 1000m). Nearby : Vercors, Trièves.
Farm Activities :
Butter and cheese making, hand milking, mountain shepherding and care of the animals.
Other Activities :
Hiking, riding, mountain bikes, climbing, downhill skiing, snow walking, natural history, geology, mushroom hunting, swimming, fishing.
Organic Produce :
Goats cheese, poultry, butter, eggs, milk, charcuterie, venison, lamb, honey, jam, fruit juice.

Au pied du Mont Aiguille dans le Parc Naturel du Vercors (Alt. 1000m). Alentours : Vercors, Trièves.
Activité à la ferme :
Fabrication fromage et beurre, traite manuelle, garde du troupeau en montagne, soins aux animaux.
Autres activités :
Randonnées pédestres et équestres, VTT, escalade, ski de fond, raquettes, découverte flore et faune, géologie, champignons, baignade, pêche.
Sur place :
Produits bio : Fromages de chèvres, volailles, beurre, œufs, lait, charcuterie, chevreaux, agneau, miel, confitures, jus de fruits.

38.3

50 km - South of / *Au Sud de* **GRENOBLE**

Marie-France COULLET

« Vallon Libre » - Les Goirands - St Sébastien - 38710 Mens

90 km   76 34 93 43

You will be enthralled by Marie-France who is mad on photography and cooking. She has restored this farmhouse and you will enjoy the quiet and the magnificent view over the Vercors. The ecology centre, 'Terre vivante', is nearby. Bungee jumping.
Vous serez séduits par Marie-France, passionnée de photo et de cuisine ! Elle a restauré cette ferme où vous apprécierez le calme, Vous aurez la magnifique vue sur le Vercors et l'Oisans. Visite du centre écologique 'Terre vivante', de la Salette, Saut à l'élastique, Parapente...

(70F) GB D

5km 10km 20km

Reduction 7 nights - *nuits* & BS (1/09 → 31/05)

➢ **St Sébastien** :
In Grenoble, take the N85 towards Gap. 2km after La Mure, turn right on to the D526 towards Mens. After the 'Pont de Ponsonnas' (bungee jumping bridge), turn left on to the D227 towards Cordéac. In St Sébastien, after the 'Salle des fêtes' and the 'Mairie', follow the signs for 1km.
A Grenoble, prendre la N85 vers Gap. 2km après la Mure, prendre à droite la D526 vers Mens. Après le Pont de Ponsonnas (pont du saut à l'élastique), prendre à gauche la D227 vers Cordéac. A St Sébastien, après la salle des fêtes et la Mairie, suivre les panneaux sur 1km.

2 Bedrooms - *chambres* / Extra Bed - *Lit Sup.* : 60F

WC shared - *commun* (hosts - *hôtes*)

Price in FF - *Prix en FF* :	2 pers ↓
Obiou	210 Eco
Châtel	210 Eco

38.2

20 km - South of / *Au Sud de* **GRENOBLE**

Jean MICHEL

« La Girardière » - 162, route de Faverolles - 38450 Vif

50 km   76 72 35 45

A modern house, built in traditional style, in the heart of the country opposite the Vercors mountains. Jean will take you on wonderful walks and show you the countryside or advise you on the best places for rock climbing.
Maison récente traditionnelle, en pleine nature, face à la magnifique chaîne du Vercors. Jean vous fera découvrir la nature lors de superbes randonnées ou vous conseillera sur les sites d'escalade ou touristiques environnants : Le château de Vizille...

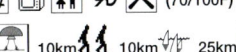

(70/100F)   shared - *commun*   I

10km 10km 25km

➢ **Vif** :
In Grenoble, take the N75 towards Sisteron. After Vif, turn right on to the D8 towards Les Saillants du Gua for 4km. At Le Genevrey de Vif, turn left, cross the village towards the N75. 1km after the 'STOP', go straight in front for 200m. The house is on the left.
A Grenoble, prendre la N75 vers Sisteron. A la sortie de Vif, prendre à droite la D8 vers Les Saillants du Gua sur 4km. Au Genevrey de Vif, tourner à gauche et traverser le village vers la N75. 1km après le STOP, aller en face sur 200m. La maison est à gauche.

2 Bedrooms - *chambres* / Extra Bed - *Lit Sup.* : 50F

Price in FF - *Prix en FF* : 2 pers ↓
Philippe & Laurence
                                            190 Eco

Grenoble : the Olympic city is ideal for lovers of sport and the mountains.
la ville Olympique, rendez-vous des sportifs et des amoureux de la Montagne.

- 265 -

RHÔNE-ALPES

Département 38 : Isère

38.5 ☀ ☀

Marius-Pierre SALAZARD
«Le Mas du Château» - 38680 Rencurel
60 km   76 38 98 08 / 75 48 45 62

Previously, a 17th century royal hunting lodge, this is now a very rustic working farm. You can watch the sheepdogs at work or go riding, walking, mountain biking or hang gliding. A genuine farm experience in the heart of the Vercors National Park.
Ancien pavillon royal de chasse du XVII°, très rustique, actuellement ferme en activité. Vous pourrez y voir le travail des chiens sur un troupeau de moutons. Référencé GTA (VTT, randonnée pédestre et équestre), il est au cœur du Parc Naturel du Vercors.
sur place : Chickens, eggs – *Poulets, œufs*

(70F)   40km
Reduction : Summer – *été* & 7 nights – *nuits* & 15 pers.

10 km - North-West of / *Au Nord-Ouest de* **VILLARD DE LANS**

➢ **Rencurel** :
In Villard de Lans, take the D531 towards Pont en Royans. Turn right on to the D35 towards Rencurel. Cross the village and continue for 2km towards Château.
A Villards de Lans, prendre la D531 vers Pont en Royans. Prendre à droite la D35 vers Rencurel que vous traversez. Continuer sur 2km vers Château.

3 Bedrooms - *chambres* / Half-Board - *1/2 Pension* : 170F/p
HS (1/07→31/08, Christmas -*Noël*, February -*Février*) :
7   & 15 pers. mini.

Price in FF - *Prix en FF* :	2 pers ↓	maxi ↓
5	WC	190 Eco	475 Eco
4		190 Eco	380 Eco
6	WC	190 Eco	570 Eco

Département 42 : Loire

42.1 ☀ ☀

Gérard & Maïté SCILY
«Les Glycines» - La Mirandole - 42123 Cordelle
60 km   77 64 93 45

This renovated, 18th century farm is close to the 'Route des Eglises Romanes'. After a hard day's sightseeing, you will enjoy chatting to Maïté with a cup of tea by the fireside or, in summer, enjoying the cool shade of the house.
Dans un bon fauteuil devant la cheminée, avec un thé fumant, vous apprécierez la conversation de Maïté ; ou en été, la fraîcheur de cet ancien corps de ferme du XVIII°. Eglises romanes à visiter.

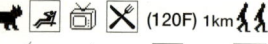

(120F) 1km   GB
4km 4km 5km 5km 30km

14 km - South of / *Au Sud de* **ROANNE**

➢ **Cordelle** :
In Roanne, take the N7 towards Lyon. In Le Coteau, turn right on to the D43 towards Commelle and Cordelle. There, turn right to Les Glycines.
A Roanne, prendre la N7 vers Lyon. Au Coteau, prendre à droite la D43 vers Commelle et Cordelle. A Cordelle prendre à droite vers Les Glycines.

2 Bedrooms - *chambres* / Extra Bed - *Lit Sup.* : 100F
WC shared - *commun* /   shared - *commun* (2° & hosts -*hôtes*)

Price in FF - *Prix en FF* :	2 pers ↓	maxi ↓
1°		250 A
2°		(1 pers) 160 B

42.4 ☀ ☀

Denise CAUWE
Parcelly - 42840 Montagny
→ 20 km   100 km   77 66 13 61

In this old farm in the heart of the country, you are 35km from the Beaujolais vineyards and also near the Côtes Roannaises, and Charlieu. Carriage rides are new this year.
Dans cette ancienne ferme, en pleine campagne, vous êtes à 35km des vignobles du Beaujolais, vous pouvez également goûter les côtes Roannaises et visiter Charlieu. Une nouveauté cette année : les promenades en calèche !

(65F)
3km 15km   GB R
shared - *commun* (1° & 2°) / Extra Bed - *Lit Sup.* : 70F

20 km - East of / *A l'Est de* **ROANNE**

➢ **Parcelly** :
In Roanne, take the N7 towards Lyon then the D504 towards Montagny. There, turn left on to the D45 towards La Gresle and continue for 3km.
A Roanne, prendre la N7 vers Lyon puis la D504 vers Montagny. Là, prendre à gauche la D45 vers La Gresle sur 3km.

2 Bedrooms - *chambres* + 1 Apartment - *appartement*

Price in FF - *Prix en FF* :	2 pers ↓	maxi ↓
1°				170 Eco	240 Eco
2°				170 Eco	
Apartment	WC		HS (10/06→20/09) : 7	
				170 Eco	
				170 Eco	

Near - *Près de* VILLARDS DE LANS See also - *Voir Aussi* :
26.18 - Henri & Odile JOUVAL - «Montjoie» - La Chapelle en Vercors - Page 262

- 266 -

RHÔNE-ALPES

Département 42 : Loire

42.7 A.P.

10 km - South of / *Au Sud de* **ROANNE**

Paul & Thérèse DELOIRE
«Joannon» - 42123 St Cyr de Favières

☎ 77 64 90 05

(Alt. 435m).
Farm Activities :
Fishing in their private lake, horse riding 2km away, and water-sports 6km away.
Produce :
Charcuterie (saucissons and pâtés), dairy cheeses.

2 Rustic Rooms (for 2-3 people) at 150 FF for a double room - Farmhouse dinners.

➤ **St Cyr de Favières** :
In Roanne, take the N7 towards Lyon for 7km. Turn right towards St Cyr de Favières.
A Roanne, prendre la N7 vers Lyon sur 7km. Prendre à droite vers St Cyr de Favières.

(Alt. 435m).
Activité à la ferme :
Pêche en étang privé sur place. Centre équestre à 2km, plan d'eau à 6km.
Sur place :
Charcuterie (saucissons, pâtés), fromages fermiers de vache.

2 chambres paysannes (2 et 3 personnes : 150F/2 pers.)
Table paysanne

42.2

14 km - South of / *Au Sud de* **ROANNE**

Didier & Michèle ALEX
«L'Echauguette» - Ruelle Guy de la Mure
42155 St Jean-St Maurice

✈ 60 km   ☎ 77 63 15 89

In a medieval, fortified village, the terrace of this stone house overlooks the lake. The bedroom is in an adjoining house, also with a beautiful lakeside view. The welcome is charming. A place not to be missed.
Dans un village médiéval avec un donjon et de très belles fresques, la terrasse de cette maison de pierres surplombe le lac. La chambre est dans la maison voisine, deux fenêtres donnent également sur le lac. Accueil charmant : Une bonne adresse.

(60/150F)   GB D I

➤ **St Jean St Maurice** :
In Roanne, take the D53 towards Lentigny, Villemontais. St Jean St Maurice is on the left of the road. (If you are on the A72, exit St Germain Laval and take the D8 towards Roanne).
A Roanne, prendre la D53 vers Lentigny, Villemontais. St Jean St Maurice est à gauche de la route. (Si vous êtes sur l'A72, sortez à St Germain Laval et prenez la D8 vers Roanne).

1 Bedroom - *chambre* / Extra Bed - *Lit Sup.* : 50F

Price in FF - *Prix en FF* : 2 pers ↓   maxi ↓
                                        250 A   300 Eco

7km   Ø : 24/12 → 2/01

42.3

30 km - South-East of / *Au Sud-Est de* **ROANNE**

Louis ARPIN
157, rue de Ste Colombe - 42540 St Just la Pendue

✈ 60 km   ☎ 77 63 26 27

This restored farmhouse is well placed for a stopover, being 14km from the autoroute, 6km from the N82 and 8km from the N7. It is in the countryside and there is tennis and riding available.
Position stratégique : cette ancienne ferme restaurée se trouve à 14 km de l'autoroute, 6 km de la RN82 et 8 km de la RN7. A la campagne, vous pourrez faire du tennis, du cheval ou visiter le musée du tissage, des ateliers, des châteaux...

5km   12km

➤ **St Just la Pendue** :
In Roanne, take the N7 towards Lyon. In St Symphorien, turn right on to the D103 towards St Just la Pendue. Follow the signs 'Gîte'.
A Roanne, prendre la N7 vers Lyon. A St Symphorien, prendre à droite la D103 vers St Just la Pendue. Suivre les panneaux 'Gîte'.

1 Apartment - *appartement* / Extra Bed - *Lit Sup.* : 50F

Price in FF - *Prix en FF* : 2 pers ↓   maxi ↓
                                        220 Eco 320 Eco
                                        (BS : 1/10→30/05)

Near - *Près de* **ROANNE   See also -** *Voir aussi* **:**
69.5 - Albert & Marie-Pierre CHANNELIÈRE - «En Barberet» - Amplepuis - Page 271

Roanne is world-famous today,
thanks to the restaurant of Pierre Troisgros which attracts an international clientele...
*Roanne doit aujourd'hui sa notoriété mondiale...
au restaurant Troisgros qui reçoit ses visiteurs des quatre coins du globe...*

The departement of La Loire offers an interesting cultural heritage, beautiful countryside and a complete change. The new autoroute to the South which crosses the centre of France, goes to St Etienne via Clermont Ferrand, and offers much more relaxed driving conditions.
Get off the beaten track and discover St Galmier, origin of the spring for Badoit mineral water.

RHÔNE-ALPES

Département 42 : Loire

42.9
13 km - South of / Au Sud de ROANNE

André & Odile ROCHE-MERCIER
«Prévieux» - Vendranges - 42590 St Priest La Roche
15 km 55 km 77 64 92 12

Only 10km from the autoroute, this house, surrounded by flowers, is ideal for an overnight stop. However, as Odile loves to cook, she will offer you such surprising meals for such reasonable prices that you will be tempted to stay longer and certainly return.

A 10km de l'autoroute, cette maison merveilleusement fleurie est l'idéal pour une halte. Mais, Odile adore cuisiner : elle vous propose des recettes inédites pour un prix modique et comme tous ses clients, vous viendrez et reviendrez pour séjourner... sur place : Poultry - Vollailles

(60F) GB E

> **Vendranges :**

In Roanne, take the N7 towards the South, then, the N82 towards St Etienne and the A72, for 4km. In Vendranges, turn right on to the D42 towards St Priest la Roche for 1,5km. The house is on the left.

A Roanne, prendre la N7 vers le Sud, puis la N82 vers St Etienne et l'A72. A 4km : dans Vendranges prendre à droite la D42 vers St Priest la Roche sur 1,5km. La maison est à gauche.

2 Bedrooms - chambres

Price in FF - Prix en FF :	2 pers ↓	maxi ↓
Rose		150 Eco	
Myosotis	2	150 Eco	250 Eco

7km   20km

42.8 A.P.
35 km - South-East of / Au Sud-Est de ST ETIENNE

Pierre & Thérèse LINOSSIER
Le Bourg - Burdignes - 42220 Bourg-Argental
77 39 60 81

In the Massif du Pilat (Alt. 900m). Nearby Annonay, Vienne.
Farm Activities :
Care of the animals, helping in the fields, and helping with the village fête in August.
Other Activities :
Downhill skiing and rambling.
Produce :
Milk, cheese, charcuterie, veal.
5 Rustic Rooms (180 FF double)
Farmhouse dinners and teas.

> **Burdignes :**

In St Etienne, take the N82 towards Annonay. In Bourg-Argental, take the D29 towards Burdignes.
A St Etienne, prendre la N82 vers Annonay. A Bourg Argental, prendre la D29 vers Burdignes.

Dans le Massif du Pilat (Alt. 900m). Près d'Annonay, de Vienne.
Activité à la ferme :
Soins aux animaux, participation aux travaux des champs. Participation à la fête du village (Août).
Autres activités :
Ski de fond 5 km, balades pédestres.
Sur place :
Lait, fromage, charcuterie, veau.
5 chambres paysannes (180F/2 pers.)
Auberge paysanne - goûter à la ferme.

42.5
20 km - North of / Au Nord de ST ETIENNE

**Jacotte CATTEAU
& Elia VERNAY**
«Chez Jacotte & Elia» - Le Plat - 42330 St Galmier
12 km   77 54 08 27   77 45 39 40

This beautifully restored farm is situated between the Monts du Forez and the Parc du Pilat, and your two hostesses take care of everything. After a delicious meal, they will advise you on activities and museums in the area. Hard tennis court.

Très belle ferme restaurée, entre les Monts du Forez et le Parc du Pilat, au pays de l'eau de Badoit. Vos 2 hôtesses seront aux petits soins. Autour d'une bonne table, vous parlerez sport, musées environnants, voyages. Terrain de tennis en terre battue.

(50/80F)
Φ : 12/08 → 20/08   GB E
Reduction 2 nights - nuits

> **St Galmier :**

In St Etienne, take the A72 towards Roanne and the exit for Andrézieux, Veauche, St Galmier. Take the D12 towards Chazelles/Lyon. In St Galmier, opposite the pizzeria and 'Citroën', turn right on to the small road with the sign 'sous le bois'. Continue for 3,5km. First farm on the right.

A St Etienne, prendre l'A72 vers Roanne et la sortie Andrézieux, Veauche, St Galmier. Prendre la D12 vers Chazelles/Lyon. A St Galmier, en face de la Pizzéria et de Citroën, prendre à droite la petite route signalée 'sous le bois'. Tout droit sur 3,5km. C'est la 1° ferme à gauche.

3 Bedrooms - chambres / Extra Bed - Lit Sup. : 50F

Price in FF - Prix en FF :	2 pers ↓	maxi ↓
Grande			300 A	350 Eco
Rose		n.c.	300 A	
Turquoise			300 A	

Le département de la Loire vous offre la nature, le dépaysement, un patrimoine culturel intéressant. Pour aller du Nord au Sud, vous pouvez passer par le Centre de la France où même l'autoroute qui va de St Etienne à Paris en passant par Clermont Ferrand, a des airs de petite route tranquille de campagne ! Sortez des sentiers battus et découvrez par exemple St Galmier où coule la source de l'eau de Badoit ....

- 268 -

RHÔNE-ALPES

Département 42 : Loire

42.6

40 km - North of / Au Nord de **ST ETIENNE**

Roland & Marie-Pierre VIALLY
«Ferme du Nizon» - Le Nizon - 42110 Valeille

20 km   77 28 91 50

This friendly, young couple welcome you to their typical farm in the Forez. This is a peaceful area, full of lakes. Within 15km, you will find a spa, horse racing and a nature reserve.
Jeune couple sympathique, dans une ferme typique du Forez. Au cœur de la région des étangs, vous y trouverez le calme et la tranquillité. A 15km, vous pourrez visiter l'Ecopole du Forez (réserve naturelle). Courses hippiques à 5km, Thermes à 10km.
sur place : Saucissons, eufs - œufs

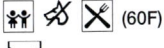

(60F)   GB   E

3km

> **Valeille :**
In St Etienne, take the A72 towards Roanne and the exit Feurs. Take the N89 towards Feurs then the D89 towards Lyon. Turn right on to the D10 towards Valeille then left towards Le Nizon, before Valeille.
A St Etienne, prendre l'A72 vers Roanne et la sortie Feurs. Prendre la N89 vers Feurs et la D89 vers Lyon. Tourner à droite vers Valeille, sur la D10 puis à gauche vers Le Nizon, avant Valeille.

2 Bedrooms - *chambres* / Extra Bed - *Lit Sup.* : 50F

shared - *commun*

Price in FF - *Prix en FF* :	2 pers ↓	maxi ↓
sur Cour	170 Eco	200 Eco
Mansardée 2	170 Eco	

42.10

25 km - South-East of / Au Sud-Est de **THIERS(63)**

Marie VERSCHUEREN
«La Loge Cochardet» - 42440 Noiretable

60 km   77 24 91 28   77 24 91 28

Marie will give you a warm welcome and, by the fire, will let you try the local specialities. Her farmhouse is 900m up in the heart of the forest, in a pleasant, quiet location, overlooking the valley. Billiard room.
Marie vous réserve un accueil chaleureux et vous fera déguster auprès de la cheminée, les produits du terroir. Sa ferme est située au calme, à 900m d'altitude, en pleine forêt dans un cadre très agréable surplombant la vallée. Salle de billard.
sur place : Poultry, eggs - *Volailles, œufs*

(80F)   GB

15km   15km   15km   15km

> **Noiretable :**
On the A72 Clermont to Lyon, Exit Noiretable. Take the D53 towards Noiretable then continue on to the D53 towards Vollore-Montagne for 4,5km.
Sur l'A72, Clermont - Lyon, Sortie Noiretable. Prendre la D53 jusqu'à Noiretable. Là continuer sur la D53 vers Vollore-Montagne sur 4,5km.

1 Apartment - *appartement* + 2 Bedrooms - *chambres*
Extra Bed - *Lit Sup.* : 60F
Reduction 4 nights - *nuits & forfaits - forfaits* Week-End

shared - *commun* (1° & 2°)

Price in FF - *Prix en FF* :	2 pers ↓	maxi ↓
1°	210 Eco	
2° 2	210 Eco	330 Eco
Apartment 3	210 Eco	270 Eco
2	210 Eco	330 Eco

Département 69 : Rhône

69.1

40 km - North-West of / Au Nord-Ouest de **LYON**

Robert DOAT
«Château de Bois-Franc» - Bois-Franc - 69640 Jarnioux

30 km   74 68 20 91   74 65 10 03

A very beautiful château in the Napoleon III style, in the region of "Pierres Dorées", in the heart of the Beaujolais vineyards. You will enjoy the quiet and tranquility of the countryside and admire the beautiful antique furniture.
Très beau château style Napoléon III, au pays des Pierres Dorées. Le parc est grand, avec de beaux arbres, au cœur des vignobles du Beaujolais. Vous y apprécierez le calme et la douceur du paysage. Très beaux meubles amoureusement conservés.
sur place : Beaujolais from their own vineyard
Beaujolais de la propriété

15km   GB   D

2 Suites   BS (1/11→31/03) : 2

> **Bois Franc :**
On the A6, take the exit Villefranche/Saône then the D38 towards Roanne-Tarare. 300m after the petrol station Elf and the supermarket Leclerc, turn right on to the D31 towards Chervinges. After Chervinges, continue for 4km (7km from the A6).
Sur l'A6, prendre la sortie Villefranche/Saône et la D38 vers Roanne-Tarare. 300m après la station Elf et le Centre Leclerc, prendre à droite la D31 vers Chervinges. Le château est à 4km après Chervinges (à 7km de l'A6).

Price in FF - *Prix en FF* :	2 pers ↓	maxi ↓
Jaune	500 C	800 B
	(130)	
Mireille WC	400 C	625 B

RHÔNE-ALPES

Département 69 : Rhône

69.3

30 km - North-West of / *Au Nord-Ouest de* **LYON**

Maurice RAVET
Chemin Neuf - Lucenay - 69480 Anse

→ 12 km   60 km   74 60 25 38   74 67 22 29

20 mins. from Lyon, Maurice Ravet opens his 18th century Beaujolais home to you and will advise you on wine and gastronomy. He has a picture and sculpture gallery and also organises golf and Beaujolais tasting weekends.

A 20 mn de Lyon, Mr Ravet vous ouvre sa demeure beaujolaise du XVIII°, sa galerie de peinture et sculpture. Il vous fait découvrir le vin, la gastronomie et les villages typiques de la région. Organisation de week-end golf/dégustation en Beaujolais.

sur place : Beaujolais (wine), Cherries - *Beaujolais, Cerises*

(75F)   GB

1km

φ : 1/11 → 1/04

> **Lucenay** :

On the A6, take the exit Villefranche/Saône then the N6 towards Lyon. In Anse, take the D30 towards Lucenay. The 'Chemin Neuf' is in the centre, just behind the 'Bar-Tabac'.

Sur l'A6, prendre la sortie Villefranche/Saône et la N6 vers Lyon. A Anse, prendre la D30 vers Lucenay. Le Chemin Neuf est dans le centre, juste derrière le Bar-Tabac.

4 Bedrooms - *chambres* / Extra Bed - *Lit Sup.* : 60/95F

2   / Reduction 4 nights - *nuits*

Price in FF - *Prix en FF* :	2 pers ↓		maxi ↓
Silencieuse & Pise		275 A	
Lune de Miel 2		275 A	450 Eco
Casa Bianca		275 A	

69.2

40 km - North-West of / *Au Nord-Ouest de* **LYON**

François ROUX
«Domaine de la Javernière» - La Javernière
69910 Villié Morgon

50 km   74 04 22 71   74 69 14 44

This 18th century residence is only 40km from Lyon, but beautifully quiet. Vineyards stretch as far as the eye can see from this typical Beaujolais house. Madame Roux welcomes you with charm and kindness to her comfortable home.

A 40km de Lyon, demeure du XVIII°, dans un calme absolu. Les vignes s'étendent à perte de vue au pied de cette maison beaujolaise typique. Madame Roux vous accueille avec charme et gentillesse dans un intérieur au mobilier ancien et confortable.

20km   GB

φ : 15/12 → 15/01

1 Suite + 7 Bedrooms - *chambres*
Extra Bed - *Lit Sup.* : 100 F

> **Villié Morgon** :

On the A6, take the exit Belleville. In Belleville, take the D37 towards Baujeu. In Cercié, turn right towards Morgon. The property is on the right, between Morgon and Villié Morgon.

Sur l'A6, prendre la sortie Belleville. A Belleville, prendre la D37 vers Baujeu. A Cercié, tourner à droite vers Morgon. Le domaine est sur la droite entre Morgon et Villié Morgon.

Price in FF - *Prix en FF* :	2 pers ↓	maxi ↓
Patricia & Rose	670 Luxe	
Valentin & Thibault	670 Luxe	
Bleue & Jaune	670 Luxe	
Gauthier WC	(1pers) 570 Luxe	
Verte	670 Luxe	1120 Luxe
+ Empire		

69.4

13 km - South-West of / *Au Sud-Ouest de* **VIENNE(38)**

Juliette FONT
«Côte Chatillon» - Montée du Rosay - 69420 Condrieu

50 km   74 87 88 27

There is a magnificent view over the Rhône valley from this comfortable villa with fireplace and exposed beams. However, the main attraction of Juliette's place is that she is in the heart of the wonderful vineyards of Les Côtes Roties and Condrieu.

Confortable villa avec cheminée et poutres apparentes. Magnifique vue sur la vallée du Rhône. Et surtout, Juliette est au cœur de ces rares mais merveilleux vins des Côtes Roties et du délicieux Condrieu. Région bénie des Dieux !

3km   3km

3 Bedrooms - *chambres* + 1 Apartment - *appartement*
Extra Bed - *Lit Sup.* : 70F

> **Condrieu** :

In Vienne, take the N86 towards Ampuis and Condrieu. In Condrieu, turn right towards Rive de Gier.

A Vienne, prendre la N86 ver Ampuis, Condrieu. Dans Condrieu, tourner à droite vers Rive de Gier.

Price in FF - *Prix en FF* :	2 pers ↓	maxi ↓
Nord	230 Eco	
Grande	230 Eco	420 Eco
Enfants		
Apart 7	215 Eco	215 Eco
/		

no breakfast - *pas de petit-déjeuner*

Halfway between Paris and the South, you will love this area around Lyon, especially the walks, its vineyards and gastronomy. Here time stands still.

RHÔNE-ALPES

Département 69 : Rhône

69.5 A.P.

Albert & Marie-Pierre CHANNELIÈRE
«En Barberet» - 69550 Amplepuis

☎ 74 89 44 84

25 km - South-East of / *Au Sud-Est de* **ROANNE(42)**

➢ **Amplepuis** :
In Roanne, take the N7 towards Lyon. In l'Hôpital, turn left on to the D9 then D13 towards Amplepuis.
A Roanne, prendre la N7 vers Lyon. A l'Hôpital, prendre la D9 à gauche puis la D13 vers Amplepuis.

In the upper Beaujolais (Alt. 680m). Nearby : Tarare, Roanne.
Farm Activities :
Looking after the animals, milking, cheese making and gardening.
Other Activities :
Swimming, tennis, mountain biking, walking, fishing, visits to lakes and other farms and local museums.
Produce :
Eggs, honey, cheese, milk, poultry, rabbits.

Rustic Room : Family room for 3 - Farmhouse dinners.

En haut Beaujolais(Alt. 680m). Alentours : Tarare, Roanne.
Activité à la ferme :
Soins aux animaux, traite, fabrication fromages, jardinage.

Autres activités :
Piscine, tennis, VTT, promenade, pêche, plan d'eau à 8km, visite d'autres fermes, musée
Sur place :
Œufs, miel, fromages, lait, volailles, lapins.

Chambre d'hôte (2 adultes + 1 enfant). Table paysanne

69.6 ☀ ☀

Florence BRIOZZO & Robert LUX
Le Bourg - 69840 Jullié

➡ 14 km   ☎ 78 39 50 09 / 74 04 46 83

A traditional house of the Beaujolais, in the centre of a charming village, quiet and typical of the area. Here you are on "la Route des Vins". This can be covered on foot, try the 20km Circuit Lamartine. Florence is an English teacther.
Maison beaujolaise traditionnelle, au centre d'un charmant village calme et typique, sur la route des vins. Vous profiterez des sentiers pédestres (circuit Lamartine 20km) ou visiterez les caves, les églises romanes... Florence est professeur d'Anglais.

Reduction 3 nights - *nuits*

14 km - South-West of / *Au Sud-Ouest de* **MACON(71)**

➢ **Jullié** :
On the A6 take the Exit Macon-Sud and the N6 towards Lyon. In Crêches/Saône, turn right towards St Vérand, Pruzilly, Jullié. On the square, in Jullié, take the small street which goes up between the 'Café du Haut Beaujolais' and the gites. Turn left in to the first cul-de-sac.
Sur l'A6, prendre la sortie Macon-Sud et la N6 vers Lyon. A Crêches/Saône, tourner à droite vers St Vérand, Pruzilly et Jullié. Sur la place de Jullié, prendre la petite rue qui monte entre le Café du Haut Beaujolais et les gîtes ruraux. 1° impasse à gauche.

3 Bedrooms - *chambres* / Extra Bed - *Lit Sup.* : 50 F

Price in FF - *Prix en FF* :	2 pers ↓	maxi ↓
Lumaine		250 A	
Vigneronne		250 A	
Colombe	2	250 A	350 Eco

A mi-chemin sur l'axe Nord-Sud, vous aimerez vous aussi la région Lyonnaise, découvrirez ses sentiers de randonnées, ses vignobles où le temps semble s'arrêter.

Photo : 38.1 - page 263

- 271 -

RHÔNE-ALPES

Département 73 : Savoie

73.4 — Victoire HOTE
Les Avanchers - 73260 Valmorel

10 km + Bus — 79 09 81 55

Madame Hote offers you two rooms in her house and two flats in a nearby chalet, both of which are situated on the road to the Valmorel ski resort 7km away. She adores cooking and this is a great opportunity to try regional dishes. Spa nearby - 5km.

A 7 km des pistes de ski, sur la route de la station de Valmorel, Madame Hote vous propose 1 petit appartement dans sa maison et 2 autres dans un chalet à 300m. Elle adore cuisiner et vous fait goûter la cuisine régionale. Thermalisme à 5 km.

(80F) : 1/05 → 31/05
7km : 11/02 → 15/03

10 km - South-West of / Au Sud-Ouest de MOUTIERS

➢ **Les Avanchers-Valmorel** :
In Moutiers, take the N90 towards Albertville. Turn left towards Valmorel. In Les Avanchers, turn right just after the church. First house on the right.
A Moutiers, prendre la N90 vers Albertville et tourner à gauche vers Valmorel. Aux Avanchers, juste après la Chapelle, tourner à droite, c'est la 1° maison à droite.

3 Apartments-appartements / Half-Board-1/2 Pension : 230F/p
Reduction BS (1/05 →15/12) & 7 nights - nuits

	Price in FF - Prix en FF :	2 pers ↓	maxi ↓
1°	Apartment 7 / 2	250 A	600 Eco
2° & 3°	Apartment 7 /	460 C	460 Eco
2°	/ 3	no breakfast - pas de petit-déjeuner	
3°	/ 2	no breakfast - pas de petit-déjeuner	

73.3 — Sylvain & Marie-Hélène MEREL
«Malezan» - Route de la Plagne
73210 Macot la Plagne

3 km — 100 km — 79 55 69 90 — 79 09 75 80

This friendly young couple welcome you their chalet on the road to the La Plagne ski resort. A lounge and living room are at your disposal and your host can arrange discounts of up to 30% on ski facilities. Restaurant nearby - 1km.

Ce jeune couple sympathique vous propose son chalet situé sur la route de la station de La Plagne. Salon/cheminée et séjour à la disposition des hôtes. Possibilité de réduction de 30% sur les forfaits de ski et 20% sur la location du matériel.

shared - commun (2° & 3°)
1km 5km 20km
Reduction BS (1/05 →30/11) & 7 nights - nuits
Extra Bed - Lit Sup. : 70/80 F

20 km - North-East of / Au Nord-Est de MOUTIERS

➢ **Macot La Plagne** :
In Moutiers, take the N90 towards Bourg St Maurice. Turn right towards La Plagne. As you leave Macot, turn right for 50m. First house on the left.
A Moutiers, prendre la N90 vers Bourg St Maurice. Tourner à droite vers La Plagne. A la sortie de Macot, c'est à 50m à gauche. 1° maison à gauche.

4 Bedrooms - chambres + 1 Apartment - appartement

	Price in FF - Prix en FF :	2 pers ↓	maxi ↓
1° Mélèze		330 B	
2° Arolle		260 A	
3° Sapin	2	260 A	400 Eco
4° Cèdre	n.c.	330 B	
5° Epicéa	Apartment 4	320 B	480 Eco

73.5 — Jacky MOUSSEUX
Villemartin - 73350 Bozel

100 km — 79 22 04 28 — 79 22 07 75

Jacky gives you a warm and friendly welcome in her chalet overlooking Couchevel. In the summer, go walking in the Vanoise forests inhabited by marmottes, or go mountaineering ... in winter, skiing, snow walking and in the evening enjoy specialities such as tartiflette, fondue and raclette.

Chaleur et sympathie : c'est l'accueil que vous réserve Jacky dans son chalet situé face à Courchevel. L'été ce sont les randonnées en Vanoise avec les marmottes, l'alpinisme... l'hiver le ski, les raquettes... et le soir : tartiflette, fondue, raclette....

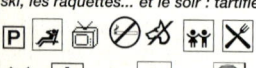

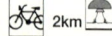

2km 3km 20km

16 km - South-East of / Au Sud-Est de MOUTIERS

➢ **Villemartin** :
In Moutiers, take the D915 towards Pralognan la Vanoise. In Bozel, turn left towards Villemartin and follow the signs 'Mont Jovet'. The house is in the village, 300m on the left.
A Moutiers, prendre la D915 vers Pralognan la Vanoise jusqu'à Bozel. Là, prendre à gauche vers Villemartin et suivre Mont Jovet. La maison est dans le village à 300m à gauche.

4 Bedrooms - chambres / Reduction groups - groupes
Half-Board - 1/2 pension : 230F/pers.
HS (1/07 → 31/08) : self-catering - en location

2 shared - commun (2° Etage)

	Price in FF - Prix en FF :	2 pers ↓	maxi ↓
1° Etage	3	260 A	390 A
2° Etage - 1	3	260 A	390 A
2° Etage - 2 & 3	2	260 A	

MOUTIERS :
the gateway to the fashionable ski resorts ! la clé d'accès aux prestigieuses stations de ski !
La Plagne, Courchevel, Pralognan, les Ménuires, Val Thorens,
Méribel, Les Arcs, Val d'Isère, Tignes....

RHÔNE-ALPES

Département 74 : Haute Savoie

74.5 Claudette GUILLEN
«La Fruitière» - 74270 Droisy

42 km — 50 69 40 41 — 50 56 21 94

Claudette loves her area and will give you invaluable tips on excursions, "what's on" and will organise visits to the wine cellars of Seyssel. Her house is an old fruit store, very pleasant and typical but the access to the bedrooms is rather steep.
Claudette adore sa région et vous renseignera sur tous les circuits, spectacles(...), vous organisera les visites des caves viticoles de Seyssel.... Sa maison, une ancienne fruitière très typique est agréable (Accès aux chambres un peu raide).
sur place : Regional produce - Produits régionaux

(75F)

28 km - North-West of / Au Nord-Ouest d' **ANNECY**

➢ **Droisy** :
In Annecy, take the N508 towards Nantua. Turn left on to the D17 towards Sillingy. In La Croix Rouge, go towards Clermont-Droisy. (From the A40, Exit Frangy-D910 to La Croix Rouge).
A Annecy, prendre la N508 vers Nantua. Prendre à gauche la D17 vers Sillingy. A La Croix Rouge, prendre vers Clermont-Droisy. (De l'A40, Sortie Frangy-D910 jusqu'à La Croix Rouge).

1 Suite / Reduction 3 nights - nuits
Price in FF - Prix en FF : 2 pers ↓   maxi ↓

Fadette				200 Eco 470 Eco
+ Clara			n.c.	(190 Eco)

6km 6km 6km 6km 12km 18km

74.6 Famille LUPIN
«La Cave de la Ferme» - 302, rue du Grand Pont
74270 Frangy

30 km — 50 44 75 04

A country inn where all the family will look after you. Here they serve typical regional fare. Horses and riders are welcome here and in September you can take part in the wine harvest, as they produce their own Roussette de Savoie.
Dans cette auberge rustique, toute la famille s'occupe de vous. Les repas y sont très typiques. On y accueille chevaux et cavaliers et en septembre, vous pouvez assister aux vendanges puisqu'ils sont producteurs de Roussette de Savoie.
sur place : Their own wine - Vin de la propriété

(90F) GB I

25 km - North-West of / Au Nord-Ouest d' **ANNECY**

➢ **Frangy** :
On the A40, Exit Eloise-Frangy. Take the N508 towards Annecy.
Sur l'A40, Sortie Eloise-Frangy. Prendre la N508 pour Annecy.

3 Bedrooms - chambres / Extra Bed - Lit Sup. : 70F
Reduction 7 nights - nuits
Price in FF - Prix en FF : 2 pers ↓

Souris		WC		260 A
Canards		WC		260 A
Girafe		WC		260 A

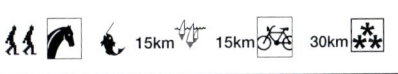

15km 15km 30km

74.1 Martine CURZILLAT
Chef lieu - 74370 Les Ollières

30 km — 50 60 33 59

This house is 10 km from the lake of Annecy and its terrace has a superb view over the valley. The rooms are in the turret and are pleasant and practical. 30km from Geneva and 60km from Chamonix. An ideal base for visiting this region.
A 10 km du lac d'Annecy, la terrasse domine la vallée et la vue est superbe. les chambres, très agréables et fonctionnelles sont aménagées dans la tour de la maison du propriétaire. A 30km de Genève et 60km de Chamonix, c'est l'idéal pour visiter la région.

GB

10 km - North of / Au Nord d' **ANNECY**

➢ **Les Ollières** :
In Annecy, take the N203 towards La Roche/Foron. In Mercier, turn right towards Les Ollières. The house is near the 'Salle des Fêtes'.
A Annecy, prendre la N203 vers La Roche/Foron. A Mercier, prendre à droite vers Les Ollières. La maison est près de la Salle des Fêtes.

2 Bedrooms - chambres / Extra Bed - Lit Sup. : 40F

2   Price in FF - Prix en FF : 2 pers ↓   maxi ↓

1° & 2°		2	WC	180 Eco 260 Eco

3km 15km 3km 15km

Annecy has all you need : a pleasant town, and a tranquil lake. In summer mountain walks ; in winter easy access to the ski slopes in the smaller, more friendly mountain villages. Why not base yourself in Annecy, for a stress-free holiday ?

*Annecy a tout pour plaire : ville agréable, lac reposant, environnement de montagne aux innombrables randonnées l'été, aux stations de ski des petits villages de montagne à taille humaine, l'hiver.
Il fait aussi bon y vivre qu'y passer des vacances loin du stress.*

RHÔNE-ALPES

Département 74 : Haute Savoie

74.2

5 km - South of / *Au Sud d'* **ANNECY**

Camille-Marius & Jacqueline DUPONT
«Villa les Charveirons» - Chemin du Brouillet
les Mongets - 74320 Sevrier

15 Km   50 52 43 67

Beside the lake of Annecy and at the foot of the mountains, a stay at Jacqueline's place is always very enjoyable. The house is comfortable with an attractive shaded garden. Ideal for cycling and there is also hang gliding nearby.
Au bord du lac d'Annecy (région touristique et culturelle) et au pied de la montagne, vous passerez chez Jacqueline, des séjours très agréables. Maison confortable, la piste cyclable passe devant le jardin ombragé, le départ des ailes volantes est à 18 km.

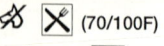

(70/100F)

15Km

➤ **Sevrier** :
In Annecy, take the N508 towards Albertville. 2 km after Sevrier, just after the 'bowling', turn left on to the 'Route des Grands Prés', then right on to the first road 'Chemin du Brouillet'. Continue for 50m and turn left.
A Annecy, prendre la N508 vers Albertville. 2km après Sevrier, prendre à gauche juste après le bowling la Route des Grands Prés puis la 1° à droite (chemin du Brouillet). Continuer sur 50m et tourner à gauche.

3 Bedrooms - *chambres* / Extra Bed - *Lit Sup.* : 70F
Reduction 2 nights - *nuits* & BS (16/08→14/07)

shared - *commun*

Price in FF - *Prix en FF* :	2 pers ↓	maxi ↓
Tournette		270 A	340 Eco
Semnoz		290 A	
Enfants 2		290 A	

74.7

25 km - South-East of / *Au Sud-Est d'* **ANNECY**

Joseph & Monique PORRET
«La Cascade» - 83, route de la Forge - Vesonne
74210 Faverges

➜ 25 km

This old farmhouse has been restored to a good standard of comfort and is 5 mins. from the N508. The rooms are bright and all have a balcony with a view over the river. In the winter it is close to the ski slopes and in the summer an ideal base for excursions throughout the region.
Cette ancienne ferme située à 5 mn de la N508, a été confortablement restaurée. Les chambres sont claires ont toutes un balcon et la vue sur la rivière. Tout près des pistes de ski l'hiver, l'été, c'est un point de départ idéal pour vos excursions.

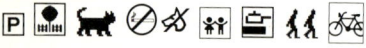

➤ **Vesonne** :
In Annecy, take the N508 towards Albertville for 26km. Turn left on to the D42 towards 'Le Col de la Forclaz'.
A Annecy, prendre la N508 vers Albertville sur 26km. Prendre à gauche la D42 vers le Col de la Forclaz.

4 Bedrooms - *chambres* / Extra Bed - *Lit Sup.* : 60F

Price in FF - *Prix en FF* :	2 pers ↓	maxi ↓
1°	(130)	200 Eco	260 Eco
2° & 4°		200 Eco	
3°		200 Eco	260 Eco

6km 4km 6km

74.3

15 km - South of / *Au Sud de* **GENÈVE** (Switzerland - *Suisse*)

Robert & Yvette GRUAZ
Veyssières - Cernex - 74350 Cruseilles

➜ 16 km   25 km   50 44 23 19

This flat is in a mountain chalet at 600m of altitude, midway between Annecy, Geneva and Chamonix. It has a wonderful view over the valley. An excellent place to enjoy the mountains and the local dishes. 15km from the Swiss border.
Dans un chalet en montagne(600m d'altitude), à mi chemin entre Annecy-Genève-Chamonix, cet appartement a une très belle vue sur la vallée. Vous profiterez des joies de la montagne et goûterez les produits régionaux dans les Fermes-Auberges sur place ; Eggs, vegetables, milk – Œufs, Légumes, Lait

GB

➤ **Veyssières** :
On the A40, Exit St Julien en Genevois. Take the N201 towards Annecy. Turn right on to the D23 towards Cernex then Veyssières. The house is up above on the right.
Sur l'A40, Sortie St julien en Genevois. Prendre la N201 pour Annecy. Tourner à droite sur la D23 vers Cernex puis Veyssières. La maison est en hauteur sur la droite.

1 self-catering apartment - *appartement en location*
Reduction BS (1/09→30/06)

Price in FF - *Prix en FF* : maxi ↓

2360 FF per week - *la semaine*

(baby - *bébé*)

25km   25km

Mention this guide when you book. It works wonders !
Quand vous réservez, recommandez vous de Bed & Breakfast(France) :nos hôtes seront encore mieux à votre écoute.

- 274 -

Contents - *Table des Matières* - Übersicht

1 - PARIS - ILE DE FRANCE — Page 26

PARIS — Underground - *Métro/RER*

Center - *Centre*
75-2	Paris 8°	Franklin Roosevelt	Page 30

Center-West - *Centre-Ouest*
75-3	Paris 9°	Liège	Page 30

Center-East - *Centre-Est*
75-4	Paris 11°	Oberkampf	Page 30

South - *Sud*
75-6	Paris-Rungis	(Bus)	Page 31

West - *Ouest*
75-7	Paris-Boulogne	Porte d'Auteuil	Page 31
75-9	Paris-Colombes	Colombes	Page 31
75-10	Paris-Le Vésinet	Le Vésinet (RER A)	Page 31

North-West - *Nord-Ouest*
75-12	Paris 17°	Rome	Page 32
75-13	Paris 17°	Guy Moquet	Page 32
75-14	Paris 17°	Guy Moquet	Page 32
75-15	Paris-Clichy	Mairie de Clichy	Page 32

North - *Nord*
75-16	Paris 10°	Gare du Nord	Page 32
75-17	Paris 18°	Chapelle-Gare du Nord	Page 33
75-18	Paris 18°	Abesses	Page 33
75-19	Paris 18°	Barbès-Rochechouart	Page 33
75-20	Paris 18°	Chateau Rouge	Page 33

North-East - *Nord-Est*
75-21	Paris 19°	Corentin-Cariou	Page 33
75-22	Paris 20°	Pyrénées	Page 34

East - *Est*
75-23	Paris-Montreuil	Croix de Chavaux	Page 34
75-24	Paris-Montreuil	Vincennes (RER A)	Page 34
75-25	Paris-Neuilly Plaisance	Neuilly-Plaisance (RER A)	Page 34
75-26	Paris-Champigny	Champigny (RER A)	Page 34

HORS PARIS — Town - *Ville*

Département 77 : Seine & Marne
Near - *Près de* **Fontainebleau**
77-1	Le Golf de la Forteresse	Thoury-Ferrottes	Page 35

Near - *Près de* **Melun**
77-2	La Ferme de Vert St Père	Crisenoy	Page 35
77-3	Le Blé en Epis	Liverdie en Brie	Page 35

Near - *Près de* **Nemours**
45-4	M. Hyais	Echilleuses	Page 129

2 - ALSACE LORRAINE FRANCHE-COMTÉ — Page 36

Département 67 : Bas-Rhin (Alsace)
Near - *Près de* **Strasbourg**
67-1	Le Relais	Rosheim	Page 38

Département 68 : Haut-Rhin (Alsace)
Near - *Près de* **Colmar**
68-1	Les Framboises	Katzenthal	Page 38

Near - *Près de* **Mulhouse**
68-2	Le Moulin	Huttingue	Page 38
68-3	M. Prosbt	Werentzhouse	Page 39

Département 88 : Vosges (Lorraine)
Near - *Près d'* **Epinal**
88-1	La Ferme aux Moineaux	Dommartin lès Remiremont	Page 39
88-2	M. Cornu	Plombières les Bains	Page 39
88-3	Château de Vaudoncourt	Vaudoncourt	Page 40

Département 39 : Jura (Franche-Comté)
Near - *Près de* **Lons le Saunier**
39-1	La Ferme des Nouvelles	Arbois	Page 40
39-2	Le Château d'Andelot	Andelot-Morval	Page 40

3 - AQUITAINE — Page 41

Département 24 : Dordogne
Near - *Près de* **Bergerac**
24-6	Le Bouyssou	Capdrot	Page 44
24-4	G. Boillin	La Genèbre	Page 44
24-2	Les Mazeaux	Montastruc	Page 44
24.20	Le Cèdre de Floyrac	Quessac	Page 45
24.21	La Borie	St Nexans	Page 45
24-1	Le Chaufourg en Périgord	Sourzac	Page 45
47-5	Gendron	Loubès-Bernac	Page 55

Near - *Près de* **Périgueux**
24-10	A. Gaulot	Caboce	Page 46
24-7	Château de la Borie	Champagnac de Belair	Page 46
24-9	M.F. Rouach	Hautefort	Page 46
24-8	Le Relais de Chevigny	Trémouille	Page 47

Near - *Près de* **Sarlat**
24-14	K. Parker	Castang	Page 47
24-18	La Ferme de Combal	Le Combal	Page 47
24-12	Château de Cazenac	Le Coux	Page 48
24-13	Ferme Auberge d'Enveaux	Port d'Enveaux	Page 48
24-22	Lassaigne	St André d'Allas	Page 48
24-11	La Gendonie	Sarlat	Page 49
24-17	La Colline de Péchauriol	Sarlat	Page 49
24-15	Le Verseau	Sarlat	Page 49
19-1	La Farandole	Cublac	Page 67
46-13	Les Maurelles	Milhac	Page 165

Département 33 : Gironde
Near - *Près de* **Bordeaux**
33-2	-	Capian	Page 50
33-6	Cantemerle	Bourdin	Page 50
33-7	Gravelande	Léognan	Page 50
33-8	Domaine Les Sapins	Moulis en Médoc	Page 51
33-1	Château Sentout	Tabanac	Page 51
17-4	-	Pouillac	Page 221

Near - *Près de* **Langon**
33-3	Les Monges	Marions	Page 52

Near - *Près de* **La Réole**
33-4	Manoir de James	St Ferme	Page 52
33-9	J. Estève	Montagoudin	Page 52
33-10	Domaine les Massiots	Lamothe-Landerron	Page 53

Département 40 : Les Landes
Near - *Près de* **Dax**
40-4	Villa la Mamounia	Herm	Page 53
40-3	H. Demay	Orix	Page 53
40-5	Rouncaou	Taller	Page 54
40-1	Château de Monbet	St Lon les Mines	Page 54

Near - *Près de* **Mont de Marsan**
40-6	Larroque	St Perdon	Page 54

Near - *Près de* **Bayonne (64)**
40-2	Le Barbé - Biaudos		Page 55

Département 47 : Lot & Garonne
Near - *Près de* **Bergerac (24)**
47-5	Gendron	Loubès-Bernac	Page 55

Near - *Près d'* **Agen**
47-2	Domaine de Pouzergues	Moncaut	Page 55
47-4	M. Valentin	Fouyssac	Page 56
47-6	Le Marchon	Bazens	Page 56

Near - *Près de* **Villeneuve-sur-Lot**
47-1	Domaine de Clavié	Soubirous	Page 56
47-7	Manoir du Soubeyrac	Le Laoussou	Page 57
47-3	J. de Laneuville	Péchon	Page 57

Département 64 : Pyrénées Atlantiques
Near - *Près de* **Bayonne**
64-1	M.R. Hiriart	Bayonne	Page 57
64-2	Ferme Lamoth	Came	Page 58
40-2	Le Barbé	Biaudos	Page 55

Near - *Près de* **Biarritz**
64-13	Villa Arrosen-Artean	Ahetze	Page 58

- 275 -

Contents - Table des Matières - Übersicht
(2)

Near - Près de Mauléon
64-4	Maison Brouca	Bugnein	Page 58
64-3	Le Garaïbie	Ordiarp	Page 59

Near - Près de Oloron Ste Marie
64-14	Auberge Cavalière	Accous	Page 59

Near - Près de Pau
64-8	Crabères	Angaïs	Page 59
64-6	Centre Loutarès	Haut de Bosdarros	Page 60
64-7	Miragou	Laroin	Page 60
64-9	F. Rousset & V. Seger	Pau	Page 60

Near - Près de St Jean Pied de Port
64-12	Maison Inda	St Etienne de Baïgorry	Page 61
64-10	Maison Etchemendigaraya	Suhescun	Page 61

4 - AUVERGNE LIMOUSIN   Page 62

Département 03 : Allier (Auvergne)
Near - Près de Montmarault
03-1	Château de Longeville	Deux-Chaises	Page 64
03-2	E. du Boulet de la Boissière	Concize	Page 64
03-3	La Charvière	St Priest en Murat	Page 64

Near - Près de Moulins
03-4	Château du Riau	Villeneuve-sur-Allier	Page 65
03-5	Les Emondons	St Pourçain-sur-Besbre	Page 65

Near - Près de Nevers
03-6	Manoir le Plaix	Pouzy-Mésangy	Page 65

Near - Près de Montluçon
23-3	F. Gros	Boussac	Page 68

Département 15 : Cantal (Auvergne)
Near - Près de Bort les Orgues (19)
15-2	J. Gérard	Mérigot	Page 66

Near - Près de Mauriac
15-3	Château de Bassignac	Bassignac	Page 66
15-1	Ferme des Chevadières	Sauvat	Page 66

Département 19 : Corrèze (Limousin)
Near - Près de Sarlat (24)
19-1	La Farandole	Cublac	Page 67

Near - Près de Tulle
19-2	Château d'Arnac	Beaulieu-sur-Dordogne	Page 67
19-3	J. Raoul	Treignac	Page 67
46-12	Le Relais du Seuil de la Dordogne - Prudhomat		Page 165

Département 23 : Creuse (Limousin)
Near - Près de Guéret
23-1	Château de Moisse	Bétête	Page 68
23-2	Ferme de Montenon	Montenon	Page 68

Near - Près de Montluçon (03)
23-3	F. Gros	Boussac	Page 68

Département 43 : Haute Loire (Auvergne)
Near - Près de Puy en Velay
43-1	Les Bastides du Mézenc	St Front	Page 69
43-2	Centre Equestre de Jax	Chastenuel	Page 69
43-3	F. Champel	Paulagnac	Page 69

Département 63 : Puy de Dôme (Auvergne)
Near - Près de Issoire
63-1	Château de Pasredon	St Rémy de Chargnat	Page 70

Near - Près de Thiers
42-10	La Loge Cochardet	Noiretable	Page 269

Département 87 : Haute Vienne (Limousin)
Near - Près de Limoges
87-1	Château de Vauguenige	St Pardoux	Page 70
87-2	Les Ourgeaux	Pageas	Page 71
87-3	E. Raynaud	St Sylvestre	Page 71
87-4	Les Roches Grises	Le Ronlard	Page 71

5 - BOURGOGNE PUISAYE   Page 72

Département 21 : Côte d'Or
Near - Près de Avallon (89)
21-1	Château de St Andeux	St Andeux	Page 74

Near - Près de Beaune
21-4	Château d'Ecutigny	Ecutigny	Page 74
21-5	Domaine Comtesse Michel de Loisy - Nuits St Georges		Page 74

Near - Près de Dijon
21-7	Château des Rosières	St Seine-sur-Vingeanne	Page 75
21-8	Le Vieux Moulin	Fontaine-Française	Page 75
21-9	Les Tilleuls	Noiron-sous-Gevrey	Page 75

Near - Près de Pouilly en Auxois
21-10	Château de Blancey	Blancey	Page 76
21-3	Couvent des Castafours	Flavigny-sur-Ozerain	Page 76
21-2	Château de Flée	Semur en Auxois	Page 76

Département 58 : Nièvre
Near - Près de Clamecy
58-1	-	Brinon-sur-Beuvron	Page 77
58-2	La Maison des Adirondacks	Entrains-sur-Nohain	Page 77

Near - Près de Nevers
58-3	Energie et Création	St Saulge	Page 77
03-6	Manoir le Plaix	Pouzy-Mésangy	Page 65

Département 71 : Saône & Loire
Near - Près de Châlon-sur-Saône
71-4	J. Devillard	Gergy	Page 78
71-1	Le Four à Pain	Laives	Page 78

Near - Près de Macon
71-5	Château de Montvaillant	Clermain	Page 78
71-6	Domaine d'Entre les Roches	Vergisson	Page 79
69-6	F. Brozzio & R. Lux	Jullié	Page 271

Near - Près de Paray le Monial
71-2	J.F. Moncorger	Ozolles	Page 79
71-3	Le Cèdre Bleu	Reffy	Page 79

Département 89 : Yonne
Near - Près de Auxerre
89-1	Domaine de la Conciergerie	Courgis	Page 80
89-2	Les Tourterelles	Chazelles	Page 80

Near - Près de Avallon
21-1	Château de St Andeux	St Andeux	Page 74

Near - Près de Briare (45)
89-3	M. Lemaistre	Les Gonneaux	Page 80

6 - BRETAGNE   Page 81

Département 22 : Côtes d'Armor
Near - Près de Dinan
22-27	La Tarais	Calorguen	Page 84
22-1	-	Dinan	Page 84
22-2	Le logis du Jerzual	Dinan	Page 84
22-5	Le Chesnay Chel	La Landec	Page 85
22-6	Le Van Nogues	Pleudihen-sur-Rance	Page 85
22-9	La Gravelle	Pleudihen-sur-Rance	Page 85
22-4	La Renardais	Plouer-sur-Rance	Page 86
22-8	Le Presbytère	St André des Eaux	Page 86
22-7	Les Alleux	Taden	Page 86
22-3	Les gîtes du Val Hervelin	Val Hervelin	Page 87
35-2	Ti Ar Gwezig	Miniac-Morvan	Page 100
35-1	Le Pont Ricoul	St Pierre de Plesguen	Page 101
35-3	Le Bois Mandé	St Pierre de Plesguen	Page 101

Near - Près de Guinguamp
22-10	Gars an Cloarec	Kerpert	Page 87

Near - Près de Lamballe
22-12	Les Buyères	Erquy	Page 87
22-14	Les Landes	Erquy	Page 88
22-28	Château de la Villehelleuc	Hénanbihen	Page 88
22-11	Y. le Téno	Lamballe	Page 88
22-15	A. Lévêque	Pleneuf Val André	Page 89

- 276 -

Contents - Table des Matières - Übersicht
(3)

22-13	Les Cognets	Sables d'Or les Pins	Page 89
Near - Près de **Paimpol**			
22-18	Y. Bonnichon	Ploubazlanec	Page 89
Near - Près de **Perros Guirrec**			
22-19	Crec'h Choupot	Trédarzec	Page 90
Near - Près de **St Brieuc**			
22-21	Château de Bonabry	Hillion	Page 90
22-22	Les Vergers	Trégomeur	Page 90
Near - Près de **St Cast le Guildo**			
22-24	Villa Grisélidis	St Cast	Page 91
22-25	La Noë	St Cast	Page 91
22-26	Le Logis du Gallais	Le Gallais	Page 91
Near - Près de **Dinard (35)**			
22-23	Château de la Villerobert	St Lormel	Page 92

Département 29 : Finistère
Near - Près de **Lorient (56)**
29-8	La Maison d'Hyppolyte	Quimperlé	Page 92
Near - Près de **Brest**			
29-2	La Chataigneraie	Keraveloc	Page 92
29-3	J. Uguen	Kernilis	Page 93
Near - Près de **Carhaix-Plouguer**			
29-1	Le Manoir de Prévasy	Carhaix-Plouguer	Page 93
Near - Près de **Châteaulin**			
29-25	Manoir de Tréouret	Cast	Page 93
Near - Près de **Concarneau**			
29-26	P. Priziac	Kergourlaouen	Page 94
Near - Près de **Douarnenez**			
29-12	A. Olier	Mahalon	Page 94
29-27	Rodou Glas	Locronan	Page 94
Near - Près de **Landivisiau**			
29-7	Pen Ar Yed	Lampaul-Guimiliau	Page 95
Near - Près de **Morlaix**			
29-4	M.T. Solliec	Kriesker en Botmeur	Page 95
29-9	Villa Germiny	Locquirec	Page 95
29-10	Keralisa	St Martin des Champs	Page 96
Near - Près de **Quimper**			
29-11	Kerjaouen	Clohars Fouesnant	Page 96
29-13	La Vallée du Jet	St Yvi	Page 96
29-14	Quénéac'h Podou	Briec	Page 97
29-15	Kergaviny	Plonéour Lanvern	Page 97
Near - Près de **Roscoff**			
29-21	Le Castel An Dour	Carantec	Page 98
29-22	J. Tanguy	Kermen	Page 98
29-23	A. Cazuc	Lopreden	Page 98
29-20	J. Péron	Roscoff	Page 99
29-24	Centre Bon Vent	Santec	Page 99
Near - Près de **Sizun**			
29-28	Mescouez	Le Tréhou	Page 99
Near - Près de **St Thégonnec**			
29-5	Ty Dreux	Loc Eguiner St Thégonnec	Page 100
29-6	Ar Prospital Coz	St Thégonnec	Page 100

Département 35 : Ille & Vilaine
Near - Près de **Dinan (22)**
35-2	Ti Ar Gwezig	Miniac-Morvan	Page 100
35-1	Le Pont Ricoul	St Pierre de Plesguen	Page 101
35-3	Le Bois Mandé	St Pierre de Plesguen	Page 101
Near - Près de **Cancale**			
35-18	Les Oyats	La Gaudichais	Page 101
35-14	P. Hubert	Cancale	Page 102
35-15	Hôtel le Beaulieu	Cancale	Page 102
35-16	M.T. Gautier	Cancale	Page 102
35-17	Mme Simon-Delile	Cancale	Page 103
Near - Près de **Dinard**			
35-13	The Laurel Tree	St Briac-sur-Mer	Page 103
22-23	Château de la Villerobert	St Lormel	Page 92
Near - Près de **Dol de Bretagne**			
35-4	Beauregard	Baguer-Morvan	Page 103
35-5	Ferme de la Haute Lande	Dol de Bretagne	Page 104
35-7	La Higourdais	Epiniac	Page 104
Near - Près de **Rennes**			
35-9	Château de Léauville	Landujan	Page 104

35-10	Le Rouvray	Vézin le Coquet	Page 105
35-11	Le Prebystère	St Maugan	Page 105
Near - Près de **St Malo**			
35-12	Les Croix Gibouins	Paramé	Page 105
35-19	La Flaudais	St Malo	Page 106
35-20		St Malo	Page 106
35-21	G. Rouiller	St Malo	Page 106
Near - Près de **Mont St Michel (50)**			
35-6	Le Presbytère	Vieux Viel	Page 107
35-8	Le Val St Revert	Roz-sur-Couesnon	Page 107

Département 56 : Morbihan
Near - Près de **Lorient**
56-1	Ferme de séjour Kersommer	Baud	Page 107
56-7	Le ty Mat	Penquesten	Page 108
29-8	La Maison d'Hyppolyte	Quimperlé	Page 92
Near - Près de **Ploërmel**			
56-6	Ferme de Rangera	Ruffiac	Page 108
Near - Près de **Pontivy**			
56-3	A. Miloux	Bel-Air en Neuillac	Page 108
56-4	Ferme Auberge Ty-Mad	Cléguérec	Page 109
Near - Près de **Vannes**			
56-5	D. Le Douaran	Guerlan	Page 109
56-2	Kervihern	Locoal Mendon	Page 109

7- CENTRE VAL-DE-LOIRE VALLÉE-DU-LOIR   Page 110

Département 18 : Cher
Near - Près de **Bourges**
18-4	Le Relais des Gaillards	Allogny	Page 112
18-1	Château des Champgrands	Quantilly	Page 112
18-3	La Chaume	Rians	Page 112
Near - Près de **Sancerre**			
18-6	Ferme de la Reculée	Montigny	Page 113
Near - Près de **Vierzon**			
18-7	Domaine du Boulay	Le Boulay	Page 113

Département 28 : Eure & Loir
Near - Près de **Chartres**
28-3	R. Parmentier	Blévy	Page 113
28-1	Château de Blanville	St Luperce	Page 114

Département 36 : Indre
Near - Près de **Châteauroux**
36-1	Château de la Tour	Rivarennes	Page 114
36-2	Ferme Accueil Les Enfants d'Hélice - Sarzay		Page 115

Département 37 : Indre & Loire
Near - Près de **Amboise**
37-17	La Riveraine	Amboise	Page 115
37-1	La Chevalerie	La Croix en Touraine	Page 115
37-2	Le Prieuré des Cartes	Les Cartes	Page 116
Near - Près de **Azay le Rideau**			
37-3	Château du Gerfaut	Azay le Rideau	Page 116
37-4	La Petite Loge	Azay le Rideau	Page 116
37-18	Château de Montbrun	St Michel-sur-Loire	Page 117
37-6	J. Locquet	Thilouze	Page 117
Near - Près de **Château-Renault**			
37-19	Ferme de la Persillerie	Les Hermites	Page 117
Near - Près de **Chinon**			
37-20	Moulin de Reignier	Anché	Page 118
37-21	La Commanderie	Brizay	Page 118
37-5	La Butte de l'Epine	Continvoir	Page 118
37-8	Le Clos de l'Ormeau	Huismes	Page 119
37-22	Château des Réaux	Le Port Boulet	Page 119
37-7	Le Prieuré	Tavant	Page 120
79-1	Château de Leugny	Oiron	Page 222
86-1	Château de Bournand	Bournand	Page 223
Near - Près de **Tours**			
37-23	M.T. Girard	Aubigny	Page 120
37-15	Château du Côteau	Azay-sur-Cher	Page 120
37-14	Le Chêne Morier	Le Peu Morier	Page 121

- 277 -

Contents - Table des Matières - Übersicht
(4)

37-13	Le Quart	Luynes	Page 121
37-16	Le Moulin Houdoux	Luynes	Page 121
37-24	Les Hautes Gatinières	Rochecorbon	Page 122
37-10	Le Prieuré des Granges	Savonnières	Page 122
37-25	Le Relais de la Martinière	Savonnières	Page 122
37-9	Le Manoir du Grand Martigny	Vallières	Page 123
37-26	Château de Jallanges	Vernou-sur-Brenne	Page 123
37-11	Le Manoir de Foncher	Villandry	Page 123

Département 41 : Loir & Cher
Near - *Près de* **Blois**

41-6	Manoir du Vieux Cèdre	Blois	Page 124
41-2	La Rabouillère	Contres	Page 124
41-10	M.J. Aubry	Cour-Cheverny	Page 124
41-1	Manoir de Clénord	Mont près Chambord	Page 125
41-11	Château de Colliers	Muides-sur-Loire	Page 125
41-3	Les Bordes	Pontlevoy	Page 125
41-4	La Renaudière	Seillac	Page 126
41-5	J.Y. Peschard	Séris	Page 126
41-12	B. Pohu	Villeneuve Frouville	Page 126

Near - *Près de* **La Ferté Bernard (72)**

41-9	Le Relais de la Poste	Gault du Perche	Page 127

Near - *Près de* **Vendôme**

41-8	St Nicolas	St Rimay	Page 127
41-7	Château de la Voûte	Troo	Page 127
72-9	Les Patis du Vergas	Lavenay	Page 214
72-8	Château de la Volonière	Poncé-sur-le Loir	Page 215

Département 45 : Loiret
Near - *Près de* **Beaugency**

45-5	Le Clos de Pontpierre	Tavers	Page 128

Near - *Près de* **Briare**

45-6	Ferme de Gaut	Coullons	Page 128
89-3	M. Lemaistre	Les Gonneaux	Page 80

Near - *Près de* **Dordives**

45-3	Fermette de la Ste Rose	Chevannes	Page 128

Near - *Près de* **Orléans**

45-2	Château du Plessis	Vitry aux Loges	Page 129

Near - *Près de* **Nemours (77)**

45-4	M. Hyais	Echilleuses	Page 129

8 - CHAMPAGNE-ARDENNE   Page 130

Département 51 : Marne
Near - *Près de* **Chalons en Champagne**

51-1	La Grosse Haie	Matougues	Page 132

Near - *Près de* **Epernay**

51-7	C. Dambron	St Martin d'Ablois	Page 132
51-2	R. Charageat	Vertus	Page 132

Near - *Près de* **Reims**

51-8	F. Dumelié	Reims	Page 133
51-9	J.P. Kohler	Reims	Page 133
51-6	A.F. Thirion-Malissart	Mailly-Champagne	Page 133
51-3	Ferme du Grand Clos	Ville en Tardenois	Page 134

Near - *Près de* **Vitry le François**

51-5	E. Geoffroy	Margerie-Hancourt	Page 134
51-4	Au Brochet du Lac	St Rémy en Bouzemont	Page 134

9 - CORSICA - CORSE   Page 136

Départements 2A : Corse du sud & 2B : Haute Corse
Near - *Près de* **Calvi**

20-1	L'Etape Marine	Galéria	Page 138

Near - *Près de* **Ile rousse**

20-2	Domaine d'Acquanicla	Acquaniella	Page 138

Near - *Près de* **Ponte Leccia**

20-3	Campita	Francardo	Page 138

Near - *Près de* **Porto Vecchio**

20-4	Casa di Mare	Porto Vecchio	Page 139

Near - *Près de* **Sagone**

20-5	Auberge Pippa Minicale - Vico		Page 139

Near - *Près de* **Sartène**

20-6	Domaine de Croccano	Sartène	Page 139

10 - LANGUEDOC-ROUSSILLON   Page 140

Département 11 : Aude
Near - *Près de* **Carcassonne**

11-13	La Maison sur la Colline	Carcassonne	Page 142
11-6	Le Relais	Cavanac	Page 142
11-5	La Ferme de la Sauzette	Cazilhac	Page 142
11-3	Domaine du Lampy	Le Lampy Neuf	Page 143
11-7	Le Siestou	Laure Minervois	Page 143
11-4	Le Jardin d'Esclarmonde	Leuc	Page 143
11-1	Château de Montlaur	Montlaur	Page 144
11-2	Château de St Aunay	Puichéric	Page 144

Near - *Près de* **Castelnaudary**

11-8	La Castagne	Montmaur	Page 144
81-2	Château de Garrevaques	Garrevaques	Page 166

Near - *Près de* **Lézignan**

11-10	Oustalou	St Martin des Puits	Page 145
11-14	Ferme Auberge des Noyers	Montbrun des Corbières	Page 145
34-1	Bastide les Aliberts	Minerve	Page 151
34-2	Domaine de Lacan	Vélieux	Page 152

Near - *Près de* **Limoux**

11-11	Le Sabot Bleu	Bugarach	Page 145
11-19	Domaine de Falgas	Chalabre	Page 146
11-12	Campagne St Bertrand	Laval	Page 146
11-15	Le Coustal	St Sernin	Page 146

Near - *Près de* **Narbonne**

11-16	M.F. Cathala	Salles d'Aude	Page 147

Département 30 : Gard
Near - *Près de* **Alès**

30-2	Mas Cauvy	St Christol lez Alès	Page 147
30-13	Restaurant Le St Just	St Just et Vacquières	Page 147

Near - *Près de* **Nîmes**

30-4	Mas Pellet	Aubord	Page 148
30-6	La Crémade	Aubussargues	Page 148
30-14	Domaine de Ceyrac	Conqueyrac	Page 148
30-3	Le Garric	Nîmes	Page 149
30-7	La Mazade	St Mamert	Page 149
34-3	Les Bougainvilliers	Villetelle	Page 152

Near - *Près de* **Le Vigan**

30-15	Le Redonnel	Notre Dame de la Rouvière	Page 150

Near - *Près de* **Vallon Pont d'Arc (07)**

30-10	Mas Escombelle	Barjac	Page 150

Near - *Près de* **Bollène (84)**

30-12	Mas Chamfrass	St Alexandre	Page 150

Near - *Près de* **Avignon (84)**

30-11	Le Rocher Pointu	Aramon	Page 151
30-9	L'Hoste	Sauveterre	Page 151

Département 34 : Hérault
Near - *Près de* **Lézignan (11)**

34-1	Bastide les Aliberts	Minerve	Page 151
34-2	Domaine de Lacan	Vélieux	Page 152

Near - *Près de* **Nîmes (30)**

34-3	Les Bougainvilliers	Villetelle	Page 152

Near - *Près de* **Béziers**

34-4	La Coquillade	Autignac	Page 152
34-5	Domaine Fon de Rey	Pomérols	Page 153
34-6	J. Viner	Villeneuve les Béziers	Page 153

Near - *Près de* **Lodève**

12-1	A. Desjardin & O. Danet	La Salvétat	Page 158

Near - *Près de* **Montpellier**

34-7	Le Mas de Bombequiols	St André de Buèges	Page 153
34-8	Le Mas de Gourgoubès	St André de Buèges	Page 154

Département 48 : Lozère
Near - *Près de* **Alès (30)**

48-3	Le Lauzas	Le Collet de Dèze	Page 154

Contents - Table des Matières - Übersicht
(5)

48-4	Le Ranc des Avelacs	St Etienne Vallée Française	Page 154

Near - *Près de* Mende
48-2	A. Amarger	Le Giraldès	Page 155
48-5	Château de Cauvel	St Martin de Lansuscle	Page 155

Near - *Près de* Millau (12)
48-6	Le Choucas	La Volpilière	Page 155

11 - MIDI-PYRÉNÉES — Page 156

Département 09 : Ariège
Near - *Près de* Foix
09-1	-	Loubens	Page 158
09-2	La Ferme du Touron	Le Touron	Page 158

Département 12 : Aveyron
Near - *Près de* Lodève (34)
12-1	A. Desjardin & O. Danet	La Salvétat	Page 158

Near - *Près de* Albi (81)
12-4	La Libaudié	La Bastide Solages	Page 159

Near - *Près de* Millau
48-6	Le Choucas	La Volpilière	Page 155

Near - *Près de* Rodez
12-5	La Molière	Castelnau de Mendailles	Page 159

Département 31 : Haute Garonne
Near - *Près de* St Gaudens
31-1	Domaine de Ménault	Auzas	Page 159
31-2	Manoir de la Rivière	Ciadoux	Page 160

Near - *Près de* Toulouse
31-3	La Halte du Temps	Montesquieu-Volvestre	Page 160
31-4	Château Le Bousquet	St Pierre de Lages	Page 160
81-4	Le Cottage	Giroussens	Page 167

Département 32 : Gers
Near - *Près de* Montauban (82)
32-1	La Chavinière	Avensac	Page 161

Département 46 : Lot
Near - *Près de* Cahors
46-1	La Méline	Albas	Page 161
46-2	La Franquette	Dégagnac	Page 161
46-3	Domaine de Labarthe	Espère	Page 162
46-4	Ferme Auberge de la Serpt	Frayssinet le Gelat	Page 162
46-5	Le Mely	Gindou	Page 162
46-6	La Petite Auberge	Lascabanes	Page 163
46-7	La Grange de Marcillac	Marcillac	Page 163
46-8	Château de Charry	Montcuq	Page 163
46-9	Moulin de Vidaillac	Vidaillac	Page 164

Near - *Près de* Figeac
46-10	La Valade	Faycelles	Page 164
46-11	Le Moulin de Fresquet	Gramat	Page 164

Near - *Près de* Tulle (19)
46-12	Le Relais du Seuil de la Dordogne - Prudhomat		Page 165

Near - *Près de* Sarlat (24)
46-13	Les Maurelles	Milhac	Page 165

Département 65 : Hautes Pyrénées
Near - *Près de* Tarbes
65-1	FlÂnerie	Castelnau Rvière Basse	Page 165

Département 81 : Tarn
Near - *Près de* Castelnaudary (11)
81-2	Château de Garrevaques	Garrevaques	Page 166

Near - *Près de* Castres
81-1	Le Fouchat	Aiguefonde	Page 166
81-3	Lastours	Avits	Page 167

Near - *Près de* Toulouse (31)
81-4	Le Cottage	Giroussens	Page 167

Département 82 : Tarn & Garonne
Near - *Près de* Castelsarrasin
82-1	Lou Carretou d'Oc	Caumont	Page 167

Near - *Près de* Montauban
82-2	L'Arbre d'Or	Beaumont de Lomagne	Page 168
82-3	Ferme Le Gendre	Lavaurette	Page 168
82-4	La Clé des Champs	Montgaillard	Page 168

12 - NORD PICARDIE — Page 170

Département 02 : Aisne (Picardie)
Near - *Près de* St Quentin
02-1	Ferme Auberge du Vieux Puits	Bony	Page 172

Département 60 : Oise (Picardie)
Near - *Près de* Beauvais
60-2	La Ferme de la Patte d'Oie	Lormeteau	Page 172
60-1	J.C. Leturque	Savignies	Page 172

Near - *Près de* Compiègne
60-3	Ferme Hôtel de Bellerive	Camronne les Ribécourt	Page 173

Département 62 : Pas de Calais (Nord)
Near - *Près de* Calais
62-1	La Chesnaie	Bois en Ardres	Page 173
62-2	La Ferme de Wolphus	Wolphus	Page 173
62-3	La Grande Maison	Haute Escalles	Page 174

Near - *Près de* Touquet-Paris-Plage
62-4	N. Froissart	Conchil le Temple	Page 174
62-5	B. Guilluy	Etaples	Page 174

Near - *Près de* Abbeville (80)
62-6	Château de Drucas	Beauvoir-Wavans	Page 175

Département 80 : Somme (Picardie)
Near - *Près de* Abbeville
80-1	Fermette du Marais	Lannoy	Page 175
80-2	M. Becquet	Forest l'Abbaye	Page 176
62-6	Château de Drucas	Beauvoir-Wavans	Page 175

Near - *Près de* Amiens
80-3	A. Saguez	Dury	Page 176
80-4	La Licorne	Lœuilly	Page 176

13 - NORMANDIE — Page 177

Département 14 : Calvados
Near - *Près de* Bayeux
14-3	La Ferme du Colombier	Grandcamp-Maisy	Page 180
14-4	Le Vallon	Hottot les Bagues	Page 180
14-1	Manoir de Villiers	Huppain	Page 180
14-5	La Coquerie	St Martin de Blagny	Page 181
14-2	La Ferme de Marcelet	Tournières	Page 181
50-15	Le Muthier	St Georges d'Elle	Page 186

Near - *Près de* Cabourg
14-14	Le Haras des Biches	Notre Dame d'Estrées	Page 181
14-12	Le Clos St Laurent	St Laurent du Mont	Page 182

Near - *Près de* Caen
14-6	Le Château des Rifflets	Bretteville-sur-Laize	Page 182

Near - *Près de* Deauville
14-7	Manoir du Lieu Dey	Reux	Page 182
14-8	P. Champion	St Etienne la Thillaye	Page 183
14-9	Le Moulin de St Hymer	St Hymer	Page 183

Near - *Près de* Falaise
14-10	Le Pressoir	Berville l'Oudon	Page 183
14-11	C. Brunton	Vignats	Page 184

Near - *Près de* Honfleur
27-4	La Ferme du Chalet	Berville-sur-Mer	Page 184

Near - *Près de* Villedieu les Poêles (50)
14-15	D. Guezet	La Plaine Postel	Page 184

Département 27 : Eure
Near - *Près de* Honfleur (14)
27-4	La Ferme du Chalet	Berville-sur-Mer	Page 184

Near - *Près de* Pont Audemer
27-1	Le Château de St Gervais	Cormeilles	Page 185
27-2	Le Château du Landin	Le Landin	Page 185

- 279 -

Contents - Table des Matières - Übersicht
(6)

27-5	Le Prieuré des Fontaines	Les Préaux	Page 185
27-6	M. Letellier	Rougemontier	Page 186
27-7	Le Château	St aubin de Scellon	Page 186

Département 50 : Manche
Near - *Près de* **Bayeux (14)**

50-15	Le Muthier	St Georges d'Elle	Page 186

Near - *Près de* **Cherbourg**

50-4	C. Renet	Biville	Page 188
50-2	Le Château de Coigny	Coigny	Page 188
50-16	La Ferme de la Cour	Grenneville	Page 188
50-3	La Gervaiserie	Réville	Page 189
50-1	Le Bel Enault	St Côme du Mont	Page 189
50-17	Manoir de la Fèvrerie	Ste Geneviève	Page 189
50-18	F. Lebarillier	Sottevast	Page 190

Near - *Près de* **Granville**

50-14	G. Mesnage	Brifesnil	Page 190
50-13	La Vallée	St Planchers	Page 190

Near - *Près de* **Mont St Michel**

50-6	Au Jardin Fleuri	Ceaux	Page 191
50-19	Café de la Poste	Ceaux	Page 191
50-11	La Ferme de la Ruette	Bas Courtils	Page 191
50-9	Crèperie les Oiseaux de la Mer	Courtils	Page 192
50-10	Le V	Pontaubault	Page 192
50-7	Ferme la Gautrais	St James	Page 192
50-8	Les Vallées	St Quentin-sur-le Homme	Page 193
50-5	La Basse Guette	Le Val St Père	Page 193
35-6	Le Presbytère	Vieux Viel	Page 107
35-8	Le Val St Revert	Roz-sur-Couesnon	Page 107

Near - *Près de* **Villedieu les Poëles**

50-12	Le Manoir de la Porte	Ste Pience	Page 193
14-15	D. Guezet	La Plaine Postel	Page 184

Département 61 : Orne
Near - *Près de* **Alençon**

61-1	Les 4 Saisons-Les Chauvières	Vingt Hanaps	Page 194
72-1	Château de Monhoudou	Monhoudou	Page 214
72-2	Château de St Paterne	St Paterne	Page 214

Near - *Près de* **Mortagne au Perche**

61-2	Château de la Grande Noë	Moulicent	Page 194
61-3	La Miotière	Pin la Garenne	Page 194

Département 76 : Seine Maritime
Near - *Près de* **Dieppe**

76-1	M. Fauquet	Auppegard	Page 195

Near - *Près de* **Etretat**

76-9	La Charretée du Vesce	Criquetot l'Esneval	Page 195
76-6	Les Quatre Brouettes	Turretot	Page 195

Near - *Près de* **Fécamp**

76-10	G. Clatot	Bermonville	Page 196
76-8	La Ferme du Bosc aux Moines	Riville	Page 196
76-13	Ferme de l'Etoile	Houquetot	Page 196

Near - *Près de* **Le Havre**

76-12	Jean & Odile Lecarpentier	Le Fontenay	Page 197
76-14	La Vieille Pommeraie	St Laurent de Brévedent	Page 197

Near - *Près de* **Rouen**

76-7	La Ferme du Vivier	St Jean de Cardonnay	Page 197

14 - PAYS DE LOIRE — Page 198

Département 44 : Loire Atlantique
Near - *Près de* **La Baule**

44-1	Kernevel	St Molf	Page 200

Near - *Près de* **Chateaubriant**

44-3	A. Habay	Derval	Page 200
44-2	Château des Gâtines	Issé	Page 200

Near - *Près de* **Nantes**

44-9	La Grande Charaudière	Barbechat	Page 201
44-8	La Mercerais	Blain	Page 201
44-6	Domaine de la Pénissière	Château-Thébaud	Page 201
44-7	Ferme Equestre	Le Grand Patis	Page 202
44-4	Château du Plessis	Pont St Martin	Page 202

44-5	Château de St Thomas	St Etienne de Montluc	Page 202

Near - *Près de* **St Nazaire**

44-10	J. Boitelle	Pontchâteau	Page 203

Near - *Près de* **Angers (49)**

44-11	Château de la Jallières	La Chapelle St Sauveur	Page 203

Département 49 : Maine & Loire
Near - *Près de* **Angers**

49-11	Château de Cheman	Blaison-Gohier	Page 203
49-12	Château des Briottières	Champigné	Page 204
49-4	La Chaufournaie	Chazé-sur-Argos	Page 204
49-1	Château de la Beuvrière	Grez-Neuville	Page 204
49-2	La Croix d'Etain	Grez-Neuville	Page 205
49-13	Le Prieuré de Vendanger	Le Guédéniau	Page 205
49-14	Le Petit Carqueron	Le Lion d'Angers	Page 205
49-3	Le Jau	Murs Erigné	Page 206
49-15	La Rousselière	La Possonnière	Page 206
49-5	La Girardière	Rablay-sur-Layon	Page 206

Near - *Près de* **Saumur**

49-7	Manoir de Beauséjour	Allonnes	Page 207
49-10	La Rassade	Bourg de Trémont	Page 207
49-16	Le Domaine de Mestré	Fontevraud l'Abbaye	Page 207
49-8	Le Moulin de Couché	Le Puy Notre Dame	Page 208
49-9	Le Moulin de Rabion	Rabion	Page 208
49-17	La Closerie	St Philbert du Peuple	Page 208
49-18	Château de Beaulieu	Saumur	Page 209

Département 53 : Mayenne
Near - *Près de* **Laval**

53-1	Château du Bois du Gast	Laval	Page 209
53-3	La Charbonnerie	Loiron	Page 209
53-2	Château de la Motte-Henry	Meslay du Maine	Page 210

Near - *Près de* **Sablé-sur-Sarthe (72)**

53-4	Le Logis &les Atttelages du Ray	St Denis d'Anjou	Page 210
53-5	Auberge du Roi René	St Denis d'Anjou	Page 210

Département 72 : Sarthe
Near - *Près de* **Le Mans**

72-3	Le Grand Perray	La Bruère	Page 211
72-5	Le Bed & Breakfast	Château du Loir	Page 211
72-10	Le Chataignier	Moncé en Belin	Page 211
72-6	M. Vieillet	Pontvallain	Page 213
72-11	Château de la Vivantière	St Jean de la Motte	Page 213

Near - *Près de* **Sablé-sur-Sarthe**

72-7	Manoir des Claies	Asnières-sur-Vègre	Page 213
53-4	Le Logis &les Atttelages du Ray	St Denis d'Anjou	Page 210
53-5	Auberge du Roi René	St Denis d'Anjou	Page 210

Near - *Près de* **Alençon (61)**

72-1	Château de Monhoudou	Monhoudou	Page 214
72-2	Château de St Paterne	St Paterne	Page 214

Near - *Près de* **Vendôme (41)**

72-9	Les Patis du Vergas	Lavenay	Page 214
72-8	Château de la Volonière	Poncé-sur-Loir	Page 215

Département 85 : Chantonnay
Near - *Près de* **Chantonnay**

85-1	Manoir de Ponsay	St Mars des Prés	Page 216

Near - *Près de* **Fontenay le Comte**

85-3	R. Fatou	Liez	Page 216
85-4	Le Paradis	Le Sableau	Page 216
85-5	M.A. Robuchon	St Pierre le Vieux	Page 217

Near - *Près de* **Sables d'Olonne**

85-6	G. Trepte	Brétignolles-sur-Mer	Page 217
85-7	La Guyonnière	St Julien des Landes	Page 217

15 - POITOU-CHARENTES — Page 218

Département 16 : Charente
Near - *Près de* **Cognac**

16-3	Les Hibous	La Courade	Page 220
16-4	La Chambre	Verrières	Page 220

- 280 -

Contents - Table des Matières - Übersicht
(7)

Département 17 : Charente Maritime
Near - *Près de* **La Rochelle**
17-1	F. Ferrand	Le Thou	Page 220
17-2	Le Château	St Christophe	Page 221

Near - *Près de* **Royan**
17-3	P. Papineau	Toulon Sabloneaux	Page 221

Near - *Près de* **Bordeaux (33)**
17-4	-	Pouillac	Page 221

Département 79 : Deux-Sèvres
Near - *Près de* **Chinon (37)**
79-1	Château de Leugny	Oiron	Page 222

Near - *Près de* **Niort**
79-2	P.Plat	Arçais	Page 222
79-3	Ferme Auberge du Petit Breuil	Le Petit Breuil Deyrançon	Page 222

Near - *Près de* **Poitiers (86)**
79-4	La Cure	Avon	Page 223

Near - *Près de* **Parthenay**
86-2	Château de Tréguel	Chalandray	Page 223

Département 86 : Vienne
Near - *Près de* **Chinon (37)**
86-1	Château de Bournand	Bournand	Page 223

Near - *Près de* **Parthenay (79)**
86-2	Château de Tréguel	Chalandray	Page 223

Near - *Près de* **Poitiers**
86-3	M. Van Den Berg	Champigny le Sec	Page 224
86-4	Château de Labarom	Chénéché	Page 224
86-5	Le Logis du Château du Bois Dousset - Lavoux		Page 224
86-6	J. Ferrand-Moreau	Martigny	Page 225
86-7	Château de Cibioux	Surin	Page 225
86-8	La Grange aux Loups	Ouzilly	Page 225
79-4	La Cure	Avon	Page 223

16 - PROVENCE-ALPES-CÔTE D'AZUR   Page 226

Département 04 : Alpes de Haute Provence
Near - *Près de* **Manosque**
04-1	Le Pigeonnier	Céreste	Page 228
04-4	Les Bourdins	Montfuron	Page 228
84-16	G. Besset	Grambois	Page 238

Near - *Près de* **Sisteron**
04-3	Les Passerons	Vaumeilh	Page 228

Near - *Près de* **Nice (06)**
04-2	Domaine St Hubert de la Chaume - Val de Chalvagne	Page 229

Département 05 : Hautes Alpes
Near - *Près de* **Briançon**
05-1	La Joie de Vivre	Névache	Page 229

Near - *Près de* **Gap**
05-3	J. Prud'homme	Chabottes	Page 229
05-2	La Combe Fleurie	St Bonnet	Page 230

Near - *Près de* **Laragne**
26-4	La Forge Ste Marie	Eygalayes	Page 262

Département 06 : Alpes Maritimes
Near - *Près de* **Cannes**
06-5	A. Charlier	Mougins	Page 230
06-1	La Colline des Bons Esprits	Roquefort les Pins	Page 230

Near - *Près de* **Menton**
06-2	P. Gazzano	Menton	Page 231

Near - *Près de* **Nice**
06-4	J. Leblond	Nice	Page 231
04-2	Domaine St Hubert de la Chaume - Val de Chalvagne	Page 229

Département 13 : Bouches du Rhône
Near - *Près de* **Aix en Provence**
84-18	La Charmotte	Pertuis	Page 238

Near - *Près de* **Arles**
13-4	Le Mas Ricard	Fontvieille	Page 231
13-1	Château de Vergières	St Martin de Crau	Page 232
13-2	Le Mas des Colverts	Ste Marie de la Mer	Page 232

Near - *Près de* **Cassis**
13-3	R. Fage	Cassis	Page 232

Département 83 : Var
Near - *Près de* **Brignoles**
83-1	La Chouette	Forcalqueiret	Page 233

Near - *Près de* **Draguignan**
83-2	B. de la Brosse	Montferrat	Page 233

Near - *Près de* **Le Luc**
83-13	M. Hébert	Vidauban	Page 234

Near - *Près de* **St Maximin La Ste Baume**
83-3	Domaine de Pillaud	Artigues	Page 234
83-4	Relais des Routes	Bras	Page 234
83-14	Domaine d'Espagne	Ginasservis	Page 235
83-6	La Bergerie	Rougiers	Page 235
83-15	G. Barrème	Tavernes	Page 235

Near - *Près de* **Ste Maxime**
83-7	Le Mas Rouge	Plan de la Tour	Page 236

Near - *Près de* **St Raphaël**
83-8	Villa Ma Provençale	Bagnols en Forêt	Page 236
83-16	Villa Arcadie	Bagnols en Forêt	Page 236

Near - *Près de* **St Tropez**
83-17	Bastide de l'Avelan	Grimaud	Page 237

Near - *Près de* **Toulon**
83-12	La Rouvière	Belgentier	Page 237
83-10	L'Aumonerie	Carqueiranne	Page 237
83-11	Li Rouvre	Hyères	Page 238

Département 84 : Vaucluse
Near - *Près de* **Manosque (04)**
84-16	G. Besset	Grambois	Page 238

Near - *Près de* **Aix en Provence (13)**
84-18	La Charmotte	Pertuis	Page 238

Near - *Près de* **Apt**
84-23	La Mostra Soleira	Bonnieux	Page 239
84-1	Bonne Terre	Lacoste	Page 239
84-2	Ferme de l'Avellan	Lacoste	Page 239
84-24	S. Busetto	Roussillon	Page 240

Near - *Près de* **Avignon**
84-3	Domaine des Vertes Rives	Chateauneuf de Gadagne	Page 240
84-6	Domaine des Costières	Isle-sur-Sorgue	Page 240
84-4	Mas du Grand Jonquier	Lagnes	Page 241
84-5	La Pastorale	Lagnes	Page 241
30-11	Le Rocher Pointu	Aramon	Page 151
30-9	L'Hoste	Sauveterre	Page 151

Near - *Près de* **Carpentras**
84-8	Le Mas de Silvadour	Le Barroux	Page 241
84-25	Les Gîtes de Clairier	Le Barroux	Page 242
84-7	Le Moulin d'Antelon	Crillon le Brave	Page 242
84-11	Le Mas des Amarens	Malaucène	Page 242
84-10	Domaine de la Pontète	Monteux	Page 243
84-12	Portail Vieux	Mormoiron	Page 243
84-14	F. Desserre	Mormoiron	Page 243
84-13	Maison Provençale	Vénasque	Page 244
84-15	Les Basses Garrigues	Vénasque	Page 244

Near - *Près de* **Cavaillon**
84-26	J.Y. le Cam	Oppède	Page 244
84-27	P. Imbert-Delgado	Robion	Page 245

Near - *Près de* **Orange**
84-17	La Farigoule	Violès	Page 245

Near - *Près de* **Vaison la Romaine**
84-28	Le Puy du Maupas	Puymeras	Page 245
84-29	L'Evêché	Vaison la Romaine	Page 246
84-20	Les Cigales	Vaison la Romaine	Page 246
84-21	F. Delesse	Vaison la Romaine	Page 247
84-19	La Baude	Villedieu	Page 247
26-17	D. Charrasse	Benivay Ollon	Page 262

Near - *Près de* **Valréas**
84-22	Ferme de l'Etang	Valréas	Page 247

17 - RHÔNE-ALPES   Page 248

Département 01 : Ain

Contents - Table des Matières - Übersicht
(8)

Near - *Près de* **Ambérieu**			
01-2	Le Clos des Condamines	Cerdon	Page 250
Near - *Près de* **Bourg en Bresse**			
01-3	Les Vignes	Montcet	Page 250
01-4	Château de Marmont	St André-sur-Vieux Jonc	Page 250
Near - *Près de* **Nantua**			
01-5	Ferme de la Léchère	Brénod	Page 251

Département 07 : Ardèche
Near - *Près de* **Aubenas**
07-1	H. Chayne	Le Chadenet	Page 251
07-10	Le Solitary	St Laurent-sous-Coiron	Page 251
07-11	-	St Privat	Page 252

Near - *Près de* **Privas**
07-4	Le Village	Ajoux	Page 252
07-3	Les Hirondelles	Darbres	Page 252
07-2	Ferme Solaire	Marcols les Eaux	Page 253

Near - *Près de* **Vallon Pont d'Arc**
07-12	Le Mas de Marquets	Gras	Page 253
07-5	F. Ranchin	Pradons	Page 253
07-13	L'Atelier des Granges	St Martin d'Ardèche	Page 254
07-14	La Martinade	St Remèze	Page 254
30-10	Mas Escombelle	Barjac	Page 150

Near - *Près de* **Valence (26)**
07-6	Ferme de Leyrisse	Champis	Page 254
07-15	Les Blés d'Or	Chalencon	Page 255
07-7	La Pépinière de Duzon	Aux Plats	Page 255
07-8	Le Mas Fleuri	St Georges les Bains	Page 255

Département 26 : Drôme
Near - *Près de* **Crest**
26-2	La Plaine	Aubenasson	Page 256
26-3	Ferme de La Vaumane	La Vaumane	Page 256
26-19	Domaine de Sagnols	Gigors & Lozeron	Page 256
26-1	La Magerie	La Roche-sur-Grane	Page 257

Near - *Près de* **Montélimar**
26-6	La Joie	La Bâtie Rolland	Page 257
26-7	Les Tuillières	Pont de Barret	Page 257
26-5	Le Mas Pantaï	Réauville	Page 258
26-8	La Souche	Truinas	Page 258

Near - *Près de* **Nyons**
26-21	Auberge les Garelles	Tarendol	Page 258
26-9	Ferme Rolland	Rochebrune	Page 259
26-20	Le Hameau de Valouse	Valouse	Page 259

Near - *Près de* **Tain l'Hermitage**
26-10	Les Pichères	Chanos-Curson	Page 259

Near - *Près de* **Valence**
26-12	Germon	Beaumont lès valence	Page 260
26-11	Domaine du Grand Lierne	Chateaudouble	Page 260
26-15	Les Péris	Chateaudouble	Page 260
26-14	Maison Bleue	Pont de l'Isère	Page 261
26-16	Les Marais	St Didier de Charpey	Page 261
26-13	La Pineraie	St Marcel lès valence	Page 261
07-6	Ferme de Leyrisse	Champis	Page 254
07-15	Les Blés d'Or	Chalencon	Page 255
07-7	La Pépinière de Duzon	Aux Plats	Page 255
07-8	Le Mas Fleuri	St Georges les Bains	Page 255

Near - *Près de* **Laragne (05)**
26-4	La Forge Ste Marie	Eygalayes	Page 262

Near - *Près de* **Villard de Lans (38)**
26-18	Montjoie	La Chapelle en Vercors	Page 262

Near - *Près de* **Vaison la Romaine (84)**
26-17	D. Charrasse	Benivay Ollon	Page 262

Département 38 : Isère
Near - *Près de* **L'Alpe d'Huez**
38-1	Le Sardonnier	Sardonne	Page 263

Near - *Près de* **Bourgoin**
38-4	La Ferme des Collines	Gillonay	Page 263
38-9	La Cabillonière	Ste Anne-sur-Gervonde	Page 263

Near - *Près de* **Grenoble**
38-10	Le Chauchari	Monestier du Percy	Page 264
38-8	Les Routes	Pommiers La Placette	Page 264

38-6	Les Boutins	St Baudille et Pipet	Page 264
38-7	Ferme du Mont Inaccessible	St Martin de Clelles	Page 265
38-3	Vallon Libre	St Sébastien	Page 265
38-2	La Girardière	Vif	Page 265

Near - *Près de* **Vienne**
69-4	Côte Chatillon	Condrieu	Page 270

Near - *Près de* **Villard de Lans**
38-5	Le Mas du Château	Rencurel	Page 266
26-18	Montjoie	La Chapelle en Vercors	Page 262

Département 42 : Loire
Near - *Près de* **Roanne**
42-1	Les Glycines	Cordelle	Page 266
42-4	D. Cauwe	Parcelly	Page 266
42-7	Joannon	St Cyr de Favières	Page 267
42-2	L'Echauguette	St Jean St Maurice	Page 267
42-3	L. Arpin	St Just la Pendue	Page 267
42-9	Prévieux	Vendranges	Page 268
69-5	En Barberet	Amplepuis	Page 271

Near - *Près de* **St Etienne**
42-8	P. Linossier	Burdignes	Page 268
42-5	Chez Jacotte & Elia	St Galmier	Page 268
42-6	Ferme du Nizon	Valeille	Page 269

Near - *Près de* **Thiers (63)**
42-10	La Loge Cochardet	Noiretable	Page 269

Département 69 : Rhône
Near - *Près de* **Lyon**
69-1	Château de Bois Franc	Bois Franc	Page 269
69-3	M. Ravet	Lucenay	Page 270
69-2	Domaine de la Javernière	Villié Morgon	Page 270

Near - *Près de* **Vienne (38)**
69-4	Côte Chatillon	Condrieu	Page 270

Near - *Près de* **Roanne (42)**
69-5	En Barberet	Amplepuis	Page 271

Near - *Près de* **Macon (71)**
69-6	F. Brozzio & R. Lux	Jullié	Page 271

Département 73 : Savoie
Near - *Près de* **Moutiers**
73-4	V. Hote	Les Avanchers-Valmorel	Page 272
73-3	Malezan	Macot la Plagne	Page 272
73-5	J. Mousseux	Villemartin	Page 272

Département 74 : Haute Savoie
Near - *Près de* **Annecy**
74-5	La Fruitière	Droisy	Page 273
74-6	La Cave de la Ferme	Frangy	Page 273
74-1	M. Curzillat	Les Ollières	Page 273
74-2	Villa les Charveirons	Sevrier	Page 274
74-7	La Cascade	Vesonne	Page 274

Near - *Près de* **Genève (Switzerland - Suisse)**
74-3	R. Gruaz	Vessières	Page 274

Index

96 Châteaux or Manor Houses - *Châteaux ou Manoirs*
Alsace Lorraine Franche-Comté : 39-2, 88-3
Aquitaine : 24-7, 24-12, 33-1, 33-2, 33-4, 40-1, 47-1, 47-7
Auvergne Limousin : 03-1, 03-4, 15-3, 19-2, 23-1, 63-1, 87-1
Bourgogne : 21-1, 21-2, 21-4, 21-7, 21-10, 58-1, 71-5
Bretagne : 22-21, 22-23, 22-28, 29-1, 35-9
Centre : 18-1, 28-1, 36-1, 37-3, 37-9, 37-10, 37-11, 37-15, 37-18, 37-22, 37-26, 41-1 41-7, 41-11, 45-2
Languedoc-Roussillon : 11-1, 11-2, 34-1, 48-5
Midi-Pyrénées : 09-1, 31-4, 32-1, 46-1, 46-8, 81-2
Nord Picardie : 62-6
Normandie : 14-1, 14-6, 27-1, 27-2, 27-7, 50-1, 50-2, 50-12, 50-16, 50-17, 61-2
Pays de Loire : 44-2, 44-4, 44-5, 44-11, 49-1, 49-2, 49-7, 49-11, 49-12, 49-18, 53-1, 53-2, 72-1, 72-2, 72-3, 72-7, 72-8, 72-11, 85-1
Poitou-Charentes : 17-2, 79-1, 86-1, 86-2, 86-4, 86-5, 86-7
Provence-Alpes-Côte d'Azur : 13-1
Rhône - Alpes : 01-4, 69-1, 69-2

139 Residence of Outstanding character - *Demeures de caractère*
Paris Ile de France : 75-7, 75-9, 77-1, 77-2
Alsace Lorraine Franche-Comté : 68-2
Aquitaine : 24-1, 24-8, 24-9, 24-20, 24-22, 33-3, 33-6, 33-7, 33-8, 33-10, 40-3, 40-6, 47-2 47-3, 64-2, 64-3, 64-6
Auvergne Limousin : 03-2, 03-6, 19-3, 43-1, 43-3, 87-2
Bourgogne : 21-5, 21-8, 71-4
Bretagne : 22-3, 22-11, 22-21, 22-22, 22-24, 29-6, 29-9, 29-13, 29-24, 29-25, 29-28, 35-2 35-4, 35-6, 35-12, 35-19
Centre : 18-7, 37-5, 37-8, 37-13, 37-16, 37-17, 37-20, 37-21, 37-25, 41-2, 41-6, 41-8
Champagne-Ardenne : 51-4, 51-8
Corse : 20-6
Languedoc-Roussillon : 11-3, 11-8, 11-9, 30-4, 30-7, 30-10, 34-5, 34-6, 34-7, 34-8, 48-4
Midi-Pyrénées : 31-1, 31-2, 31-3, 46-1, 46-6, 46-11
Nord Picardie : 60-3, 62-1, 62-3, 80-3, 80-4
Normandie : 14-7, 14-8, 14-9, 14-10, 14-12, 27-4, 27-5, 27-6, 50-18, 76-14
Pays de Loire : 44-1, 49-3, 49-4, 49-5, 49-8, 49-9, 49-13, 49-14, 49-16, 53-4, 53-5
Poitou-Charentes : 16-3, 17-4, 86-8
Provence-Alpes-Côte d'Azur : 06-7, 13-4, 13-7, 83-8, 83-10, 84-4, 84-5, 84-6, 84-7, 84,8, 84-17, 84-19, 84-22 84-29
Rhône - Alpes : 01-3, 07-2, 07-13, 07-15, 26-4, 26-5, 26-6, 26-7, 26-8, 26-11, 26-14, 26-18, 26-19 26-20, 38-4, 42-1, 69-3

137 Working Farms - *Fermes en Activité*
Alsace Lorraine Franche-Comté : 39-1, 68-3, 88-1, 88-2
Aquitaine : 24-13, 24-18, 40-5, 47-5, 64-4, 64-9, 64-10, 64-12, 64-14
Auvergne Limousin : 03-3, 03-5, 15-1, 15-2, 19-1, 23-2, 87-4
Bourgogne : 71-6, 89-1, 89-2
Bretagne : 22-5, 22-6, 22-7, 22-9, 22-10, 22-26, 29-3, 29-5, 29-10, 29-11, 29-12, 29-15 29-17, 29-22, 29-23, 35-5, 35-10, 56-1, 56-2, 56-3, 56-4, 56-5, 56-6
Centre : 18-3, 18-6, 36-2, 37-1, 37-19, 37-23, 41-3, 41-5, 41-12
Champagne-Ardenne : 51-1, 51-2, 51-3, 51-5, 51-6, 51-7
Corse : 20-5

- 283 -

Languedoc-Roussillon :	11-7, 11-11, 11-15, 30-2, 30-9, 30-14, 30-15, 34-2, 34-4, 48-2
Midi-Pyrénées :	09-2, 12-1, 12-5, 46-4, 46,7, 65-1, 81-1, 82-3
Nord Picardie :	02-1, 60-1, 80-2
Normandie :	14-2, 14-3, 14-5, 14-14, 14-15, 50-3, 50-5, 50-7, 50-8, 50-11, 61-3, 76-6, 76-7 76-8, 76-9, 76-10, 76-12, 76-13
Pays de Loire :	44-7, 44-9, 53-3, 72-10
Poitou-Charentes :	16-4, 79-3
Provence-Alpes-Côte d'Azur :	83-6, 83-14, 83-15, 84-2, 84-3
Rhône - Alpes :	01-5, 07-4, 07-5, 07-6, 07-10, 07-12, 26-2, 26-3, 26-9, 26-15, 26-16, 26-17, 26-21 38-5, 38-6, 38-7, 38-8, 42-6, 42-7, 42-8, 42-9, 42-10, 69-5, 74-3, 74-6

220 Private Houses - *Maisons Privées*

Paris Ile de France :	75-6, 75-10, 75-24, 75-25, 75-26, 77-3
Alsace :	67-1, 68-1
Aquitaine :	24-2, 24-4, 24-6, 24-10, 24-14, 24-15, 24-17, 24-21, 24-23, 33-9, 40-2, 40-4, 47-4 47-6, 64-1, 64-7, 64-8, 64-13
Auvergne Limousin :	23-3, 43-2, 87-3
Bourgogne :	21-9, 21-3, 58-2, 58-3, 71-1, 71-2, 71-3, 89-2
Bretagne :	22-4, 22-8, 22-12, 22-13, 22-14, 22-15, 22-18, 22-19, 22-22, 22-25, 22-27, 29-2 29-4, 29-7, 29-8, 29-14, 29-20, 29-21, 29-24, 29-26, 35-1, 35-3, 35-7, 35-8 35-11, 35-13, 35-14, 35-15, 35-16, 35-17, 35-18, 35-20, 56-7
Centre :	18-4, 28-3, 37-2, 37-4, 37-6, 37-7, 37-14, 37-24, 41-4, 41-9, 41-10, 45-3, 45-4 45-5, 45-6
Corse :	20-1, 20-2, 20-3, 20-4
Languedoc-Roussillon :	11-4, 11-5, 11-6, 11-10, 11-11, 11-12, 11-13, 11-16, 30-3, 30-6, 30-11, 30-12 30-13, 34-3, 48-6
Midi-Pyrénées :	12-4, 46-2, 46-5, 46-9, 46-10, 46-12, 46-13, 81-3, 81-4, 82-1, 82-2, 82-4
Nord Picardie :	60-2, 62-2, 62-4, 62-5, 80-1
Normandie :	14-4, 14-11, 50-4, 50-6, 50-9, 50-10, 50-13, 50-14, 50-15, 50-19, 61-1, 76-1
Pays de Loire :	44-3, 44-6, 44-8, 44-10, 49-5, 49-10, 49-17, 72-5, 72-6, 72-9, 85-3, 85-4, 85-5 85-6, 85-7
Poitou-Charentes :	17-3, 17-11, 79-2, 79-4, 86-3, 86-6
Provence-Alpes-Côte d'Azur :	04-1, 04-2, 04-3, 04-4, 05-1, 05-2, 05-3, 06-1, 06-5, 13-3, 83-1, 83-2, 83-3, 83-4 83-7, 83-11, 83-12, 83-13, 83-16, 83-16, 83-17, 83-18, 84-1, 84-10, 84-11 84-12, 84-13, 84-14, 84-15, 84-20, 84-21, 84-23, 84-24, 84-25, 84-26, 84-27 84-28
Rhône - Alpes :	01-2, 07-1, 07-3, 07-7, 07-8, 07-11, 07-14, 26-1, 26-10, 26-12, 26-13, 38-1, 38-2 38-3, 38-9, 38-10, 42-2, 42-3, 42-4, 42-5, 69-4, 69-6, 73-4, 73-3, 73-5, 74-1, 74-2 74-5, 74-7

18 Apartments - *Appartements*

Paris Ile de France :	75-2, 75-3, 75-4, 75-12, 75-13, 75-14, 75-15, 75-16, 75-17, 75-18, 75-19, 75-20 75-21, 75-22, 75-23
Bretagne :	35-21
Champagne-Ardenne :	51-9
Provence-Alpes-Côte d'Azur :	06-4

LE FEEDBACK - VOS COMMENTAIRES

Please tell us what you think of the places at which you stayed, taking account of VALUE FOR MONEY, COMFORT, WELCOME, LOCATION, FOOD and SPECIAL INTERESTS.
Merci de nous dire ce que vous pensez des endroits où vous avez séjourné, en tenant compte de l'INDICE DE VALEUR, du CONFORT, de l'ENVIRONNEMENT, de la NOURRITURE et des CENTRES D'INTERÊT.

Please give the Host Number of each place.
Merci de bien nous préciser le 'Numéro-Code' de chacun des hôtes visités.

....

....

....

....

....

....

....

....

....

....

Continue on additional sheet(s) if necessary
Continuez sur des feuilles supplémentaires si nécessaire.
Please return to :   *Merci de nous retouner ce document à :*

LE FEEDBACK   **LE FEEDBACK**
BED & BREAKFAST (FRANCE)   **ASSOCIATION BAB (FRANCE)**
PO BOX 66   **6, Rue d'Europe**
Henley-on-Thames   **95470 Fosses**
Oxon RG9 1XS   **France**
Britain

FEEDBACK

Bitte teilen Sie uns unter Berücksichtigung von PREIS-LEISTUNGS-VERHÄLTNIS, KOMFORT, GASTFREUNDLICHKEIT, STANDORT, MAHLZEITEN und BESONDEREN INTERESSEN Ihre Erfahrungen mit den Gastgebern während Ihres Aufenthaltes in Frankreich mit.

Bitte geben Sie auch die Gastgeber-Nummer jeder Unterkunft an.

....

....

....

....

....

....

....

....

....

....

....

Fahren Sie auf einem separaten Blatt Papier fort, falls nötig.

Bitte zurücksenden an:
BED & BREAKFAST TRAVEL SERVICE
HELGA HAYES
Kurftürstenstraße 5A
65817 Eppstein

French School Holidays - *Vacances Scolaires Françaises* :
18/02/96 ➜ 17/03/96
7/04/96 ➜ 30/04/96
30/06/96 ➜ 31/08/96

Bank Holidays - *Jours Fériés* :
1/01/96 - 8/04/96 - 1/05/96 - 8/05/96 - 16/05/96 - 27/05/96 - 14/07/96 - 15/08/96 - 1/11/96 - 11/11/96 - 25/12/96

Great Britain :
Bed & Breakfast (France)
PO Box, 66
Henley-on-Thames, Oxon RG9 1XS
Tel :   01491 57 88 03 - (+ 44 1491 57 88 03)
Fax :   01491 41 08 06 - (+ 44 1491 41 08 06)

France :
Association Française BAB France
6, Rue d'Europe, 95470 Fosses
Tel :   (1) 34 68 83 15 - (+ 33 1 34 68 83 15)
Fax :   (1) 34 72 29 31 - (+ 33 1 34 72 29 31)

Deutschland :
Bed & Breakfast Travel Service Helga Hayes
Kurfürstenstr. 5 A, 65817 Eppstein
Tel :   06198 502 126 - (+ 49 6198 502 126)
Fax :   06198 502 127 - (+49 6198 502 127)

The 1996 edition is published by Bed & Breakfast (France).
Copyright © 1996 Bed & Breakfast (France).
All rights reserved. No part of this publication may be reproduced, stored in a retrieval system or transmitted in any form or by any means, electronic or mechanical, photocopying, recording or otherwise without the prior permission of Bed & Breakfast (France).
ISBN 0 9525120 1 7
Edited by Marie-Ange de Saint-Gratien and John Ette.
Financial Consultant : Sylvia Filippini
Cover Design : Process Graphic
Printed in England by Visa Press Limited

Cover Photo : 06-1 - «La Colline des Bons Esprits» - page 230
The FRANCE logo is reproduced by kind permission of the French Government Tourist Office.

We would also like to thank Bill Bertelli, Françoise et Michel Brouder, Anne-Marie et Jean-Louis Cretin, Jean Durtnell, Rosy Ette, Arlette et Jean-François Hidalgo, Claudette et Didier Renault, Bernadette Waterson for their invaluable assistance.

Every care has been taken in the production of this brochure and all information is correct at time of going to press. However Bed & Breakfast (France) cannot be held liable for any error or omissions it may inadvertently contain.
Bien que cette brochure ait été faite avec le plus grand soin, que les informations soient valables au jour de la mise sous presse, Bed & Breakfast (France) ne peut être tenu pour responsable des erreurs ou omissions qui peuvent s'y glisser.

corporate foreign exchange plc

SPECIAL OFFER

FOR B & B FRANCE CLIENTS

ORDER YOUR FRENCH FRANCS

FROM THE CORPORATE FOREIGN EXCHANGE MAIL ORDER SERVICE

TELEPHONE 0171 931 8007

- **NO COMMISSION FOR ORDERS ABOVE £500**
  (Except for Sterling Travellers Cheques)

- **ONLY £2 COMMISSION FEE FOR ORDERS OF £250 / £499** (Except for Sterling Travellers Cheques)